행정학 강의
The Study of Public Administration

도서출판 윤성사 178
행정학 강의
The Study of Public Administration

제1판 제1쇄 2023년 2월 1일

지 은 이	이종열 · 박광국 · 김명식 · 명성준 · 문명재 · 문유석 · 이석환
	장인봉 · 정창훈 · 주상현 · 진종순 · 최진혁 · 하현상
펴 낸 이	정재훈
꾸 민 이	(주)디자인뜰
펴 낸 곳	도서출판 윤성사
주 소	서울특별시 서대문구 서소문로 27, 충정리시온 제지층 제비116호
전 화	대표번호_02)313-3814 / 영업부_02)313-3813 / 팩스_02)313-3812
전자우편	yspublish@daum.net
등 록	2017. 1. 23

ISBN 979-11-91503-89-0 (93350)
값 36,000원

© 이종열 · 박광국 외, 2023

지은이와의 협의에 따라 인지를 생략합니다.

이 책의 전부 또는 일부 내용을 재사용하려면 반드시 사전에 저작권자와
도서출판 윤성사의 동의를 받아야 합니다.

잘못 만들어진 책은 구입하신 서점에서 교환 가능합니다.

행정학 강의

이종열 · 박광국 · 김명식 · 명성준 · 문명재 · 문유석 · 이석환
장인봉 · 정창훈 · 주상현 · 진종순 · 최진혁 · 하현상

머리말

우리나라에서의 행정학 교육의 기점을 1959년 설립된 서울대 행정대학원으로 삼는다면 그 역사가 어언 65년이 되는 셈이다. 그동안 우리나라 행정학은 관주도적 국가발전전략에 발맞춰 지속적으로 발전해 왔다. 초기에는 미국에서 개발된 이론과 기법을 도입해 소개하는 수준에 머물렀지만 그 후 이를 우리 현실에 적용하고 검증하는 한 차원 높은 수준으로까지 발전했다. 그러나 새로운 제도나 기법이 상황적합성을 가지기 위해서는 시간이 필요하듯이 한국적 행정학을 위해서는 더 많은 노력과 인내가 요구된다고 하겠다.

최근에 들어서 우리나라 행정학의 환경에도 많은 변화가 일어나고 있다. 그동안 한국형 국가 주도적 발전전략이 세계적으로 성공을 거둔 모범 사례로 주목을 받아 왔지만 이제 그 한계가 서서히 드러나면서 새로운 도전을 받고 있다. 이러한 시대적 변화는 한국 행정학의 교육과 연구에도 커다란 변화와 도전을 안겨주고 있다. 특히 우리나라가 이전에는 결코 경험해 보지 않은 저출산으로 인한 대학 학령인구의 급속한 감소와 초고령사회로의 진입, 시민사회의 성장, 초연결사회로의 변화 등은 기존의 행정학 연구와 교육에 새로운 도전을 던져 주고 있다. 이에 더해 행정학 교육의 한국적 한계를 지적하지 않을 수 없다. 그동안 행정학 교육이 이론과 제도 중심으로 이뤄져 실용성이 떨어진다는 비판이 줄곧 제기돼 왔다. 따라서 문제 해결 지향적 행정학 교육으로의 방향 전환이 절실하게 요구되고 있다고 본다. 그리고 무엇보다도 행정학이 우리나라 공무원 교육에서 주도적인 역할을 할 것이 요구되고 있다. 그러므로 행정학 교육에서 행정학개론을 통해 기본 개념과 이론 그리고 제도를 소개하고 이해한 후에는 우리의 행정 각 분야의 문제 분석과 이에 대한 해결 방안 탐색에 집중해야 한다. 나아가 현 공무원 시험과 재교육에서 행정학이 주도적인 역할을 하는 제도 개편이 시급한 과제다.

현재 우리나라 행정학 교육의 주된 내용을 보면 미국 행정학의 내용을 그대로 답습하고 있다고 해도 과언이 아니다. 이것은 비단 행정학 분야에만 국한된 것은 아니고 사회과학 전반에 걸쳐 일어나고 있는 일반적 현상이기도 하다. 그만큼 현대 학문의 중심이 미국이라는 것을 반증해 주고 있다고 하겠다. 다시 말해 우리나라 행정학의 주류는 미국 행정학이며 미국에서 발전한 이론과 관리기법을 소개하고 적용하는 것이 일반적 경향이다. 따라서 우리나라 행정학을 구성하고 있는 주된 내용을 보면 미국처럼 정책, 인사, 조직, 재무 등이 핵심을 이루고 있다. 여기에다 최근에 이슈로 떠오르는 주제인 성과관리, 행정윤리, 시민 참여, 디지털정부, 거버넌스, 분권화 등이 추가로 다뤄지고 있는 실정이다. 이 책에서는 이러한 내용을 모두 망라해 다뤘을 뿐만 아니라 행정의 근본 가치로서 행정인이 반드시 고민해 봐야 하는 정의(justice)의 개념을 추가로 포함해 소개했다. 행정행위가 정의로워야 한다는 것에 대해서는 누구나 수긍하지만 그렇다면 과연 무엇이 정의로운가에 대해서는 의견이 다를 수 있기에 롤스(John Rawls)의 정의론을 통해 정의에 대한 근본적인 성찰을 해보는 기회를 가져 본다. 나아가 행정의 존재 이유인 공공재와 이로 인해 초래된 정부실패를 논의하고 기존의 정부 주도의 행정서비스 공급 방식을 탈피한 다양한 대안을 제시했다. 행정의 기본 가치인 공공성을 훼손하지 않으면서도 어떻게 효율성을 제고할 수 있는가 하는 질문에 대한 다각적인 접근 방법을 논의했다. 그리고 최근 새로운 행정 이슈로 제기되고 있는 공공갈등 문제와 행정혁신 이슈도 포함해 다뤘다. 그리고 미국 중심의 행정학 이론에서 분권화의 역사와 뿌리인 영국과 프랑스 등 유럽 분권화의 이론을 지방자치론에서 담고 있는 것도 주목할 만한 가치가 있다고 하겠다. 이 책을 통해 행정학을 처음 대하는 학생들이 행정학의 근본적인 존재 이유를 이해할 수 있을 뿐만 아니라 그로 인해 초래되는 다양한 행정 현상과 이슈를 고민하고 이에 대한 관리 접근을 쉽게 이해할 수 있기를 바란다.

  이 책을 완성하기 위해 행정학의 다양한 분야에서 각기 비교 우위를 가진 여러 학자가 참여했다. 이들이 지닌 행정학 각 분야에서의 전문성이 이 책의 강의 교재로서의 가치를 한층 더 높이는 데 크게 기여할 것을 확신한다. 이 책은 한 학기 강의용 교재로서의 편의성을 높이기 위해 한 주에 한 장(chapter)씩 강의할 수 있는 분량으로 구성했다. 그리고 각 장은 학습 목표와 복습 문제를 포함하고 있어 행정학을 가르치는 교수나 배우는 학생들이 각 장의 주요점을 파악하는 데 큰 도움이 될 것으로 기대한다. 물론 이 책이 행정학의 기본 개념을 빠짐없이 거의 모두 망라하고 있기에 공무원 시험을 준비하는 수험생들에게도 큰 도움이 될 것을 확신한다.

  끝으로 어려운 여건하에서도 이 책이 멋지게 꾸며져 세상에 빛을 볼 수 있게 해 준 도서출판 윤성사 정재훈 대표님과 편집부 직원분들의 노고에 깊이 감사드리는 바다.

2023년 1월

공저자를 대표해서 **이종열**

목차

머리말 / 4

제1편 행정과 행정학 ·· 21

제1장 행정의 의의 ·· 23

제1절 행정의 개념 ·· 24
1. 행정 관리설 / 24
2. 행정 행태설 / 26
3. 통치 기능설 / 28

제2절 행정과 정치, 경영과의 관계 ·· 28
1. 행정과 정치 / 28
2. 행정과 경영 / 30

제3절 행정국가 ·· 32
1. 자유방임·법치국가 / 32
2. 행정국가의 등장 / 32
3. 현대 행정의 특징 / 33

제4절 현대 행정의 주요 이슈 ·· 36
1. 행정의 거버넌스 / 36
2. 행정서비스 공급의 다양성 / 39
3. 형평성 이슈 / 66
4. 인공지능(AI) 시대의 준비 / 68
5. 기타 이슈 / 71

제2장 행정 가치 · 77

제1절 행정 가치의 의의 · 78
제2절 본질적 행정 가치 · 79
    1. 정의 / 79
    2. 공익 / 83
    3. 형평 / 86
제3절 수단적 행정 가치 · 87
    1. 합법성 / 87
    2. 민주성 / 89
    3. 능률성 / 91
    4. 효과성 / 93
    5. 효율성 / 96
    6. 신뢰성 / 98
    7. 책임성 / 101
    8. 가외성 / 105
    9. 투명성 / 106

제3장 행정학의 주요 접근법과 이론 · 108

제1절 행정학의 기원과 도입 · 109
    1. 행정학의 기원 / 109
    2. 한국 행정학의 도입과 발전 / 110
제2절 행정학의 발전과 분화 · 111
    1. 행정학의 패러다임 변화 / 111

목차

  2. 한국 행정학의 분화와 토착화 / 114
제3절 행정학의 주요 이론 ·················· 115
  1. 정치·행정 이원론과 일원론 / 116
  2. 과학적 관리 / 117
  3. 인간관계론 / 119
  4. 관료제 / 119
  5. 공공선택론 / 122
  6. 신공공관리론 / 124
  7. 뉴거버넌스 / 128
  8. 탈신공공관리론 / 130
  9. 신공공서비스론 / 132
  10. 공공가치론 / 134
  11. 신제도주의 / 138

제2편 행정의 실제와 수단 ·················· 145

제4장 조직관리 ·················· 147

제1절 들어가며 ·················· 148
제2절 조직 개념 및 주요 관점 ·················· 149
  1. 조직 개념 및 공조직 관리자의 역할 / 149
  2. 조직 현상을 보는 다양한 관점 / 150
제3절 조직이론의 변천 과정 ·················· 153

  1. 고전적 조직이론 / 154
  2. 인간관계론 / 157
  3. 상황이론 / 159
  4. 네트워크 조직이론 / 161
 제4절 조직관리의 핵심 쟁점 · 163
  1. 조직구조 관점 / 163
  2. ICT와 조직구조 / 167
  3. 인적 자원 관점 / 168
  4. 정치 권력 관점 / 172
  5. 문화 상징 관점 / 174
 제5절 조직 효과성 · 177
 제6절 나오며 · 180

제5장 인사관리 · 182

 제1절 의의 · 183
  1. 인사행정의 정의 / 183
  2. 인사행정의 가치 / 184
  3. 인사행정의 목표 / 186
  4. 인사행정의 환경: 공공 부문과 민간 부문의 비교 / 189
 제2절 인사행정의 발달 · 192
  1. 직업공무원제도 / 192
  2. 정실주의 혹은 엽관주의 / 194
  3. 실적주의 / 196
  4. 대표관료제 / 199

목차

제3절 인적자원계획 · 202
    1. 정의 / 202
    2. HRP의 수요-공급 양상 / 203
    3. 전략계획 - 감축관리 / 204

제4절 성과평가 · 206
    1. 정의 / 206
    2. 문제점 / 207
    3. 성과평가에 대한 네 가지 접근 방법 / 207

제5절 교육훈련 · 210
    1. 특징 / 210
    2. 교육훈련 수요와 성과의 측정 / 211
    3. 교육훈련의 유형 / 212
    4. 우리나라와 미국의 교육훈련제도 비교 / 213

제6장 재무관리 · 216

제1절 정부 재정과 예산의 분류 및 종류 · 217
    1. 정부 재정의 의미 및 구조 / 217
    2. 예산 및 기금의 성격 및 특징 / 219
    3. 예산의 분류 및 종류 / 222
    4. 기타 재정 규모 개념 및 통합재정수지 / 227

제2절 예산의 기능과 예산 원칙 · 229
    1. 예산의 기능 / 229
    2. 예산의 원칙 / 231

제3절 예산 과정 · 232

1. 예산의 주기와 회계연도 / 232

2. 예산주기의 중복 / 233

3. 예산 관련 법체계 / 233

4. 예산 관련 기관 / 235

5. 우리나라 예산 과정의 개관 / 236

제4절 예산제도 및 개혁 · 239

1. 품목별 예산제도 / 240

2. 성과주의 예산제도 / 240

3. 계획예산제도 / 241

4. 영기준 예산제도 / 242

5. 결과 지향적 예산제도(새로운 성과주의 예산제도) / 242

제5절 예산결정이론 · 244

1. 총체주의 / 244

2. 점증주의 / 245

3. 공공선택론 / 247

4. 다중합리성이론 / 247

5. 단절적 균형이론 / 248

제6절 재정관리와 재정규율제도 · 248

1. 주요 재정관리제도 / 248

2. 재정규율 관리제도 / 257

제7장 전략적 성과관리 · 259

제1절 공공 부문의 전략적 성과관리에 대한 올바른 이해 · · · · · · · · · · 260
제2절 전략적 기획과 전략적 성과관리 · · · · · · · · · · · · · · · · · · 262

목차

    1. 전략적 기획과 전통적 기획 / 262
    2. 전략적 기획과 전략적 성과관리 간 관계 / 263
    3. 성과지표와 실행계획에 대한 이해 / 266
제3절 성공적 전략적 성과관리를 위한 네 가지 조건 · · · · · · · · · · · 270
    1. 기초가 튼튼한 조직(Basics) / 270
    2. 연계가 튼튼한 조직(Linkages) / 272
    3. 조화와 통합을 추구하는 조직(Unity) / 275
    4. 평형을 추구하는 조직(Equilibrium) / 277
제4절 나오며: 공공 부문 성과관리의 확산과 성공을 위한
4개 관련 주체의 역할과 책임 · 280
    1. 정부의 역할과 책임 / 281
    2. 국회의 역할과 책임 / 282
    3. 감사원의 책임 / 283
    4. 정부업무평가위원회의 역할과 책임 / 283

제8장 갈등관리 · 285

제1절 공공갈등의 의의와 특성 · 286
    1. 공공갈등의 개념 / 286
    2. 공공갈등의 유형 / 287
    3. 공공갈등의 특징 / 290
제2절 공공갈등의 발생 원인과 주요 현황 · · · · · · · · · · · · · · · · 291
    1. 공공갈등의 발생 원인 / 291
    2. 공공갈등의 주요 현황 / 292
제3절 공공갈등 관리 · 295

1. 공공갈등의 예방 / 295
  2. 갈등의 해결 / 299
  3. 4차 산업혁명시대의 공공갈등 / 307
 제4절 나오며 · 309

제9장 정책관리 · 312

 제1절 정책의 의의와 유형 · 313
  1. 정책의 의의 / 313
  2. 정책의 유형 / 315
 제2절 정책환경, 참여자, 정책 과정 · 317
  1. 정책환경 / 317
  2. 정책 과정의 참여자 / 319
  3. 정책 과정 / 324
 제3절 정책의제설정 · 328
  1. 정책의제설정의 의의 / 328
  2. 정책의제설정 과정 / 329
  3. 정책의제설정 모형 / 332
  4. 정책의제설정의 결정 요인 / 335
 제4절 정책분석 · 337
  1. 정책분석의 개념 / 337
  2. 정책분석의 절차와 기법 / 339
 제5절 정책결정 · 346
  1. 정책결정의 의의와 과정 / 346
  2. 정책결정 모형 / 347

목차

제6절 정책집행 · 353
1. 정책집행의 개념 / 353
2. 정책집행의 유형 / 354
3. 정책집행의 접근 방법과 연구 / 355
4. 정책집행의 영향 요인 / 359

제7절 정책평가 · 363
1. 정책평가의 의의와 목적 / 363
2. 정책평가의 절차와 방법 / 365
3. 우리나라의 정책평가제도 / 370

제8절 정책변동 · 374
1. 정책변동의 의의와 원인 / 374
2. 정책변동의 유형 / 376
3. 정책변동에 대한 저항과 정책변동의 추진 전략 / 379

제3편 행정혁신 · 383

제10장 정부혁신 · 385

제1절 들어가며 · 386
제2절 코로나19와 정책 난제의 등장 · 388
1. 코로나19의 파급력과 특징 / 388
2. 코로나19가 던진 질문과 한국 정부의 코로나19 대응 / 391
제3절 인사혁신의 방향과 과제 · 393

      1. 공개경쟁 채용제도의 개혁 / 393
      2. 부처 칸막이 해소를 위한 부처 간 순환보직제도 도입 / 396
      3. 난제 해결을 위한 공무원 역량 강화 / 397
      4. 클라우드 공무원단을 통한 유연한 인력관리 / 400

제4절 미래 정부와 정부혁신 방향 · 401
      1. 데이터 기반 예견적 정부 / 403
      2. 사회역량 기반 회복탄력적 정부 / 405
      3. 애자일 조직 기반 정부 / 406
      4. 와해성 기술을 활용한 디지털 기술 기반 정부 / 407
      5. 시민 중심적 공동생산 정부 / 408

제5절 남겨진 과제들 · 409

제11장 공직윤리와 문화 · 413

제1절 공직윤리 · 414
      1. 의의 / 414
      2. 거버넌스와 극장모형 / 415
      3. 극장모형과 윤리제도 / 420
      4. 극장모형과 윤리의식 / 425

제2절 사회적 책무 · 429
      1. 환경, 사회, 거버넌스(ESG) / 429
      2. 인권과 공직윤리 / 431
      3. 사회적 가치와 공직윤리 / 434

제3절 행정문화 · 436
      1. 의의 / 436

2. 극장모형과 행정문화 / 437
3. 행정문화의 전망 / 442

제12장 자치분권 · · · · · · · · · · · · · · · · · · · 447

제1절 자치분권의 이론적 배경: 지방자치와 지방분권 · · · · · · · · · · 448
    1. 지방자치와 지방분권의 의의 / 448
    2. 자치분권의 연구 경향 / 456

제2절 지방자치의 역사적 뿌리 · · · · · · · · · · · · · · · · · · 457
    1. 두 가지 큰 흐름 / 457
    2. 21세기 정치환경 변화에 따른 양 계보의 진전 / 458
    3. 지방자치와 민주주의 / 464
    4. 지방자치의 현대적 경향 / 466

제3절 우리나라의 자치분권 정책 · · · · · · · · · · · · · · · · · 470
    1. 노무현 정부의 지방분권 / 470
    2. 이명박 정부의 지방분권 / 474
    3. 박근혜 정부의 지방분권 / 477
    4. 문재인 정부의 지방분권 / 480

제4절 정부간 관계 · 484
    1. 정부간 관계의 의의 / 484
    2. 정부간 관계의 유형 / 485
    3. 우리나라의 정부간 관계 / 489

제13장 시민 참여와 NGO · **497**

제1절 시민 참여란 무엇인가? · 498
1. 시민 참여의 개념과 의미 / 498
2. 시민참여제도의 유형 / 500

제2절 시민 참여의 주요 이론 · 504
1. 거버넌스이론 / 504
2. 참여적 정책분석과 시민 패널 / 508

제3절 시민 참여와 NGO의 역할 · 510
1. NGO의 의의 / 511
2. NGO의 대두 원인 / 513
3. 정부-NGO 관계론 / 515

제4절 시민 참여를 위한 NGO의 실제와 미래 조망 · · · · · · · · · · · · · · · · · 519
1. 우리나라 NGO의 실제 / 519
2. NGO의 과제와 전망 / 521
3. NGO의 자생조직적 활성화 방안 / 524

제14장 전자정부: 정보사회의 행정 · **529**

제1절 들어가며 · 530
제2절 정보사회: 정보화와 사회 변화 · 531
1. 정보사회의 개념과 특징 / 531
2. 정보화와 행정환경 변화 / 533

제3절 전자정부의 도입과 발전 · 536
1. 전자정부의 개념과 의의 / 536

목차

    2. 우리나라의 전자정부 개념과 변화 / 540
    3. 우리나라의 전자정부 발전 과정 / 541
제4절 미래 사회와 전자정부 · 550
    1. 미래 사회의 행정과 전자정부 / 550
    2. 미래의 전자정부 발전을 위한 정책 이슈 / 552
제5절 나오며 · 555

참고 문헌 / 557

찾아보기 / 574

Administration

행정학 강의

The Study of Public Administration

The Study of Public Administration

제1편

행정과 행정학

제 **1** 장

행정의 의의

학습 목표

- 행정을 바라보는 관점을 크게 보면 관리, 행태, 통치 기능 세 가지로 분류해 볼 수 있다. 이에 행정의 관리적 측면을 강조하면 경영, 통치적 측면을 강조하면 정치와 가까워진다. 이에 자유방임국가를 거쳐 행정국가로 전환하면서 나타나는 현상을 살펴본다.
- 종래 행정은 공권력 시각에서 봤지만 거버넌스로 패러다임이 변하면서 이제 민간과 동반자, 행정 조성자로서의 역할에 대한 인식이 늘고 공공과 민간 영역의 경계가 점점 더 모호해지고 있다. 이에 기존 행정에서 거버넌스로 변하면서 발생하는 내용을 살펴보도록 한다.
- 중앙집권적인 행정이 점차 지방분권화되고 있으며, 행정서비스 공급 방식도 과거 관 주도에서 시장 원리를 도입하면서 각종 서비스가 다양화되고 있는데 어떤 행정서비스가 생기고 있는지 알아본다.
- 최근 새로운 행정 이슈로 인공지능, 기후 변화, 재정건전성, 보건·안전, 개인정보 보호 등이 등장하고 있는데, 이에 정부가 어떻게 대응해 나가는지 알아보도록 한다.

제1절_ 행정의 개념

행정은 광의로 국가가 자원을 동원한 후 이를 사회가 직면한 문제에 대처하는 데 사용하는 일련의 과정으로 정의할 수 있으며, 이러한 과정에서 나타나는 다양한 이해관계자의 갈등을 조정하는 것이 중요하다. 그리고 행정은 공공가치를 구현하기 위해 필요한 수단(기술)으로서 정책 및 프로그램을 실행하는 공식적 과정으로도 볼 수 있다. 행정은 이를 위해 인력과 조직을 운영하고 예산을 사용하지만 영리를 주된 목적으로 하지 않는다는 점에서 사기업과 다르며, 공기업, 정부 지원 기업, 규제 대상 기업 등도 모두 포함한다. 이러한 행정조직에서 일하는 사람들을 행정가 또는 공무원이라 부르며, 전통적으로 인사, 재무, 조직, 정책, 가치 등을 행정의 5대 주된 관리 영역으로 포함한다(Stillman, 2009).

하지만 현대 행정은 과거와 달리 그 기능과 범위가 확대돼 행정의 영역과 경계가 명확하지 않을 뿐만 아니라 행정을 바라보는 관점도 상이하기 때문에 행정을 명확히 정의하는 것이 용이하지 않다. 그러나 행정을 온전히 이해하기 위한 지침으로서 기존의 행정학자들이 규정한 내용을 몇 가지 관점에 따라 나눠 정리해 보면 다음과 같다.

1. 행정 관리설

이는 행정을 단순한 조직의 관리 과정으로 보는 관점으로서, 의회가 심의·결정한 정책을 단순히 집행하던 시대인 20세기 초의 지배적 견해다. 윌슨(Woodrow Wilson)은 행정은 법을 상세하게 그리고 체계적으로 적용하는 행위로서, 법률의 모든 특정한 적용을 행정행위로 봤다. 따라서 행정을 단순히 사무만을 기술적으로 처리하는 활동으로 봤다(Wilson, 1887).[1]

화이트(Leonard D. White)는 행정을 국가 목적을 실현하기 위해 인력과 물자를 효율적으로 관리하는 활동이라고 규정했다(White, 1926). 행정의 주된 목적은 관리들의 재량하에 놓여 있

---

[1] 더 자세한 내용은 W.Wilson-wikipedia 참고.

는 자원을 가장 효율적으로 사용하는 것이다.[2] 다시 말해, 행정은 공공정책의 집행을 목적으로 하는 모든 활동으로 구성되며, 여기에는 민사뿐만 아니라 군사, 법무, 경찰, 교육, 보건, 공공 공사, 보존, 사회보장 등 정부활동의 모든 분야가 포함된다. 행정가들은 행정규칙을 실제 상황에 적용하기 위해서 얼마간의 재량을 필요로 한다. 행정은 법치국가에서 당연히 행정법의 규칙에 따라야 하지만, 오늘날 많은 사회문제가 복잡하고 기술적인 성격을 지니고 있기 때문에 기술관료의 역할이 그 어느 때보다 더 중요해졌다. 즉, 선진 행정을 수행하려면 공학, 법학, 의학 및 교육 분야의 거의 모든 직업과 기술을 가진 자를 고용해야 한다.

굿노(Frank J. Goodnow)는 정치와 행정의 분리 및 차이를 강조했고 행정 기능을 구분했다.[3] 그의 업적은 권력 분립에 대한 새로운 이해를 제공했다. 그는 미국의 헌법 체계를 정부의 3부(입법부, 행정부, 사법부)로 대표되는 삼권분립으로 이해하는 대신 정치와 행정 두 가지만 있다고 주장했다. 그에 따르면, 정치는 국민의 의지의 표현이고 행정은 그 의지의 집행이다. 정치는 국가의 의사 표명이며 정당조직을 통해 정부의 정책에 영향을 미치거나 안내하는 역할을 한다. 한편 행정은 국가의 의지를 집행하는 것과 관련이 있다. 그러므로 모든 정부 체제에서는 이러한 두 가지 주된 기능이 존재한다.

그는 전반적인 행정 기능과 관련해 이원론을 주장했는데, 즉 사법부와 행정부의 구분이 그것이다. 그에 따르면, 정부 행정의 또 다른 측면은 국가 의지의 표명인 법을 집행하는 것으로, 이 기능 중 사법행정은 정치 기능의 통제에서 제외돼야 하지만 집행 기능은 정치 기능의 통제하에 놓여야 한다는 것이다.

국가 의지의 집행을 주요 기능으로 하는 정부기관은 종종 실제로 세부 사항에서 그 의지의 표현을 위임받는다. 그러나 이러한 세부 사항은 표현될 때 표현을 주된 임무로 하는 기관이 정한 일반 원칙에 따라야 한다. 다른 한편, 국가 의지를 표현하는 것이 주된 임무인 기관, 즉 입법부는 일반적으로 그러한 집행기관에 의한 국가 의지의 집행을 어떤 식으로든 통제할 수 있는 권한을 가지고 있어야 한다. 입법부가 할 수 있는 일은 법 집행을 위임받은 공무원이 행동하는 방식에 불만이 있는 경우 법원이 명령을 집행하도록 사법부를 신뢰하면서도 행정가의 행동 의무를 좀 더 세부적으로 규제하는 것이다.

---

[2] 따라서 그는 행정에서 능률성과 경제성을 강조했으며 행정학과 행정법을 구분했다. 행정법의 성격은 규범적인데 반해 행정학은 변모하는 현실 상황을 수용하고 대응해야 하기 때문에 실천적이고 융통성을 지닌다. 더 자세한 내용은 L. D. White-wikipedia 참고.

[3] 더 자세한 내용은 F. J. Goodnow-wikipedia 참고.

2. 행정 행태설

이는 행정에서 구성원들의 의사결정에 초점을 두는 관점이다. 사이먼(Herbert A. Simon)은 행정을 의사결정 과정으로 보고 행정조직은 공동 목표 달성을 위한 구성원들의 의사결정 네트워크라고 했다(Simon, 1947). 그는 조직 내 의사결정을 주요 연구 대상으로 삼았고, 의사결정에서 '제한된 합리성' 및 '만족이론'을 주장했다.[4] 그의 행정 연구의 핵심은 합리적인 의사결정을 내리는 인간의 행동 및 인지 과정에 있으며, 그는 이러한 한계를 극복하는 방안으로 오늘날 인공지능(AI)의 영역인 사이버네틱스(cybernetics)에 관심을 보였다. 그의 정의에 따르면, 행정 운영상의 결정은 조정된 수단으로서 실행하기에 정확하고 효율적이며 실용적이어야 한다.[5]

왈도(Dwight Waldo)는 행정에서 공공성의 중요성을 강조하며 행정을 고도의 합리성을 지닌 집단적 협동 행동이라고 규정했다(Waldo, 1955).[6] 그리고 행정학은 국정에 적용되는 관리의 예술이자 과학이라고 규정했다.

---

[4] 인간은 능력에 한계가 있으므로 추구하는 합리성에 제한이 따를 수밖에 없으며, 따라서 의사결정을 최고 수준이 아닌 적절한 만족 수준에서 내려야 한다고 봤다.

[5] 사이먼(Simon, 1955, 1958)은 행정이론은 대체로 인간의 의사결정에 관한 이론이며, 따라서 이는 경제학과 심리학 모두에 기초해야 함을 인식했다. 그는 합리적 의사결정의 임무는 가능한 모든 결과 중에서 더 선호되는 결과를 가져오는 대안을 선택하는 것이라고 정의했다. 따라서 의사결정의 정확성은 원하는 목표 달성의 적절성과 결과를 얻은 효율성에 달려 있다. 의사결정은 세 가지 필수 단계, 즉 모든 대안의 식별 및 나열, 각 대안으로 인한 모든 결과 세트 각각의 정확성과 효율성 비교, 최선의 대안 선택을 포함한다. 그는 모든 대안에 대한 지식 또는 각 대안의 모든 결과에 대한 지식을 얻는 것은 현실적으로 불가능하다고 주장했다. 이와 같이 합리적인 의사결정에 한계가 있을 때 개인이나 조직이 거의 최상의 결과를 달성하기 위해 가져올 수 있는 기술 또는 행동 프로세스를 찾으려고 시도했다. 합리성을 추구하지만 지식의 한계 내에서 제한된 인간은 이러한 어려움을 부분적으로 극복하기 위해 제한된 수의 변수와 제한된 범위의 결과만을 탐색한다. 사이먼(Simon, 1972)은 개인이 조직의 구성원으로서 내리는 결정은 개인의 결정과 상당히 다르다고 봤다. 조직의 구성원으로서 개인은 개인적인 필요나 결과와 관련해 결정을 내리는 것이 아니라 조직의 의도, 목적 및 효과의 일부로서 비인격적인 의미에서 결정을 내린다. 따라서 조직의 유인, 보상 및 제재는 모두 이러한 식별을 형성, 강화 및 유지하도록 설계됐다. 더 자세한 내용은 H. A. Simon-wikipedia 참고.

[6] 왈도는 행정학을 보는 관점을 정치적 시각과 관리적 시각으로 구분했으며, 행정에서 가치중립적이 되는 것은 어렵다고 봤다. 오히려 그는 행정학은 민주주의 가치를 강화하는 것을 목적으로 삼아야 한다고 했다. 그는 행정학의 정체성 위기를 논하면서 행정학은 여러 인접 학문에서 개발한 이론을 원용해야 한다고 주장했다.

왈도(Dwight Waldo)

그는 정치이론이나 행정이론이 알고 보면 실체적 배경과 이념적 배경에 따라서 구축된다고 주장했다. 그가 제시하는 미국 행정학의 실체적 배경은 다음과 같다(Waldo, 1948).

- 위대한 사회: 위대한 사회 건설을 위해 행정은 필요하다. 이러한 새로운 사회는 과학적 방법에 의존한다.
- 자원의 고갈: 정부관료제는 이러한 위기의 주요한 해결 수단이다. 구식의 신념을 버리고 새로운 기술에 입각한 계획적이며 행정적인 인간집단 건설이 필요하다.
- 기업문명: 기업은 행정뿐만 아니라 연구단체, 전문가협회, 대학 등에 영향을 미쳤다. 특히 행정 연구에 커다란 영향을 줬지만 한편 행정 연구 주제의 범위와 양을 감소시키기도 했다.
- 근대의 법인(주식회사): 근대의 주식회사는 행정의 집권화와 분권화 모두에 영향을 미쳤다.
- 도시화의 도래: 행정은 도시화에 관심이 있었고, 도시문명의 정신적·물질적 만족을 강조했다.
- 헌법 체제: 헌법 체제는 행정의 성격을 규정한다.
- 2차 산업혁명: 이는 특히 과학적 관리운동에 영향을 미쳤다.
- 전문화의 진전: 전문화의 추세가 행정에 영향을 미쳤으며, 이에 따라 새로운 통합이 요구됐다.
- 번영, 불황, 전쟁: 세계대전, 뉴딜, 대공황 등이 행정에 영향을 미쳤다. 예로서 경제적 능률성에 대한 회의를 야기했다.

실제로 실체적인 것과 이념적인 것과의 구별은 모호하지만 왈도가 제시한 이념적 골격은 다음과 같다.

- 민주주의와 미국의 사명: 행정학도들은 민주주의 신념을 받아들이는 한편 정부활동의 팽창을 수용했다. 진정한 민주주의는 진정한 능률성과 양립이 가능하다. 정치와 행정은 오늘날 분리될 수 없다고 봤지만 얼마 전까지만 해도 분리돼야 한다고 주장했다.
- 근본법: 행정 연구에서 민주주의만큼이나 근본법은 중요하다. 19세기의 굳은 신념은 최고 근본법이 존재한다고 봤다.
- 진보와 진보주의: 진보의 정신은 행정에 크게 영향을 미쳤지만 진보를 위한 기획에 대해서는 아직도 딜레마다. 기획과 자유는 상충된다.
- 능률성이라는 복음: 행정학도들은 능률성에 의해 지배받아 왔다.
- 과학에 대한 신념: 과학적 방법과 과학적 능률성은 행정가에게 크게 영향을 미쳤으며 전문가의 중요성을 가져왔다. 그리고 측정, 자료, 실험, 사실 등을 중요하게 여긴다.

3. 통치 기능설

이는 행정의 정치적 기능을 강조하는 관점이다. 디목(Marshall E. Dimock)은 통치는 정치와 행정, 즉 정책 형성과 집행으로 구성되며 이 두 관계는 상호 배타적이 아니라 협조적이라고 주장했다(Dimock, 1937). 그에 따르면, 행정은 정부의 '무엇'과 '어떻게'에 관련이 있으며, '무엇'은 관리자가 자신의 작업을 수행할 수 있도록 하는 특정 분야의 기술적 지식인 주제이며 '어떻게'는 협동 프로그램이 성공하기 위해 실행되는 원칙인 관리기술이다. 이 둘은 모두 필수 불가결하며 함께 행정이라는 종합을 형성한다는 것이다.[7]

애플비(Paul H. Appleby)는 행정을 정책 형성 과정으로 파악하고 행정과 정치는 융합적·순환적 과정으로서 통치 과정의 핵을 이룬다고 주장했다(Appleby, 1949).[8]

나이그로(Felix A. Nigro)와 나이그로(Lloyd G. Nigro)에 따르면, 공공행정은 공적 환경에서의 협동적인 집단 노력이며 행정부, 입법부, 사법부와 그 상호 관계를 모두 포함하는 것으로 봤다(Nigro & Nigro, 1977). 행정은 공공정책의 형성에 중요한 역할을 하므로 정치적 과정의 일부로서 경영과 주요한 면에서 다르다고 봤다.

제2절_ 행정과 정치, 경영과의 관계

1. 행정과 정치

윌슨(Woodrow Wilson)을 비롯한 초기 행정학자들은 행정을 정치와 구분되는 현상으로 접근했다. 이것은 당연한 것으로 행정을 정치와 구분해야 행정이 정치와 독립적인 연구 대상

---

[7] 더 자세한 내용은 M. E. Dimock-wikipedia 참고.
[8] 더 자세한 내용은 P. H. Appleby-wikipedia 참고.

으로 등장하기 때문이다. 이른바 정치와 행정의 이원화는 1900년대 초의 주된 관점이었다. 이들은 정부의 역할을 정치와 행정으로 구분하고 정치는 정책 수립 및 국가 의사 표현으로, 행정은 정책의 집행으로 간주했다. 행정학은 locus, 즉 행정이 이뤄지는 장소인 정부관료제 가운데에 있다는 사상이 정치·행정 이원론의 핵심이었다. 정치와 행정의 이원화는 행정의 전문화를 통해 모든 정치제도, 즉 민주주의, 사회주의, 자유주의, 무정부주의 등에 이념을 초월해 적용될 수 있는 행정제도를 만들 수 있다는 주장이다.

1900년대 초부터 행정서비스 운동이 미국 대학가에서 시작됐으며 시민, 전문가, 언론가, 법률가 등을 행정서비스인으로 만들기 위한 교육훈련이 필요하다는 주장이 제기됐다. 이에 따라 행정은 정치의 한 부분으로서 정치·행정 이원화로 가치와 사실의 이원화를 주장했다. 따라서 행정학은 조직, 예산, 인사를 대상으로 하고 정치학은 미국정부론, 사법부 형태, 대통령제, 주 및 지방정부 및 입법 과정 그리고 비교정치학 및 국제관계 등을 가르치는 것으로 구분했다. 이에 따라 소위 행정 원리로서 POSDCoRB[9]가 제시됐다.

이러한 정치·행정 이원론적 경향은 1950년대 들어와 변화를 겪게 됐다. 행정학이 관료제라는 장소의 locus에 중점을 둬 주제인 focus에 미흡했다는 주장이 제기됐으며, 이에 따라 행정학은 정치학의 일부로 다시 회귀했다. 마르크스(Fritz Mornstein Marx)는 정치·행정 이원론 주장의 가능성에 의문을 제기했는데 행정은 업무의 본질상 가치중립적이 되기 어려우며 정치와 분리할 수 없다고 주장했다(Marx, 1946). 가우스(John M. Gaus)도 오늘날 행정은 정치를 의미한다고 역설했으며, 사이먼(Herbert A. Simon)도 행정에서 모든 원칙에는 반대 원칙이 존재한다고 주장했다. 그는 순수 행정과학은 사회심리학에 근거(일원화)하며, 공공정책은 정치와 불가피한 관계를 맺을 수밖에 없다며 행정의 정치로부터의 독립은 불가능하다고 주장했다. 즉, 이론에 대한 행정의 과학화는 곤란하며 POSDCoRB에 회의를 보였다. 행정과 정치의 이원화는 사회심리학에 대한 이해 부족에서 비롯된 것이며 과학은 가치중립적이어야 하지만 행정은 인간 가치에 집착하게 된다는 것이다. 즉, 행정학은 정책 형성을 위한 내부 단계이며, 정치학은 정책 형성의 외부 단계로 본 것이다.

---

[9] POSDCoRB는 행정 원리로 주장됐는데, 이는 기획(planning), 조직(organization), 인사(staffing), 지휘(directing), 조정(co-ordinating), 예산(budgeting) 등의 머리글을 따온 것이다.

2. 행정과 경영

행정과 경영은 공통점도 있고 차이점도 있다. 행정의 정치적 측면을 강조하는 학자는 차이점을 강조하게 되고, 기술적 측면을 강조하는 학자는 공통점을 강조한다(Simon, Smithburgh, & Thompson, 1971).

1) 공통점

(1) 관리기술 및 수단
행정과 경영 모두 조직을 관리하는 기술 및 수단에서 유사하다는 것이다. 둘 다 인사, 재무, 조직 등의 관리를 중요하게 다룬다.

(2) 대규모 조직
행정과 경영 모두 조직이 대규모다. 국가나 지방자치단체뿐만 아니라 대기업 등도 모두 대규모 조직을 가지고 있다.

2) 차이점

행정은 다음과 같은 점에서 경영과 차이가 있다.

(1) 목적의 성격과 범위
행정은 경영에 비해 그 목적이 이윤 추구가 아니라 공익 추구에 더 강조점이 있다. 그리고 행정의 범위는 사회 전 영역에 걸쳐 있어 경영에 비해 훨씬 광범위하다.

(2) 관료들의 지위에 대한 법적 보호
행정은 엽관주의를 배제하기 위해 관료들의 지위를 법적으로 보호할 필요가 생겼다. 이것은 행정의 안정성 및 전문화에 기여하지만, 한편 이로 인해 행정이 소극적이 되며 변화 저항적이 되기도 한다.

(3) 비경쟁성

공공 부문은 민간 부문과 달리 경쟁성 유인이 부족하다. 따라서 생산성을 증진시키기 위해 경쟁성을 고취하는 것이 중요한 과제다.

(4) 일관성의 원칙

정부는 일관성의 원칙을 준수해야 한다. 정부는 서비스 제공이나 가격을 임의로 바꿀 수 없다.

(5) 책임성

행정관료들의 활동은 경영 부문과 달리 훨씬 높은 정도의 책임성이 요구된다. 이러한 책임성에는 법적 책임성뿐만 아니라 윤리적 책임성도 포함된다.

(6) 우월적 지위와 권력성

많은 국가에서, 특히 저개발국일수록 공직은 인기도가 높다. 이는 공직이 지니고 있는 권력적 속성으로 인한 것이며, 이로 인해 공직 부패가 사회문제가 된다.

(7) 법의 지배

경영도 법의 지배를 받지만 행정은 모든 활동에서 법률이나 규칙의 근거가 있어야 하며, 그에 따라 이뤄진다.

(8) 지도자 훈련

행정의 대규모성, 정치성, 국민에 대한 봉사정신 등은 공직자들에게 리더십 훈련의 기회가 된다.

제3절_ 행정국가

1. 자유방임·법치국가

　19세기 초까지 미국의 법치국가에서는 개인주의와 자유주의 보호가 주된 정치 이념이었으며, 행정의 우선적 규범은 합법성의 원리다. 여기서 행정은 법질서 유지와 의회에서 결정한 정책과 법률 그리고 예산에 관계되는 일만을 수행했다. 다시 말해, 행정은 의회의 시녀로서 수동적이고 소극적인 역할만 수행했다. 즉, 이러한 자유방임 시대에는 정치와 행정은 별개의 것으로 간주하는 정치·행정 이원론이 지배적이었으며, 여기서 행정은 단순한 관리기술로 간주됐으며, 국민의 선거에 의해 선출된 정치인에 의한 정치에 크게 의존했다.

2. 행정국가의 등장

　미국은 건국 초기부터 국가 이념으로서 자유가 최우선시됐으며 지금도 이러한 원칙에는 변함이 없다. 행정을 지배하는 철학은 작은 정부론이었으며, 정부가 작을수록 더 좋다는 신념이었다. 사람들은 행정을 중요하게 생각하지 않았으며 심지어 개인의 자유를 침해하는 해로운 것으로 간주하기도 했다. 그러나 18세기 후반부터 19세기 초에 걸쳐 산업혁명이 일어났으며, 이는 근대 자본주의의 급속한 발전을 가져와 정치·경제·사회·문화 등 모든 부문에 큰 변혁을 가져왔다. 이와 더불어 1920년대 미국은 경제 불황을 맞이했으며, 산업화, 인구 증가(baby boom), 도시화, 교육의 발달 및 보급, 국민 의식 수준 향상, 과학기술 발달, 교통·통신의 발달과 보급 등은 범죄, 공해, 빈곤 등 많은 새로운 사회문제를 초래했다. 이에 따라 그러한 문제에 대응하기 위해 행정의 적극적인 역할이 요구됐으며, 사회 모든 분야에서 행정의 역할은 불가피하게 확대됐다(Henry, 2017).
　산업혁명 이후 종래 소극적·수동적 행정은 적극적·능동적 행정으로 변모했으며, 의회와 사법부가 준입법권(quasi-legislative power)과 준사법권(quasi-judicial power)을 행정부에 위임함으로써 행정권의 질적인 강화와 행정 기능의 양적인 확대가 촉진됐다. 과거의 권력분립이론을 수정하게 됐으며, 행정은 대내 문제를 해결하기 위해 정책의 수립과 집행을 담당하고, 이를 위해 조직이 증설되고 확대됐으며, 인력과 예산이 증가했다. 따라서 종래의 정치·행정 이원론이 수정돼 정치·행정 일원론이 지배적이 됐다.[10]

3. 현대 행정의 특징

1) 행정 기능의 확대·강화

산업화가 급속히 진전되면서 이제 4차 산업혁명 시대로 진입했다. 이에 따라 동시에 불평등, 도시화, 환경오염 등 각종 사회문제가 발생했으며, 이를 해결하기 위한 행정의 역할과 기능이 확대됐고, 행정권의 전반적인 강화가 이뤄졌다.

2) 행정기구의 확장

행정 기능이 확대·강화됨에 따라 자연히 참모조직, 위원회, 공기업 등을 포함하는 행정기구도 분화하고 확대됐다. 그뿐만 아니라 준정부기관도 많이 증설됐다.

3) 공무원 수의 증가

행정 기능 및 기구의 확대와 더불어 공무원의 수가 지속적으로 증가했다. 특히 좌파정부가 들어서는 경우 정부의 개입을 확대하면서 이러한 증가는 가속화됐다.

---

10) 한국의 경우 이러한 행정국가의 등장은 제1공화국에서 시작해 제3공화국 초기까지 급속히 진행됐다.

파킨슨의 법칙(Parkinson's Law)

공무원 수는 업무량의 증가와 관계없이 일정 비율로 증가한다는 법칙이다. 파킨슨(Cyril N. Parkinson)은 공무원의 수는 본질적인 업무량의 증가와는 관계없이 자기 보존 및 세력 확장이라는 두 가지 심리적 요인의 악순환으로 인해 필연적으로 증가한다고 주장했다 (Parkinson, 1958). 그는 실제로 전쟁 중이 아닌 모든 행정 부서에서 직원의 증가는 이 공식을 따를 것으로 예상했다.

$$x = 2km + P / n$$

x − 연간 고용될 신규 직원 수
k − 신규 직원을 고용해 승진하고자 하는 직원 수
m − 내부 비망록 작성을 위한 1인당 근무 시간(미시정치)
P − 차이: 고용 연령 − 퇴직 연령
n − 실제로 완료된 행정 파일의 수

이는 관료제가 시간이 지남에 따라 확장되는 속도를 설명하는 수학적 방정식이다. 이 법칙은 대영제국이 쇠퇴하는 기간에 식민지 사무소의 직원 수가 증가한 것과 같은 과학적 관찰에 의존해 만들어졌다. 그는 이러한 성장을 두 가지 힘, 즉 "관료는 경쟁자가 아니라 부하를 늘리고 싶어 한다" 및 "관료는 서로를 위해 일한다"로 설명했다. 그에 따르면, 관료주의는 "해야 할 일의 양(있는 경우)의 변동에 관계없이" 매년 5~7% 공무원 수의 증가를 가져왔다는 것이다.

4) 재정 규모의 팽창

현대 행정의 기능이 확대됨에 따라서 자연히 이를 뒷받침하는 재정 수요도 증가했다. 특히 사회 불평등이 심화되면서 이를 극복하기 위한 복지 기능이 확대돼 재정 규모는 급속히 팽창했다. 또한 행정기구의 확대, 공무원 수의 증가도 재정 규모의 팽창을 초래했다.

5) 지방분권화

전통적으로 한국 행정은 중앙집권적 성격이 강한 지배적인 행정 체제를 유지했다. 그러나 지방자치를 위한 지방선거가 실시됐고 권한의 지방 이양이 확대되면서 지방분권이 가속화되고 있다. 특히 중앙과 지방 간의 격차가 벌어지면서 이 논의는 더욱 가속화되고 있다.

6) 행정 기능의 전문화

현대 행정은 그 업무의 성격이 매우 전문화됐다. 국제통상, 도시계획, 과학기술, 공중보건, 환경오염, 재난관리 등의 분야는 그 어느 때보다 전문적인 지식이 요구되고 있다. 이에 따라 종래 일반직 중심의 행정 체제가 도전을 받고 있다.

7) 행정의 과학화

지난 반세기 동안 과학과 기술 분야의 눈부신 발전은 행정에서 도구나 장비뿐만 아니라 과업 자체를 변화시켰다. 과거 행정의 방법이 주먹구구식 실증주의(Jacksonian 사고)였다면 현대 행정은 정보통신의 발전을 활용해 객관적 자료와 성과에 입각한 과학적 관리로의 전환을 가져왔다. 현대 행정은 전문화와 분업에 의존하면서도 한편으로는 통합과 조정을 강조한다. 특히 첨단 정보통신을 활용한 원격 행정서비스 제공과 인공지능을 활용한 의사결정이 주요 쟁점으로 대두되고 있다.

제4절 현대 행정의 주요 이슈

1. 행정의 거버넌스

1) 거버넌스의 대두 배경

현대 행정에서는 반관료(anti-bureaucratic), 반정부(anti-government), 반조세(anti-tax), 그리고 탈기관(anti-institution) 현상이 두드러지게 나타나면서(Fredrikson, 1997: 78; Dubnick & Fredricson, 2011) 시민에 대한 관 지배 현상과 행정의 비효율성에 대한 거센 비판이 가해지고 있다. 이처럼 관 주도적 행정에 대한 비판을 제기하면서 그에 대한 새로운 정부 운영 방식으로 등장한 것이 바로 거버넌스다. 거버넌스(governance)는 기존의 정부(government)라는 개념의 의미에 변화를 가져왔으며, 이는 통치(governing)의 새로운 과정으로서 최소 정부(minimal state)를 의미한다(Rhodes, 1997: 15).[11] 다시 말해, 새로운 정부 운영의 하나인 거버넌스가 정부의 좋은 방향으로의 변화를 설명하는 갖가지 용어들, 예를 들면 좋은 행정과 상호 교호적으로 사용되고 있다.[12]

2) 주요 내용[13]

오스본(David Osborne)과 게블러(Ted Gaebler)는 행정에 대한 접근 방법으로 기업가적인

---

11) 조직학에서는 새로운 공공관리(new public management: NPM)를 의미하는 말로도 사용되고 있다.
12) 정부가 무엇인가 개혁을 해야 하고, 조직구조를 개편하고, 공무원에 대한 자각을 불러일으켜야 하는 시대에 거버넌스 개념은 유용하다. 만약 정치지도자, 언론, 학자가 행정부를 비난하기 위해 관료라는 말을 쓸 때, 이에 대칭되는 긍정적인 표현을 쓰고자 할 때에 거버넌스라는 표현을 사용할 수 있을 것이다(Fredrickson, 1997: 87).
13) 가베이(Garvey, 1993)는 과거 전통적 이론을 전문적 지식이나 기술, 전문화, 방향 설정에 따른 공공서비스의 직접 제공, 기관 형성, 관리과학, 그리고 집합적 공공이익이라고 묘사했다. 이와 비교해 신이론(new theory)은 인간이 매우 이성적이고 자기 이익에 따라 행동하는 것을 가정하고 시장이론, 민영화, 외부와의 계약, 비용 분담 접근, 이해관계에 따른 네트워크 등으로 설명하고 있다. 그가 말하는 신이론은 현재 거버넌스의 기본적 구조의 원천으

접근 방법과 관료제적인 접근 방법으로 잘 알려진 이분법을 제시했다(Osborne & Gaebler, 1992).[14] 그들은 거버넌스라는 개념을 기업가적인 접근 방법과 본질적으로 같은 것으로 간주하고 있다. 이는 결국 시장 기준에 의한 정부개혁모형의 개념을 함축하고 있는 셈이 된다. 오스본과 게블러의 이분법은 여러 행정학자에 의한 설명을 잘 대변해 주고 있으며, 이를 요약하면 〈표 1-1〉과 같다.

〈표 1-1〉 오스본과 게블러의 행정에 대한 이분법

거버넌스(governance)	관료제(bureaucracy)
방향 제시(steering)	추진(rowing)
권한 부여(empowering)	서비스(service) 공급
경쟁(competition)	독점(monopoly)
사명감 지향(mission-driven)	역할 지향(role-driven)
자금 동원 산출(funding outcomes)	예산 투입(budgeting inputs)
고객 지향(customer-driven)	관료 지향(bureaucracy-driven)
수익(earning)	지출(spending)
예방(preventing)	치료(curing)
팀워크, 참여(teamwork/participation)	계층제(hierarchy)
시장 원리(market)	조직 원리(organization)

로 이슈 네트워크를 이해하는 데 도움을 주고 있다. 즉, 그는 의사결정을 비공식적인 네트워크들의 주장에 대한 응답으로 이해하고 있으며, 공적 영역이든 사적 영역이든 이러한 네트워크의 정보 교환이나 조정이 필요하다고 역설했다. 네트워크는 문제를 자연스럽게 해결할 수 있는 방법이며, 특히 공공 부문과 민간 부문이 공유하는 영역의 문제는 더욱 그러하다는 것이다. 샐러먼(Laster M. Salamon)은 전통적 행정이 공공기관 내부의 역동성을 강조하는 데 비해 새로운 행정은 민간과 같은 정부 외적인 요소와 관련해 설명하고 있다(Salamon, 1989). 과거의 행정은 권위와 계층구조 그리고 규제 및 명령 체계를 강조했지만 새로운 행정의 형태는 분권화된 분위기와 협상 및 설득이란 기술이 필요하다는 의미다. 케틀(Donald F. Kettl)은 정부의 계약 형태를 다루면서 정부 역할이 재화나 서비스의 공급을 담당하는 역할에서 실제 수행하는 기관의 감독관으로 변경됐으며, 정부가 재화나 서비스를 생산하던 과거의 행정은 최고관리자가 명령을 내리고 구성원은 이에 따르기만 하는 계급구조였으나 공공과 민간의 동반자 관계에서는 계약이 계급을 대신한다고 봤다(Kettl, 1993: 199-212). 계약관계라는 그의 말 속에는 공공서비스를 제공하는 데 경쟁 관계의 도입을 주장하고 있음을 볼 수 있다. 그에 따르면, 다양한 사회문제를 다루면서 다양한 행위 주체와 연합해서 활동하는 정부일수록 일을 더 잘 할 수 있다고 한다. 너무 지나친 정부의 간섭이나 행동을 걱정하고 정부 힘의 집중을 경고하는 것이다. 피터스와 사보이(Peters & Savoie, 1995)는 계층제나 법령에 기초한 관리나 공무원의 권위에 대해 비판하고 베버의 관료모형보다는 시장모형의 적용을 주장하고 있다. 마치(James G. March)와 올슨(Johan P. Olson)은 거버넌스를 합리적인 활동가에 대한 가정, 경쟁, 시장, 협상, 연합, 파레토 기준 등의 개념을 추출해 거버넌스에 대한 주요 개념을 교환(exchange)으로 봤다(March & Olson, 1995).

14) NAPA(National Academy of Public Administration)도 '신거버넌스'를 묘사했으며, 클린턴 대통령을 '신거버넌스' 운동의 한 구성원으로 묘사하고 있다(John, Kettl, Dyer, & Lovan, 1994: 170). 이러한 '신거버넌스'는 위의 학자들의 견해와 비슷하며, 본질적으로는 정부 재창조(reinventing government)라는 개념과도 유사하다.

프레데릭슨(Horace George Fredrickson)은 거버넌스에 대한 자신의 주장을 다음과 같이 요약했다(Fredrickson, 1997).

① 여러 조직 간의 네트워크로서 거버넌스
이는 행정을 광범위한 형태의 조직과 제도가 서로 융합돼 공공활동에 기여하는 것으로 파악하는 것이다. 이러한 관점은 복잡한 조직 체계나 네트워크에 대한 상호 작용의 형태를 설명하는 데 가장 적절한 용어가 될 수 있을 것이다.

② 다원주의의 이해 요소로서 거버넌스
이는 행정에서 다원주의에 대한 이해를 돕기 위한 입장으로서 소위 정당, 입법기관, 하위 조직, 이익집단, 중재자, 조직, 고객, 언론기관, 노점상까지도 포괄해, 이들과 관계된 정책을 형성하고 집행하는 데 고도의 복합체에 대한 유용한 기술자(記述者, descriptor)를 의미하는 것으로 본다.[15]

③ 새로운 관리 과정으로서 거버넌스
거버넌스는 지도자와 정책집행가들이 행하는 다기관적 조직환경(multi-institutional organizational setting)의 개념과 관련돼 있으며, 어떤 공공 목적을 수행하기 위해 조직의 수평 내지 수직 네트워크 안에서 일하는 것으로 정의된다. '수평 내지 수직 네트워크 안에서'라는 의미는 조직 내에서만 일하는 것이 아니라 '환경 속에서'라는 의미가 다분히 내포돼 있고, 기존의 조직 내에서 모든 일이 행해지는 것과는 대조되는 뜻으로 간주할 수 있다.

④ 창조적인 조직 개념으로서 거버넌스
과거의 행정부는 계층적이고 느리고 이상이 없는 조직으로 보였지만 거버넌스는 창조적이고 바람직한 이상형인 것으로 보고 있는 관점이다. 이는 바로 계층제로 대표되는 관료제

---

[15] 여기서 한 가지 흥미로운 점은 이러한 기술자의 역할을 담당하는 자는 국민에 의해 선출된 정치가가 아니라 바로 행정가들이라는 점이다. 다만, 이러한 행정가들은 말 그대로 기술자일 뿐이지 결코 권력과 권위를 휘두르는 존재는 아니라고 해석하는 것이 바람직할 것이다. 결국, 행정에서 거버넌스를 다원주의의 이해를 돕기 위해 적용한다면 그것은 질서를 유지하기 위해 모든 이해관계자를 결합시키는 접착제 역할을 하는 것이고, 이는 앞에서의 네트워크를 크게 벗어난 개념은 아닐 것이다.

의 또 다른 형태로서의 조직 모습을 띠고 있으며, 이것이 바로 거버넌스 개념이라는 것이다.

이상과 같이 거버넌스라는 개념은 크게 네 가지로 사용된다고 볼 수 있다. 이러한 다양한 거버넌스가 늘 일관적이지는 않고 때로는 상호 대조되거나 경합하기도 하며, 전체적인 정의의 연속 선상에서 응축된 하나의 개념 또는 개념의 집합체로 등장할 수도 있다.

2. 행정서비스 공급의 다양성

1) 정부와 시장

현대 행정은 소위 행정국가로 정부의 행정적 권한과 기능이 확대돼 왔다. 그러나 정부의 속성상 독점적 상황하에서 지나치게 비대해진 정부활동은 공공재원의 비효율적 사용과 민간 부문의 성장 저해라는 역기능을 초래했다. 이러한 문제를 타개하기 위해 1970년대 후반 이후 정부기구나 사업의 축소 등을 통해 능률적인 작은 정부를 추구하고 있는 것이 세계적 추세다. 정부 주도의 국가개발전략을 택해 온 우리나라의 경우도 이러한 역사적 흐름에서 예외일 수는 없으며, 따라서 최근 들어 작은 정부의 필요성에 대한 사회적 논의가 활발히 이뤄지고 있다.

작은 정부를 위한 실천 전략이라는 면에서 볼 때 정부 자체의 기구 조정이나 관리 혁신을 통한 내부적 노력도 중요하지만 좀 더 관심이 모아지고 있는 것은 정부와 민간 부문과의 관계를 재설정하는 작업이다. 그 구체적 방안으로서 현재 민간기업에 대한 규제 완화나 공공서비스 공급의 민영화 등이 활발히 논의되거나 부분적으로 시행되고 있다. 정부를 공공재와 공공서비스의 공급 주체로 파악할 때 이를 공공 부문에서만 공급하지 않고 민간조직으로까지 확대되고 있는 것이 최근의 경향이다. 이러한 맥락에서 보면, 민간조직도 행정서비스의 공급 주체가 된다. 이는 특히 긴축재정하에서 재정 위기를 극복하고 재정의 효율성을 제고하기 위해 최근 정부의 경영기법 도입이 강조됨에 따라 더욱 주목을 받고 있다.

전통적으로 정부 간 관계는 행정관할권(jurisdictions) 간의 관계로 인식됐지만 최근에는 이를 초월해 민간조직 간의 관계를 중시하고 있다. 이러한 관계를 연속 선상에 나타내 보면 한쪽 극단은 정부이고 다른 한쪽 극단은 시장이다. 이 양 극단 사이에 정부 간, 계약, 보조금, 면허(허가), 공동생산, 구매증서, 자원봉사 등이 포함돼 있다. 이를 쉽게 나타내면 [그림 1-1]과 같으며, 여기에서 중점이 오른쪽으로 옮겨 가면 이는 광의의 민영화라고 불린다(Starling, 1993: 123).

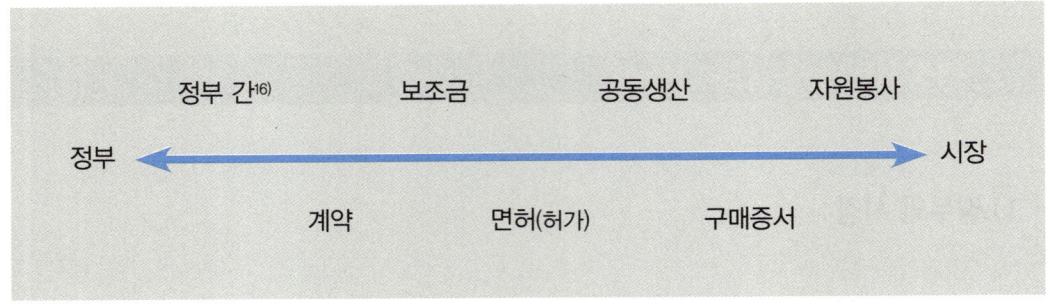

[그림 1-1] 행정서비스 공급을 위한 정부와 시장 관계

2) 계약

(1) 의의

정부는 재화나 서비스의 공급을 위해 민간기업 및 비영리조직과 계약을 맺는다. 계약(contracting out)은 정부가 재화나 서비스를 스스로 생산해 공급하지 않고 민간기업 또는 비영리조직과 계약을 통해 그들로 하여금 그러한 재화나 서비스를 생산해 공급하게 하는 방식이다. 계약에서는 민간조직이 생산자이고 정부는 중개자이며 정부가 생산자에게 비용을 지불한다. 계약은 전통적인 공공서비스의 민영화 논의에서 가장 빈번하게 언급되는 대안인데, 여기서 정부의 바람직한 역할은 민주적으로 표현된 공공재와 공공서비스에 대한 수요를 분명하게 규정하는 실체, 능숙한 구매기관, 민간 부문으로부터 구매하는 재화와 서비스에 대

---

16) 공공서비스 공급의 정부 간 관계는 궁극적으로 지방자치제와 관련이 있다. 중앙정부의 서비스 공급 기능의 강화는 집권화, 지방정부의 서비스 공급 강화는 분권화로 접근이 가능하다. 이러한 논의는 행정의 분권화 부분에서 다루기로 한다.

한 엄격한 감시자, 공정한 세금의 능률적인 징수자, 그리고 계약업자에게 시의적절하고 적합한 지불을 하는 절약하는 지급자로 활동하는 것이다(OECD, 2010).

(2) 유형

민간과의 계약에는 서비스 계약, 경영 계약, 임대 계약 세 종류의 계약이 있다. 이러한 계약 방식은 정부가 소유권과 정책적 통제권을 가지고 있으면서 민간의 경영과 운영의 혜택을 얻는 방법으로 정부는 임대수입, 관리료, 서비스 양여 계약료를 받거나, 서비스 제공 비용을 민간에 이전해 지출을 감소하는 효과를 얻는다.

① 서비스 계약

민간과 계약을 통해 민간이 특정 기간 특정 서비스를 제공하도록 하는 것으로 미국은 가로등, 쓰레기, 도로 보수, 병원 관리, 정신병원, 어린이 육아, 구급차, 버스, 알코올과 마약 치료 등 시정부 서비스의 상당 부분이 이러한 방식으로 제공되고 있다.

② 경영 계약

설비나 사업의 운영과 유지를 민간과 계약하는 것으로, 미국에서는 시영이나 공공병원에서, 교도소와 몇 개의 공익사업 분야에서 시도되고 있다. 경영 계약은 즉각적으로 민영화되기 어렵고 자본 이득의 전망이 없는 공기업의 재편에 이용되고 있다.

③ 임대 계약

설비를 임대해 주고, 운영 유지 유동자산의 교체의 책임을 민간에게 지우는 것이다.

정부 계약의 예

미국의 경우 정부가 사용하고 있는 대부분의 물품, 장비, 시설 등은 민간 계약업자로부터 구매한다. 소규모의 제조, 건축, 또는 식품 생산은 사실상 공무원에 의해 이뤄진다. 이것은 심지어 민감한 군 장비의 경우에도 해당된다. 왜냐하면, 비록 일부 군수품은 연방 병기고에서 제조되지만, 대부분은 민간 생산업자로부터 구입한다. 지방정부 수준에서는 도로, 학교, 그리고 정부청사 등은 일반적으로 민간 건축업자와의 계약에 따라 건축된다. 그리고 연필, 책상, 화재용 호스, 제복, 식품(학생, 환자, 그리고 죄수용의), 연락선, 자동차, 총, 쓰레기 수거 트럭, 그리고 컴퓨터 등은 민간 판매업자로부터 구매한다. 미국 정부는 이들 물자뿐만 아니라 광범위한 서비스에 대해 계약을 체결하고 있다. 공설운동장 보수, 청소 기능, 카페테리아, 비서 및 사무 업무, 도서관, 세탁, 컴퓨터센터, 자료 전환, 운송기 수선, 마이크로필름 촬영, 사진, 인쇄, 불평 처리, 교통 등의 서비스가 계약으로 체결되고 있다. 나아가 평범하지 않은 예들도 또한 많다. 미국 조폐국은 주화 제조 업무의 일부를 위탁 계약한다. 여러 해 동안 민간 계약업자가 북극해를 가로질러 북아메리카를 향하는 비행기와 미사일을 탐지하기 위해 원거리 조기경보 라인을 운영하고 인원을 배치했다. 미국 정부는 시나이의 이집트와 이스라엘 간 휴전선을 순찰하고 감독하기 위해 민간기업의 서비스를 구매했다. 이와 같은 일들은 전통적으로 군부대에 의해 수행돼 왔을 것이다. 용병(庸兵)이 고대 이후로 이용돼 왔으며, 지금도 계속 다양한 나라에서 비밀스럽게 행해지는 전쟁에서 이용되고 있다. 유사하게, 최근에 민간 공군력이 계약에 따라 전쟁에 가담하고 있다. 미국의 도시정부 수준에서 서비스를 민간기업과 계약을 체결해 공급하는 것으로 전망이 밝은 것으로 쓰레기 수거, 앰뷸런스 서비스, 도로 보수 및 교통신호등 수리, 그리고 도로 포장 등이 있다. 또한 광범위한 사회서비스에 대해 계약이 체결되고 있다. 전형적으로 사회서비스 관련 계약은 비영리조직들과 체결한다.

(3) 성공 조건

계약은 다음과 같은 조건하에서 실현 가능성이 높고 잘 운영된다. 첫째, 행해지는 업무가 명확하게 구체화되는 경우, 둘째, 다수의 잠재적 생산자와 경쟁적 분위기가 존재하는 경우 또는 경쟁적 분위기가 창조되고 유지될 수 있는 경우, 셋째, 정부가 계약업자의 업적을 점검할 수 있는 경우, 넷째, 적합한 조건이 계약 문건에 포함되고 시행되는 경우 등이다.

(4) 찬반 논쟁

계약 옹호론자들의 주장을 요약하면 다음과 같다(OECD, 2010).
① 계약은 다음과 같은 이유로 더 능률적인 서비스 공급을 가능하게 한다.
첫째, 계약은 경쟁력을 이용해서 시장으로부터의 압력을 가해 생산자가 비능률적이 되지 못하도록 하며, 그로부터 발생하는 비용을 부담하게 한다. 둘째, 계약은 관리상의

장점이 있다. 정치적 조직의 명확한 특징인 다양한 영향력으로부터 벗어나 있다. 셋째, 관리상의 모든 의사결정의 편익과 비용이 관리자에게 직접적으로 귀속된다.

② 계약은 정부가 직접 소유하고 있지 않은 전문기술의 활용을 가능하게 한다. 계약은 사실상 의미가 없는 봉급 한계와 시대에 뒤떨어진 각종 공무원 규제를 극복한다.

③ 계약은 사업계획의 규모를 수요의 변화와 이용 가능한 자금의 변화에 맞춰 조절하는 탄력성을 가지고 있다.

④ 계약은 새로운 수요에 대한 좀 더 빠른 대처를 가능하게 한다. 그리고 새로운 사업계획의 실험이 용이하다.

⑤ 계약은 큰 자본 지출을 피하는 한 가지 방법이다. 계약은 비교적 일정한 예측할 수 있는 수준으로 장기간에 걸쳐서 비용 부담을 확산시킨다.

⑥ 계약은 관여하는 정부 실체의 규모와는 상관없이 규모의 경제를 허용한다. 정부는 다양한 재화나 서비스의 경제 규모에 가장 유리한 입장에 있는 민간기업과 계약을 체결해 규모의 경제를 실행할 수 있다.

⑦ 업무의 일부를 계약하는 것은 비용을 비교하는 기준을 제공한다.

⑧ 계약은 훌륭한 관리를 촉진한다. 왜냐하면, 서비스의 비용이 계약 가격에서 확연히 드러나기 때문이다. 반면에 정부서비스의 비용은 대개 감춰진다.

⑨ 계약은 단일 공급자에 대한 의존성을 줄일 수 있다. 그래서 파업, 태업, 그리고 약한 리더십 등으로 인한 서비스 공급의 취약성을 감소시킨다.

⑩ 계약은 소수집단 출신 기업가에게 기회를 제공한다.

⑪ 계약은 적어도 직원의 수의 측면에서 정부 규모를 제한한다.

⑫ 계약은 사회의 수요를 만족시키기 위해 혁신적인 방법으로 민간 부문의 연구를 자극한다.

한편 정부서비스의 옹호론자들은 다음과 같은 이유로 계약을 반대한다.

① 계약은 다음과 같은 이유 때문에 궁극적으로 비용이 더 많이 든다. 첫째, 계약 체결과 관련된 부패의 관행이 있다. 둘째, 민간 부문 노동조합들에는 '격렬하고 악성의 노동관행'이 존재한다. 셋째, 민간은 고이윤을 추구하는 영리조직이고, 반면에 정부는 비영리조직이다. 넷째, 민간과의 계약을 통한 서비스 공급으로 인해 그만큼 정부 노동자들이 해고됨으로써 실업에 따른 비용이 수반된다. 다섯째, 자격을 구비한 공급자들의 부족으로 인한 실질적인 경쟁의 결여가 있을 수 있다. 여섯째, 계약을 관리하고 계약 업

적을 점검하는 데 비용이 수반된다. 일곱째, 정부서비스의 팽창은 한계비용을 낮출 수 있다. 여덟째, 일부 계약은 비용과 고정 요금을 합해서 체결되기 때문에 능률성에 대한 유인이 크지 않다. 아홉째, '후속' 계약에서 효과적인 경쟁이 결여된다. 다른 정부가 들어서면 그 업무는 계약업자의 뜻에 맡겨지게 된다.

② 계약은 실적 고용의 기본 원칙을 무효화하게 하고 정부 고용에서 제대군인 선호와 관련되는 법률을 무의미하게 만든다. 계약은 직원을 의기소침하게 하고, 기업이 정부로부터 필요한 기술을 빼앗아 가게 된다. 그러므로 기본적으로 정부의 능력을 약하게 만든다.

③ 계약은 정부의 비상시 반응에 대해 탄력성을 저해한다.

④ 정부가 계약을 통해 서비스를 공급하게 되면 결국 계약업자에 의존하게 돼 바람직하지 않다. 그래서 계약업자의 직원들이 파업이나 태업을 하거나 회사가 파산하게 되면 일반 대중은 큰 손실을 입게 된다.

⑤ 계약은 적절하게 작성된 계약서에 의존한다. 그런데 그런 계약서 작성이 어렵다. 따라서 정부 책임성과 통제가 손상된다.

⑥ 계약은 규모의 경제를 실현하는 기회를 제한한다.

⑦ 민간조직에 서비스를 맡기는 것은 민간조직의 정치적 힘을 증대시키게 되고, 이들에 의한 더 많은 정부 지출을 위한 로비를 만들어 내게 된다.

⑧ 계약은 소수집단 출신들 사이에 불균형적인 직업의 손실을 초래하게 될 것이다. 왜냐하면, 소수집단 출신 중 많은 사람이 정부 직원들이기 때문이다.

⑨ 계약은 계약업자의 자율성의 손상(예: 민간, 비영리 사회서비스기관을 흡수하는 것)을 초래한다. 따라서 장기적으로는 비평과 사회적 양심으로서의 사회서비스기관의 역할을 약화시켜서 효과성을 떨어뜨린다.

계약에 대한 이들 찬반 주장을 자세히 살펴보면, 많은 부분이 서로 명확하게 직접적으로 대립된다. 한편으로는 계약업자가 정부에 대한 그의 자율성을 상실하는 것으로 말해지고, 다른 한편으로는 정부의 충분한 통제하에 있지도 않고 또한 책임이 있는 것도 아닌 것으로 지적된다. 또한 계약은 규모의 경제를 얻을 수 있다는 주장과, 규모의 경제를 이룰 수 없게 한다는 주장이 있다. 정부의 탄력성을 증가시킨다와 감소시킨다는 주장이 대립되고 있다. 계약은 희소한 재능을 정부에서 이용 가능하게 한다는 주장과 그런 동일한 재능을 정부에서 빼앗아 간다는 주장이 있다. 계약이 능률적이라는 주장과 비능률적이라는 주장이 있다.

계약에 반대하는 주장의 일부는 바뀔 수 있다. 예를 들어, 부패에 대한 위의 논의는 그 동일한 기본적인 방식에서 계약과 정부서비스 양자에 영향을 미치는 대칭적인 문제점이라고 결론을 내릴 수 있다. 서비스 제공 결렬과 같은 취약성은 정부 직원에 의한 파업 역시 민간부문 직원들에 의한 파업과 동일한 효과를 가지고 있다는 점이 지적돼야 한다. 계약서비스에 따라 책임성과 통제의 손상을 두려워하는 사람들은 정부에 있는 누군가에게 책임성을 이행하도록 하는 문제점을 무시하고 있다. 그리고 선출된 공무원에 의해서 흔히 주장되는, 그들이 정부기관을 적절하게 통제할 수 없다는 불만을 무시하고 있다.

위탁계약(정부서비스의 민간 또는 비정부조직으로의 이전)

이는 서비스 제공 기능을 민간이나 비정부조직에 이전하는 것으로 비정부단체는 회사 연합단체, 노동조합, 청소년 또는 여성단체, 종교단체 등으로 주로 보건, 교육, 직업 훈련의 업무를 담당한다. 위탁계약을 주장하는 논거는 다음과 같다(Niskanen, 1971; Allison, 1982; Wolf, 1979; Downs, 1967; Drucker, 1973).

- 공공 부문은 능률적인 업무 수행의 유인이 거의 없다. 그리고 공공관리는 인적 및 자본자원에 대한 효과적인 통제를 결여하고 있다. 민간 부문에서는 일반적으로 봉급 인상과 승진 형태로서의 당근과 강등과 해고의 형태로서의 회초리가 동시에 존재한다.
- 공공 부문에서는 운영 예산과 자본 예산이 분리된 과정을 통해서 나타나기 때문에, 그 둘 사이에 양자택일할 기회가 제한돼 있다. 예를 들면, 노동 절약적 장비에 조정된 투자를 하는 것이 더 어렵다.
- 민간기업은 일반적으로 돈을 지불하는 소비자를 만족시킴으로써 번성할 수 있지만, 공공기관은 비록 소비자가 불만인 채로 있다고 하더라도 번성할 수 있다. 즉, 고객이 불만을 보일 경우라도 예산은 더 많이 획득할 수 있다. 사실 역설적으로 때때로 예산은 소비자의 불만족이 증대할 때조차도 팽창한다. 이런 점에서는 증가하는 범죄율이 경찰서로서는 다행한 일이 되고, 주택 부족이 주택기관으로서는 좋은 것이 되며, 그리고 유행성 전염병은 보건소로서는 반가운 일이 된다.

이런 이유들 때문에 민간 부문이 서비스의 좀 더 능률적인 생산자라 기대할 수 있다. 그러므로 민간에 의한 위탁계약이 공공기관 내의 업무 수행보다 훨씬 더 잘 될 수 있다. 공무원들 자신도 위탁계약이 비용이 적게 들고 서비스의 질은 동일하게 또는 더 낫게 제공할 수 있다고 믿는다.

3) 보조금

(1) 의의

유선방송, 전력, 가스 공급, 수도 공급과 같은 요금재(결합 소비와 배제 용이)와 사적 재 중에서 소비를 장려해야 하는 것들은 보조금과 구입증서라는 두 가지 다른 제도적 대안을 통해 공급될 수 있다. 보조금은 정부가 생산자에게 제공하는 것으로서 현금의 형태, 면세 또는 다른 세제 편익, 저리 융자, 또는 융자 보증 등의 형태일 수 있다. 보조금의 효과는 적합한 소비자가 특정 재화를 소비하도록 재화의 가격을 낮추는 것이다. 보조금을 받는 생산자가 더 낮은 가격으로 해당 재화를 공급함에 따라 소비자들은 시장에서 그 재화를 더 많이 구매할 수 있는 것이다.

보조금 대안하에서 생산자는 영리이든 비영리이든 민간기업이다. 정부와 소비자 양자는 공동중개자(정부는 보조금을 받을 특정 생산자를 선정하고, 소비자는 특정 생산자를 선정한다)로 포함되고, 양자가 대체로 생산자에게 지불한다.

(2) 평가

국제 간 정부 관계에서 보조금은 국가경제 조절, 국가정책 강화와 같은 장점을 가질 수 있으나 자국 산업의 과보호로 인한 무역장벽을 가져올 수 있다는 단점이 있다. 또한 시장 가격과 비용의 변경, 자원 배분 왜곡으로 외국과의 가격 차이 확대, 국제적 경쟁 왜곡 현상을 초래하기도 한다. 즉, 보조금은 정부나 공공기관의 직접 또는 간접의 재정적 지원이기 때문에 정부의 자금 증여·대출·출자·채무보증·세금 불징수, 정부에 의한 상품·서비스의 제공, 정부의 자금조달기관에 대한 지원과 같은 내용을 포함하고 있다.

4) 면허

(1) 의의

면허는 서비스를 공급하기 위해 이용되는 또 다른 제도적 구조다. 면허의 배타성은 특정 서비스를 공급하기 위해 민간기업에 독점적인 특권을 부여하는 것으로서, 대개 정부기관에 의해 가격 규제가 수반된다. 택시의 경우처럼 비배타적인 복수의 면허가 수여될 수도 있다.

계약서비스와 동일하게 면허서비스에서 정부는 중개자이고 민간조직은 서비스의 생산자다. 그러나 양자는 생산자에게 대금을 지불하는 방법에 따라 구분할 수 있다. 계약서비스에서는 중개자인 정부가 생산자에게 서비스에 대한 대가로서 비용을 지불한다. 그러나 면허 대안에서는 소비자가 서비스에 대한 대가로 생산자에게 비용을 지블한다.

(2) 대상

면허는 특히 요금재를 공급하는 데 적합하다. 전력, 가스 및 수도 공급, 전화서비스, 그리고 유선 텔레비전 같은 공동 공익시설은 대개 면허서비스로서 공급된다. 그리고 버스 운송서비스 역시 마찬가지다. 이들 서비스 가운데 일부 서비스는 관할 정부가 직접 공급할 수도 있는데, 지방정부가 다수의 전기시설, 수도 공급 체계, 그리고 버스 라인을 소유하고 운영하는 경우가 그런 예다. 접근이 제한돼 있는 고속도로, 공원, 스타디움(stadium), 공항, 그리고 다른 공공자산에 대한 사용 허가 또한 면허에 해당한다.

5) 공동생산

(1) 의의

최근 들어 공공서비스의 생산과 공급이 공공기관에 의해서만 배타적으로 이뤄지는 것이 아니라 공공기관과 시민과의 공동 노력에 의해 이뤄지는 경우가 주목을 받고 이 과정에서 시민의 생산자적 역할이 중요시되고 있다. 그 이유는 1980년대 이후 공통적으로 나타나고 있는 공공서비스에 대한 주민의 수요는 증가하는 반면 정부의 재정은 제한돼 있는 현상으로 인한 것으로 보인다. 이러한 정부서비스 생산에서의 공동 노력의 분야로서는 치안, 교육, 환경, 위생, 복지 등을 들 수 있다.

공동생산(coproduction)에 대한 합의된 개념 정의는 없다. 휘태커(Whitaker, 1980: 242)는 공동생산을 공공서비스의 공급에 일반 시민, 특히 서비스의 직접적인 수혜자가 되는 사람들이 적극적으로 개입하는 것이라고 했다. 샤프(Sharp, 1980)는 공동생산을 공공서비스가 시민의 활동과 공무원의 활동의 합작품이라는 인식에 기초를 두고 직접적인 생산행위뿐만 아니라 시민이 공공기관에 서비스를 요청하는 행위, 공공기관에 의한 서비스를 평가하는 행위, 나아가 공공기관의 요구나 기대에 대한 시민의 순응(compliance)까지 포함하는 것으로 보고 있다.

한편 파크 외(Parks et al., 1981)는 경제학적 관점에서 공동생산을 규정하고 있다. 그들은 생산자를 정규 생산자(regular producers)와 소비 생산자(consumer producers)로 구분하고, 전자에는 전통적인 공공서비스 공급자인 정부가 다른 재화와 서비스와의 교환을 목적으로 특정 재화 또는 서비스를 생산하는 경우를, 후자에는 시민 및 지역사회단체가 자신과 가족 또는 지역공동체에 필요한 재화나 서비스를 스스로 생산하고 소비하는 경우를 포함시키고 있다. 따라서 이들은 공동생산을 정규 생산자와 소비 생산자의 생산활동의 혼합으로 규정하고, 공공기관과 시민의 직접적인 협력 여부와 관계없이 재화나 서비스를 생산하는 것을 포함하고 있다. 또한 브러드니와 잉글랜드(Brudney & England, 1983)는 파크 등이 개념을 규정한 정규 생산자와 소비 생산자의 혼합 부분을 더욱 구체화해 공동생산을 시민들의 단순한 반응이 아닌 서비스 공급에의 적극적인 개입 혹은 참여여야 하고, 서비스 공급 형태에 긍정적인 영향을 미치는 활동이어야 하며, 시민들의 자발적인 협조에 기초를 두고 있는 능동적인 활동이어야 한다고 규정하고 있다.

일반적으로 공동생산이란 정부기관과 지역주민(또는 단체)이 상호 협력적 관계를 바탕으로 공공서비스의 구상과 전달에 함께 참여하는 것을 의미한다. 정부 주도하의 전통적 서비스 전달 방식에서 정부는 공급자, 시민은 소비자라는 대중적 관계를 유지했다. 그러나 공동생산의 경우에는 정부와 시민이 서비스 공급에 같이 참여함으로써 권한과 책임을 공유한다는 데 그 특징이 있다. 즉, 시민은 서비스 수혜자로서뿐만 아니라 공급자로서의 역할도 담당하게 되는 것이다.

어떻든 공동생산은 한편으로는 주민 참여의 새로운 형태로 볼 수 있고, 다른 한편으로는 정부와 시민들 간의 상호 작용을 통해 시민정신을 고취할 수 있게 했다. 그러므로 공동생산 방식은 시민의 직접 참여가 보장되는 수요 지향적 공공서비스 전달 체계의 한 수단이라고 할 수 있다.

(2) 유형

공동생산은 주체에 따라 개별적(individual), 집단적(group), 집합적(collective) 공동생산으로 분류할 수 있다(Percy, 1983).

① 개별적 공동생산

이 활동은 다시 공급되는 서비스의 성질에 따라 두 가지 형태를 취한다. 시민들이 수동적으로 참여하기만 하고 활동의 선택 여지가 거의 없는 활동과 서비스의 향상을 위해서 시민들이 적극적이고 자발적으로 참여하는 활동으로 구분된다. 전자의 예로서는 교육이나 복지서비스의 수혜를 들 수 있고, 후자의 예로서는 화재 발생 시 화재경보기 작동, 집 앞 거리 쓰레기 수거, 교통신호기 고장 신고, 취학아동 등교 도움 등을 들 수 있다.

② 집단적 공동생산

이는 많은 시민의 자발적이고 적극적인 참여와 함께 시민단체와 정부기관 간에 공식적인 협동 체계가 요구된다. 이러한 대표적 예로서 미국의 근린지구 순찰대(neighborhood watch group)를 들 수 있다. 이 방법은 공동생산의 효과가 특정 집단에게만 귀속되며, 나아가 행정기관과 갈등을 초래할 가능성이 있다.

③ 집합적 공동생산

이는 재정적 위기를 극복하기 위한 방안으로 많은 지방정부가 도입한 것으로, 지역사회 전체에 이익을 주는 집합재(collective goods)를 불특정 다수의 시민이 참여해 생산하거나 전달한다. 이 방법은 편익의 재배분이라는 이념이 담겨 있다. 즉, 서비스 생산과 전달 과정에서 특정 주민의 참여 여부에 관계없이 그 편익이 시민 전체에게 집합적으로 귀속되며 행정기관의 적극적인 후원이나 지지를 예견할 수 있으므로 정부와 시민 간의 협조 관계를 고취할 수 있다. 이는 시민들의 공동생산 활동을 제도화한 것으로 경찰, 소방, 도서관, 공원 등의 서비스 분야에 자원봉사대를 활용하는 것이다.

또한 공동생산은 활동 내용에 따라 다음과 같이 세 가지로 구분한다.

① 시민의 도움 요청

많은 공공서비스 활동은 시민들의 특정한 요청이 있을 때만 공급된다. 예로서는 의료보조, 실업수당, 사회복지수당, 긴급구조 등을 들 수 있다.

② 시민의 도움 제공

시민의 도움 요청과 달리 자발적으로 시민이 서비스 제공에 참여함으로써 공공 부문이 하지 못하는 공공서비스를 공급한다. 예로서는 시민자율 방범활동을 들 수 있다.

③ 시민과 정부 간 상호 조정

정부와 시민이 지역의 문제를 함께 생각하고 해결을 위한 상호 행동과 기대 수준을 조정한다. 이때 시민은 더 이상 서비스의 수혜자가 아니며, 정부와 함께 서비스의 공급에 책임을 진다.

(3) 유용성

공공서비스의 전달 체계를 수요자 중심으로 개선해 서비스의 양적·질적 수준을 향상시켜 준다.[17]

① 서비스 공급의 효율성 제고

서비스의 전달 과정에 시민들이 자발적으로 참여하기 때문에 투입 대 산출의 기술적 능률성이 향상된다. 공동생산에서는 더 적은 비용으로 높은 수준의 서비스를 제공하는 것이 가능하다. 이는 시민이 서비스 공급자로서의 일정한 역할을 담당해 주며, 그 결과 정부의 입장에서는 투입비용이 줄어드는 효과가 있기 때문이다. 쓰레기 수거 업무를 예로 들면, 이전에는 시정부가 주로 문전 수거 방식을 통해 쓰레기를 직접 수거했다. 그러나 공동생산에서는 시민이 수거 용기가 있는 일정 지역까지 쓰레기를 운반해 주기 때문에 인력이나 작업 시간 면에서 비용을 절감할 수 있을 것이다. 그뿐만 아니라 시민 참여를 통한 분리 수거는 정부가 수거, 처리해야 할 쓰레기의 양을 감소시킨다는 점에서도 경제적 효과가 있다.

② 정부자원의 증대

공동생산은 서비스 공급을 위해 사용 가능한 정부의 자원을 증대시켜 준다. 따라서 정부

---

17) 물론 서비스 공급의 효율화는 계약이나 허가 등을 통해서도 이뤄질 수 있다. 이는 정부의 재정적 부담을 덜어 준다는 장점이 있긴 하지만 서비스 수혜자인 시민의 입장에서 보면 결코 바람직한 방법만은 아니다. 왜냐하면 서비스 전달 과정에서 정부와 민간기업의 역할은 더욱 강화되고 밀착되는 반면 시민의 목소리는 상대적으로 배제될 가능성이 높아지기 때문이다.

는 그동안 인력이나 재정문제 등으로 인해 적절하게 대처하지 못했던 서비스의 공급을 확대할 수 있다. 주민들이 비교적 손쉽고 간단한 업무를 담당해 주기 때문에 관료들은 그동안 소외됐던 서비스 분야에 자신들의 시간과 자원, 전문성을 집중적으로 투자할 수 있다. 따라서 획일적이 아닌 좀 더 다양한 내용의 서비스 공급이 가능하게 될 것이다. 예를 들어 지역주민이나 단체가 경찰에 대해 인력을 지원하거나 자발적인 시긴순찰을 행한다면 치안서비스는 이전보다 훨씬 강화될 것이다. 또한 학교시설물 관리나 수업 보조 등을 통한 학부모들의 적극적인 참여는 교육서비스의 수준 향상을 가져온다.

③ 정부의 대응성 향상

공동생산을 통해 시민들은 행정기관에 대해 서비스 공급에 대한 요구를 적극적으로 할 수 있기 때문에 배분적 능률성을 향상시킨다. 공공 부문에서 배분적 능률성 향상에 가장 큰 장애 요인은 시민들에 대한 진정한 선호, 즉 수요를 파악할 수 있는 장치의 제약이었다. 그러나 공동생산은 이러한 약점을 상당히 보완해 준다. 공동생산의 과정에서 공무원과 시민은 서로 접촉하거나 대화할 기회가 많아지게 마련이다. 그 결과 공무원들은 서비스 공급상의 실태 및 문제점을 시민의 입장에서 파악할 수 있으며, 이는 미래의 바람직한 서비스 규모와 내용을 설정하는 데도 유용한 정보가 된다. 공동생산 과정에 시민이 직접 참여함으로써 서비스 전달과 관련된 정보가 제공되므로 행정기관의 입장에서 정보의 피드백이 이뤄지는 셈이다. 나아가 이러한 정보에 입각한 서비스 공급에 대한 므니터링은 행정기관의 시민에 대한 대응성을 높인다. 한편 서비스 공급과 관련해 정부기관의 행태나 실적에 대한 시민들의 감시와 견제가 활성화된다는 점에서도 행정 대응성은 제고될 소지가 있다.

④ 서비스 공급의 공평성 제고

공동생산은 시민들의 자발적 의지에 입각해 있는 속성으로 인해 서비스 공급의 참여자에게 편익이 돌아가므로 편익의 원칙에서 볼 때 공평성을 가지고 있다고 볼 수 있다.

⑤ 민주성의 가치 고취

공동생산은 시민의식을 고취함으로써 높은 수준의 행정을 유도한다는 효과가 있다. 시민들은 정부활동에 직접 참여함으로써 업무상의 어려움이나 한계를 자연스럽게 이해하게 된다. 즉, 제3자로서의 객관적 입장이 아닌 주관적 입장에서 정부기관을 바라보게 되며, 이러한 상호 이해의 증대는 정부에 대한 신뢰 회복으로 이어질 수도 있다. 아울러 정부활동에 대한 권한과 책임의 공유는 궁극적으로 더 높은 시민의식의 함양을 위한 교육의 장을 마련해 줄 것이다. 특히 시민들의 노력이 긍정적으로 평가됐을 경우 그들이 느끼는 성취감이야말로 성숙한 시민사회를 향한 하나의 출발점이 될 수 있다. 결국 높은 수준의 행정이 높은 수준의 시민의식에 달려 있음을 감안할 때 공동생산이 시사하는 바는 실로 중요하다고 하겠다.

(4) 문제점

공동생산의 적용이 항상 긍정적 효과만을 가져오는 것은 아니다. 따라서 파생될 수 있는 부작용들을 미리 예상하고 대비하는 노력 역시 필요하다.

① 공무원들의 반발이나 의도적인 비협조

이러한 역기능적 행태는 기본적으로 시민 참여에 대한 공무원들의 부정적 시각에서 비롯된다. 다시 말해서 시민 역할의 증대를 자신들의 권위나 전문성에 대한 위협으로 파악하거나, 기존의 업무 절차를 더욱 복잡하게 만드는 장애 요인으로 인식한다는 것이다. 만약 그렇다면 공동생산은 오히려 관료와 주민 사이의 갈등을 자극할 소지가 있는 셈이다.

② 새로운 비용이나 업무의 추가적 발생

쓰레기 수거 업무의 경우 시민 참여 유도를 위한 홍보, 수거 용기의 제작, 수거 차량의 확보 등이 그 예가 될 수 있다. 특히 재정력이 극히 빈약한 지방자치단체에서는 이러한 투자비용의 마련이 심각한 문제로 제기될 수도 있다. 하지만 정부의 추가비용 조달문제는 오히려 고위관리자의 공동생산에 대한 실천 의지에 달려 있다고 하겠다. 왜냐하면 궁극적으로는 그러한 비용이 공동생산에 의한 서비스 공급으로 인한 예산 절감 효과에 의해 충분히 상쇄되기 때문이다.

③ 책임 회피 또는 행정 편의

공동생산은 서비스 전달과 관련된 책임이나 비용을 단순히 시민에게 전가하거나, 시민 참여를 행정적 편의를 위해 이용할 수 있는 기회를 제공할 가능성이 있다. 또한 이와 관련해 서비스 공급에서의 형평성 문제가 제기될 수 있는데, 그 이유는 공동생산에 참여할 수 있는 능력이 주민이나 지역마다 서로 다르기 때문이다. 즉, 사회경제적 수준이 높은 지역은 그렇지 못한 지역에 비해 시간, 금전, 지식과 같은 참여 능력이 크므로 결과적으로는 양 지역에 서비스 수준의 격차가 오히려 심화될 수 있다.

(5) 전략

공동생산을 구상하는 단계에서 예상할 수 있는 문제점들을 충분히 고려하고 그 대비책을 강구해야 한다.

① 일상적 업무부터

우선 대상 서비스를 선정하는 데 전문적 지식이나 경험이 요구되는 분야보다는 비교적 단순하고도 일상적인 것을 택하는 편이 좋다. 또한 동일 서비스 내에서도 핵심적 업무보다는 보완적 업무를 시민에게 맡기는 것이 바람직하다. 공무원들에 대한 사전교육을 통해 그들의 거부감을 완화하고, 시민 참여가 용이할 수 있도록 조직구조를 분권화하는 등의 방안들도 고려해 볼 수 있다.

② 적극적 보상 체계의 마련

아울러 시민 참여 확대를 위한 보상 체계의 모색도 적극적으로 이뤄져야 한다. 예를 들면 주민이 분리 수거한 신문지나 폐지를 정부가 직접 주거지역에서 재생휴지와 교환해 줌으로써 동기부여를 제공할 수 있다.

6) 구매증서

(1) 의의

구매증서(vouchers)제도는 특정 계층의 소비자들에게 특정 재화의 소비를 장려하기 위해 고안된 것이다. 보조금제도는 생산자에게 보조금을 지불함에 따라 소비자가 그 보조금을 이용하기를 원한다면 소비자의 선택은 단지 보조금이 지불된 생산자에게 한정이 된다. 이와 달리 구매증서제도는 소비자에게 직접 보조를 함에 따라 소비자가 시장에서 비교적 자유로운 선택을 할 수 있다. 따라서 주택이용증서는 보조금에 의해서 공급되는 저가 주택과 대조될 수 있다. 구매증서는 매달 20만 원 하는 식으로 어떤 화폐적인 가치를 가지고 있다. 소비자는 그의 선택에 따라 원하는 주택을 선정할 수 있다. 만일 집세가 매달 50만 원이면 그는 집주인에게 30만 원을 현금으로 지불하고 그에게 20만 원의 증서를 제공한다. 그 집주인은 증서를 받아서 그것을 지정된 정부기관에 제출하고 20만 원을 받게 된다.

보조금제도와 마찬가지로 구매증서제도에서의 생산자는 민간기업이다. 그리고 정부와 소비자 양자는 생산자에게 돈을 지불한다. 구매증서 대안에서는 소비자만이 그 선택을 하게 된다. 생산자는 그 서비스를 제공하기 위해 정부로부터 재가를 받아야만 한다. 아무나 주택이용증서를 제출하고 현금을 수령해 갈 수는 없다. 단지 정당한 재산 소유자만이 그렇게 할 수 있다.

(2) 제약 조건

모든 다른 대안과 마찬가지로, 구매증서 대안을 언제 어떻게 이용할 것인가에 대해서는 각각 제약 조건들이 있다. 구매증서가 잘 이용될 수 있는 조건을 다음과 같이 요약할 수 있다.

① 서비스에 대한 사람들의 선호에서 광범위한 차이가 있다. 그리고 이 차이는 일반 대중에 의해 정당한 것으로 인식되고 받아들여진다.
② 각자가 그 서비스를 아주 현명하게 구매할 유인이 있다.
③ 각자가 서비스의 비용과 질, 구매 장소 등 시장 상황에 대해 잘 알고 있다.
④ 서비스에 대한 경쟁적인 공급자가 많이 있거나 시작 비용이 아주 낮기 때문에 수요만 있다면 부가적인 공급자들이 쉽게 시장에 진입할 수 있다.
⑤ 서비스의 질은 이용자가 쉽게 판별할 수 있다.
⑥ 서비스는 비교적 값이 비싸지 않고 빈번하게 구매된다. 그래서 이용자가 경험으로 서비스에 대한 정보를 얻게 된다.

(3) 종류

① 식품구매권

빈곤자에게 식품을 나눠 주는 완전히 새로운 정부 운영의 식품 분배 시스템을 수립하는 대신에, 그 수혜 대상자에게 구매증서를 줌으로써 통상적인 기존 식품점에서 사용할 수 있도록 한다. 소비자는 현명하게 물품을 구매하고 싸게 파는 물품을 모색하도록 하는 동기가 강력하게 부여된다. 왜냐하면, 그가 지니고 있는 식품구매권(food stamps)은 일종의 식품 구매 현금으로서 자유로운 사용을 통한 절약이 가능하므로, 싼 가격에 좀 더 많은 물품을 구매하려고 할 것이다. 보조금이 지불된 소비자로서 그의 행태는 보조금이 지불되지 않는 소비자의 행태와 구분하지 않아야 한다.

② 저소득자에 대한 의료보장제도(Medicaid) 또는 65세 이상의 노인에 대한 의료보험제도(Medicare)

의료서비스에 대한 일종의 구매증서로 생각할 수 있다. 이들 카드 소지자는 치료를 받기 위해 정부병원에만 가는 것은 아니다. 그들은 의사와 병원이 그 카드를 통한 지불을 받아들인다면, 그가 자의적으로 의사와 병원을 선정할 수 있다. 이것은 식품구매증서만큼 좋은 구매증서제도는 아니다. 왜냐하면, 의료카드 소지자들은 저가의 양질의 생산자를 추구할 유인이 없기 때문이다. 카드 소지자의 지출에 대해 효과적인 상한선이 없고 반제율은 고정돼 있다. 그리고 만일 어떤 사람이 최대치보다 작게 요금을 부과하는 의사를 찾는다면, 그 절약분은 그 소비자에게 귀속되는 것이 아니라 그 청구서에 돈을 지불하는 정부기관에 귀속된다.

③ 문화상품권

문화 구매증서는 문화활동에서 보조금제도에 대한 대안으로 도입됐다. 극장에 보조금을 주는 대신에, 문화권이 입장을 장려하기 위해 개인들에게 주어진다. 그리고 증서 소지자는 그의 선택에 따른 공연에 참석할 수 있다. 극장은 증서를 받고 그것에 대해 변제받는다.

식품구입권 프로그램은 진정한 구매증서제도다. 그리고 그것은 이 모든 제약 조건을 만족시킨다. 노인이나 빈곤자들을 위한 의료보장 카드들은 이들 여섯 가지 제약 조건 중 첫 번째 조건만 충족한다. 다시 말하면, 이러한 의료카드들은 소비자들이 현명하게 구매할 유인이 거의 없고, 그들이 서비스 비용이나 질에 대해 잘 알고 있지 못하며, 서비스 제공자들에 의한 경쟁은 정부의 규제 그리고 의료집단들의 모임에 의한 규제 때문에 현저하게 낮고, 서비스의 질은 소비자가 측정하기 어려우며, 그 서비스는 가끔 드물게 구매된다.

아마 가난한 사람들을 위한 의료치료서비스에서 더 나은 방법은 의료보장(Medicaid)식의 구매증서를 건강보험 구매증서로 교체하는 것이다. 후자는 전자에 비해 위에서 제시된 제약 조건들을 더 잘 충족시킨다. 가난한 사람들이 건강보험을 구입할 수 있도록 해 주는 증서는 치료비의 인플레이션적인 압력을 종식시키고 치료비를 통제 가능하게 하는 전망을 제공한다.

구매증서를 이용할 수 있는 또 다른 영역은 교통, 아동 보호, 그리고 법률서비스다. 교통 여건이 열악한 교외에 거주하는 가난한 노인들에게 가령 버스나 택시회사 그리고 심지어 자가용에 이르기까지 교통 편의 제공자에게 지불 가능한 구매증서를 발부할 수 있다. 아동 보호 구매증서를 가진 부모는 자신들의 자녀들을 가격과 서비스에서 최상인 어린이집에 보낼 수 있다. 소득 수준이 낮은 피고들이 법률적인 도움을 받기 위해 정부의 국선 변호사 또는 보조금이 지불되는 법률구조사무소에 의존해야 하는 대신에 구매증서를 이용할 수 있다. 그러나 이 제안들이 위에서 밝혀진 여러 조건을 모두 충족시키는 것은 아니다.

(4) 평가

구매증서가 가장 잘 시행될 수 있는 분야 중의 하나는 저소득 가계를 위한 주택 제공이다. 주택구입증서 또는 임대사용증서는 정부서비스인 공공주택이나 건축업자에게 보조금을 주는 것에 비해 광범위하게 선호된다. 소비자에게 보조금을 주는 것에 해당하는 구매증서는 시민 선택권을 높여 준다는 점에서 보조금(생산자에 대한 보조금)보다 훨씬 나은 대안이다. 그러므로 일부 주장은 각자의 선택권과 책임성을 강화하기 위해 가난한 사람들에게 궁극적인 구매증서(즉 현금)가 주어져야 한다는 것이다.

이 접근 방법에 대해서는 원칙적인 반론이 있다. 사람들은 식료품과 주거를 위해 소비하는 데 제한된 용량을 가지고 있다. 그러나 현금을 소비하는 데는 무제한의 용량을 가지고 있다. 그러므로 무제한의 복지비 지출을 통제하는 것보다 식품이나 주거에 대한 복지비 지출을 통제하는 것이 더 용이하다. 정치적 압력으로 인해 좀 더 규모가 큰 액수의 지급, 적합성 요구 조건들의 완화, 그리고 기타 사유로 부분적인 지불을 받는 수혜 대상자들을 증가시키게 된다. 식품과 주거를 제공하는 현물 프로그램은 가난하지 않은 사람들에게는 매력적이지 않고 그러므로 정말 필요한 사람들에게 더 많은 도움을 제공할 수 있다. 궁핍하지 않은 사람들이 현금 지원을 받는 자격 요건보다는 공공주택에 입주할 자격을 얻기 위해 가난한 사람으로 행세하는 것을 훨씬 덜 원할 것이다. 게다가 납세자들은 가난한 사람들을 위한 식품과 주거의 필수품 조달에 좀 더 기꺼이 돈을 지불하고자 할 것이다. 그러나 무제한의 현금 지급이 따르는 복지 수혜자를 훨씬 덜 신뢰하게 될 것이다.

美 교육계 '바우처制' 논란

한국일보(2005.10.25.)(https://www.hankookilbo.com/News/Read/200510250060983049).

7) 자발적 서비스(자원봉사)

(1) 의의

특정 재화나 서비스를 제공하기 위해 자발적 조직을 이용할 수 있다. 자발적 조직은 아마 현존하는 것이거나 또는 구체적으로 원하는 행동을 수행하기 위해 만들어질지 모른다. 각자가 기꺼이 이와 같은 일을 하겠다는 조직을 합심해서 형성하기 위해서는 반드시 공통되는 이해관계가 충분히 있어야 한다. 만일 그렇지 않으면 각자가 그들의 시간과 돈을 자발적으로 내놓지 않을 것이다. 이해의 공통성은 안전도의 개선, 좀 더 깨끗한 거리, 더 많은 여가활동 등을 다루기 위해 형성된 자가 소유자 모임 또는 근린지역공동체 모임에 의해 나타나듯이 장소 중심적일 수 있다. 또한 자발적인 집단은 집합적인 기초로 다뤄지는 것이 합당한 가치 있는 사적 재를 제공하기 위해 형성될 수도 있다. 하지만 그 재화들은 아마 장소적인 의미에서 지역화되지는 않을 것이다. 예를 들어 유사한 관심을 공유하는 개인들은 특별한 질병(예: 심장, 폐 등) 그리고 구체적 사회적 문제(예: 가족계획, 미혼모, 입양, 마약 남용)에 초점을 둔 자선모임을 형성하기 위해 단결한다.

자발적 서비스와 거의 유사한 방식으로서 자기서비스(self-services)가 있다. 차이점은 자원단체를 매개로 하지 않고 스스로 자기서비스를 제공하는 것이다. 공동생산(coproduction) 또는 공동 제공이라는 용어가 때때로 자발적인 대안, 자기서비스 대안, 그리고 공공기관에 시간 또는 돈의 자발적인 시민 기여를 언급하는 것으로 이용된다(예: 시립병원에서 일하는 자원자 또는 컴퓨터를 구입해서 학교에 기부하는 행위 등). 하지만 그것은 너무 이질적인 일련의 행동을 다루고자 하고, '공동'이란 용어는 자기서비스 장치에 명백히 부적절하며, 더 단순하고 더 기술적인 용어인 자조(自助) 또는 자기서비스라는 단어가 있기 때문에 여기서는 공동생산 또는 공동 제공이라는 단어를 사용하지 않을 것이다.

(2) 제약 조건

자발적 조직의 서비스 제공에는 다음과 같은 제약 조건이 있다.

첫째, 필요성 또는 수요가 명확하고 지속적이어야 하고, 둘째, 수요를 충족시키기 위해 노력하도록 많은 사람에게 동기가 부여돼 있어야 하며, 셋째, 서비스가 그 집단의 기술적 그리고 물질적 수단의 범위 내에 있어야 하고, 넷째, 그 결과가 그 집단에 대해 명확한 심리적인 보상 등을 제공해 줘야 한다.

(3) 이용

자선조직은 자발적인 도움이 필요한 사람들에게 많은 인적 서비스를 제공한다. 정부기관에서 제공하는 지역사회 서비스를 자발적인 모임들이 상당수 수행하고 있다. 자발적 활동의 예로서 오락 프로그램, 가로 청소, 예방적 순찰, 그리고 근린모임에 의한 소방 업무 등이 있다. 이 대안에서 자발적인 상호 원조 모임은 서비스 중개자로 역할을 한다. 모임의 구성원 또는 직원을 이용해서 그 서비스를 직접 생산하거나 또는 어떤 민간기업이 그 일을 수행하도록 고용하고 돈을 지불한다. 자발적인 모임이 주택이나 식품 같은 사적 재를 공급하는 업무에 연계됐을 때, 그것은 비영리 민간기업이 자유시장에서 활동하는 것과 다름이 없다.

화재나 절도에 대한 보호는 주로 담뱃불을 끄거나 문을 잠그는 등의 기본적인 자기서비스 조치에 의해 이뤄진다. 그 외 신문지를 재활용센터에 가져가고, 직장까지 운전해 가며, 상처에 붕대를 감고, 또는 자신의 자녀들에게 휴가 지도를 하는 개인은 자기서비스를 실천하고 있는 것이다.

자기서비스 단위로서 가족은 주택, 건강, 교육, 복지, 그리고 인적 서비스의 원초적이고 가장 능률적인 장소다. 가족은 그 구성원들에게 중요한 서비스를 아주 광범위하게 제공한다. 좀 더 초기의 가족 기능으로 회귀하는 데 상당수의 가족이 전통적인 학교에 불만을 품고 그들의 자녀를 학교에 보내는 대신에 가정에서 교육시킴으로써 위협적인 관료 권위에 용감하게 도전하고 있다.

8) 민영화

(1) 의의

민영화(privatization)는 정부의 역할을 축소하고, 민간기업의 역할을 충분히 발휘하는 것 또는 민간 참여를 확대하는 것을 의미한다. 민영화의 배경에는 공기업의 비효율성과 정부 예산의 부족, 기술의 발전 및 변화가 새로운 정책을 요구한다는 것을 들 수 있다. 그러나 많은 공기업이 자연독점의 성격을 가지고 있어서 민간 참여에 제약이 따른다. 그것은 자연독점 산업이 비용 감소 효과로 인해 오직 한 기업만이 시장에서 살아남을 수 있는 시장환경이기 때문이다.

협의의 민영화는 공적 경제활동을 활성화하기 위한 하나의 정책으로 주로 공기업의 자산이나 주식의 매각을 의미하고, 규제 완화란 민간 경제활동을 활성화하기 위한 하나의 정책으로 정의된다. 민영화와 규제 완화(deregulation)는 결국 작은 정부를 지향하므로 국가의 민간활동에 대한 관여를 축소하는 정책의 일환으로 볼 수 있다. 협의의 민영화는 공기업의 경영 형태를 민간에 좀 더 근접한다는 의미로 사용되고 있으나 광의의 민영화는 공기업의 경영 형태 변경뿐만 아니라 규제 완화와 공적 활동(행정서비스)의 민간 하청까지도 포함한다.

(2) 고려 사항

다음은 공기업 사업 분야에서 민영화를 시도하는 경우 고려해야 할 사항이다.

① 자연독점의 재검토

먼저 공기업으로 운영돼 온 사업 분야가 과연 자연독점적인 산업인가에 대한 재검토가 이뤄져야 한다.[18] 또한 독점의 운영이 비효율적인 경우 운영비용이 증가되기 때문에 경쟁을 허용해서 운영비용을 낮출 수 있다.[19] 마지막으로 자연독점 산업인 경우에도 수평적·수직적 분할이 가능하다.

---

18) 일부 도시에서는 수돗물의 질에 따라 다른 수도관을 설치하고 있다. 즉, 화장실용은 바닷물을 사용하고 맑은 수돗물은 별도의 수도관을 이용한다. 홍콩과 싱가포르가 이와 비슷한 체제를 유지하고 있다. 미국과 영국에서도 2개의 관을 사용하는 것이 경제성이 있는 것으로 나타나고 있다. 이것은 수도의 공급이 자연독점이라는 것을 반박하는 것이고 규모의 경제가 있는 곳에서도 민간 부문의 참여가 이뤄질 수 있다는 것을 말해 준다.

19) 극단적으로 말하자면, 아무리 자연독점인 사업이라도 경쟁을 도입할 수 있다. 그 이유는 독점적 비효율을 제거하기가 너무 힘이 들기 때문이다. 자연독점의 이유로 자유방임으로 놓아두면 비효율적인 독점을 제거하기가 어려운데 경쟁의 도입은 이러한 비효율을 제거할 수 있다.

② 사업 운영 주체의 선택(민간과 공공)

정부실패의 존재는 민간 참여의 확대 또는 민영화에 대한 또 하나의 정당성을 부여해 준다.[20] 정부실패가 있는 경우 합리적인 경쟁과 규제의 확립에 기초한 공기업의 민영화는 공기업의 대대적인 조직 개편 등의 개혁보다도 효율적인 정책수단이 된다. 특히 개도국의 경우는 합리적인 경쟁과 규제의 확립이 이뤄지지 않아도, 민영화가 공기업의 대대적인 조직 개편보다 종종 더 효율적인 정책이 된다는 주장도 있다.

③ 민영화와 규제의 중요성

일부 경제학자는 자연독점의 경우에도 자유 진입만 보장한다면 반경쟁에 대한 규제가 필요 없다고 한다. 그러나 자유 진입이 항상 바람직한 것만은 아니다. 첫 번째 이유는 시의적절한 경쟁 도입의 필요성 때문이다. 다시 말하면, 민영화는 너무 빨라도 그리고 너무 늦어도 안 된다. 둘째는 비경제적인 경쟁(wasteful or destructive)이 일어나는 경우 많은 매몰비용(sunk costs)이 발생하기 때문이다. 셋째는 자유 진입이 보장돼 있는 상황에서도 자연독점 산업이 두 개 이상의 산출물을 생산하고 있는 경우라면 신규 사업자는 사업의 수익성이 높은 곳에서만 사업활동을 벌일 수 있다. 따라서 자유 진입의 보장으로 신규 사업자가 진입하는 경우 자연독점이 지탱되지 못할 경우가 생길 우려가 있다. 이 경우 자연독점 산업이 가지고 있었던 규모의 경제와 범위의 경제는 규모의 비경제와 범위의 비경제로 변화된다.

지금까지 경쟁이 없었던 자연독점에 대한 관리 또는 규제에서는 과다한 독점이익은 없었는지, 한계비용 가격 설정이 적용되지 않아 배분적 비효율(allocative inefficiency)이 있지는 않은지, 조직적 비효율은 없는지 등의 파악이 먼저 선행돼야 한다. 민영화한 후 경쟁이 더 이상 발전되지 않거나 규제가 효율적이 되지 않으면 민영화는 비효율적인 자연독점 산업에

---

[20] 전통적으로 경제학자는 서비스 제공의 민간 및 공공의 선택의 문제를 시장실패의 여부에 따라 판단했다. 시장실패가 나타나는 것은 자연독점, 대규모 생산이 단가 절감을 가져오는 경우, 외부성의 존재, 서비스 요금의 부과가 어렵거나 배제가 어려운 경우, 가치재의 경우 등이다. 이와 같은 경우 정부의 기능은 시장실패를 보전하는 수단으로서 등장하고, 시장실패의 성질에 따라 정부의 개입 수단은 규제, 조세 부과 또는 보조금 지급, 정부에 의한 직접생산 등으로 나타났다. 그러나 공기업의 비효율성이 사회적으로 문제가 되고 정부 재정이 압박을 받으면서 많은 사람이 정부실패를 지적하고 있다. 정부가 정보의 측면에서 피규제자인 민간기업보다 적은 정보를 가지고 있고, 정부는 소비자보다는 정치가에 더 부응하고 있으며, 규제정책이 오히려 규제를 받는 산업을 보호하거나 다른 이익집단을 보호하는 데로 흐르는 경향을 지적한 것이다.

더욱더 큰 자유재량을 주는 모순적인 결과를 낳는다. 또한 민영화가 되더라도 규제가 민영화된 기업에 끌려 다니는 경우에도 민영화의 효과는 반감되기가 쉽다. 민영화를 준비할 경우 이에 대한 충분한 고려와 대안 검토가 필요하다. 다시 말해, 경쟁이 실현될 수 없는 경우에는 사업의 효율성 책임은 규제자에게 있다. 상수도와 같이 경쟁을 예상하기 어려운 경우 정부 공기업은 규제하의 민간회사로 만드는 이유가 여기에 있다.

민간 부문의 참여 시 이를 감시하고 통제할 수 있는 규제적인 틀이 필요하다. 중요한 것은 민간 부문의 참여란 통제권의 축소를 의미하는 것이 아니라 민간 부문과 공공 부문의 비교 우위에 바탕을 둬 공공과 민간이 새로운 업무 분장을 의미하는 것이다. 규제 체계는 서비스의 품질을 기준에 적합하도록 하고, 소비자를 독점의 폐해로부터 보호하며, 민간 부문을 유치하고, 상업적인 이윤성을 촉진하는 사업적 분위기를 만들어야 한다. 이러한 점에서 규제기관은 정치적 중립성을 가져야 하고, 독립적 규제기관의 임원은 일정 기간 동안 임명되며, 오직 권력의 남용이나 불법적인 행위에 의해서만 해직돼야 한다. 그리고 모든 행위는 공식적으로 문서화해야 한다.

④ 경제적 규제와 사회적 규제

경제적 규제란 독점과 경쟁에 관한 것으로 경쟁의 촉진과 자연독점의 규제와 같은 경제적인 규제를 말하며, 사회적 규제란 안전, 환경 보호, 형평성, 특정 집단의 보호, 소득 분배, 특정 사업 장려와 같은 사회적 목표의 조정을 의미한다. 이러한 경제적 규제와 사회적 규제의 혼합으로는 보편적 서비스(universal service)의 제공, 차별의 금지, 균등 요금(uniform charges) 부과, 특정 집단에의 서비스 제공 의무, 빈곤층에 대한 서비스 제공의 배려 등이 있다. 경쟁 도입 시 유의해야 할 것은 기존의 자연독점 산업이 사회적 의무로 인해 상호 보조를 하고 있었을 경우 경쟁의 도입은 기존의 독점사업자의 사회적 의무 수행을 어렵게 할 수 있다는 점이다. 이 경우는 경제적 규제가 사회적 규제의 희생을 가져오는 경우다.

⑤ 분할의 필요성

분할의 정책적 이면에는 많은 공기업의 비효율성에서 보는 바와 같이 "크다는 것은 나쁘다"라는 인식이 깔려 있다. 자연독점에 대해 규제자는 먼저 크기의 증가가 자연독점 산업에서의 단가 하락에 기여하는 것인지 또는 단가 하락이 아닌 인위적인 독점(artificial or unnatural)을 조장하는지를 구별하는 것이다. 전자의 경우라면 자연독점 산업은 규모의 경제나 범위의 경제에 의한 경제적 이점이 있는 산업으로 하나의 사업자가 경제적 효율을 증가시킬 수 있고, 후자의 경우가 사실이라면 자연독점 산업의 분할이라는 정책이 적합한 정책이 된다. 그러나 기술의 발전과 사업환경 등의 변화로 규모의 경제나 범위의 경제의 내용은 시간이 지나면서 변화하게 된다. 만일 새로운 환경 변화가 있었어도 자연독점 산업이 규모의 경제와 범위의 경제를 누릴 수 있다면 자연독점 산업의 분할은 반드시 효율적이지는 않다. 이 경우의 분할은 규모의 경제 또는 범위의 경제에 제약을 가해 원가를 높이는 비효율적인 결과를 낳을 수 있다.

분할의 장점은 공급자를 다수로 만들어 기술 혁신과 운영의 다양성을 꾀할 수 있다는 것이다. 분할은 만일 분할이 동등의 조건으로 분할됐을 경우 기업의 성과를 비교할 수 있다는 장점이 있다. 자연독점 산업의 분할을 결정할 경우 사업자 수의 선택도 중요한 문제가 된다. 사업자 수는 각 기업의 투자 규모 결정에 중요하다. 반면 규모의 경제와 범위의 경제는 필요 기업의 수를 감소시킨다. 왜냐하면 기업은 기업 간의 상호 관계를 고려해 투자액을 결정하기 때문이다. 분할됐을 때 규제자가 특히 고려해야 할 사항은 이전에 내부비용이었던 것이 분할됨으로써 어떻게 효율적으로 계약되는가다. 이는 곧 상호 접속의 문제와 연관이 되는 것이다.

⑥ 조직문화 개선

민영화가 비효율을 감소시킬 수 있는 방법이기는 하지만 기존의 보호된 독점 안에서 개발된 조직문화는 민영화의 효과를 약화시킬 수 있다. 다시 말하면, 공기업 문화는 시장과 격리돼 왔기 때문에 책임성의 부재, 목표의 불명확성, 조직 내 투명성의 결여, 조직 실패, 관료주의화 등이 팽배하기 마련인데, 민영화 이전에 이러한 조직의 분위기를 바꿔야 한다.

많은 사람이 민영화의 목표로 효율성의 향상과 사회적 후생의 증가를 든다. 그러나 민영화에 대한 평가는 민영화의 목표가 무엇이고 무엇이 민영화를 일어나게 만들었나 하는 관점에서 이뤄져야 한다. 목표는 또한 민영화로 인해 영향을 받는 모든 참여자 간에 다르다.

(3) 이해관계자

① 경제학자

경제학자는 일반적으로 민간회사가 공기업보다 효율적이라고 생각한다. 그 이유는 많은 공기업이 이윤이나 효율의 증가보다는 산출이나 성장의 극대화에 관심을 가지고 있는 반면 정부는 이를 통제할 능력이 정보의 부족이라는 측면에서 제약을 받기 때문에 효율성이 낮기 때문이다. 그러나 경쟁의 부재로 인해 민간기업이 이윤 추구를 적극적으로 하지 않을 경우 공기업 운영 시보다 악화되는 경우가 종종 있다. 따라서 시장구조의 변화가 수반되지 않는 소유권의 변화는 효율성의 증가를 가져오지 않을 수 있다. 민영화에 대한 다른 편익으로는 경제적 의사결정에서 정치적 영향의 배제, 정부의 재정 부담 감소, 자산 판매 수익, 노동조합 문제 해결이라는 장점이 있다.

② 정치가

경제학자의 관점에서는 정치적인 요인들은 경제적인 효율을 위해 극복돼야 할 요인이지만 정치가에게는 정치적 이익은 민영화의 장애가 아닌 민영화의 목표다. 정치가는 민영화로 인해 누가 편익을 얻고 누가 잃었나에 관심을 가진다. 정치가가 추구하는 지대(地代, rent)는 금전적인 것일 수도 있고 권력이나 위신일 수도 있다. 또한 기존의 지지 세력을 변화시킬 수 있는 능력이나 새로운 상업계층을 만드는 능력에서 평가될 수 있다. 일부 정치가는 주식의 보급에 의한 자본주의 촉진에 관심을 가지고 있기도 하고, 어떤 정치가는 공공 부문에서 노동조합 힘의 감소에 관심을 가지고 있다. 정치가는 또한 민영화로 인한 부정적인 효과를 최소화하는 데 관심을 보인다.

③ 공무원

공무원은 자신의 영향력에 있는 자원이 감소된다는 생각에 민영화에 반대하게 된다. 반면 공무원은 몇 가지 이유로 민영화에 찬성할 수도 있다. 민영화는 보조금의 감소나 요금 인상을 쉽게 할 수 있어 다른 용도에의 재정자원을 확보할 수 있으며, 또한 공기업 경영자의 자유재량을 축소시킬 수가 있다. 민영화 후 회사의 재정 운영은 엄격해져 공기업의 감시에 소모되는 시간을 줄일 수 있다. 또한 정부와 공기업 사이의 관계보다는 정부와 민간회사 사이의 관계가 더 투명하다. 정부는 종종 공기업에 상호 보조, 퇴직 공무원의 자리 보장, 가격 인상의 통제정책을 실시해 왔으며, 공기업에서는 이러한 행위가 관료제 네트워크 내에서 이뤄지기 때문에 공적인 감시를 받지 못했다. 민간회사가 되는 경우에는 이러한 결정이 투명해진다.

④ 공기업 경영자

공기업 경영자는 민영화로 인한 자율권에 대한 영향에 맨 먼저 관심을 갖는다. 또한 민영화의 경우 더 많은 보수를 받을 수 있다고 생각한다. 그러나 공기업 경영자는 안정된 삶을 살기 원하기 때문에 경쟁에 대해 반대한다. 한편으로 상당수의 공기업 경영자는 이념적으로 공적 소유라는 생각을 가지고 있어서 공공 부문으로 남아 있는 경우에 더욱 더 공공서비스 제공이라는 사명감에 의해 동기부여가 되기도 한다.

⑤ 기타

경제 이익단체들도 영향을 받는다. 소비자의 경우는 민영화 이전에 정부로부터 보조를 받아 왔으므로 민영화로 인한 보조의 단절로 손해가 예상된다. 반면 민영화는 또한 비용의 절감과 서비스 질 향상의 이익을 소비자에게 제공해 준다. 노동조합의 경우 공기업이 보수를 많이 주고 많은 노동력을 고용하기 때문에 민영화에 반대하게 된다. 공기업에 물품을 조달하는 사업자 역시 민영화에 반대하게 된다. 공기업의 관리자는 안정된 삶을 원하고 또 부수적인 보수를 받을 수 있다는 점에서 가장 싸고 가장 좋은 물품을 제공하는 업자를 찾지 않는다.

또 하나는 직업정치인의 반대가 예상된다. 이들은 공기업을 자신의 후원단체나 부(富)와 권력의 원천으로 이용했다. 민영화는 이것이 예산에 미치는 영향으로도 평가될 수 있다. 단기적으로는 자산의 매각으로 인한 수입과 보조의 중단으로 인한 효과가 있지만 단기적으로 자산을 저가로 매각했다면 공기업의 장기적인 예산상의 기여라는 측면에서 손실이 나게 된다. 만일 공기업이 민영화된 후 사업이 잘 된다면 정부는 이로 인한 세금의 증대를 기대할 수 있다. 공기업 자산 매각으로 인한 국가 이자율 상승도 생각해야 한다. 또한 저축, 투자, 환율의 변화까지도 고려해야 한다.

이상과 같은 다양한 이해관계로 인해 거의 모든 민영화가 국가 경제력의 향상이라는 하나의 목표만을 위해 이뤄지지는 않았다. 결국 민영화의 평가는 이해관계자의 입장에 따라 상이하게 되고 국민적인 합의를 얻는 것은 거의 불가능하다. 경제학자가 주장하는 효율성의 향상이라는 목표는 많은 이해관계자에 의해 무시되고, 특히 주요 결정권자에 의해 그러하다. 따라서 민영화는 개별 사례별로 그 원칙을 찾아야 할 것으로 보인다.

(4) 민관 파트너십

① 의의

이는 공공 부문과 민간 부문과의 관계에서 계약, 면허, 보조금 등과 같은 서비스 공급 체계와 달리 파트너들에 의해 규정된 주요한 지역사회의 욕구를 충족시키기 위해 파트너들의 공동 책임과 위험을 공유하는 것을 특징으로 한다. 위험의 공유란 파트너들이 모두 자원을 손해 볼 수 있다는 의미다. 이는 양 당사자들이 혼자서는 시행하기가 부담스러운 사업을 공동으로 수행하는 것을 장려한다. 공동책임이란 사업에 공동으로 참여하는 집단의 대표들이 공동으로 결정을 하는 것을 의미한다. 이러한 파트너십은 특히 오늘날 도시지역의 경제 개발 분야에서 활발히 일어나고 있는데, 특히 대도시에서는 복잡한 도시경제개발사업에 어느 한 당사자가 독단적으로 사업을 추진하는 데는 어려움이 있기 때문이다.[21]

② 성공 조건

성공을 위해서는 양 당사자 모두 새로운 기술이 필요하며 융통성과 적응성을 높여 나가야 할 것이다. 지방 행정가들은 협력사업의 잠재성을 평가하고 민간 참여자들과의 계약 조건을 협상하기 위한 전문 기술성이 필요하며 민간 참여자들도 지방정부와 협력하기 위한 여러 가지 조건과 협상에 익숙해져야 한다. 민간 부문 당사자는 가장 효율적인 수단을 통해 서비스를 공급하기 위해 지방정부와 협력한다. 그러나 이러한 파트너십에 의한 서비스 공급이 각광을 받고 있기는 하지만 만병통치약은 아니다.

(5) 시장

이는 시장 가치와 원칙을 적용해 정부서비스를 기업화하고 이들 간에 경쟁을 유도해 공공 부문의 효율성을 제고하는 것이다(Simpson & Cheney, 2007). 시장제도는 모든 서비스 공급

---

[21] 사회간접자본 건설이나 개발에 정부와 민간이 합작 투자하는 경우도 있는데, 이는 민간의 재정, 관리, 기술적 능력을 사업에 참여시키는 것이다. 홍콩에서는 슬럼지역 개발을 위해 토지개발공사를 설립했고, 인도에서는 토지의 개발과 저렴한 주택 건설에 이 방식을 채택했다. 이 방식은 즉각적인 공기업의 매각이나, 서비스의 계약이 어려울 경우 사용되는 것이 보통이나, 정부가 유망 공기업의 주식을 보유할 때에도 사용된다. 또한 중국에서는 외국 기술과 자본을 유치하거나, 외국의 관리기법이나 시장관리 기법을 배우기 위해 또는 외환 창출 능력을 높이거나 공동 R&D의 목적으로 이 방법을 사용하고 있다. BOT(건설, 운영, 이젼) 또는 BOO(건설, 운영, 소유)는 말레이시아와 튀르키예에서 많이 사용되고 있고, 이외 인도네시아의 전화사업에도 이 방식이 채택됐다.

대안 중에 가장 보편적인 것이다. 서구 자본주의 국가에서뿐만 아니라 심지어 사회주의나 공산주의 국가에서도 대부분의 사적 재와 요금재의 공급이 시장을 통해 이뤄진다. 이 제도에서는 정부가 아니라 소비자가 서비스를 결정하고 생산자를 선정하며, 그 생산자는 민간기업이다. 비록 정부가 서비스의 표준을 수립할 수는 있다고 하더라도 어떤 중요한 방식을 통해 그 거래에 관여하지는 않는다.

시장 대안은 식품, 물, 전기, 주택, 보건, 교육, 교통, 그리고 노년 안전 같은 필요한 재화나 서비스를 공급하기 위해 광범위하게 이용된다. 심지어 전통적으로 시장실패를 이유로 정부가 공급해 왔던 공공재도 상당히 시장제도를 통해 공급되기도 한다.

3. 형평성 이슈

1) 지역 불균형

지역 균형은 다양한 측면에서 논의되고 있는데 여기에는 정치 권력, 경제(소득, 일자리, 산업 등), 인구, 교육, 문화시설 등이 포함된다. 이러한 다양한 측면은 사실상 별개의 것이 아니라 상호 연계돼 지역 불균형을 초래하고 있다. 특히 최근 이슈가 되고 있는 것은 수도권과 비수도권의 격차와 지방 소멸이다.

사실 한국 사회의 서울 중심의 공간구조는 조선시대와 일제강점기, 해방 이후의 급격한 산업화를 거치면서 지속적으로 가속화됐다. 이에 따라 1970년대 이후부터 수도권 인구 분산 정책을 실시하고 소위 수정법(수도권정비법)을 제정해 강력한 수도권 억제정책을 펼쳤지만 그 효과는 미미했으며, 최근에는 세종시 행정수도와 지방 혁신도시 건설이라는 초강력 수단을 강구하기에 이르렀다.

지역 불균형 이슈는 단순한 지리공간적 불균형을 넘어서 사회문화적 불균형으로 나아가고 있다. 최근에 '인서울'이라는 신조어가 대학 입시와 관련해서 생겨나 서울 소재 대학 진학률이 대학 입시의 성공을 좌우하는 기준으로까지 인식됐으며, 지방에 있는 대학은 '지잡대'로 비하하면서 지역 불균형이 사회적 불균형으로 나타나고 있다.

2) 소득 불평등

한국 경제가 급속한 산업화를 거치면서 급성장했지만 계층 간 소득 불평등이 심화되는 사회문제를 초래했다. 이와 같은 소득 불평등의 심화는 개인의 경제적 소득뿐만 아니라 주택, 교육, 일자리, 보건의료 등 다양한 영역에서 복합적으로 나타나고 있다. 한국 사회에서의 소득 불평등의 심화는 급격한 인구 감소와 결부돼 더욱 구조적인 생산성 저하 문제를 야기하고 있다. 이러한 소득 불평등은 수도권과 비수도권 간의 격차, 지역 불균형 발전, 지역의 생산성 하락 및 붕괴 위기, 지역 인구 불균형에 따른 사회기반시설의 격차, 지방 소멸 위기 등 지역 불균형 문제와 연계돼 나타나고 있다. 따라서 소득 불평등 문제에 대한 접근은 이러한 다양한 원인을 종합적으로 고려해서 접근할 필요가 있다.

3) 도시 내 불균형: 원도심 대 신도심

플로리다(Richard Florida)는 창의력이 도시 개발에 중요하다고 봤으며, 예술가 및 지식근로자는 일반적으로 문화와 함께 제공되는 개방적이고 관대한 도시 공동체에 모여든다고 주장했다(Florida, 2005). 활동적인 예술가, 음악가, 디자이너 및 기타 전임 창조적인 노동자에 의해 측정된 활기찬 문화적 장면은 도시 성장의 핵심 요소다. 창조품은 특히 기술 분야에서 혁신을 주도하는 지적이고 창조적인 발효의 원천으로서 그리고 바람직한 편의를 제공하는 기능을 한다.

그러나 플로리다(Florida, 2017)는 현재 도시정책에서 나타나고 있는 심한 불평등과 차별의 영향을 '신도시 위기(new urban crisis)'로 정의하면서, 이것이 전 세계의 도시에서 현실화되고 있는 점을 지적했다.[22] 그는 만약 정부가 도시 성장을 장려하고자 한다면 기업이 도

---

[22] 플로리다는 *New Urban Crisis*(2017)에서 창조(creative)계급, 서비스(service)계급 및 노동(work)계급 세 가지 계급을 구분하기 위해 초기 가설을 확장했다. 미국 대도시 전역에서 소득, 교육 및 수업에 따라 불평등과 배제를 측정하기 위한 일련의 지표를 개발해 이 세 계급의 경제 지리에 대한 철저한 연구를 수행했다. 추가 통계적 조작은 이들을 대도시 지역의 위기의 심각성을 계량화하고 순위를 매기는 데 '신도시 위기 지수(New Urban Crisis Index)'로 변환했다. 이 지수는 창조계급 인력의 규모, 밀도 및 점유율, 대도시의 소득 및 경제조 산출과 관련이 있다. 결론은 성공한 '창조계급' 도시가 성장함에 따라 도시 내 불평등과 빈부 격차를 더욱 심화시킬 수도 있음을 보여 준다. 따라서 '신도시 위기'는 1970년대 북미 도시의 쇠퇴라는 본래의 '도시 위기'의 개정을 제안하는 것이다. 즉, 이전 위기는 경제 침체와 중

시에 위치하도록 인센티브를 주는 대신 창조적 인재를 유치하고 유지해야 한다는, 즉 '창조계급' 인력을 경제 성장과 혁신의 비밀 무기로 간주했다. 도시는 비즈니스 환경뿐만 아니라 '사람 환경', 즉 더 나은 공공 공간, 자전거도로, 복합 용도 개발 및 거리문화에 더 관심을 기울여야 한다는 것이었다. 이러한 제안에 따르면 예술가, 음악가 및 창조적인 유형의 인력을 끌어들이면, 이들은 다시 창조계급에 의존하는 엔지니어링, 법률, 교육, 의료, 비즈니스 및 금융서비스와 같은 지식 기반 근로자를 연쇄적으로 불러들인다는 것이었다. 다른 말로 표현하면, 창조계급 정책은 교양 있는 도시 전문가들의 선호를 위한 것이었고, 도시의 다른 모든 사람에게는 어떤 일이 일어나는지 제대로 고려하지 않은 일종의 '비즈니스 컨설팅' 도시로 변모시켰다. 그러나 그는 창조계급이론에 따라 더 성공적으로 여겨지는 도시들의 사회·경제적 도전이 얼마나 큰지가 분명하게 밝혀짐에 따라 그의 생각을 바꾸게 됐다.

번영하는 도시는 번영이나 혁신과 함께 숨막히는 불평등이 상승해 가장 자유롭고 창조적인 도시가 절정에 이를 때까지 일부 집단은 성공의 희생자가 됐다는 것이다. 이는 교육받고 상향식으로 이동하는 사람들이 낡은 도시로 몰려들면 주택 부족 현상이 발생하고, 이에 따라 주택가격이 상승하며, 그렇게 되면 가장 취약한 것은 일반 근로자가 된다. 플로리다는 부동산 가격이 높으면 가장 타격을 입는 사람들은 가장 적은 옵션을 가진 가난한 사람들이라고 주장했다. 대조적으로 중산층이나 노동자계급의 사람들은 양질화 때문에 약간의 혜택을 얻었지만 상승하는 부동산 가격으로 인해 도시나 교외의 다른 지역으로 이전해야 했다. 이는 '이득 젠트리피케이션(reap gentrification)' 논쟁으로 이어지고 있다.

4. 인공지능(AI) 시대의 준비

1) 의의

인공지능(AI)은 4차 산업혁명 시대의 핵심 내용이다. 산업혁명이란 기술 발전이 산업경제 구조의 변화뿐만 아니라 사회 전반적인 구조도 크게 바꿔 놓는 것을 의미하며, 이러한 기술

심도시에서의 탈출로 인한 것이었지만, 불평등과 차별이 성공의 희생양인 것처럼 보이는 새로운 위기가 발생했다.

발전에는 증기기관, 전기, 컴퓨터 및 인터넷, 인공지능 등이 해당한다. 1차 산업혁명은 18세기와 19세기에 걸쳐 유럽과 미국에서 발생했다. 대부분이 낙후된 시골의 농촌사회가 도시의 산업사회로 변화하는 시기였다. 이때 산업혁명을 촉발한 핵심 기술인 증기 엔진의 발명과 함께 철강, 섬유산업이 발달했다. 2차 산업혁명은 1870년에서 제1차 세계대전이 발발한 1914년 사이에 시작됐으며 철강, 석유, 전기를 사용해 대규모의 에너지원 확보가 이뤄져 대량생산이 가능하게 된 시기였다. 핵심 기술은 전화, 전구, 전축, 내연기관 등이다. 3차 산업혁명은 1980년 이후의 정보화 시대를 말하며 아직까지도 진행 중이라 할 수 있다. 이 시기는 디지털 혁명으로 명명하는데, 아날로그 전기기계 장치들이 디지털 장치로 진화하는 것을 의미한다. 핵심기술은 개인용 컴퓨터, 인터넷, 정보통신기술(ICT) 등이다.

한편 4차 산업혁명은 디지털 혁명으로 구축된 기술을 타탕으로 인공지능(AI), 빅데이터, 로봇, 사물인터넷(IoT), 자율주행차, 3차원 인쇄(3D), 나노 기술, 바이오 기술 등을 핵심 기술로 하고 있다. 이러한 디지털 기술로 촉발되는 초연결 기반의 지능화는 경제·산업뿐만 아니라 국가 시스템과 사회 전반의 혁신적 변화를 유발하고 있는 점에서 산업혁명적 성격을 가지고 있다. 이 사회의 모든 것은 네트워크에 연결(초연결)돼 데이터가 폭발적으로 증가하고, 인공지능이 이를 스스로 학습해 육체노동뿐만 아니라 지적 판단 기능도 수행 가능하며, 네트워크(IoT, 5G), 데이터(Cloud, Big Data), 인공지능 SW(기계학습, 알고리즘) 등 지능화 기술이 각 분야의 기반 기술과 융합, 범용으로 영향을 미치고 있다(유수정, 2017).

4차 산업혁명의 핵심 기술이며 가장 중심에 놓여 있는 인공지능은 기계로부터 만들어진 지능을 말하며, 그 목적은 기계가 인간의 지능 능력, 즉 인지, 추론, 학습과 같이 사고 과정에 필요한 능력을 모방이 가능하게 하는 것이다. 즉, 인간의 지적 능력을 컴퓨터로 구현하는 과학기술로서 상황을 인지하고 이성적·논리적으로 판단·행동하며, 감성적·창의적인 기능을 수행하는 능력까지 포함한다. 2000년대 들어 컴퓨팅 파워가 성장하고 우수한 알고리즘 등장, 스마트폰 보급과 네트워크 발전으로 데이터가 축적되면서 인공지능은 급속히 진보했다. AI는 현재 인류의 대부분의 생활에서 매일 영향을 주고 있는데, 우리가 인지하지 못하는 와중에도 AI 기술에 영향을 받고 있다.

AI가 접목된 기술이 핵심적인 산업 분야에서 중심으로 더오르면서 세계 주요국들과 구글 등 글로벌 지식재산 선도 기업들의 집중 투자와 연구개발이 AI 분야에서 이뤄지고 있다. 이러한 인공지능 기술의 확산은 현재 급속도로 증가하고 있으며 금융, 의료, 제조업 등의 전통적인 경제와 산업은 물론 사회문화 분야에서도 광범위하게 영향을 줄 것으로 예상된다.

2) AI 기술 동향

인공지능(AI)이라는 분야는 1956년 개최된 다트머스 회의(Dartmouth Conference)에서 당시 다트머스대학교의 매카트니(John McCarthy) 교수 등이 제안한 용어인 AI가 채택되면서 확립됐다. 그에 따르면, AI는 지능적인 기계, 특히 지능적인 컴퓨터 프로그램을 생성하는 과학이며 공학을 총칭하는 것이다. 그 후 수십 년 동안 AI의 형태는 제한된 문맥으로 지능을 나타나는 초보적인 보여 주기를 통한 규칙 기반(rule-based) 프로그램으로 존재해 왔다. 현실의 많은 문제를 다루는 알고리즘들은 너무 복잡해서 수작업으로 프로그램하기에는 한계가 있었다. 현재 AI는 눈부시게 발전한 컴퓨팅 파워 덕분에 이러한 복잡한 예측을 위한 데이터 최적화와 특징 추출에 탁월한 능력을 보여 주고 있다. AI는 기초적인 AI, 기계학습(machine learning), 그리고 딥러닝(deep learning)으로 변천해 왔음을 알 수 있다. 기계학습은 AI의 한 부분으로서 특정 경우에 대해서 예측 엔진을 개발하는 것이 목적이다. 기계학습 분야에는 15개 이상의 주요 알고리즘이 있으며, 적용하는 데이터의 특성에 기반해 달리 사용돼 왔다. 그중에 딥러닝 알고리즘 있으며 딥러닝은 현재 AI 분야에서 획기적인 돌파구를 제공했으며 한 단계 뛰어넘는 AI의 미래를 그리는 데 주요한 역할을 했다. 기존의 기계학습 알고리즘은 특정 영역의 문제를 해결하는 데는 뛰어난 성능을 보여 줬으나 다양한 환경에서 적용하는 경우에는 매우 어려웠다. 딥러닝은 구조화되지 않은 데이터나 빅데이터와 같이 대용량의 데이터 시스템에서 뛰어난 성능을 보여 주는데, 기존의 규칙 기반의 기계학습 알고리즘과는 달리 서로 연결된 신경망 함수를 근사화하는 소프트웨어 기법을 통해 학습하면서 신경망을 조정해 나간다.[23]

3) 전망

4차 산업혁명 시대에 사회의 구성원에게 요구되는 능력은 암기, 산술 능력보다는 비판적

---

23) 이러한 학습 과정을 통해 딥러닝 알고리즘은 다음과 같은 분야에서 매우 뛰어난 성능을 보여 준다. 영상에서 물체 인식, 실시간 번역, 음성으로 디바이스 제어, 유전 다양성이 DNA 전사에 주는 영향 예측, 소비자 후기에서 감정 분석, 의료 영상에서 종양 검출 등.

사고, 소통, 협동 능력 및 창의력에 가깝다. 이를 지원하는 교육 시스템 또한 인공지능을 통해 학습 상태를 진단하고 학습 경로를 안내하는 자기주도 학습 시스템이 시도되고 있다. 이 학습 시스템은 인터넷과 스마트폰 등에 익숙하며 다양한 성격과 성향으로 성장한 우리 청소년들의 눈높이에 맞춘 친근한 채팅 대화형으로 진행되면서 흥미 유발과 심리적 부담을 줄인다는 장점을 가진다.

미래 사회는 AI가 발달함에 따라 창의성과 전략, 감성이 필요한 직업만이 살아남을 가능성이 크다. 이에 따라 당분간 AI가 지니기 힘든 감성은 AI와 차별화되는 인간의 고유한 능력이 될 것이다. 따라서 미래 사회의 주역인 학생들에게 AI와 차별화될 수 있는 인간성으로서 감성과 관련된 정서적 능력을 키워 줄 필요가 있다. 특히 AI 감성 로봇과 가상공간의 발달은 사람 간의 감정적 소통과 관계 형성을 회피하게 함으로써 아이들의 공감 능력을 약화시킬 수 있다. 이에 따라 인간 본연의 특성으로서 공감과 소통 능력은 어느 때보다 중요한 인간의 능력으로 부각될 수 있다. 미래 사회의 구성원으로서 학생들이 갖춰야 할 시민적 자질로 공감 능력이 필요한 것이다. 특히 사회적 공감은 개인적 공감을 확장해 사회문화적 맥락과 거시적 관점에서 당사자를 더욱 폭넓게 이해하는 능력이다. 이러한 사회적 공감 능력은 AI의 등장으로 더욱 다양해지고 복잡해진 사회적 문제를 이해하는 데 도움이 될 수 있다.

5. 기타 이슈

1) 기후 변화

(1) 의의

기후 변화의 의미는 단순한 기후변동성과 구분된다. 기후변동성은 긴 시간 동안(평균 30년) 평균치에서 조금씩 변화를 보이지만 평균치를 벗어나지 않는 자연적인 기후의 움직임을 지칭하지만 기후 변화는 이러한 자연적 기후변동성의 범위를 벗어나 더 이상 평균 상태로 돌아오지 않는 기후 체계의 변화를 의미한다.

2020년 스위스 다보스에서 개최된 세계경제포럼(WEF) 연례총회(다보스포럼)의 화두는 기후 위기였다. 2020년 발간된 「세계 위험 보고서」에서도 세계를 위협하는 요인 1위로 기상이변이 선정됐으며, 기후 변화 대응 실패, 자연재해, 생물다양성 손실, 인간 유발 환경재난 등 환경문제가 상위권을 차지했다.

인간이 지구에서 살 수 있는 이유는 대기 중 온실가스가 온실의 유리처럼 작용해 지구 표면의 온도를 평균 15℃로 일정하게 유지해 주기 때문이다. 그러나 온실가스 농도가 급격히 짙어지면서 지구의 평균 기온이 비정상적으로 높아지고 있는데, 이것이 현재 우리가 직면하고 있는 강화된 온실 효과로 인한 지구온난화다. 지구는 태양으로부터 에너지를 받은 후 다시 에너지를 방출하는데, 이때 대기 중에 있는 여러 가지 온실가스는 지구가 방출하는 긴 파장의 빛을 흡수해 에너지를 대기 중에 묶어 둔다. 이는 기체 분자의 운동량을 증가시켜 대기의 온도를 상승시킨다. 온난화 현상이 있기 전에도 온실 효과는 지구의 대기와 함께 항상 있어 왔던 현상이지만 이 온실가스의 농도가 짙어지며 지구의 평균 기온이 비정상적으로 높아져 문제가 되는 것이다.

(2) 기후 변화의 원인

크게 자연적인 요인과 인위적인 요인으로 구분할 수 있다. 자연적인 요인으로는 화산 분화에 의한 성층권의 에어로솔(adrosol) 증가, 태양 활동의 변화, 태양과 지구의 천문학적인 상대 위치 변화 등이 있다. 또한 외적 요인이 없어도 기후 시스템은 자연적으로 변할 수 있는데 이는 대기, 해양, 육지, 설빙, 생물권 등 각 요소들이 각기 상호 작용해 끊임없이 변화하기 때문이다.

기후 변화의 인위적인 요인은 석탄, 석유, 가스 등의 화석연료 사용의 급속한 증가다. 산업혁명 이후 급속하게 증가된 에너지 수요를 충족시키기 위해서 석탄, 석유와 같은 화석연료가 연소돼 발생한 이산화탄소 등 온실가스와 대기오염물질인 에어로솔의 증가로 인한 대기 구성 성분의 변화가 기후 변화(지구온난화)의 주요한 원인이 되고 있다. 온실 효과를 유발하는 온실가스는 이산화탄소, 메탄, 아산화질소, 다양한 불소화합물 등이 있는데 이 중에서 산업혁명 이후 가장 온실 효과를 많이 증가시킨 온실가스는 이산화탄소다. 이산화탄소는 화석연료 연소, 시멘트 공정 등에서 배출되고, 메탄은 축산업이나 농업, 아산화질소는 비료와 화석연료에 의해 주로 배출된다. 배출된 온실가스의 특징 중 하나는 공기 중에서 수년에서 수천 년 이상 남아 있다는 것이다. 그 밖에도 쓰레기 증가와 산림 벌목이 기후 변화의 원인으로 지적되고 있다. 쓰레기가 분해되는 과정에서 이산화탄소보다 톤당 온실 효과가 21배 강력한 메탄이 다량 발생되며 지구의 허파로 불리는 아마존 지역을 비롯한 무분별한 산림

벌목으로 인해 산림의 온실가스 흡수가 줄어들고 있다.

2) 보건·안전 시스템

(1) 보건 이슈

사회가 발전할수록 보건·안전에 대한 관심이 증가한다. 특히 코로나19 이후 전염병에 대한 우려가 전 세계적으로 증폭되고 있으며, 이의 확산은 전 세계적인 공중보건 위기로 글로벌 경제에 전례 없는 충격을 초래했다. 이러한 전염병 확산은 단순한 보건·의료문제를 넘어 경제문제, 사회문제, 정치문제로까지 확산된다. 예를 들면 코로나19 발생 초기의 방역·봉쇄 조치는 의료시설 수용 범위 내에서 전염병 상황을 관리해야 하는 의료문제로 인식됐으나 이것이 지속되면서 방역·봉쇄 조치가 경제적 활동을 상당 기간 제약함에 따라 방역과 경제는 분리될 수 없는 사회후생을 고려한 선택의 문제로 인식되기 시작했다.

세계화 시대의 확산에 따른 해외 유입과 국가 간 전파 등으로 인해 전염병 확산 가능성이 증가하는 상황에서 정부는 기존의 방역 체계의 능력을 초과하는 전례 없는 난관을 겪고 있다. 따라서 전염병에 효과적으로 대응하고 이의 역량을 강화하기 위해 기존의 행정 체계를 넘어 새로운 거버넌스 체계를 제도화해야 할 상황에 놓이게 되었다. 이를 위해 의사들의 전염병 위기 대응 실무 능력을 향상시켜 나가야 함은 물론이고 민관 상호 유기적 협력 체계를 구축할 필요가 있다. 국가 차원의 전염병 위기 대응 전문가 양성을 위한 장기간의 교육과정이 필요하며 교육 관련 예산 지원도 확대할 필요성이 증대되고 있다. 코로나19의 확산은 기존의 행정 관점에서 거버넌스 관점으로의 이행을 여실히 보여 주는 대표적 사례가 됐다. 다시 말해, 행정 중심의 방역정책으로는 한계가 있고 사회 내 다양한 행위 주체들의 자발적인 참여와 협력이 매우 중요하다는 것을 실증적으로 보여 줬다. 행정에서 공동생산이 중요한 전략으로 나타나는 대표적 분야로, 전염병 확산이 장기화하는 상황에서 의료적·행정적 방역 체계를 지속 가능하고 효과적으로 운용하기 위해서는 국민 개개인의 협력과 자발적 방역이 필수적이었다.

(2) 안전 이슈

현대 사회를 위험사회라고 지칭하고 있다. 전염병 확산과 더불어 안전사고에 대한 위협이 날로 증가하고, 각종 대형 사고가 끊임없이 발생하고 있다. 이에는 자연적 요인에 의한 자연재해도 있지만 대부분 인위적 요인에 의해 발생하는 인재(人災)다. 따라서 안전사고에 대한 주의(注意) 의식을 느끼지 못하는 안전불감증 사회라는 비판이 지속적으로 제기되고 있다. 안전과 관련된 각종 규정 등을 준수하지 않고 무시하다가 대형 재난을 불러오는 사례가 빈번히 발생하고 있다. 이에 정부의 안전수칙 개선과 국민들의 안전의식 개선을 위한 안전문화 운동이 절실히 요구된다.

3) 개인정보 보호

(1) 의의

정보통신기술(ICT) 의 발전으로 인한 정보화 시대에 개인정보 침해 문제는 모든 국가가 직면하고 있는 가장 큰 사회문제 중의 하나다. 디지털 화폐, 인터넷 뱅킹과 전자상거래의 확대 추세에 따라 인터넷을 통한 물품 구매가 일상화됐을 뿐만 아니라 그 내용도 광고, 계약, 대금 결제, 민원 처리 등 거래행위 전반으로 확대되고 있다. 그리고 이러한 새로운 생활방식을 기반으로 생성되는 빅데이터의 활용은 사회 전 영역에서 중요한 관심사가 되고 있다.

그러나 빅데이터의 활용이 활성화돼야 한다는 산업적 측면과 개인정보의 보호가 선행돼야 한다는 인권적 측면이 상충하고 있기 때문에 행정 입장에서는 이에 대한 규제에서 딜레마가 존재한다. 다시 말해 정보통신기술의 발달에 따라 정보 유통의 확대로부터 얻어지는 정보화의 순기능뿐만 아니라 정보화에 수반되는 역기능에 대한 심각한 문제가 제기되고 있다. 특히, 개인정보를 부주의하게 관리하거나 악의적으로 이용함으로써 국민의 사생활권이 침해받기도 하고, 개인정보의 오·남용 등으로 심각한 인격적·경제적 침해 사고가 빈번하게 발생하고 있어 국가 차원에서의 대응 방안이 필요하다.

(2) 법·제도

선진국들은 정보사회가 도래하자 개인정보의 안전한 활용을 위한 법·제도를 정비하고 있다. 2018년 발효된 EU의 「일반 데이터 보호규칙」(GDPR), 2015년 개정된 일본의 「개인정보의 보호에 관한 법률」 등이 대표적이며, 미국도 2014년 이후 지속적으로 개인정보 보호를 위한 연방 입법을 추진하고 있다. 우리나라도 2020년 2월에 「개인정보보호법」, 「정보통신망 이용 촉진 및 정보보호 등에 관한 법률」, 「신용정보의 이용 및 보호에 관한 법률」 등 이른바

'데이터 3법'을 개정해 시행하고 있다. 이 개정법에서의 주요 이슈는 가명정보·익명정보의 개념, 개인정보의 활용 및 확대, 개인정보위원회의 위상 강화, 마이데이터 산업 등의 도입이었다. 이러한 노력을 통해 개인정보의 이용은 상당히 활성화될 수 있겠지만 개인정보의 보호는 아직 미흡한 실정이다. 그러므로 향후 개인정보를 어떻게 보호하느냐가 여전히 중요한 과제이기도 하다.

정보화 시대에 개인정보보호법은 개인의 정보 인권을 보호하는 기본적인 법률이다. 이 법의 근본 목적은 개인정보의 수집, 유출, 오용, 남용으로부터 사생활의 비밀 등을 보호함으로써 국민의 권익을 증진하고 개인의 존엄과 가치를 보호하는 것이다. 하지만 동시에 사생활의 비밀 보호와 정보의 자유로운 흐름을 조화하는 역할도 수행해야 한다. 이러한 법 제정을 통해 개인정보 유출사고를 방지함으로써 국민의 개인정보 보호 수준을 향상시킬 뿐 아니라 개인정보 관련 산업의 발전도 이뤄야 하는 이중적 과제를 안고 있다. 궁극적으로 개인정보의 활용과 보호를 위해서는 법·제도적 노력만으로는 한계가 있으며, 이를 위한 범사회적 참여와 인식 개선의 문화가 동시에 추진돼야 할 것이다.

복습 문제

- 행정 개념의 다양한 견해를 설명하시오.
- 행정과 정치의 관계에 대해 설명하시오.
- 거버넌스가 등장한 주된 이유를 설명하시오.
- 계약의 장·단점을 설명하시오.
- 보조금을 통한 서비스 공급 방식의 필요성을 설명하시오.
- 면허를 통한 서비스 공급 방식의 필요성을 설명하시오.
- 공동생산의 장점과 한계를 설명하시오.
- 구매증서 방식의 특징을 설명하시오.
- 자원봉사의 특징과 한계를 설명하시오.
- 민영화의 장·단점을 설명하시오.
- 민관 파트너십의 특징과 한국에의 적용가능성을 설명하시오.

- 한국 사회 불평등의 특징을 설명하시오.
- 인공지능(AI) 시대 행정의 대응 역할을 설명하시오.
- 기후 변화에 대한 행정의 역할을 설명하시오.

제 2 장

행정 가치

학습 목표

- 행정이 추구하는 가치는 경영의 사익 추구와 달리 정의, 공익, 형평 등을 본질적 가치가 중요한데 이에 대해 자세히 살펴보도록 한다.
- 행정은 수단적 가치로 합법성, 민주성, 능률성, 효과성, 효율성, 신뢰성, 책임성, 가외성, 투명성 등을 추구한다. 이처럼 행정이 추구하는 가치는 경영에서 추구하는 가치와 정치에서 추구하는 가치를 모두 포함하므로 각 가치의 특성을 알아본다.
- 실제 행정은 행정 가치가 얼마나 그리고 어떻게 구현되는지가 시대에 따라 그리고 정권의 이념에 따라 달라질 수 있다. 정권의 변화에 따른 행정 가치 구현을 탐색해 본다.
- 자본주의 국가에서는 민주성이나 효율성 가치가, 사회주의 국가에서는 형평성 가치가 상대적으로 더 우선시될 것이다. 행정 가치가 국가 운영과 어떤 관련이 있는지 생각해 본다.

제1절_ 행정 가치의 의의

학문을 철학과 과학의 두 영역으로 구분할 때 과학은 존재 혹은 사실의 영역을 다루고 철학은 당위 혹은 가치의 영역을 대상으로 한다. 과학은 현실의 경험 세계를 대상으로 하되 합리성과 실증성에 입각해 엄격한 인과 법칙을 탐구한다. 한편 철학은 이상 세계를 대상으로 단순한 수단적 합리성 수준을 넘어 이성의 작용을 통한 삶에 의미를 갖는 가치를 탐구한다. 사실 학문에는 이 두 가지 영역이 모두 필요한데 그 이유는 현상이 갖는 이중적인 성격 때문이다. 우리가 객관적인 사실이라고 인식한 현상에는 이미 가치적 요소와 사실적 요소가 혼합돼 있다고 볼 수 있다.[1]

행정학은 행정 현상을 탐구하는 학문으로서 사실적 요소와 가치적 요소가 섞여 있다. 이 양자는 별개의 영역인 것 같지만 사실은 서로 깊은 관련성을 갖는다. 이상과 현실, 가치와 사실이 개념적으로는 구분될 수 있을지라도 실제로는 불가분의 관련성을 맺고 있다. 이것은 아마도 모든 인간의 행태 및 노력이 가치 지향적인 측면을 지니고 있기 때문인지도 모른다. 즉, 그 양자는 각기 독자적인 영역을 갖고 있으면서 동시에 서로 밀접한 관련성을 맺고 있다.

행정학은 출발부터가 가치 중립(value free)이 이슈가 됐으며, 행정의 과학화를 위해 행정은 가치를 사실과 분리해서 사실만을 연구 대상으로 삼아야 한다는 주장이 강했다. 그러다 행정 가치에 관한 연구가 본격적으로 관심을 끌기 시작한 것은 1970년대 이후 신행정론이 등장한 이후부터였다. 신행정론은 논리실증주의에 입각한 행태론적 접근이 당시의 사회문제를 해결하는 데는 현실적합성과 실천성에 한계가 있다고 비판했다(Holzer & Schwester, 2019).

행정이 추구하는 가치란 "무엇을 위한 행정인가"를 논할 때 '무엇'에 해당되는 것으로서 당위적·규범적 측면에서 제기되는 것이다. 이는 행정활동 과정에서 합리적인 판단의 기준이 되며, 행정이 지향해야 할 방향을 제시해 주는 것이다. 행정의 가치를 무엇으로 볼 것인가 하는 것에 대해서는 다양한 관점이 있을 수 있다. 일반적으로 행정의 가치를 그 정도에

---

[1] 이러한 관점은 현상과 이해 사이에는 마음이라는 매개 요소가 있기 때문에 객관적 인식 혹은 객관적 사회이론을 갖는 것은 불가능하다고 주장하는 현상학적 관점과 맥을 같이한다(McCurdy, 1977: 352).

따라 본질적 가치와 수단적 가치로 구분해 볼 수 있는데, 전자는 행정을 통해 이루고자 하는 궁극적 가치이며, 후자는 본질적 가치를 달성하기 위한 수단이 되는 가치다.

제2절_ 본질적 행정 가치

1. 정의

1) 개념

정의(正義, justice)는 공의(公義) 또는 공정(公正)으로 불리기도 하며, 가장 중요한 도덕적·정치적 이념 중 하나다. 이 단어는 권리 또는 법을 의미하는 라틴어 jus에서 유래한다. 옥스퍼드 영어사전은 '정의로운' 사람을 일반적으로 '도덕적으로 옳은 일을 하는' 사람으로 정의하고, '모든 사람에게 정당한 몫을 주는' 성향이 있는 것으로 정의한다. 즉, 정의는 도덕성과 공정성의 의미를 동시에 내포하고 있다. 철학자들은 정의를 개인의 특성에서 국가의 특성으로 옮겨 정의를 바람직한 정치사회의 특성이자 윤리적 및 사회적 의사결정에 적용되는 방식으로 고찰한다. 따라서 철학자들은 정의를 시민 불복종, 처벌, 여성에 대한 평등한 기회, 노예제, 전쟁, 재산권 및 국제 관계와 같은 사회문제와 함께 고려한다.[2]

---

[2] 여기서는 롤스(John Rawls)의 『정의론(A Theory of Justice)』(1999)을 중심으로 설명하며, 박성복·이종열(2005)에서의 내용을 원용했다. 고대 그리스의 철학자 플라톤(Platon)은 정의를 각 부분이 적절한 역할을 수행하고 다른 부분의 적절한 기능을 방해하지 않는 합리적인 질서를 확립하는 미덕으로 봤으며, 아리스토텔레스(Aristoteles)는 정의를 공평한 분배(공정성)와 합법적인 것으로 그리고 불공평한 것의 수정으로 봤다. 어거스틴(Augustine)은 정의를 우리가 모든 사람에게 정당한 몫을 주려고 노력하는 것으로, 홉스(Thomas Hobbes)는 시민사회에 필요한 인위적인 미덕이며 사회 계약의 자발적인 합의의 기능으로, 흄(David Hume)은 본질적으로 재산을 보호함으로써 공익에 기여하는 것으로, 칸트(Immanuel Kant)는 타인의 권리를 침해하지 않는 한 자발적인 행위를 방해하지 않음으로써 타인의 자유, 자율성, 존엄성을 존중하는 미덕으로, 밀(John S. Mill)은 인간의 자유를 증진하고 보호하는 데 도움이 되는 가장 중요한 사회적 효용의 집합적인 이름이라고 말했다. 따라서 서구 철학자들은 일반적으로 정의를 인간관계를 질서 있게 하고 안정된 정치사회를 구축하고 유지하기 위한 모든 덕의 가장 근본으로 여기면서, 공정, 합법, 자

현대 철학에서 롤스(John Rawls)는 '공정으로서의 정의'라는 이념을 제시함으로써 도덕철학뿐만 아니라 정치철학에도 큰 기여를 했다. 그는 사회적 정의의 이념은 윤리적으로 정당화할 수 있을 뿐만 아니라 여러 유형의 정치적·사회적 형태들 및 정책 대안들 사이에 우열을 판단할 수 있어야 하는데, 공리주의나 직관주의는 그러한 사회적 이념을 제시할 수 없다고 비판했다. 그의 이론은 공공 선택이 일어나는 과정이나 맥락보다는 공공 선택이 일어날 수 있는 정당한 제도의 확립에 그 목표를 두고 있다.

롤스는 일단의 원리들을 개발해 사회의 기본 구조에 적용하고 있는데, 그것들은 권리와 의무를 부여하고 사회적·경제적 이익을 분배하는 일을 지배한다. 이러한 원리들이 사회계약의 기초를 형성하고 있으며, 따라서 그의 이론은 사회계약론을 현대적으로 재구성했다고 볼 수 있다. 그는 공정한 배경에서 합의를 도출해 내기 위해 원초적 입장(original position)과 무지의 베일(veil of ignorance)이라는 가설적 상황을 전제했다.[3] 이는 어느 누구도 장래에 자신이 어떤 위치에 처하게 될지 모르는 상황에 처하게 함으로써 위험 회피적 성향을 유도해 누구에게라도 공정한 규칙을 만들도록 하게 한다. 사회의 기본적 가치, 즉 자유와 기회, 소득과 부(富), 인간적 존엄성 등은 평등하게 배분돼야 하며, 이러한 가치의 불평등한 배분은 그것이 사회의 최소 수혜자에게 유리한 경우에만 정당화된다.

2) 정의의 두 원리

롤스는 아래의 두 원리가 정의로운 사회 계약의 두 축으로서 선택될 것이라고 한다. 그리

유의 의미와 관련지었다.

3) 원초적 상태는 자유롭고 평등한 존재로서 합리적 사고 능력을 지닌 합의 당사자의 상태를 말하고, 무지의 베일은 자신의 능력, 가치관 및 심리 성향, 사회경제적 지위 등을 모른다는 전제다. 즉, 무지의 베일이라는 것은 개인으로 하여금 어떤 주어진 일단의 원리하에서 누리게 될 자신의 지위와 편익을 예측할 수 있게 해 주는 어떠한 사항에 대해서도 그가 모른다는 것이다. 무지의 베일을 통과함으로써 모든 개인은 전체적 평등성을 갖는 원초적 상태에 있게 되는데, 그것은 상이한 제도들이 자신의 미래의 지위에 미칠 영향에 대해 각자가 동일한 정보를 가지고 있다는 의미다. 그러한 원초적 상태는 보편적 평등성이 보장되는 것으로서 사회 계약이 작성될 그러한 현재 상황(status quo)을 확립시킨다. 즉, 어떠한 선택이 자기에게 유리한지 불리한지는 누구도 모르기 때문에 개인의 이기적인 입장에서 볼 때 전망의 유·불리 문제는 공정한 선택에 영향을 미치지 못하고, 따라서 공정하고 전원 일치의 합의가 가능한 것이다. 이렇게 해서 '공정으로서의 정의'라는 근본적인 이념이 나온다(Rawls, 2001).

고 그것들은 첫째, 윤리적으로 정당화될 수 있으며, 둘째, 정치사회의 상이한 기본 구조들이나 정책 대안들 사이에 우열을 판정해 줄 수 있다고 주장한다. 그는 두 가지의 정의는 다음과 같이 표현할 수 있는 정의에 대한 좀 더 일반적인 개념의 한 특수한 경우라고 말한다. 즉, 자유, 기회, 소득과 부(富), 자존심의 기초들과 같은 모든 사회적 가치의 전부 혹은 일부의 불균등한 분배가 모든 사람의 이익에 합치되지 않는다면 그러한 가치들은 평등하게 분배돼야 한다. 한편 그는 두 원리가 상충될 때는 제1원리가 제2원리에 우선하고, 제2원리 내에서 충돌이 발생할 경우는 공정한 기회 균등의 원리가 차별의 원리에 우선하는 것으로 보고 있다. 즉, 경제적 이익을 위해 평등한 자유를 제약할 수는 없고, 자유의 제한은 전체적 자유 체제의 강화를 위해서만 가능하다는 주장이다. 바람직한 정책 기준은 전체적 자유 〉 기본적 자유의 평등한 보장 〉 기회 균등의 원리 〉 차등의 원리 〉 효용성이나 총이익의 극대화 순이 될 것이다.

(1) 정의의 제1원리: 평등한 기본적 자유의 원리

모든 사람은 다른 사람의 유사한 자유와 상충되지 않는 한도 내에서 최대한의 기본적 자유에 평등한 권리가 인정돼야 한다는 것이다. 자유와 같은 기본적 권리들은 절대적으로 모든 사람에게 평등하게 주어져야 하며, 개인 이익을 위해서건 사회 이익을 위해서건 결코 교환될 수 없다는 것이다.[4] 기본적 자유는 어떠한 경제적·사회적 이득과도 교환될 수 없고, 어느 한 개인의 자유를 박탈함으로써 다른 사람들이 더 큰 사회 선(善)을 향유할 수 있다는 논리는 정당화될 수 없는 것이다. 정치적 영향력의 평등은 경제적 평등을 통해서가 아니라 기본적으로 정치적 과정을 경제적 과정으로부터 독립시키는 것, 경제적 영역에서의 불평등이 정치적 불평등에 연결되지 않는 것을 제도적으로 보장함으로써 달성돼야 한다.

하지만 그러한 자유가 정당하게 제한될 수 있는 두 가지 예외적 경우가 있다. 첫째, 경제적 문제가 아주 중대하고 사람들이 자신들의 기본적 자유의 권리를 행사하더라도 정책 방향

---

[4] 롤스가 기본적 자유로 인정한 것은 정치적 자유(투표권과 공직에 취임할 권리), 언론 및 결사의 자유, 양심의 자유와 사상의 자유, 사유재산 권리의 자유, 자의적인 체포 및 구금으로부터의 자유 등이다. 사회가 발달함에 따라 그러한 자유들을 동등하게 모든 국민에게 확대할 수 있는 사회가 더 나은 사회라고 한다. 즉, 그는 자유가 각 개인의 효용함수에서 본질적으로 하나의 사치재인 것으로 본다. 소득 수준이 높아짐에 따라 다른 심리적이고 물질적인 욕구보다 자유의 우위성은 점점 더 커지고, 마침내 어느 일정한 발달 단계에 이르면 자유는 다른 모든 욕구에 비해 절대적으로 우선하게 된다.

에 미칠 수 있는 영향력이 극히 미미할 경우 그들은 정치적 자유를 어느 정도 포기할 수 있다. 둘째, 제도적으로 보장된 평등한 자유가 서로 충돌을 일으킬 때 자유권에 어떤 경계를 설정할 수 있다. 기본적 자유를 제한할 수 있는 조건을 매우 엄격하게 제한하고 있는 것이다. 따라서 그의 정의론은 공리주의에 의해 희생될 수 없는 자유주의적 이념을 강력하게 옹호하고 있음을 볼 수 있다.

(2) 정의의 제2원리: 기회 균등의 원리와 차등의 원리

① 기회 균등의 원리

사회적 지위나 직위가 만인에게 개방됨으로써 사회적·경제적 상승에의 기회가 균등하게 분배될 것을 요구하는 원리다. 물론 기회 균등이라는 것이 하나의 형식적 평등이지만 그보다 더 나아가서 사회적·경제적 상승에의 기회를 실질적으로 평등하게 해야만 '공정한' 기회 균등이 되는 것이다. 그런데 한 개인이 사회적·경제적으로 상승하는 데는 그의 능력 수준, 노력의 정도, 성격의 상태 등과 같이 그에게 속해 있는 특성뿐만 아니라 사회적 상황과 행운 등의 확률적 상황이 작용한다. 사회적·확률적 상황은 논외로 하고 개인적인 특성만을 보더라도, 그것은 여러 가지 사회적·우연적 요인에 의해 정해진다. 자신이 속한 가정이나 사회집단의 여하, 선천적·후천적인 육체적 상태, 생래적인 기질과 지능 등에서 개인은 각기 다르고 그러한 차이들이 개인적 특성에 많은 영향을 미친다. 하지만 그러한 요인들의 완전한 균등화를 실현시키려고 한다면 앞에서 말한 기본적인 자유들이 근본적인 측면에서부터 위협받을 것이다. 따라서 공정한 기회 균등의 원리는 기회에 관한 모든 불공정성을 제거하자는 것이 아니라 단순히 정의의 제1원리(기본적 자유의 평등의 원리)에 저촉되지 않는 범위 내에서 기회를 최대한 평등하게 하는 것을 의미한다.

② 차등의 원리

그러한 불평등이 정의에 맞는 저축의 원리와 조화를 이룰 수 있는 범위 내에서 가장 불우한 사람들의 편익을 최대로 하는 것이다.[5] 즉, 가장 불우한 사람의 복지가 다른 모든 것에

---

5) 정의에 맞는 저축의 원리란 사회 발달의 특정한 단계에서 사회 협동의 모든 산출물 중 어느 정도의 비율을 사회구성원에 대한 분배 및 재분배로부터 제외시켜 생산설비 투자, 교육 투자 등 미래 세대의 복지를 위해 유보 내지 저

앞서 극대화돼야 하고, 불평등이 정당화될 수 있는 유일한 길은 그러한 불평등이 가장 불우한 개인이나 집단의 복지를 증진시키는 경우다. 즉, 부와 소득의 분배에 관한 공정성 여부는 차등의 크고 작음이 아니라 가장 불우한 개인이나 집단의 복지를 어느 정도 증진시키느냐에 있다는 것이다. 이러한 차등의 원리는 사실상 강력한 평등주의를 내포하고 있다. 즉, 사회적·경제적 불평등이 어느 특정 사회 체제 내에서 가장 불우한 처지에 놓여 있는 사람들, 다시 말하면 최소 수혜자의 이익을 증진시키지 않는 한 모든 사회적·경제적 가치는 평등하게 배분돼야 한다. 또한 출신, 지능, 체력 등의 생래적 자질에서의 불평등은 그 자체로써는 아무런 도덕적 근거를 갖지 못하며, 오히려 정당하지 못한 불평등으로 간주돼 사회 정의의 원리에 의해 가능한 수정돼야 한다는 것이다. 이것은 분명히 단순한 공리주의적 관점을 초월하며 복지국가를 위한 강력한 이론적 바탕이 아닐 수 없다. 이상의 논의를 통해 알 수 있듯이 그가 주장한 사회복지 함수는 맥시민(maximin), 즉 최소의 극대화다. 정책 선택에 지침이 되는 사회복지는 가장 불우한 처지에 있는 사람이 그러한 정책에 의해 얻게 되는 복지이며, 그것을 극대화하는 것이 가장 좋은 정책이다.[6]

2. 공익

공익(公益)은 보는 관점에 따라 실재설과 과정설 그리고 절충설로 분류해 볼 수 있다.

1) 실재설

공익은 일부 사람이나 집단의 이익이 아니고 사회 전체에 대한 이익으로서 정부는 그 실

축하는 것이 적절한가를 규정하는 원리를 말한다.

[6] 이러한 원리를 현실에 적용하는 경우 한계가 있다. 예컨대 의료서비스의 경우를 생각해 보자. 갑이라는 환자는 치료를 받아 봤자 얼마 동안만 생명을 연장시킬 뿐 결국은 목숨을 잃게 되고, 을이라는 환자는 치료를 받으면 완쾌되지만 치료받지 않으면 평생 장애인이 된다고 한다. 최소의 극대화 원칙에 따르면 갑이라는 환자에게 의료서비스가 돌아갈 것이다. 이러한 선택이 과연 정의로운 것인가는 논란의 여지가 있다.

현을 최우선의 책무로 삼아야 한다. 그리고 그것의 실현에 기여하는가의 여부 및 정도가 공공정책의 궁극적인 평가 기준이다. 이러한 견해는 시민의 도덕적 완성, 자연적 권리의 보호, 이웃 사랑에 기초한 사회적 연대, 개성의 최대한의 개화, 건강하고 문화적인 생활의 보장 등이 사회의 궁극 목표로 주장한다(김항규, 2009).

실재설에 따르면, 국가는 개인으로 구성돼 있지만 단순한 개인의 총합이 아닌 독립된 실체로서 고유의 가치 체계를 갖고 있다. 따라서 국가 전체의 공공이익을 뜻하는 공익은 사익과 구별되고 객관적으로 내용이 명백한 실체를 가지며, 전체주의적인 관점에서 선험적으로 주어진다. 공익은 인간이 만든 실정법에 기초하는 것이 아니라 좀 더 상위법, 즉 자연법에 기초한다고 믿는다. 따라서 바람직한 결정에 이르기 위해서는 오히려 정치가와 관료의 지혜에 맡기는 것이 유리하다고 본다.

공익과 사익은 본질적 차이가 있으며 공익은 최고의 윤리 기준으로서의 공공선(common good)과 동일하다고 본다. 공익은 사익에 우선한다는 전체주의 입장이며, 사익과 갈등이란 있을 수 없다는 것이다. 투입 기능이 활발하지 못한 개발도상국에 적용되며, 전체주의, 엘리트주의, 관료의 적극적 역할을 강조한다.

실재설에 대한 비판으로는 각자의 가치관이 다르므로 통일된 공익 도출이 곤란하다는 것이다. 공익으로 제시되는 자연법이나 정의와 같은 가치가 추상적인 개념으로서 조작적 정의가 불가능하다. 실체설은 소수의 엘리트들이 공익을 결정하는 전체주의 또는 권위주의 체제에서의 공익관으로 비민주적이라는 비판을 받는다. 실재한다는 이념적 경직성으로 인해 유연성이 부족하다.

2) 과정설

공익은 실재하는 것이 아니라 사회적 의사결정의 과정으로 생기는 것이다. 우리 모두 사회에 소속돼 있으며 그 속에서 일어나는 사회적 선택은 우리 대부분에게 영향을 미친다. 사회 형성에서 그 구성원들은 명시적이든 묵시적이든 그러한 결정들이 이뤄지기 위한 절차적 과정에 합의했다. 사회의 모든 구성원이 사회적 선택을 위한 어떤 특정 방식에 중요성을 부여하고 있는 경우, 그것은 그러한 의사결정 방법에 의해 이뤄진 우선순위를 사실상의 사회복지 함수로 채택하는 데 대한 강력한 정당화의 근거가 된다. 기존 사회의 의사결정 과정에 의지한다는 것은 어떠한 결정이 이뤄져야 할 것인지에 대해 개인들의 의견이 심하게 상충될 때조차도 그들은 결정권자가 누구이며 어떠한 절차에 따라 이뤄져야 하는가에 대해서는 합의하고 있다는 것을 의미한다. 그들은 그 결정이 무엇이냐 하는 결정의 내용보다는 결정이 어떻게 이뤄져야 하는가 하는 결정의 절차가 근본적으로 더 중요하다고 믿는다.

국가는 개인의 총합 이상이 아니며 개인들의 사익을 초월한 국가 고유의 가치 체계 또는 권익은 없다. 공익은 사회 내 개인이나 집단이 자신들의 사익을 추구하는 과정에서 나타나는 상호 작용의 산물이다. 공익이란 사익의 집합이다. 사회 내 개인이나 집단들은 자신들의 이익을 위해서 서로 경쟁한다. 공익은 이러한 상호 작용 과정 속에서 협상과 조정을 통한 집단 과정의 결과로 나타난다. 공익은 사익과 구별되는 객관적 실체로서 존재하는 것이 아니고 수많은 사익 간의 갈등의 조정 과정에서 협상과 합의를 통해 경험적으로 만들어진다. 따라서 공익은 항상 가변적이며, 다원화된 선진국에서 강조되고 있다. 다원주의, 현실주의, 개인주의, 다수의 이해관계자의 적극적 역할을 강조한다. 정책결정에서 점증모형, 다원론과 맥락을 같이한다.

과정설에 대한 비판으로서 이기적인 사익이 조정되고 타협된 결과가 국민의 다수 이익을 대변하는 공익으로 볼 수는 없으며, 합의의 도출 과정이 항상 명확하지는 않다는 것이다. 그리고 토의나 비판의 문화가 발달하지 못한 국가에는 적용하기 어렵다. 특수 이익 이외의 전체 이익은 경쟁과 대립의 정치 과정에서 논의되지 않으므로 공익화되지 않을 수도 있다. 소수의 이익만 반영한다는 비판과 함께 대립적인 이익들을 평가할 수 있는 사전 기준을 제시하지 못한다는 비판도 있다.

3) 절충설

공익은 성질상 특수한 개별 집단의 이익보다 광범위하고 포괄적이기 때문에 정책결정에서 상징으로 생각하자는 주장이다. 다운스(Anthony Downs)는 공익은 전체 사회에 이익이 되는 정부의 행위라고 규정하고, 이러한 공익은 민주사회의 운영에 필요한 최소한의 합의와 직결돼 있다고 주장한다(Downs, 1967). 이러한 합의는 정부활동의 기본 규범이나 기본 원리에 대한 것이라 한다. 이들은 다수의 이익을 내세우기 때문에 소수의 이익이 아무리 강도가 높다 할지라도 희생될 수밖에 없다고 본다. 공익을 다수자 또는 소비자의 이익으로 보는 공공선택론적 시각은 절충설의 입장을 나타낸다.

3. 형평

형평(衡平, equity) 이념은 일반적으로 공정(公正) 혹은 사회 정의의 개념과 유사하며, 사람들 간의 관계에서 공정, 정당, 올바름의 정신을 나타내는 것과 연관이 있다. 이러한 의미에서 형평은 윤리적인 것이며 도덕적 영역에 속하는 것이다. 사회적 형평성은 누구나 평등한 정부의 혜택을 받아야 한다는 균등사상에 기초를 둔 이념이다. 사회적 가치 배분의 공정성은 성별·직업·계층·지역·세대 간에 상대적 불평등을 초래해서는 안 된다는 원칙이라고 할 수 있다. 따라서 사회·경제적 약자와 취약계층을 보호하는 것이 정부의 책임이라는 논리다.[7]

1) 평등주의

좌파들이 강조하는 것으로 인간의 가치와 존엄성은 개인의 능력과 자질에 관계없이 동일하게 대우받아야 하므로 가치 배분에서 획일적인 균등한 배분이 요구된다. 이는 결과의 형평을 의미하며 수직적 형평을 추구한다. 수직적 형평성은 개인 간 능력에 차이가 있는 시민에게 공공서비스 배분의 형평성을 기하려는 경우에 사용되는 개념이다(예: 대표관료제, 임용할당제). 수직적 형평성은 "다른 것은 다르게 다룬다"는 의미로 결과 평등을 실현하기 위해서 사회적 약자에게 더 많은 기회를 제공한다.

---

7) 치트우드(Chitwood, 1974)는 사회적 형평을 수직적 형평과 수평적 형평으로 분류한다. 수직적 형평은 상호 이질적인 사람들 간의 서비스를 배분하는 기준과 관계가 있다. 수직적 형평하에서는 성·연령·지역·소득 등에서 서로 다른 주민집단들 간에 서비스를 할당하기 위한 근거나 기준을 제시하게 된다. 수평적 형평하에서는 동등한 사람들에 대해서 동등한 대우를 제공하는 것이 원리다. 따라서 사회적 형평의 문제는 행정에서 미래 정책결정의 중요한 이슈가 될 것이다. 사회적 형평을 측정하는 지표에는 로렌츠곡선과 지니계수가 있다.

2) 실적주의

이는 우파들이 강조하는 논리로 인간의 불평등을 전제한 후 사람의 능력과 업적에 비례한 차등적 가치 배분은 정당하다고 본다. 하지만 기회의 균등은 보장돼야 하며, 기회가 동일하게 주어진 상태에서 사람들이 자신의 능력과 노력에 따른 차등적 대가를 소유하는 것은 공정한 분배라고 주장한다.

3) 욕구주의

이는 절대적 평등과 상대적 평등의 절충적 입장이다. 인간의 욕구를 기본적 욕구와 부가적 욕구로 구분해 전자의 만족을 위해서는 균등한 가치 배분을 추구하고, 후자의 만족을 위해서는 차등적 가치 배분을 추구한다. 인간의 기본 욕구의 경우에는 결과적 평등을 실현해야 하지만 부가적 욕구의 경우에는 기회 균등이 보장되는 한 능력과 실적에 따른 차등이 허용된다.

제3절_ 수단적 행정 가치

1. 합법성

1) 개념

행정이 법에 근거를 두고 법에 따라 규제됨으로써 법을 떠난 자의적인 행정이 허용돼서는 안 된다는 이념이다. 행정의 합법성은 행정의 자의성과 행정에 의한 국민의 권리 침해 행위를 방지하며, 사회의 질서 유지와 안정을 확보하는 토대를 마련해 행정의 통일성, 일관성,

객관성, 예측가능성 및 공평성을 확보하는 기초가 된다. 이것은 행정은 소정의 법률에 따라 집행해야 하는 법치행정을 말하는 것으로, 행정이 법에 따라 규제됨으로써 행정의 자의적인 활동이 허용돼서는 안 된다는 이념을 말한다. 입법국가 초기 자본주의가 지배하던 시대에는 무엇보다도 안정성과 시민권의 신장 및 자유권의 옹호가 중요했으므로 행정의 이념은 당연히 합법성을 우선적으로 중요시했다.

2) 내용

합법성은 법률의 법규 창조력, 법률 우위, 법률 유보를 포함하고 있다. 법률의 법규 창조력은 국민의 권리와 의무에 관한 새로운 규율을 정하는 것은 국민의 대표기관인 의회가 입법 과정을 거쳐 만든 '법률'의 형식으로만 가능하다는 것이다. 오늘날에는 의회에서 제정되는 법률만이 아니라 행정부가 제정한 행정입법(대통령령, 총리령, 부령 등)이 증가하고 행정입법에 의해서도 국민의 자유와 권리에 관해 규율하는 법규가 제정되고 있다. 하지만 이 경우에도 법률에서 구체적인 범위를 정해 위임한 경우에만 제정할 수 있다. 법률 우위는 행정이 법률에 위반되는 행위를 해서는 안 된다는 것이다. 이에 반해 법률 유보는 단순히 법률에 위반되지 않으면 된다는 것을 넘어서 국민의 권리를 제한하거나 의무를 부과하는 행정 작용은 법률에 근거를 두고 법률의 규정에 따라 이뤄져야 한다는 것으로 법률 우위에 비해 더 적극적인 성격이다.[8]

행정의 합법성 이념은 그것 자체에 목적이 있는 것이 아니고 헌법이나 법률의 기본 정신인 민주적인 이념을 행정이 구현하는 수단 가치로 인식된다. 따라서 법률 자체가 민주적 기본 질서를 위배할 때는 위헌 심사의 대상이 된다. 오늘날 행정에 대한 법적 규제는 행정 대상의 복잡화, 행정의 전문화, 위임입법 등의 증대로 행정활동에 대한 기속이 완화되고 있다. 행정 기능의 질적 변화와 양적 증대로 인해 행정 재량의 범위가 확대되고 있는 것이 사실이다. 그러나 이러한 변화가 행정의 합법성을 부인하는 것은 아니다. 법률 기술상 모든 행정행

---

[8] 슈미트(Carl Schmitt)에 따르면, 법치(행정)주의는 분배 원리와 조직 원리를 포함하는데, 분배원리는 개인의 기본권 보장에, 조직 원리는 권력 분립 원칙에 근거하고 있다. 법치주의의 요소는 기본권의 보장, 권력 분립과 분할, 집행의 적법성, 국가 권력 행사의 예측가능성, 사법적 권리 보장 등을 포함하고 있다(Schmitt, 2004).

위를 규제할 수 있는 법률을 제정할 수는 없다 하더라도 헌법의 기본 정신이나 법치행정의 원칙을 벗어나서 행정이 자의성을 나타낼 수는 없다. 왜냐하면 행정은 궁극적으로 국민에 대해 책임을 져야 하기 때문이다.

행정의 합법성은 행정 집행의 합법성뿐만 아니라 정책결정 과정의 합법성도 요구된다. 법치주의가 행정권 행사의 예측가능성을 포함하기 때문에 자의적인 행정 절차가 아닌 합법적 행정 절차를 통한 정책결정을 함으로써 국민의 권익 보호를 도모해야 한다.

2. 민주성

1) 개념

민주성이란 민주주의 실천을 행정의 최우선 과제로 삼아야 한다는 이념이다. 민주행정은 국민이 주인이므로 주인을 섬기는 마음가짐을 가져야 한다는 것으로 국민의 의사와 요구를 수용해 이를 행정에 반영해 정책을 결정·집행하는 행정이다. 이는 행정이 국민의 통제를 받고 국민에 대해 책임을 지는 행정이고, 행정인이 민주적 가치관을 확립하고 행정 과정의 민주화를 추구하면서 국민에게 봉사하는 행정이다. 즉, 행정관리의 민주화를 의미하는 것으로 행정 과정에서 국민 의사 존중, 행정에 의한 사회 목적의 실현, 인간적 가치의 추구, 조직 내 민주주의 확립 등을 중시한다.

우리 헌법이 명시한 민주적 기본 질서의 이념과 가치는 민주주의 이념과 가치와 상통한다. 민주주의가 무엇이냐에 관해서는 많은 견해가 대립되고 있지만 대체로 자유, 평등, 복지의 정신을 포함한다. 민주정치는 결국 자유와 평등, 복지의 이념을 구현하는 수단으로서 행정의 민주화가 요망되고, 나아가 권력 분립, 다수 지배, 인간의 존엄성 보장을 위한 기본권의 존중이 전제돼야 한다. 정치의 민주화란 정치 과정의 민즈화를 통해 여론을 존중하고 반영하는 행정, 소수의 이익이 아니라 국민 전체의 자유와 평등, 그리고 복지를 위한 행정, 국민에게 책임지는 행정을 의미한다.

2) 유형

행정의 민주화는 행정조직을 기준으로 대외적 측면과 대내적 측면으로, 행정 형식을 중심으로 절차적 민주성과 실제적 민주성으로 구분할 수 있다.

① 대외적 민주성

행정의 민주성은 대외적으로 국민의 여론을 우선시하고 행정이 국민에게 책임을 지며, 국민의 행정 수요에 대해 적절한 반응성을 가지는 것을 의미한다. 행정의 민주화는 행정책임성 확보와 국민에 의한 행정통제(옴부즈만제도, 시민헌장, 입법·사법통제), 행정윤리 확립(정치적 중립, 부패 방지), 정책결정에의 주민 참여, 관료제의 대표성 확보, 행정의 분권화, 행정구제제도의 확립 등의 제도적 장치를 통해 실현할 수 있다.

② 대내적 민주성

행정의 민주성은 행정조직 내의 조직 및 인사에서도 확보돼야 한다. 공무원의 신분 보장, 직업공무원제도의 확립, 실적주의의 효율적 운영, 적정한 보수 체계, 적정한 업무량, 공무원의 능력 발전, 권위주의 문화의 탈피, 공무원 자신의 인간적 존엄성을 존중할 수 있는 분위기가 조성돼야 할 것이다.

③ 절차적 민주성

정부가 국민으로부터 부여받은 권한과 국민의 동의를 기초로 그 기능을 수행한다는 의미로서, 입헌주의, 법치주의, 참여의 보장, 국민 요구의 수렴 등을 말한다.

④ 실질적 민주성

국민을 위한 정부활동을 강조하면서 행정 체제가 국민의 복지와 사회 정의 실현을 위한 행정을 수행할 수 있는 능력을 갖추고 있는가와 관련되며, 행정기관의 능동적·적극적·혁신적 역할을 중시한다.

3. 능률성

1) 개념

이는 최소의 비용과 노력으로 최대의 산출을 얻고자 하는 것으로 투입 대 산출의 비율을 극대화하는 것이다. 경영에서는 이 가치가 사익 추구를 위한 가장 중요한 것으로 보고 있으며, 행정도 공익을 추구하면서 이를 능률적으로 수행해야 한다는 것이다.

2) 유형

능률성을 양적인 금전적 측면을 강조하는 기계적 능률성(mechanical efficiency)과 질적인 인간 가치의 충족과 구성원의 만족도, 사회 목적의 실현 등을 중시하는 사회적 능률성(social efficiency)으로 구분할 수 있다.[9]

(1) 기계적 능률성

능률을 투입과 산출의 비(比), 노력과 성과의 비, 지출과 소득의 비, 원가와 결과의 비로 보는 것이다. 이는 과학적 관리론과 정치·행정 이원론에서 강조됐다. 이러한 능률관은 행정을 가치 중립적·기술적인 수단으로만 바라봄으로써 목적 가치, 즉 행정이 무엇 또는 누구를 위한 행정이어야 하는가를 경시한다.

(2) 사회적 능률

이는 능률성을 사회 목적의 실현, 다원적 이익의 통합·조정, 인간 가치의 구현 등 사회적

---

9) 이 밖에도 능률성을 적극적 능률성, 소극적 능률성, 퇴행적 능률성으로 구분할 수 있다. 적극적 능률성은 투입 대비 산출의 비율에서 산출을 증가시키는 능률성을 말한다. 소극적 능률성은 투입 대비 산출의 비율에서 투입을 감소시키는 능률성을 말한다. 감축관리에서 말하는 능률성은 소극적 능률성에 가깝다. 퇴행적 능률성은 투입 대비 산출의 비율에서 투입과 산출을 모두 감소시키지만, 투입을 더 많이 감소시킴으로써 능률성을 확보하는 것을 말한다.

차원에서 바라보는 것이다(Dimock, 1937). 결국 사회적 능률은 능률의 민주적 달성을 의미한다고 볼 수 있는데, 초기에는 기계적 능률만이 강조됐으나 시대적 변화에 따라 사회적 능률 개념으로 확대됐다. 능률 개념의 사회적 능률성으로의 확대로 인해 능률성과 민주성의 조화가 가능해진다.[10]

행정의 기계적 능률과 사회적 능률은 대조를 이루고 있으나 본질 면에서는 서로 보완적 관계다. 사회적 능률은 기계적 능률을 토대로 삼아 제고할 수 있기 때문이다. 행정의 사회적 목적·가치의 실현은 기계적 능률성의 제고를 통한 생산성 향상 없이는 어려운 실정이며, 또한 사회적 목적·가치의 실현 없는 행정의 기계적 능률은 그 존재 의의가 반감된다. 결국 행정의 기계적 능률은 생산성의 개념이며, 사회적 능률은 분배 내지 민주적 능률의 개념이라 할 수 있다.

3) 한계

사기업은 시장에서 생산품을 판매하기 때문에 능률성을 화폐 가치로 측정할 수 있다. 더욱이 경쟁시장하의 사기업은 능률성을 위한 유인이 있다. 능률적 기업은 그들의 상품가격을 비능률적인 기업의 상품가격 이하로 낮출 수 있으면서 여전히 이윤을 누릴 수 있다. 만약 어떤 기업이 너무 비능률적이라면 그 기업은 시장에서 배제될 것이다. 이에 반해 정부는 국민을 위해 서비스를 생산하면서 서로 간에 경쟁하지 않는다. 자신의 경계 내에서 정부는 대부분 서비스 생산에서 독점적 지위를 유지한다. 공공서비스 생산자들 중에 거의 경쟁이 부재하다는 사실은 능률적이 될 주된 유인이 결여돼 있다는 것을 의미한다.

공무원이 능률적이 될 유인이 존재하지만 이는 사적 부문에서 경쟁에 의해 이뤄진 유인과는 매우 상이하다. 공무원이 능률적이 될 두 가지 주된 이유에는 시민 이동성(citizen mobility)과 증가된 비용에 대한 납세자 저항이다. 이동성이란 시민들이 비능률적으로 운영되는 지방정부로부터 능률적으로 운영되는 지방정부로 이주하는 것이다. 그리하여 동일한

---

[10] 이러한 사회적 능률은 인간적 능률(인간의 자유, 인간의 존엄성과 가치, 개인의 발전과 창의력 중요시), 봉사 능률(행정의 국민에 대한 봉사 정도가 평가 기준이 되는 것), 규범적 능률(능률의 평가 기준이 평가자의 규범의식에 의존하는 것으로 사회적 능률의 규범적 척도가 종래의 수량적 평가에서 질적인 평가 기준으로 전환하는 것), 발전적 능률(행정의 발전 목표 달성에의 기여도) 등을 포함한다.

서비스를 향유하면서 더 적은 세금을 부담하는 것이다. 납세자 저항이란 공무원이 비능률적 운영을 충당하기 위해 단순히 세금을 올릴 수 없는 것을 의미한다.

4. 효과성

1) 개념

효과성은 행정 목표의 달성도를 의미한다. 다시 말하면, 행정이 주어진 시기에 성취하고자 내세운 목표를 최대한 달성하는 것을 뜻한다. 효과성은 능률성에서 한 단계 발전한 개념으로 능률성이 산출에만 관심을 가졌다면 효과성은 이 산출이 실제로 얼마나 목표의 달성에 기여했는지에 관심을 가지는 개념이다. 즉, 효과성은 수단적·과정적 측면에 관심을 두고 있는 능률성에 비해 전체적·목적적·기능적 개념으로 볼 수 있다.

효과성에서 목표달성도를 고려할 때, 단순히 시간적·형식적 요인만을 고려할 경우 이것은 양적인 개념에 포함시켜야 할 것이다. 반면 건설 공사의 준공 시기 등의 형식적 요건뿐만 아니라 행정 목표의 질을 고려하는 경우, 즉 건설 공사의 준공 후의 공사의 견실성·내구성을 평가 기준으로 할 때는 효과성에서 질적인 개념으로 파악해야 할 것이다.

2) 모형

퀸과 로버그(Quinn & Rohrbaugh, 1983)는 외부적인 조직구조 자체 또는 조직구조 내부의 인간 중 어떤 것을 중시하느냐와 통제와 유연성·신축성 중 어떤 것을 중시하느냐를 기준으로 경쟁가치모형을 제시했다. 이는 하나의 조직 내에 상반되는 가치가 공존한다는 것을 전제로 해, 누가 어떤 목적을 추구하는지에 따른 효과성 유형 구분이다.

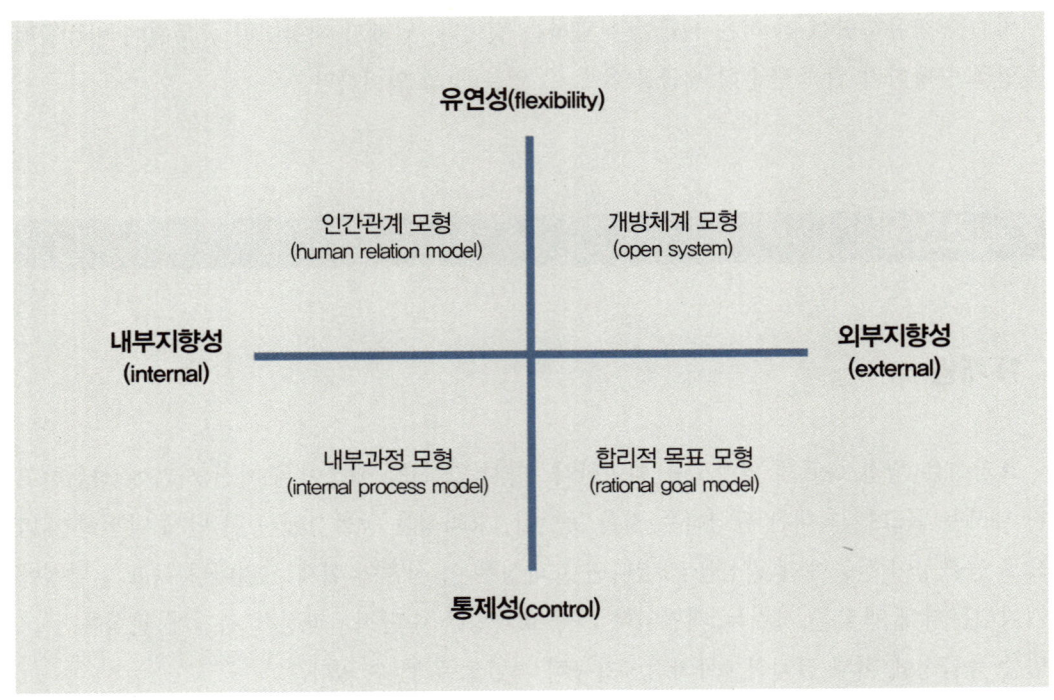

[그림 2-1] 퀸과 로버그의 경쟁가치모형

(1) 인간관계 모형
이는 인간을 중시하면서 유연성을 추구하는 모형으로, 구성원의 사기와 응집성을 통해 효과성이 증대된다고 본다. 따라서 효과성을 높이기 위해 인적 자원 개발에 목표를 둔다.

(2) 개방체계 모형
이는 유연성을 추구하지만 인간보다는 조직을 중시하는 모형으로, 유연성과 신속성을 통해 효과성을 확보하려고 한다. 따라서 조직의 성장과 자원 획득에 목표를 둔다.

(3) 내부과정 모형
이는 합리목표모형과 마찬가지로 통제 중심적인 모형이지만 조직보다는 인간을 중시하는 모형이다. 여기서는 정보관리와 의사소통을 통해 효과성이 증대된다고 본다. 따라서 조직 안정성과 균형 유지에 목표를 둔다.

(4) 합리적 목표 모형

조직과 통제를 중시하는 합리목표모형은 생산성과 능률성을 추구하는 모형으로 계획을 잘 세우고 목표를 명확하게 설정하고 평가함으로써 효과성을 높일 수 있다는 모형이다.

캐머런과 퀸(Cameron & Quinn, 2011)은 조직의 문화를 유형화하면서 조직의 성장 단계에 따라 적용할 수 있는 조직효과성 모형이 다르다고 봄으로써 이러한 모형을 한 단계 더 발전시켰다. 혁신과 창의성이 필요한 창업 단계에서는 개방체계 모형이, 어느 정도 성장해 공동체를 구성해야 하는 공동체 단계에서는 인간관계 모형이, 더 큰 조직이 돼 규칙과 절차를 만들어야 하는 공식화 단계에서는 내부과정 모형이나 합리적 목표 모형이, 조직의 변화와 성장을 도모해야 하는 정교화 단계에서는 다시 개방체계 모형이 각각 적합하다고 봤다.

3) 능률성과 효과성의 관계

능률성과 효과성은 쌍둥이 이슈로서 서비스 생산 과정에서 주된 요소들이다. 첫 번째 단계에서 서비스 투입은 서비스 기관에 의해 서비스 산출(output)로 전환된다. 두 번째 단계에서 산출은 서비스 효과(impacts)로 전환된다. 이 과정을 도식화하면 다음과 같다.

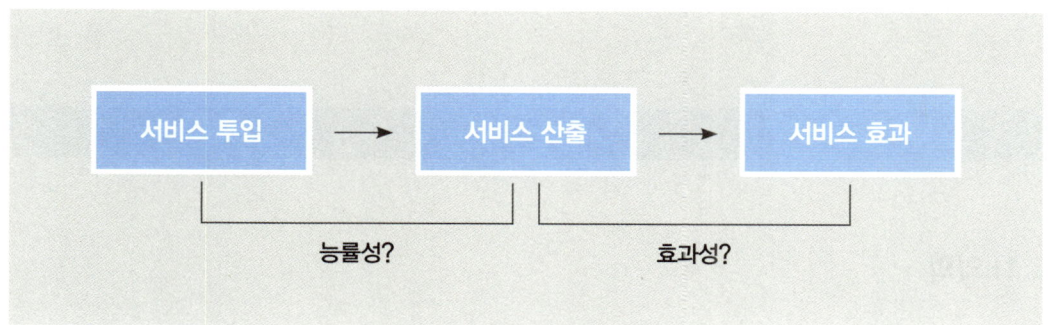

[그림 2-2] 서비스의 전환 과정

서비스 투입이란 정부에 의해 서비스 기관에 할당된 자원이다. 이것은 서비스 기관에 대한 예산 배정을 의미한다. 이 자원은 서비스 산출을 위해 사용된다. 서비스 산출이란 서비스

기관이 목표를 달성하기 위해 시도할 때 사용하는 활동의 혼합이다. 예를 들면 경찰국은 순찰경관이나 형사를 고용하기 위해, 장비를 구입하기 위해, 범죄 실험실 인원을 충원하기 위해 예산 배정을 한다. 이러한 산출은 서비스 효과와 어떤 식으로 관계를 맺게 된다. 효과란 기관이 해결해야 하는 문제를 향해 나아가는 것이다.

효과적인 기관이란 가능한 최소한 수준의 산출로 가능한 최대한 효과를 내는 것이다. 즉, 효과성은 산출에 대한 효과의 비율이다. 이 비율이 높을수록 그 기관은 업무를 더 잘 수행하고 있는 것이다. 능률적인 기관이란 가능한 최소의 투입비용으로 최대 수준의 산출을 생산하는 기관이다. 서비스 기관이 목표를 달성하려면 비효과적이면서 산출물 생산에는 능률적일 수 있다.[11]

효과성은 정부서비스가 국민에 의해서 직면한 문제를 얼마만큼 해결했는가 하는 정도를 나타낸다. 효과적인 서비스 기관이란 자신의 목표를 달성하는 기관을 의미한다. 다시 말하면, 그 기관이 해결하려고 시도했던 문제에 어떤 영향을 미치는 기관을 말한다. 서비스 기관은 서비스를 산출함으로써 자신의 목표를 달성하는데 이를 통해 문제를 해결하고 공공 목표를 달성하게 된다. 그러나 실제 기관이 산출한 서비스가 문제를 해결하는 데 도움이 됐는지가 항상 자명한 것은 아니다. 기관의 효과성을 측정하기 위해서는 목표와 서비스 수준을 각각 측정하고 그리고 이 둘 간의 관계를 탐구해야 한다. 먼저 기관의 목표를 측정하지 않고서는 기관의 목표성취도를 평가할 수 없다. 어떤 목표는 측정하기가 비교적 용이하지만 모든 경우가 그렇지는 않다.

5. 효율성

1) 의의

효율성은 투입에 대한 산출의 비율을 높이는 동시에 목표의 최종 달성도를 극대화하려는

---

[11] 예를 들면, 소방서는 예산배정 단계에서 가능한 많은 인력과 소방검사를 획득하고 총 경비에서 적은 지출을 할지 모른다. 그러나 만약 소방검사가 목표 성취와 연결되지 않는다면 이 기관은 자원을 비효과적으로 사용하고 있는 것이다.

개념이다.[12] 이는 원래 사기업에서 강조됐으며 최근 공공행정에서도 중요시된다. 행정학에서의 효율성은 능률성과 효과성을 합한 개념으로서, 목표를 달성하는 데 더 적은 비용으로 달성하는 것을 의미한다.

효율성 개념은 행정서비스의 질적 향상, 예산 절약, 정책결정 능력과 신뢰감 향상에 기여한다. 인력 수급과 고용 예측의 합리화를 통해 경제 변동에 신축적으로 대처할 수 있다. 동기부여와 대인 관계 개선, 조직 활력의 강화에 기여하며 원활한 조정, 효과적 통제 수단 마련이 가능하다.

2) 유형

(1) 파레토 효율성(파레토 최적)

이는 다른 사람의 후생을 감소시키지 않고는 누구의 후생도 증대시키는 것이 불가능할 정도로 자원이 효율적으로 배분돼 있는 상태를 의미한다. 그러나 파레토 최적 상태는 자원 배분의 효율성을 의미하지만 분배의 형평성을 확보해 주는 것은 아니라는 한계를 지닌다. 파레토 기준에서 보면, 파레토 개선이란 나의 이익이 증가되던서 다른 사람에게는 손해를 끼치지 않는 것이며, 아무런 사회의 효용 감소 없이 자신의 이익만 증가된다면 파레토 개선이라 할 수 있다.

(2) 칼도 · 힉스 기준

칼도 · 힉스는 보상 원리라고 해서 나의 이익과 상대방의 손해를 더해서 그게 양이 되면 후생 증가이고 아니면 감소라고 했다. 즉, 경제 상태의 변화 시에 나타나는 후생상 피해보다 이익의 규모가 큰 경우에는 사회 전체의 관점에서 이러한 변화를 바람직하다고 평가할 수 있는데, 이와 관련된 기준을 칼도 · 힉스 기준(Kaldor-Hicks criterion)이라고 한다.

---

12) 시장실패를 극복하기 위한 공공 역할의 증대가 오히려 정부실패의 문제를 야기했다. 이를 극복하기 위해 1980년대에 등장한 신공공관리론은 행정 부문에 경영기법을 도입하면서 성과 중심적 · 고객 지향적 행정 체제로의 전환을 강조했다.

(3) X효율성(기술적 효율성)

X비효율성(X-inefficiency)[13]에 대칭되는 용어로 시장 경쟁에 노출된 기업이 생존과 발전을 위해 관리 혁신 등을 추진함으로써 초래되는 효율성을 말한다. 경쟁은 사기업으로 하여금 그들의 생산물을 최소한의 비용으로 생산케 한다. 사기업의 경우 자신의 자원을 가장 효율적으로 사용하지 않으면 결국에는 효율적으로 자원을 이용하는 기업에 의해 시장에서 축출되고 말 것이기 때문이다. 그러나 공공기관은 직접적인 경쟁에 직면하지 않기 때문에 그들이 비효율적으로 운영되더라도 살아남을 수가 있다. 공공기관은 이와 같이 경쟁이 없으므로 X비효율성이 발생하게 된다.

X비효율성의 문제는 배분상의 비효율성 개념과는 달리 기업이나 정부의 운영과 관련돼 나타나는 비효율성의 문제를 다루는 것으로, 조직의 비효율성과 같은 개념이다. X비효율성은 경쟁 압력이 없는 독점기업의 경영진이나 노동자들이 경쟁 압력과 인센티브의 부족으로 자원 배분의 효율화 노력을 게을리 함으로써 발생하는 원가 상승 및 생산성 저하와 관련된 개념으로, 이러한 X비효율성은 사조직보다는 공공조직에서 더 크게 나타난다. 따라서 X비효율성은 경쟁 압력의 제고 및 인센티브 부여 등의 수단에 의해 제거가 가능하다.

6. 신뢰성

1) 의의

일반적으로 신뢰는 다른 사람이나 기관이 긍정적인 행동에 대한 기대에 따라 일관되게 행동할 것이라는 개인의 믿음으로 이해된다. 신뢰는 다른 사람, 개인 또는 기관이 특정 행동이나 일련의 행동에서 우리가 기대하는 대로 행동할 것이라는 확신을 준다. 신뢰는 실제 경험의 사실을 기반으로 할 수 있지만 해석이나 인식에 기반한 주관적인 현상인 경우가 많다. 신뢰는 취약한 사회적 자본으로 확립하는 데는 상당한 시간이 걸리지만 빨리 상실할 수도 있

---

[13] X비효율성이란 용어는 라이벤슈타인(Harvey J. Leibenstein)이 만들어 낸 용어로서, 독점과 같은 제한된 경쟁 상황에서 기술적으로 가능한 최소 비용을 달성하지 못하는 것을 의미한다(Leibenstein, 1966).

다. 신뢰는 정부기관의 효율성과 사회적 기능 면에서 매우 실질적인 역할을 한다. 사실 신뢰나 불신보다 더 확실하게 느낄 수 있는 인식은 거의 없다(Uslaner, 2001).

행정 신뢰성이란 행정활동이 국민에게 믿을 만한 것으로 비쳐 행정의 예측가능성을 높이고, 정부와 국민 간의 일체감을 이루는 것을 말한다.[14] 현대 행정은 국민에 대한 신속한 서비스와 복지를 중시하고 있으며, 행정의 신뢰성은 행정의 민주화, 인간화를 이룩하고 진정한 의미의 능률성과 효과성을 가져올 수 있는 중요한 행정 이념이라 할 수 있다.

신뢰는 이론적으로 문화적인 측면에서 접근했지만 지금은 그 자체가 정치경제적 실체로 간주되고 있는 국가 자산이다. 신뢰의 확립은 국가 혁신의 중요한 주제로 대두된다. 국가 혁신을 위해서는 행정 신뢰가 확보되도록 해야 하며, 이를 위해서는 이들에 대한 민주적 통제가 활발하고, 정보 공개를 통해 투명성이 확보되며 부패 척결을 통해 깨끗한 국가와 기업 및 사회가 이뤄져야 한다.[15]

2) 구성 요소

신뢰는 행정의 기능과 사람 중심의 공공서비스 개발을 뒷받침하는 기본적 지침이 되는 가치다.

(1) 역사, 문화 이론

신뢰에서 문화의 역할을 강조하며 개인은 초기 사회화 및 대인 관계 네트워크를 기반으로 신뢰 또는 불신을 학습해 기관에 대한 신뢰에 영향을 미친다는 주장이다(Tabellini, 2008). 그

---

14) 정치적 신뢰와 행정적 신뢰는 차이가 있다. 정치적 신뢰는 선출된 지도부에 대한 평가를 말하며, 행정적 신뢰는 정책설계와 서비스 제공을 담당하는 기관(일반적으로 공무원으로 구성된다)에 대한 평가를 의미한다. 그러나 제도적 신뢰를 다루기 위한 핵심 과제는 이러한 차원, 즉 제도적 및 정치적 신뢰가 유사한 요인의 영향을 받을 수 있다는 것이다. 공공기관의 성과가 정치적 신뢰에 영향을 미칠 수 있으며, 정치적 부패는 행정적 신뢰에 영향을 미칠 수 있다.

15) 정부에 대한 신뢰와 같은 고도의 지표는 전반적인 상황은 잘 파악할 수 있지만 국가 정부의 어느 부분을 어느 정도 신뢰하는지 이해할 수 있을 만큼 세부적이지는 않다. 정부는 다양한 정책 영역에 대한 책임이 있으며 다양한 조직과 메커니즘을 통해 다양한 수준에서 다양한 공공서비스를 제공한다. 응답자가 정부에 대한 신뢰에 대한 질문에 답할 때 정확히 무엇을 염두에 두고 있는지는 탐구되지 않았다. 누구와 무엇을 신뢰할 수 있는지 여부에 대한 좀 더 세련된 관점은 정책 입안자들에게 좀 더 표적화된 방식으로 개선해야 할 부분에 대한 관련 정보를 제공할 수 있다.

중에는 법치에 대한 집착 정도, 권력과 엘리트 사이의 거리, 사회 평등주의에 대한 믿음, 사회적 이동성을 위한 공교육의 역할, 사람들에게 생활의 기회와 서비스를 광범위하게 제공하는 복지 시스템 등이 있다. 정직과 근면 가치와 헌법 및 행정 안정성에 대한 문화적 존중 등이 중요하다.

(2) 기관 이론

기관의 신뢰 수준을 설명하는 주요 결정 요인으로서 과정과 결과의 측면에서 기관의 성과와 평판에 중점을 둔다(Van de Walle & Migchelbrink, 2020). 사회에서 신뢰를 정의하는 데 문화의 중요성을 인정하지만 시간이 지남에 따라 제도적 신뢰 수준에 영향을 미칠 수 있는 결정 요인으로서 공공 거버넌스의 역할을 더 강조한다. 그것은 제도적 신뢰가 사람과 정부 사이의 상호 작용에서 비롯된다는 것을 인식하고 사람들이 정부가 약속을 잘 지키고, 효율적이며, 공정하고, 정직하다고 평가할 때 구축된다.[16] 기관의 능력은 신뢰를 위한 필수 조건이다. 좋은 의도는 있지만 기대에 부응할 능력이 없는 행위자는 신뢰할 수 없다. 공공재 및 서비스 제공(보안 및 위기관리에서 공중보건 및 교육에 이르기까지)은 정부가 수행하는 주요 활동 중 하나다. 그러나 시민들은 그들이 기대하는 품질 수준에서 그들이 필요로 하는 서비스를 실제로 제공할 수 있는 정부의 능력에 의존한다.[17]

---

[16] 규제가 시민과 정부 사이의 가장 중요한 인터페이스 중 하나라는 점을 감안할 때, 공공 신뢰를 생성하는 규제 프로세스의 능력은 공공기관에 대한 광범위한 신뢰 문제에 매우 중요하다. 시민들이 정부에 대해 불공정한 대우를 받는 경험을 하게 되면, 그들은 규제를 준수하려는 의지와 정부에 대한 신뢰가 떨어지는 경험을 하게 된다. 이러한 부정적인 태도는 차례로 규제를 시행하는 것을 더 어렵게 만들고 전체 규제 프로세스를 덜 효율적으로 만들 수 있다. 따라서 건전한 규제 프로세스의 일부로 규제 설계에서 협의를 고려하는 것이 필수적이다. 이는 시민과 기업이 정책결정 과정에 참여하고, 규제 결정을 수용하고, 궁극적으로 정부를 신뢰하도록 보장하기 위한 참여, 향상된 투명성 및 원활한 의사소통을 의미한다.

[17] 대응성은 공공서비스의 가용성, 접근성, 적시성 및 품질에 관한 것으로, 서비스 전달기관이 국민의 요구에 반응하는 정도를 나타낸다. 신뢰성은 요구를 예측하고 사람들이 직면한 경제적·사회적·정치적 환경의 불확실성을 최소화하기 위해 위임된 책임에 효과적으로 대응하는 정부기관의 능력이다. 대응성 논의는 두 가지 별개의 이슈를 포함한다. 첫 번째는 국민 주도적인 접촉에 대한 서비스 기관의 대응성에 관련이 있다. 국민이 불평할 때 관료제는 무엇을 하는가? 국민 주도적 접촉은 국민이 정부의 정책결정에 영향을 미치기 위하여 접근하는 중요한 통로가 된다. 그러나 이 통로의 효과성은 정부가 국민의 불평에 어떻게 대응하는가에 달려 있다. 두 번째 이슈는 선출된 관리가 실제로 관료가 수행하는 것을 통제할 수 있는 정도와 관련이 있다. 이는 더 광범한 관료적 대응성의 개념이다. 만약 선출된 관리가 관료제를 통제할 수 없다면 선출 책임성(electoral accountability)이 확립될 수 없다. 이러한 통제가 결여된 상황에서 선출 관리는 국민이 선호하는 정책을 집행할 수 없을 것이다.

신뢰에 영향을 미치는 것과 관련해 정책결정 과정과 정책을 이끄는 동기는 실제 결과 못지않게 중요하다. 시민들은 효과적인 정책이 사회경제적 조건을 개선할 뿐만 아니라 그 과정에서 공무원의 비난할 수 없는 행동을 기대한다. 이러한 기대에는 세 가지 중요한 차원의 신뢰성이 수반된다(Van de Walle & Bouckaert, 2007).

(1) 개방성

신뢰의 차원으로서 개방성은 정부가 하는 일을 알리고 이해하도록 하며, 그들의 관점과 통찰력을 포함해 투명성과 책임성을 높이는 것을 의미한다. 즉, 시민과 기타 이해관계자에게 알리고, 협의하며, 경청하고, 참여시키는 정부의 권한을 나타낸다.

(2) 진실성

본질적으로 공공의 청렴성은 공공 부문에서 공익이 사익보다 우선시되도록 보장하는 것을 의미한다. 공익 보호를 위한 정부를 신뢰할 수 있는 정도는 제도적 신뢰 수준에 가장 직접적인 영향을 미친다. 높은 행동 기준은 정부의 신뢰성과 정당성을 강화하고 정부의 정책 조치를 촉진한다.

(3) 공정성

시민들은 사회구성원 간의 부담과 보상 분배가 부유하고 권력 있는 사람들에게 편향돼 있다는 점에 대해 점점 더 우려하고 있다. 공정성은 정부가 시민과 기업을 일관되게 대우하고 사회 전체의 이익 추구를 보호하는 데 중점을 둠으로써 이러한 문제를 해결한다.

7. 책임성

1) 의의

행정 책임성이란 공무원이 국민으로부터 부여받은 권한에 따라 행정활동을 수행하면서 그에 대해 국민에게 책임을 지는 것을 의미한다. 현대 행정 기능이 확대하고 전문화됨으로써 이에 대한 통제가 더욱 중요한 문제가 되고 있다. 행정의 전문화 현상으로 인해 외부 전문가가 공직에 유입되고 있으며, 공무원의 신분 보장과 자율성 및 공직 규범이 행정의 민주성과 충돌할 가능성이 있다. 권한과 책임은 동전의 양면과 같아서 권력에 책임이 수반되지 않을 경우 민주성이 위협받기 때문에 공직자의 책임성 문제는 항상 중요하다.

행정 책임성이 갖고 있는 근본적인 딜레마는 기능적 책임과 정치적 책임 간의 충돌이다. 기술적·과학적 기준에 따라서 판단하는 기능적 책임과 시민들의 요구에 응답해 판단하는 정치적 책임 간에 충돌이 발생하는 경우다. 그뿐만 아니라 기관과 직위별로 다른 양상으로 발생하는 책임성 사이의 갈등, 개인의 신념과 규칙, 제도의 차이에서 오는 갈등 등이 있다.[18]

2) 유형[19]

(1) 내적 책임성과 외적 책임성

프리드리히(Carl J. Friedrich)의 내적 책임성과 파이너(Herman Finer)의 외적 책임성 논쟁은 행정 책임성 개념의 발전에 중요한 초석이 됐다. 프리드리히(Friedrich, 1940)는 자율적 책임성의 개념(responsibility)을 전문가로서의 직업윤리나 책임감에 입각해서 자발적인 재량을 발휘해 보일 때 구현되는 책임으로 설명한다. 즉, 공직자가 자신의 내면에서 우러나오는 책임감이라는 규범에 기초해서 국민의 요구를 이해하고 그에 따른 정책 대안을 마련하는 것으로 이해한다. 그에 따르면, 이러한 덕목은 개인적으로 또는 조직 내적으로 형성되는 것으로서, 정치인이나 선출직 공무원에 의해서 확보될 수는 없는 것이라고 주장했다.

---

[18] 프리드리히와 파이너의 책임성 논쟁에 입각해 합리적 책임과 도덕적 책임의 딜레마 상황이 제시되고 있다(김호섭, 2019). 합리적 책임이란 책임성의 근원이 외부에서 오는 반면 도덕적 책임은 공직자 개인의 주관적 특성에 따른 내적 책임성에서 온다. 두 가지 책임성은 모두 필요하고 중요하다. 그리고 두 가지 책임성이 불가피하게 충돌하는 경우 이에 대한 제도나 정책적 고려가 필요하다.

[19] 한상일(2010)은 공기업과 준정부기관의 책임성 개념 정립과 그에 따른 통제 방식의 조합, 즉 입증 책임성과 기대관리 책임성, 그리고 경제적 영역과 정치적 영역의 두 가지 축에 따라서 관료적 책임성과 관리적 책임성 그리고 시장 책임성과 정치적 책임성으로 구분했다. 그는 이들의 책임성을 보장하기 위해 경영평가, 공시, 이사회 임명 방식의 개선, 주주 및 이해관계자 참여제도의 개선, 시민 참여의 확대 등과 같은 제도의 조합을 제시했다. 엄석진(2009)은 롬젝과 두브닉(Romzek & Dubnick, 1998)의 연구를 바탕으로 책임을 지는 자와 책임을 묻는 자의 구분 그리고 책임성에 대한 판단 기준에 따라서 책임성 유형을 구분했으며, 이 책임성을 고전행정학, 신행정학, 신공공관리론, 거버넌스이론 등의 행정학 이론과 접목시키면서 이론별로 중시되는 책임성의 개념을 설명했다.

그러나 파이너(Finer, 1941)는 객관적으로 확보될 수 있는 교정과 처벌을 위한 제도적 장치가 책임성에서 중요하다고 강조했다. 그는 의무감(sense of duty)이나 책임감(responsibility)을 책임이 발생하는 사실, 즉 입증 책임(answerability)과 구분하는 것이 중요하다고 했다. 주관적인 책임성 개념이 정직함을 지키는 것이건 자신의 신념에 충실한 것이건 혹은 특정 기능의 목표에 충실한 것이건 효율성을 유지하는 데 매우 중요하다는 사실을 받아들이면서도 그런 주관적 책임감만으로 공공조직을 지켜 내기에는 충분하지 않다는 것이다(Finer, 1941: 335). 즉, 공직자나 공공조직 그 자체로는 공공선을 이해할 수 없으며, 주어진 공공선을 달성할 때도 무엇이 공공선을 위해 적절한 수단인지 판단해 낼 수가 없다는 것이다. 오히려 공직자가 조직 내적인 논리에 따라서 행동할 때 부패나 정책실패가 발생하기 더 쉽다는 주장이다.[20]

(2) 롬젝과 두브닉

롬젝과 두브닉(Romzeck & Dubnick, 1987)은 '통제의 원천'과 '통제의 수준'을 조합해 행정 책임성을 구분했다.

첫째, 내부적 책임성 관계인 계층적 책임성은 관료가 상급자의 감독, 명령이나 지시, 조직 내 표준운영규칙 및 내부 규율을 지킬 책임을 의미한다. 계층적 책임성은 집권화를 통해 능률적인 행정을 가능하게 한다는 장점이 있는 반면, 엄격한 상급자의 통제로 인해 구성원 개인의 자율성을 저해한다는 한계를 지닌다.

둘째, 법적 책임성은 법적 제재 및 계약적 책임을 부과하는 외부의 개인이나 집단과의 의무적 관계 속에서 나타난다. 즉, 법을 제정하는 입법가와 제정된 법이나 정책을 집행하는 관료들과의 관계 또는 계약을 통한 주인과 대리인의 관계 속에서 나타나는 책임성을 의미한다(Romzek & Ingraham, 2000).

셋째, 전문가적 책임성은 관련 기술이나 전문지식을 가진 관료들이 자신의 업무에 대한

---

[20] 한상일에 따르면, 프리드리히의 내적 책임성은 공직자의 도덕적 훈련과 학습을 중시하는 이론이나 조직 내 기준이나 규범의 마련을 중시하는 이론으로, 매킨타이어(MacIntyre, 2007)의 덕의 윤리(virtue ethic)에 기반해 외부의 유혹을 내적 도덕성의 발현으로 차단하기 위한 도덕적 관행과 교육을 중시하는 관점(Cooper, 2012) 등으로 발전한다. 반면 파이너의 외적 책임성은 헌정구조나 법률 제도 설계를 중시하고 외부 기관의 정치적 영향력을 중시하는 이론으로, 미국의 공직자가 양식과 가치를 바탕으로 책임감을 가지고 행동할 수 있는 것은 그들이 헌법적 정당성을 부여받고 헌법이 정한 제도 속에서 근무하기 때문이라는 헌법적 윤리론으로 발전한다(Rohr, 1988; 한상일, 2010).

재량권과 자율성을 가지고 기술적이고 복잡한 정책문제에 대한 해답을 제공하는 상황을 반영한다. 전문가적 책임에 따라 관료들은 내재화된 규범(전문가로서의 사회화, 개인적 신념, 훈련과 교육, 업무 경험 등)에 근거해 의사결정을 내리게 된다. 결국 전문성에 대한 존중이 전문가적 책임성의 핵심이라 할 수 있으며, 전문가들이 그들의 전문성에 근거해 가능한 최선을 다해 줄 것이라는 신뢰에 기초하고 있다.

넷째, 정치적 책임성은 기관 외부의 이해관계자들에 대한 대응성(responsiveness)을 강조한다. 즉, 관료들이 선출직 정치인, 고객 집단, 일반 대중과 같은 외부의 이해관계자의 필요에 대응하는 것을 의미한다. 정치적 책임성의 강조는 공개적이고 대표성이 강한 정부의 구성에 기여할 수 있는 반면 정실주의와 부패를 가져올 가능성이 있다(한상일, 2012).

3) 한계

공무원은 항상 공공 책임성을 요구받고 있지만 현실적으로는 가급적 책임을 회피하려 드는 경향을 보인다. 따라서 이를 담보하기 위해 업무 범위와 책임 소재를 명확하게 규정해 책임이 개인에게 귀속되도록 노력하고 있지만 현실은 항상 그렇게 쉽게 움직이지는 않는다. 이러한 상황은 현대 행정이 거버넌스로 이행함에 따라 더욱 심화되고 있다. 조직의 규모가 커질 뿐만 아니라 조직 내에서의 행정활동이 이제는 조직 밖에서까지 협력적 의사결정 체계가 확립되면서 책임성의 소재가 더욱 불분명해지고 있다. 사회 현상이 복잡하고 업무의 공유화와 협조가 공동 의사결정을 더 많이 요구하고 있는 상황에서 누가 책임을 지며 또한 어느 정도 책임을 지는지가 더욱 불분명해지고 있다. 행정의 거버넌스로의 이행으로 협력적 정부의 개념이 발전했기 때문에 책임성도 다수의 개인에게 귀속되고 있으며, 이러한 현상은 협력적 책임성(Behn, 2001)으로 불리기도 한다. 행정서비스 공급이 계약, 위임, 민영화, 공동생산 등 복잡해지고 다양해질수록 책임성을 담보하기가 더욱 어렵게 된다(한상일, 2012).

8. 가외성

1) 의의

가외성(加外性, redundancy)[21]이란 어떤 일이나 물건의 초과분 혹은 잉여분을 의미하며, 정보과학, 컴퓨터, 사이버네틱스 등의 학문에서 논의되고 적용됐으며, 행정에서는 행정의 남는 부분, 여분, 초과분을 의미한다. 따라서 이는 능률성과 대치되는 개념으로 간주된다.

2) 가외성의 유형

(1) 중첩성(overlapping)
어떤 행정 기능이 행정기관에 분화되지 않고 여러 행정기관이 중복적이며 상호 의존적으로 수행하는 것을 말한다.

(2) 중복성(duplication)
동일한 행정 기능을 다수 행정기관이 독자적으로 수행하는 현상을 말한다.

(3) 동등대체성(equipotentiality)
어떤 주된 조직 기능이 작동하지 않을 때 다른 보조적 단위기관들이 주된 단위의 기능을 인수해서 수행하는 경우다(Felsenthal, 1980).

---

[21] 가외성이란 랜다우(Landau, 1969)가 처음 행정학에 도입된 개념으로서, 행정 체제나 행정 과정의 구성에서 기본적인 구성 요소 외에 초과 혹은 잉여 요소를 갖는 것을 의미한다.

3) 가외성의 효용과 한계

행정 가외성의 배경은 행정의 불확실성에 있다. 행정의 가외성은 행정의 안정성·신뢰성 확보가 최대 목표이며 체제의 불확실한 상황에도 중복 장치의 발동을 통해 환경 변동에 대한 적응성을 유지할 수 있다. 그리고 활발한 토론과 이질적인 의견 교환이 창의적 사고를 촉진함으로써 행정의 창의성을 증진한다. 혼자보다는 여럿이 상의해 일할 때 창의적인 아이디어가 나올 수 있다. 정보 경로의 다양화와 다원화를 통해 정보의 정확성을 기할 수 있다. 조직이 둘 이상의 장치를 둠으로써 여유 자원을 갖게 되며, 이를 통해 조직의 수용 능력의 한계를 극복할 수 있다(Felsenthal, 1980).

그러나 가외성은 한계가 있으며 우선 자원의 낭비, 비용의 증가를 초래한다는 비판이 있다. 그리고 기능의 중복·충돌의 문제가 있으며, 능률성과의 조화 문제도 있다. 하지만 가외성은 행정환경의 복잡성과 불확실성이 증대함에 따라 장기적·거시적 관점에서 행정의 안정성, 신뢰성 확보 방안으로 재평가되고 있다.

9. 투명성

1) 개념

정부의 의사결정과 집행 과정 등 다양한 행정활동이 정부 외부로 명확하게 드러나는 것을 의미한다. 따라서 투명성(transparency)에서 가장 중요한 요소는 행정 공개다. 투명성은 공무원의 부패를 방지하기 위한 가장 중요한 가치다.

2) 투명성의 종류

(1) 과정 투명성
정부 내에서 이뤄지는 많은 의사결정 과정이 개방적이고 투명하게 이뤄져야 한다는 것을 말한다. 이는 과거 비판받아 온 밀실행정에 대한 반대 개념으로서, 예를 들면 행정 처리 과정을 온라인으로 공개하는 것이다.

(2) 결과 투명성

결정된 의사결정이 제대로 집행됐는지를 확인할 수 있게 결과의 투명성을 확보하는 것이 중요하다. 시민 옴부즈만제도는 이에 대한 예다.

(3) 조직 투명성

조직 자체의 개방성과 공개성을 말한다. 정부조직의 각종 규정, 정책, 고시, 입찰 등 해당 기관의 운영과 관련된 내용들을 인터넷 홈페이지 등을 통해 공개하는 것이다.

복습 문제

- 롤스 정의론의 핵심 내용과 한계를 설명하시오.
- 롤스 정의론에서 기회 균등의 원리와 차등의 원리를 설명하시오.
- 공익의 다양한 시각을 설명하시오.
- 형평의 유형에 대해 설명하시오.
- 기계적 능률성과 사회적 능률성에 대해 설명하시오.
- 퀸과 로버그의 경쟁가치모형을 설명하시오.
- 능률성과 효과성의 관계를 설명하시오.
- X비효율성에 대해 설명하시오.
- 신뢰성의 구성 요소에 대해 설명하시오.
- 내적 책임성과 외적 책임성의 관계에 대해 설명하시오.
- 가외성의 장단점을 설명하시오.

제3장

행정학의 주요 접근법과 이론

학습 목표

- 행정학의 기원을 이해한다.
- 행정학의 패러다임 변화를 이해한다.
- 한국 행정학의 발전 과정을 이해한다.
- 각 이론과 접근법이 어떻게 발전하게 됐으며 어떤 도전과 비판을 받았는지를 이해한다.
- 각 이론과 접근법의 특성을 이해하고 이론 간의 비교를 통해 차이점을 확인한다.

제1절_ 행정학의 기원과 도입

1. 행정학의 기원

　행정학의 기원을 설명하기 위해서는 17세기 프러시아(Prussia)에서 등장한 관방학(kameralwissenshaft)과 현대 행정학의 주류를 형성하고 있는 미국의 행정학을 언급할 필요가 있다. 1700년대 초기에 프리드리히 빌헬름 1세(Friedrich Wilhelm I)는 대학에서 관방학 강좌를 개설해 국가 통치에 필요한 행정 지식과 기술을 보급하도록 했다. 절대군주제를 유지하는 데 필요한 재정을 포함한 정치, 농업, 임업 등에 대한 지식을 가르쳤는데, 이후 계몽전제주의에 기반한 경찰국가 체제를 구축하면서 국가 재산의 유지와 증대를 위한 경찰학으로 분화돼 발전했다. 이 당시 경찰은 오늘날의 치안 업무를 담당하는 것을 의미하기보다는 정부조직과 국가작용을 의미하는 것이었다. 그리고 프랑스 혁명 이후에 절대군주제가 쇠퇴하고 국가에 대한 시민의 권리문제가 중요하게 부각되면서 경찰학은 법에 기반해 행정을 하기 위한 행정법학으로 대체와 발전의 길을 걸어왔다. 독일의 행정법학은 이후 아프리카, 아세아, 일본, 라틴아메리카 등으로 전파됐다. 그리고 행정법학은 20세기 초까지 행정의 주류로서 역할을 했다. 그러나 행정에서 법 이외의 활동들이 증가하면서 1931년 옐리네크(Walter Jellineck)에 의해서 현대 행정학이 주목을 받기 시작했다.

　한편, 오늘날 행정학의 기원은 현대 행정학의 주류가 된 미국 행정학에서 더 많이 찾고 있다. 미국 행정학은 1829년 잭슨(Andrew Jackson) 대통령에 의해서 도입된 엽관제(spoil system)를 먼저 설명할 필요가 있다. 미국은 19세기 이후 급속한 산업화를 경험하면서 정부의 역할이 비대하게 증가했지만 대통령 선거에서 승리한 정당이 관직을 차지하게 만든 엽관제의 비효율성으로 행정의 능률성과 전문성 제고를 위한 개혁이 심각하게 요구됐다. 따라서 행정의 정치적 중립과 실적주의 인사를 위한 「펜들턴법(Pendleton Act)」을 1883년에 제정했고, 윌슨(Woodrow Wilson)은 행정의 효율성을 추구하기 위해서 「행정연구(The Study of Administration)」(1887)라는 논문에서 행정의 탈정치화를 위한 정치·행정 이원론을 강조했다. 그리고 1900년 굿노(Frank J. Goodnow)는 『정치와 행정』을 저술해 정치와 행정의 차이를 명확하게 하고자 했다. 이러한 정치 개혁에 고전적 조직이론인 테일러(Frederick W. Taylor)의 과학적 관리법(1911)이 결합되면서 행정학은 독자적인 학문 영역으로 발전했다.

한편, 프랑스에서도 이러한 법학적 행정 연구가 유사하게 나타났지만, 다소 늦은 1960년대에 와서 전통적인 법학적 행정 연구만으로는 행정의 현실을 제대로 파악할 수 없다는 인식이 확산되면서 관료제의 병리 현상을 분석하는 사회학적 행정 연구가 이뤄지기도 했다. 프랑스에서는 19세기 관료의 능력을 중시하는 나폴레옹(Napoléon Bonaparte) 시절에 행정교육을 위해서 전문가 양성기관을 설립해 행정 개혁을 추진하기도 했다. 그러나 관료집단이 특수계급으로 변질됐고, 제2차 세계대전 이후 공무원제도를 대폭 개혁해 공무원 양성기관으로 국립행정학교(ENA)를 설립했다.

그리고 영국에서는 행정학이 학문적으로 성장하지는 못했지만, 실무 공무원들이 1921년 왕립행정학회를 만들어 공무원 교육을 담당하면서 성장했다. 영국에서는 행정학의 형성기부터 지방행정과 중앙·지방정부의 관계에 대한 연구가 많은 주목을 받았고, 미국 행정학의 영향을 받으면서 발전했다.

2. 한국 행정학의 도입과 발전

한국에서 행정학이 어떻게 도입돼 발전했는지를 살펴볼 필요가 있다. 우리나라에서도 행정학이 조선시대부터 실학(實學)을 통해 독일의 관방학에 비견할 정도로 연구되기도 했지만 독자적 학문으로 발전하지는 못한 것으로 평가하기도 한다.

한국에서 행정학이 본격적으로 대학 강의에 도입된 것은 해방 이후인 1940대 말인 것으로 보는 것이 일반적이다. 그리고 1950년 중·후반에 오면서 각 대학에서 학과를 신설하기 시작했다. 최초의 행정학 교재는 1955년에 출간된 정인흥의 『행정학』이며, 이듬해인 1956년에 '한국행정연구회'가 설립됐고, 1961년 '한국행정학회'로 개편됐다. 그리고 행정학 교수 요원들이 미국으로 유학을 많이 가면서 미국 행정학이 한국의 현대 행정학으로 발전했다. 따라서 한국의 행정학은 미국의 행정기술 원조에 의해서 미국식 행정학이 조성됐다. 그리고 1960년대 들어오면서 행정학은 우리나라 사회과학의 한 분과로 확고하게 자리를 잡게 됐고 급속도로 성장했다. 1960년대 초에는 행정조직의 관리에 초점을 두면서 기능적 관리문제를 해결하기 위한 행정 원리를 주로 가르쳤으며, 1960년 말에 오면서 정책결정으로 관심이 확대됐다. 미국에서 1960년대 비교행정론이 유행하면서 한국 행정학의 발전에도 많은 영향을 미쳤으며, 한국의 행정학은 급속도로 성장하게 됐다. 행정학이 도입돼 급속하게 발전하게 된 계기를 학자들은 다음과 같이 제시하고 있다.

먼저, 대학의 관심도 많았지만 정부에서도 행정학에 관심을 가지고 교육하면서 행정학을 적용하려는 노력이 가시적으로 나타났다. 1949년에 설립된 국립공무원훈련원에서도 행정학을 가르쳤지만 1961년에 설립된 중앙공무원교육원에서는 행정학 고육을 본격적으로 실시했으며 총무처, 행정개혁조사위원회에서도 행정학을 적극적으로 적용하려는 노력이 활발하게 이뤄졌다.

또한, 1961년의 13회 행정고시부터 행정학을 필수과목으로 채택했다. 행정고시의 행정학 필수과목 지정은 한국 대학의 행정학과 발전에도 크게 기여했다. 이러한 과정에서 행정학 관련 연구학술지가 만들어지기 시작했고, 행정학 교재의 번역과 저술이 활발하게 이뤄지기 시작했다. 이렇게 되면서 행정학을 연구하는 학자들이 급증했으며, 이들은 정부기관의 자문 및 공무원 훈련에도 적극적으로 참여했다.

그리고 행정학은 행정의 전문화와 민주행정에 대한 요청에 부응하기 위한 지식적 원천으로서 중요한 역할을 했다. 한편, 5·16 쿠데타로 권위주의적 정부가 장기화되면서 행정학계는 정부와 제휴 관계를 형성했고, 행정학이 활용 대상으로 자리매김하면서 학문적으로도 급성장했다는 주장도 있다.

제2절_ 행정학의 발전과 분화

1. 행정학의 패러다임 변화

행정학은 경제·사회문제를 해결하기 위한 행정의 역할 변화와 함께 발전했다.[1] 따라서

---

[1] 행정학은 미국 행정학을 중심으로 발전해 왔다고 해도 과언이 아니다. 우리나라는 특히 미국 행정학의 영향을 많

정치와 행정, 사회문제가 변함에 따라 행정학의 연구 대상도 변화해 왔고 주요 이론도 새롭게 개발되거나 다른 학문의 이론을 도입하기도 했다. 행정학이 발전해 온 패러다임을 간략하게 설명하고자 한다.

1880년대에 가장 주목받은 것은 행정의 발전을 위해서 정치·행정 이원론과 일원론의 논쟁이었다. 1829년 잭슨 대통령이 도입한 엽관제의 비효율성이 심각하게 대두되면서 윌슨은 「행정연구」에서 행정을 관리의 영역으로 규정함으로써 효율성을 높이기 위해 정치와 행정의 분리를 강조했다. 이러한 주장은 1900년대 굿노로 이어져서 정치와 행정의 분리를 좀 더 명확하게 했으며, 행정을 하나의 독립된 학문 영역으로 성장시키는 데 기여했고, 현대 공무원제도와 관료제 발전의 기반이 됐다.

1900년대에는 행정과 정치의 관계에 초점을 두고 효율성을 강조하는 관리적 행정이론과 맥을 같이하면서 조직이론이 성장했다. 1903년 테일러의 과학적 관리(scientific management)가 등장하면서 조직이론이 발전하기 시작했다. 그러나 테일러의 과학적 관리론은 조직의 비인간화를 초래한다는 비판을 받으면서 인간관계론이 등장했다. 이처럼 조직이론이 성장하면서 정치·행정 이원론적 시각에서 행정의 순수한 역할들을 강조하는 과학적 관리기법에 대한 연구들이 본격적으로 이뤄지게 된 것이다. 그리고 정치·행정 이원론과 고전적 조직이론이 결합된 연구를 '행정관리론'으로 명명했다(이종수 외, 2022). 행정관리론은 행정의 능률성을 강조한 귤릭(Luther H. Gulick)의 POSDCoRB를 탄생시켰으며 최초의 행정학 교과서인 화이트(Leonard D. White)의 『행정연구 입문』, 윌로비(William F. Willoughby)의 『행정의 원리』로 정리되면서 정통행정학이 정립돼 갔다. 미국 행정학은 정치·행정 이원론을 기반으로 한 행정관리론을 중심으로 성장했지만 대공황의 발생과 뉴딜(New Deal)정책이 도입되면서 정치·행정 일원론으로 전환됐다. 1930년에 오면서 베버(Max Weber)의 『프로테스탄트 윤리와 자본주의 정신』을 파슨스(Talcott Parsons)가 영어로 소개하면서 관료제 열풍이 미국의 사회과학계에서 일기도 했다.

그러나 1930년대 말에 경제 공황과 함께 정부의 역할이 증대하면서 정통행정학에 대한 반발이 나타나기 시작했다. 1940년대 본격적인 대공황 시기에 오면서 행정학은 뉴딜정책으로 행정부의 적극적인 역할과 행정의 우월주의가 강조되면서 정치·행정 일원론이 등장했다. 따라서 정치·행정 이원론에 기초한 행정관리론의 행정 보편성과 과학성도 비판을 받게

이 받았다. 따라서 이 장에서는 미국 행정학의 발전 배경을 중심으로 설명하고자 한다.

됐다. 특히, 왈도(Dwight Waldo)를 중심으로 한 학자들은 정통행정학을 비판하기 시작했다. 그리고 사이먼(Herbert A. Simon)은 논리실증주의자로서 가치와 사실을 구분해 행정학을 좀 더 과학화하기 위해 행정학 연구에 자연과학적 연구 방법을 적용하자는 주장을 했다. 한편, 달(Robert A. Dahl)은 행정과학의 적실성과 행정 행태의 기계론적 가정에 의문을 제기하기도 했다(이종수 외, 2022). 한편, 정통행정학이 강조하던 효율성 기반의 행정관리는 약화되고 행정의 민주성과 행정 과정에 대한 관심이 높아졌다. 그리고 1940년대에 오면서 행정학의 학제적 연구에 대한 인식도 높아졌다. 그리고 사이먼이『행정행태론(Administrative Behavior)』(1945)을 발표하면서 논리실증주의에 기반한 행정행태주의가 발전하기 시작했다. 행정행태주의자들은 일종의 사회 현상인 행정도 인간의 주관을 배제하고 관찰 가능한 객관적 대상을 중심으로 자연과학처럼 과학적 연구를 할 필요가 있다고 주장한다. 따라서 객관적이고 계량적인 측정 방법을 사용해 행정 연구도 분석하자는 것이다. 이러한 행정행태주의는 행정 연구의 과학화에 큰 기여를 했으며, 연구 방법의 한계 때문에 1960년대 후반부터 비판을 받기도 했지만, 여전히 행정학 연구의 주요한 연구 방법으로 활용되고 있다.

이러한 행정 연구의 과학화가 강조되면서 더 넓은 시야로 행정을 바라보기 위한 행정생태론(ecological approach)이 등장했다. 행정생태론을 행정학어 도입한 최초의 인물은 가우스(John M. Gaus)다. 그는『행정에 대한 반성(Reflections on Public Administration)』(1947)에서 행정을 이해하기 위해서는 제도나 인간적 요인만으로는 안 되고, 사회·문화적 환경을 적극적으로 고려하면서 행정 현상을 이해할 필요가 있다고 주장한다. 이러한 행정생태론은 서구의 선진화된 행정제도를 신생국에 도입했지만 제대로 작동하지 않는다는 점을 설명하기 위해서 등장했다. 이러한 시각은 1950년대 비교행정론으로 발전하게 된다. 비교행정론의 대표적 학자는 리그스(Fred W. Riggs)이며, 서로 다른 문화적·환경적 요인들을 유사점과 차이점을 비교·분석하려고 했다. 그리고 비교행정론은 1960년대에 오면서 발전행정론으로 발전하게 된다. 발전행정론은 비교행정론의 한계인 환경 의존적 행정결정론이 아니라 행정이 환경에 능동적으로 대응하면서 발전할 수 있다는 입장에서 개발도상은 특히 행정의 적극적인 역할이 중요하다고 강조한다.

한편, 1960년대에 오면서 미국은 베트남 전쟁과 흑인 폭동을 경험하면서 존슨(Lyndon B. Johnson)의 '위대한 사회 건설(The Great Society)' 정책이 등장했고, 미국 연방정부도 역할 확대와 변화를 초래했다. 행정행태주의는 실증적 연구를 강조했지만 현실의 사회문제에 대한 해결책을 제시하지는 못했다. 따라서 행정학에서는 미노브룩(Minnobrook) 회의(1968)에서 행정학의 새로운 방향을 모색하기 시작했다. 이러한 시대적 상황 속에서 신행정학운동(new public administration movement)이 일어났다. 신행정학(New Public Administration)은 논리실증주의에 기반한 행정행태주의를 비판하면서 가치 지향적 관리와 고객 중심의 행정, 사회적 형평성 등을 중시했다.

그리고 1970년대에 오면서, 미국 행정은 오일쇼크와 워터게이트 사건이 발생하게 됐고, 정부에 대한 신뢰가 무너지기 시작했으며 경기 침체와 재정적자도 악화됐다. 정부의 한계와 작은 정부를 지향하면서 감축관리론의 등장과 함께 민간 부문의 관리기법을 공공 부문에 적용할 필요성이 제기됐다. 이러한 상황에서 오스트롬(Vincent Ostrom)은 『미국 행정학의 지적 위기(Intellectual Crisis in American Public Administration)』(1974)를 지적하면서 뷰캐넌(James M. Buchanan)과 털럭(Gordon Tullock) 등이 주장한 공공선택론을 행정학에 도입하자고 주장했다.

이후, 1980년에 오면서 행정학은 신보수주의에 기조해서 작은 정부를 지향하기 위한 규제완화와 민영화 등의 다양한 조치들이 있었다. 이러한 행정관리의 개혁이 강조되면서 오늘날 크게 영향을 미치고 있는 신공공관리론(new public management)이 등장했다. 신공공관리론은 1980년 후반에 직업공무원제도를 옹호하면서 정부의 재발견을 주장하는 '정부재정립론(Gary L. Wamsley, 1990)'으로 구체화됐고 1990년에 오면서 정부는 재창조돼야 한다는 '정부재창조론(David Osborne & Ted Gaebler, 1992)'으로 등장했다. 그리고 정부재창조론은 클린턴(Bill Clinton) 정부의 행정개혁을 위한 토대가 됐다. 신공공관리론은 여전히 행정학에서 우리나라를 비롯해 많은 나라에서 국정 운영을 위한 주요한 기반을 제공하고 있지만 더불어 비판과 보완을 위한 뉴거버넌스, 탈신공공관리론, 신공공서비스론, 공공가치론 등이 등장했다. 이들 이론의 구체적인 내용은 이후 주요 이론을 다루는 절에서 구체적으로 설명할 것이다.

2. 한국 행정학의 분화와 토착화

한국의 행정학은 1970년대에 오면서 본격적으로 분화됐다. 정책학, 행정철학, 관리과학 등이 행정학의 분과 학문으로 발전했고, 특히 정책학은 초기에 정책 형성과 기획에 초점을 맞췄지만 이후 정책평가, 정책집행, 정책분석 등의 영역으로 확장됐다. 그리고 1980년에 오면서 다양한 영역에서 연구가 활발하게 이뤄졌다. 정부는 경제 규제를 완화하면서 민영화를 추진하게 되는데 학문적 지원을 위해서 규제행정에 대한 연구가 이뤄지기 시작했으며 환경행정, 재난관리, 노동문제 등에 관한 연구도 본격적으로 시작됐다. 특히, 지방자치제의 부활이 본격적으로 정치권에서 논의되면서 지방행정에 대한 연구가 활성화됐고, 1980년대 중반 이후에는 행정정보화에 대한 연구도 시작됐다.

1990년에는 학문적 접근 방법과 이론들이 다양한 영역으로 분화됐다고 평가할 수 있다. 체제론, 신제도론, 신공공관리론, 뉴거버넌스론과 같은 다양한 접근 방법과 이론들이 행정학의 새로운 흐름을 만들었다. 그리고 전자정부론, 대통령론, 한국행정사와 같은 새로운 학문 분과를 만들어서 연구활동을 시작했다.

그러나 한국 행정학의 토착화에 대한 비판도 많았다. 한국 행정학의 초기는 주로 미국에서 발전해 유행하는 행정학적 지식을 단순히 소개하거나 전달하는 노력들이 많은 비중을 차지했다. 이러한 경향은 한국 행정학의 무비판적 수용에 대한 자성(自省)의 목소리로 이어졌고 행정학의 토착화를 위해서 적실성을 높이자는 주장들이 생겨나게 만들었다. 그러나 한국 행정학은 의존적 이론 구성과 계량분석 중심의 연구 경향들이 나타나면서 지속적으로 도전을 받아왔다. 또한, 다른 국가의 행정혁신 사례를 벤치마킹하는 방식이 유행하면서 행정학의 토착화에 대한 비판이 지속적으로 제기되고 있다. 그리고 일관성 있는 이론이나 가치들이 학문 연구에서 지속적으로 이뤄지기보다는 문제 상황에 따라 해결 기제로서 학문적 연계성이 다소 약하고 분절적으로 도입됐다는 비판이 있었다. 아래에서는 행정학의 주요 이론을 설명하고자 한다.

제3절_ 행정학의 주요 이론

행정학은 연구 및 분석의 초점에 따라 다양한 이론들이 등장했다. 여기에서는 역사적으로 등장한 핵심적인 이론들을 중심으로 소개하고자 한다.

1. 정치·행정 이원론과 일원론

행정학은 미국 행정학을 중심으로 발전해 왔다고 해도 과언이 아니다. 그런데 미국의 행정학을 설명할 때 반드시 논의될 필요가 있는 것이 정치·행정 이원론과 일원론의 논쟁이다. 앞서 언급했듯이 행정학의 초기에는 정치와 행정을 구분하려는 정치·행정 이원론이 지배적 시각이었다. 윌슨은 1887년 「행정연구」에서 행정 연구의 독자성을 강조하면서 정치로부터 행정의 분리를 주장했다. 이러한 시각은 행정이 정치에 내포된 영역이 아니라 효율성과 과학성을 강조하는 관리의 영역이라고 보는 것이다. 따라서 행정의 문제는 정치의 문제가 아니라고 주장했다. 윌슨의 이러한 시각은 화이트의 『행정연구 입문』에서 그대로 반영됐다. 그리고 굿노는 정치·행정 이원론을 좀 더 구체화하면서, 정치는 국가 의지의 표명이며 행정은 국가의지의 집행이라고 주장했다(권기헌, 2018).

그러나 정치·행정 이원론은 1930년대에 들어오면서 루스벨트(Franklin D. Roosevelt)의 뉴딜정책과 함께 정치·행정 일원론으로 전환됐다. 대표적 일원론자는 애플비(Paul H. Appleby)이며, 그는 뉴딜정책에 적극적으로 참여한 행정관료이자 행정학자로서 국가의 역할 증대 속에서 행정관료들의 정책 형성이 적극적으로 나타나는 현실을 보면서 정치·행정 이원론이 아니라 일원론이 더 적합하다고 판단한 것이다. 그는 『정책과 행정(Policy and Administration)』(1949)에서 정치와 행정은 정합적이고 연속적이며 순환적이기 때문에 이들을 배타적으로 구분하기보다는 결합적 관계라고 설명했다(권기헌, 2018). 구체적으로 행정에는 재량권, 예산권 등이 포함돼 있고 준입법권도 존재하기 때문에 정책결정 기능과 정치적 기능을 내포하고 있다고 봤다. 따라서 일원론적 시각이 더 적합하다고 주장한 것이다.

정치·행정 이원론은 행정학이 독자적 학문 영역으로 발전할 수 있도록 하는 데 분명히 기여했으며, 미국 행정에서 엽관주의의 한계를 극복하고 직업공무원제와 실적주의 도입을 위한 이론적 기반을 제공했다고 평가받는다.

그러나 이러한 정치·행정 이원론은 초기에 논의됐던 정치와 행정의 기능적 측면이 아니라 접근법의 시각에서 논리실증주의에 입각해 1940년대 후반에 새롭게 이원론적 시각으로 등장했다. 이 시점의 정치·행정 이원론은 기능적으로 정치와 행정이 분리될 수는 없지만 행정 연구의 과학화를 위해서 사실 판단적 명제만을 연구 대상으로 고려해야 한다는 시각이었다. 그러나 1960년대에 오면서 다시 행정과 정치의 기능적 측면에서 일원론이 새롭게 강조됐다. 대표적 학자인 와이드너(Edward W. Weidner)와 에스만(Milton J. Esman)은 행정이 정치를 주도하는 행정우위론적 시각에서 정치·행정 일원론을 주장했다. 이러한 주장이 등장한 배경은 발전행정론의 등장에 기인한 것으로 보인다. 발전행정론은 후진국의 경제와 사회 발전을 위해 행정이 정치를 주도해 가야 한다는 주장을 했으며, 개도국의 빠른 발전을 위해서는 행정관료들이 중요한 역할을 해야 한다는 것이었다.

이처럼 정치·행정 이원론과 일원론은 행정의 기능적 측면에서 연구 접근법으로 전환되면서 지속적으로 논의돼 왔다. 그리고 정치와 행정의 기능과 역할에 대해서는 일원론적 시각이 지배적이지만 연구 접근법 측면에서는 실증주의적 시각에서 연구의 과학화를 위한 이원론적 시각이 지배적인 것이 현실이라고 볼 수 있다.

2. 과학적 관리

미국 행정학에서 고전적 조직이론의 출발점을 언급할 때 대부분 테일러의 『과학적 관리(Scientific Management)』(1903)를 언급한다. 과학적 관리는 정치·행정 이원론에 기반하고 있으며, 노동의 생산성을 극대화하기 위한 최선의 방법을 제시하고자 했다. 과학적인 수치와 근거에 기초해 시간과 동작을 연구해서 노동생산성을 높이고자 했다. 테일러는 최소의 비용으로 최대의 능률을 올릴 수 있는 최선의 유일한 대안(A Single Best Method)이 있다고 봤다. 테일러는 노동자들의 태만을 막고 생산성을 제고하기 위해서는 성과에 대한 인센티브가 중요하며 생산량에 따라 임금을 지급해야 한다고 봤다. 과학적 관리론에서 제시한 원칙은 아래 상자글과 같다.

과학적 관리의 원칙

시간 연구의 원칙
- 모든 작업에 시간 연구를 적용해 표준 시간을 설정함.

성과급제의 원칙
- 임금률을 시간 연구에서 얻어진 표준에 따라 정하며, 생산량에 비례해 임금의 차등 지급

계획과 작업 분리의 원칙
- 시간·동작 연구에 따라 과학적으로 얻어진 정확한 자료에 근거해서 경영자와 작업자의 역할 설정

작업의 과학적 방법의 원칙
- 관리자는 근로자의 최선의 작업 방법을 과학적으로 정해서 근로자를 훈련시킴.

경영통제의 원칙
- 과학적 표준과 비교를 통해 경영통제

직능적 관리의 원칙
- 직능별 조직에 따라 관리를 전문화함.

과학적 관리는 직관이나 경험에 의존하던 경영에서 객관적 정보를 토대로 생산성을 높이기 위한 경영으로 발전할 수 있는 토대를 제공해 줬고, 기업의 생산성 제고와 이윤 증대에 많은 영향을 미쳤다. 이러한 의의에 근거해 과학적 관리론의 긍정적 의의를 다음과 같이 규정하기도 한다(권기헌, 2018).

첫째, 생산성 증대와 조직 연구를 위한 과학적인 방법을 제시했다.
둘째, 직무분석을 위한 기본적 방식을 제공했다.
셋째, 금전적 인센티브의 중요성을 부각시켰다.

이러한 의의에도 불구하고 과학적 관리는 몇 가지 중요한 한계점 때문에 비판을 받기도 했다.

첫째, 인간을 기계적 존재로 보는 한계가 있었다. 따라서 인간의 정서적이고 인간적인 요소를 고려하지 못했다. 이러한 한계점은 이후 인간관계론을 등장하게 만들었다.
둘째, 인간을 경제적 이익만을 추구하는 존재로 간주했다.
셋째, 비공식적 집단, 커뮤니케이션, 민주적 리더십의 역할을 간과했다.

3. 인간관계론

테일러의 과학적 관리가 기업들의 생산기법에 큰 변화를 초래했지만, 비인간화를 초래했다는 강한 비판을 받았고, 물질적 보상이 노동 생산을 증대시킨다는 점에 대한 검증이 필요했다. 따라서 하버드 경영대학원의 메이요(George E. Mayo)를 포함한 동료 교수들은 기업에서 생산성을 결정하는 진정한 요인이 무엇인지를 규명하기 위해서 호손공장에서 생산성을 결정하는 요인들을 확인하기 위해 1924~27년과 1927~32년에 실증적 연구를 실시했다. 이 연구를 호손실험(Hawthorne Experiment)이라고 한다.

초기 실험에서는 조명의 밝기 정도에 따라 생산성의 변화를 실험했다. 그리고 계전기 조립에 종사하는 여공들을 대상으로 동일한 작업실에서 일을 하게 하고 감시원을 붙여서 생산을 확인했다. 이들 실험에서 조명의 밝기는 큰 차이를 만들지 못했고 감시원과 여공들 간의 관계에 따라 미세한 성과 변화가 있다는 점을 확인했다. 그리고 오히려 실험 종료 후 근무조건을 원래대로 돌려줬을 때 생산성은 상승했다. 그리고 면접을 통해 물질적 환경보다는 감정적 요인들이 오히려 생산성에 더 중요하게 영향을 미친다는 점을 확인했다. 마지막으로 배선작업을 하는 남성 노동자들을 대상으로 관찰을 했는데, 개인의 능력인 숙련도와 관리자의 지시보다는 각 개인들의 근로 의욕과 비공식적으로 합의된 규범이 작업 능률에 더 많이 관련돼 있다는 점을 확인했다. 즉, 이 실험을 통해 물질적 요인과 근무조건이 노동자들의 생산성을 결정하지는 않는다고 결론을 내렸다. 이 실험은 인간의 비물질적·심리적 요인과 비공식적인 관계가 중요하게 영향을 미친다는 점을 인지시켜 줬다. 그러나 인간관계론(human relationship)은 인간의 심리적 요인과 조직 내의 사회적 관계를 너무 강조한 나머지, 외부 환경과의 관계를 제대로 다루지 못했다는 비판을 받았다. 이렇다 보니 호손실험은 외적 타당성이 결여된 실패한 실험이라는 주장도 있다.

4. 관료제

관료제(bureaucracy)를 최초로 제시한 학자는 베버(Max Weber, 1864~1920)다. 그는 관료

제가 인간이 만든 조직 중에서 가장 합리적이고 효율적인 형태라고 주장했다. 그리고 그가 제시한 관료제는 행정학뿐만 아니라 정치학, 사회학, 경영학 등의 많은 학문에 영향을 줬다.

베버는 관료제의 이상적인 형태의 중요한 요소로 노동의 전문화(specialization of labor), 권위적 위계(authority hierarchy), 몰인격(impersonality)을 제시했다. 그리고 베버는 관료제에서 권위(authority)를 세 가지 유형으로 구분했다.

첫째, 카리스마적 권위(charismatic authority)는 비범한 능력과 이미지를 가진 개인의 강한 매력에서 나오는 권위를 의미한다. 따라서 지도자의 실제 힘과 능력보다는 지도자에게 그러한 능력과 힘이 존재한다는 강한 믿음에서 추종자들의 헌신과 충성을 이끌어 내는 것이다. 따라서 카리스마적 권위를 가진 지도자는 자신의 권위를 지속적으로 정당화해야 한다. 그러나 이러한 권위를 유지하는 것은 쉽지 않다고 설명하고 있다. 전제군주제가 대표적 예라고 볼 수 있다.

둘째, 전통적 권위(traditional authority)는 전통과 관습에서 권위의 정당성이 나온다. 따라서 전통적 권위가 지배하는 사회에서는 추종자들이 권위를 가진 개인이나 집단에 이의를 제기하지 않으며 지도자는 지배적 엘리트로서 권위를 가진다. 따라서 불평등이 전통적 권위에 의해서 보존되며, 지도자들은 역사적 관습이나 전통의 범위를 잘 유지한다면 권력을 유지하게 된다. 그리고 베버는 이러한 전통적 권위가 다음에 설명할 법적·합리적 권위를 막는 역할을 할 수 있다고 말한다.

셋째, 법적·합리적 권위(legal-rational authoirty)는 집단이나 조직의 권위가 합법적으로 규정돼 있어서 추종자들은 명문화된 법·규칙에 따라 정당성을 인정하고 지도자는 권한을 갖는 것이다. 법과 제도에 의해서 권위가 힘을 갖기 때문에 합리적으로 만들어진 규칙이 권위의 핵심이다. 대부분 현대 조직들의 권한과 권력이 법적·합리적 권위에 기반한다고 볼 수 있다. 베버는 대부분의 조직이나 집단이 카리스마적 권위에서 법적·합리적 권위에 기반하는 형태로 발전하며, 가장 이상적이고 합리적인 조직이 법적·합리적 권위에 기초하는데, 그것을 관료제라고 봤다. 그렇다면 베버가 강조한 가장 이상적인 조직 형태인 관료제는 어떤 특징을 가지고 있는지 살펴볼 필요가 있다. 그는 관료제의 여섯 가지 원칙을 다음 상자글과 같이 제시했다.

이러한 관료제에 대한 특징을 부가 설명하면, 관료제는 위계적 수준과 법의 지배를 특징으로 하는 조직 체계다. 따라서 조직이 규정한 문서화된 규칙 및 규정에 근거하며, 조직 내 구성원들의 행동과 사무를 통제하고 규제한다. 그렇다 보니 신속한 결정과 조치를 차단하는

관료제의 여섯 가지 원칙

1. **계층적 권위**(authority hierarchy)
   - 관료제는 명령 체계가 있고 지위에 따라 역할과 기능이 있음.

2. **공식 규칙 및 규정**(formal rules and regulations)
   - 사무를 위한 매뉴얼과 지시 사항, 정책 등을 포함한 규칙과 규정이 문서로 확립돼 있음.

3. **노동의 분업**(전문화)(division of labour[specializations])
   - 생산성과 효율성을 제고하기 위해서는 사무의 분업과 전문화가 필요함.

4. **몰인격**(impersonality)
   - 관료제는 자동적으로 공정하게 목표를 달성하기 위한 몰인격적 결정구조가 구축돼 있어야 함.

5. **경력 중심**(career orientation)
   - 관료제는 직제가 있으며 차별화된 보직 체계(career paths)를 가짐.

6. **공식적 선발 과정**(formal selection process)
   - 관료제는 명확한 규정에 기반한 선발 절차를 가짐.

복잡한 행정 절차가 있을 수 있으며, 경직되고 충분한 유연성을 허용하지 않는다는 비판을 받기도 한다. 그리고 관료제는 계층적으로 결정을 내리고 집행하는 조직 시스템이다. 또한, 관료제는 때로 과도한 문서작업이 필요해서 종종 비효율이다. 따라서 일부 프로세스를 자동화해 개선하는 노력이 요구된다. 관료제는 일반적으로 정부나 기업과 같은 대규모 조직에서 발견되지만 표준화된 절차, 방법 및 관행에 따라 움직이기 때문에 비인격적인 경향이 있다는 비판을 받는다.

5. 공공선택론

공공선택론(public choice)의 선구자는 블랙(Duncan Black)으로 알려져 있지만, 뷰캐넌(James M. Buchanan)과 털럭(Gordon Tullock)이 대표적 인물들이다. 이들은 『국민 합의의 분석: 입헌민주주의의 논리적 근거(The Calculus of Consent: Logical Foundations of Constitutional Democracy)』(1962)에서 공공재의 배분 결정이 정치적 표결에 의해 이뤄진다는 점을 설명했다. 그런데 이러한 공공선택론이 행정학에 알려진 것은 오스트롬(Vincent Ostrom)의 『행정학의 지적 위기(The Intellectual Crisis in American Public Administration)』(1972)가 출간되면서부터다. 이 책에서 오스트롬은 공공재와 공공서비스를 독점 공급하는 전통적인 관료제를 통해서는 시민들의 요구에 적극적으로 대응할 수 없다는 주장을 했다. 정부가 공공재의 생산자라면 국민은 공공재의 소비자인데, 기존의 전통적 관료제에 의해서가 아니라 국민 개개인의 편익을 증진시킬 수 있는 공공재와 공공서비스 제공을 위한 대안의 필요성을 강조했다. 오스트롬은 공공선택론적 시각에서 공공재와 공공서비스 제공 방식을 행정학에 적용하기 위해서 윌슨(Woodrow Wilson)의 전통적인 관료제를 비판하면서 행정개혁의 방향을 제시했다.

이러한 공공선택론이 강조하는 특징은 아래 상자글과 같다.

공공선택론의 특징

1. **가치 기준: 시민 개개인의 선택 존중**
   - 인간은 이기적 존재임. 그런데 공공재 및 공공서비스 제공에서 우선적으로 시민 개개인의 선호와 선택을 가장 중요한 가치로 중요시할 필요가 있으며, 경쟁을 통해 공공재 제공에 대한 대응성과 합리성을 제고할 수 있음.

2. **연구방법: 방법론적 개체주의**
   - 개인을 분석 단위로 함. 정당, 지방정부와 같은 조직이나 기관이 분석의 단위가 아니라 개인 수준에서 분석을 실시함. 그리고 개인은 이기적이고 합리적으로 자신의 이익과 효

용을 극대화하고자 함.

3. 연구 대상: 공공재
- 정부가 제공하는 재화와 서비스에는 다양한 유형이 있지만 공공선택론은 공공재에 관심을 집중함.

4. 정책결정 구조
- 정책결정 구조가 공공재의 산출과 소비에 미치는 영향을 분석하고 평가해서 시민들이 가장 선호하는 효율적인 대안을 모색하고자 함.

5. 합리적인 정책결정
- 시민의 이익을 향상시킬 가장 최적의 자원 배분 대안을 선택할 수 있는 합리적 정책결정인 파레토 최적의 정책결정을 하지만, 정치적 요인을 중요시하는 정치경제학적 접근 방법에 입각함.

6. 비관료제적 조직
- 공공선택론은 전통적 관료제에 부정적이며 가치에 부합하는 분권화된 다원적 조직체를 선호함. 공공재의 공급에 민간과 정부의 다양한 조직들이 함께 참여하고 다원적 공급 체제와 소비자 집단의 관계에 협상, 계약, 공동생산과 같은 시장적 방안을 도입하고자 함.

오스트롬은 전통적 관료제에 대한 비판적 시각에서 아래와 같이 행정학에 공공선택론의 도입을 강조했다.

첫째, 국민들의 다양한 요구에 대응하는 서비스를 효율적으로 제공하기 위해서는 정부와 다양한 민간조직들이 함께 공공재 생산과 공급에 참여할 수 있도록 해야 한다고 주장했다. 그리고 이러한 방식으로 공공재를 공급하기 위해서 공급조직을 다양화할 필요가 있다고 주장한다.

둘째, 이러한 다양한 형태의 공공재 및 공공서비스 제공조직들은 높은 자율성을 가질 필요가 있다는 점을 강조했다. 그리고 이들 다양한 조직 간의 조정을 위해서는 계서적(階序的) 권한의 행사를 가능한 제한하고 상호협약이나 법적 규정에 의해서 결정할 필요가 있다고 언급한다. 그리고 오스트롬은 공공재 및 공공서비스의 공급에서 시민들의 편익을 제고하기 위해서는 관할의 중첩을 통해 경쟁하도록 함으로써 서비스의 질을 높일 수 있도록 하는 것이 바람직할 수 있다고 말한다.

셋째, 공공재 및 공공서비스의 공급과 수요 규모와 영역을 적절하게 부합시키는 것이 중요하며, 이렇게 하기 위해서는 수요 선호가 동질적인 집단들을 대상으로 공급 영역을 설정할 필요가 있고 부정적 외부 효과를 최소화할 필요가 있다. 구체적으로, 공급 영역 밖의 국민들에게는 추가적 비용이나 부담이 발생하지 않도록 주의할 필요가 있다고 주장한다.

넷째, 공공재 및 공공서비스를 제공하는 조직들이 지속성을 갖고 활동을 하도록 하는 결정 요인이 수요자인 국민들의 지지가 되도록 해서 국민들의 수요에 더욱 민감하고 높은 대응성을 갖도록 할 필요가 있다고 주장했다.

다섯째, 공공재 수요자의 부담 원칙을 강화할 필요가 있다. 그는 수익자 부담세, 수수료 등을 높여서 수익자 부담을 강화하면 국민들도 공공재 공급 요구에 더 신중해지고 좀 더 합리적으로 결정할 것이라고 봤다.

여섯째, 오스트롬은 공공재와 공공서비스의 공급과 소비를 자치적으로 수행할 시민집단(citizen collectives)을 구성하도록 하고 지원할 필요가 있다고 주장한다. 시민들의 적극적인 참여와 자발적 활동을 위해서 이런 시민집단들의 활성화는 매우 중요하다고 그는 생각한 것으로 보인다. 왜냐하면, 국민들은 이들 집단을 통해 공공재를 생산하고 공급하거나 공동생산하는 활동과 행정 과정에 참여할 수 있는 기회를 가질 수 있기 때문이다. 하지만 이러한 시민집단들의 활동을 활성화하기 위해서는 이들의 공동사업에 드는 비용을 수익자 부담으로 하도록 할 필요가 있다고 주장했다.

공공선택론은 기본적으로 공공재의 수요자인 국민들의 선택을 중시하며 정부는 공공재의 생산자로서 역할을 한다고 본다. 그리고 전통적인 정부관료제를 비판하면서 비전통적인 공공재 공급 장치를 처방하고자 했다.

6. 신공공관리론

신공공관리론(new public management)은 1980년대 영·미 국가를 중심으로 나타났다. 그 배경을 보면, 1970년 중·후반에 오면서 침체된 경제와 정부 신뢰를 회복하기 위해서 정부의 역할과 기능의 축소는 신자유주의 물결 속에서 등장했다. 그리고 1980년대에 오면서 신보수주의에 기반한 영국의 대처(Margaret H. Thatcher) 정부와 미국의 레이건(Ronald W. Reagan) 정부가 추진한 시장 지향적 정부개혁으로 이어졌다. 이러한 정부개혁을 신공공관리론으로 규정하고 있으며, 그 저변에는 시장주의와 신관리주의가 내재돼 있다. 따라서 학자들은 신공공관리론이 시장주의와 신관리주의가 융합된 산물이라고 말한다

시장주의는 신자유주의 이념에 기초하면서 작은 정부를 구현하고자 한다. 가격기구, 경쟁원리에 의해서 공공서비스를 제공하며 고객 지향적 서비스 제공을 강조한다. 따라서 수익자 부담 원칙, 민간위탁, 민영화, 규제 완화 등을 통해 정부 부문 내에 경쟁 원리를 도입하고자 한다. 시장주의 시각에서 보면, 국민은 납세자나 수혜자가 아니라 고객이 되는 것이다. 그래서 고객인 국민들의 가치와 기대를 반영한 결과를 성과로 도출하고 서비스의 질을 엄격하게 관리하며, 고객에게 서비스의 선택권을 부여하고자 한다. 시장주의와 함께 신공공관리론을 구성하는 대표적 이념이 신관리주의다. 신관리주의는 행정과 경영이 유사하다는 시각에서 기업의 경영 원리와 관리기법을 행정에 도입해 정부의 성과 향상과 관리의 효율성을 제고하겠다는 것이다. 그래서 기업가 정신, 성과에 기초한 관리, 권한 이양, 품질관리 기법, 인센티브 메커니즘, 마케팅 기법, 고객만족 경영기법 등을 행정에 도입하고자 한다. 관리자나 책임자에게 자율성과 책임을 동시에 부여해 효율성과 성과를 제고하려는 이념이다.

이들 두 이념의 융합을 토대로 한 신공공관리론이 지향하는 정부개혁의 방향성을 체계적으로 정리한 대표적 저작이 오스본(David Osborne)과 게블러(Ted Gaebler)의 『정부재창조론』(1992)이다. 이 책에서는 기업가형 정부개혁 방향을 아래 상자글과 같이 제시하고 있다(이종수 외, 2022).

기업가적 정부개혁 방향

정부의 역할: 촉진적 정부, 지역사회가 주도하는 정부
- 기업가적 정부는 직접 노를 젓는 행정이 아니라 방향을 잡아 주는 행정이 돼야 함. 구체적으로 서비스의 직접 공급보다 촉매, 촉진, 중개 역할을 해야 함.
- 정부가 전통적인 관료적 통제, 공급자 중심의 행정이 아니라 주민에게 권한을 부여하고 지역주민과 이들이 형성한 공동체가 서비스 제공의 일원으로 참여하도록 함.

서비스 제공 방식: 서비스 제공에 경쟁 도입
- 민영화, 민간위탁 등의 경쟁 원리를 서비스 제공에 도입해 행정서비스 공급의 경쟁력과 질을 제고함.

행정관리 방식: 규칙에서 임무 중심, 투입이 아닌 성과 중심, 관료가 아닌 고객 중심, 지출보다 수익 중심, 사후보다 사전 예방 중심
- 법이나 규제, 규정에 의한 관리보다는 목표와 임무를 중심으로 조직을 운영하면서 결과를 중요하게 관리함.
- 업무 성과를 제고하기 위해서 투입이 아닌 산출이나 결과를 기준으로 자원을 배분하는 성과 지향적 정부관리.
- 서비스의 수요자를 고객으로 간주하며, 고객들에게 선택권을 부여해서 고객의 선호와 필요에 부합한 서비스 제공
- 지출 위주의 정부 운영 방식에서 탈피해 수익 제고를 중시함. 기업가적 정부이기 때문에 지출보다는 수익 창출을 중시함.
- 사후적으로 사건·사고를 수습하기보다는 미래에 대비하는 예방 중심의 행정

행정구조: 분권적 정부, 시장 지향적 정부
- 분권적 정부(위계조직에서 참여와 팀워크 활성화): 권한 분산과 하부 위임을 통해 참여적 의사결정을 촉진함.
- 시장 지향적 정부(시장기구를 통한 변화 촉진): 관료주의보다는 시장 기능 메커니즘을 좀 더 폭넓게 활용해 정부의 성과를 높임.

신공공관리론은 기존의 전통적 관료제를 새롭게 개혁하고자 제시한 국정 운영 방식을 제시했기 때문에 전통적 관료제 정부와 비교해서 설명을 많이 하고 있다(〈표 3-1〉 참조).

신공공관리론이 정부혁신의 방향을 제시하면서 행정학에 큰 변화를 만들어 냈지만, 비판도 많이 받고 있다.

첫째, 신공공관리론은 행정과 경영을 지나치게 동일시하고 있다는 비판이다. 행정은 민주적 정부의 정체성을 갖고 있는데, 신공공관리론은 이러한 민주적 운영 방식을 간과하고 관료제를 지나치게 폄하하고 있다고 비판한다. 행정환경은 민간 부문과 다른데, 민간부문의 관리기법을 공공 부문에 그대로 적용하는 것은 한계가 있다는 지적이다.

둘째, 신공공관리론이 강조하는 고객이 행정의 시민과 동일할 수 없는데 지나치게 경영학

<표 3-1> 전통적 관료제 정부와 기업가적 정부 비교

구분	전통적 관료제 정부	기업가적 정부(신공공관리)
이념적 기초	- 관료주의 - 법치주의	- 시장주의 - 신관리주의
정부의 역할	- 노젓기(rowing) - 직접 서비스 제공	- 방향잡기(steering) - 권한 부여
서비스 제공 방식	- 독점적 공급	- 경쟁적 공급(민간위탁, 민영화)
행정관리 방식	- 규칙 중심 - 투입 기반 자원 배분 - 공급자(관료) 중심 - 지출 중심 - 사후적 조치	- 임무와 책임 중심 - 성과 기반 자원 배분 - 수요자(고객) 중심 - 수익 중심 - 사전적 예방
정부구조	- 집권적이고 계층적 방식(명령과 통제) - 관료제 행정 메커니즘	- 분권적이고 참여와 팀워크 방식 (협의와 네트워크) - 시장 지향적 메커니즘

자료: Osborne & Gaebler(1992) 수정보완 정리.

의 고객 특성에 치중하다 보니, 시민이 갖는 민주성과 공공성을 간과하고 있다는 것이다. 그리고 적극적으로 참여하는 시민을 고객으로 규정하다 보니 행정서비스를 관료가 향상시키고 시민들은 수동적인 고객으로 전락될 우려가 있다고 비판한다.

셋째, 신공공관리론이 효율성과 경제성을 강조하는데, 정부가 추구해야 할 민주성과 형평성을 간과하고 있다고 비판한다. 이들 가치도 중요한데, 지나치게 간과하게 된다면 오히려 행정의 궁극적인 성과와 결과는 간과될 수 있다는 비판이다.

넷째, 신공공관리론의 보편적 적용가능성에 대한 지적이 있다. 신공공관리론은 신관리주의와 시장주의에 기반하고 있다. 따라서 집단주의적 생활방식이 더 강한 국가에서는 다양한 갈등이 야기될 가능성이 크다는 비판이다. 그리고 이러한 신관리주의와 시장주의 방식에 치중하다 보니 정치적 문제를 고려하지 않는 경향이 있다. 그러나 행정을 정치로부터 완전히 분리해서 기업처럼 운영하는 것이 가능할 것인지에 대한 의문을 제기하는 것이다.

다섯째, 신공공관리론이 정부개혁 방향을 새롭게 제시했다고 주장하지만 일부에서는 새로운 행정학이 아니라고 비판한다. 대응적, 고객 지향적, 효율적인 정부는 전통적 행정학에서 이미 중요한 목표였다는 지적이다.

여섯째, 신공공관리론이 이론적 엄밀성과 체계 측면에서 미흡하다는 지적이 있다. 정부개혁 방향을 제시하고 있지만, 선언적이고 구체적이지 못해 입증된 명제들의 집합인 이론이라고 하기에는 한계가 있다고 지적한다.

7. 뉴거버넌스

뉴거버넌스(new governance)의 등장 배경은 일정 부분 신공공관리론의 등장 배경과 시대적 상황이 중복된다. 1970~80년대 영·미 국가들에서 나타난 경기 침체와 재정 위기, 빈번한 정부실패에 직면하면서 시장 지향적인 작은 정부를 통한 문제 해결 방식이 주요한 정책 결정과 행정서비스 방식으로 부각됐다. 따라서 전통적인 관료제 정부의 한계를 극복하고 공공정책에 참여하려는 비정부단체(NGOs)를 포함한 시민사회의 욕구가 증대하면서 개인 및 집단의 제도화된 참여가 활발해졌다. 즉, 시민사회 중심의 역할과 기능을 수용해 시민사회와 정부를 좀 더 대등한 상호 관계로 만들고자 하는 국정 운영 체제에 대한 시대적 요구에 따라 거버넌스가 등장했다(Pierre & Peters, 2000; 김석준 외, 2000). 특히, 세계화, 지방화, 정보화가 함께 나타나면서 정부의 권한이 더욱 약화됐고 시민, 기업 등의 민간 부문이 다양한 참여자로 등장하도록 촉진했다.

거버넌스 개념의 최초 사용은 1989년 세계은행(World Bank)이 제3세계 국가인 아프리카 지역에서 나타난 경제 위기와 개발 실패 문제를 '불량 거버넌스' 때문이라고 지적하면서 시작됐다는 설명도 있다(장지호·홍정화, 2010). 세계은행에서는 발전을 위해서 한 국가의 경제와 사회적 자원을 관리하는 권력 행사의 방식이라고 거버넌스를 정의했다. 그런데 거버넌스 개념은 학문 분야에 따라 다양하게 정의되고 있다. 행정학에서는 사회문제를 해결하기 위한 조정 기제로서 정의한다(이명석, 2002). 이러한 관점에서 뉴거버넌스는 자율적인 개인이나 조직 간의 자발적인 협동에 의한 사회적 조정으로 정의할 수 있다.

뉴거버넌스는 정부와 시민 영역 간의 경계 완화와 자율적인 조정을 강조한다(이명석, 2002). 실행 과정에서는 소수 엘리트에 의한 결정이나 보이지 않는 손에 의한 결정보다는 대화, 협상, 조정을 통한 동의를 중시한다(Jessop, 2000). 따라서 전통적인 관료제보다는 상호작용과 수평적이고 비계층적인 네트워크에 의한 소통을 강조한다. 그리고 여기에서 바람직한 정부는 다양한 구성원 간의 협력을 도모하기 위한 조정자 또는 중개자(intermediator)로서 역할을 하는 것이다. 따라서 뉴거버넌스는 국가 중심에서 시민 중심으로, 정부 주도 방식에서 공동의 복합조직적 협력 방식으로, 계층제에서 비계층적이고 수평적 네트워크로 변화하는 것을 말한다(한승준, 2007). 뉴거버넌스는 정부의 범위를 넘어서 시장과 시민사회를 정책결정과 행정서비스 제공의 중요한 주체로 확장시켰다는 점에서 의의가 크다고 볼 수 있다. 뉴거버넌스와 신공공관리론을 간략하게 비교해 보면 〈표 3-2〉와 같다.

〈표 3-2〉 신공공관리론과 뉴거버넌스의 비교

구분	신공공관리론	뉴거버넌스
이념적 기초	- 시장주의 - 신관리주의	- 공동체주의
분석 수준	- 조직 내부	- 조직 간 관계
정부 및 관료 역할	- 방향잡기(steering) - 공공기업가, 촉진자	- 방향잡기(steering) - 조정자, 중개자
서비스 제공 방식	- 경쟁적 공급(민영화, 민간위탁)	- 공동 공급(시민, 기업 등 참여)
행정관리 방식	- 고객 중심 - 결과 중심	- 임무 중심 - 신뢰 중심
정부구조	- 시장의 경쟁 메커니즘	- 다자간 협력 메커니즘

출처: 이종수 외(2022)를 인용해 정리.

그러나 뉴거버넌스의 한계에 대해서도 많은 언급을 하고 있다. 먼저, 시민사회가 사회문제 해결의 역량을 가질 수 있는가에 대해 의문과 함께 책임이 없는 주체를 국정 운영에 끌어들임으로써 전통적인 권력과 책임성에 대한 혼란이 발생할 수 있다고 지적한다. 성숙한 시민사회가 이뤄지지 않을 경우 네트워크적 거버넌스는 외부자들에 오히려 더욱 폐쇄적일 수 있고, 사익을 공익으로 위장할 위험이 있기 때문이다(Rhodes, 1997). 그리고 뉴거버넌스에서는 계층제보다는 네트워크가 더 사회문제 해결을 위해서 효율적이라고 전제하지만 네트워크적 거버넌스에 대한 지나친 강조는 사회적 조정 기제로서의 거버넌스에 대한 지나친 맹종을 불러일으키고, 진정한 네트워크가 아닌 파트너십의 지나친 증대로 전통적 정부 권력이 더욱 교묘하게 확산될 수도 있다고 지적한다(Newman, 2001). 여러 집단이 하나의 사업에 공동으로 참여하기는 하지만 실제 의사결정 과정에서는 정부의 영향력이 지배적인 경우가 많다(조성한, 2005). 정보나 재정적 불평등으로 인해 상호 관계와 영향력도 정부에 비해 상대적으로 기업이나 민간 영역이 불평등할 수밖에 없다는 것이다(배용환, 2005). 따라서 거버넌스가 협력과 참여를 강조하지만, 계층제를 더욱 강화시킬 수도 있다(Jouve, 2005). 한편, 거버넌스가 정책결정 과정에서 상호 협력을 증대시킬 수 있지만 이해관계자가 많아짐에 따라 갈등 발생의 가능성도 높아진다. 초기 단계에서는 참여자들이 상호 협력을 하면서 연합적인 권력 관계를 형성할 수 있지만 목표 수행 과정에서 집단 또는 개인 간의 업무 분화가 이뤄져야 하고, 이것은 조직과 기능의 분화를 심화시키면서 권력 배분을 필연적으로 요구한다. 따라서 거버넌스에서는 공동의 목표를 위해서 상호 협력하는 행동과 내부적으로 자신의 입지를 강화하려는 대립과 갈등이 동시에 나타날 수 있다(한승준, 2007). 이러한 한계 때문에 오스트롬은 거버넌스에 기반한 공동체 합의나 협약에 의한 민주적인 사회문제 해결은 작은 규모의 사회문제 해결의 경우에는 효율적일 수 있으나 대규모 사회문제에는 제한적인 수준에서만 사용될 수 있다고 봤다(Ostrom, 1989). 기업과 정부의 관계에서는 거버넌스가 오히려 정경유착을 더욱 심화시킬 수도 있으며, 이들 간의 부패를 해결하기 위한 대안이 아니라 실질적 거버넌스의 실패로 부패를 더욱 가능하게 만들 수도 있다고 지적한다(Jouve, 2005; 나태준, 2006). 특히, 거버넌스가 비판을 받는 요인 중에 하나는 행위자들의 분산과 원인의 다양성으로 인해 업무 성과의 측정이 용이하지 않다는 점이다(Kramer, 1994).

8. 탈신공공관리론

신공공관리론이 등장한 이래로 많은 국가에서 시장 지향적인 능률과 성과 중심의 정부 개혁을 추진했고 거버넌스가 등장해서 국정 운영의 방식을 상호 보완하는 역할을 했다. 그러나 2000년대 후반에 오면서 지나친 분절화와 규제 완화로 인한 피해, 형평성과 공정성 약화, 행정의 책임성 문제가 발생하면서 비판을 받기 시작했다. 탈신공공관리론(post-new public management)은 기존의 신공공관리론을 완전히 부정하는 것이 아니라 전통적 관료제 정부의 특성을 가미해서 신공공관리론적 개혁의 문제점을 수정·보완하기 위한 시각에서 규정한 것이다. 따라서 탈신공공관리론의 기본 목표는 신공공관리론의 역기능을 교정해 정부개혁과 국정 운영 방식을 좀 더 질 높은 방향으로 개선하는 것이라고 볼 수 있다. 따라서 신공공관리론의 대체와 부정이 아니라 조정이라고 볼 수 있다.

 탈신공공관리론은 구조적 통합으로 분절화를 줄이고 분권화와 집권화의 조화에 의해서 재집권화할 필요성을 강조한다. 그리고 재규제화를 통해 기존의 지나친 규제 완화에 의한 부작용을 줄일 필요가 있다고 주장한다. 또한, 명확한 역할 관계를 구축해 역할 모호성을 최소화하고 민간 및 공공 부문의 파트너십을 강화할 것을 강조한다. 이렇게 하기 위해서는 조정 역량를 증대시키고 총체적 정부 또는 연계형 정부에 의해서 주도할 수 있도록 중앙정부의 정치 및 행정 역량을 증진시킬 필요가 있다고 주장한다(Jun, 2009). 탈신공공관리의 특징

〈표 3-3〉 신공공관리론과 탈신공공공관리론의 비교

	구분	신공공관리론	탈신공공관리론
개혁 방향	정부의 기능	시장 메커니즘의 활용과 정부 기능의 감축 규제 완화	정부 기능 및 정치적 통제의 회복 재규제화
	핵심적 행정 가치	능률성, 경제적 가치 강조	민주성·형평성 등 전통적 행정 가치의 균형
	공공서비스 제공 방식	민간화·민간위탁 확대 고객 중심 관점	민간화·민영화의 신중한 접근 고객 중심 관점
	공공—민간 관계	민간 부문을 공공서비스 제공의 경쟁자로 규정	민간—공공 부문의 파트너십 강조
조직 구조	기본 모형	탈관료제 모형	관료제 모형과 탈관료제 모형의 조화
	조직구조의 특징	분권화 비계층화 - 임시조직·네트워크 활용 - 비계층적 구조 - 구조적 권한 이양과 분권화	재집권화 —분권화와 집권화의 조화
	조직 개편의 방향	소규모의 준자율적 조직 형태의 분절화 (예: 책임운영기관)	분절화의 축소 총체적 정부 강조 집권화 및 조정 역량의 증대
조직 관리	조직관리의 기본 철학	민간 부문의 관리기법 도입 - 경쟁 원리 도입 - 규정과 규제의 완화 - 관리자의 자율성·책임성 강조	자율성과 책임성의 균형
	통제 메커니즘	결과·산출 중심의 통제	결과·산출 중심의 통제
	인사관리의 특징	경쟁적 인사관리 - 능력·성과 기반 인사관리 - 경쟁적 인센티브 중시 - 개방형 인사제도	공공책임성 중시

자료: 이종수(2010), 이종수 외(2022)를 인용해 정리.

을 신공공관리와 비교해 제시하면 앞의 〈표 3-3〉과 같다.

9. 신공공서비스론

　신공공관리론(new public service)이 1990년대 영·미 국가뿐만 아니라 우리나라에서도 정부개혁의 주요한 패러다임으로 영향을 미쳤지만 비판의 목소리도 함께 증가했다. 이러한 비판의 목소리가 높아지면서 신공공관리론에 대한 반작용으로 신공공서비스론이 등장했다. 전통적 관료제의 비능률성과 대응성을 개선하기 위해서 시장 지향적인 경쟁 원리를 도입해 좀 더 효율적으로 행정서비스와 공공재 공급 방식으로 개선하고자 했으나 궁극적인 국민들의 더 나은 삶과 더 좋은 서비스를 제공하기에는 한계가 발생했다. 따라서 다른 시각에서 공공재 공급과 행정서비스 제공이 필요했다. 따라서 신공공서비스론은 민주시민 관점에서 조직인본주의와 공동체주의, 포스트모더니즘, 비판이론, 담론이론을 복합적으로 고려해 행정서비스 제공을 개선할 필요가 있다고 주장한다(Denhardt & Denhardt, 2003).
　공공서비스론을 주장한 대표적 학자인 덴하르트(Janet V. & Robert B. Denhardt) 부부는 공공서비스론의 일곱 가지 원칙을 제시했다(Denhardt & Denhardt, 2003).

공공서비스론의 일곱 가지 원칙

1. 고객이 아닌 시민에 대해 봉사하라.
2. 공익을 찾으려고 노력하라.
3. 기업주의 정신보다는 시민의식(citizenship)의 가치를 받아들여라.
4. 전략적으로 생각하고 민주적으로 행동하라.
5. 책임성이란 것이 단순한 것이 아니라는 점을 인식하라.
6. 방향잡기보다는 봉사하기를 하라.
7. 단순히 생산성이 아니라 '사람'의 가치를 받아들여라.

신공공서비스론의 일곱 가지 원칙은 신공공관리론과 비교·설명할 필요가 있다. 신공공서비스는 경체적 차원에서 고객으로 국민들을 고려하는 것이 아니라 시민의 위상과 역할을 강조한다. 정부와 상호 작용하는 것은 권리와 의무를 동시에 갖는 시민이며 고객이 아니라고 말한다. 다음으로, 신공공관리론은 시장 시스템에 기반한 개인 고객을 위한 이익을 중시하지만 신공공서비스론에서는 시민들의 참여와 협력을 촉진시키는 공유 가치에 근거해 공익을 중시한다. 그리고 신공공관리론에서 정부와 관료들이 기업가적 방향잡기 역할을 할 것을 강조하지만 더 중요한 것은 민주시민 의식을 고취해서 정책 과정에 시민 참여를 촉진시키는 것이다. 신공공서비스론에서는 시민 참여를 통해 민주적 거버넌스를 적극적으로 실현하는 것이 정부 기능에서 중요하다고 주장한다. 신공공서비스론의 전략적 사고와 민주적 행동에서 강조하는 것은 공공의 이해와 이익을 충족시켜 주기 위해서는 다양한 참여자들의 집합적 협력 과정이 중요하며, 이것이 전략적인 사고와 민주적 행동으로 이뤄져야 한다는 점이다. 시민 참여와 공동체주의가 중요한 신공공서비스론에서는 시민들의 적극적인 참여와 함께 상호 간의 협력과 신뢰를 통해 문제점들을 파악하고 민주적 방식으로 정책을 추진할 것을 강조한다. 또한, 시장 지향적인 효율성 중심의 서비스 제공이 아니라 책임성을 가지고 공익 차원에서 시민들에게 봉사해야 한다는 점에서 신중할 필요가 있으며 법적 규범, 지역 사회적 가치, 정치적 과정을 고려하면서 시민들의 선호에 대한 대응성을 제고할 필요가 있다고 주장한다.

다음으로 신공공관리론이 능률과 성과에 초점을 맞춰 새로운 방향을 잡아 주는 것이 관료들의 역할이라고 하지만, 신공공서비스론에서 더 중요한 것은 시민들이 공유된 가치를 표명하고 충족시킬 수 있도록 공유 리더십을 발휘해 적극적으로 지원해 줘야 한다고 주장한다. 따라서 공공서비스론에서 관료들은 시민의식과 민주적 담론의 중재자, 공동체 사회와 유기적 관계를 위한 촉진자이자 공공자원과 조직의 관리자로서 역할을 해야 한다고 주장한다. 마지막으로, 신공공관리론이 생산성 증대를 위해서 인센티브 제공과 성과 중심의 인사를 강조하지만, 지나치게 생산성을 강조하다 보니 사람을 중시하는 조직인본주의 가치가 약화되고 공공서비스가 지향해야 할 사람의 가치가 간과되고 있다는 것이다. 따라서 신공공서비스론은 사람의 가치를 중시해야 한다는 점을 강조한다. 덴하트 부부가 비교·제시한 신공공서비스론과 신공공관리론의 특성을 제시하면 다음 〈표 3-4〉와 같다.

〈표 3-4〉 신공공서비스론과 신공공관리론의 비교

구분	신공공서비스론	신공공관리론
이론적 토대	민주주의 이론 - 해석학, 비판이론을 포함한 다양한 접근법	신고전적 경제이론
지배적 합리성과 인간 행태 관련 모형	전략적 또는 공식적 합리성 - 정치·경제·조직적 합리성에 대한 다원적 검증	기술적·경제적 합리성 - 경제인 또는 이기적 의사결정자
공익의 개념	공익은 공유 가치에 대한 담론의 결과	공익은 개인 이익의 총합
관료의 반응 대상	시민	고객
정부의 역할	봉사(시민, 지역공동체와 이익 협상/중재)	방향잡기(촉매자)
정책 목표 달성의 메커니즘	상호 합의한 필요를 충족시키기 위한 공공기관, 비영리 및 민간기관 연합	민간기관 및 비영리기구를 활용해 정책 목표를 달성할 기제와 유인 체계의 창출
책무성 확보 방법	다면적 방법 - 관료들은 법, 공동체 가치, 정치적 규범, 전문적 표준, 시민 이익에 주목해야 함.	시장 지향적 방법 - 사익의 총합이 광범위한 고객의 요구에 부합한 결과로 귀결
행정재량	제약과 책임을 수반하되, 필요한 재량 허용	목표 달성을 위한 폭넓은 허용
조직구조	대내외적으로 공유 리더십에 기반한 협력적 조직구조	기관에 핵심적 통제권을 유지한 분권화된 조직구조
관료들의 동기부여 기반	공공서비스 - 사회 기여를 위한 욕구	기업가 정신 - 작은 정부를 지향하는 이데올로기적 욕구

자료: Denhardt & Denhardt (2003)를 수정해 정리.

10. 공공가치론

신공공관리론이 시장 지향적이고 도구적 관점에서 행정의 능률성과 생산성을 강조하면서 행정의 수단성만을 강조하는 경향을 보이게 되자, 정부의 존재와 사람의 가치에 대한 근본적인 의문이 제기됐다(김명환, 2018). 따라서 신공공관리론은 행정의 중요한 가치인 공공성을 약화시키면서 다양한 비판을 받았다. 이러한 문제점을 극복하기 위해서 대안적으로 등장한 것이 공공가치론이다(이종수 외, 2022). 무어(Mark H. Moore)가 1995년에『공공가치의 창출: 정부에서의 전략적 관리(Creating Public Value: Strategic Management in Government)』를 발간한 이후에 약 400여 편의 연구가 있었다(김명환 외, 2022).

현대 행정이 지나치게 시장에 의존적인 관리 방식을 활용하다 보니 9·11 테러(2011), 아프가니스탄(2001)과 이라크에서의 전쟁(2003), 카트리나(2005)와 같은 자연재해에 의한 큰 피해가 발생하고 있다고 비판한다(Stivers, 2008). 한국에서도 저출산·고령화, 지역 간·소득간 빈부의 격차, 높은 실업문제, 기후 위기와 에너지 고갈의 문제가 지속적으로 심화되고 있지만 이러한 공공문제에 대한 해결책을 제시하지 못하고 있었다. 이기적 경제인에 입각해 행정을 경영과 동일한 방식으로 접근하는 것은 자연스럽게 행정의 중요한 가치인 공공성을 약화시켰고, 이러한 신공공관리론적 접근은 사회 정의, 공정성, 형평성 같은 중요한 행정의 가치를 간과했고 대안을 설명할 수 없었다. 이러한 상황에 대해 보즈만(Barrt Bozeman)은 2002년에 공공가치실패론을 주장하기도 했다. 따라서 공공가치론은 경제적 능률성과 작은 정부, 경쟁 도입과 성과관리를 지향하는 시장 지향적인 접근에 기반한 신공공관리론을 비판하면서 공공서비스 제공 과정에서 시민사회와의 숙의를 통해 가치를 창출하는 데 정부를 비롯한 공공기관들의 역할을 강조하면서 주목을 받았다(김명환 외, 2022).

공공가치는 공공성과 가치의 조합으로서, 공동체의 보편적 검증을 통과한 것으로 최대 행복과 그것에 기여하는 개인적·사회적 선호 가치로 정의할 수 있다. 공공가치론에서 바라보는 사람은 지식과 정보에 대한 다양한 접근을 인정하는 개방적인 합리적 인간으로 규정하며, 시민사회와 숙의를 통한 가치 창출, 정부 역할의 활성화를 강조한다. 그래서 공공가치론에서 시민은 공공에 의해서 가치가 부여되고 공공을 위해 가치 있는 것들을 창조하는 문제해결자이자 공동제작자로 정의된다. 그리고 정부와 관료는 공공가치를 만들어 내기 위해서 능률성, 효과성, 전 범위적인 민주적 헌법 가치에 초점을 맞추면서 때로는 조정하고, 때로는 노를 젓고, 때로는 협력하는 주최자이자 촉매자, 협력자로서 역할을 한다. 그리고 관료들은 선출직 공무원, 시민, 그 밖의 다양한 이해관계자들의 요구에 대응하면서 법, 공동체 가치, 정치적 규범, 전문직으로서의 윤리 기준을 준수하며 시민들의 이익도 모두 챙겨야 하는 다면적 역할을 수행할 필요가 있다고 본다. 공공가치를 설명하는 다양한 시각이 있지만 주로 무어의 공공가치관리와 보즈만의 공공가치실패론을 가장 많이 언급한다.

무어는 공공관리자도 민간관리자처럼 공공자산을 적극적으로 활용해 시민들을 위한 공공가치를 창출하기 위한 창의력과 기술을 활용할 필요가 있다고 주장한다(Moore, 2014). 그러나 공공가치를 창출하는 방식이 민간 부문에서 하는 것과 달라야 하는데, 이것을 공공가치창출론(public value creation)에서 제시했다(김명환, 2018). 무어는 대표적 기제로 전략적 삼각형(strategic triangle)을 언급했다. 무어는 전략적 삼각형 모형에서 공공가치를 창출하기 위한 세 가지 요인을 설명하고자 했다.

첫째, 외부로부터 정당성과 지원을 잘 획득하는 것이다. 외부로부터의 정당성과 지원을 획득하기 위해서는 외부 환경에 대한 적합성을 제고할 필요가 있으며, 외부 환경을 정확하게 진단해 조직이 어떤 위치에서 대응할 것인지를 명확하게 결정해야 한다. 그리고 정치인, 이익집단 및 시민을 포함한 다양한 이해관계자들의 목소리를 공무원들이 잘 반영해야 한다고 말한다(김명환, 2018; 한국행정학회, 2019).

둘째, 정책이나 프로그램, 행정 절차가 공공가치를 잘 창출하도록 구축할 필요가 있다. 이것은 운영 역량을 의미하며, 기술적인 측면과 더불어 정치적·철학적 측면도 간과해서는 안 된다고 주장한다(김명환, 2018; 한국행정학회, 2019).

셋째, 정책과 프로그램을 통해 어떤 공공가치를 창출할 것인지를 명확하게 할 필요가 있다. 무어는 이러한 세 가지 요건의 유기적 결합에 의해서 공공가치는 창출된다고 보고 있다. 그리고 무어는 공공관리자가 중요한 전략적 역할을 담당하는 교차점에 위치해 있다고 보고 있다.

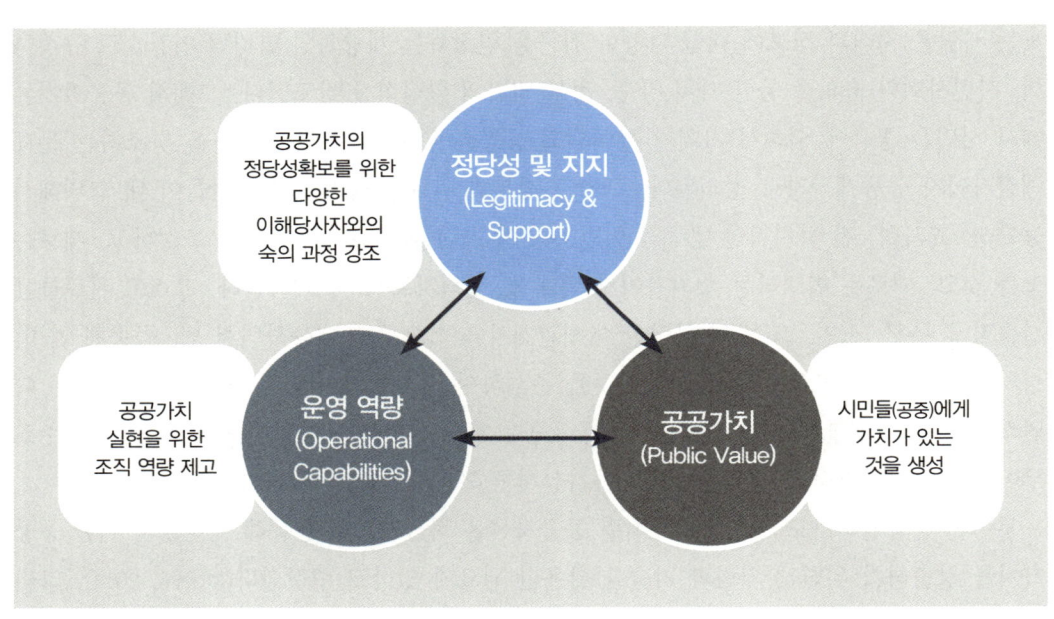

자료: 한국행정학회(2019), 재인용.

[그림 3-1] 무어의 전략적 삼각형 구조

그리고 무어는 민간기업처럼 가치 증대를 위해서 공공자원을 사용해야 하며, 그렇게 하기 위해서는 기업가적 시각에서 공공가치회계를 할 필요가 있다고 제안했다. 무어는 공공 영역에서 생산한 재화와 서비스에 의해 공공가치가 평가되며 투입비용만큼의 결과를 산출할 의무를 갖는다고 주장했다. 그는 정부 자산에 대해서는 공공이 공공가치 결정자로서 역할을 해야 하며, 정부가 만들어 낸 공공가치도 집단적 소유권을 갖는 것인 만큼 집단적으로 결정할 필요가 있다고 말했다. 그리고 정부는 정책과 사업의 공정성과 정당성을 준수할 의무가 있다고 주장했다.

한편, 보즈만은 시장이나 공공 부문이 공공가치를 달성하기 위해서 요구된 재화와 서비스를 제공하지 못했을 경우에 공공가치 실패가 발생하는데, 이때 정부 개입이 필요하다고 봤다. 그는 공공가치의 핵심 가치로 인간의 존엄성, 지속가능성, 시민 참여, 개방성과 기밀성, 타협, 온전성, 강건성 등을 제시했고 이 가치들에 이웃하는 가치들을 매핑(mapping)해 시장에서 공급이 안 되는 가치들을 설명하기도 했다. 그리고 공공가치 실패의 일곱 가지 기준을 〈표 3-5〉와 같이 제시하고 있다.

〈표 3-5〉 공공실패의 기준

공공실패 기준	의미
가치의 표출과 집계 메커니즘의 왜곡	정치적 과정과 사회적 응집력이 효과적 의사소통과 공공가치 처리를 담보하는 데 충분하지 않음.
공익 차원에서 독점이 필요하지만 불완전하게 민간 공급 허용	설사 정부의 독점이 공익에 부합될지라도, 재화와 서비스의 민간 공급 허용.
특정 집단에 혜택의 축적	공공재화와 서비스의 제공이 국민 전체에 대한 배분을 제한하면서 (특정)개인과 집단에 포획돼 왔음.
제공자의 부족	공공가치에 대한 인식과 재화, 서비스의 공공 제공에의 합의에도 불구하고, 제공자를 활용할 수 없기 때문에(제공자가 없기 때문에) 그러한 재화와 서비스가 제공되지 않음.
단기적 시계	(장기적 고려의 실패) 장기적 견해가 행위들의 집합이 공공가치를 거스르는 것을 보여 줄 때 단기적 시계가 채택됨.
자원의 보존보다 대체가능성에 편향	만족할 만한 대체자가 없는 경우조차도 정책이 대체가능성에 초점을 맞춤.
최저생활과 인간 존엄에 대한 위협	최저생활과 인간 존엄과 같은 핵심 가치에 위반됨.

자료: 한국행정학회(2019). 재인용.

공공가치론도 신공공관리론에 대한 비판적 입장에서 등장했기 때문에 이들을 〈표 3-6〉과 같이 비교해 살펴볼 필요가 있다.

〈표 3-6〉 신공공관리론과 공공가치론의 비교

구분	신공공관리론	공공가치론
공공성 개념	고객의 선택으로 나타나는 개인 선호의 합체	숙의를 거친 공과 사의 조화에 기반한 선호
성과 목표	투입과 산출의 관리 - 고객 대응성과 경제성 보장	공공가치 달성 - 서비스 산출과 결과 - 만족도 - 신뢰와 정당성 유지
책임성 확보 방식	시장 메커니즘을 통한 고객에 대한 책임 성과계약을 통해 상위기관에 대한 책임	다차원적 책임 - 정부 감시자로서 시민 - 사용자로서 고객 - 납세자
선호하는 서비스 전달 체계	민간 부문 혹은 책임행정기관 활용	대안적 전달 체계의 실용적 선택 - 공공기관, 책임행정기관, 민간기업, 공동체조직 등
관리자의 역할	동의하는 성과 목표를 정의하고 충족시켜 줌.	숙의와 전달 네트워크의 조정 전체 시스템의 능력 유지를 위해서 적극적 역할
공공서비스 정신에 대한 입장	공공서비스 정신에 대해 회의적임. - 공공서비스는 비효율성과 제국 건설을 유도함.	공공서비스 정신에 대해 낙관적임. - 독점보다는 공유한 가치를 통해 관계를 유지하는 것이 중요함.
민주적 과정의 기여	목표 전달에 기여 - 목표를 설정하고 성과를 점검하는 데 한정됨. - 수단을 선택하는 것은 관리자에게 맡김.	소통의 형성과 전달에 기여 - 민주적 소통의 지속적 과정이 필수적임.
공공 참여의 수준	제한적임. - 고객만족도 조사에 사용	중요하며 다원적 참여 보장 - 고객, 시민, 주요 이해관계자의 참여 보장

자료: Kelly, Mulgan, & Muers(2002); 신희영(2018)을 수정해 정리.

11. 신제도주의

신제도주의(rational choice new institutionalism)는 학문 분야에 따라 각기 다른 배경에서

출발했다. 일반적으로 경제학적 시각에서 신제도주의를 설명하는 합리적 선택 신제도주의, 조직사회학 측면에서 관심을 갖는 사회학적 신제도주의(sociological new institutionalism), 정치학적 시각에서 주목을 많이 받은 역사적 신제도주의(historical new institutionalism)로 구분해 설명한다. 그러나 세 가지 시각의 신제도주의는 공통적으로 행태주의가 규명하고자 하는 개인의 선호 체계와 개인의 행위 결과 간의 선형적 인과관계와 이러한 인과관계에 기초한 사회 현상의 보편적 인과 법칙을 추구하는 것에 대해서 의문을 제기한다. 신제도주의는 선호 체계에 따른 행위 결과가 역사와 장소의 맥락에 따라 다를 수 있다고 주장한다(권기헌, 2018). 구체적으로, 합리적 선택 신제도주의는 개인의 행위 결과가 제도와 유인의 규칙 및 규범을 통해 변화될 수 있다고 본다. 그리고 사회학적 신제도주의는 조직의 행위 결과는 조직의 절차와 규칙, 규범, 관습을 통해서 변화될 수 있다고 보며, 역사적 신제도주의는 다소 거시적 시각에서 국가나 조직의 행위 결과는 국가 제도 및 헌법, 규범을 통해 변화될 수 있다고 설명한다(권기헌, 2018). 이들 세 가지 시각의 신제도주의가 갖는 특징을 중심으로 살펴보고자 한다.

1) 합리적 선택 신제도주의

1930년대의 뉴딜정책 이후 많은 학자가 미국을 대공황에서 구출하기 위해서는 제도를 새롭게 구축하는 것이 중요하다는 인식을 했다(Campbell, 2004). 그리고 제도 연구자인 코스(Ronald H. Coase)가 『기업의 본질(The Nature of the Firm)』을 출간해 거래비용(transaction cost)을 설명하면서 합리적 선택 신제도주의 도입을 위한 토대를 만들었다. 그러나 당시 경제학에서는 신고전경제학이 지배하고 있었기에 합리적 선택 신제도주의는 제2차 세계대전 이후 쇠퇴하고 말았다. 그런데 1970년대에 오면서 신고전경제학이 현실의 사회문제를 해결하지 못하자 합리적 선택 신제도주의가 새롭게 관심을 받기 시작했다. 합리적 선택 신제도주의에서 제도는 정치적·경제적·사회적 상호 작용에 대해 인간이 고안한 제약을 의미한다(North, 1991). 오스트롬은 의사결정 상황에 포함되는 사람과 대상, 정보가 어떻게 구조화되는지, 어떤 행동이 어떤 순서로 취해질 수 있는지, 개별 행동이 집단적 의사결정으로 통합되는 방법을 결정하기 위해 개인이 사용하는 규칙을 제도라고 언급한다(Kiser & Ostrom, 1982).

한편, 합리적 선택 신제도주의는 신고전경제학을 반대·대체하려고 하기보다는 사이먼의 제한된 합리성에 기반한 불완전한 정보를 도입하고 거래비용이 없다는 가정을 수정해야 한다고 주장한다. 그리고 세 가지 특징을 주장한다. 첫째, 행위자는 광범위한 자기 이익을 추구하지만 지식과 인지 능력이 제한적이라는 점에서 제한된 합리성(bounded rationality)을 갖는 존재라는 것을 주장한다. 둘째, 제도는 행위자의 선택을 제한하는 집행 메커니즘과 결합된 규칙이라고 규정한다. 따라서 제도는 개인의 효용을 극대화하려고 시도하는 행동에 대한 규칙이나 유인 시스템이라고 본다(Peters, 2005). 셋째, 제도는 집단행동의 근본적 문제인 무임승차 문제를 회피하기 위한 수단이라고 본다. 따라서 사회적으로 바람직한 결과를 생성하기 위해 해당 개인의 행동을 제한할 수단을 설계하는 것이라고 말한다.

합리적 선택 신제도주의에서는 합리적인 의사결정은 관련 정보의 가용성과 이를 처리하는 행위자의 인지 능력에 의해 제한되며, 행위자는 혜택과 비용을 고려하고 혜택이 비용보다 클 때 제도를 만들거나 집단행동에 참여한다고 가정한다. 따라서 행위자들은 각 개인 차원에서 편익과 비용을 고려하며, 개인 차원에서 편익보다 비용이 많은 경우 집단행동이나 제도 조성에 참여하지 않게 된다. 그리고 합리적 선택 신제도주의는 제도를 만들고 바꾸는 데 비용이 많이 든다고 설명한다. 그러나 일단 만들어진 제도는 성장하려는 경향을 갖기 때문에 제도 변화(institutional change)는 일반적으로 경로 의존성을 보이면서 점진적이고 진화적인 패턴으로 나타나게 된다고 설명한다(Campbell, 2004). 한편 경로 의존 방식에 기반한 제도 변화에 대해 영향력 있는 수혜자들은 제도의 근본적 변화에 수동적인 경향이 있다.

2) 사회학적 신제도주의

사회학적 신제도주의는 사회학계의 대표적 이론가인 셀즈닉(Philip Selznick)의 테네시강 유역 개발공사에 관한 연구인 『TVA and the Grass Roots: A Study in the Sociology of Formal Organization』(1949)에서 그 기원을 많이 찾는다. 셀즈닉은 조직이 항상 합리적인 것은 아니며 환경에서 강력한 구성 요소가 부과하는 압력과 가치에 대응해 변화한다고 봤다. 그러나 오늘날 사회학적 신제도주의는 1970년대의 범세계적인 경제 위기 이후 조직을 합리적이고 통제 가능한 도구로 봤던 베버의 관료제 모형에 대한 이론적 의구심에서 출발했다(권기헌, 2018). 사회학적 신제도주의는 합리적 선택의 가정을 비판하며, 사회적 행동의 구체적 하위 제도 영역인 관례, 관습, 법률, 조직, 이데올로기 및 국가 사이의 연결을 설명하는 데 유용할 수 있다(Nee, 1998). 사회학적 신제도주의는 현상학과 인지심리학에 크게 의존한다(DiMaggio & Powell, 1991). 따라서 인지적·문화적 관점에서의 '프로세스', 특히 의사결정과 조직구조의 설계 프로세스에 초점을 맞춘다. 그래서 합리적 선택 신제도주의가 제도나 제약의 구조에 초점을 맞추는 반면, 사회학적 신제도주의는 인지적·문화적·상징적 제도에 초점을 맞춘다. 따라서 사회학적 신제도주의에서 제도는 특정 맥락의 문화적 관행과 상징적 내용으로 구체화된다.

스콧(Richard Scott)은 사회학적 신제도주의의 특징을 다음과 같이 제시한다(Scott, 1987). 첫째, 제도화는 가치를 주입하는 과정이다. 그는 조직구조는 외부 환경의 영향과 제약뿐만 아니라 참여자의 특성에 대한 반응으로 형성된 산물이고 제도화는 이러한 과정을 의미한다고 봤다. 둘째, 제도화는 현실을 창조하는 과정이다. 따라서 제도화는 각 개인이 사회에서 공유된 정의를 받아들이는 사회적 과정을 의미해서 제도와 개인적 행위 사이의 관계는 상호 작용적이며 상호 구성적이라고 본다. 즉, 사회적 정당성 차원에서 새로운 제도적 관행이 채택된다고 본다. 셋째, 제도적 시스템은 다양한 요인들의 일체이며, 사회제도는 일종의 다양한 기능 영역에 관련된 사회적 신념과 조직화된 관행이 지속적인 시스템으로 나타난 것을 의미한다. 따라서 사회제도는 지속성과 안정성이 강조된다.

사회학적 신제도주의는 합리적 선택 신제도주의와 다르게 원자화된 개인에 관한 사회 현상을 설명할 수는 없다고 주장한다. 따라서 사회학적 신제드주의에서 개인의 이익 중심적 행동은 중요한 고려 대상이 아니다. 즉, 사회학적 신제도주의에서는 사회 현상을 문화인지적이고 거시적 관점에서 분석한다.

사회학적 신제도주의에서는 조직의 장(場) 안에 있는 한 조직 단위가 동일한 환경 조건에 직면한 다른 조직 단위들을 닮도록 하는 제약적인 과정인 조직의 동형화(isomorphism)에 많은 관심을 갖는다(권기헌, 2018). 이러한 조직의 동형화는 복잡해진 환경 요소와 상호연관성, 불확실성에 대응하기 위해서 발생하며, 동일한 교육과정을 경험한 인간들의 사회적 인지구성물이기 때문에 나타나게 된다고 본다.

한편, 사회학적 신제도주의에서 제도 변화는 균형과 진화적 패턴을 모두 따를 수 있다고 본다. 그리고 합리적 선택 신제도주의와 마찬가지로 제도적 변화를 설명하기 위해 경로 의존성적인 변화를 인정한다. 그리고 사람들의 인지적 도식과 규범적 원리가 제도 변화의 결정 요인이며, 모방적 과정, 규범적 과정, 강압적 과정의 세 가지 형태에 따라 제도가 변화한다고 설명한다. 그러나 이 접근 방식은 새로운 조직 원칙과 관행의 창출로 이어지는 과정을 간과하고 선택 과정에 대한 많은 탐구를 통해 창의적 혁신, 기업가 활동 및 주체에 대한 분석을 무시한다는 비판도 받고 있다.

3) 역사적 신제도주의

역사적 신제도주의는 1960년대와 1970년대에 집합적 선택을 제도와 구조를 중심으로 설명하기 위해 만들어진 집단이론에서 출발했다고 본다. 또한, 사회 현상과 정책적 결과를 정치구조와 기능으로 설명하려는 구조기능주의도 역사적 신제도주의를 출범시키는데 크게 기여한 것으로 논의되고 있다(권기헌, 2018). 역사적 신제도주의는 국가적 행위와 구조적 맥락의 상호 작용에 초점을 맞춘다. 그래서 정치·경제적 제도가 집단행위를 구조화하고 이러한 집단행위와 구조적 맥락의 상호 작용에서 정책 결과가 나타난다고 보고 있다. 그리고 역사적 신제도주의에서 역사는 단순한 과거를 넘어서 현재에 영향을 미치는 과거의 특정 시점에서 발생한 원인이며 미래의 선택과 결정도 지속적으로 제약하는 경로의존성을 보인다. 즉, 신제도주의자들에게서 제도는 과거의 결정이 현재를 포함해 미래 기간의 제도적 제약과 기회를 형성한 것이다. 일단 한 경로에서 시작되면 일부 중요한 힘이 개입해 기존 방향에서 전환할 때까지 해당 패턴을 유지하는 경향이 있다고 본다.

역사적 신제도주의에서 제도는 인간 행동의 정규화된 패턴의 집합이다. 사회학적 신제도주의와 달리 역사적 신제도주의자들은 제도를 주로 공식적인 조직, 규칙 및 절차로 정의한다. 역사적 신제도주의자들은 한 국가에서 다른 국가로 정책 모델의 확산 또는 강압적 추진에서 정책 학습이 중요하게 영향을 미친다고 말한다. 그리고 특정 시점에서 결합되는 상호 작용 효과에 초점을 맞추기 위해 시간과 순서를 중요한 요인으로 고려한다. 역사적 신제도주의자들은 권력이 정치의 중심에 있고 권력 관계가 사회적·정치적 결과의 핵심 엔진이라고 강조한다. 그리고 이러한 권력 관계가 제도에 의해 구조화돼 있다고 보지만, 역사는 다양한 행위자와 제도의 상호 작용의 우발적인 산물로 본다(Lecours, 2000). 그리고 역사적 신제도주의자들은 균형보다 역사적 과정을 강조하는 경향이 있다. 따라서 합리적 선택 신제도주의가 제도를 조정 기능의 산물로 본다면, 역사적 신제도주의자들에게 제도는 구체적인 시간적 과정의 산물로 본다(Thelen, 1999).

이러한 역사적 신제도주의는 거시적 시각에서 구조에 주목하고, 사회 현상을 이해하기 위한 변수를 제공하지만 불확실성과 다양성을 중요시한다. 그런데 실증적 검정을 통해 일반화되고 체계적인 이론적 논의를 제시하기에는 한계가 있다. 또한, 거시적 차원의 구조와 변수에 초점을 맞추고 있기 때문에 미시적 기초에 대한 설명에도 제한적일 수 있다. 특히, 제도가 행동에 영향을 미친다는 단방향적 영향력을 가정하고 있기 때문에 제도 역시 행위자의 영향력에 의해 변할 수 있다는 점을 설명하기에는 한계가 있다고 지적한다.

복습 문제

- 행정학의 기원을 설명하시오.
- 한국 행정학의 발전 배경을 설명하시오.
- 연대별로 행정의 패러다임이 어떻게 변화했는지를 설명하시오.
- 정치·행정 이원론과 일원론이 시대에 따른 변화를 설명하시오.
- 과학적 관리의 원칙을 이해하고 한계점을 설명하시오.
- 인간관계론의 연구 결과와 의의를 설명하시오.
- 관료제의 원칙과 한계점을 설명하시오.
- 공공선택론의 특징과 한계점을 설명하시오.
- 전통적 관료제 정부와 신공공관리론을 비교·설명하시오.
- 뉴거버넌스론과 신공공관리론을 비교·설명하시오.
- 탈신공공관리론과 신공공관리론을 비교·설명하시오.
- 신공공서비스론과 신공공관리론을 비교·설명하시오.
- 공공가치론과 신공공서비스론을 비교·설명하시오.
- 신제도주의의 세 가지 시각을 비교·설명하시오.

The Study of Public Administration

제 2 편 행정의 실제와 수단

제4장

조직관리

학습 목표

- 다양한 조직 개념을 살펴보고, 공(公)조직과 사(私)조직이 어떠한 점에서 차이가 있는지를 살펴본다.
- 4차 산업혁명으로 대변되는 AI, 빅데이터와 같은 디지털 기술이 조직관리에 미치는 영향에 대해 설명한다.
- 조직관리에서 조직구조 관점, 인적 자원 관점, 정치 권력 관점, 그리고 문화 상징 관점이 갖고 있는 유용성에 대해 살펴본다.
- 관료제 조직보다 네트워크 조직이 현대 조직의 주류를 이루고 있는 원인에 대해 설명한다.

제1절_ 들어가며

우리는 태어나서 죽을 때까지 혹은 아침에 일어나서 저녁에 잠자리에 들 때까지 조직의 영향을 받지 않고 삶을 영위하는 것은 불가능하다. 우리 인간은 자의든 타의든 조직과 불가분의 관계를 맺고 살아가지 않으면 안 되기 때문에 우리 삶에 영향을 미치는 조직에 대한 깊은 이해가 매우 중요하며, 이러한 이해를 바탕으로 우리는 조직을 효과적으로 관리할 수 있게 된다(김병섭 외, 2008). 베버(Max Weber)를 비롯한 고전적 조직이론가들은 모든 조직에 적용할 수 있는 유일무이한 관리 방식이 있다고 전제하고 관료제를 제안했지만, 1929년 세계대공황을 겪으면서 많은 도전을 받게 됐다. 버나드(Chester I. Barnard)로 대표되는 인간관계론자들은 조직관리에서 사람에 대한 관심이 제일 중요하다고 주창했다. 이에 따라 조직관리의 요체는 조직구조 설계가 아니라 리더십, 의사소통, 의사결정, 비공식 조직 연구에 초점이 맞춰졌다.[1]

1950년대에 들어와 우드워드(James F. Woodward)를 비롯한 또 다른 일군의 학자는 조직구조에 영향을 미치는 주요한 요인이 있다는 것을 경험적 연구를 통해 밝혀냈다. 이들은 상황이론(contingency theory)을 주창하게 되는데, 이 이론의 골자는 세 가지 상황 변수, 즉 기술, 규모, 환경에의 의존성 정도에 따라 조직구조는 다르게 설계돼야 조직 효과성이 극대화될 수 있다고 주장했다.

하지만 21세기에 들어와 기후 변화, 빈부 격차, 저출산·초고령화, 지역 소멸과 같은 미증유의 행정 난제가 수없이 불거져 나오면서 조직 내 관리만 가지고서는 이러한 문제 해결을 기대할 수 없게 됐다. 자연스럽게 조직론자들의 관심은 조직 간 연구로 초점이 옮겨졌다. 예컨대, 기후 변화만 하더라도 환경부만 관여해서는 이 문제를 해결할 수 없으며 기획재정부, 산업자원부, 국토부, 정보통신부 등 수많은 다부처가 관여해 협력 거버넌스를 구축하지 않으면 안 되게 됐다.

게다가, 최근 ICT로 대표되는 4차 산업혁명의 결과로 정부, 민간조직 구분 없이 전통적

---

[1] 스미스(Adam Smith)는 1759년에 쓴 『도덕감정론(Theory of Moral Sentiments)』에서 서로에 대한 공감이 조직과 사회 내 조화를 가져오는 데 기여한다고 주장한다(김기찬 외, 2021).

조직관리 방식은 심각한 도전을 받고 있다.[2] 기계학습, 빅데이터 분석, 클라우드 컴퓨팅으로 대변되는 알고리즘 기반 경영(algorithm based management)은 노동의 가분성을 증대시켜 조직구성원에 대해 다중 작업행위자(multi-tasking agent)의 역할을 수행할 것을 요구한다 (배종훈, 2018). 이런 상황적 맥락과는 별도로, 신공공관리론에 크게 의존하고 있던 정부조직에서는 민간 경영 기법이 초래한 부작용에 대한 반성이 점차 확산되고 있다.[3] 이에 대한 대안으로 공공가치론이 등장하고 있는데 여기서는 신공공관리론의 담론에서 주변부에 머물러 있었던 사회 정의, 형평성, 공정성과 같은 행정 가치 달성이 공조직 관리자의 주요한 역할로 떠오르고 있다(김명환 외, 2022). 이처럼 유능한 조직관리자의 개념은 불변적으로 고정돼 있는 것이 아니라 시대환경의 변화에 따라 끊임없이 변하고 있다는 사실에 주목하면서 유연한 사고를 가지고 조직 현상을 이해하고 관리해 나가야 한다.

제2절_ 조직 개념 및 주요 관점

1. 조직 개념 및 공조직 관리자의 역할

조직을 보는 관점에 따라 학자들마다 전혀 상이한 정의를 내리고 있다. 조직이론가의 쌍벽이라고 할 수 있는 베버와 버나드의 정의를 먼저 살펴보기로 하자. 베버는 조직을 "폐쇄돼 있거나 규칙에 따라 외부인의 출입이 제한되는 사회적 관계"로 정의하는 반면, 버나드는 "사람들의 의식적이고 목적 지향적인 협동행위"로 규정한다. 이 두 학자의 정의에서 가장 큰 차이점은 조직을 구조적 관점에서 보느냐, 그렇지 않으면 사람 중심적 관점에서 보느냐

---

[2] 구글은 전 세계에 20억 명의 사용자를 확보하고 이들로부터 엄청난 양의 데이터를 수집함으로써 초강대국인 미국과 중국보다 전 세계에 영향을 미치는 데 더 많은 파워를 보유하게 됐다. 현대는 디지털 경제, 데이터 주권 시대이며, 조직 내 데이터를 잘 관리하는 자가 가장 유능한 관리자로 인정받는 시대가 도래했다(김현경, 2019).

[3] 신공공관리론은 '이기적 인간관'에 기초하고 있기 때문에 공익에 대한 관심은 소홀해질 수밖에 없는 한계를 내포하고 있다(김명환 외, 2022).

에 있다. 오석홍은 이를 종합해 조직을 "인간의 집합체로서 특정한 목적의 추구를 위해 의도적으로 구성된 사회적 제도"로 정의하고 있다. 결국 조직의 정의가 중요한 이유는 조직이 어떻게 정의되는가에 따라 조직관리자의 역할이 완전히 달라질 수 있기 때문이다.

저명한 조직학자인 오툴(O'Toole, 2021)은 공공조직관리를 "공적 목표 달성을 위해 사람과 자원을 정당성에 입각해 조직화하고 정보를 제공하는 것을 포함한 일련의 과업"으로 정의한다. 현대에 들어 공조직 관리자의 주된 임무는 환경 변화에 부응해 조직의 경쟁력을 제고하고, 정치 체계로부터 부과된 지침이나 규제를 준수하며, 윤리적 원칙에 입각해 조직에 필요한 활동들을 수행하는 것이다. 동시에 기후 변화, 빈부 격차, 저출산·초고령화, 감염병 창궐과 같은 행정 난제에 직면해 조직구성원들은 관성적으로 업무를 수행하는 것이 아니라 바람직한 사회 건설이라는 분명한 목표 의식을 가지고 주어진 업무에 창의적으로 몰입하도록 유도하는 것이 조직관리자의 주요한 책무가 되고 있다. 오툴(Laurence J. O'Toole, Jr.)은 이를 위해 공조직 관리자가 유념해야 할 여섯 가지 핵심 주제로 전문성과 융합행정의 제고, 대표성·다양성·포용성의 구현, 과업 성과와 성과관리, 조직 시스템의 회복력 강화, 조직구성원의 디지털 리터러시 역량 제고, 글로벌 환경에서의 유연한 조직관리를 들고 있다.[4]

2. 조직 현상을 보는 다양한 관점

조직 현상을 이해할 때 다양한 관점을 갖는 것이 중요한 이유는 마치 우리가 어떤 색깔의 렌즈를 끼고 세상을 바라보는가에 따라 세상은 전혀 다른 모습으로 보이게 되기 때문이다. 여기서는 대표적으로 볼먼(Lee G. Bolman)과 딜(Terrence E. Deal)의 네 가지 관점, 즉 조직구조, 인적 자원, 정치 권력, 그리고 문화 상징적 접근법을 가지고 조직이 다뤄야 하는 핵심 주제에 대해 살펴보고자 한다.[5]

---

[4] 좀 더 자세한 논의를 위해서는 박광국 외(2021)가 쓴 『공공가치 창출을 위한 현대조직론』을 참고하기 바란다.

[5] 버렐(Gibson Burrell)과 모건(Gareth Morgan)은 조직이론의 준거틀로서 기능주의 조직이론, 해석학적 이론, 반조직 이론, 급진조직 이론을 제시하고 있고, 페로(Charles Perrow)는 인간관계론, 신베버이론, 제도학파, 환경이론, 경제이론, 권력이론을 언급하고 있다. 레이니(Hal G. Rainey)는 조직분석을 위한 개념틀을 하나의 플로차트(flow chart)로써 보여 주고 있는데 주요 구성 요소를 보면, 목표와 가치, 리더십과 전략, 조직문화, 조직구조와 과정, 인센티

1) 인간관

 문화 상징적 접근을 뺀 세 가지 접근법에서는 인간은 자기 사적 이익을 추구하는 이기적 존재로 파악한다. 머슬로(Abraham H. Maslow)의 욕구단계 이론과 관련해서 보면, 인적 자원 접근은 존경이나 인정감, 자아실현과 같은 고급 욕구를 추구하는 존재로 인간을 이해하는 반면 구조론이나 정치 권력 접근에서는 하급 욕구인 경제적 이익에만 몰두하는 존재로 파악한다. 하지만 구조론에서는 인간이 경제적 이익 추구에 수동적 대응을 하는 존재로 인식하지만 정치 권력 접근에서는 모든 수단을 동원해서 자신의 이익을 추구하는 적극적 존재로 파악한다.

2) 조직 목표

 구조론이나 인적 자원 접근에서는 목표는 분명하게 주어진 것으로 가정하는 점은 동일하지만 그 목표를 누가 결정하느냐에 따라 견해를 달리한다. 구조론에서는 최고관리자에 의해 의사결정이 이뤄진다고 보는 반면 인적 자원 접근에서는 목표는 여러 구성원의 참여하에 상향식으로 이뤄진다고 본다. 하지만 정치 권력 접근에서는 원래 주어진 목표란 존재하지 않으며, 상이한 욕구와 선호를 가진 조직구성원들이 끊임없이 갈등하고 타협하는 와중에 생성되는 산출물로 간주한다. 문화 상징적 접근은 한 걸음 더 나아가 조직구성원들은 조직 목표가 무엇인지 분명히 알 수도 없으며, 또한 안다고 하더라도 그것을 달성하는 수단 역시 모호하기 때문에 인과성에 바탕을 둔 구조론이나 인적 자원 접근에 대해 회의적 시각을 보인다. 소위 코헨(Michael D. Cohen)과 그의 동료들이 주장하는 쓰레기통모형(garbage can model)이 조직 목표에 대한 문화 상징적 접근의 입장을 가장 잘 대변해 주고 있다.

3) 갈등

 구조론은 갈등을 조직 목표 달성에 부정적 영향을 미치는 요인으로 간주하고 이를 해소하

브 시스템, 개인과 집단, 조직환경, 그리고 과업과 기술로 돼 있다.

기 위해 계층제나 공식화를 비롯한 다양한 조직구조 설계에 초점을 맞춘다. 마찬가지로 인적 자원 접근도 조직을 협동하는 체계로 정의하면서 갈등을 조직 목표 달성에 유해한 것으로 간주한다. 정치 권력 접근은 갈등의 존재를 인정하고 이를 적극적으로 해소하기 위해 협상, 연합 형성, 게임 등과 같은 갈등 조정 메커니즘을 규명하는 데 초점을 맞춘다. 한 걸음 더 나아가 문화 상징적 접근은 인간 세계에서 갈등은 존재할 수밖에 없으며, 이를 극복하기 위해 각종 의식이나 신화의 힘에 많이 의존한다.[6]

4) 조직 발전 전략

구조론에서는 조직 목표 달성이 난관에 부딪히면 그 원인을 조직구조에서 찾고 이를 해소할 수 있는 적합한 조직구조를 설계하려고 시도한다. 다시 말해 조직구조의 3대 지표인 복잡성, 공식화, 집권화 측면에서 그 해결책을 모색하는 데 치중한다. 반면 인적 자원 접근에서는 조직 목표와 개인 목표 간 괴리 때문에 조직 목표 달성이 어렵다고 보고 이를 조화롭게 통합할 방안을 강구한다.

정치 권력적 접근에서는 조직을 하나의 정글로 보며, 그 안에서는 권력 싸움에서 승리하는 자와 패배하는 자만이 존재하게 된다. 구조론이나 인적 자원 접근에서처럼 조직 발전 전략이 규범적으로 존재한다는 것에 동의하지 않는다. 다만 상대를 이기기 위해 어떠한 전략과 전술을 구사하는 것이 효과적인가에만 관심을 갖기 때문에 제로섬 게임(zero-sum game)이 일어날 가능성이 높다. 문화 상징적 접근은 앞의 세 접근법에서처럼 목표와 수단 간의 인과성에 강한 의구심을 갖기 때문에 조직이 직면한 불확실성과 모호성에서 오는 구성원들의 불안을 해소하기 위해 바람직한 결과보다는 상징적 행위, 그 자체에 더 많은 관심을 보인다. 따라서 문화 상징적 관점에서 보면 조직이 수행하는 기획, 의사결정, 조직 개편, 성과평가, 목표 설정, 회의 등은 이를 통해 어떤 의도한 결과를 얻는다기보다는 단순히 관행적으로 이뤄지는 요식행위에 불과한 측면이 강한 것으로 인식된다.

---

[6] 과학과 기술이 발전하면 할수록 인간은 더 많은 불확실성에 직면할 수밖에 없으며, 호르크하이머(Max Horkheimer)와 아도르노(Theodor W. Adorno)가 제시한 "신화가 이미 계몽이었으며 또 계몽은 신화로 돌아간다"는 명제를 받아들일 수밖에 없게 된다. 바르트(Roland Barthes)의 『현대의 신화』는 이 점을 극명하게 보여 주고 있다.

제3절_ 조직이론의 변천 과정

조직은 인류의 역사가 시작된 이래 줄곧 그 궤를 같이해 왔지만 근대적 의미의 조직은 산업혁명 이후에 출현했다고 봐야 한다. 산업혁명 이전이 신학과 군사가 지배한 사회였다면, 산업혁명 이후는 과학과 기술이 지배하는 사회로 특징되기 때문이다. 최초의 조직이론은 구조적 접근에서 비롯됐고 이후 인간관계론, 상황이론을 거쳐 최근 조직 간 관계를 다루는 네트워크 이론으로 발전을 거듭해 오고 있다. 이를 도식화해 보면 [그림 4-1]과 같다.

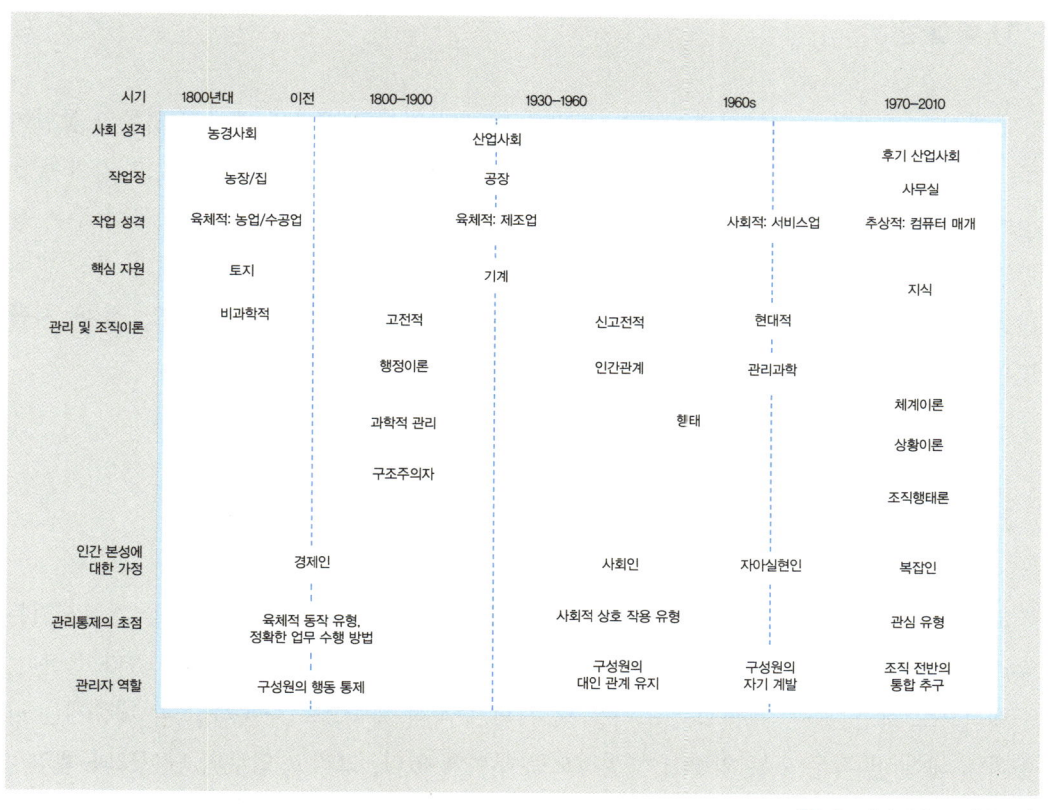

자료: Bowditch & Buono(2005: 6).

[그림 4-1] 조직이론의 변천

1. 고전적 조직이론

고전적 조직이론은 과학적 관리론, 행정관리론, 관료제론으로 각기 이름을 달리해서 발전해 왔다. 구체적으로 보면 테일러(Frederick W. Taylor)의 과학적 관리론은 미국에서, 페욜(Henri Fayol)의 행정관리론은 프랑스에서, 그리고 베버(Max Weber)의 관료제론은 독일에서 비슷한 시기에 태동했다. 이들 이론은 모두 조직구조론에 입각해 있으며, 조직설계를 위해 세 가지 지표인 복잡성, 집권화, 공식화에 관심을 갖는다. 이들 지표에 대해 고전적 조직이론이 내리는 처방을 살펴보고자 한다.

1) 복잡성

고전적 조직이론이 복잡성에 내리는 처방은 업무의 자세한 배분과 배분된 업무의 통합이다. 첫째, 분업화를 통해 업무를 자세하게 배분하면 근로자의 숙련도가 높아지고 일의 능률성이 현저하게 향상될 수 있다. 둘째, 분업을 통해 배분된 업무는 동질적끼리 묶어 주는 통합의 과정이 필요한데 귤릭(Luther H. Gulick)이 제시한 부성화(部省化)의 원리가 가장 많이 활용된다. 그는 동질성을 판단하는 기준으로 4Ps[7]를 제시하고 있는데, 즉 목표, 절차, 사람 또는 물자, 지역에 의한 통합을 말한다.

2) 집권화

고전적 조직이론은 조직 생산성 제고를 위해 조직 내 최고관리자에게 권한을 집중시키는 집권화를 처방하는데, 계층제와 통솔 범위의 원칙을 적용함으로써 달성될 수 있다고 본다. 구체적으로 보면 첫째, 계층제는 조직을 몇 개의 수직적 계층으로 구분하고 각 계층에는 나름대로 해야 할 직무 또는 역할이 차별적으로 부여돼 있다. 그리고 업무의 난이도와 책임성

---

[7] 4Ps란 Purpose, Process, Person or Things, Place의 머리글자를 따서 만들었다.

은 위로 갈수록 커지게 되는데, 그 이유는 능력이나 재능 면에서 뛰어난 사람이 자연스럽게 상위 직위로 승진한다는 가정에 입각해 있다. 하지만 최고관리자 혼자서는 방대한 조직의 업무를 처리하는 것이 불가능하기 때문에 권한을 아래로 위임하게 된다. 위임된 권한이 일사불란하게 처리될 수 있도록 두 가지의 보조 원리인 명령 통일의 원리와 명령 계통의 원리를 적용하게 된다.[8]

둘째, 고전적 조직이론은 조직구성원들을 자발적으로 조직 목표에 몰입하는 능동적 존재가 아니라 지시한 업무에만 그저 반응하는 수동적 존재로 간주한다. 이러한 부하들을 통제하기 위해 통솔 범위의 원리가 적용되는데, 그 요체를 보면 한 명의 상관이 거느릴 수 있는 부하의 수는 제한돼 있다는 것이다. 우리는 다음 [그림 4-2]에서 계층제의 원리와 통솔 범위의 원리가 어떠한 관계를 맺고 있는지를 일목요연하게 파악할 수 있다.

일반적으로 고전적 조직이론에서는 효과적 조직관리를 위해서는 계층 수는 줄이고 동시에 통솔 범위도 줄이라고 처방한다. 하지만, 다음 [그림 4-2]를 보면, 계층 수를 줄이면 통솔 범위가 늘어나고, 반대로 통솔 범위를 줄이면 계층 수가 늘어나는 딜레마 상황에 직면하게 된다. 이를 두고 사이먼(Herbert A. Simon)은 고전적 조직이론의 원리는 단순한 속담에 불과하다고 비판한다.[9]

3) 공식화

고전적 조직이론은 업무의 배분과 통합을 명확히 규정할 것을 처방한다. 이처럼 공식화를 강조하는 이유는 통제의 용이성과 보편성의 확보에 있다.

첫째, 공식화가 잘 돼 있으면 부하들은 정해진 규정과 규칙에 따라서 움직이면 되기에 굳이 부하들을 일일이 세밀히 감시·감독할 필요가 줄어든다.

---

[8] 명령 통일의 원리는 한 명의 부하는 한 명의 상관으로부터만 명령을 받아야 한다는 것이고, 명령 계통의 원리는 지시와 통제는 각 계층을 통해서 이뤄져야 한다는 것이다.

[9] 사이먼이 이를 속담에 비유한 이유는 동일한 상황을 두고 전혀 다르게 처방하는 경우가 속담에는 허다하기 때문이다. 예컨대, 한 속담에서는 쇠뿔도 단김에 빼랬다고 하지만 다른 속담에서는 돌다리도 두들겨 보고 건너라고 충고한다. 한쪽에서는 일을 빨리 처리하라고 이야기하고, 다른 쪽에서는 일을 신중하게 처리하라고 이야기한다. 이러한 사실은 결국 속담이야말로 우리 일상의 문제 해결에는 아무런 도움도 주지 못한다는 것을 암시해 주고 있다.

〈고층구조〉 근로자: 31명, 계층 수: 5, 평균 통솔 범위: 2명

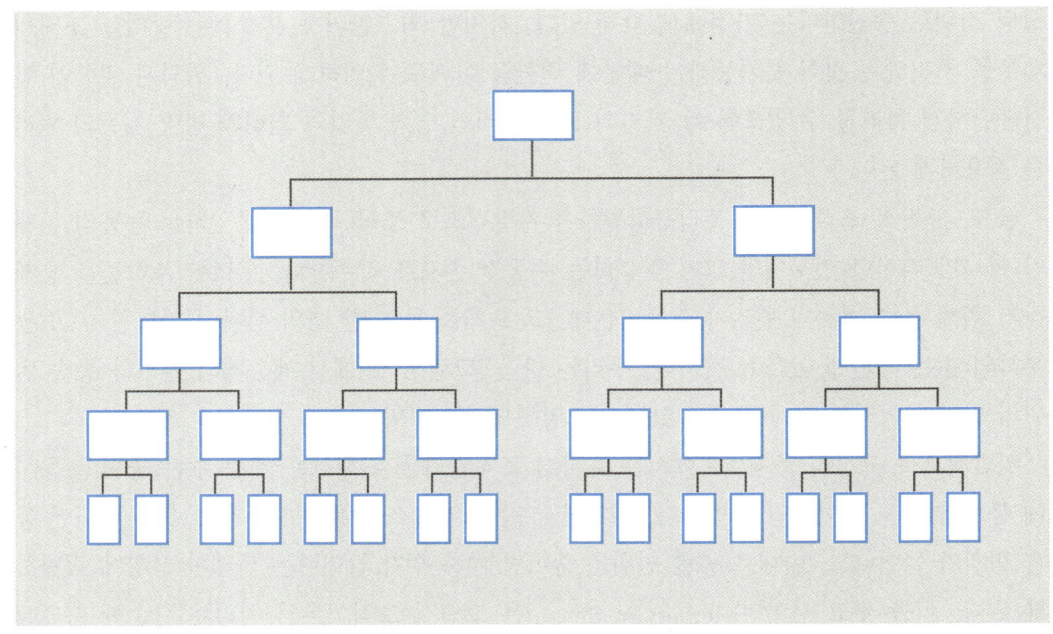

〈저층구조〉 근로자: 31명, 계층 수: 3, 평균 통솔 범위: 5명

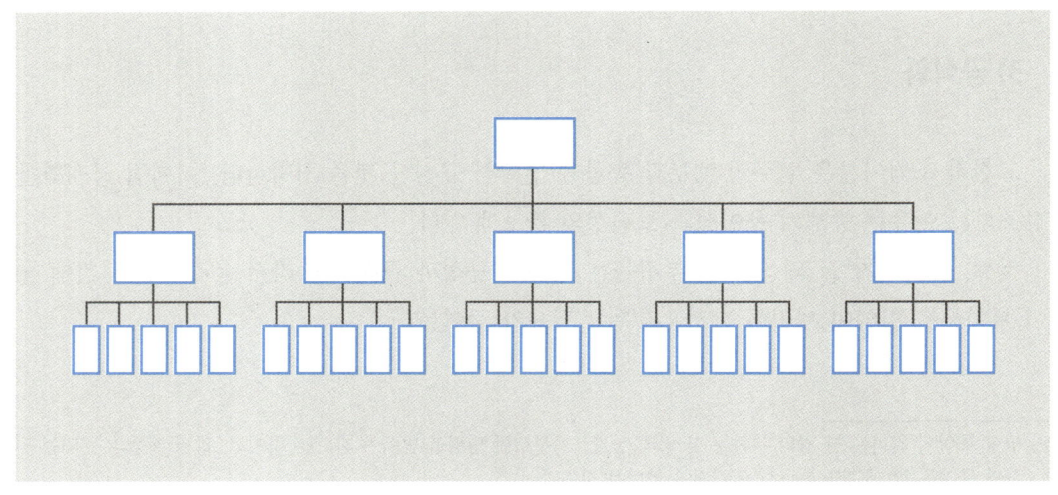

자료: 김병섭 외(2008: 103).

[그림 4-2] 고층구조와 저층구조의 조직설계 차이

둘째, 공식화는 조직 내 인사의 공정성을 확보해 주고, 조직이 제공하는 서비스가 고객들에게 공평하게 제공되도록 해 줄 수 있다.[10]

2. 인간관계론

인간관계론의 태동은 1929년의 세계 대공황의 발생과 깊은 관련이 있다. 대공황이 발생하기 직전인 1924년 호손(Hawthorne) 공장에서 행해진 일련의 실험을 통해, 조직 생산성에 영향을 미치는 요인은 물리적 작업환경이 아니라 조직구성원에 대한 관심에서 비롯된다는 놀라운 사실을 발견했다.[11] 버나드(Chester I. Barnard)는 이를 체계적으로 이론화해 1938년에 펴낸 『관리자의 기능(The Functions of the Executive)』을 통해 고전적 구조이론과 상반되는 새로운 조직이론 패러다임을 제시했다. 이 패러다임의 요체는 바로 조직관리에서 사람의 중요성을 강조한 데 있다. 일명 인간관계론으로 통칭되는 이 이론에서는 조직관리자의 핵심 업무는 조정, 의사결정, 의사소통, 권위 체계, 비공식조직 관리에 초점이 맞춰져 있다.[12] 고전적 조직이론과 대비되는 몇 가지 핵심 주제에 대해 간략히 살펴보도록 한다.

1) 권위 체계

고전적 조직이론가들은 권위가 "위에서부터 아래로, 혹은 전체에서 부분으로 나온다"라는 신념을 가지고 있는데 버나드는 이를 허구라고 비판한다. 일반적으로 상사의 명령은 부하들이 가지고 있는 세 가지 범주 차원의 하나의 영역에 속하게 되는데 그는 무차별권(zone

---

10) 인사의 공정성이란 채용이나 승진이 정실에 좌우되지 않고 오로지 성과와 업적, 능력 등에 따라 이뤄지는 것을 말한다.
11) 고전적 조직이론은 20세기 초에 들어와 대두된 노동운동으로 인한 산업체의 소요 현상을 다루는 데 많은 한계를 드러냄으로써 인간관계론이 출현하는 계기를 만들었다.
12) 버나드의 이론은 이후 제도학파, 의사결정학파, 인간관계학파가 등장하는 데 지대한 영향을 미쳤다.

of indifference)이론을 가지고 설명하고 있다.[13]

2) 조직적 인격과 개인적 인격

버나드는 조직에 참여하는 모든 구성원은 조직적 인격(organizational personality)과 개인적 인격(individual personality)을 동시에 가지고 있다고 본다. 조직적 인격은 조직구성원들에게 체화돼 물화(物化, reification)됨으로써 개인 선택의 중요성을 극소화하게 된다. 그 이유는 버나드에게 조직은 합리적이나 개인은 비합리적이라고 간주하기 때문이다.

3) 공식조직과 비공식조직 간의 관계

비공식조직은 공식조직이 원활히 기능할 수 있도록 윤활유의 역할을 해 준다고 믿기에 인간관계론자들에게 비공식조직에 대한 연구는 매우 중요하다. 이러한 비공식조직은 의사소통을 유지하고 조장해 줌으로써 우리 인체의 혈액과 같은 역할을 조직 내에서 수행한다. 비공식조직을 작동시키는 수단은 언어에만 국한되지 않으며, 비언어적 행위(몸 동작, 유니폼 착용 등)도 모두 포함한다고 봐야 한다.

인간관계론자들이 중시하는 이러한 기능들이 원활히 수행되기 위해서는 특히 리더십, 동기부여, 의사소통에 대한 전문적 지식이 조직관리자에게 요구되는데, 이는 뒤에서 상술하고자 한다.

---

[13] 세 가지 영역은 각각 불수용권(unacceptable zone), 중립권(neutral zone), 수용권(acceptable zone)이라고 불리며, 상사의 명령이 수용권에 속할 때 조직 효과성은 높아질 수 있다. 따라서 관리자의 역할은 수용권의 범위를 넓혀 주는 데 치중할 필요가 있다.

3. 상황이론

1950년대 말에 대두된 상황이론(contingency theory)은 조직관리에서 최선의 유일무이한 방법은 없으며, 상황 조건에 고려해 최적의 조직 설계가 이뤄져야 함을 수많은 경험적 연구를 통해 밝혀냈다. 고전적 조직이론과 상황이론의 가장 큰 차이점은 첫째, 조직을 폐쇄 체제로 보지않고 환경에 열려 있는 개방 체제로 파악한다. 둘째, 조직은 환경을 바꿀 수 없기에 환경과의 교호 작용에서 상대 조직보다 유리한 위치를 점하기 위해서는 조직 내부 구조를 환경 변화에 맞게 설계해 나가야 한다고 주장한다. 상황이론가들이 중시하는 환경 변수는 기술(technology), 규모(size), 그리고 환경에의 의존성(dependency to environment)이다.

1) 기술

흔히 기술학파로 불리며, 대표적 학자로는 우드워드(Joan Woodward), 페로(Charles Perrow), 톰슨(James D. Thompson)이 있다.

첫째, 우드워드의 연구는 주로 하드웨어적인 기술의 차이에 따른 조직구조의 차이를 규명했다. 그녀는 기술의 유형을 단위 소량생산, 대량생산, 연속 공정 생산으로 구분하고, 거기에 따라 기술적 특성과 조직의 구조적 특성이 어떻게 달라지는가를 밝혀냄으로써 고전적 조직이론의 근거를 무너뜨리는 데 결정적 공헌을 했다.

둘째, 페로의 기술 개념은 하드웨어뿐만 아니라 소프트웨어 기술까지도 포함하기 때문에 우드워드의 연구보다 진일보했다는 평가를 받는다.[14] 이러한 기술 개념을 가지고 그는 기술을 과업의 다양성(task variety)과 문제의 분석 가능성(problem analyzability)이라는 기준을 가지고 분류한다. 이에 따라 기예적 기술, 정형화된 기술, 공학적 기술, 비정형화된 기술로 구분되며, 각각의 기술 유형에 맞는 조직구조를 설계할 필요가 있다는 점을 밝혀내고 있다.

셋째, 톰슨은 조직 내가 아니라 조직 간 연구 관점에서 세 가지 기술 유형을 구분했는데

---

14) 페로는 기술을 "어떠한 대상을 변화시키기 위해서 도구나 기계의 도움을 받거나 혹은 받지 않고서 대상에 대해서 행하는 행동"으로 정의한다.

중개 기술, 길게 연결된 기술, 집약 기술이 이에 해당된다. 조직이 사용하는 기술 유형에 따라 조직의 구조적 특성이 다르게 나타나는 것을 경험적으로 밝혀냈다. 첫째, 중개 기술은 개별 단위가 독립적으로 업무를 수행하기 때문에 이들 활동을 표준화하기가 용이하나, 집약 기술은 사례별로 도움을 주는 의존 관계가 상이하기 때문에 표준화가 대단히 어렵다. 둘째, 분권화의 관점에서 보면 집약 기술은 의사결정을 집권화하기가 매우 어려운 반면 중개 기술은 집권화를 하기가 매우 용이하다. 셋째, 길게 연결된 기술을 사용하는 조직은 공식화의 정도가 중개 기술보다는 낮고, 집약 기술보다는 높게 나타난다.

2) 규모

조직 규모가 조직구조를 결정한다고 보는 규모학파는 기술이 조직구조에 미치는 영향은 상대적으로 강하지 않다고 평가한다.[15] 먼저, 블라우(Peter M. Blau)와 그의 동료들의 연구에 따르면, 조직 규모와 복잡성은 정(正)의 상관 관계가 있으나 선형적인 것은 아니며 분화되는 비율은 체감적이다. 둘째, 애스턴그룹(Aston Group)의 연구를 보면, 조직 규모가 작을 때는 기술의 영향이 중요하지만 조직 규모가 커짐에 따라 오히려 기술보다는 규모가 조직구조에 더 큰 영향을 미친다는 것을 밝혀냈다. 즉, 조직 규모는 복잡성, 공식화에는 정(正)의 상관 관계를 갖는 반면 집권화와는 부(負)의 상관 관계를 갖는다.

3) 환경에의 의존성

조직구조가 조직이 놓여 있는 환경적 조건에 따라 어떠한 영향을 받는가를 집중적으로 연구한 대표적 학자들로는 번스(Tom E. Burns)와 스토커(G. M. Stalker), 로렌스(Paul R. Lawrence)와 로시(Jay W. Lorsch)가 있다.

---

15) 조직 규모에 대한 정의도 다양하게 이뤄지고 있는데 크게 보면, i) 조직의 물리적 수용 능력, ii) 투입물과 산출물의 크기, iii) 조직이 활용하는 물질적 자원, iv) 정규직 종업원 수가 있는데, 이 중 가장 많이 활용되는 지표는 정규직 종업원의 수다.

첫째, 번스와 스토커는 조직환경을 정태적 혹은 동태적 환경으로 구분하고 정태적 환경에서는 기계적 조직구조가 더 적합한 반면 동태적 환경에서는 유기적 조직구조가 더 적합하다는 것을 경험적 연구를 통해 밝혀냈다. 조직구조적 관점에서 보면, 기계적 조직구조는 복잡성은 낮으나 공식화, 집권화의 정도가 높고 과업이 일상적이며 정형화된 패턴을 가지고 있다. 반면, 유기적 조직구조는 복잡성은 높고 공식화, 집권화의 정도는 낮다. 여기서는 업무를 정형화하기 어렵기 때문에 수평적 의사소통이 조직 효과성 제고에는 더 유리하다.

둘째, 로렌스와 로시는 환경을 확실한 환경(certain environment)과 불확실한 환경(uncertain environment)으로 구분하고, 환경의 불확실성 정도에 따라 조직구조가 결정된다고 본다. 이들은 이를 경험적으로 검증하기 위해 환경의 불확실성이 가장 높은 플라스틱 산업, 가장 낮은 컨테이너 산업, 그리고 중간에 위치하는 식품산업을 선정해 분석한 결과 〈표 4-1〉과 같은 환경에 따른 조직구조, 조직 성과 간의 차이를 밝혀냈다.

〈표 4-1〉 환경에 따른 조직구조와 조직 성과 간의 관계

산업	조직체	평균 분화지수	평균 통합지수
플라스틱	높은 성과 업체	10.7	5.6
	낮은 성과 업체	9.0	5.1
식품	높은 성과 업체	8.0	5.3
	낮은 성과 업체	6.5	5.0
컨테이너	높은 성과 업체	5.7	5.7
	낮은 성과 업체	5.7	4.8

자료: 김병섭 외(2008: 158)에서 재인용.

4. 네트워크 조직이론

1990년대 이후로 네트워크 조직에 관한 연구가 크게 증가해 왔는데 김병섭 외(2008)는 신

경쟁(new competition)이라는 새로운 사회 현상의 등장,[16] 신정보기술(new technology)의 발전, 정교한 네트워크 분석방법론의 확립이라는 세 가지 이유를 들어 이러한 현상을 설명하고 있다. 네트워크 조직 개념에 대한 통일된 정의는 없지만 일반적으로 "반복적 거래를 하는 두 명 이상의 행위자들 간에 발생할 수 있는 분쟁을 조정하고 해결하는 데 정당한 조직적 권위를 가지고 있지 않은 행위자들의 집합"으로 정의된다. 파월(Walter W. Powell)은 네트워크 조직의 특성을 〈표 4-2〉에서 시장, 계층제와의 비교를 통해 분명하게 보여 주고 있다 (Powell, 1990).[17]

〈표 4-2〉 경제조직의 세 가지 유형

특성	시장	계층제	네트워크
규범적 기초	계약-재산권	고용 관계	협력 관계
의사소통 수단	가격	조직의 루틴	관계
갈등 해소 수단	흥정, 법적 판단	행정명령, 감독	호혜성, 평판
신축성 정도	높음	낮음	중간
충성도 정도	낮음	높음	중간-높음
정보의 분위기	정확성, 의심	공식성, 관료성	개방성, 상호성
구성원의 선호	독립성	종속성	상호의존성

자료: 김병섭 외(2008: 179).

이러한 네트워크 조직이 구축되려면 네 가지 구성 요소, 즉 구성원, 공동 목적, 권력자원, 상호 작용 조건이 갖춰져야 한다(Jackson & Stainby, 2000). 첫째, 구성원은 그의 이해나 목표를 추구하는 데 자율성을 가진 사회적 실체여야 한다. 둘째, 네트워크 조직에서 구성원들의 가장 강력한 참여 동기는 바로 공동 이익의 추구다. 셋째, 네트워크 조직에서는 권력자원

---

[16] 1970년대와 80년대 세계 경제의 발전 과정에서 소규모 기업체들의 연매출 1조를 상회하는 유니콘 기업으로의 등장과 소강국인 동남아 국가들의 급속한 경제 발전은 기존 산업조직 이론들의 한계를 드러냈다.

[17] 파월(Walter W.Powell)은 시장과 계층제적 조직도 네트워크의 한 유형으로 보고 있다. 예컨대, 현물시장은 다른 행위자와 끈(ties)으로 연결돼 있지 않는 수많은 독립적인 마디(nodes)의 집합인 반면, 계층제 조직은 수많은 마디가 특정한 하나의 마디로 집중적으로 연결돼 있는 네트워크다.

으로서 사회자본이 가장 중요한 역할을 수행한다. 끝으로, 구성원들은 상호 이해와 권력자원을 기초로 공통의 목적을 달성하기 위해 교환 활동을 하게 된다.

제4절_ 조직관리의 핵심 쟁점

조직관리자가 조직을 이해하고 관리하기 위해서는 편협된 관점보다는 다양한 관점을 갖는 것이 무엇보다도 중요하다. 이 장에서는 볼먼(Lee G. Bolman)과 딜(Terrence E. Deal)의 네 가지 관점에 입각해서 조직관리자가 특별히 관심을 기울여 할 쟁점에 대해 살펴보고자 한다.

1. 조직구조 관점

조직구조론자들은 조직에 문제가 있을 때 조직 재설계를 통해 통상적으로 문제를 해결하려고 시도한다. 행정학자들은 특히 정부조직 개편에 많은 관심을 보여 주고 있는데, 이때의 논의는 수직적 분화와 수평적 분화의 양 측면에서 이뤄져야 정확히 현상을 이해하고 적실성 있는 조직설계를 해 낼 수 있다.

1) 수직적 분화

정부조직의 수직적 분화에 대해서는 길(Derek Gill)의 조직 유형 분류가 가장 널리 인용된다(Gill, 2002). 그에 따르면, 정부가 직접 통제하는 기관과 간접 통제하는 기관으로 대별할 수 있으며, 이는 다시 여러 가지 기준에 따라 세분화할 수 있다. 첫째, 정부부처와 책임행정기관은 정부 직접통제기관에 포함되는 반면, 공공기관(Public Law Administrations: PLA), 사법기관(Private Law Bodies)은 정부 간접통제기관어 해당된다. 둘째, 사법기관은 영리 및 비영리 정부기업(government enterprises)과 기타 사법기관으로 세분화된다. 여기서 비영리 정부기업은 일반적으로 공기업으로 통칭되며, 이들은 비독립적인 준(準)기업(quasi-corporations)을 산하에 둘 수 있다.

다른 관점에서 보면, 정부조직의 유형별 특성은 성과 측정의 가능성(measurability)과 상업성(commerciality)의 기준에 따라 파악할 수 있는데, 이를 도식화해 보면 [그림 4-3]과 같다.

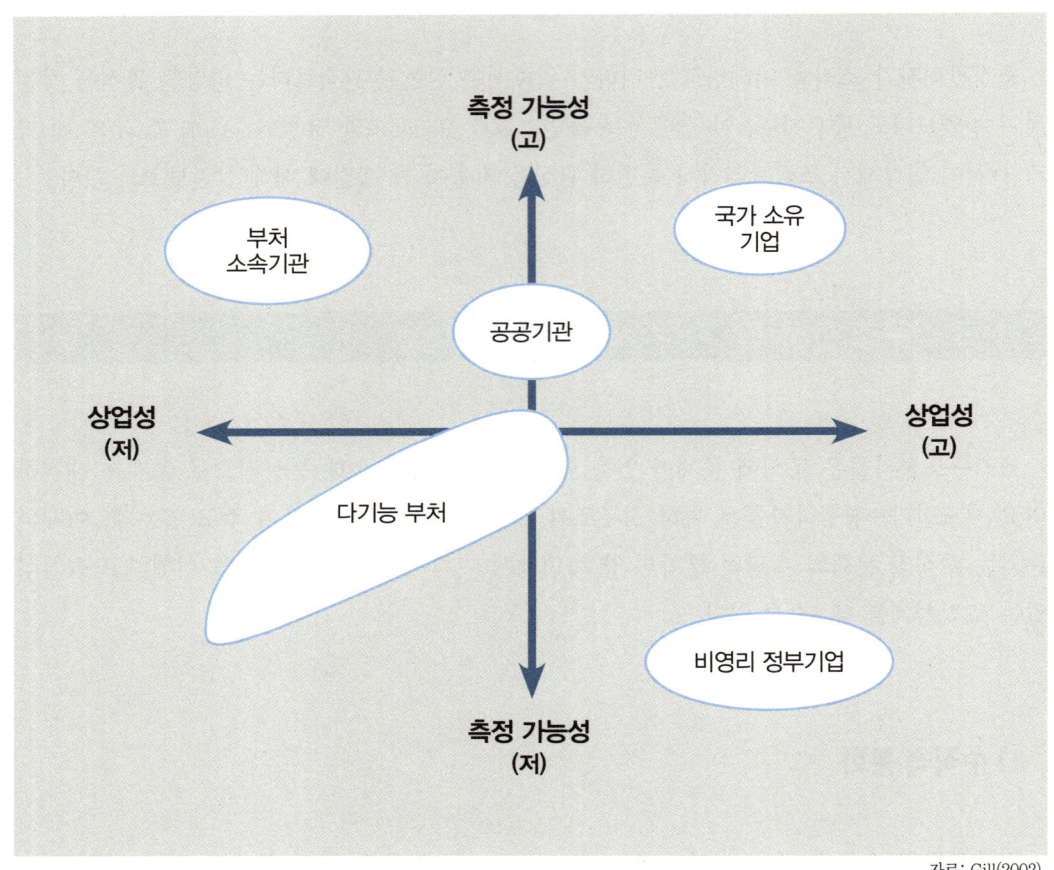

자료: Gill(2002).

[그림 4-3] 조직 유형별 분류에 따른 특성들

이러한 수직적 분화가 일어나는 가장 큰 이유는 규모의 비경제를 극복하는 동시에 자율성과 책임성의 강화를 통해 성과 향상을 꾀하는 데 주 목적이 있다. 특히 이러한 수직적 분화는 신공공행정론의 요체를 이루고 있는데, 그 근저에는 과거 정부조직은 성과 측정의 어려움을 이유로 사전적 투입 통제에 치중함으로써 공무원들로 하여금 산출과 결과에는 무관심한 태도를 방조했다는 신념이 깔려 있다.[18] 이러한 문제점을 시정하기 위해 고려되는 정책적 수단으로는 민영화와 민간위탁이 주로 고려되고 있다.[19]

2) 수평적 분화

정부조직의 수평적 분화는 정부가 하나의 단일 부처가 아닌 복수의 부처로 나뉘어 있는 상태를 말하는데, 과학적 법칙은 존재하지 않지만 다음과 같은 기준은 조직학자들이 많이 받아들이고 있다(고영선, 2010).

첫째, 업무의 유사성 또는 연계성 측면에서 유사하거나 연계가 높은 기능은 한 부처 내에 통합하는 것이 효과적이다. 현재 기획재정부는 해외 금융을, 금융감독원은 국내 금융을 각각 분리해서 맡고 있는데, 이들 두 업무의 유사성을 고려할 때 바람직하지 않은 것으로 판단된다.

둘째, 통솔 범위(span of control)의 측면에서 보면, 장관의 통제 범위를 넘어서는 기능을 한 부처 내에 두는 것은 효과적이지 않다고 본다. 현재 문화체육관광부는 한 부처 내에 문화예술, 체육, 관광, 종무(宗務) 등 수많은 이질적 업무를 묶어 두고 있어 규모의 비경제에 노출돼 있다고 볼 수 있다.

셋째, 두 부처가 서로 대립적 목표를 추구하는 경우에는 분화시키는 것이 정책 효과성을 제고하는 데 더 바람직하다고 볼 수 있다. 대표적 예로 금융 감독과 금융정책의 분리, 국토부와 환경부의 분리 등을 들 수 있다.[20] 끝으로, 정책 업무와 집행 업무의 분리를 통해 규제

---

18) 거래비용이 클 경우에는 조직을 분화시키기보다 통합시키는 것이 더 유리할 수도 있다.

19) 수직적 분화는 이 연구 범위에 포함되지 않는 관계로 자세히 다루지 않음을 밝혀 둔다.

20) 하지만 우리나라 환경부는 미국의 환경보호청(EPA)과 달리 규제 업무에 집중하는 것이 아니라 많은 환경 관련 사업을 벌임으로써 다른 부처와 많은 갈등을 불러오는 문제점도 가지고 있기 때문에 이 부분에 대한 심도 있는 연구가 필요하다. 물관리 일원화를 위해 환경부로 그 권한을 집중시켰지만 과연 환경부 공무원들이 수량관리 면에서 국토부 공무원보다 얼마나 더 전문성을 가지고 있는지가 회의적이다. 똑같은 문제가 환경부 산하에 있는 국

포획 현상과 규모의 비경제 문제를 극복하는 데 도움이 된다. 한 걸음 더 나아가, 성과관리 적용이 상대적으로 쉬운 집행 기능을 분리해 성과의 효율성을 증진시킬 수도 있다. 대표적인 예로, 기획재정부 세제실과 국세청을 분리하는 이유는 이러한 맥락에서 조직 분리의 논리적 근거를 찾을 수 있다.

수직적 분화와 수평적 분화의 논거에 따라서 조직 개편을 할 경우, 〈표 4-3〉과 같은 조직 개편 유형을 가질 수 있다. 이러한 이론적 근거를 갖고 조직 개편을 단행한 대표적인 나라가 영국이다. 영국 모델이 우리나라 조직 개편에 주는 시사점은 '작은 정부' 혹은 '큰 정부'라는 정치적 이데올로기 논쟁을 벗어나 국민의 수요에 맞는 조직 개편을 단행했다는 것이다. 조직 개편을 할 때 영국처럼 제3섹터를 공공서비스 전달 체계의 중심축으로 받아들이는 노력이 차기 정부에서 더 강도 높게 요청된다.

〈표 4-3〉 조직 개편의 유형들

유형	설명	영국 사례
통합(mergers)	• 부처 간 통합 또는 기존의 중요 업무가 신설 부처로 이관	• DEFRA와 DBERR이 통합돼 DEC로 신설
분리(demergers)	• 기존 부처의 중요 기능을 분리해서 새로운 부처를 신설	• FCO에서 해외 개발 기능을 분리해 DFID를 신설
신설(start-ups)	• 새로운 기능을 가진 새로운 부처를 신설	• 2006년도에 Department for Innovation, Universities and Skills 신설
흡수 또는 기능의 이전 (major acquisitions and transfers of functions)	• 기존 부처의 기능을 다른 곳으로 옮겨 부처를 신설	• NOMS의 범죄자 교정서비스 기능을 떼어 내서 MOJ를 신설
폐지(terminations)	• 법적으로 부처를 폐지하고 기존의 기능을 다른 부처로 이전	• 1992년 가스와 전기 국영기업들의 민영화 이후 에너지부의 폐지

자료: White & Dunleavy(2010).

립공원관리공단과 산림청 간의 업무 소관 간에도 발생한다. 국립공원관리공단이 산림의 생물다양성을 다루는 데 산림청보다 더 전문성을 가지고 있는지가 역시 회의적이다.

2. ICT와 조직구조

1970년대 이후부터 급속하게 이뤄진 정보통신기술(ICT)의 발전으로 현대 조직구조에 상당히 많은 변화가 있을 것으로 미래 학자들은 예측하고 있다. 먼저 복잡성과 관련해서 ICT를 전담할 부서나 직위의 신설이 수반되는 반면, ICT는 조직 내 중간관리층과 일선 행정계층의 업무를 대체하게 됨으로써 계층제가 축소되는 효과를 가져온다고 본다(김상묵, 2002; 우하린, 2021).

ICT 도입으로 전문화와 계층제의 변화뿐만 아니라 최고관리자에게 의사결정 권한을 집중시키는 집권화도 가속화할 것으로 예측되고 있다. 하지만 반복적이고 일상적인 의사결정은 컴퓨터로 대체하게 돼 생산 부문과 일반 행정 부문 인력은 감소할 것으로 보인다. 인공지능(AI), 빅데이터, 클라우드 서비스 등과 같은 ICT의 도입과 활용으로 인해 전통적 관료제는 탈관료제, 반관료제로 대체된다는 주장도 설득력을 얻고 있다. 우리나라에서도 1970년대의 행정정보화, 2000년대의 전자정부와 스마트 거버넌스를 통한 증거 기반 정책결정이 주류를 이뤄 가고 있다. 즉, 거버먼트(government)에서 거버넌스(governance)로의 행정 패러다임이 변함에 따라 조직 중심부에 집중됐던 의사결정 권한이 네트워크 형태의 분산된 형태로 변모하고 있다(우하린, 2021).

조직 내 저임금 단순작업은 포디즘적 생산 체계에 의해 촉발된 자동화로 인해 대체 완료가 종결된 반면 중간층 조직관리자의 자원 배분 활동은 기계학습의 비약적 발전에 따라 다음 [그림 4-4]에서처럼 급속도로 ICT와 같은 신기술에 의해 대체될 것으로 전망된다. 하지만 노동의 측정을 넘어서는 창의적 행위는 ICT와 같은 신기술 발전에 의해서도 대체되지 않을 것이다. 여기에서 우리는 조직관리의 새로운 기능을 확인해 볼 수 있다.[21]

---

[21] 계산 기계로 대변되는 알고리즘 기반 경영하에서는 노동시장은 다중 작업행위자(multi-tasking agent)로 구성될 가능성이 높다. 노동의 가분성이 계산 기계에 의해서 높아질수록, 조직을 노동을 상시적으로 고용할 필요성이 줄어들게 된다(배종훈, 2018).

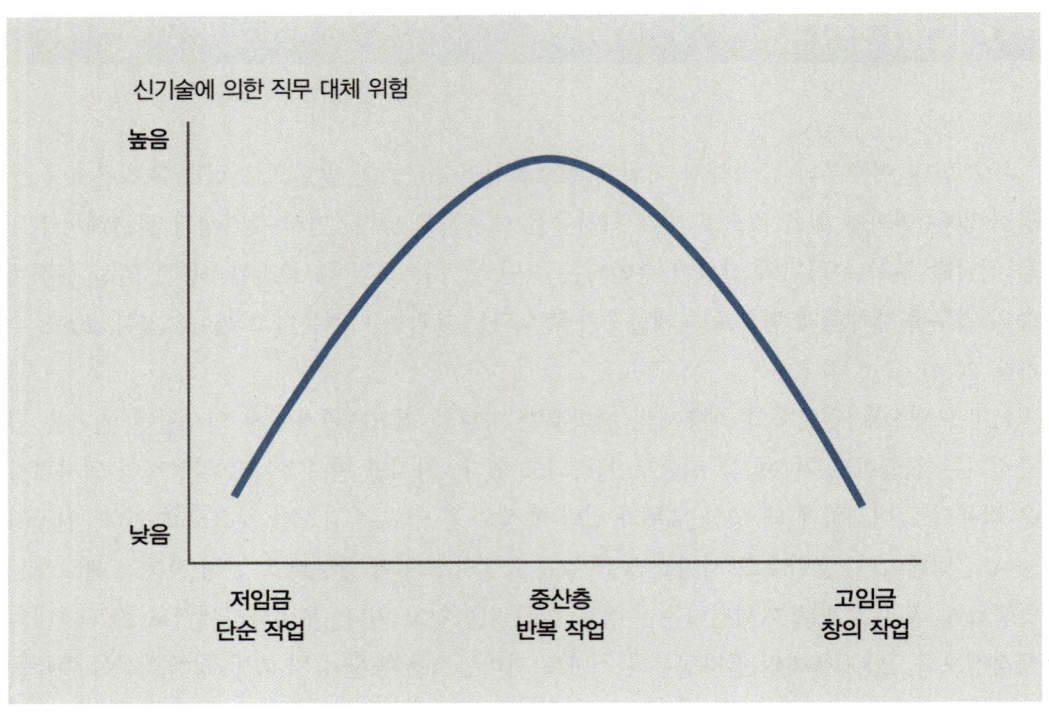

[그림 4-4] ICT 기술 발전에 따른 노동 대체 효과

3. 인적 자원 관점

1) 리더십이론

  인적 자원 접근을 선호하는 조직관리자는 조직구조 재설계보다 조직구성원에게 동기부여를 통해 조직 목표에 강력하게 몰입하도록 하는 데 관심을 갖는다. 현대 사회는 변동적이며, 불확실하고, 복잡하며, 모호한 VUCA[22] 환경으로 묘사되고 있다. 이럴 때일수록 인적 자원

---

[22] VUCA는 Volatility, Uncertainty, Complexity, Ambiguity의 머리글자를 딴 약어다.

접근법에서 강조하는 리더의 역할이 매우 중시되고 있다. 리더십에 대한 정의는 무수히 많지만, 여기서는 캐츠와 칸(Katz & Kahn, 1978)이 정의한대로 리더십을 "조직의 일상적인 활동이나 지시 등에 대한 순응을 넘어서게 하는 영향력"으로 파악하고자 한다. 이때의 영향력은 조직 내에 국한되지 않고 조직 간 협력과 공공관리자와 시민 간 협력까지도 포함하는 것으로 해석해야 한다.

이러한 리더십 주류 이론은 시대적 상황에 따라 다양하게 변해 왔는데 반 워트(Van Wart, 2013)는 위인이론, 자질이론, 상황이론, 변혁적 리더십이론, 서번트 리더십이론, 다면적(통합적) 리더십이론으로 대별하고 있다. 이들 리더십이론에서 강조하는 초점을 보면, 위인이론부터 변혁적 리더십이론까지는 조직 내 리더십의 역할을 강조했지만, 서번트 리더십이론은 팔로워, 이해관계자, 그리고 사회에 대한 윤리적 책임을 강조하고 있으며, 다면적 리더십이론 또한 거래적 리더십과 변혁적 리더십이 상호 배타적 개념이 아니라 조직관리를 위해 통합적으로 사용돼야 한다고 주장하고 있다(최유진, 2021).

2016년 다보스 포럼 의장인 슈밥(Klaus Schwab)이 4차 산업혁명의 화두를 던진 이후, 전 세계 환경은 놀랄 만큼 빠른 속도로 변하고 있다. 앤드류(Leighton Andrews)는 AI, 빅데이터, 사물인터넷, 자율주행차, 로보틱스, 나노 기술의 등장과 같은 사회환경 변화가 이에 대처하는 공공관리자가 구사하는 전략에 크게 영향을 미칠 것으로 전망했으며(Andrews, 2018), 오베러와 에콜라(Oberer & Erkollar, 2018)도 초연결성(hyperconnectivity), 초현실성(hyperreality), 인간-컴퓨터의 상호 작용을 다루는 능력이 조직관리자에게 요구되는 필수불가결한 역량이 될 것으로 예측하고 있다. 즉, 과거 리더십이론의 초점은 인간과 인간 간의 상호 작용을 다루는 데 뒀지만, 4차 산업혁명의 도래는 여기에 더해 조직관리자는 인간과 기계 간의 상호 작용을 이해하고 관리하는 데 더 많은 시간을 할애해야 한다고 보고 있다. 이를 통해 민주성, 형평성, 대응성, 투명성과 같은 공공가치를 제고함으로써 사회적 불평등을 해소하고 동시에 국가 경쟁력 제고에도 기여하는 방향으로 나가야 할 것이다.

2) 의사소통

인간관계론의 창시자인 버나드(Chester I. Barnard)는 의사소통은 인체의 혈액과 같은 역할을 조직 내에서 수행하고 있다고 주장했다(Barnard, 1937). 대규모 조직에서 의사소통을 원활하게 하는 이론들이 많은 조직학자에 의해 제시됐지만 그중에서도 바벨라스(Bavelas, 1950)의 소집단 실험과 리커트(Likert, 1961)의 연결핀이론을 살펴보고자 한다. 먼저, 사회학자인 바벨라스(Alex Bavelas)는 다양한 형태의 연결망 구조가 과업 성과에 어떠한 영향을 미치는지를 경험적으로 연구했는데 그 결과는 〈표 4-4〉와 같다.

〈표 4-4〉 다양한 의사전달망 유형과 과업 성과와의 관계

	연쇄형 (선형)	Y형	윤형	원형	개방형	혼합형 (윤형+개방형)
• 신속성	낮음	보통	가장 높음	보통	가장 낮음	
• 구성원의 만족도	낮음 높음	중심적 지위 점유자: 높음 주변적 지위 점유자: 낮음		보통	가장 높음	가장 높음
• 집권화	보통	높음	가장 높음	낮음	가장 낮음	보통
• 불확실한 상황 대처	나쁨		가장 나쁨	좋음		
• 의사결정의 질	지도자의 역량에 좌우됨			보통	가장 좋음	
• 정보 과다	보통	높음	가장 높음	보통		
• 의사 전달의 왜곡	가장 높음	보통		높음	가장 낮음	낮음

자료: 김병섭 외(2008: 459).

둘째, 리커트(Rensis Likert)의 연결핀이론을 적용하면 대규모 조직에서도 의사소통은 원활하게 일어날 수 있는데 이를 도식화해 보면 [그림 4-5]와 같다. 실제 이러한 의사소통 시스템은 거의 대부분 관료제에서 도입되고 있는데, 대표적으로 대학조직을 살펴보기로 하자. 총장을 중심으로 각 단과대학의 학장과 본부 처장들로 구성되는 최고 의사결정기구인 교무위원회는 대학의 모든 중요한 의사결정을 내리는 공식기구다. 그런데 여기에서 교무위원회

의 한 구성원인 학장은 자신의 단과대학에서는 최고관리자의 역할을 수행하며, 단과대학 내 학과장으로 구성되는 단과대학 회의를 주재한다. 그리고 학과장은 학과의 대표로서 학과 내 교수 의견을 수렴해 이를 단과대학 회의에서 개진하며 반대로 단과대학에서 결정된 사안을 학과 교수들에게 알려 주는 역할도 수행한다. 이렇게 함으로써 거대한 대규모 조직인 관료제의 의사 전달은 큰 무리없이 이뤄지게 되며, 조직은 유기체로써 기능할 수 있게 된다.

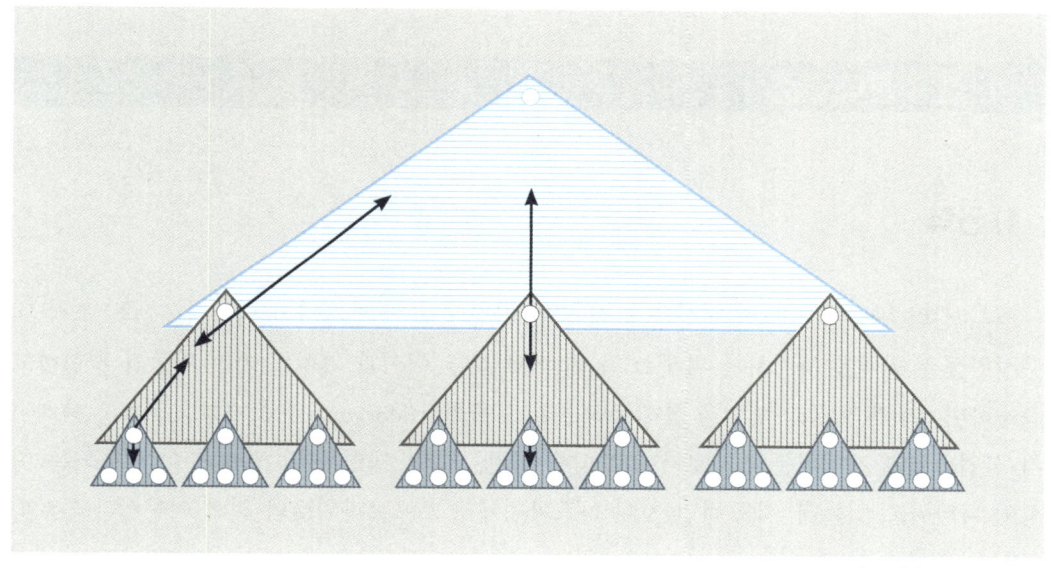

자료: 김병섭 외(2008: 471).

[그림 4-5] 리커트의 연결핀이론

끝으로, 도구적 이성에서 벗어나 광범위한 의사소통 합리성을 주장한 하버마스(Jürgen Habermas) 이론도 조직 내 의사소통을 활성화하는 데 기여할 수 있다.[23] 기존의 균형이론은 조직과 환경은 교호 작용을 통해 자연스럽게 상호 간의 균형점을 찾아 나간다는 기능주의적 관점에 치우쳐 있어 거기에서 발생하는 힘의 불균형에 대한 고려가 부족했다. 그 결과로, 의

---

23) 하버마스에 따르면, 사회적 불평등, 인간의 소외, 환경오염 등과 같은 현대 사회의 병폐는 도구적 이성에 대한 과도한 집착으로 인한 조직 내 혹은 공중 간의 대화의 부재에서 비롯된다고 진단한다.

사소통은 권력과 지배구조를 유지하는 힘을 가진 자가 그렇지 못한 자를 억압하기 위한 도구로 사용되는 측면이 강했다(김영욱, 2005). 이를 비판한 하버마스의 의사소통 합리성 이론은 당사자 간 상호 이해와 대화 가능성을 열어 두는 공론의 장을 마련해 줌으로써 후기 자본주의 사회의 조직들이 안고 있는 문제를 근본적으로 해결할 수 있다고 주장한다. 그가 실천적 방법론으로서 제시하는 숙의민주주의(deliberate democracy)를 조직 차원에서 도입하는 방안을 적극 고려해 볼 수 있다.[24]

4. 정치 권력 관점

1) 권력

정치 권력 관점에서 조직 현상을 보게 되면 가장 중요한 주제가 권력이다.[25] 즉, 조직 내 구성원들은 권력을 차지하기 위해 조직 내 서로 다른 이익과 가치를 가진 자들과 경합하고 충돌하며, 이 때 협상과 연합을 통해 결과물을 도출한다(Morgan, 1986; 조경호, 2021). 특히 4차 산업혁명과 전대미문의 코로나19로 인해 국가, 조직, 개인 간의 권력 축이 이동되는 현상이 나타나고 있는데, 대표적인 것이 하드파워에서 소프트파워로의 권력 이동이다(유종일, 2020).

권력 현상을 설명하는 이론으로는 교환이론, 베버의 권위 권력이론, 클레그(Stewart Clegg)와 던컬리(David Dunkerley)의 계급이론이 있다. 먼저 교환이론은 이자적 교환 관계(dyadic exchange relationship)에서 다른 외부적 조건을 고려하지 않을 경우 상대방이 원하는 자원이나 서비스를 제공할 수 있는 사람이 권력을 갖게 된다고 본다. 둘째, 베버는 사람들이 권력을 추구하는 목적을 경제적 이유, 심리적 이유, 그리고 사회적 이유에서 찾고 있다. 즉, 부(富)나 사회적 명예, 법적 우위성(legal advantages)을 확보하기 위해 권력을 추구한다. 권

---

[24] 숙의민주주의는 공중의제(public agenda)와 관련된 토론 과정에 시민들이 직접 참여해 의견을 개진하고 합의에 도달하는 민주적 절차를 중시한다.

[25] 달(Robert A. Dahl)은 권력을 "상대방의 의사에 관계없이 자신의 의지를 관철시킬 수 있는 능력"으로 정의하고 있다(Dahl, 1957).

력 행사의 대상은 순응(compliance)인데, 이것이 일어나는 이유 중 하나는 이를 통해 어떤 혜택을 받을 것이라는 기대이고, 다른 하나는 순응 이외에는 다른 대안이 없기 때문이다. 끝으로, 클레그와 던컬리(Clegg & Dunkerley, 1980)의 계급이론은 개인이나 집단의 권력은 사회의 경제구조에 내재된 지배구조에 의해 만들려진다고 본다. 이들에 따르면, 권력은 이미 형성돼 있는 '사전적 능력'이란 계급에 따라 배열되며, 여기에 이미 잠재돼 있다고 주장한다.

그런데 권력이 발생하는 원천을 분석해 보면, 하드파워와 소프트파워 간에는 현격한 차이가 있다(조경호, 2021). 하드파워가 권력원으로서 주목하고 있는 것은 지식자원(전문성), 공식적 지위, 경력, 조직 규모(직원 수나 매출액 등), 그리고 고객 집단의 규모와 범위[26]인 반면에 소프트파워는 응집력, 리더십, 준거집단, 근본 원칙에 입각한 의사결정, 그리고 개인적 연계 등에 기초하고 있다.[27]

2) 갈등

인간관계론의 창시자인 버나드는 조직을 "사람들의 의식적이고 목적지향적인 협동행위"로 정의하면서 조직 내 갈등을 인정하지 않았다. 하지만 사이어트(Richard M. Cyert)와 마치(James G. March)는 조직이 추구하는 목표는 복수(multiple)이기 때문에 갈등은 필연적으로 존재할 수밖에 없다고 봤다. 이를 기점으로 갈등에 대한 수많은 연구가 이뤄졌는데, 결론적으로 요약하면, 조직 내 적정한 수준의 갈등은 변화와 혁신을 창발시키는 데 결정적으로 중요하다는 것을 밝혀냈다.[28] 이를 도식화해 보면, 다음 [그림 4-6]과 같다.

---

[26] 미 환경보호청(EPA)은 미국야생동물연합회, 시에라클럽, EPA의 규정을 따르고 평가받아야 하는 수많은 기업, 그리고 환경학자들을 고객집단으로 두고 있어 막강한 권력을 행사한다.

[27] 1960년대 미국의 평화봉사단(Peace Corps)은 조직구성원들의 높은 응집력 때문에 유능한 미국 젊은이들로부터 매력적 조직으로 각인됐다.

[28] 스피노자(Baruch de Spinoza)는 코나투스(conatus)라는 개념을 사용해 모든 존재자는 단지 정적으로 존재하려는 것보다는 오히려 완전으로 향해 노력한다고 봤다. 니체(Friedrich Nietzsche)의 초인 개념에서 초인(超人, Übermensch)이란 기성 도덕을 부정하고 대중을 지배하는 권력을 행사하면서, 자신의 가능성을 극한까지 실현하는 이상적인 인간상이다. 이런 측면에서 갈등은 끊임없는 변화와 생성을 촉발하는 유용한 기제로 파악할 수 있다.

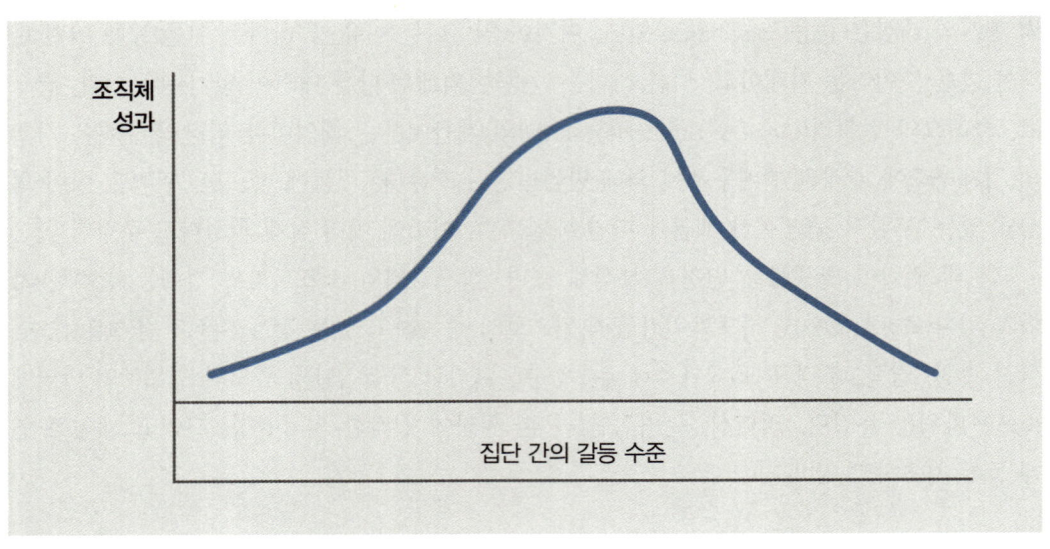

갈등 수준	낮음	이상적	높음
영향	역기능적	순기능적	역기능적
집단행동	환경 변화 적응력 둔화, 무사안일적, 의욕 상실, 침체적	환경 변화에 신속한 적응력, 창의적, 변화 지향적, 활발한 문제 해결 행동, 적극적 목표 달성 행동	혼란, 분열, 상호 조정 결여, 목표 의식 결여
성과	낮음	높음	낮음

자료: 이창원 외(2014: 285).

[그림 4-6] 갈등 수준과 조직 성과 간의 관계

5. 문화 상징 관점

1) 조직문화 역동 모형

조직문화에 대한 본격적인 관심은 피터스(Tom Peters)와 워터맨(Robert Waterman)의 『초

우량기업에 대한 연구』(1982)와 셰인(Edgar H. Schein)의 『조직문화와 리더십』(1985) 연구에서 비롯됐다.[29] 이들은 1960년대 미국 학계를 지배했던 논리실증주의에 입각한 조직관리 방식의 한계를 지적하면서 조직문화에 대한 효과적 관리가 조직 효과성을 제고하는 데 더 유용하다는 주장을 내세웠다. 셰인은 창업자의 신념과 가치들이 집단학습을 통해 조직구성원들에게 학습되고 이것이 조직 성과에 긍정적으로 작용하면 인지적 변환 과정을 거쳐 기본 전제로 자리매김하게 된다고 본다.

해치(Mary J. Hatch)는 그의 모형을 좀 더 발전시켜 문화역동 모형(cultural dynamics model: CDM)을 제안했는데, 도식화해 보면 [그림 4-7]과 같다(Hatch, 1993).

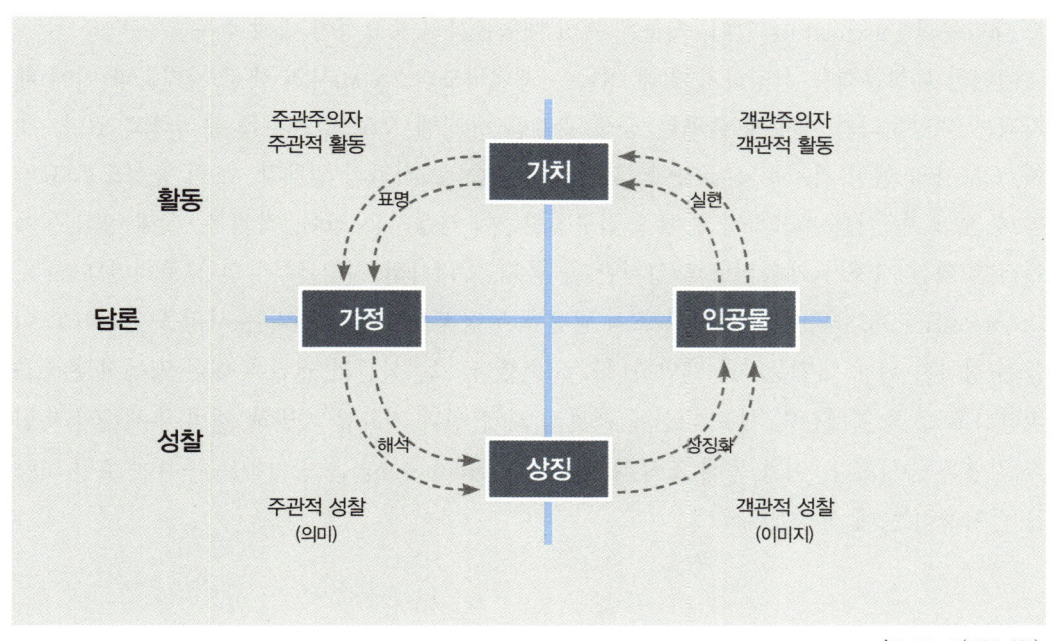

자료: Hatch(1993: 685).

[그림 4-7] 문화역동 모형

---

29) 조직문화는 다양한 관점에서 정의될 수 있지만 공통적 속성의 종합에 의거해, 상당히 오랜 기간 축적되고 학습돼 조직구성원 다수에 의해 공유된 의미를 지니며, 일정 기간 지속성을 가진 유·무형의 실체로 간주한다.

앞의 그림에서 보듯이, CDM은 순환구조를 가지는데 시작점과 방향성에 대해서는 개의치 않는다. 이러한 모든 과정은 안정 혹은 변동의 형태를 갖고 문화의 생산과 재생산을 반복하면서 동시다발적으로 일어난다고 주장한다.

2) 대항문화

마틴(Joanne Martin)과 시엘(Caren Siehl)은 조직 내에서 단일체의 조직문화만이 존재할 수는 없으며, 일반적으로 세 가지의 하위문화 유형이 있다고 본다(Martin & Siehl, 1983). 즉, 고양적 하위문화(enhancing subculture), 직교격자형 하위문화(orthogonal subculture), 그리고 대항문화(countculture)인데, 이들은 특히 대항문화의 중요성에 대해 주목한다.[30]

이러한 대항문화를 설명하기 위해 이들은 제네럴모터스(GM)사의 핵심 가치들과 이에 배치되는 대항문화가 어떻게 불편한 공생 관계를 유지해 오고 있는지를 분석하고 있다. 첫째, GM사의 핵심 가치는 상급자에 대한 권위 존중, 조직과의 일체감, 조직 충성도로 요약할 수 있으며, 이를 제고하기 위해 조직구성원들이 사용하는 언어, 작업복, 실내 장식 등에 이러한 핵심 가치가 체화되도록 설계한다. 둘째, GM사의 지역본부장인 드로리안(John Z. DeLorean)은 GM사의 핵심 가치가 조직 발전에 부정적 영향을 끼친다는 사실을 인식하고 이를 수정하기 위해 대항문화를 개발하려고 노력했다. 즉, 상관의 권위에 대한 맹목적 존중을 비판하고 조직 일체감의 제고 대신에 객관적 과업 성과 지표를 개발해 개별 주체들의 독립적 역량을 중시했다. 이를 통해 조직 내 집단사고(group think)를 방지하는 동시에 조직 역량을 끌어올리는 데 성공했다.

---

[30] 고양적 하위문화는 조직 내 소수 부서가 조직의 지배적 핵심 가치에 대해 더 열렬한 집착을 보일 때 나타난다. 직교격자형 문화는 조직의 지배적 핵심 가치뿐만 아니라 그들 부서의 가치도 조직 지배 가치와 상충되지 않는 한 공존시키려고 할 때 등장한다. 하지만 대항문화는 조직의 지배적 핵심 가치와 정면으로 배치되는 문화다.

제5절_ 조직 효과성

지금까지 조직을 이해하고 관리하는 데 유용한 네 가지 관점에 대해 살펴봤는데, 그 궁극적인 목적은 조직의 생산성 제고 및 조직구성원의 자기 계발을 통한 개인 발전과 조직 발전을 조화시키는 데 있다. 이런 점에서 조직 개편이나 조직구성원들에 대한 사기 진작 프로그램이 어떠한 효과를 가져왔는지를 정확하게 측정하고 모니터링하는 것은 대단히 중요하다고 볼 수 있다.

캐머런(Kim S. Cameron)은 목적에 따른 다양한 조직 효과성 모형을 〈표 4-5〉를 통해 보여 주고 있다.

〈표 4-5〉 다양한 조직 효과성 평가모형

모형	정의	적용 상황
목표 모형	설정된 목표의 달성	목표가 분명하고 측정 가능한 경우
체제 모형	필요한 자원의 획득	투입 자원에 대한 성과가 분명할 경우
내부과정 모형	조직 내부관리의 순탄함.	조직 과정과 성과와의 관계가 분명한 경우
이해관계자 모형	조직의 전략적 수혜자들이 최소한 만족함.	조직의 이해관계자들이 조직에 미치는 영향이 클 경우
경합가치 모형	조직 참여자들의 선호를 반영하는 서로 다른 가치를 만족하는 정도	조직의 성과 평가의 기준이 모호하거나 시간이 지남에 따라 기준들이 변화될 경우
정당성 (합법성) 모형	조직의 생존을 위한 활동들이 사회적으로 정당함.	조직의 생존이 그 조직의 관심 사항일 경우
과실 모형	비효과성의 증후를 전면적으로 없앰.	효과성의 이해가 모호한 경우나 개선을 위한 전면적인 전략이 필요한 경우
고성장 체제 모형	유사 조직과의 경쟁에서 상대적인 우위를 점함.	유사 조직 간의 비교가 필요한 경우

자료: Cameron(1984: 276).

이 모형들을 구체적으로 살펴보면, 내부관리 모형은 조직 내부관리가 적절한가를 평가하는 모형인데 반해 정당성 모형은 조직활동이 사회적으로 바람직한가에 기초해서 평가하는 모형이다. 그런데 조직 효과성 모형 중에서 가장 널리 사용되는 모형은 목표 모형, 체제 모형, 이해관계자 모형, 그리고 경합가치 모형이다. 여기서는 퀸(Robert E. Quinn)과 로버그(John Rohrbaugh)가 제시한 경합가치 모형(competing values approach: CVA)에 대해 좀 더 자세하게 살펴보고자 한다. 이들은 두 가지 차원, 즉 조직의 초점과 조직구조 특성에 따라 네 가지 모형을 [그림 4-8]과 같이 제시하고 있다.

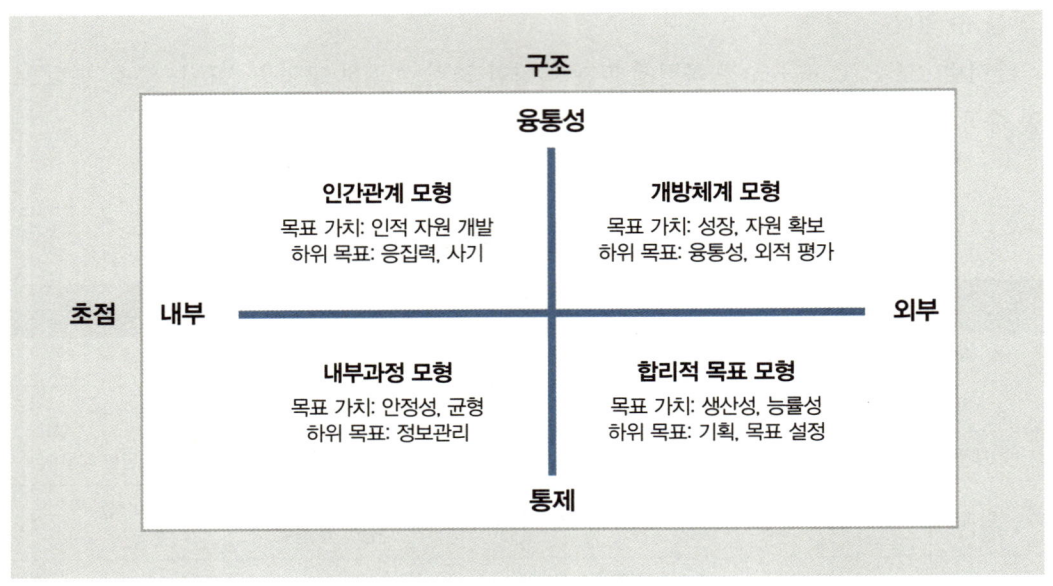

자료: Quinn & Rohrbaugh(1983: 363).

[그림 4-8] 경합가치 모형

이석환(2021)은 『The B·L·U·E Government: 성과와 결과를 창출하는 유능한 미래정부의 조건』에서, 조직관리자는 산출(output)보다는 결과(result)에 대해 조직구성원들에게 책임을 묻는 인식 전환이 중요하다고 강조한다. 즉, "노인정을 지어 주겠다", "지하철 구간을 유치하겠다"라는 산출물 공약보다는 "전기차 또는 수소차 몇 대를 도입해서 지역의 미세먼지와 대기질 수준을 몇 % 이하까지 내 임기 중 떨어뜨리겠다"고 공약을 하는 것이 더 중요하다는 것이다. 그렇지 않으면 행정은 점점 정치화되고 국민 행복과는 유리된 행정이 만연되게 되는 악순환이 발생하게 된다고 주장한다.[31] 이를 예방하기 위해서는 계획·실행·점검(Plan-Do-See: PDS)의 관점에서, 정부조직 개편의 효과를 체계적으로 분석하고 그 결과에 대해 대(對)국민 공표를 하도록 법제화하는 노력이 중요한데, 이를 도식화해 보면 [그림 4-9]와 같다.

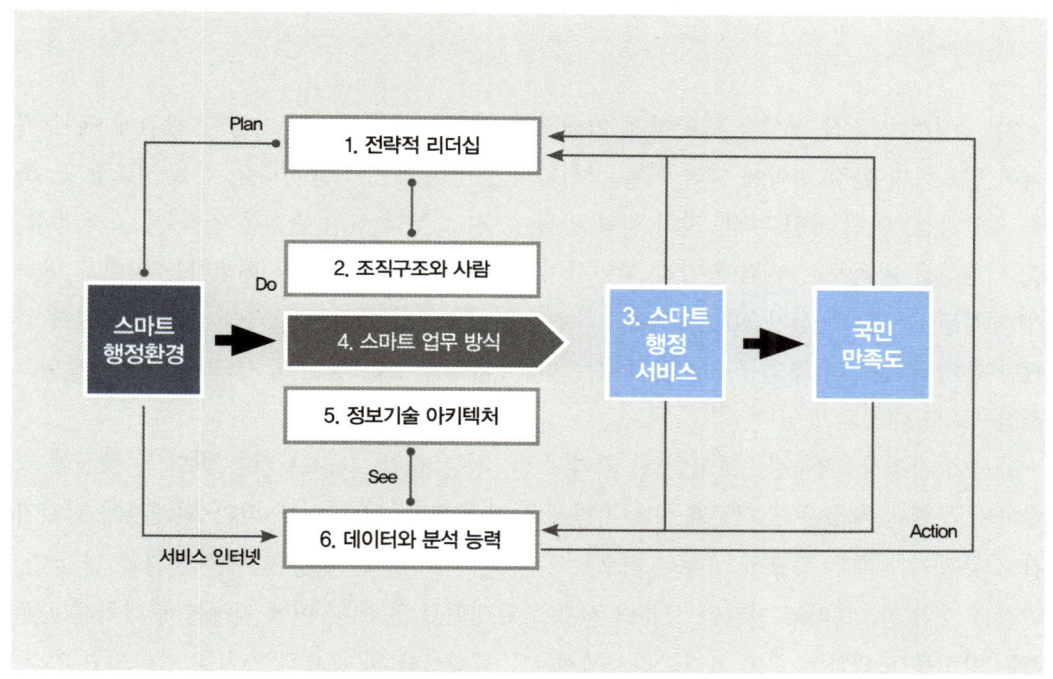

[그림 4-9] Plan-Do-See의 관점에서 공조직 성과 분석

---

31) BLUE는 각 단어의 이니셜인데 B(Basics): 영혼이 살아 움직이는 행정이 되기 위해서는 조직의 미션과 핵심 목적, 핵심 가치에 충실해야 한다. L(Linkages): 영혼이 숨쉬는 행정이 되려면, 지표와 조직 간의 연계, 위험 사슬과 결과 사슬 간의 연계에 주목해야 한다. U(Unity): 잘 설정된 지표 연계와 정책문제가 수많은 이해관계 당사자 간에 조율과 협력을 통할 때만이 의도한 목표를 달성해 낼 수 있다. E(Equilibrium): BLU가 잘 작동한다고 해도 현실은 정치에서 자유로울 수 없기 때문에 대국민 책임성을 반드시 제고해야只 평형 상태를 유지하고 정부는 속도를 내어 경쟁력을 높여 나갈 수 있다.

앞의 그림을 보면, 조직관리자는 여섯 가지의 범주에 관심을 가지고 이들 요소의 변화가 조직개혁을 통해 어떻게 일어나고 있는지를 끊임없이 모니터링하고 환류 시스템을 통해 개혁 프로그램이 작동되지 않는 원인을 분석하고 해결책을 모색해 나가는 것이 중요하다.[32]

제6절_ 나오며

이 장에서는 조직 현상을 정확하게 이해하기 위해 조직관리자는 다양한 관점에 대한 지식이 필요하며 환경 변화에 따라 이를 적절히 변용하는 것이 중요하다는 점을 강조했다. 조직구조 관점, 인적 자원 관점, 정치 권력 관점, 그리고 문화 상징 관점은 인간관, 조직 목표, 갈등 현상을 바라보는 관점이 각각 상이하며, 이에 따라 조직문제를 해결하는 방안도 다르게 제시된다. 정보통신기술(ICT)로 대표되는 4차 산업혁명과 같은 조직을 둘러싼 환경이 급변함에 따라 전통적 조직구조인 관료제는 더 이상 효용성을 상실해 가고 있으며 네트워크 조직구조로 대체되고 있다.

동시에 저성장, 저출산·초고령화, 지역 소멸, 청년 실업, 그리고 기후 변화 등 예전에 경험하지 못했던 새로운 조직문제들이 전면에 등장하고 있으며, 이에 따라 이해관계 당사자 간 갈등관리가 매우 중요한 이슈로 떠오르고 있다. 다시 말해, 갈등 양상은 인간과 인간 간, 인간과 자연 간, 그리고 인간과 컴퓨터 간으로 확대되고 있으며, 이에 지혜롭게 대처해 공존하는 방식을 모색하는 것이 조직관리자에게는 능률성보다 더 중요한 가치로 인식되고 있다. 이와 관련해 조직관리자의 바람직한 인간관도 개인의 발전보다는 타자 간의 올바른 관계 맺음을 강조하는 방향으로 변화되고 있다. 그리고 조직 목표의 설정도 단일한 가치 추구보다

---

[32] 각각의 범주에 해당하는 하위 요소들을 보면, i) 전략과 리더십의 하위 구성 요소는 디지털 리더십, 디지털 전략, 자원 배분, 계획과 집행의 통합, ii) 조직구조와 사람은 유연한 조직구조의 하위 요소는 디지털 인재, 학습과 개발, iii) 스마트 행정서비스의 하위 구성 요소는 디지털 기반 서비스 개발, 행정서비스의 디지털화, 국민과의 의사소통 채널 통합, iv) 스마트 업무 방식의 하위 구성 요소는 업무 현장의 디지털화, 기획과 운영 시스템 통합, 서비스 제공 가치사슬의 통합, v) 정보기술 아키텍처의 하위 요소는 정보기술 능력, 정보기술 구성 체계, 정보기술 보안 체계, vi) 데이터 분석 능력의 하위 요소는 실시간 데이터 관리, 데이터 분석 및 활용이다.

는 각 관점이 추구하는 다양한 가치를 포용하고 이를 균형 있게 신장해 가는 데 초점을 맞춰야 한다. 이를 통해 비로소 조직의 지속 가능한 발전이 담보될 수 있다고 본다.

한마디로 요약하면, 조직관리는 과학과 기술의 영역이 아니며, 오히려 예술의 영역에 속하기에 불변의 진리는 있을 수 없으며 오로지 변화와 생성에 열려 있을 뿐이다.

복습 문제

- 베버의 권위이론과 버나드의 권위이론 간의 차이를 설명하시오.
- 조직을 보는 다양한 관점과 그 차이점에 대해 설명하시오.
- 계획·실행·점검(Plan-Do-See)의 관점에서 성과관리가 왜 중요한지를 설명하시오.
- 조직 효과성을 측정하는 다양한 모형에 대해 설명하시오.
- 조직문화에서 지배적 문화와 대항문화가 왜 같이 공존해야 하는지를 설명하시오.
- 정보통신기술이 조직구조에 미치는 영향에 대해 설명하시오.

제5장

인사관리

학습 목표

- 인사행정 강의를 통해 무엇을 기대하는가에 대해 알아본다.
- 인사행정이란 무엇인가? 인사행정의 이론과 실제는 어떻게 변해 왔는가에 대해 알아본다.
- 우수 인재를 정부에 충원할 수 있는 방법에 대해 알아본다.
- 무엇으로 공무원을 열심히 일하게 할 수 있는가? 공무원 성과평가를 어떻게 업무 효율에 연결시킬 것인가에 대해 알아본다.
- 어떻게 훌륭한 인재를 양성할 것인가에 대해 알아본다.

제1절_ 의의

1. 인사행정의 정의

　한 국가에서 사람은 중요한 자산이며, 이는 조직에서도 마찬가지다. 조직이 성공적으로 기능하는가는 인력과 리더십의 질에 달려 있다. 하지만 인력 그 자체로는 조직의 발전에 기여할 수 없다. 이들은 체계적인 계획, 적절한 훈련과 교육을 통해 인적 자원(human resource)으로 전환해야 한다. 인적 자본(human capital)이라고도 불리는 인적 자원으로의 성장 없이 조직의 목표와 목적은 결코 달성할 수 없다. 인적 자본은 사회에 있는 사람들의 지식, 기술, 적성의 총합이라고 정의할 수 있다. 인적 자원의 개발은 국가의 주요한 도전이다.

　인적 자원은 조직의 전체 자원에서 가장 중요한 부분이다. 재정 자원, 물리적 자원(작업장, 기계 등), 기술 자원도 매우 중요하지만, 이 중에서 가장 중요한 것은 인적 자원이다. 왜냐하면, 앞서 언급한 다른 자원들을 생성하는 역할을 하기 때문이다. 인적 자원의 적절한 활용은 필연적으로 재정적, 물리적, 기술적 자원의 최적 사용으로 이끈다. 이 모든 자원을 효과적으로 관리하지 못하면, 어떤 조직도 원하는 목표를 달성할 수 없다. 인적 자원의 관리를 다루기 때문에 인적 자원의 개념, 성격, 범위, 발전에 관한 연구인 인사행정은 매우 중요하다.

　정부의 업무는 나날이 증가하고 있다. 특히 복지에 관한 강조는 정부와 행정 기능의 확장으로 이어지고 있다. 공공조직이건 민간조직이건 조직의 임무, 책임, 활동이 증가함에 따라, 모든 수준에서 조직구성원의 효율적인 업무 수행에 관한 요구가 높아졌다. 따라서 인사행정의 임무는 이와 같이 증가하는 요구에 대응해서 조직의 성공에 기여할 수 있는 인적 자원의 안정적인 공급을 확보하는 것이다.

　인사행정(public personnel administration)은 다음과 같이 정의된다. 디목과 디목(Dimock & Dimock, 1953)은 채용, 배치, 동기 부여, 교육훈련, 사기 향상, 서비스의 효과성 제고와 관련된 업무를 다루는 관리자의 작업을 용이하게 하고 조언하는 참모의 기능이라고 정의내린다. 나이그로와 나이그로(Nigro & Nigro, 1977)는 노동력으로부터 최대한의 품질과 양의 산출과 서비스를 얻기 위해 새로운 직원을 선발하고 기존 직원을 활용하는 기술이라고 정의하며, 핸론과 피켓(Hanlon & Pickett, 1984)은 직원의 복지를 보호하고 향상시키면서 가장 적은 비용을 투입해 최고의 산출물을 보장하는 방식으로 모든 기관의 인적 자원을 관리하는 것이라고 정의한다. 또한 시겔과 미르틀(Siegel & Myrtle, 1985)은 공공 인사행정을 공공조직의 인력을 조달, 배치 및 유지하기 위한 정책 및 절차를 수립하고 적용하는 것이라고 정의한다. 결론적으로, 인사행정은 찾을 수 있는 최고의 인력을 확보하고, 그들에게 최소한의 비용을 지불하며, 공공조직의 우선순위에 가장 적합한 인적 자원을 확보하는 것을 포함한다.

2. 인사행정의 가치

인사행정학을 비판하는 사람들은 이 학문 분야가 정체성(正體性)이 없고, 범위가 너무 좁으며, 이론적 토대가 부족하다고 말한다(Klinger & Nalbandian, 1978; Milward, 1978; Rosenbloom, 1973). 하지만 이러한 문제들은 상당 부분 엽관주의(spoils system)의 폐단을 대체해 19세기에 공무원제도를 개선하고자 했던 행정관리론(administrative science)의 원칙(principles)에 대한 집착에서 비롯됐다. 인사 프로세스에서 당파성(黨派性, partiality)을 제거하기 위한 노력으로 인해 관리자는 거의 전적으로 인사활동에 적용될 수 있는 평가 및 선발방법과 같은 관리 기술에만 집중했다. 이러한 노력의 결과, 일반적인 관리(management)의 목표를 달성하기 위해 지원한다는 인사행정의 원래 목표는 사라져 버렸다. 결과적으로 관리자들은 인사행정을 관리 자체가 아닌 비정치적·기술적 서비스로 인식하게 됐다.

19세기 개혁은 정치를 악(evil)으로 규정하고 인사관리의 '중립적인' 원칙은 선한 것으로 간주하는 인사 개혁가들의 도덕적인 열의의 토대를 마련했다. 세이어(Wallace Sayre)가 지적했듯이, 공공 인사관리는 "목적(purpose)보다는 기술(technique)의 승리"가 됐다(Sayre, 1948). 이로 인해, 공공관리자는 외부 환경과의 접점을 잃고 고립됐다. 과거 인사행정은 관리자를 도울 수 있는 긍정적인 방법을 찾는 것보다 마치 경찰관처럼 관리자에게 할 수 없는 일을 알리는 데 더 관심이 있는 것처럼 보였다. 이러한 결과, 인사부서가 업신여김의 대상이 된 것은 어찌 보면 당연하다(Morse, 1976; Mosher, 1982; Thompson, 1975). 현대 인사관리자는 인사관리가 놓인 외부 환경과 매우 밀접하게 연결돼 있음을 잘 알고 있다. 공공 인사관리자의 경우, 외부 환경 가운데 가장 중요한 것은 바로 정치다. 과거 인사 개혁가들은 정치를 기피한 반면, 현대 인사행정학자들은 인사행정의 정치적인 성격을 인정하며, 정치의 관련성을 무시하는 이들 전통주의자를 비판한다.

공공 인사관리자의 외부 환경 가운데 관리자와 직원의 가치(value) 또한 인사 시스템에 영향을 준다. 이러한 가치는 개발된 인사정책의 유형, 의사결정의 규칙, 의사결정 과정의 결과에 영향을 주며, 대표적인 가치를 둘러싼 갈등은 정치적인 과정을 통해 해결된다(Lowi, 1967; Newland, 1967; Rich, 1982; Rosenbloom, 1981). 많은 인사 개혁가들의 오류는 정치(politics)를 당파정치(partisan politics)와 동일시했다는 점이다. 당파정치에 집중함으로써 인사 개혁가들은 인사 정책결정에 참여하는 사람들의 서로 다른 가치와 이익이 타협을 통해 결정된다는 점, 즉 정치의 기본 형태를 띠고 있다는 점을 망각했다(Thompson, 1983).

사회의 변화 또한 인사행정에 영향을 미친다. 예를 들어, 민권운동, 여성운동, 적극적 차별 철폐운동, 예산 삭감, 공공서비스의 민영화, 끊임없이 변화하는 기술 등은 모두 인사행정에 영향을 미친다. 미국의 경우, 2001년 9·11테러와 그 이후의 위협은 공공서비스에 많은 영향을 미쳤다. 이러한 환경 변화가 축적됨에 따라 공공서비스 제공 방식의 변화를 가져왔는데, 라이트(Paul C. Light)는 정부 중심의 공공서비스 제공이 종말을 맞았으며, 다중 중심의 공공서비스 제공이 시작됐다고 설명한다(Light, 1999). 이는 정부 관리자가 더 이상 혼자만의 관점으로 공공서비스의 제공 방법을 결정할 수 없음을 의미한다.

만약 정부가 신규 직원의 채용을 위해 민간 부문과 경쟁하야 한다면, 정부는 더 나은 인재를 채용하기 위해 인력의 다양성을 인정하고 잠재적인 직원이 자신의 직무에서 원하는 것을 제공하는 것에 초점을 맞출 필요가 있다. 적절한 수준의 급여와 보상은 더 이상 잠재적인 직원이 추구하는 유일한 것이 아니다. 이제 잠재적인 직원들은 그들의 직업에서 일과 삶의 균형, 흥미로운 업무 내용, 개인의 경력 개발과 개인적 성취를 위한 기회를 기대한다. 이러한 관리 방식의 필연적인 변화는 조직에서의 인사 기능에도 상당한 영향을 미쳐 왔다. 인적 자원 관리는 인사, 또는 인적 자원 부서와 관리자 간의 파트너십이라는 것이 이제는 널리 인정되고 있다.

오늘날, 실적주의(merit system)의 개념은 공공 인사관리에 널리 퍼져 있다. 그럼에도 불구하고, 실적주의에 대한 도전은 계속 발생하고 있다. 미국의 경우, 많은 주정부에서 공무원을 쉽게 해고할 수 있는 '자유로운' 고용을 도입하려는 시도, 즉 공무원 직위의 폐지를 실험해 왔다(Condrey, 2002; Gossett, 2002; Kim & Kellough, 2014; Nigro & Kellough, 2000; Rau, 2012). 관리자, 직원, 선출직 공무원, 시민, 관료는 인사관리 방식의 변화에 영향을 받는다.

비록 전통적인 인사행정 학자들은 공공 인사관리자들에게 중립적인 원칙을 적용할 것을 권고했지만, 경쟁적인 가치의 존재는 그러한 접근 방식을 비실용적인 것으로 만든다.

즉, 가치 판단은 다양한 선발 시스템, 적극적 우대정책, 성과 평가, 기타 모든 인사제도를 집행하기 위해 사용해야 한다. 이러한 결정을 내릴 때마다 누군가는 얻고, 누군가는 잃을 것이다. 예를 들어, 기관은 어떻게 예산 삭감에 대응할 것인가? 신입 사원을 해고할 것인가? 고참 직원에게 퇴직을 강요할 것인가? 적극적 우대 정책에 따라 고용된 직원은 이런 상황에서 보호해야 하는가? 모든 부서에서 같은 비율로 해고해야 하는가? 동일한 서비스의 제공을 위해 민간 업체가 활용해야 하는가? 이 모든 고려 사항은 최종 결정에 영향을 미치며, 각각의 내용은 가치 판단을 포함한다. 경쟁적인 가치 판단에 의한 결정은 결국 정치적인 결정이며, 따라서 현대 인사관리자는 필연적으로 정치 과정에 참여한다.

3. 인사행정의 목표

인사행정의 목표는 개략적으로 첫째, 상대적인 능력, 지식, 기술을 바탕으로 신입 직원을 모집, 선발 및 승진시키는 것, 둘째, 공평하고 적절한 보상을 제공하는 것, 셋째, 직원의 교육훈련을 통해 높은 수준의 성과를 보장하는 것, 넷째, 적정한 성과에 따라 직원을 분류하고, 미흡한 성과를 시정하며, 낮은 성과가 개선되지 않는 직원을 처벌하는 것, 다섯째, 정치적 성향, 인종, 피부색, 출신 국가, 성별 또는 종교적 신념과 관계없이 인사관리의 모든 측면에서 직원에 대한 공정한 대우를 보장하는 것, 마지막으로, 직원들이 당파적인 정치 목적을 위한 강압으로부터 보호되고, 선거에 간섭할 목적으로 공적 권한을 사용하는 것이 금지되도록 보장하는 것이라고 할 수 있다. 인사행정의 목표를 좀 더 상세하게 구분하면 다음과 같다.

1) 직위 분류

직위 분류(position classification)는 직위의 "특성, 요구되는 자격, 수행하는 의무, 맡은 책임"에 따라 정부의 직무를 유형화하는 것이다. 직위 분류는 공무원에게 동일 노동에 대해 동일 급여를 제공하는 데 활용된다.

2) 직무 기술서

직무 기술서(job description)는 개별 직위에 요구되는 작업 목록이다. 직무 기술서에서 직위는 직무와 책임에 따라 분류하지만, 그 직위를 채우는 사람에 대해서는 분류하지 않는다. 직무 기술서에서는 다음의 세 가지 정보를 제공한다.

① 직원에게 일반적으로 할당된 작업을 포함하는 해당 직위의 의무에 관한 정보
② 해당 직위의 업무가 수행되는데 대한 감독의 정도를 포함하는 직위의 책임에 관한 정보
③ 직무의 적절한 수행에 필요한 지식, 기술, 능력의 수행 수준에 관한 정보

3) 채용

채용(recruitment)은 자격을 갖춘 적절한 수의 인원이 조직의 빈자리에 지원할 수 있도록 하는 프로세스다. 채용은 전체 정부 모집 프로세스의 구성 요소로서 지원, 시험, 배치를 포함한다. 한 기관 내에서, 또는 두 개의 다른 기관 사이에서 직원을 한 직위에서 다른 직위로 이동하는 것도 채용에 포함할 수 있다. 공공 인력 채용에 대한 현대적인 접근 방식에는 민간 부문에서 일반적으로 사용되는 미디어 활용, 직업 및 교육기관의 우편 리스트 사용, 팸플릿의 활용, 정부 경력 디렉토리의 개발 등의 절차가 포함된다.

4) 선발

선발(selection) 절차의 핵심은 해당 지원자가 훈련, 경험, 적성 등의 측면에서 직무에 적합한지 여부를 판단하는 것이다. 신청 양식, 면접, 시험 등 세 가지의 기본 정보 출처를 선

발을 하는 데 사용할 수 있다. 선발에서는 응시자들 가운데 최종 선발되는 사람을 누가 결정할지가 가장 중요한 문제다. 가능한 선발 기법이 활용되고 있음에도 불구하고, 여전히 선발은 100% 정확할 수 없다.

5) 직무평가

직무평가(job evaluation)는 조직 내 모든 직무의 상대적 가치를 결정하기 위한 공식화된 시스템이다. 모든 직무는 미리 준비된 직무 기술서를 기반으로 분석된다. 각각의 직무는 직무에 대한 특정 임금, 특정 급여 범위, 급여 등급을 설정하기 위한 목적으로 직무평가 계획을 사용해 평가한다.

6) 성과평가

성과평가(performance appraisal)는 직원의 개선된 부분, 또는 개선되지 못한 부분에 대한 평가다. 성과평가는 직무의 효과성 측면에서 측정된다. 성과평가 시스템이 현대 인사행정의 공공 부문과 민간 부문 모두에서 사용되는 데에는 크게 두 가지 이유가 있다. 첫째, 성과평가는 직원에게 기대되는 것이 무엇인지 명확하게 확인하는 데 도움이 되며, 적절하게 사용하면 직원의 성과를 강화하고 개선할 수 있다. 둘째, 성과평가는 인사관리자가 인사 방법과 기법을 개선하고 검증하는 데, 그리고 인사 결정을 위한 객관적인 근거를 마련하는 데 도움이 된다. 성과평가에는 사람 대 사람(person-to-person) 비교, 생산 기록, 평가 일정, 그래픽 등급 척도, 중대한 사건 방식(critical incident method), 개방형 내러티브(open-ended narrative) 평가 등의 유형이 있다.

7) 점진적 징계

점진적 징계(progressive discipline)는 용납할 수 없는 행동을 시정하는 데 필요한 가장 가

벼운 징계 조치의 초기 사용을 나타내는 개념이다. 점진적 징계는 뒤이은 위반행위에 대한 처벌 수준의 증대를 의미한다. 하지만 일부 초기 위반행위에는 점진적 징계의 과정을 단축할 만큼 충분히 엄중하고 가장 강한 형태의 징계를 적용할 수 있다.

8) 적극적 우대 조치

적극적 우대 조치(affirmative action)는 과거의 차별적 관행에 대한 보상의 방법으로 소수자, 여성, 기타 취약계층의 구성원을 고용하기 위한 특별한 노력을 옹호하는 정책이다. 미국의 적극적 조치는 1964년 민권법(Civil Rights Act)을 기반으로 한다. 이 법은 인종, 성별, 종교, 출신 국가, 연령, 신체 장애를 이유로 한 직업 차별을 금지하고 있다. 미국에서는 적극적 우대 조치를 집행하기 위해 평등고용기회위원회(Equal Employment Opportunity Commission: EEOC)를 설립했으며, 1965년에 시행된 행정명령(executive order) 11246은 공공 및 민간 고용주에게 차별 철폐 조치 프로그램을 수립하도록 요구했다. EEOC는 적극적 우대 조치와 관련된 법률 위반 혐의를 조사하고, 위반자에 대한 소송을 제기해 조사를 수행할 수 있다.[1]

4. 인사행정의 환경: 공공 부문과 민간 부문의 비교

인적 자원 관리(human resource management) 혹은 인적 자본 관리(human capital management)라고도 불리는 인사관리에는 조직의 구성원과 관련된 모든 활동이 포함된다. 즉, 인사관리는 조직의 목표를 최대한 효율적이고 효과적으로 달성하기 위해 인적 자원을 활용하는 것을 의미한다. 효과적인 조직 운영의 핵심은 직원을 성공적으로 관리하는 것이며, 좋은 인사관리는 좋은 행정을 위한 필수 요소다. 좋은 인사관리는 능숙한 대인 관계 기술을 필요로 한다. 인사관리자는 직원을 모집, 선발, 평가, 승진, 훈련, 징계, 해고하는 방법

---

[1] 조사 시 EEOC는 '차별의 의도'와 '불평등한 대우'를 정의하기 어려워 '부정적 영향'에 집중하고 있다고 한다.

을 잘 알고 있어야 한다. 또한 인사관리자는 동기 부여, 상담, 근로자와의 교섭에 능숙해야 한다. 그리고 인사관리자는 직위, 보상, 성과 평가, 고충과 불만 처리 등의 수준을 결정한다. 요컨대, 인사관리에는 조직의 인적 자원과 관련된 모든 측면이 포함되며, 인사행정은 행정부에서 이뤄지는 모든 활동을 의미한다.

보편적인 관리활동도 인사관리라고 할 수 있다. 모든 관리자는 사실상 인사관리자다. 인사부서가 인사정책을 개발하고 모니터링하는 반면, 관리자는 실제로 인사정책을 실행하는 책임을 진다. 즉, 매일 직원을 관리하는 관리자는 인사 프로세스의 필수적인 연결 고리다. 조직 효과성은 관리자가 직원을 얼마나 잘 관리하는지에 달려 있다. 공공 부문과 민간 부문의 인사관리에는 공통점이 많다. 예를 들어, 직원의 선발, 면접, 평가, 교육훈련하는 데 사용되는 기술과 과정은 공공조직과 민간조직 모두에서 동일한 경우가 많다. 하지만 공공 부문의 인사관리는 다음과 같은 네 가지의 측면에서 민간 부문의 인사관리와 차이가 있다.

① 공무원은 특히 징계 및 해고와 관련해, 민간 부문과는 다른 법적인 환경에 놓여 있다.
② 민간 부문에 비해 공공 부문에서는 명령의 계통(line of authority)이 덜 명확하다.
③ 공공 부문과 민간 부문의 노사관계는 다른 길을 걸어왔다.
④ 정치적인 환경은 민간 부문보다 공공 부문에 훨씬 큰 영향을 준다.

공공 부문의 경우, 정치인은 종종 선거 공약으로 정부 인력의 규모를 줄이겠다고 약속한다. 하지만 정부 인력 규모의 축소를 요구하는 동시에, 더 높은 효율성을 통해 동일한 수준의 서비스를 기대하는 국민의 기대는 공공 부문에서 인사관리의 어려움을 가중시킨다. 인사행정에서 거론되는 정책은 대부분 정치적인 측면을 포함한다. 다음은 인사행정에서 반복되는 몇 가지 중요한 문제들이다.

① 노사 간의 단체 교섭과 실적주의를 어떻게 공존시킬 것인가?
② 사회적 약자의 우대를 위한 정책의 시행 문제, 수많은 이익단체의 요구를 만족시키는 문제, 경제를 활성화하는 문제 등 사회문제를 해결하기 위해 공공서비스가 어떻게 적용돼야 하는가?
③ 더 높은 수준의 공공서비스를 더 적은 세금과 예산으로 수행하라고 하는 지속적인 요구에 어떻게 대응할 것인가?

④ 실적주의를 저해하지 않고 높은 정치적인 대응성을 갖는 관료제를 유지하는 방법은 무엇인가?
⑤ 어떻게 최고의 인재를 채용하고 근무하도록 할 것인가?

인사행정의 가치 변화

정치는 특정 가치를 우선적으로 추구하기 위해 인사행정 체제를 의도적으로 개편하기도 한다(Krislov & Rosenbloom, 2012). 인사행정의 발달을 다음과 같은 가치 갈등적인 관점에서 고찰할 수 있다.

① 관리자의 지도력(executive leadership)
② 행정 능률성(administrative efficiency)
③ 관료제의 국민 대표성(bureaucratic representativeness)
④ 개인적 권리(employee right)

실적주의가 수립되기 이전까지는 인사권자의 지도력이 지배적인 가치로 작용했으며, 공무원의 임용은 주로 귀속적인 요인에 의해 이뤄졌다. 그러나 족실주의적 임용은 행정의 비능률을 야기함으로써 행정 능률성을 우선적인 가치로 대치시켰다. 행정 능률성의 추구는 실적에 의한 공무원의 임용과 강력한 신분 보장을 주요한 수단으로 했으나, 그로 인해 관료제의 국민 대표성과 국민 요구에 대한 대응성의 문제를 야기했다. 근래에는 민주의식의 향상에 따라 공무원의 개인적 권리에 대한 관심이 높아지고 있으며, 그에 대한 관심은 강력한 신분 보장, 높은 보수, 공무원단체의 활성화 등에 대한 요구로 나타나고 있다.

제2절_ 인사행정의 발달

1. 직업공무원제도

　인사행정의 제도와 기능은 대규모적인 공무원제도가 확립되기 시작한 절대군주국가 시대부터 비로소 체계화되기 시작했다. 산업혁명과 중상주의 정책으로 대량생산 시대가 도래하자 대량생산 체제에 걸맞은 경제적 통일 시장의 형성에 대한 요구가 증대했으며, 그에 대응하기 위해 분권적 봉건사회는 중앙집권적 통일국가로 전환됐다. 이와 같이 성립된 절대군주국가는 중앙집권적 통일국가 체제를 유지하기 위해 강력하고 대규모적인 상비군을 양성해야 했으며, 상비군을 유지하기 위한 재원 조달을 담당할 관료조직을 확립해야 했다. 따라서 대규모의 관료조직을 정비하고 관리하기 위해 인사행정의 제도와 기능도 체계화되기 시작했다.

　미국은 전통적으로 직업공무원제도(career civil service system)를 민주주의에 대한 위협으로 인식해 왔다. 즉, 관직의 장기 점유는 관료주의화를 촉진하며, 따라서 행정의 민주화를 저해할 가능성이 큰 것으로 지적받아 왔다. 이에 따라 미국에서는 엽관주의를 민주주의의 실천적 원리로 인식하고, 공직자의 임기를 대통령의 임기와 일치시키는 4년 임기법(Four Years' Law)을 실시했다.

　직업공무원제도의 수립 요건은 다음과 같다. 첫째, 공직에 대한 사회적 평가가 높아야 한다. 그래야만 우수한 젊은 인재를 유치하고 장기간에 걸쳐 근무하도록 유인할 수 있다. 둘째, 우수한 인재를 적극적으로 유인하기 위한 적절한 임용제도와 절차를 마련해야 한다. 셋째, 일단 임용된 후에는 오랜 기간 근무할 수 있도록 장기적인 경력 발전 경로를 마련해야 한다. 승진, 배치 전환 등의 내부 임용이 체계적이면서도 공정하게 이뤄져야 하며, 교육훈련 등의 능력 발전 기회도 지속적으로 제공해야 한다. 넷째, 인재의 유인, 계속 근무하게 하기 위해 신분보장제도와 함께, 적절한 수준의 보수와 연금을 포함한 다양한 동기부여 방안을 마련해야 한다. 마지막으로, 위의 조치가 잘 운영되려면, 장기적인 인력 수급계획이 전제돼야 한다. 우수 인력의 공급 방안과 함께 퇴직 인력의 관리 방안도 포함해야 한다.

1) 정의

 직업공무원제도에서는 젊은 인재를 최하위 직급으로 임용해, 장기간에 걸쳐 근무하도록 하면서 단계적으로 승진시킨다. 응시자의 학력과 연령은 엄격히 제한된다. 상위직은 원칙적으로 승진에 의해 충원되며, 외부로부터의 유입은 허용되지 않는다. 즉, 직업공무원제도는 계급제와 폐쇄형 공무원제(closed system)를 본질적인 특징으로 한다. 모셔(Mosher, 1985)는 직업공무원제도의 특징을 다음과 같이 들고 있다. 첫째, 채용 시에 채용 당시의 직무 수행 능력보다는 장기적인 발전 가능성이나 잠재력을 더 중요시한다. 둘째, 오랜 기간에 걸쳐 공직에 근무하면서 여러 분야에서 다양한 경험을 쌓게 하므로, 직위분류제에서 요구하는 전문가적 행정가보다는 폭넓은 시각과 안목을 가진 일반행정가의 양성에 유리하다. 셋째, 오랜 기간 근무하므로, 공직에 대한 직업적 연대의식을 가지게 돼 공무원집단의 구성원으로서의 일체감과 단결심을 갖게 된다. 넷째, 공무원의 신분을 보장함으로써 정권 교체에도 불구하고 공직의 안정성을 도모하고 행정의 일관성과 계속성을 확보할 수 있다. 마지막으로, 공직의 승진은 공직에 대한 자긍심을 갖게 해 준다.

2) 장단점

 직업공무원제도의 장점은 다음과 같다. 첫째, 공직 근무를 평생직업(a life work)으로 여기게 됨으로써 공직을 하나의 전문직업 분야로 확립하는 데 유리하다. 둘째, 공직에 대한 자부심과 일체감이 강하므로, 높은 수준의 봉사정신과 행동 규범의 유지에 유리하다. 셋째, 공무원의 능력 발전이 잘 이뤄지므로 고급공무원의 양성에 유리하다. 마지막으로, 공무원의 장기 근무로 인해 행정의 계속성, 안정성, 일관성 유지에 유리하다.

 이와 반대로, 직업공무원제도는 단점도 갖고 있는데, 다음과 같다. 첫째, 폐쇄적 임용으로 인해 보수적, 관료주의화 경향을 띨 수 있다. 둘째, 공직의 분위기 침체로 인해 공무원의 전반적인 질적 수준이 저하될 수도 있다. 셋째, 신분 보장으로 인해 무사안일하게 될 가능성이 높아지며, 변화에 저항적일 수 있다. 마지막으로, 일반행정가를 양성하고 전문행정가의 양성을 저해함으로써 행정의 전문화 요구에 역행한다.

 최근 세계 각국은 전통적인 직업공무원제도를 행정의 민주성과 능률성을 저해하는 핵심적인 개혁 대상으로 규정하는 경향을 보인다. 개방형 임용제도, 계약제 임용제도 등을 도입해 직업공무원제도의 문제점을 극복하기 위한 개혁을 하고 있다. 하지만 행정 업무의 연속성, 일관성 등의 장점이 있는 직업공무원제를 철폐하자는 것으로 이해해서는 안 된다.

2. 정실주의 혹은 엽관주의

1) 정의

엽관주의(spoils system)는 인사권자와의 정치적인 관계나 개인적인 관계를 기준으로 공무원을 임용하는 인사행정제도다. 이는 민주정치의 발달에 따라 관료기구와 국민과의 동질성을 확보하기 위한 수단으로 발전했다. 영국의 정실주의(patronage system)는 내각책임제의 실시로 관리의 임면에 대한 실권이 의회의 다수당에게 넘어가고, 이들은 선거운동에 대한 대가로 지지자에게 관직과 연금을 부여했다. 즉, 정실주의는 의회를 장악한 귀족 정치인들에 의한 정치적 정실주의이며, 개인적 은혜에 따른 관직과 연금의 종신적 부여를 의미한다.

미국의 경우, 정부가 시작된 후 연방주의자(북부 상공업자)와 분리주의자(남부 지주 세력)의 대립이 있었으며, 초대 대통령인 워싱턴(George Washington)은 연방주의자이지만, 공정한 인사를 실시했다. 하지만 두 집단 간의 갈등으로 업무를 제대로 수행하지 못했고, 결국 집권 후반기에는 연방주의자로 행정부를 구성하면서 엽관주의적인 색채가 시작됐다. 다음 대통령인 제퍼슨(Thomas Jefferson)은 분리주의자로서 기존의 대통령 임명직의 25%를 경질했고, 엽관주의가 발달하기 시작했다. 또한 1820년에 대통령이 임명하는 공직자의 임기를 대통령의 임기와 일치시키는 4년 임기법(Four Years' Law)을 제정했는데, 이는 엽관주의의 법적인 기초가 됐다. 1829년 잭슨(Andrew Jackson) 대통령은 동부 출신 상류층(대학교육 이수자)이 독점하던 관직을 서부 개척민과 일반 대중에게 공개했다. 그리고 엽관주의를 민주주의의 실천적인 정치 원리라고 선언했는데, 공직은 건전한 상식을 갖춘 사람이면 누구나 수행할 수 있는 단순한 것이라는 주장이었다. 그러므로 공직의 장기 점유는 순기능보다 역기능이 크다고 주장했다. 이러한 엽관주의는 1845년부터 남북전쟁이 끝나는 1865년까지 절정을 이뤘다. 미국의 엽관주의는 집권 정당과 관료기구의 동질성을 확보하고, 공직을 일반 국민에게 개방함으로써 민주주의를 실현하기 위한 인사 원리로 채택됐다.

실적주의가 우세한 현대 미국의 경우에도 많은 엽관에 의한 임용은 지방정부에서 지속돼 오고 있다(Meier, 1992). 엽관주의의 요인으로는 혈연, 학연, 지연, 군 출신(개발도상국에서 군 출신 정치지도자들이 군 시절의 부하를 선호) 등이 있다.[2]

2) 장단점

정실주의 혹은 엽관주의의 장점은 다음과 같다. 첫째, 특권적인 정부관료제를 일반 대중에게 공개해, 민주정치의 발달과 행정의 민주화에 공헌한다. 둘째, 정당에 대한 충성도와 공헌도가 임용 기준이므로, 정당정치의 발달에 공헌한다. 셋째, 정당에 관료를 예속시킴으로써 국민의 요구에 대한 관료의 대응성(bureaucratic responsiveness)을 향상시킨다. 마지막으로, 대통령의 국정 지도력을 강화함으로써, 국민의 지지를 받는 선거 공약이나 정책의 실현을 용이하게 한다.

이와 반대로, 정실주의 혹은 엽관주의는 단점을 갖고 있는데, 다음과 같다. 첫째, 공직의 사유화, 상품화 경향으로 인해 매관매직이나 뇌물 수수 등의 부패를 야기한다. 둘째, 사회가 복잡, 다원화돼 감에 따라 행정 업무의 처리에도 전문성과 능률성이 요구되기 시작했다. 능력에 기반을 두지 않는 엽관주의는 행정의 비능률을 야기한다. 셋째, 정권이 바뀔 때마다 대규모의 인력 교체가 일시에 이뤄져 행정의 계속성, 일관성, 안정성 등이 훼손된다. 넷째, 사람들을 임용하기 위해 불필요한 관직을 증설하고, 재정상의 낭비를 초래할 수 있다. 다섯째, 공직의 취임과 신분 유지가 전적으로 정당이나 대통령에 대한 충성에 의하므로 행정의 공정성을 보장하기 힘들다. 마지막으로, 정당의 국민 대표성이 줄어들 경우(겨우 50%를 넘었을 경우), 이 정당이 국민의 전체적인 이익을 대변한다고 보기 힘들다.

실적주의가 수립된 1880년대 후반 이후 엽관주의는 약해졌다. 현재 엽관주의는 실적주의의 약점(관료가 국민 대표성을 갖지 못하는 문제)을 줄이기 위해 사용됐다. 엽관주의는 고위공무원에 한정적으로 사용되고 있다.

---

[2] 예를 들어 한 조사에 따르면, 고위공무원 가운데 영국의 옥스퍼드와 케임브리지대학교 졸업생이 2/3가량, 일본의 교토(東京)대학교 졸업생이 86% 이상, 우리나라의 서울대학교 졸업생이 40~60%가량을 차지하고 있다고 한다.

3. 실적주의

실적주의(merit system)는 엽관주의에 대한 비판에서 출발했다. 정당 간부가 공직을 상품화하게 됐으며, 금권정치의 도구화가 됐다(Shafritz, Riccucci, Rosenbloom, & Hyde, 2001). 19세기 후반에 자본주의의 병폐(독과점)가 나타나게 되자 국가의 간섭이 필요하다고 인정하게 됐다. 이를 위해서는 무엇보다도 공무원의 전문성이 증대돼야 한다고 인정했다. 1850년대부터 엽관주의에 대한 시민단체의 개혁운동이 시작됐으며, 1882년 중간선거에서 공화당이 민주당에 대패한 후, 1884년의 대통령선거에서 전의를 상실하게 됐다. 공화당이 자신의 정당 출신의 공무원들을 보호하기 위해 1883년 펜들턴법(Pendleton Act)을 제정하고 실적주의를 도입하게 된다.

펜들턴법의 내용은 다음과 같다. 첫째, 독립적이고 초당적인 인사위원회를 설치한다. 둘째, 공무원의 임용은 공개경쟁 채용시험에 의한다. 마지막으로, 공무원의 정치활동은 금지된다. 펜들턴법의 초기에는 실적주의의 적용을 받는 분류직(classified service)의 범위를 확대하거나 축소하는 것은 전적으로 대통령의 재량에 속했으며, 1883년에는 전체 공무원의 10%에 불과했다. 하지만 1923년 공직분류법(Classification Act)을 계기로 급격히 증가하기 시작해, 1929년에는 80%에 달하게 됐다.

1) 정의

실적주의는 개인의 능력이나 실적을 중요한 임용 기준으로 삼는다. 실적주의의 주요 구성요소는 기회 균등, 실적에 의한 임용, 공개경쟁 채용시험, 정치적 해고로부터의 신분 보장 및 정치적 중립을 포함한다(Sayre, 1948). 실적(merit)은 정의하기 매우 어렵고 모호한 개념이다. 능력, 자격, 기술, 지식, 업적(achievement), 성과(performance) 등과 같이 일반적인 용어로 정의되고 있다. 실적은 또한 측정이 매우 어렵다. 필기시험, 근무성적평정은 그 타당성이 의심받고 있다(Shafritz, Riccucci, Rosenbloom, & Hyde, 2001).

개인의 실적을 나타내는 지표

개인의 실적을 나타내는 지표는 다음과 같다(Becker, 1962).

① 직무 수행 능력: 가장 좋은 방법이긴 하나 이는 사무직 근로자의 실적은 가시적이지 않고, 객관적인 기준을 발견하기 힘들다.
② 생산성: 근로자의 몇몇 특성과 생산성을 연결시켜 측정한다.
③ 교육 수준: 교육은 직무 수행에 직접적으로 도움이 되는 기술을 개발하는 데 도움을 주며, 조직에 유용한 동기나 작업 습관, 대인 관계 등을 내재화시킨다.
④ 전공 분야: 전공은 특정한 직무 분야에 직접 응용할 수 있는 특수한 기술을 개발시키는 경향이 있다. 예를 들어, 법학, 법정 계열의 전공자가 공무원의 신규 채용과 승진에서 다른 전공 분야보다 우대를 받는다.
⑤ 근무 경력: 근무 경력은 조직에서 직무를 수행하는 데 필요한 기술 개발에 가장 좋은 방법이다. 직무의 상세한 내용을 습득하고, 동료들과 생산적인 관계를 유지하며, 관료제 내에서 일하는 방법을 배우게 됨에 따라 성과로 전환된다. 조직문화나 관행, 운영 절차, 조직의 특성 및 구조 등에 대한 정확한 지시과 조직 내에서의 인간관계 등에 대한 기술 등은 조직 내에서의 근무 경험을 가장 잘 습득될 수 있다. 이러한 기술에 대한 정부의 인정은 내부 승진의 기준으로서 근무연수를 중시하는 정부의 정책에도 반영돼 있다.
⑥ 경력 및 훈련: 입직 전 경력(pre-entry experience)과 재직자 훈련(in-service training)은 중요한 변수로 인식되고 있다.

2) 장단점

실적주의의 장점은 다음과 같다. 첫째, 실적주의의 기본 원칙인 공개경쟁 채용시험은 공직 취임의 기회 균등이라는 민주적 요청을 충족시킨다. 둘째, 실적이 기본이므로, 행정 능률성의 향상에 기여한다. 셋째, 공무원의 정치적 중립을 요구하므로 행정의 공정성을 보장한다. 넷째, 정치적인 해고로부터 공무원의 신분을 보장하므로 행정의 안정성과 계속성을 유지하고, 전문적인 직업공무원제도의 수립에도 도움을 준다. 마지막으로, 공직의 상품화를 봉쇄함으로써 그로 인한 정치, 행정적 부패를 감소시킨다.

이와 반대로, 실적주의는 단점을 갖고 있는데, 다음과 같다. 첫째, 인사 기능이 중앙인사기관에 집중되고 법제화됨에 따라 신축성을 결여한 채 경직적으로 운영됐고, 상대적으로 유능한 인재의 유치라는 적극적인 측면보다는 부적격자의 제거라는 소극적인 측면에 중점을 두게 됐다. 둘째, 공직에의 임용을 위한 자격 요건과 시험 내용이 실제 직무 수행 능력과 직접적인 연계성이 약하다는 비판이 있다. 마지막으로, 공무원들이 정치지도자들을 통한 국민의 요구에 대응하기보다는 자신들의 관료적인 이익을 우선적으로 추구하거나, 무사안일한 보신주의적 행태를 탐닉하는 경향이 있다. 정치인들의 이에 대한 통제가 어렵다.

우리나라에서는 국가공무원법 제2조에서 공무원을 경력직과 특수경력직으로 나누면서 경력직 공무원을 "실적과 자격에 의하여 임용되고 그 신분이 보장되며 평생토록 공무원으로 근무할 것으로 예정되는 공무원"이라고 정의함으로써 실적주의제도와 직업공무원제도가 우리나라 공무원제도의 기본 원리임을 분명히 밝히고 있다. 현재 대부분의 공무원은 경력직 공무원이다. 하지만 실적주의를 적극적으로 실현하고자 할 때, 아직 미흡한 점이 많다. 직무 분석 내지 직위 분류가 제대로 돼 있지 않고, 실적과 보수를 연계시키지 못하고 있다. 직무에 대한 분석이 선행돼야 직무 수행에 필요한 자격 요건이 무엇인지를 알 수 있고, 수행하는 업무가 무엇인지를 알아야 교육훈련과 근무성적평정이 제대로 이뤄질 수 있다.

현재는 신규 채용이나 분류 체계의 형성 또는 보수의 책정 등 그동안 중앙인사기관에 집중돼 있던 인사 권한을 각 행정기관에 위임하고(미국의 OPM), 인사에 대한 규정과 규칙을 단순화하는 등 인사에 관한 재량권을 각 행정기관과 인사권자에게 부여하는 대신, 업무 성과에 대한 책임을 엄격히 묻는 방향으로 나아가고 있다.

우리나라의 실적주의

① 공직에의 기회 균등: '공개경쟁시험'과 '채용시험의 평등 공개' 규정은 실적주의의 원칙을 나타낸 것이다.
  ※ 문제점 - 연령의 제한(직업공무원제도의 확립에는 기여하지만, 실적주의의 원칙에는 맞지 않음), 경찰공무원의 경우 신장의 제한(166cm는 자격이 주어지지 않음), 제대군인에 대한 가산점제도(1999년 헌법재판소의 위헌 판결이 내려진 이후에도 쟁점이 됨) 등이 있다.
② 정치적 중립성: 헌법(제7조)과 국가공무원법(제65조)에서 공무원의 정치와 관련된 행위를 금지시킨다.

> ※ 문제점 – 집권 여당이 정권을 계속 유지하기 위해 공무원을 선거운동에 직·간접으로 동원하고 있다. 또한 인사권을 가진 기관장(예: 자치단체장)이 선거에 임박해 선심용 사업을 진행하고 있고, 공무원이 이를 거절할 수 없는 상황이다.
> ③ 신분 보장: 신분 보장은 정치적으로 부당하게 신분상의 권익을 침해받지 않도록 해야 한다는 의미다.
> ※ 문제점 – 우리나라의 신분 보장은 정년 보장과 같은 의미로 해석된다. 공무원 신분을 위협하는 외부의 경쟁 압력이 없고, 내부적으로도 직무 수행 실적이 승진에 영향을 줄 뿐 신분 자체에는 커다란 위협이 되지 않는다. 따라서 공무원의 나태한 근무 태도를 야기함으로써 실적주의가 추구하는 인사관리의 효율성 이념에 어긋나게 한다.

4. 대표관료제

대표관료제(representative bureaucracy)는 정부관료제의 인적 구성이 그 사회의 인적 구성을 반영하게끔 정부관료제를 구성함으로써, 정부관료제 내에 민주적 가치를 주입시키려는 의도에서 발달된 개념이다.[3] 선거는 선출직 공무원에 대한 민중통제를 통해 국민의 정책 선호(policy preference)를 보장받기 위한 수단이지만, 현재에는 오히려 정치 권력을 정당화시켜 주는 수단으로 변질되고 있다(Krislov & Rosenbloom, 2012). 관료는 정책집행은 물론 정책결정 과정에서도 주도적인 역할을 수행하게 됐다. 관료의 전문성으로 인해 영향력은 더욱 증가하고 있다.[4] 따라서 국민에 대한 대응성(responsiveness)이 큰 문제가 됐다. 즉, 관료제와 민주주의 간의 관계에서 "관료를 어떻게 민주주의의 원리에 순응하도록 할 것인가"가 매우 중요한 문제로 대두됐다. 하지만 외부 통제는 행정의 전문화, 복잡화로 인해 더 이상 유용하지 못하게 됐다.

대표관료제의 지지자들은 관료들의 주관적 책임을 통해 이 문제를 해결하려고 한다(Kingsley, 1944). 행정책임은 기본적으로 주관적·심리적이다. 주관적 책임은 "제도적으로

---

[3] 대표관료제(representative bureaucracy)라는 용어는 킹슬리(Donald Kingsley)가 처음 사용했다(Kingsley, 1944).
[4] 정치·행정 일원론에 따르면, 관료들은 집행만 기계적으로 하는 가치중립적인 존재가 아니다.

누구에게 무엇에 대해 책임을 지느냐"가 아니라, "누구에게 무엇에 대해 스스로 책임을 느끼며, 또 책임 있게 행동하느냐"는 것이다. 주관적 책임은 주로 개인의 성장 배경, 사회화 과정 및 조직 내부나 외부에 존재하는 사회집단 등에 의해(가치, 태도, 신념, 이해관계) 형성된다. 대표관료제의 개념은 이러한 맥락에서 발전, 형성돼 왔다(Mosher, 1985).

1) 정의

킹슬리(Kingsley, 1944)는 대표관료제를 사회 내의 지배적인 세력들을 그대로 반영하도록(mirror) 구성된 관료제라고 정의내렸다. 반 라이퍼(Van Riper, 1958)는 대표관리제의 개념을 확대해 사회적 특성 외에 사회적 가치까지도 대표관료제의 요소로 포함시켰다. 그에 따르면, 대표관료제는 직업, 사회계층, 지역 등의 관점에서 그 사회의 모든 계층과 집단을 합리적으로 대표할 수 있도록 구성돼야 하며, 그 위에 그 사회의 사조(思潮, ethos)나 태도까지도 충분히 반영할 수 있어야 한다고 주장했다. 크랜츠(Kranz, 1976)는 대표관리제의 개념을 비례대표(proportional representation)로까지 확대했다. 특정 집단 출신이 정부관료제에서 차지하는 비율이 그 집단구성원들이 총인구에서 차지하는 비율과 동일해야 하며, 동시에 모든 직무 분야와 계급에 인구 비율에 상응하게끔 분포돼야 한다고 주장했다.

대표관료제의 기본 가정은 관료들은 누구나 자신의 사회적 배경의 가치나 이익을 정책 과정에 반영시키려고 노력한다는 것이다. 즉, 소극적 대표는 자동적으로 적극적 대표를 보장한다. 하지만 이러한 가정에 의문을 제기됐는데, 소극적(passive) 측면(전체 사회의 인구 구성적 특성을 반영하는 관료제의 인적 구성)과 적극적(active) 측면(관료들이 자신의 출신집단의 이익을 위해 적극적으로 행동할 것을 기대) 간에 차이가 있다는 주장이다. 이 둘 간의 관계를 경험적으로 입증하기가 어렵다. 이들 관계에 미치는 변수가 매우 많다. 대표관료제의 기본 가정은 다음과 같은 문제점을 갖고 있다고 설명된다. 첫째, 조직의 이해관계와 출신집단의 이해관계가 갈등 관계에 놓이게 되면, 조직의 목표 달성을 위한 압력이 출신 집단의 대표로서의 역할 수행을 위한 압력보다 훨씬 직접적이고 강력하다. 둘째, 조직구성원은 대부분에 적극적 대표로서의 자신의 출신집단을 대표할 수 있는 공식적인 권한이 없으며, 그를 위한 제도적인 장치도 마련돼 있지 않다(Thompson, 1976). 셋째, 학교 등을 통한 공식교육은 특수 이익보다는 사회 전체의 공익을 강조하는 입장에서 이뤄진다. 넷째, 대부분의 사람에게는 개인의 경력 발전에 대한 욕구가 출신 집단의 이익보다 강하다. 따라서 개인의 욕구와 출신집단의 이익이 충돌할 경우에는 개인적 욕구를 중시하는 경향이 있다. 마지막으로, 정책문제를 검토할 때, 해당 분야의 전문가들은 출신집단의 특수 이익보다는 그 문제에 대한 분석 결과를 더 중시한다(Dresang, 1974; Meier & Nigro, 1976). 이러한 논의는 관료 행태의 결정에 출신집단보다는 현재 소속돼 있는 정부조직이 더욱 큰 영향력을 행사하고 있다는 점으로 귀결된다. 모셔(Mosher, 1985)는 적극적 대표가 지나치게 활성화되면 오히려 민주주의에 커다란 위협이 될 수도 있다고 주장한다. 서로 다른 이해관계와 영향력을 지닌 집단들이 이익극대화를 위해 경쟁할 경우에는, 그 경쟁은 사회적 형평성(social equity)을 제고하기보다는 오히려 소수집단에 더욱 불리한 결과를 초래하거나 집단 간의 갈등을 증대시키게 된다고 주장한다(이해갈등의 법칙, conflict-of-interest law).

2) 장단점

대표관료제의 장점(효용성)은 다음과 같다. 첫째, 대표관료제는 기회 균등의 원칙을 보장함으로써 관료제의 국민 대표성과 사회적 형평성의 제고라는 민주적 이념을 실현한다. 둘째, 대표관료제는 정부정책에 대한 관료의 책임성을 제고한다. 특히, 출신지의 이해와 일치하는 경우가 이에 해당된다. 셋째, 소외됐던 사람들의 이익을 반영함으로써 정부가 좀 더 민주적이고 합리적인 정책을 선택할 수 있도록 돕는다. 마지막으로, 소외집단의 요구를 듣게 됨에 따라 정책에 대한 국민의 신뢰감을 높이고, 정책집행을 용이하게 하며, 정부활동의 능률성을 높인다.

이와 반대로, 대표관료제는 단점(비판)을 갖고 있는데, 다음과 같다. 첫째, 소극적 대표가 적극적 대표를 보장하지 못한다. 둘째, 대표관료제는 할당제(quota system)를 강요하는 결과를 초래한다. 공직에의 임용 기준이 개인의 능력이 아니라, 그가 속한 집단에 둠으로써 결과적으로 실적주의를 훼손하고 능률을 저하시킨다. 마지막으로, 할당제는 역차별(reverse discrimination)의 문제를 야기한다. 좀 더 우수한 능력을 지닌 개인이 혜택 집단에 속한다는 이유(과다 임용)만으로 신규 채용이나 승진에서 불이익을 받게 된다. 하지만, 역차별은 오랜 기간 사회적으로 구조화된 차별을 시정하기 위해 어쩔 수 없이 감수해야 하는 불가피한 현상이며, 소외집단의 구성원이 능력과 영향력을 갖출 때까지만 한시적으로 감수해야 한다는

주장도 있다.[5]

대표관료제는 실제의 효과와 함께 상징성을 띠고 있다. 미국과 같이 심각한 인종 갈등이 있는 경우에 대표관료제는 특히 유용하며, 개발도상국과 같이 민주화와 정통성의 위기를 겪고 있을 경우에도 유용하게 활용될 수 있는 개념이다. 과거 우리나라는 권위주의의 통치제도하에서 정치에의 국민 참여가 적었다. 정당이나 이익단체가 활성화되지 못했다. 이러한 상황에서 정부관료제의 국민 대표성은 매우 중요한 문제다. 또한 현재에도 우리 사회에 사회계층 간, 이익집단 간, 도시·농촌 간, 남녀 간의 대립과 갈등이 존재하며, 대표관료제는 유용하게 사용될 수 있다(예: 지방인재 채용목표제, 여성관리자 비율 목표제 등이 해당된다).

제3절_ 인적자원계획

1. 정의

인적자원계획(Human Resource Planning: HRP)은 조직의 목표 달성을 위해 얼마나 많은, 그리고 어느 정도 역량의 공무원이 필요한가를 분석하는 것이다. 또한 HRP의 목표는 조직이 옳은 타입(적절한 능력을 가진)의 공무원을, 옳은 자리에, 옳은 시간에 배치하도록 하는 것이다. 따라서 공무원에게 어떤 기술이 어느 정도 필요할지 예측하는 것이 필요하다. 민간 분야에서 조직의 요구를 위한 예측은 대부분 부서관리자의 판매와 시장 예측에 기반을 둔다. 통제가 더욱 내재화, 분권화, 외부 환경에 의존하지 않으므로 민간 분야의 예측은 더욱 현실적이 될 가능성이 크다. 하지만 공공조직은 미래 계획을 위한 통제가 더욱 힘들다. 시장 예측과 비슷한 것을 구체적으로 하기가 힘들고, 그것이 3~5년 후의 미래에 맞아떨어질 확률도 적다.

HRP는 5단계로 이뤄진다. 1단계에서는 HRP 과정에 투입을 한다. 조직의 목표, 장단기

---

[5] 국민연금의 문제와 같이, 한 세대가 이러한 불이익을 감수해야 하는 문제를 예로 들 수 있다.

계획, 경제 상황, 정치적·법적 환경, 사회·문화적 가치 등이 고려된다. 2단계에서는 현재의 인적 자원을 분석한다. 현재의 성과 수준, 연령, 잠재력, 보수, 생산 수준, 여러 계층·부처·위치의 공무원 수 등이 고려된다. 3단계에서는 미래의 인적 자원 수요를 예측한다. 프로그램의 목표, 집행계획을 위한 예산, 필요한 공무원의 특징과 인원을 예측한다. 4단계에서는 HRP를 집행한다. 필요한 자료를 모으기 위한 조사, 외부에서 인력 충원, 현재 공무원을 승진, 퇴직, 전직, 강등 등을 하게 된다. 마지막 5단계에서는 HRP를 평가/재설계한다. 비용·편익분석, 조직 목표의 달성도를 평가, 집행할 때 투입, 분석, 예측 등의 변화에 따라 재설계한다.

2. HRP의 수요-공급 양상

전체 노동력의 구조와 특징은 점진적으로 변화한다. 좋은 HRP는 수요와 공급의 변화 경향을 사전에 포착하는 것이다.

1) 인적 자원의 공급 예측

인적 자원의 공급 예측에서 조직에서의 퇴직률을 예측하는 것이 핵심이다. 자발적 퇴직, 연한이 다 차서 퇴직, 병으로 인한 퇴직, 사망 등의 여러 가지 이유로 조직을 떠나는 구성원의 숫자와 종류를 예측하는 것이다. 예측하는 방법은 경향 예측과 퇴직 인터뷰의 두 가지가 있다. 첫째, 경향 예측은 각 카테고리별로 3~5년간의 퇴직률의 평균치를 이용해 앞으로의 퇴직률을 예측하는 방법이다. 매년 평균치는 다시 계산돼 이용된다. 이러한 방법은 내일의 날씨를 지난 주의 날씨를 통해서 예측하는 것과 비슷하다. 그러므로, 문제점은 조직이 매우 안정적이지 않다면, 예측이 부정확하다는 것이다. 둘째, 퇴직 인터뷰는 가장 일반적인 방법이다. 특정 시기에 조직을 떠나는 이유를 찾기 위해서 사용된다. 퇴직 인터뷰의 문제점은 떠나는 사람들은 종종 자신의 실제 이유를 말하지 않는다는 점이다. 특히, 그들이 미래의 추천서(reference)를 염두에 두고 있는 경우에는 좋게 얘기할 것이다. 그만두는 마당에 그들이 정직하게 얘기할 이유(인센티브)가 전혀 없는 것이다. 또한 조직을 떠나는 가능한 이유가 너무 다양하고 많다는 점이다. 그러므로 의미 있는 분석이 매우 힘들다. 예를 들어, 한 연구에 따르면 퇴직의 원인으로 655개의 요인과 요인들의 결합을 들었다고 한다. 즉, 대부분의 응답자는 다수의 퇴직 이유를 든다는 것이다.

2) 인적 자원의 수요 예측

인적 자원의 수요를 예측하는 대표적인 방법은 델파이(Delphi) 기법이다. 델파이 기법의 장점은 이것이 미래의 결과를 그릴 수 있다는 점이다. 즉, 합리적인 의사결정을 돕기 위해, 가능한 경로가 그려질 수 있다.[6] "예산 삭감이 있을까?", "새로운 교육훈련 부서가 있을까?"라는 질문에서 새로운 구성원에 관한 문제는 예산 삭감이 있을지에 달려 있다(전제 조건이다). 이러한 예에서 20명(의사결정에 영향을 미칠 만한)이 4개 중에서 하나의 결과를 선택하는 것이다. 결과는 어쨌든 새로운 교육훈련 부서가 설치될 것이라고 생각하는 사람이 20명 중에서 16명이라는 것이다. 이 델파이 기법에서는 새로운 교육훈련 부서가 만들어질 가능성이 0.8(1이 100%)로 판단된다.

3. 전략계획 - 감축관리

전략계획에서 '계획'이 뜻하는 바는 미래의 요구에 기반을 둔 관리전략이라는 것이다. 전략계획은 외부의 상황과 조직의 요구를 분석해, 반응적인 변화를 하기 위한 관리전략과 전술을 그리는 체계적인 과정이다. 만약 예산 감축이나 기대하지 않던 수입의 감소가 있다면, 정부는 감소된 예산에 맞춰 균형을 맞추기 위해 지출을 줄이는 방법을 찾기 시작한다. 그리고 이때 총지출의 70~80%에 이르는 인건비가 그 주요한 대상이 된다. 다음의 유형

---

[6] 예를 들어, 한 조직에서 새로운 교육훈련 부서를 만들어 조직구성원의 수를 늘릴 가능성을 타진하는 경우의 의사결정 나무(decision tree)다.

(typology)은 인적 자원에 주는 영향을 불확실성의 정도(상황이 다음의 회기(예산)에서 정상으로 되돌아올 가능성)와 예산 감축의 정도(얼마나 많이 예산이 감축됐는가의 정도)에 따라서 구분한다.

<표 5-1> 감축관리의 유형

불확실성	예산 감축의 정도	
	전략 1. 확장/탐색	전략 2. 민영화/보호
	전략 3. 혼재/선택적인 퇴거	전략 4. 퇴출/삭감

① 전략 1: 조직은 완만한 예산 감축과 신속히 정상으로 돌아오리라고 예상하는 경우

모든 인력을 유지하고, 출장과 교육훈련 등의 선택적인 소비를 연기한다. 또한, 인력 충원을 동결하고 자연 감소를 통해 인력을 줄인다.

② 전략 2: 예산 감축의 정도가 심하지만, 정상으로 돌아올 희망이 큰 경우

여름 휴가계획, 혹은 주말 도서관과 같은 복지를 줄인다. 일부 조직구성원은 좀 더 안정적인 부서로 전출, 기회가 있을 때 전직, 노조나 다른 전문적인 조직에 대한 로비를 통해서 변화에 저항한다.

③ 전략 3: 정치적인 불확실성은 낮고(예산 감축이 적고), 변화된 것이 원래로 돌아갈 가능성이 낮은 경우

조직은 완만한 감축을 시도한다. 우선권이 낮은 프로그램을 선택해서 버린다. 생산에서 효율성을 강조하기 시작한다. 또한 기술을 더 사용하거나 낮은 질의 노동력을 활용하는 등 질을 낮춤으로써 산출을 증가시키는 전략을 선택한다. 버려진 프로그램의 구성원이 다른 부서로 이동된다. 이 경우 전출을 원하지 않는 대부분의 구성원은 퇴직하고 다른 직장을 찾는다.

④ 전략 4: 예산 감축이 매우 심하고, 계속될 것으로 보이는 경우

우선권을 가졌던 프로그램을 재조직하거나 간소화한다. 정치적인 지원이 가장 적은 프로그램은 없앤다. 그리고 인건비와 관련된 예산을 대폭 삭감한다. 그리고 조직구성원은 조직

에 매몰된다. 대부분, 이런 단계가 오기 전에 조직은 앞서의 단계를 거친다. 이 과정에서 대부분의 전직이 가능한 구성원은 다른 직장으로 옮긴 상태다. 남아 있는 구성원은 가장 헌신적이거나, 어떤 이유든 떠나기 힘든 사람들이다.

제4절 _성과평가

1. 정의

성과평가는 조직구성원을 정기적으로 평가하고, 조직이 이러한 평가에서 나온 정보를 교육훈련, 보상, 의사결정에 반영하도록 하는 것은 인사행정에서 가장 기본적인 사항이다. 성과평가는 가장 난해한 분야다. 또한 많은 경우에 아무도 현실적인 방안을 도출해 내기 힘들기 때문에 할 수 없이 인내하는 분야다. 성과평가는 다음의 질문들로 언급할 수 있을 것이다.

① 공무원에게 보상을 하고, 성과를 향상시키기 위해 현재 우리 조직은 어떤 특성(qualities)을 가장 인정하고 있는가?
② 공무원의 행태, 기술, 태도를 향상시키기 위해 우리 조직은 그들에게 어떤 메시지를 전달하고 있는가?
③ 미래에 조직의 목표를 달성하기 위해 우리 조직은 공무원의 어떤 특성을 발전, 향상시키기 원하는가?

성과평가는 다음과 같은 네 가지 목표를 갖고 있다. 첫째, 문제가 있는 업무 태도를 수정하고 보완한다. 둘째, 공무원의 특성에 대한 관리적인 인식을 공무원에게 전달한다. 셋째, 공무원의 부족한 기술을 평가하고, 적정한 보상 수준을 제시한다. 넷째, 현재 공무원이 직위가 가진 업무가 적정한 보상을 받고 있는지 평가한다. 마지막으로, 징벌이나 해고를 위한 기록을 제공한다.

2. 문제점

 이론적으로, 성과평가는 이러한 목표를 지원하는 역할을 잘할 것으로 생각된다. 하지만 현실에서 대부분의 성과평가제도는 별로 성공적이지 못했다. 그 이유로는 다음의 두 가지가 있다.

 첫째, 주요한 원인은 관리자(supervisor)가 유용한 그리고 객관적인 성과보고서를 작성하는 데 매우 큰 어려움을 겪기 때문이다. 대부분의 보고서는 매우 주관적이고, 막연하며, 다른 평가자의 보고서와 비교하기가 어렵다는 문제점이 있다. 예를 들어, 매우 높은 평가 기준을 가진 결단력 있는 관리자는 낮은 평가 기준과 전문성이 떨어지는 관리자와 상이한 평가를 내릴 것이다. 즉, 종종 공무원에 대한 평가보고서는 평가자의 강한 혹은 약한 성향을 반영할 것이다. 또한 관리자는 종종 '무엇을' 실제로 평가해야 하는지 헷갈리게 된다. 그들의 하급자의 업무 성과인가, 아니면 관리자 자신의 문장 능력인가? 실제로, 어떤 성과평가이든 누가 평가보고서를 작성하는가, 다른 평가보고서들은 어떻게 작성되는가, 평가보고서들이 언급해야 할 문제들을 언급하지 않은 것은 아닌가에 관한 고려로 귀결된다.

 둘째, 어떤 기능들은 상호 충돌하는 경향이 있다. 성과평가(직무가 어떻게 수행돼 왔는가)와 그 잠재력(다른 직무를 수행하기 위한 능력)은 상호 반대, 충돌할 수 있다. 예를 들어, 한 직무에서 성과를 내기 위해 필요한 특성이 다른 상위 직무를 수행하는 데 필요한 특성과 반드시 일치하는 것은 아니다. 또한 독립적인 업무 수행이 필요한 직무에서 성공적인 공무원이 사회적인 상호 작용(커뮤니케이션)이 필요한 직무로 이동한다면 이는 완전히 실패로 귀결될 것이다.

3. 성과평가에 대한 네 가지 접근 방법

1) 서면 성과평가보고서

 서면(written) 성과평가보고서는 가장 대표적인 성과평가 방법이다. 관리자는 특정 기간 내의 공무원의 성과에 대한 서면 성과평가보고서를 작성한다. 일반적으로 다음의 내용을 포함한다. 첫째, 구체적인 임무와 책임을 기술(delineation)한다. 둘째, 일정한 기간(time period) 동안 산출해야 하는 목표와 그 결과를 구체화한다. 셋째, 구체적인 성과 요소들을 평가하기 위한 등급 기준(척도)을 작성한다. 예를 들면, 사지선다식(multiple choice)의 문항이다. 사지선다식의 문항은 보고서들을 좀 더 잘 비교 가능하도록 한다. 넷째, 구체적인 업무 성과에 대한 서술(narrative)이다. 이는 평가자에게 최대한의 자율을 허용하(고, 미리 선택된 특성을 묘사하기 위해?)기 위해 설계된다. 이러한 서술형은 관리자가 하급자의 약점을 찾도록 만드는 경향이 있다. 하지만 서술된 약점은 실제의 약점이 아니거나, 누구에게든 해당되는 일반적인 문제일 경우가 많다. 다섯째, 공무원의 잠재력을 발달(advancement)시키기 위한 평가와 서술이다. 마지막으로, 공무원의 업무에 대한 전반적인 점수화다.

서면 성과평가보고서에서 활용되는 목표에 의한 성과평가는 일반적으로 평가 기간 동안 나타날 수 있는 어떤 특별한 주변 환경(상황)이나 환경적인 제약을 표기한다. 하지만 표기된 목표는 너무 막연(모호)하거나, 단순한 측정이 어려운 경향이 있다. 그리고 목표를 달성하기 위한 명백한 어려움이나 질적인 측면을 평가할 방법이 없다는 문제가 있다. 즉, "목표의 달성이 개인의 성과에만 귀결될 수 있는가?", "목표가 실제로 개인의 통제하에 있는 것인가?"의 문제다.

2) 성과평가보고서를 작성하는 평가자에 관한 관심

성과평가보고서를 작성하는 평가자에 대한 관심에서는 네 가지의 평가가 이뤄진다. 첫째, 자기평가(self-appraisal)에서는 공무원 자신의 성과에 대한 기록을 위해 서술을 하거나, 성과결과물을 제출한다. 둘째, 동료평가(peer rating)에서는 각각의 개인이 사무실에 있는 같은 급의 다른 동료들을 평가한다. 셋째, 하급자평가(subordinate rating)에서는 하급자가 상급자의 성과를 평가한다. 마지막으로, 집단 혹은 외부평가(group or external rating)에서는 상담사(counselor)나 전문가가 독립적인 평가자로서 선택적인 인터뷰(selected interview)나 직장을 방문해(on-the-job visit) 성과를 평가한다.

3) 행태에 관한 관심

성과평가에서 초점은 조직의 효과성을 측정하는 성과의 측정에서 식별 가능한 (observable) 업무 행태(behavior)로 이동하게 됐다. 여기에서의 논점은 효과성(effectiveness)은 일반적으로 개인의 통제를 넘어선 다른 여러 요인을 포함한다는 것이다. 따라서 행태에 바탕을 둔 평가 척도(rating scale, 성과 기준)를 만들어야 한다. 어떤 업무 행태가 가장 중요하며, 따라서 측정돼야 하는지 결정하기 위해 업무분석 기법(job analysis technique)이 사용된다. 구분 가능하면서 어떤 직위에서 요구되는 목표에 바탕을 둔 업무 단위인 업무 요소(job element)를 결정한다. 그리고 어떤 업무 요소가 가장 중요한지 확인하기 위한 순위를 부여한다.

4) 역량평가

역량평가(competency evaluation)는 공무원들이 가상(simulated)의 실제 상황(real life situation)에 참여해 평가받는 종합적인 표준화된 측정 과정이다. 역량평가는 며칠 동안 여러 가지 어려운 상황에 처한 공무원이 성과를 성공적으로 달성하기 위해 결정적인 행태와 능력을 소유하고 있는지 평가하기 위해 설계된다. 이러한 역량평가에서는 집단토의(group discussion), 집단활동(in-basket exercise), 하급자와의 가상 인터뷰, 주제 발표, 서면 의사 전달 등이 활용된다. 그러면, 어떤 행태나 능력을 테스트해야 하는가? 이러한 정보는 미래의 잠재적인 직위에 대한 업무분석(job analysis)을 통해 얻는다. 즉, 일선의 관리자를 위한 역량평가에서는 중간관리자로서의 잠재력을 평가하게 된다. 하지만 역량평가는 문제점도 있는데, 평가자는 무의식적으로 자신들의 성격, 리더십 스타일(혹은, 헤어 스타일)과 비슷한 사람들에게 높은 점수를 주게 되며, 결과적으로 자신들을 재생산하려 하는 경향이 있다는 것이다. 이러한 문제를 피하는 가장 좋은 방법은 조직에서 최상으로 평가받는 관리자를 평가자로 위촉하는 것이다.

제5절_ 교육훈련

1. 특징

20세기 중반부터 교육훈련에 대한 기본 인식에서 커다란 변화가 일어났다. 20세기 중반까지만 해도 교육훈련의 중요성은 그다지 부각되지 않았으며 의회에서 예산을 심의할 때도 교육훈련 예산은 우선 삭감의 대상이 됨으로써 많은 공무원이 그들이 필요로 하는 교육훈련을 충분히 받지 못했다. 그러나 20세기 후반부터 사람도 하나의 훌륭한 자본(human capital)이므로 투자가 필요하다는 인식이 정부와 의회 등에 확산되면서 교육훈련의 중요성이 크게 강조되고 있다. 미국 교육훈련의 기본 방향은 1993년에 제정된 「정부 실적 및 결과에 관한 법(Government Performance and Results Act of 1993: GPRA)」에 따라 정부의 생산성 향상에 기여하도록 하는 데 두고 있다. 과거 교육훈련은 조직의 목표 달성보다는 개인에 초점이 두어져 있었으나, 동법 제정으로 정부 전체의 운영이 결과 지향형 행정으로 연결되면서 교육훈련도 조직의 목표 달성과 연계되도록 운영되기 시작했다.

특히, 최근에는 강제적으로 실시하는 훈련(training)과 개인이 스스로 능력 개발을 하는 학습(learning)을 구분하면서 학습의 중요성을 강조하고 있다. 이를 위해 각 정부부처에서는 학습 분위기를 조성하고 장애 요인을 제거하는 역할을 해야 한다는 주장이 일고 있으며, 학습도 개인이 본인의 능력 발전을 위해 행하는 개인학습(individual learning)과 조직이 자신의 목표 달성을 위해 실시하는 조직학습(organizational learning)의 양자가 조화를 이뤄야 한다는 주장이 설득력 있게 제기되고 있다. 미국의 경우, 교육훈련이 원칙적으로 각 부처 자율하에 실시하도록 권한이 위임돼 있어 각 연방기관마다 자체 실정에 맞는 다양한 훈련 프로그램을 운영하고 있다. 과거 교육훈련에 대한 기획과 집행의 실질적인 총본산의 역할을 담당했던 인사관리처(OPM)의 역할은 법령 및 지침의 제정 교육훈련 정보 제공 등 사실상 기획, 지원 및 자문의 역할을 하고, 집행 권한의 대부분은 각 부처에 위임되거나 민영화됐다. 그리고 훈련 기법에서, 전통적인 강의실 훈련 대신 첨단 기법을 활용한 원격훈련으로 점차 이전하고 있다.

2. 교육훈련 수요와 성과의 측정

교육훈련을 실시할 때 가장 중요한 이슈는 개별 공무원의 실질적인 교육훈련 수요 여부를 어떻게 측정할 것인가 하는 문제와 많은 비용을 들여 훈련을 실시한 후 실제로 교육훈련의 성과가 있었는지를 어떻게 측정할 것인가 하는 문제다.

1) 교육훈련 수요의 측정

훈련 수요는 조직, 업무, 개인에 대한 다면평가를 기초로 바람직한 업무 성과를 달성하기 위해 조직, 업무 담당과 혹은 그룹, 개인의 현재 기술 수준과 바람직한 기술 수준을 비교해 차이가 나는 이유를 설명하고, 차이를 줄이기 위한 전략을 구상하는 것이다. 교육훈련 수요의 조사에서 유의할 점은 능력 또는 실적에 관한 기대 수준에 미달하는 공무원의 모든 실적 차질(기대 수준에서 현재 수준을 뺀 것)을 교육훈련으로 충족시킬 수는 없다는 점이다. 즉, 교육훈련을 통해 충족시킬 수 있는 실적 차질에는 일정한 한계가 있다.

공무원의 실적 차질은 공무원의 지식과 기술 부족이 주된 원인이 될 수 있으나, 그 밖에 조직설계 또는 직무설계의 잘못이나 잘못된 관리 방식도 실적 차질의 원인이 된다. 따라서 교육훈련의 수요를 교육훈련 이외의 관리 개선, 즉 채용 방법의 개선, 동기부여 방식의 변경 등을 통해 생산성을 제고할 수 있는 영역과 교육훈련이 필요한 영역을 구분해서 따져봐야 할 것이다.[7] 한편, 이러한 조직에 대한 진단 없이 개인별 훈련 수요에 따라 장기 교육 과정에 입교한 공무원들에 대해서는 훈련 과정의 일환으로 개인별 훈련 수요 측정(individual needs assessment)을 실시한다. 이를 위해, 개인의 현재 능력과 필요한 능력을 비교 분석하는 도구인 리더십 효과성 목록(Leadership Effectiveness Inventory: LEI)과 개인의 성격을 평가하는 마이어스-브릭스 척도(Myers-Briggs Type Indicator: MBTI)를 활용한다.

---

7) 예를 들어, 미국 농무부대학원의 경우 특정 부처로부터 요구가 있게 되면, 조직발전팀이 해당 조직의 문제점에 대한 평가를 함으로써 이를 교육훈련 등을 통해 해결하는 서비스를 제공한다.

2) 교육훈련 성과의 평가

　교육훈련 성과의 평가란 교육훈련의 목적이 어느 정도 달성됐는지 그 효과를 분석, 평가하는 활동을 말한다. 교육훈련의 성과평가를 위해서는 교육훈련의 목표를 명확히 설정하고 객관적인 평가 기준을 마련해야 한다. 교육훈련에 대한 평가는 향후 교육훈련 수요분석이나 교육훈련계획 수립 등에 매우 유용한 자료를 제공해 주기 때문에, 평가의 목적과 교육훈련 내용에 따른 다양한 평가 기준 및 방법을 개발하는 데 많은 노력을 기울여야 한다.[8]

　훈련 종료 시에 훈련생들에게 평가서(evaluation form)를 배포해 당해 훈련이 당초 의도한 훈련 목적에 부합되게 실시했는지 여부, 강사의 자질 및 강의 내용의 유용성 정도, 훈련 프로그램의 내용 중 좋은 점과 나쁜 점, 개선 요망 사항 등에 대해 의견을 설문조사 등을 통해 수렴한다. 훈련 종료 후 직무에 복귀하고 나서 실시하는 사후평가(post-course evaluation)로서, 훈련 종료 후 6개월이 경과한 뒤 훈련생에 대해 개별 접촉을 해서 훈련 내용이 실제 업무에 적용된 정도에 대해 알아보게 된다. 팀을 대상으로 실시한 훈련에 대한 사후평가는 대표적으로 팀장에 대한 인터뷰를 통해 실시된다.

3. 교육훈련의 유형

　공공조직이 소속 공무원에 대해 교육훈련을 실시하는 방법에는 크게 부처자체교육, 타부처 위탁교육, 민간위탁교육 등 세 가지 유형이 있다. 첫째, 부처자체교육(in-house training)은 해당 부처의 특수한 훈련 수요를 충족시키기 위해 자체 교육원에서 교육을 실시하는 것을 의미한다. 둘째, 타부처 위탁교육은 기관 간 협약(interagency agreement)을 맺어 비용을 받고 타부처 공무원에 대해 훈련을 실시하는 것이다. 이러한 훈련을 기관 간 훈련(interagency training)이라고 부른다. 전 정부적인 공통 훈련 수요에 초점을 맞춰 광범위한 훈련 프로그램을 마련한다. 기관 간 훈련은 다수 기관의 공무원들을 대상으로 공통으로 실

---

[8] 예를 들어, 미국 농무부의 식품안전검사실에서는 훈련의 성과평가를 독립적인 계약업자와 계약을 맺어 실시하는데, 훈련성과평가는 두 가지 차원에서 이뤄진다.

시하게 되는데, 이 훈련의 목적(장점)은 여러 기관에서 유사한 훈련을 중복해 만들기보다는 기관 간 훈련을 실시함으로써 비용효과성을 높인다는 점과 훈련의 일관성과 질을 향상시킨다는 점이다.9) 마지막으로, 민간위탁교육은 대학, 민간단체 등과 계약을 맺어 훈련을 실시하는 것이다.

4. 우리나라와 미국의 교육훈련제도 비교

한국과 미국의 공무원 교육훈련제도는 여러 가지 면에서 차이가 있다. 그 이유는 원천적으로 공무원제도의 근간이 다르기 때문이다(한국은 계급제, 미국은 직위분류제). 그 차이점은 다음과 같다.

1) 별도 정원(교육 정원)

우리나라의 경우, 공무원이 장기간 교육훈련을 받게 되면 소속 부처에서는 업무의 공백을 메울 수 있는 방법으로 별도 정원(교육 정원)이라는 것이 법상 허용돼 있다. 그러나 미국에서는 교육 파견을 위한 별도 정원이란 것이 허용되지 않는다.

2) 교육훈련 기간

우리나라의 경우, 장기훈련과 단기훈련에 골고루 인원 배정이 돼 있다. 미국에서는 교육 과정상 6개월 이상을 장기훈련으로 보는데 장기훈련은 상대적으로 많지 않고, 대부분 일주

---

9) 미국 인사관리처(OPM)의 주관하에 실시되는 기관간 훈련으로, 컴퓨터 보안과 프라이버시, 정보자원 관리, 노사관계, 퇴직 자문훈련, 고위직 및 관리직 공무원의 성과측정과 전략계획 등에 관한 교육 등이 포함된다. 각 연방정부 주관하에 실시되는 기관 간 훈련으로, 그 유형과 훈련담당기관은 다음과 같다. 회계감사관 훈련, 출장·공간 활용 및 연방재산관리 훈련, 외국어 훈련, 법률 시행에 관한 훈련, 법무 훈련, 물품 구매 훈련, 안전 훈련 등이 포함된다.

일 미만의 세미나 형태가 많다.

3) 교육과정의 강제성 여부

우리나라의 경우, 신규 임용자는 반드시 교육을 받게 돼 있으며, 주요 단계상의 승진(6에서 5급으로, 5에서 4급으로, 4에서 3급으로)의 경우도 강제적으로 그에 필요한 교육을 받게 돼 있다. 그러나 미국의 경우는 직위분류제의 특성상 신규 채용은 당해 직위에 적합한 자격 요건을 이미 갖춘 사람을 선발하는 것을 전제로 하기 때문에, 신규 채용 공무원에 대한 강제훈련은 거의 실시하고 있지 않다. 따라서 공무원은 업무 추진을 위해 훈련을 받아야 할 필요성이 있을 때는 공무원교육원에 개설된 수많은 교육과정 중 본인에 적합한 교육과정을 선택해서 교육을 받으면 된다. 예를 들어, 미국 농무부교육원의 경우, 수요자 중심의 교육을 위해 1,500개 이상의 교육과정을 연중 개설해 놓고 있어(단기 세미나 형식이 대부분임) 공무원들로서는 교육과정 선택의 폭이 매우 넓다.

4) 교육훈련기관의 성격

미국의 경우, 교육훈련기관은 독립채산제로 운영된다. 즉, 훈련생들로부터 받은 훈련비로 교재의 작성, 강사료 제공 등 기관 운영이 이뤄진다. 예를 들어, 연방공무원에 대한 최대 규모의 교육훈련기관인 농무부대학원(USDA Graduate School)의 산하에 있는 상당수의 지방교육원은 원래 인사관리처의 소속이었고, 그 구성원도 대부분 공무원이었으나, 1995년 클린턴 행정부의 국가성과평가위원회(National Performance Review: NPR)에 의해 대부분 민영화됐다.

5) 교육과정과 원 소속과의 연계

우리나라의 경우, 교육생들이 장기 교육과정에 들어가게 되면 원소속 부처와 연계해서

훈련 프로그램을 운영하는 경우는 거의 없다. 미국의 경우, 인사관리처에서 운영하는 운용학습 프로그램(Applied Learning Program)의 경우 교육생은 2주간 교육을 받고 3개월간 원소속에 복귀해 교육 내용을 직무에 활용해 보다가 다시 2주간 교육을 더 받고 수료하는 제도를 운영하고 있다. 농무부대학원에서도 교육 프로그램의 운영에 원소속 부처를 많이 연계시키고 있다. 예컨대, 개인 발전의 청사진이라고 할 수 있는 리더십개발계획(Leadership Development Plan)을 작성할 때, 반드시 소속 부처의 직속 상사 및 소속 부처 총무과 등과 협의해 작성토록 함으로써 훈련 기간 중 능력 개발에 필요한 지원을 자연스럽게 받을 수 있도록 하고 있다. 그뿐만 아니라, 훈련 기간 중 약 1주 동안 고위직 사무실에 같이 근무토록 함으로써 고위직의 역할에 대해 관찰할 수 있는 기회를 부여한다든가, 원래 담당 업무가 아닌 다른 부서에 약 한 달 정도 배치해서 특별 과제를 처리하도록 한다든가 하는 방법을 가미하고 있다.

> **복습 문제**
> - 인사행정이란 무엇이며, 어떠한 인사행정을 통해 공무원의 업무 성과를 높일 수 있을 것인가 설명하시오.
> - 직업공무원제도, 엽관주의, 그리고 실적주의의 발달 과정에 대해 설명하시오.
> - 대표관료제의 개념, 문제점, 그리고 그 효용성(의미)에 대해 설명하시오.
> - 인적자원계획의 개념과 수요–공급을 예측하기 위한 방법을 설명하시오.
> - 공무원 성과평가란 무엇이며, 문제점은 무엇인가? 이러한 문제점을 해결하고 좀 더 효율적이고 실제적인 성과평가를 하기 위한 방안은 무엇인지 설명하시오.

제6장

재무관리

학습 목표

- 정부 재정의 구조와 예산의 분류 및 종류에 대한 기본 지식은 재무행정과 재무관리를 이해하는 시작점임을 살펴본다.
- 정부는 예산을 통해 다양한 사업을 진행하고, 예산이 수행하는 목표와 우선순위 설정, 수단의 선택 기능, 서비스 공급 대상자의 선택 기능, 부담의 배분 기능, 그리고 행정적 기능에 대해 살펴본다.
- 예산 과정을 통해 행정부에 의한 예산 편성, 의회에 의한 심의 및 의결, 행정부에 의한 집행, 의회에 의한 결산 및 감사 기능에 대해 살펴본다.
- 주요 예산 형식으로는 품목예산, 성과예산, 계획예산이 존재하며, 이들 제도는 시대가 요청하는 가치를 대변하며 어떻게 발전해 왔는지 살펴본다.
- 주요 선진국에서 저출산·고령화, 그리고 수시적으로 찾아오는 각종 경제 위기로 재정적자와 국가채무 증가로 인해 재정규율이 손상을 입었는 바, 각종 재정관리제도와 재정규율제도의 도입을 통해 재정건전성 회복을 목표로 하고 있음을 살펴본다.

제1절_ 정부 재정과 예산의 분류 및 종류

1. 정부 재정의 의미 및 구조

정부가 재원을 동원하고 지출하는 경제활동을 '재정'이라고 부른다. 이에 비해 정부 예산은 정부가 일정 기간 동안에 징수할 수입(세입)과 지출할 경비(세출)의 내역 및 규모에 대한 계획으로, 이를 문건으로 만들어 발간한 것이다(예산서). 정부의 예산과 결산 및 재무관리를 논하기 전에 정부의 재정에 대한 개념과 그 구조를 파악하는 일이 필요하다.

국제통화기금(IMF)의 분류에 따르면, 한 나라의 국민경제(national economy)는 크게 공공부문(public sector)과 민간 부문(private sector)으로 구분할 수 있다. 공공 부문과 민간 부문을 나누는 기준은 '정부 지배성 여부(controllability)'인데, 정부가 과반수 이상의 의결권이나 주요 인사에 대한 임명권 등을 보유하고 있으면, 정부의 지배성이 있다고 판단해 공공 부문으로 분류한다(IMF, 2014; 하연섭, 2018). 공공 부문은 다시 일반정부(general government)와 공기업(public corporation)으로 분류한다 ([그림 6-1] 참조).

일반정부는 중앙정부(central government)와 지방정부(local government) 등 모든 정부 부문을 통칭하는 개념으로 보통 한 개 이상의 다양한 서비스를 제공한다. 일반정부의 특징으로는 비시장적 서비스 공급,[1] 소득과 부(富)의 분배, 그리고 조세와 강제적 부담금 징수의 성격을 지닌다.

공공 부문에서는 일반정부 외에 공기업을 포함하는데, 공기업은 생산물에 대해 가격을 부과하고, 민간기업과 비슷한 방식으로 운영되며, 자산과 부채 등을 독립적으로 계리하는 회계를 갖고 있는 것이 특징이다. 공기업은 다시 금융공기업(financial corporation)과 비금융공기업(non-financial corporation)으로 구성돼 있다. 금융공기업은 금전을 융통하는 공기업이고 비금융공기업은 금융과 관계되지 않는 사업을 취급하는 공기업이다.

---

[1] 비시장적 서비스 공급이란 서비스가 무상으로 공급되거나 가격이 부과되더라도 수요와 공급의 영향을 미치지 않을 정도의 낮은 수준으로 부과되는 것을 의미한다.

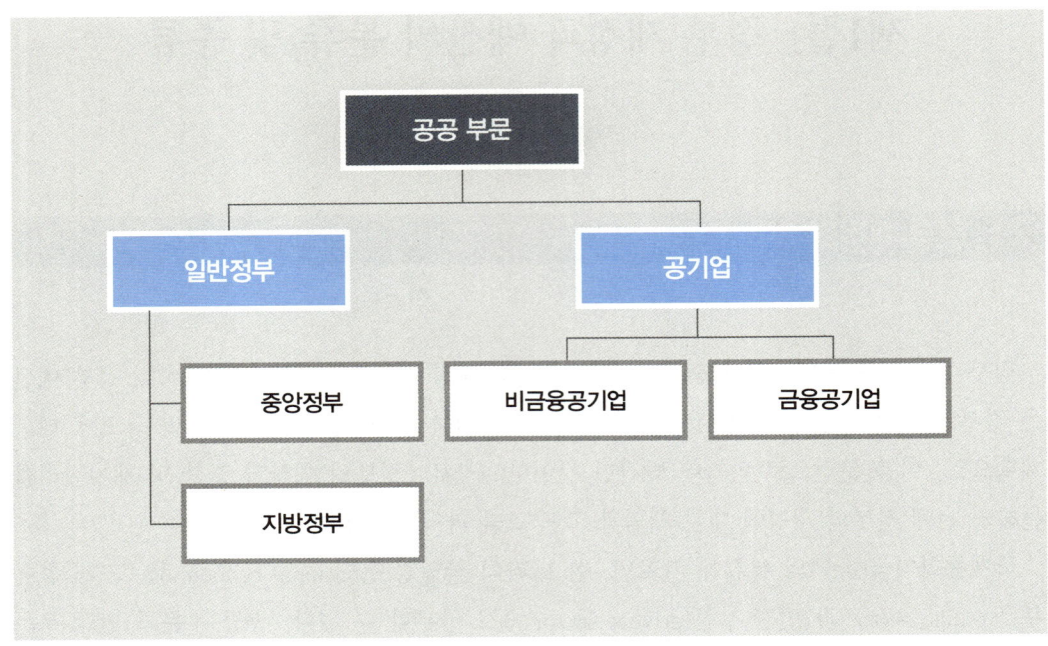

자료: IMF(2014).

[그림 6-1] 공공 부문의 체계

통상적으로 재정이라고 하면 일반정부의 재정을 일컫는다. 우리나라의 재정은 크게 중앙정부와 지방정부의 재정으로 구성돼 있다. [그림 6-2]가 보여 주듯이 「국가재정법」과 「지방재정법」에 근거해 중앙정부와 지방정부의 재정은 각각 예산과 기금으로 구성돼 있으며, 예산은 다시 일반회계와 특별회계로 구성돼 있다. 이처럼 재정은 예산과 기금을 포함하고 있기에 일반회계와 특별회계만을 포함하는 예산보다 포괄적인 의미를 지닌다. 우리나라 지방재정 구조에서 독특한 현상은 일반자치단체의 재정인 일반재정과 교육자치단체 재정이 엄격히 구분돼 있는 점이다(하연섭, 2018).

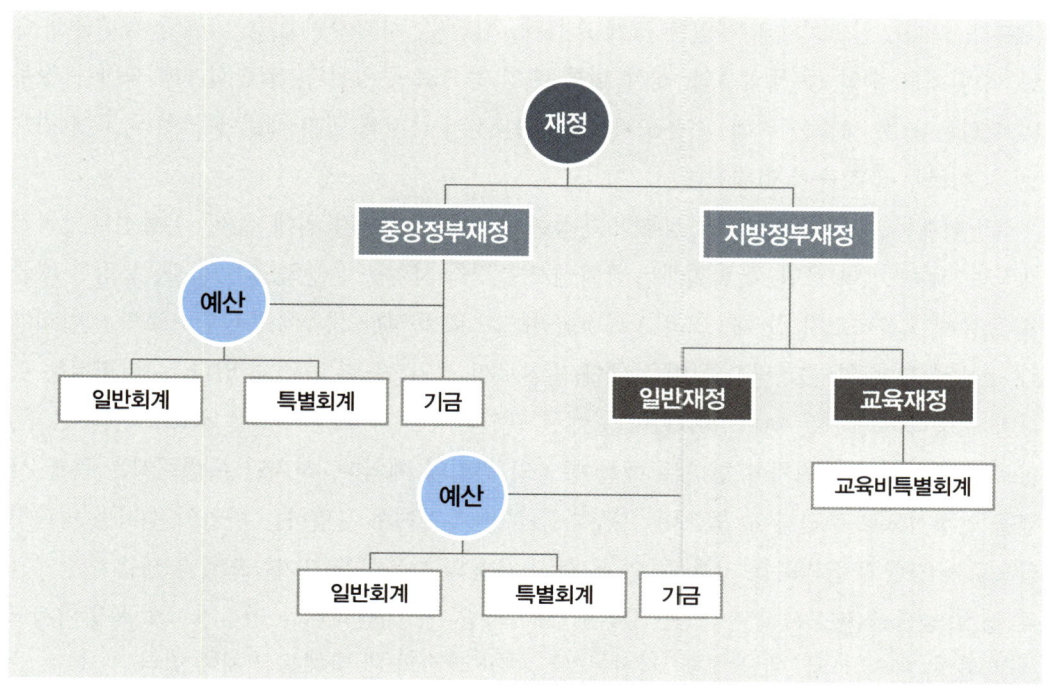

[그림 6-2] 우리나라의 재정 체계

자료: 하연섭(2019).

2. 예산 및 기금의 성격 및 특징

1) 예산

예산은 일반회계와 특별회계로 구성돼 있다. 일반회계는 기본적인 정부활동과 관련되는 주요한 재정사업을 모두 포괄하는 회계로서 국가의 일반적인 활동을 위한 예산을 의미하고, 일반회계는 보통 한 개로 구성돼 있다. 일반회계 세출에는 각 중앙행정기관의 운영비와 사업비가 포함되기에, 정부의 전형적인 업무는 주로 일반회계를 통해 이뤄진다. 일반회계는 행정부의 예산 편성, 국회의 심의 및 의결, 행정부의 집행, 그리고 국회의 결산이라는 네 가지 과정을 거쳐 운용되며, 그 수입은 대부분 중앙정부가 징수하는 조세수입으로 구성된다

(원구환, 2019). 일반회계의 세입은 크게 소득세, 법인세, 부가가치세 등 국세와 정부출자 수입, 주식매각 수입 등 세외수입, 국채 발행 수입 등으로 구성된다. 일반회계에 속하는 정부의 수입은 특정 세출을 위해 그 용도가 정해지는 것이 금지돼 있기 때문에 모두 국고에 귀속된 후 이로부터 지출이 이뤄진다.

특별회계는 일반회계와 달리 정부의 특정한 목적을 달성하기 위해 설치·운용한다. 「국가재정법」제4조에 따르면, 특별회계는 국가에서 특정한 사업을 운영하고자 할 때, 특정한 자금을 보유해 운용하고자 할 때, 그리고 특정한 세입으로 특정한 세출에 충당함으로써 일반회계와 구분해 회계 처리할 필요가 있을 때에 법률로써 설치하도록 규정돼 있다. 특별회계는 정부가 운용하는 예산은 하나여야 한다는 예산 단일의 원칙과 모든 수입은 국고로 귀속된 후, 이로부터 지출이 이뤄져야 한다는 예산 통일의 원칙의 예외다. 하지만 특별회계는 특정 사업을 안정적으로 추진할 수 있으며, 정부가 자본을 투자해서 운영하는 사업의 수지를 명확히 함으로써 경영의 합리화를 기할 수 있고, 예산 운용의 자율성을 부여함으로써 해당 행정기관의 행정 능률을 향상시킬 수 있는 장점도 지니고 있다. 일반회계와 마찬가지로 특별회계도 예산 편성, 예산 심의, 예산 집행, 결산이라는 예산 과정의 네 단계를 거쳐야 한다.

특별회계는 기업특별회계, 책임운영기관특별회계, 그리고 기타 특별회계로 구분할 수 있다. 기업특별회계는 일반행정 활동과 정부기업 활동의 중간적인 성격을 갖는 정부활동, 즉 정부가 기업에 의해 재화와 서비스를 국민에게 제공하고 그 수익자로부터 비용의 일부 또는 전부를 징수하는 활동을 원활하게 하기 위해 설치한 것이다. 책임운영기관특별회계는 책임운영기관 운영을 위해 설치한 특별회계 일종이다. 기업특별회계와 책임운영기관특별회계를 제외한 나머지 모두는 기타 특별회계로 분류된다. 2020년 현재 정부는 4개의 기업특별회계와 1개의 책임운영기관특별회계, 그리고 15개의 기타 특별회계로 총 20개의 특별회계를 운용하고 있다(한국재정정보원, 2020).

2) 기금

정부의 재정활동은 일반회계와 특별회계로 구성된 예산에 의해 주로 이뤄지지만, 특정한 분야의 사업에 대해 지속적이고 안정적으로 자금을 지원할 필요가 있거나 통제 위주의 경직된 예산제도로써는 적절하게 대처할 수 없는 특별한 행정 수요에 탄력적으로 대처하기 위해 예산과 별도로 개별 법률에 근거해 기금을 설치·운용하고 있다(하연섭, 2018).「국가재정법」제5조에 따르면, 기금은 국가가 특정한 목적을 위해 특정한 자금을 신축적으로 운영할 필요가 있을 때에 한해 법률로써 설치하고 세입세출예산 외로 운용할 수 있다고 규정하고 있다.

국회의 심의를 받기는 하지만 기금을 설치하는 이유는 기금은 예산과 달리 좀 더 탄력적으로 자금을 운용할 수 있기 때문이다. 즉, 기금의 경우 사업의 실제 수행 중에 운용계획의 일부를 변경할 수 있는 자율성을 인정하고 있다.「국가재정법」에서는 기금 운용의 책임성을 강화하기 위해 기금운용계획 자율 변경 범위를 금융성 기금의 경우 주요 항목 지출 금액의 30%, 비금융성 기금의 경우 20% 이하로 규정하고 있다. 물론 주요 항목 지출 금액의 30%(비금융성 기금은 20%)를 초과해 지출하는 경우에는 기획재정부와의 협의와 국회의 심의·의결이 요구된다.

특수정책적인 목적을 탄력적으로 실현하기 위해 예산의 기본 원칙과 달리 운용되는 것이 기금이기에 기금을 설치하는 데에는 일정한 제약이 따른다.「국가재정법」에 따르면, 중앙관서의 장은 기금을 신설하고자 하는 경우에는 해당 법률을 입법 예고하기 전에 기금 신설에 관한 계획서를 제출해 기금정책심의회로부터 기금 신설에 대한 심사를 받도록 하고 있다. 이때 기금 신설을 심사하는 기준으로는 부담금 등 기금의 자원이 목적사업과 긴밀하게 연계돼 있을 것, 사업의 특성으로 인해 신축적인 사업 추진이 필요할 것, 중장기적으로 안정적인 재원 조달과 사업 추진이 가능할 것, 일반회계나 기존의 특별회계, 기존 기금보다 새로운 기금으로 사업을 수행하는 것이 더 효과적일 것 등이 있다. 또한 기금이 설치된 이후에도 매 3년마다 기금 존치 여부에 대해 평가를 실시하도록 돼 있다. 다음 〈표 6-1〉은 예산과 기금을 설치 사유, 재원 조달 및 운용 형태, 확정 절차, 집행 절차, 수입과 지출의 연계, 계획 변경, 결산을 중심으로 비교·정리한 것이다.

기금은 그 성격에 따라 사업성 기금, 사회보험성 기금, 계정성 기금, 금융성 기금으로 구분할 수 있다. 사업성 기금은 특정 사업을 수행하기 위해 기금을 마련하고 집행하며, 사회보험성 기금은 사회보장적 성격을 가지는 기금으로 가입자의 기여금, 사용자 부담금 등으로 기금을 조성하고 급여 사유가 발생했을 경우 일정 금액을 지급하는 기금이다. 계정성 기금은 특정 목적의 자금을 운용하기 위해 설치된 기금이고, 금융성 기금은 정부 출연금, 부담금 등으로 기금을 조성해 보증·보험 등 보조적 역할을 수행하는 기금이다. 2020년 현재 정부는 총 68개 기금을 운용하고 있고, 이 중 사업성 기금은 48개, 사회보험성 기금은 6개, 계정성 기금은 5개, 그리고 금융성 기금은 8개로 구성돼 있다(한국재정정보원, 2020).

<표 6-1> 예산과 기금의 비교

	일반회계	특별회계	기금
설치 사유	국가 고유의 일반적인 재정활동	• 특정 사업 운영 • 특정 자금 운용 • 특정 세입을 특정 세출에 충당	특정 목적을 위해 특정 자금 운용
재원 조달 및 운용 형태	공권력에 의한 조세수입과 무상급부 원칙	조세, 부담금 등의 수입으로 무상급부, 융자사업 등 수행	출연금, 부담금 등 다양한 수입원으로 융자사업 등 기금 고유사업 수행
확정 절차	• 부처의 예산 요구 • 기획재정부가 정부 예산안 편성 • 국회 심의 · 의결로 확정	좌동	• 기금관리 주체가 계획 (안) 수립 • 기획재정부 장관과의 협의 · 조정 • 국회 심의 · 의결로 확정
집행 절차	합법성에 입각해서 엄격히 통제 (예산의 목적 외 사용 금지 등)	좌동	합목적성 차원에서 상대적으로 자율성과 탄력성 보장
수입과 지출의 연계	특정한 수입과 지출의 연계 배제	특정한 수입과 지출의 연계	좌동
계획 변경	추경예산 편성	좌동	• 금융성 기금: 주요 항목 지출 금액의 30% 이상 변경 시 국회 심의 · 의결 필요 • 비금융성 기금: 주요 항목 지출 금액의 20% 이상 변경 시 국회 심의 · 의결 필요
결산	국회의 결산 심의와 승인	좌동	좌동

자료: 기획재정부 예산실(2010).

3. 예산의 분류 및 종류

1) 예산의 분류

예산을 일정한 기준에 따라 나눠 기록하는 것을 예산의 분류(budget classification)라고 한다. 예산의 분류는 예산이 기록되고 보고되는 방식을 결정하기 때문에 투명하고 건전한 예산관리를 위한 기초가 된다. 예산의 분류 체계는 몇 가지로 구분해 볼 수 있는데, 대표적인 분류 기준으로는 ① 정책결정과 성과분석을 위한 기초, ② 분야 · 부문 간 자원의 효율적 배분, ③ 입법부에서 승인된 예산자원의 합목적적 사용, 그리고 ④ 예산의 일상적 관리를 위해 중요한 의미를 지니는 것(하연섭, 2019) 등으로 구분할 수 있다.

예산의 분류는 크게 소관별, 기능별, 경제적, 성질별, 프로그램별 분류로 나눌 수 있다. 하지만 예산은 다차원적 성격을 지니고 있기 때문에 어떤 분류도 예산의 각기 다른 목적을 정확하게 반영하지는 못하는 한계가 있다.

(1) 소관별 분류

소관별 분류는 예산을 직접 사용하는 조직을 중심으로 예산을 분류하는 방식이다. 소관별 분류에서는 누가 예산을 실제로 사용하는가에 따라 예산을 분류하기 때문에 예산의 사용과 관련된 책임을 분명히 할 수 있는 장점이 있다. 즉, 법적 통제와 책임성 확보에 적절하다. 우리나라 세출예산의 소관별 분류는 중앙행정기관의 부, 처, 청을 중심으로 대통령실, 국무총리실, 기획재정부, 교육부 등 정부기관과 국회, 대법원, 헌법재판소 등 독립기관을 포함해 구분하고 있다.

(2) 기능별 분류

정부 예산의 기능별 분류(functional classification)는 정부활동이 추구하는 궁극적인 사회경제적 목적에 따라 예산을 분류하는 방식이다. 예산의 기능별 분류는 정부조직 구조와는 독립적으로 이뤄지는 것이 특징이다. 소관별 분류는 정부 예산의 법적 통제에는 효과적이지만 정부가 어떤 일을 하고 있는가에 대한 정보를 제공하는 데에는 부족한 점이 있다. 하지만 기능별 분류는 정부 지출을 통해 궁극적으로 추구하는 목적에 따라 예산을 분류하는 방식으로서, 분야 간 자원의 배분에 관한 정보를 제공하고 정책 형성과 자원 배분의 효율성을 평가하는 데 도움을 준다.

기능별 분류를 통해 일반 시민들이 정부의 활동에 관한 정보를 손쉽게 획득할 수 있기에 기능별 분류를 '시민을 위한 분류'라고 칭한다. 중앙정부 세출예산에 대한 기능별 분류는 현재 프로그램 예산제도하에서 16개가 존재한다. 이들로는 일반·지방행정, 공공질서 및 안전, 통일·외교, 국방, 교육, 문화 및 관광, 환경, 사회복지, 보건, 농림수산, 산업·중소기업 및 에너지, 교통 및 물류, 통신, 국토 및 지역개발, 과학기술, 예비비다.

(3) 경제적 분류

예산의 경제적 분류는 정부가 기능을 어떻게 수행하는지를 기록하는 분류 방식으로, 국제통화기금(IMF)의 「정부재정통계편람(Government Finance Statistical Manual: GFSM)」에 따라 이뤄지는데, 여기서는 경제적 분류를 일곱 종류(인건비, 물건비, 고정자본소비, 보조금, 보전금, 사회적 편익, 기타 경비)로 나누고 있다.

(4) 성질별 분류

정부 예산의 성질별 분류는 지출 대상을 유사한 성질로 묶어 분류하는 방법이다. 우리나라 세출예산의 성질별 분류에 따르면, 모든 경비는 성질에 따라 크게 인건비, 물건비, 이전지출, 자산 취득, 상환지출, 전출금, 그리고 예비비 및 기타의 일곱 가지 성질로 대분류하고 있다. 이는 다시 23개 목으로 세분류된다. 이런 분류 체계의 최하위 단위인 목(目)에 의한 예산의 분류를 품목별 분류라고 부른다. 품목별 분류는 정부활동을 위한 투입(input), 즉 지출의 대상에 초점을 맞추는 분류다. 예산의 분류에서 가장 세부적인 분류가 목(line-item)이기 때문에 이를 품목별 분류(line-item classification)라고 부른다.

(5) 프로그램 예산 분류

프로그램이란 특정한 결과(result) 혹은 정책 목표를 달성하는 데 필요한 사업들의 묶음이다. 프로그램 예산 분류(program classification)는 예산의 원천이나 경제적 성격이 아니라 특정한 결과 혹은 정책 목표를 달성하는 데 필요한 사업들의 묶음을 기준으로 예산을 분류하는 방식이다. 프로그램 예산 분류는 정부 지출을 통해 추구하는 목표, 목표를 달성하는 데 필요한 일련의 사업들, 그리고 이러한 사업들에 소요되는 비용을 명확히 하기 위한 예산 분류 방법으로, 프로그램 예산 분류를 활용하게 되면 정책분석, 예산관리 및 책무성 확보가 용이하다는 장점이 있다(원구환, 2019).

프로그램 예산 분류는 프로그램의 구성 요소를 프로그램 → 단위사업 → 세부사업 등의 순서로 위계적으로 분류하는 것이 특징이다. 이때 프로그램의 목표는 통상적으로 결과(outcome)로 표현되며, 단위사업의 목표는 산출(output)로 표현된다. 또한 세부 사업의 목표는 좀 더 구체적인 세부 산출물(sub-outputs)로 표현된다.

프로그램 예산 분류는 지출의 결과에 초점을 맞춤으로써 지출의 우선순위 설정을 원활하게 할 수 있다. 또한 프로그램 예산 분류에 기반해서 예산을 운용하게 되면 사업 수행 기간에 투입에 대한 세부적인 통제로부터 벗어나 사업의 수행 방법에 대해 상당한 자율성을 갖게 돼, 궁극적으로 사업 수행의 기술적 효율성을 제고하는 데 도움이 된다. 프로그램 예산 분류제하에서는 또한 프로그램-단위사업-세부사업이 위계적으로 연결돼 있기에, 세부사업과 단위사업에 소요되는 비용의 추정을 통해 궁극적으로 프로그램에 소요되는 비용을 계산해 낼 수 있어, 프로그램의 비용과 편익을 비교할 수 있을 뿐만 아니라 사업의 성과를 측정할 수 있는 추가적인 장점이 있다(하연섭, 2018).

2) 예산의 종류

(1) 예산 변경 행태에 따른 종류

예산 변경 형태에 따라 예산을 본예산, 수정예산, 추가경정예산으로 구분할 수 있다.

본예산은 행정부가 편성해 가을 정기국회에 제출하고, 국회의 심의와 의결을 거쳐 성립되는 예산을 의미한다.

수정예산은 예산안의 편성이 끝나고, 정부가 국회에 예산안을 제출한 이후 국회의 의결 전에 수정해 다시 제출하는 예산을 의미한다. 수정예산과 대비해 통상적인 절차를 밟아 제출한 예산을 본예산, 혹은 당초예산이라고 부른다. 추가경정예산은 예산안이 국회의 의결을 거쳐 성립된 후, 추가 또는 변경을 가하는 예산이다.

추가경정예산은 실제로 회계연도가 시작돼 예산이 집행되는 과정에서 새로운 사정으로 인해 예산을 추가하거나 변경할 필요가 발생했을 때 추가로 다시 편성해 제출하는 예산으로 국회의 심의와 의결을 거쳐야 한다. 수정예산과 추가경정예산의 차이점으로, 수정예산은 정부가 국회에 예산안을 제출한 후 아직 예산이 의결되기 전에 수정해 제출하는 예산을 의미하는 반면, 추가경정예산은 국회의 의결을 거쳐 예산이 확정된 이후에 발생한 사유로 당해 회계연도 예산의 집행 중에 추가하거나 변경하는 예산을 의미한다. 추가경정예산을 통한 재정의 방만한 운영 가능성을 줄이기 위해 「국가재정법」 제89조에서는 추가경정예산안을 편성할 수 있는 경우로서, ① 전쟁이나 대규모 자연재해가 발생한 경우, ② 경기 침체, 대량 실업, 남북 관계의 변화, 경제 협력과 같은 대내외 여건에 중대한 변화가 발생했거나 발생할 우려가 있는 경우, ③ 법령에 따라 국가가 지급해야 하는 지출이 발생하거나 증가하는 경우로 제한하고 있다. 추가경정예산은 일단 국회를 통과한 예산에 추가해서 성립되고 집행되는 예산이기에 어떤 회계연도의 예산 총액을 파악하기 위해서는 추가경정예산을 합산해야 한다.

(2) 예산 불성립 시 예산의 분류

예산은 행정부의 예산 편성에 이어 국회의 심의·의결이 이뤄진 이후에야 비로소 집행할 수 있다. 하지만 회계연도가 시작하기 전에 의회에서 예산을 의결하지 못하는 경우가 발생할 수도 있는데, 이러한 경우 특별한 대책을 세워 놓지 않으면 정부가 마비될 위험성이 있다. 이런 상황을 막기 위해 회계연도 개시 이전에 예산이 국회를 통과하지 못할 경우 활용되는 임시방편적인 예산의 종류로는 잠정(暫定)예산, 가(假)예산, 그리고 준(準)예산제도를 들 수 있다(하연섭, 2019).

우선 잠정예산이란 회계연도 개시 전까지 국회에서 예산이 의결되지 못할 때 상정된 예산의 처음 몇 개월에 해당하는 액수에 대한 지출을 허용하는 예산을 의미한다. 미국, 영국, 캐나다, 일본 등에서 잠정예산을 활용한다. 가예산이란 회계연도 개시 전까지 예산이 국회를 통과하지 못할 때 다음 회계연도의 처음 1개월분만 의결해 줄 때의 예산을 의미한다. 가예산이 집행되는 처음 1개월 동안 전체 예산이 의결된다. 가예산은 프랑스에서 활용되고 있으며, 우리나라에서도 과거 제1공화국(1948~1960년) 때 도입돼 여섯 차례 가예산이 편성된 적이 있다.

준예산은 회계연도 개시 전까지 예산안이 의결되지 못할 때 전년도 예산에 준해서 집행할 수 있도록 한다는 의미에서 나온 용어다. 우리나라의 경우 준예산제도를 활용한다. 준예산의 경우 모든 예산 항목을 전년도에 준해서 집행할 수 있는 것이 아니고, 「헌법」 제54조 3항에 따르면, 다음 경비에 한해 전년도 예산에 준해서 집행할 수 있도록 하고 있다: ① 헌법이나 법률에 의해서 설치된 기관 또는 시설의 유지·운영, ② 법률상의 지출 의무 이행, ③ 이미 예산으로 승인된 사업의 계속.

잠정예산과 가예산은 예산 집행을 위해서 의회의 의결을 필요로 하지만, 준예산은 의회의 의결을 필요로 하지 않을 뿐만 아니라 지출 항목도 한정하고 있다는 점에서 차이가 있다. 우리나라에서 준예산은 국회의 의결 없이 국무회의의 의결만으로 집행할 수 있도록 돼 있다.

4. 기타 재정 규모 개념 및 통합재정수지

1) 예산총계와 예산순계

　재정의 포괄 범위가 다양하기 때문에 재정 규모를 거론할 때 그 의미와 기준을 명확히 할 필요가 있다. 중앙정부의 재정 규모는 일반회계, 예산총계, 예산순계, 총지출, 통합재정 규모 등으로 다양하게 표현할 수 있다(하연섭, 2018; 원구환, 2019).
　일반회계는 중앙정부의 재정 규모를 나타내는 가장 단순한 지표다. 그러나 예산에는 일반회계뿐만 아니라 특별회계도 포함되므로 일반회계만으로는 정부 재정활동의 전체적인 모습을 파악하기는 어렵다.
　예산총계는 일반회계의 지출 규모와 특별회계의 지출 규모를 단순히 합산한 것이다. 하지만 이 지표의 문제는 일반회계와 특별회계 간 전·출입을 고려하지 않아 양 회계에 중복 계상된다는 점이다. 이러한 이중 계산의 문제를 해결한 것이 '예산순계'의 개념이다. 예산순계는 예산총계에서 회계 간 내부거래를 차감한 지표다.

> 예산순계 = 일반회계 총계 + 특별회계총계 − 회계 간 내부거래

　재정 규모에 대한 국민의 이해를 돕기 위해 2005년부터 우리 정부가 도입한 것이 '총지출'이라는 지표다. 총지출은 예산(일반회계 + 특별회계)뿐만 아니라 기금까지 포함한 개념이다. 총지출은 일반회계의 총계, 특별회계의 총계, 기금의 총계를 모두 합한 뒤 회계 간 내부거래, 기금 간 내부거래, 회계와 기금 간 내부거래, 그리고 각 회계와 기금의 보전 지출을 차감한 것이다. 이때 보전지출이란 국채 상환이나 차입금 상환 등을 의미하는 것으로서, 이는 실질적인 지출이라기보다는 재정수지를 보전해 주는 것이므로, 총지출에서 제외하고 있다.
　통합재정지출과 총지출의 차이는 융자와 기업특별회계의 처리 방식의 차이에 있다. 통합재정지출과 총지출을 계산할 때, 예산과 기금의 모든 지출에서 내부거래와 보전지출을 제외

하는 것은 동일하지만, 통합재정지출을 계산할 때에는 순융자(융자 지출-융자 상환)와 기업특별회계의 영업수지 적자만을 지출로 포함하는 반면, 총지출을 계산할 때에는 융자지출과 기업특별회계지출 총계를 지출로 포함한다.

2) 통합재정 및 통합재정수지

(1) 통합재정

현대 국가에서 다양한 형태로 이뤄지고 있는 정부 부문의 모든 재정활동을 포괄해 재정이 국민소득, 통화, 국제수지에 미치는 효과를 파악하고자 개발된 재정 규모 지표가 통합재정이다. 예산의 완전성 원칙에도 불구하고, 현실적으로 재정이 중앙정부와 지방정부 그리고 일반회계, 특별회계, 기금 등으로 나뉘어 운영되는 까닭에 재정의 전모를 파악하기 어렵다. 재정의 전모를 파악하기 어렵다면 정부는 재정 규모 및 재정의 경제적 효과를 파악할 수 없기에 재정정책을 효과적으로 수행할 수 없게 된다(하연섭, 2018).

통합재정은 기획재정부가 IMF의 「정부재정통계편람(GFSM)」에 기초해 작성하는데, GFSM 기준이 바뀜에 따라 통합재정의 포괄 범위, 작성 기준, 수입과 지출의 분류 방식 등에 변화가 있어 왔다. 당초 우리 정부에서 통합재정 통계를 작성할 때는 'GFSM 1986'에 따라, 재정통계는 금융활동을 제외하고 재정 기능과 직접 관련된 거래만 포함했다. 기본적으로 'GFSM 1986'에서는 중앙정부와 지방정부를 통틀어 일반회계, 특별회계와 사업성 기금만을 포함시켰고, 회계 기준은 현금주의를 따랐다. 하지만 발생주의에 기반한 새로 바뀐 'GFSM 2001'에 기초한 재정통계는 제도 단위(institutional unit)[2]의 '시장성 여부'를 기준으로 일반정부 부문이 수행하는 모든 활동을 포함하고 있는 것이 특징이다. '시장성 여부'를 기준으로 일반정부와 공기업으로 나누는데, 원칙적으로 원가보상률(판매액/생산원가)이 50% 이하일 경우에는 일반정부, 50% 초과일 경우에는 공기업으로 분류하며, 원가보상률이 50%를 초과하더라도 정부 판매 비율(정부 대상 판매액/총 판매액)이 80% 이상이면 시장성이 없다고 판단해 일반정부로 분류한다. 이에 따라 통합재정의 포괄 범위에는 금융성 기금과 외국환평형기금, 그리고 비영리 공공기관도 포함됐으며, 회계 기준도 현금주의에서 발생주의로 바뀌었다(하연섭, 2018).

---

[2] institutional unit은 '제도 단위'보다는 '기관 단위'로 해석하는 것이 더 적합하다.

(2) 통합재정수지의 개념

통합재정으로부터 통합재정수지 개념이 도출되는데, 통합재정수지는 당해 연도의 순수한 수입에서 순수한 지출을 차감한 수지다. 통합재정수지는 일반회계, 특별회계 및 기금을 모두 포괄하는 수지이지만, 순수한 재정활동 파악을 위해 회계·기금 간 내부거래 및 차입, 채무 상환 등 보전 거래는 제외하는 것이 특징이다.

> 통합재정수지= 통합재정수입 − (통합재정지출 + 순융자)

국제적으로 통용되는 재정수지의 기준은 통합재정수지다. 하지만 우리나라에서는 통합재정수지와는 별도로 관리재정수지라는 개념을 만들어 재정수지를 파악하고 있다. 관리재정수지는 통합재정수지에서 국민연금, 산재보험, 고용보험 등 사회보장성 기금의 수지를 제외하고 재정수지를 파악하는 기준이다. 선진국들은 이미 연금을 지급하고 있는 단계이지만, 우리나라는 아직까지 연금이나 보험을 적립하고 있는 단계로서 아직까지 사회보장성 기금은 막대한 흑자를 보이고 있다. 이러한 흑자를 반영하면 재정수지가 왜곡될 수 있기에 통합재정수지에 더해서 관리재정수지를 통해 재정수지를 파악하고 있다.

제2절_ 예산의 기능과 예산 원칙

1. 예산의 기능

경제학에서는 어떤 경제 체제든 ① 무엇을 생산할 것인가(what to produce), ② 어떻게 생산할 것인가(how to produce), ③ 누구를 위해 생산할 것인가(for whom to produce)의 세 가지 선택 문제를 가지고 고민한다(하연섭, 2019). 시장의 실패가 일어나고 정부가 개입하는 상황에서 가격이 제대로 역할을 해 줄 수 없기 때문에 가격 기제만으로 모든 선택의 문제를 해결할 수 없고, 따라서 정부가 개입하는 상황에서 이와 같은 세 가지 선택의 문제를 해결하는 수단이 바로 정부의 예산이라 하겠다.

위의 논리를 확장하자면 정부 예산의 기능은 다음과 같다.

첫째, 무엇을 생산할 것인가에 대해 정부는 예산을 활용해 목표와 우선순위 설정 기능을 수행한다. 즉, 예산을 통해 공공 부문에서 생산되거나 소비되는 재화나 서비스의 크기를 어느 정도 할 것이며, 민간 부문에서 생산되거나 소비되는 재화나 서비스의 크기를 어느 정도로 할 것인가를 선택하게 된다.

둘째, 어떻게 생산할 것인가에 관해서 정부는 수단의 선택 기능을 수행한다. 즉, 정부가 공급하는 재화를 정부가 직접 생산할 것인가, 아니면 민간기업에서 생산하게 하고 정부는 이를 구매해서 사용할 것인가와 관련된 선택의 문제다.

셋째, 누구를 위해 생산할 것인가에 관해서는 서비스 공급 대상자의 선택 기능을 수행한다. 시장에서는 누구를 위해서 생산할 것인가에 문제는 가격을 통해 자연스럽게 해결한다. 하지만 정부가 서비스를 제공할 때에는 가격이 제대로 작동할 수 없는 상황에서 정부가 개입할 가능성이 높다. 누구를 위해서 정부가 사업을 펼칠 것인가, 혹은 어떤 목적을 위해 예산을 사용할 것인가를 결정하려면 국민의 선호를 모으는 과정이 필요하다. 누가 정부서비스를 받게 될 것인지는 예산을 통해 결정되지만, 예산은 국민의 선호와 요구를 모으는 과정, 즉 정치 과정을 통해 결정될 수밖에 없다.

넷째, 누가 비용을 부담할 것인가는 부담의 배분 기능을 결정짓는다. 정부서비스의 경우(특히, 정부서비스가 공공재에 가까우면 가까울수록) 편익의 수혜자와 비용의 부담자가 다른 것이 일반적이다. 정부가 서비스를 제공하기 위해서는 국민들로부터 얼마만큼의 세금을 걷고 또 누구로부터 세금을 걷을 것인지를 결정해야 한다. 정부의 활동을 위한 비용 분담을 결정하는 일 자체는 고도의 정치적인 과정이다.

다섯째, 어떻게 관리할 것인가는 행정적 기능을 의미한다. 예산을 만들고 사용하는 일은 조직을 통해 이뤄지며, 이를 원활하게 수행하기 위해서 예산은 행정적 기능을 수행하고, 이러한 기능으로서는 통제, 관리, 기획 기능을 들 수 있다.

종합하면, 정부는 예산을 통해 목표와 우선순위 설정, 수단의 선택, 서비스 공급 대상자의 선택, 부담의 배분, 그리고 행정적 기능을 수행한다(하연섭, 2018: 46-47).

2. 예산의 원칙

　예산은 기본적으로 정부의 다양한 활동을 위해 국민들로부터 강제적으로 징수한 세금을 국민들로부터 권한을 위임받은 의회의 의결을 거친 후 행정부가 집행한다(재정민주주의). 따라서 예산 운영은 궁극적으로 국민에 대한 서비스의 제공이다(하연섭, 2018; 이종수 외, 2014). 정부 예산 운영이 궁극적인 목적을 달성하기 위해서는 우선 의회가, 다음으로 예산을 집행하는 행정부에게 책임을 물을 수 있어야 한다. 이처럼 책무성(accountability) 확보를 위해서는 예산의 내용과 운영이 일정한 원칙을 따라야 하는바, 이러한 규범적 원칙을 '예산의 원칙'이라 부른다.

　학자들에 따라 다양한 예산의 원칙을 제시하고 있지만, 정부가 예산을 편성, 운영할 때 구체적으로 지켜야 할 규범으로 개별 법조항에 규정돼 있는 원칙들은 크게 세 가지 차원에서 접근할 수 있다. 이들로는 재정민주주의, 재원 배분, 회계관리 차원을 포함한다(이종수 외, 2014). 재정민주주의 차원에서 예산서는 국민의 대표기구인 입법부가 사전에 의결한 사항만 가능하다는 '예산 사전 의결 원칙', 예산서는 국민의 눈높이에서 예산구조와 과목을 설계해야 한다는 '예산의 명확성', 그리고 예산과 관련된 정보들은 투명하게 공개해야 한다는 '예산 공개성(투명성)'을 거론할 수 있다.

　재원 배분 차원에서 재정수입과 지출을 위한 재원 배분은 비교적 엄격한 통제 원칙이 적용된다. 정부는 특정 수입과 특정 지출을 직접 연계해서는 안 된다는 것이 '예산 통일성 원칙'이다. 또한 입법부가 의결한 예산사업의 목적 외 재원 지출은 금지하는데 이를 '예산 한정성(한계성) 원칙'이라 부른다.

　회계관리 차원에서 정부 예산 운영에서 회계관리의 책임성은 엄격하고 지속적인 차원에서 이뤄져야 한다. 이를 위해 원칙적으로 정부 예산은 단일한 회계에서 정리돼야 한다(예산 단일성 원칙). 또한 모든 세입 및 세출 활동을 총액 그대로 정리 보고해야 한다(예산 완전성 또는 예산총계주의 원칙). 모든 원칙에는 예외가 있는데 개별 예산의 원칙에도 다음 〈표 6-2〉처럼 예외가 존재한다.

〈표 6-2〉 예산의 원칙

원칙		내용	예외 사항
재정민주주의	사전 의결	회계연도 개시 전 예산 확정	긴급명령, 준예산
	명확성	국민 눈높이에서 예산구조와 과목 설계	총액 계상
	공개성(투명성)	예산정보의 공개	국가정보원 예산
자원 배분	통일성	특정 수입과 특정 지출 연계 금지	특별회계, 목적세, 수입대체경비
	한정성	목적 외 사용 금지, 계획 금액 한도 내 사용	예비비, 이용, 전용, 추가경정예산, 계속비, 이월
회계관리	단일성	단일회계 내 정리	특별회계, 기금, 추가경정예산
	완전성(총계주의)	모든 세입과 세출 내역의 명시적 나열	전대차관

자료: 이종수 외(2014: 312)를 재정리함.

제3절_ 예산 과정

1. 예산의 주기와 회계연도

　예산은 행정부의 편성, 입법부의 심의 및 의결, 행정부의 집행, 입법부와 회계검사기관의 결산 및 회계검사 과정이 주기적으로 반복되는 과정을 거치는데, 이러한 과정을 예산의 주기(budget cycle)라고 부른다.
　예산이 효력을 갖는 '일정 기간'을 '회계연도(fiscal year or budget year)'라고 부른다. 우리나라 정부의 회계연도는 역년도(calendar year)와 일치해서, 매해 1월 1일에 시작해서 12월 31일에 종료하도록 돼 있다.

2. 예산주기의 중복

예산은 '일정 기간' 동안 효력을 갖지만, 한 회계연도 동안 효력을 갖는 예산의 편성, 심의, 집행 및 결산의 과정을 거치기 위해서는 수년(즉, 예산의 주기)이 소요된다. 그런데 일정 연도를 기준으로 할 때, 각 회계연도의 예산 과정은 중복될 수밖에 없는 구조를 가진다. 예를 들어 2021년 회계연도의 경우 2021년 회계연도의 예산이 집행 중이지만, 이와 동시에 2020년 회계연도 예산의 사용에 대한 결산과 회계검사가 진행 중이며, 이와 동시에 2022년도 회계연도 예산의 편성과 심의가 이뤄지게 된다. 따라서 우리가 회계연도라고 표현했을 때는 예산이 집행되는 연도를 기준으로 회계연도를 구분한다고 보면 된다.

3. 예산 관련 법체계

예산 관련 법체계는 예산 과정의 각 단계에서 지켜야 할 준칙, 예산 과정 참여자의 권한과 책임, 그리고 예산 과정 각 단계의 시기와 절차를 규정해 놓은 법체계다. 예산 관련 법체계가 제대로 구비돼 있어야 ① 단기적 재정 안정과 중기적 재정 건전성 유지, ② 예산 배분의 효율성 제고, ③ 지출의 효율성 제고, ④ 현금의 적절한 관리, ⑤ 의회와 일반 국민에게 제공되는 관련 정보의 질 향상이라는 재무행정제도(public financial management system)의 다섯 가지 목적을 제대로 달성할 수 있다(하연섭, 2018: 94).

우리나라 예산 운용에 큰 영향을 미치는 법률로는 「헌법」, 「국가재정법」, 「국회법」을 거론할 수 있다. 우선 헌법에서 정부 예산과 관련된 조항은 제55조에서 59조까지 규정하고 있다. 예산에 관련된 「헌법」 규정으로는 무엇보다도 국회의 예산 심의 및 의결권을 분명히 하고 있으며, 예산 심의와 관련된 전반적인 일정과 절차를 규정하고 있다. 즉, 정부는 예산안을 회계연도 개시 120일 전까지 국회에 제출하고, 국회는 회계연도 개시 30일 전까지 이를 의결해야 한다고 규정하고 있다. 이를 통해 행정부가 예산을 편성하는 권한을 부여함으로써 묵시적으로 행정부 예산 편성제도(executive budget system)를 규정하고 있다. 예산편성권을 통해 행정부는 행정부가 선호하는 사업을 우선적으로 예산에 편성할 수 있기에, 행정부는 예산편성제도를 통해 사업의 우선순위를 정하고 효율적으로 추진하는 데 중요한 수단으로 활용한다.

「헌법」은 준예산, 계속비, 예비비, 추가경정예산안에 대한 총괄적인 규정을 두고 있는 것 외에, 세출예산에 관련된 국회 권한의 한계를 분명히 하고 있다. 즉, 국회는 정부의 사전 동의 없이 정부가 제출한 지출예산 각 항의 금액을 증가하거나 새 비목을 설치할 수 없도록 규정하고 있다. 또한 조세법률주의에 따라 조세의 종목과 세율은 법률로 정하도록 규정함으로써 조세법률주의 원칙을 천명하고 있다.

「국가재정법」은 우리나라의 예산과 관련된 법체계 중 가장 핵심적인 법이다. 「국가재정법」은 예산 운용의 기본 원칙, 예산의 편성, 집행, 결산과 관련된 절차와 관련 기관의 책임, 그리고 기금 운용의 원칙과 절차, 재정 건전성 등에 대해 상세히 규정하고 있다. 구체적으로 「국가재정법」에서 강조하고 있는 예산 운용의 기본 원칙으로는 ① 재정 운용 효율성 제고, ② 성과 중심 재정 운용, ③ 재정 투명성 제고, ④ 그리고 재정 건전성 유지다(원구환, 2019).

「국회법」 중 예산 심의와 관련된 조항은 제45조(예산결산특별위원회), 제83조의 2(예산과 관련 법률안에 대한 예산결산특별위원회와의 협의), 제84조(예산안, 결산의 회부 및 심사), 제84조 2(기금운용계획안의 회부 등), 그리고 제84조의 3(예산안, 기금운용계획안 및 결산에 대한 공청회) 등을 들 수 있다.

우리나라 국회에서 예산의 의결은 본회의에서 이뤄지지만, 예산의 실질적인 심의는 소관 상임위원회와 예산결산특별위원회에서 담당하고 있다. 「국회법」에 따르면 예산안, 기금운용계획안 및 결산을 심사하기 위해서 예산결산특별위원회를 두도록 하고 있으며, 예결위 위원은 임기가 1년으로서 50인을 두도록 규정하고 있다.

「국회법」 제84조는 국회에서 예산 심의 절차를 규정하고 있는데, 이에 따르면 정부의 시정연설을 들은 후 예산안을 소관 상임위원회에 회부하고, 상임위원회의 예비심사를 거쳐, 예산결산특별위원회의 심사, 그리고 본회의의 의결을 거치도록 규정돼 있다. 예산결산특별위원회에서는 예산안 및 결산 심사는 제안설명, 전문위원의 검토 보고, 종합 정책질의, 부별 심사 또는 분과위원회 심사 및 찬반 토론, 그리고 표결로 진행하도록 돼 있다(하연섭, 2018).

4. 예산 관련 기관

예산 관련 기관으로는 중앙예산기관, 수입·지출의 총괄기관, 중앙은행, 실무부처 등을 거론할 수 있다.

1) 중앙예산기관

중앙예산기관(central budget office)은 국가의 예산 편성을 담당하는 최고기관으로서 현재 기획재정부가 중앙예산기관이다. 중앙예산기관의 기능으로는 재정계획의 수립 및 예산 배분의 우선순위 설정, 예산의 편성과 조정, 예산 집행의 관리, 성과관리와 행정개혁 등을 들 수 있다.

2) 수입·지출의 총괄기관

수입·지출의 총괄기관이란 세입예산에서는 수입을, 세출예산에서는 지출을, 국가 전체로서 총괄하는 기관을 의미한다. 우리나라의 수입·지출 총괄기관은 기획재정부 국고국이다.

3) 중앙은행

중앙은행인 한국은행은 정부의 재정대행기관(fiscal agent)으로서 모든 국고금의 출납 업무를 대행한다.

4) 실무부처

우리나라 정책의 집행조직은 부(部)와 청(廳)으로 구분되는데, 부는 법률 등 정책결정을 주로 하는 기관을 의미하며, 청은 국민과 직접 관련이 있는 일상적인 서비스를 제공하는 기관을 의미한다. 중앙관서의 장은 중기사업계획서 및 예산요구서 작성, 예산의 집행, 결산, 기금관리 등의 기능을 담당한다. 각 부처 내에서 예산 요구의 조정과 예산의 관리는 기획조정실에서 이뤄지며, 특히 기획조정실 내의 예산담당관이 예산 편성 및 관리에 관한 실질적인 기능을 수행한다. 그리고 실무국 및 과(課)가 실제 예산의 요구와 예산의 집행 기능을 담당하고 있다.

5) 의회 소속 예산 관련 기관

국회에 소속된 예산 관련 기관으로는 2004년에 설립한 국회예산정책처가 있다. 국회예산정책처는 행정부와 독립적으로 국가의 예산, 결산, 기금 및 재정 운용과 관련된 사항에 대해 연구·분석 평가함으로써 국회가 재정통제권을 행사할 수 있도록 지원하기 위한 목적으로 설립된 기관이다. 국회예산정책처는 다음과 같은 기능을 수행한다(「국회예산정책처법」 제3조).

① 예산안·결산·기금운용계획안 및 기금 결산에 대한 연구 및 분석
② 예산 또는 기금상의 조치가 수반되는 법률안 등 의안에 대한 소요 비용의 추계
③ 국가재정 운용 및 거시경제 동향의 분석 및 전망
④ 국가의 주요 사업에 대한 분석·평가 및 중장기 재정 소요 분석
⑤ 국회의 위원회 또는 국회의원이 요구하는 사항의 조사 및 분석

5. 우리나라 예산 과정의 개관

우리나라의 예산 과정은 행정부의 예산 편성 → 국회의 예산 심의 및 의결 → 행정부의 예산 집행 → 행정부에 의한 결산과 국회의 결산 승인 네 단계로 이뤄져 있다.
구체적으로 예산 편성 과정은 기획재정부가 각 중앙관서에 국가재정운용계획 수립지침을 시달하는 것으로 시작된다. 이 지침은 예산 운용 대상 회계연도의 전전년도 12월 31일까지

시달하도록 돼 있다. 이러한 국가재정운용계획 수립지침에 따라 각 부처는 중기사업계획서를 작성해 1월 31일까지 기획재정부에 제출하며, 이를 토대로 기획재정부는 다시 각 부처에 3월 31일까지 예산안편성지침을 통보한다. 이후 각 부처는 예산요구서를 작성해 기획재정부에 5월 31일까지 제출하며, 이에 대한 조정 작업을 거쳐 정부예산안을 회계연도 개시 120일 전까지 국회에 제출하도록 돼 있다(하연섭, 2018).

국회에서 예산 심의 과정은 정부 시정연설 → 소관 상임위원회의 예비심사 → 예산결산특별위원회의 종합심사 → 본회의 심의·의결 순으로 진행한다. 국회는 예산안을 회계연도 개시 30일 전까지 확정하도록 돼 있다.

예산 집행은 예산 배정 → 예산의 재배정 → 지출원인행위 → 지출 순으로 진행된다. 국회에서 예산이 통과되면 각 중앙관서의 장은 예산배정요구서를 기획재정부 장관에게 제출하며, 기획재정부 장관은 이를 토대로 분기별 예산배정계획을 수립해 국무회의에 상정한다. 국무회의 심의와 대통령 승인 후에 기획재정부는 각 중앙관서의 장에게 예산을 배정한다. 이어서 중앙관서의 장은 예산 배정의 범위 내에서 예산지출 권한을 각 실무부서에 다시 부여하는 절차, 즉 예산의 재배정 절차를 수행한다. 예산의 재배정이 완료되면 각 실무부서는 계약의 체결, 즉 지출원인행위를 하게 되며, 끝으로 채권자에 대한 계좌 이체로 지출행위가 이뤄진다.

회계연도가 종료되면 그다음 회계연도 2월 10일까지 총세입부와 총세출부를 마감하며, 이를 토대로 각 중앙관서는 결산보고서를 작성해 2월 말까지 기획재정부에 제출한다. 기획재정부 장관은 중앙관서 결산보고서에 의거해 국가결산보고서를 작성해 국무회의에 심의를 거친 후 대통령이 승인을 얻어 다음 회계연도 4월 10일까지 감사원에 제출하도록 돼 있다. 이후 감사원은 5월 20일까지 결산검사를 완료해 기획재정부 장관에게 보고서를 제출하며, 정부는 감사원의 감사를 거친 국가결산보고서를 5월 말까지 국회에 제출한다. 정부는 국가결산보고서를 국회에 제출하며, 국회는 예산 심의 때와 마찬가지로 소관 상임위원회의 예비심사 → 예산결산특별위원회의 종합심사 → 본회의 심의·의결의 순서를 밟는다. 다음 〈표 6-3〉은 우리나라 예산 과정을 간략하게 정리해 놓은 것이다.

<표 6-3> 우리나라 예산 과정 개요

과정	내용	제출 기한
예산 편성 (t-1)	국가재정운용계획 수립지침 시달	전년도 12월 31일
	중기사업계획서 제출	1월 31일
	예산안편성지침 통보	3월 31일
	각 부처 예산요구서 작성 및 제출	5월 31일
	정부예산안 편성	6~8월
	예산안의 국회 제출	회계연도 개시 120일 전(9월 3일)
예산 심의 (t-1)	정부 시정연설	
	소관 상임위원회 예비심사	
	예산결산특별위원회 종합심사	
	본회의 심의·의결	회계연도 개시 30일 전(12월 2일)
예산 집행 (t)	예산 배정	
	예산 재배정	
	지출원인행위	
	자금 배정	
결산 및 회계검사 (t+1)	총세입부·총세출부 마감	2월 10일
	중앙관서 결산보고서 작성 및 제출	2월 말
	국가결산보고서 작성 및 감사원 제출	4월 10일
	감사원 결산검사	5월 20일
	국가결산보고서의 국회 제출	5월 31일
	상임위원회 예비심사	
	예결위원회 종합심사	
	본회의 심의·의결	

자료: 하연섭(2018: 104)에서 재인용.

제4절_ 예산제도 및 개혁

정부 재정사업에 대한 예산관리 규범은 역사적 과정을 거쳐 현실의 제도에 반영된다. 새로운 가치를 담아 예산제도를 개편하면 정부가 일하는 방식과 관료가 예산 지출에 책임지는 방식, 그리고 사업의 재원 배분 내용이 달라진다. 예산은 현실이기에 사소한 예산관리 규정의 변경도 현장에서는 상당한 긴장을 유발한다. 따라서 예산제도의 개편에는 개혁이라는 상징을 많이 사용한다(이종수 외, 2021).

바람직한 예산 체제는 통제, 관리, 기획, 성과의 네 가지 지향 가치(orientation)를 실천할 수 있는 수단을 가져야 할 것이다. 즉, 예산은 국민의 시각에서 통제돼야 하고, 비용·효과적으로 관리될 수 있어야 하며, 전략적인 정책 기획을 효과적으로 뒷받침해야 한다. 또한 성과를 구체적으로 창출해 결과에 책임을 져야 할 것이다.

위의 네 가지 지향 가치에 따라 그동안 주요 예산 형식(format)이 변화를 해왔다. 즉, 통제 지향적(control-oriented)인 예산은 품목별 예산(line-item budget)을 통해 구현됐고, 관리 지향적(managerial efficiency oriented)인 예산은 성과예산(performance budget) 형태로 발전됐으며, 계획 지향적인(planning-oriented) 예산은 계획예산(planning programming budgeting system: PPBS)으로 발전해 왔다.

1900년대 초 이후 현대적 의미에서 예산제도가 정착된 이후, 세계 많은 정부는 예산의 형태와 운용 시스템을 바꿈으로써 정부의 활동 방식을 개선하고 이를 통해 국민들에게 더 나은 서비스를 제공하려고 노력해 왔다. 이처럼 예산 개혁이란 예산의 분류 방식과 운용 방식을 개선해 나가 예산 운용에서 '합리성'을 제고해 나가기 위한 노력의 일환이다. 가장 대표적인 예산 분류 방식 개혁으로서는 품목별 예산제도, 성과예산제도, 그리고 계획예산제도를 들 수 있다.

1. 품목별 예산제도

품목별 예산(line-item budget)은 세입과 세출을 표시하면서 기관의 운영과 행정활동에 소요되는 품목을 나열해 금전적으로 표시한 것이다. 방만하게 지출될 수 있는 예산 항목(인건비, 물건비)에 대해 개별 부서의 지출을 통제하고, 공무원들로 하여금 회계적 책임에 민감하도록 회계감사를 수행하는 것이 품목별 예산 체계의 기본 목적이다. 품목별 예산제도는 1900년대 초 미국에서 관료와 정치인을 신뢰할 수 없다고 판단하던 시기의 예산관리 장치로 향후 모든 예산 편성의 기초가 됐다.

1921년 미국 예산회계법에서 이 제도를 도입했는데, 행정부 제출 예산제도와 함께 예산개혁을 위한 초기의 성과로 볼 수 있다. 품목별 예산제도는 투입 지향적 예산제도로 사업의 성과나 예산 운영 방식보다는 비용에 초점을 맞췄기에 공무원의 자의적인 지출행위를 감소시키는 데는 기여했다. 하지만 예산 담당자들은 전년도에 비해 개별 사업 항목들이 얼마나 더 증감됐는지를 확인할 뿐 특정 사업에 대한 지출 성과에 대해서는 관심을 두지 못한 한계가 존재한다(이종수 외, 2021).

2. 성과주의 예산제도

성과주의 예산(performance budget)은 품목별 예산 분류 형식에서 프로그램(사업) 예산 형식으로 전환하고 사업의 목적과 목표에 대한 기술서를 포함하고 있다. 여기에서 달성할 업무량에 대한 측정(고객 수, 수배자 수 등), 업무가 완료될 경우 효율성(고객 당 비용, 수배자 당 비용 등), 그리고 사업의 효과성(시민 만족, 대기 시간, 재범률) 등의 정보를 담아야 한다. 성과주의 예산제도에서는 재원 배분 과정에서 필요 사업량이 제시되기 때문에 예산과 사업을 연계시킬 수 있다. 품목별 예산은 사업에 필요한 인건비나 물품비만 계상하지만, 성과주의 예산에서는 그렇게 구입된 원료를 통해 무엇을 생산하는지 확인할 수 있다. 성과주의 예산은 운영관리를 위한 지침으로서 효과적이다. 관리자들은 산출물 기준으로 관련 사업에서 무엇이 기대된다는 것을 알게 되고, 생산 과정을 계획할 수 있다.

품목별 예산에 비해 성과주의 예산은 진일보했지만 성과주의 예산도 몇 가지 문제점이 있다. 첫째, 성과를 측정하기 위해서 산출물을 정의해야 하지만 정부조직 중에는 산출물을 정의하기 쉽지 않은 사업과 조직들이 존재한다. 둘째, 성과주의 예산제도의 성공 여부는 성과 측정의 질에 달려 있지만 성과 자체를 측정하기 어려운 경우가 있다. 셋째, 측정하고자 하는 사업의 성과가 정작 국민들이 원하는 서비스인가는 제대로 측정하지 못하는 경우가 있다(하연섭, 2018).

3. 계획예산제도

계획예산제도(planning programming budgeting system: PPBS)는 중장기적인 전략계획에 따라 예산이 일관성 있게 뒷받침될 수 있는 전략예산 체계를 지향한다. 계획예산제도는 프로그램 예산 형식을 사용하고 예산 편성에서 계량 기법들을 본격적으로 도입한다. 또한 다년도 분석과 비용·편익분석, 체제분석과 운영분석 등이 도입된다.

PPBS의 기본 토대는 프로그램 구조로, 이는 프로그램 범주와 하위 범주, 그리고 프로그램 요소로 체계화된다. 품목별 예산은 상향식 예산 과정을 수반하지만 PPBS에서는 반대로 하향식 접근을 선택한다. 품목별 예산과 달리 부서별 예산을 배정하는 것이 아니라 정책 부문별로 예산이 수직적으로 배분된다. 예산사업의 영향에 대한 구조화된 분석의 역할이 중요하고, 프로그램 평가가 PPBS의 핵심이다. 이에 따라 재원 배분 권한의 집권화가 강화된다. PPBS에서는 예산이 기존 실·국·과가 아닌 사업(program)을 중심으로 편성되기에 기존 조직을 뛰어넘을 수 있고, 또한 주요 사업에 대해 비용·편익분석(cost-benefit analysis)을 수행하기에 가장 고도화된 예산 체계라고 볼 수 있다.

PPBS는 가장 고도화된 예산 형식임에도 불구하고 몇 가지 문제점이 있다. 첫째, PPBS를 성공적으로 수행하기 위해서는 목표가 분명하게 정의되고 정부의 활동이 이러한 목표를 달성하는 데 얼마나 효과적인지 측정할 수 있어야 하는데 항상 그런 것이 아니다. 둘째, PPBS를 위한 사업 단위와 조직 단위 간 괴리가 발생할 수 있다. PPBS 도입에도 불구하고 사업 단위가 아닌 조직 단위별로 예산이 요구되고 배분되는 것이 종종 현실이다. 셋째, 정부 전체 지출 중에 가장 많은 부분을 차지하는 복지 지출 등 의무 지출은 분석의 대상이 되지 않으며, 따라서 PPBS 대상이 아니다. 마지막으로 개별 사업 수준(미시)에서 목표 달성을 위한 대안적 방법에 대해 체계적인 분석을 함으로써 자원 배분의 효율성을 제고할 수 있지만 복지, 교육, 국방 간의 예산 배분과 같이 좀 더 근본적인 자원 배분 결정은 합리적 선택의 문제라기보다는 가치 판단과 정치적인 결정의 문제이기에, 여기서 PPBS의 역할은 한정돼 있다(하연섭, 2018).

4. 영기준 예산제도

재정 긴축을 맞이하면서 1976년 미국 의회와 당시 대통령 후보인 카터(Jimmy Carter)는 예산 개혁 방안으로서 영기준 예산제도(zero-based budget: ZBB)를 제시했다. ZBB에서는 모든 지출제안서를 영점 기준에서 검토하도록 요구한다. ZBB는 기대되는 계획과 목적을 달성하는 데 필요한 정책 대안과 지출을 묶어 재정사업을 평가한다.

계량모형에 근거한 객관적인 기준을 사용하는 PPBS와 달리 ZBB에서는 우선순위를 설정할 때, 의사결정자들의 주관적 판단을 인정한다. 의사결정자들은 개별 프로그램의 목적과 우선순위, 그리고 가중치를 매년 원점에서 평가하기 때문에 영(零, zero)의 의미가 있다. 감축관리를 추진할 때 영기준 예산제도의 의미가 부각된다. 영기준 예산제도도 합리적 예산제도 중 하나이지만 모든 사업을 원점에서부터 재출발해야 하고, 이를 위한 막대한 문서 작업(paper work)이 수반돼야 하기에 후에 그 활용도가 급감했다.

5. 결과 지향적 예산제도(새로운 성과주의 예산제도)

전통적으로 예산제도 개혁은 과거와 다른 새로운 예산서 형식을 개발하는 데 초점을 뒀다. 하지만 1990년대 이후 주요 국가들은 예산서의 형식보다는 재정사업 운영 과정이나 기능을 강조하면서 새로운 성과주의 예산 체제를 설계했다. 신공공관리론에 기초한 정부혁신의 물결 속에서 영미권 국가들은 1980년대 후반부터 다양한 형태의 예산 개혁을 추진했다.

예산제도의 형식은 다양했지만 주요 국가들이 예산 개혁에서 확인할 수 있는 공통점은 재정사업이 수행된 이후 확인되는 구체적인 결과(outcome, result)를 강조한다는 점이다.

결과 지향적 예산제도하에서는 사업의 목표, 결과, 그리고 재원을 모두 연계해 성과에 대한 계약으로 활용한다는 것이다. 이 방식대로 예산제도가 운영되려면 예산 결정과 직접 연계되는 성과지표의 개발과 측정이 중요하다. 과거의 예산제도는 합법성, 효율성, 그리고 효과성을 추구한 반면 새로운 성과주의 예산제도하에서는 동기부여를 강조하고 재정사업 담당자들에게 재원 배분과 관련해 더 많은 권한을 주는 분권화된 인센티브 체계를 추구한다. 대신 관리자들은 사업의 결과에 대해 책임을 져야 한다. 즉, 집행과 재량의 결과에 대한 책임이라는 두 가지 요소가 새로운 성과주의 예산제도의 핵심이다(이종수 외, 2021).

〈표 6-4〉는 주요 예산제도 중에 가장 기초가 되는 세 가지 예산제도(품목별 예산제도, 성과주의 예산제도, 계획예산제도) 간에 특징, 초점, 예산의 지향을 중심으로 비교·설명한다.

〈표 6-4〉 주요 예산제도 개혁의 특징

예산의 형식	특징	예산의 초점 (focus)	예산의 지향 (orientation)
품목별 예산제도	• 구입한 재화나 자원에 의한 지출의 분류 • 지출 대상에 대한 세부적인 분류 • 지출에 대한 집권적 통제와 지출을 둘러싼 행정권 남용의 최소화 • 지출 통제와 책무성 확보	구입한 자원 (input)	통제 (control)
성과 예산제도	• 업무량 혹은 활동에 의한 지출의 분류 • 각 활동별 단위 비용의 계산 • 과업과 활동의 효율적 수행 • 내부관리의 효율성 제고와 서비스 공급 비용의 감소 • 사업의 목표는 주어진 것으로 받아들이되 사업 목표를 달성하기 위해 가장 비용이 적게 드는 방법을 강구	수행한 과업 혹은 활동 (output)	관리 (managerial efficiency)
계획 예산제도	• 목표에 따른 지출의 분류 • 조직의 경계를 뛰어넘어 비용을 계산 • 결과와 다년도 계획에 초점 • 합리적 선택을 위한 의사결정 과정의 향상	성과 (재화 혹은 산출), 제공된 서비스	기획 (planning)

자료: 하연섭(2018: 237)을 재구성함.

제5절_ 예산결정이론

예산결정이론은 왜 그러한 예산 배분이 소관별, 부서별, 사업별, 기능별로 이뤄졌는가에 대한 설명으로, 기본적으로 예산자원 배분에 미치는 주요 요인들을 파악하는 접근 방법이다. 예산결정이론은 키(Valdimer O. Key, Jr.)의 질문, 즉 "어떠한 근거로 X 달러를 B 사업 대신 A 사업에 배분하도록 결정하는가?"에서부터 본격적으로 연구가 이뤄진 측면이 있다(이종수 외, 2021; 원구환, 2019).

예산결정이론은 크게 예산 배분의 경제적 합리성(효율적 자원 배분)을 강조하는 이론과 정치적 측면을 강조하는 이론(정치적 타협의 결과로서 예산)의 흐름으로 구분할 수 있다. 예산 배분의 경제적 합리성을 강조하는 관점은 포괄적이고 분석적이며 체계적인 접근 방식이고(총체주의), 정치적 측면을 강조하는 것은 점증적이고 단편적인 접근 방식이다(점증주의). 이 밖에도 예산 배분을 설명하는 주요 이론적 모형으로는 공공선택론, 다중합리성이론, 그리고 단절적 균형이론 등이 존재한다.

1. 총체주의

총체주의(synopticism)적(또는 합리주의적) 예산 결정이란 합리적 선택모형(rational choice theory)에 입각한 예산상의 의사결정을 의미한다. 예산을 '과정' 측면에서 볼 때, 합리적·분석적 의사결정 단계를 거쳐 예산을 결정하는 것을 목표로 한다. 목표와 수단은 연쇄(chain) 관계에 있다(예산은 목표를 달성하는 수단으로 판단함)고 보면서 목표-수단 분석과 이를 뒷받침할 이론모형을 중시한다(원구환, 2019).

'결과' 측면에서 보면 예산을 통해 달성하고자 하는 목표, 즉 사회후생이 극대화되도록 예산이 배분된 상태를 말한다. 총체주의적 예산 결정에는 경제학의 한계효용, 기회비용, 최적화 개념 등이 사용된다. 루이스(Verne B. Lewis)의 이론이나 쉬크(Allen Schick)의 '체제예산운영(system budgeting)'도 총체주의를 반영하는 개념이다.

총체주의적 예산결정이론은 예산 결정 과정을 합리화해 예산상의 편익을 극대화하고 희소자원의 효율적 및 효과적 활용을 위한 결정 방식으로, 규범적 성격이 강하다. 예산 결정에서 합리성을 활용하고자 한 기존의 영기준 예산(ZBB), 성과주의 예산, 계획예산(PPBS) 등은 총체주의적 예산결정이론을 제도화한 것들이라고 볼 수 있다(하연섭, 2018).

합리주의(rational choice theory)를 활용해 과정 측면에서 총체주의는 다음 단계를 거친다. ① 문제의 확인 및 목표의 정의, ② 대안의 탐색·개발, ③ 대안의 비교·평가, ④ 대안의 선택(최적 대안), ⑥ 선택된 정책(대안) 및 사업에 예산 배분.

예산의 합리적 결정을 강조하는 총체주의는 희소자원의 효율적 및 효과적 배분을 위해 중요한 근거로 제시되고 많은 예산이론은 총체주의의 영향을 직·간접적으로 받았다. 하지만 총체주의 예산 배분 이론도 현실적인 한계가 존재한다(원구환, 2019). 첫째, 예산을 결정하는 데에는 인간의 인지 능력의 한계, 결정 비용의 과다, 상황의 불확실성 등의 다양한 제약 조건이 존재하는바, 총체주의가 제시하는 모든 대안의 탐색과 정확한 결과 예측 등은 현실적으로 불가능한 면이 있다. 둘째, 총체주의는 목표가 명확히 정해져 있다는 전제하에서 최적의 수단을 탐색한다고 가정하지만, 현실적으로는 문제나 목표가 명확하지 않은 경우가 많을 뿐만 아니라 상호 모순되거나 상충되는 경우도 있다. 셋째, 현실적으로 공공재에 대한 선호 현시가 어렵기 때문에 사회후생함수를 찾아내는 것이 거의 불가능하다. 넷째, 체계적이고 과학적인 분석을 위해서는 계량화가 필요하다고 하지만 공공 부문은 산출 자체가 추상적인 경우가 많기 때문에 적용이 곤란한 경우가 많다. 다섯째, 총체주의는 경제적 분석을 중시함으로써 다양한 이해관계의 조정(정치적 합리성)이라는 예산의 정치적 요소를 무시하고, 의회의 심의 기능을 약화시킬 수 있는 가능성이 존재한다. 여섯째, 총체주의하에서 참모기관에 의한 분석적 작업을 강조함으로써 예산 결정에서의 집권화를 초래할 수 있다(예: PPBS).

2. 점증주의

예산결정이론에서 점증주의(incrementalism)는 합리적 선택모형에 입각한 총체주의 입장과는 달리 인간의 능력 부족과 환경의 불확실성에 기초한 제한된 합리성(bounded rationality)을 전제한다. 즉, 점증주의자들은 인간의 인지적 능력 한계에 따라 예산을 결정할 때 모든 가능한 대안을 고려하지 못하며, 제한된 정보와 경험에 근거해 만족할 만한 수준에서 예산을 결정한다는 것이다. 따라서 예산 결정은 전년도 예산 규모에 근거해 소폭의 변화만이 이뤄질 뿐이라고 주장한다. 물론 시간이 흐름에 따라 환류되는 정보를 바탕으로 잘못된 점이 있으면 수정·보완하는 방식으로 결정된다. 이러한 점증주의는 일반적인 정책결정에서는 린드블롬(Charles Lindblom) 그리고 예산 결정에서는 월다브스키(Aaron Wildavsky)가 대표적인 학자들이다.

과정 측면에서 점증주의는 연속적이고 제한적인 비교분석을 수행하지만, 예산 결정이 적응적 또는 조정적 과정을 통해 이뤄진다고 주장한다. 점증주의의 효용으로는 참여·이익 표출의 촉진이 가능하며, 지출 대안의 탐색과 분석에 소요되는 결정 비용을 절감할 수 있다. 또한 예산 결정 참여자들 간 협상·타협에 의한 갈등 조정이 가능하고, 예산 규모에 대한 높은 예측 가능성이 있다. 이러한 이유 때문에 품목별 예산제도와 결합된 점증주의는 예산 결정을 간결하게 하고, 정치적 가치들을 예산 결정에서 고려할 수 있다.

그럼에도 불구하고 점증주의의 한계로는 첫째, 어느 정도의 변화를 점증적이라고 볼 것인가, 무엇을 대상으로 삼아 점증성을 판단할 것인가에 대한 합의가 없다. 둘째, 왜 점증적 변화가 보편적인 현상인가에 대한 명확한 설명이 없다. 셋째, 점증주의 방식으로 예산자원을 배분할 경우 정치적 실현 가능성과 정책결정 체제의 안정성을 중시함으로써 현존 상태를 옹호하는 보수주의적인 성격을 띠는 경향이 강하다. 따라서 점증주의에 따르면 비효율적인 예산 배분이 지속될 수밖에 없는 한계가 존재한다(원구환, 2019). 〈표 6-5〉는 총체주의와 점증

〈표 6-5〉 총체주의와 점증주의 비교

구분	총체주의	점증주의
미시적 과정	총체적이고 체계적인 분석	연속적이고 제한된 비교
거시적 과정	집권적이고 제도화된 프로그램 예산 편성	당파적 상호 조정
결과	신규 사업과 대폭적이고 체계적인 변화	전년도 예산의 소폭적인 변화
특징	• 이상적, 규범적, 경제적, 개혁적 • 목표-수단 분석: 목표는 주어진 것 • 모든 대안과 요소를 포괄적으로 고려 • 비용의 극소화, 목표의 극대화 추구	• 현실적, 기술적, 정치적, 부분적 • 목표-수단 분석 미실시: 목표 조정 가능 • 한정된 수의 대안만을 고려 • 한계적 가치만을 고려

자료: 하연섭(2018)을 재정리함.

주의 간에 과정, 결과, 특징을 중심으로 간단히 비교한 것이다.

3. 공공선택론

공공선택론(public choice theory)은 신고전경제학파의 가정에 기초해 예산 관료의 행태를 분석하면서 등장한 예산결정이론이다. 공공선택론자들에 따르면, 관료는 공익을 대변하는 합리적 대리인이 아니라 자신의 효용을 극대화하는 이기적인 합리성을 따르는 경제적 주체로 가정한다. 대표적으로 니스카넨(William A. Niskanen)은 관료가 권력의 극대화를 위해 소속 부서의 예산 규모를 극대한다고 설명한다(관료에 의한 예산극대화 이론)(Niskanen, 1971). 즉, 관료는 공공재의 비용보다 편익에 더 많은 관심을 둠으로써 실제 비용이 예산에 의해 충당돼야 한다는 점에 대해서만 신경을 쓴다는 것이다(이종수 외, 2021).

4. 다중합리성이론

예산 결정 과정의 각 단계별로 영향을 미치는 합리성은 경제적 기준만 존재하는 것이 아니라 정치·사회·법적 측면에서 다양하며, 이들 요인도 도두 예산에 의미 있게 영향을 미친다. 이와 같은 관점에서 예산의 과정적 접근 방법에 근거해 서메이어(Kurt M. Thumaire)와 윌로비(Katherin G. Willoughby)는 다중합리성이론(multiple rationalities budget theory)을 제시했다(Thumaire & Willoughby, 2001). 예산 과정이 하나의 관점에서 일관성 있게 전개된다는 전통적 이론에 따른다는 기존 예산결정이론은 현실성이 약하며, 현대 예산의 복잡성을 고려하면 포괄적인 이념형에 가까운 예산결정이론은 성립할 수 없다는 점을 시사한다. 현실에서 재원이 배분되는 것은 예산 결정 과정의 다양한 각 단계별 특성들이 복합적으로 작용해 나타나는 현상임을 감안할 때 다중합리성이론은 나름대로 설명력이 있다고 할 수 있다.

5. 단절적 균형이론

단절적 균형이론(punctuated equilibrium theory)은 예산의 배분 형태가 항상 일정하게 유지되는 것이 아니라 특정 사건이나 상황에 따라 균형 상태에서 급격한 변화가 발생하고 이후 다시 균형을 유지한다는 예산결정이론이다. 대표적인 학자로는 바움가트너(Frank R. Baumgartner)와 존스(Bryan D. Jones)가 있다. 이 이론은 특히 예산이 전년 대비 일정 정도의 변화에 그친다는 점증주의 이론의 한계를 비판한다. 이 이론은 사후적인 분석으로는 적절하지만 단절적 균형이 발생할 수 있는 시점을 사전에 예측하지 못하기 때문에 미래 지향성 측면에서는 한계가 있다(이종수 외, 2021).

제6절_ 재정관리와 재정규율제도

1. 주요 재정관리제도

정부의 재정 규모가 커지고 이에 따라 효율적이며 효과적이고, 또 필요 시 형평성 있는 재정관리를 위해서 예산 편성, 심의, 집행, 결산 및 사업평가, 그리고 사후관리 각 단계에 맞는 다양한 재정관리제도가 등장했다. 일례로 예산 편성 단계에는 프로그램 예산제도, 국가재정운용계획, 총액배분 자율편성 예산제도(top-down) 등이 있으며, 집행 단계에서는 총사업비 관리, 재정준칙이 있다. 그리고 사업 적정성 판단을 위해서는 예비타당성조사가 있고, 결산 단계에서는 발생주의 복식부기 정부회계제도가 있다. 사후 사업평가 단계에는 재정사업평가제도가 있다. 이들 주요 재정관리제도를 간단히 소개한다.

1) 프로그램 예산제도

프로그램 예산제도는 프로그램(사업)을 중심으로 예산을 편성하는 제도다. 프로그램은 유사한 정책을 수행하는 사업의 묶음으로, 프로그램 구조는 프로그램 → 단위사업 → 세부사업으로 구성돼 있다. 프로그램 구조는 예산 분류 및 예산과목 체계와 대응되는데, 기능별 분류로는 분야 그리고 부문으로, 사업별 분류는 프로그램, 단위사업, 세부사업으로 대응된다. 중앙정부는 2007년부터 프로그램 예산제도를 공식적으로 도입했다.

프로그램 예산제도는 개별 사업들을 평가하는 데 유용한 예산 체계다. 프로그램 예산제도를 통해 사업의 성과 및 비용과 편익을 평가해 예산과 결산에 반영하기에 프로그램 예산제도는 성과주의 예산제도를 실현하는 기본 틀이라고 볼 수 있다. 프로그램 예산제도하에서 정부는 예산안 편성 시 중앙관서별로 성과계획서를 작성해 성과 목표와 성과지표를 사전에 설정하고, 결산을 통해 성과보고서에 그 달성 여부를 적시한다. 우리나라에서 성과주의 예산제도에 관심을 가지게 된 것은 1997년 IMF 경제 위기 직후부터다. 2007년 「국가재정법」이 시행되면서 2009년 예산안부터 성과계획서가 작성돼 국회에 2008년 처음 제출됐고, 성과보고서는 2009 회계연도 결산서와 함께 국회에 2010년 처음 제출됐다.

프로그램 예산은 재정 과정 및 운영의 제도적 허브 역할을 수행한다. 편성 단계에서 전략적 재원 배분 단위가 되며, 총액배분·자율편성(top-down) 방식의 한도액 설정 단위가 된다. 심의 단계에서는 예산 심의 단위, 집행 단계에서는 이용 단위, 결산 단계에서는 성과평가 단위, 결산보고 단위가 된다. 노무현 정부하에 4대 재정 개혁으로 칭해지는 프로그램 예산제도는 성과관리, 발생주의 정부회계, 중기재정계획, 총액배분·자율편성 등 제도와 직간접적으로 연계돼 있다(원구환, 2019).[3]

2) 국가재정운용계획

국가재정운용계획은 정부가 매년 당해 회계연도부터 5회계연도 이상의 기간에 대해 수립

---

[3] 노무현 정부하에서 이뤄진 4대 재정개혁은 국가재정운용계획, 총액배분 자율편성 예산제도, 성과관리 예산제도(프로그램 예산 및 발생주의 복식부기 도입을 통한), 그리고 이들을 실시간으로 연결한 디지털 예산회계 시스템 구축이다.

하는 재정운용계획이다. 현재 예산안과 함께 국회에 제출하고 있다. 국가재정운용계획에는 재정 운용의 기본 방향과 목표, 중장기 재정 전망 및 그 근거, 분야별 재원 배분 계획 및 투자 방향, 조세부담률 및 국민부담률 전망, 통합재정수지에 대한 전망과 그 근거 및 관리계획이 포함된다. 국가재정운용계획은 중장기 국가 비전과 정책 우선순위를 고려한 중기적 시계(時界)를 반영하며, 단년도 예산 편성의 기본 틀이 된다(국회예산정책처, 2019).

국가재정운용계획은 예산안과 함께 국회에 제출되지만 국회가 예산안처럼 심의해 확정하지 않는다. 국가재정운용계획의 기초가 되는 문서는 개별 부처의 중기재정계획이다. 중기재정계획에는 개별 부처의 향후 4년간의 주요 사업, 세입 및 세출 전망 등이 포함돼 있다. 보통 국가재정운용계획은 개별 부처의 중기재정계획에 기반해 작성하기에, 개별 부처의 중기계획을 사전에 심의해 거시적·전략적 차원에서 재원 배분 계획을 수립하고, 이에 따라 국가재정운용계획 전략회의 시 부처별 지출 한도를 사전에 설정할 필요가 있다. 따라서 단년도 예산안을 심의하기 전에 개별 부처의 중기계획에 대해서도 사전 심의를 할 필요가 제기된다.

3) 총액배분 자율편성 예산제도

총액배분 자율편성(top-down) 예산제도는 정부가 예산안 편성 시 사전에 각 중앙관서의 지출 한도를 설정하고, 각 중앙관서는 그 한도 내에서 예산을 자율적으로 편성하는 제도다. 스웨덴, 네덜란드, 캐나다 등에서 먼저 이 제도를 시행했는데, 이 제도를 통해 재정적자를 해소하고 지출의 효율성을 유도하려는 목적으로 시행했다.

우리나라는 2004년도부터 이 제도를 도입해 운영하고 있으며, 지출 한도는 재정 당국이 각 부처에 예산안 편성지침과 함께 통보하고 있다. 분야별, 부처별 지출 한도는 거시적·전략적 차원의 재원배분계획과 밀접한 관련이 있기에, 국가재정전략회의에서 국가재정운용계획의 기본 방향과 함께 정해진다.

총액배분 자율편성제도를 실시해 중앙관서의 전체 예산 팽창의 일정 부분을 통제할 수 있지만, 문제는 국회의 예산 심의 시 행정부와 유사한 각 상임위원회의 경우 소속 중앙관서별 총액배분 자율편성 예산제도를 도입하고 있지 않기에, 행정부에서 삭감한 예산이 상임위원회에서 오히려 증액돼, 행정부의 총액배분 자율편성 예산제도의 취지가 퇴색하고 있는 실정이다. 계속 팽창해 나가는 국가재정 규모를 통제하기 위해서도 향후 우리나라 국회에서도 예산 심의 시 미국의 의회에서처럼 각 중앙관서별 총액배분 자율편성 예산제도 도입을 신중히 검토할 시점이다(하연섭, 2018).

4) 공공투자 관리제도

우리나라의 대표적인 공공투자 관리제도로는 예비타당성조사제도, 총사업비 관리제도, 그리고 타당성 재조사제도가 있다. 국가의 비효율적인 공공 투자가 일어나는 이유는 공공투자를 둘러싼 공유자원의 문제, 정보 비대칭, 그리고 정치적 영향 때문이다. 따라서 효율적인 공공투자관리를 위해서는 공공투자관리의 집권화, 독립적인 정보 생산, 그리고 공공투자관리의 '탈정치화'가 필요하다.

1999년에 도입된 예비타당성조사제도는 전문기관(KDI, KISTEP)이 대규모 공공투자사업의 타당성을 분석하고 그 결과에 따라 재정사업의 신규 투자를 결정하는 제도다. 예비타당성조사는 총사업비가 500억 원 이상이고 국가의 재정 지원 규모가 300억 원 이상인 신규 사업으로서 건설사업, 정보화사업, 국가연구개발사업 및 중기재정지출이 500억 원 이상인 사회복지, 보건, 교육, 노동, 문화 및 관광, 환경 보호, 농림해양수산, 산업·중소기업 분야의 사업을 대상으로 실시되고 있다. 단 총사업비의 규모가 예비타당성조사 대상 사업이라 할지라도 공공청사, 교정시설, 초·중등 교육시설의 신·증축 사업, 문화재 복원사업, 국가안보에 관계되거나 보안을 요구하는 국방 관련 사업 등 국가가 의무적으로 추진해야 하는 사업이나 조사의 실익이 없는 사업은 예비타당성조사에서 제외된다(하연섭, 2018).

기획재정부는 중장기 투자계획과의 부합성, 사업계획의 구체성, 사업 추진의 시급성, 국고 지원의 요건, 지역 균형 발전 요인 또는 기술 개발 필요성 등의 기준을 적용해서 예비타당성조사사업을 선정한다. 예비타당성조사는 경제성 분석, 정책적 분석, 지역 균형 발전 분석을 실시한 후 각 분석 결과를 종합적으로 고려해 다기준 분석의 일종인 계층화분석(Analytic Hierarchy Process: AHP) 기법을 활용해 결론을 내리도록 돼 있다. 경제성 분석은 기본적으로 비용·편익분석을 수행한다. 정책적 분석은 재원 조달 가능성, 상위 계획과 일치성, 환경성 평가 등의 항목을 포함하며, 지역 균형 발전 분석은 지역 낙후도, 지역경제 활성화 등 지역 발전에 미치는 요인을 분석한다. 종합평가는 이상의 분석을 바탕으로 이뤄지며, 통상 AHP〉= 0.5이면 사업 추진의 타당성이 있는 것으로 판단한다.

총사업비 관리제도는 국가의 예산 또는 기금으로 시행하는 대규모 사업의 총사업비를 사업 추진 단계별로 합리적으로 조정·관리함으로써 무분별한 사업비 증가를 미연에 방지하고 재정지출의 효율성을 제고하기 위한 목적으로 시행하는 제도다. 총사업비 관리 대상 사업은 사업 기간이 2년 이상 사업으로 총사업비가 500억 원 이상이고 국가의 재정 지원 규모가 300억 원 이상인 토목·정보화사업, 총사업비가 200억 원 이상인 건축사업, 총사업비가 200억 원 이상인 연구시설 및 연구단지 조성 등 연구 기반 구축 R&D 사업이다(기획재정부, 2018).

총사업비 관리 대상 사업으로 선정되면, 총사업비 관리대장에 등재되고, 사업 추진의 각 단계별로 사업 예산의 변동이 있을 때마다, 각 부처 및 기획재정부와 협의해야 한다. 원칙적으로 예비타당성조사 대상 사업의 경우 총사업비가 200억 원 이상인 건축사업과 총사업비 200억 원 이상인 연구 기반 구축 R&D 사업은 총사업비 관리 대상이 되므로, 예비타당성조사 대상 사업보다 관리 범위가 넓다.

타당성 재조사제도는 예비타당성조사의 부족한 부분을 채우는 제도다. 대규모 투자사업의 경우 예산을 확보하기 위한 방편으로 사업의 착수 단계에서 총사업비를 과소 추계해 예비타당성조사를 피했지만, 사업이 실제 시작되고 난 후 비용이 증가해 실질적으로 예비타당성조사를 받았어야 하는 사업들이 흔히 있다. 특히, 지역 숙원사업인 도로나 항만 등 사회간접자본(SOC) 사업을 유치해야 하는 자치단체 입장에서는 최초 단계에서 사업비가 적게 드는 것으로 보고해 사업을 일단 시작하는 전략을 활용하는 경우가 종종 있다. 실제 사업을 진행하는 과정에서 비용이 증가하더라도 매몰비용(sunk cost)과 정치적 이해관계 등의 이유 때문에 사업의 타당성이 낮아도 예산 당국이 예산을 삭감할 수 없을 것이라는 계산을 하기 때문이다. 공공투자와 관련된 이러한 도덕적 해이(moral hazard)를 방지하기 위해 도입한 제도가 타당성 재조사제도다.

예비타당성조사는 사업이 시작되기 전 사전적으로 대규모 사업의 타당성을 검증하는 제도인 반면, 타당성 재조사는 이미 시행 중인 사업을 재검토하는 제도라는 점에서 차이가 있다. 타당성 재조사 분석 방법은 예비타당성조사와 동일하며, 재조사 결과 타당성이 없는 것으로 판정이 될 경우 사업이 중단되도록 규정돼 있다. 타당성 재조사는 사업 추진 과정에서 총사업비가 예비타당성조사 대상 규모로 증가한 사업, 물가 인상분 및 토지 등의 손실보상비가 증가분을 제외한 총사업비의 20% 이상 증가한 사업, 사업의 수요 예측치가 30% 이상 감소한 사업을 대상으로 실시된다. 다만 사업의 상당 부분이 시공돼 매몰비용의 비중이 큰 사업, 총사업비 증가가 법정경비의 반영이나 상위 계획의 변경에 의한 경우, 긴급한 경제·사회적 상황 대응 목적으로 추진되는 사업, 재해 예방·복구 지원 등의 사업의 경우에는 타당성 재조사를 실시하지 않을 수 있다(하연섭, 2018).

5) 디지털 예산회계 시스템

2007년 이전까지 재정정보 시스템은 각 기관별로 관리돼 통합된 재정정보의 제공이 어려웠다. 수많은 정보가 실시간 필요한 상황에서 각종 재정제도의 혁신을 뒷받침할 시스템 구축이 필요했기에 정부는 2007년부터 디지털 예산회계 시스템(Digital Budgeting & Accounting System: Dbrain)을 구축해 운영하고 있다. 디지털 예산회계 시스템을 활용해 예산 편성, 집행, 회계, 결산, 성과관리 등 재정활동의 모든 과정이 수행되고 그 결과 생성된 정보가 실시간 관리되고 있다.

디지털 예산회계 시스템을 통해 정부 재정활동 전반(예산 편성, 집행, 자금관리, 국유재산 및 물품관리, 채권, 채무, 회계결산)이 하나의 시스템에서 처리된다. 또한 재정자금 출납의 모든 과정을 전자화하고 이를 기반으로 재정 운영 현황을 실시간으로 파악할 수 있도록 구성돼 있다. 추가적으로 이러한 시스템을 활용해 정부의 각종 재정통계분석 정보를 산출해 과거 실적, 현황, 예측 등 다양한 통계자료를 제공하고, 정부의 정책결정에 올바르게 이뤄질 수 있도록 지원하고 있다(원구환, 2019).

6) 발생주의 복식부기제도

2010년 이전에는 정부의 결산서 제출 시 현금주의 단식부기 방식으로 작성한 '세입세출결산서'만을 제출했다. 하지만 현금주의 방식으로는 수입과 지출만 파악할 수 있고, 자산, 부채, 순자산(자본), 수익, 비용 등에 대한 개념이 없기에 정부의 재정 상태를 파악하기 어려운 점이 있다. 이러한 이유 때문에 현금주의 회계하에서는 정부의 자산관리가 비효율적으로 이뤄질 위험성이 존재한다.

또한 현금주의 회계 방식하에서는 자본의 기회비용을 인식하지 못하기 때문에 정부활동에 소요되는 전체적인 비용을 파악하기 어렵다. 즉, 현금주의 방식으로는 정부사업의 성과 평가를 위해 필요한 비용에 대한 정확한 정보를 제공하지 못하는 단점이 있다. 게다가 현금주의 회계 방식하에서는 오직 현재 이뤄지고 있는 현금의 수입과 지출에 대해서만 초점을 맞추기 때문에 향후 예상되는 수익과 비용에 대해 제대로 된 정보를 제공해 줄 수 없다(하연섭, 2018).

이에 비해 발생주의 방식하에서는 경상적 지출과 수입의 인식이 가능하고, 자본적 지출의 인식(예: 감가상각)도 가능하다. 또한 공무원 퇴직 시 제공하는 공무원연금의 부채(연금충당부채) 인식도 가능하다. 게다가 발생주의 회계하에서는 정부부처의 자본사용료 부과가 가능하기에 각 부처는 사무공간 등을 효율적으로 활용할 수 있는 인센티브를 제공할 수 있는 장점이 있다(하연섭, 2018; 원구환, 2019).

정부는 2010년 회계연도부터 현금주의 방식으로 산출한 세입세출결산서 외에 발생주의 방식으로 산출한 '재무제표'를 제출하도록 했다. 재무제표는 재정상태표, 재정운영표, 순자산 변동표로 구성돼 있고, 공무원연금 충당부채에 대한 각종 정보를 포함하고 있어, 발생주의 방식을 활용한 다양한 정보를 제공해 주고 있다. 발생주의 방식의 재무제표 정보는 정부재정 상태의 명확화, 장기적인 시각에서 재정 운용 유도, 정부활동에 소요되는 비용의 정확한 파악, 성과주의 예산제도에 적합, 정부 운영에 경쟁 도입, 자산관리의 효율화에 많은 기여를 하고 있다(하연섭, 2018). 그뿐만 아니라 국가부채와 공무원 연금충당부채 파악에 아주 유용하게 활용하고 있다.

7) 재정성과 관리제도

우리나라에서는 2007년 이후 성과 중심의 재정 운용을 위해 재정성과 관리제도를 구축해 운용하고 있다. 현재 우리나라에서 운용하고 있는 재정성과 관리제도로는 성과목표 관리제도, 재정사업 자율평가제도, 재정사업 심층평가제도, 지출심사(spending review)제도 등이 있다.

2003년에 도입된 재정사업 성과목표 관리제도는 기본적으로 성과 목표의 설정과 이에 바탕을 둔 재정사업의 집행, 그리고 그 결과에 대한 보고 체계로 구성돼 있다. 이를 위해 모든 중앙관서는 사전적 계획의 성격을 갖는 성과계획서와 사후적 보고의 성격을 갖는 성과보고서를 제출하도록 돼 있다.

성과계획서는 부처의 임무-전략 목표-성과 목표-관리 과제의 순으로 위계적 질서로 구성돼 있다. 이때 부처의 임무는 부처 존립의 이유와 역할이며, 전략 목표는 기관 임무 수행을 위해 중장기적으로 추진하는 중점 정책 방향을 의미한다. 성과 목표는 개별 재정사업(관리과제)을 통해 달성하고자 하는 구체적 목표로서, 성과관리의 기본적 단위라고 할 수 있다. 성과 목표의 달성을 측정하기 위해 성과 목표와 관리 과제에 대한 계량적인 척도인 성과지표를 설정한다.

성과보고서는 예산 집행 후 성과 목표의 달성 정도를 측정해 보고하는 체제로 구성돼 있다. 2009년 회계연도부터 모든 중앙관서의 성과계획서와 성과보고서의 국회 제출이 의무화됐다.

재정사업 자율평가제도는 2005년 도입된 이후 몇 차례 제도 변경이 이어져 왔다. 애당초 재정사업 자율평가제도는 미국의 사업평가기법(program assessment rating tool: PART)을 참고해 도입했는데, 2005년부터 2015년까지 기본적으로 기획재정부가 평가 기준 및 평가지표를 사전에 지시하고, 이에 기반해 각 부처가 재정사업에 대해 자율적인 평가를 실시한 후, 기재부가 이를 확인·점검하는 방식으로 진행됐다. 이 시기어 재정사업 자율평가는 각 부처가 시행하는 사업을 매년 1/3씩 평가하는 방식을 취했으며, 사업의 평가 등급과 예산 배분을 직접적으로 연계시킨 것이 특징적이었다. 즉, 재정사업의 평가 등급을 매우 우수, 우수, 보통, 미흡, 매우 미흡 등 5개 등급으로 나누고, '매우 우수' 및 '우수' 등급 사업은 예산을 증액할 수 있도록 하는 대신, '미흡' 등급 사업은 원칙적으로 전년 대비 예산을 10% 이상 삭감 또는 사업을 폐지하도록 했다.

2016년에는 재정사업 자율평가제도가 '통합재정 사업평가제도'로 그 명칭이 바뀌었는데, 이렇게 된 것은 기존에 일반재정·R&D·지역사업 등 분야별로 운영되던 재정사업 평가를 단일 평가로 통합했기 때문이다. 기존의 재정사업 자율평가와 비교할 때, 통합재정 사업평가제도하에서는 부처의 자율성의 폭을 확대한 것이 특징이다. 기실 기존에는 '자율평가'를 강조했지만 실질적으로는 기재부가 주도해 평가 결과를 도출한 데 반해, 통합재정 사업평가에서는 부처가 자율적으로 소관 사업을 평가하고 기재부 등이 평가 기준과 절차의 준수 여부 등을 확인·점검하는 메타평가를 실시하는 것으로 변경됐다. 특히, 기존의 재정사업 자율평가에서는 '미흡' 이하 등급을 받은 사업에 대해서 10% 이상 감액을 원칙적으로 했지만, 통합재정 사업평가에서는 사업부처가 미흡 사업에 대해 지출 구조조정 또는 성과 개선 방안을 마련하는 것으로 변경됐다(하연섭, 2018).

 2018년부터는 재정사업 평가제도가 다시 변경됐다. 변경 내용의 핵심은 메타평가를 폐지하는 동시에 '핵심사업 평가제도'를 도입한 것이다. 평가 절차와 기준에 대한 확인·점검 때문에 여전히 부처의 자율성이 침해되고 있다는 판단에 따라 메타평가를 폐지했다. 부처가 책임지고 소관 사업을 왜곡 없이 평가할 수 있도록 메타평가를 폐지하는 대신, 기재부는 부처의 자율평가 수행을 위한 최소한의 가이드 라인을 제공하는 역할만 수행한다. 2018년 제도 개선에서 새롭게 도입된 '핵심사업 평가제도'는 개별 사업의 실질적 성과를 제고하는 데에는 미치지 못한 메타평가를 폐지하는 대신 핵심 사업을 별도로 선정해 기재부가 직접 평가·분석하는 제도다. 기존에는 정량적 성과지표만을 활용해 평가했지만, 핵심사업 평가에서는 전문가 심층인터뷰, 현장조사, 수혜자 만족도조사 등을 종합적으로 고려해 평가가 이뤄지는 것이 특징이다(기획재정부, 2017).

 재정사업 심층평가제도는 2006년에 도입됐고, 재정사업 자율평가 결과 성과가 미흡한 사업 가운데 추가적으로 깊이 있는 분석과 평가가 필요한 사업을 대상으로 이뤄진다. 2010년부터는 사업군 평가 방식을 도입해 사업 간 유사·중복, 우선순위, 재원 배분 방향, 부처 간 역할 분담 등을 종합적으로 검토하고 있다(국회예산정책처, 2018: 146).

 재정사업평가와 관련해 최근에 구미 선진국에서 도입된 제도는 지출 검토(spending review) 제도다(원구환, 2019). 지출 검토는 기존 지출에 대한 체계적이고 심층적인 평가에 기초해서 예산 절약을 추구하고 우선순위나 효과성이 낮은 사업의 예산을 삭감해 나가는 과정이라고 정의할 수 있다(Vandierendonck, 2014: 7). 지출 검토 유형으로는 효율성 검토(efficiency review)와 전략적 지출 검토(strategic review)가 있다. 효율성 검토는 현존하는 사업이나 서비스를 더 낮은 비용으로 공급할 수 있는 방안을 모색하는 지출 검토의 한 유형이다. 전략적 지출 검토는 주요 분야 또는 부문을 대상(다부처사업 포함)으로 재정사업에 대한 분석과 미래 지출 방향을 도출하는 일련의 과정이다(하연섭, 2018: 283). 전략적 지출 검토는 정책의 목표에 대한 재검토와 사업의 성과에 기초해서 우선순위를 재설정하고 이에 기초해서 예산 절약을 추구하는 것이다. 즉, 효과가 없거나 우선순위가 낮은 사업들을 재검토함으로써 궁극적으로 재정 여력(fiscal space)을 확보하는 작업이 전략적 검토의 주요 내용이다. 효율성 검토를 통한 재정 여력 확보 정도는 별로 크지 않지만, 전략적 지출 검토에서는 서비스의 수준, 사업의 존치 여부, 그리고 사업의 재구조화 등을 포함하기 때문에 상당한 재정 여력 확보 효과가 존재하는 것으로 알려져 있다. 통상적으로 지출 검토라고 하면 전략적 지출 검토를 의미한다.

2. 재정규율 관리제도

2008년부터 불어닥친 금융 위기와 이로부터 촉발된 재정 위기를 겪으면서 각국에서는 재정건전성 회복이 초미의 관심사로 등장했다. 특히 우리나라의 경우 저출산·고령화와 복지지출의 급격한 증가로 인해 재정 위기가 현재화될 수 있음을 우려하는 목소리가 높아지고 있다. 이러한 이유로 최근 각국에서는 어떻게 예산제도를 바꿔 재정규율(fiscal discipline)을 확보할 것인가가 중요한 관심사로 떠올랐다. 예산제도는 예산 편성, 심의, 집행을 규율하는 공식적 및 비공식적 규칙이며, 이러한 규칙들은 예산 과정 참여자들 간 전략적 영향력의 배분과 정보의 흐름에 영향을 미친다(하연섭, 2018).

재정규율 확보는 거시경제의 안정, 외부 충격의 완화, 그리고 총량적 경제 성과의 향상을 위한 필수 요건이다. 재정규율 확보를 통해 과도한 정부 차입과 국가채무의 누적을 방지할 수 있다. 동시에 외부 충격과 고령화와 같은 미래의 재정적 압박에 대응할 수 있는 재정적 완충장치를 확보할 수 있다.

재정규율을 확보하기 위한 예산제도의 유형으로는 크게 세 가지를 들 수 있는데, 이는 ① 예산과 관련된 계량적 목표를 정해 놓고 이의 달성을 강제하고자 하는 계량적 재정준칙(numerical fiscal rules), ② 예산의 편성, 심의 및 집행 과정을 규율함으로써 재정 건전성을 확보하고자 하는 절차적 재정준칙(procedural fiscal rules), ③ 예산의 투명성을 확보하려는 제도적 장치다(하연섭, 2018).

재정규율의 약화는 일반적으로 예산 운용 과정에서 나타나는 재량권이 남용이 주 원인으로 작용한다. 이러한 재량권의 남용을 사전적으로 방지하기 위해 도입된 정책 수단이 재정준칙이다. 이론적으로 재정준칙은 국가채무, 재정적자, 총세출 혹은 총세입을 대상으로 할 수 있지만 현실적으로 세입을 제외하고 국가채무, 재정적자, 정부 지출을 대상으로 하고 있다.

국가채무에 대한 한도 설정을 목표로 하는 재정준칙을 흔히 '국가채무준칙', GDP 대비 재정적자의 비율 혹은 균형예산 달성을 목표로 하는 재정준칙을 '재정수지준칙' 혹은 '균형예산준칙', 그리고 지출 한도를 설정하는 재정준칙을 '재정지출준칙', 혹은 '정부지출준칙'이라고 부른다.

　재정준칙을 도입하면 재정 규모의 결정이 단순해지기 때문에 재정규율을 확립하는 데 용이하다. 또한 이익집단이나 정치적 압력으로부터 재정 확대 압력을 방어하는 수단으로 작용한다. 하지만 법적으로 강제화하지 않으면 실제 효과를 거두기 어렵다(하연섭, 2018; 원구환, 2019; 이원희 외, 2019).

　가장 많이 소개되는 재정준칙으로 EU의 '안정 및 성장협약(Stability and Growth Pact)'을 들 수 있다. 이 협약에 따라, 유럽연합(EU) 멤버 국가들은 GDP 대비 국가채무는 60%, 그리고 GDP 대비 재정적자는 3%를 준수해야 하는 의무를 지우고 있다. IMF에 따르면, 1990년에는 7개 국가만이 재정준칙을 도입했지만 2009년에는 80개 국가, 그리고 2020년에는 92개 국가에 도입해 시행하고 있다. OECD 국가 중에서 튀르키예와 우리나라만이 아직 도입하지 않고 있다. 이에 우리나라 정부는 2025년부터 시행을 목표로 국가재정법을 개정해, 국가채무준칙(GDP 대비 60%)과 수지준칙(GDP 대비 통합재정수지 적자 3%)을 도입할 예정이다(기획재정부, 2020).

복습 문제

- 정부 재정의 의미와 구조에 대해 알아보시오.
- 예산과 기금의 개념에 대해 알아보시오.
- 예산의 분류 다섯 가지를 알아보시오.
- 재정 규모와 통합재정수지의 의미가 무엇인지 알아보시오.
- 예산의 원칙에 대해 알아보시오.
- 한국의 예산과정 절차에 대해 알아보시오.
- 주요 예산제도 개혁의 특징을 알아보시오.
- 총체주의와 점증주의 예산결정이론에 대해 알아보시오.
- 총액배분 자율편성 예산제도와 발생주의 복식부기제도에 대해 알아보시오.

제 7 장

전략적 성과관리

학습 목표

- 공공 부문의 목표의 모호성과 측정 불가능성에 대한 반론에 대해 살펴본다.
- 성과관리제도의 현황 및 문제점과 한계를 알아본다.
- 전략적 사고의 필요성과 전략과 전술에 대한 올바른 이해의 필요에 대해 알아본다.
- 전략적 기획은 예측(prediction)이 아니라는 점에 대해 살펴본다.
- 성과지표와 실행계획 간의 인과관계는 전략과 전술 간의 관계라는 점에 대해 살펴본다.
- 좋은 성과지표의 조건과 상위 목표에 연계된 성과지표 도출의 중요성에 대해 살펴본다.
- 성과와 결과를 창출하는 유능한 정부의 모습인 BLUE Government에 대해 살펴본다.
- Basics/Linkages/Unity/Equilibrium의 네 가지 요소에 대해 살펴본다.
- BLUE Government를 성공시키기 위한 관련 주체들(정부, 국회, 감사원, 정부업무평가위원회) 간의 올바른 상호 역할과 책임을 살펴본다.

제1절_ 공공 부문의 전략적 성과관리에 대한 올바른 이해

공공조직론에서 오랜 세월 반복됐던 논쟁은 공조직과 사조직 간의 차이에 관한 논쟁일 것이다. 공공조직은 우선 목표의 차원에서 측정하기가 까다롭고 추상적이어서 계량적으로 측정하기 어렵다는 주장이 오랫동안 중론으로 이어져 왔다(Dahl & Lindblom, 1953; Lan & Lainey, 1992). 그러나 한편으로는 공공 부문의 성과는 계량적으로도 비계량적으로도 측정할 수 있으며 성과지표가 어떻게 도출되느냐에 성과 역량이 달라지고 정부가 결과를 창출할 수 있다고 주장하는 학자들이 늘고 있다(Holzer & Lee, 2004; 이석환, 2006, 2008a, 2008b, 2021; Drucker, 1976; Holzer & Callahan, 1998).

이에 미국에서는 1993년에 「정부 업무 수행 성과법(Government Performance and Results Act: GPRA)」이 제정됐고, 2011년 오바마 행정부에서 새롭게 개정된 「정부 업무 수행 성과 선진화법(Government Performance and Results Act Modernization Act: GPRAMA)」이 등장했다. 실제 미국에서는 정부 업무 수행 성과 선진화법(GPRAMA)에 기초해 대통령 취임 후 이듬해 2월 첫째 주 월요일까지 각 연방정부 부처는 전략계획과 성과관리 시행계획을 홈페이지에 탑재하고 이 사실을 의회와 대통령에게 통보해야 한다(이석환, 2021).

또한 연방정부 부처는 4개에서 5개 정도에 해당하는 결과 중심의 지표를 2년 주기로 달성할 수 있는 목표치를 설정하고 부처의 역량을 집중해 관리해 나가게 된다. 이를 위해 각각의 지표마다 2~4인의 목표 리더(goal leader)를 임명하고 이들이 총괄적으로 분기별로 지표 달성 과정을 모니터링하면서 관리해 나가게 된다. 각 부처는 분기별로 목표 실행 플랜과 진척 상황 업데이트 보고서를 부처 홈페이지와 'performance.gov' 사이트에 올려야 한다. 이러한 부처의 우선순위 목표 달성을 위한 2년간의 재원은 대통령이 의회에 예산안을 제출해 인준을 받고 시행하게 된다(이석환, 2021).

우리나라도 2006년에 「정부업무평가기본법」이 전면 개정되면서 총리와 민간위원이 공동위원장을 맡는 정부업무평가위원회가 중앙부처, 공공기관, 지방자치단체의 평가를 통합해 실시하고, 성과관리제도의 도입으로 계량적 성과지표의 개발 유도와 함께 기관의 자체평가제도 시행을 통해 중앙-지방-공공기관 간 성과관리의 연계성을 구축하고 있다. 그러나 아직 계량화된 성과지표가 매년 바뀌거나 성과지표 중심의 자체평가보고서가 작성되고 있지 못하며, 평가 결과에 대한 공개가 국민이 이해할 수 있는 언어인 쉬운 성과지표 중심으로 전환되지 못하고 있어 대국민 책임성 확보를 위한 성과관리 체계의 확보가 무엇보다 시급하다고 할 수 있다.

성과관리가 이론상 중요하다고 많은 실무자와 학자들이 주장해 왔지만 이 제도가 현실에서 성공적으로 정착하지 못하거나 어려움을 겪는 가장 중요한 이유 중의 하나는 성과관리의 기본인 전략과 전술에 대한 이해가 부족하다는 데서 출발해야 한다. 성과관리는 일을 더 많이 열심히 하자는 것(working hard)이 아니라 제한된 자원을 가지고 일을 더 현명하게(working smart)하자는 데 있기 때문에 전략과 전술에 대한 이해가 없으면 단순히 일을 많이 하자는 의미로 오해하기 쉽다. 전략과 전술은 인과관계를 이루고 있다. 즉, 전략이 상위 목표라면 전술은 이를 달성하기 위한 수단 내지는 실행계획들로 정의될 수 있다. 많은 경우 조직들이 전략과 전술을 구분하지 못하고 뒤죽박죽으로 사용함으로써 전략집중형(strategy-focused organization: SFO) 조직에 이르지 못하고 있다.

이석환(2021)은 전략집중형 조직(SFO)을 제대로 구현하기 위해서 전략과 전술의 구분이 왜 중요하며, 어떠한 역할을 하는지를 아래와 같이 상세히 설명하고 있다.

위키디피아 영어사전에 따르면, 전략은 "불확실성하에 한 개 이상의 목표를 달성하기 위한 상위의 계획(a high level plan to achieve one or more goals under conditions of uncertainty)"으로 정의하고 있으며, 군사이론에서는 "전시와 평시에 국가의 안전과 승리를 위해 대규모로, 장기적 계획을 가지고 국가의 모든 힘을 활용하는 것(the utilization during both peace and war, of all of the nation's forces, through large scale, long-range planning and development, to ensure security and victory)"으로 정의하고 있다(Random House Dictionary).

더 나아가 전략은 일반적으로 목표를 설정하고 목표를 달성하기 위한 행동을 결정하며, 행동을 실행에 옮기기 위한 자원을 동원하는 일련의 과정을 포함하는 광의적 개념으로 정의하고 있기도 하다. 그러나 이러한 전략을 언급할 때 분리해서 생각해야 하는 개념이 있는데, 이것이 전술(tactics)이라는 개념이다. 어떤 면에서는 전략의 일부로 이해되기도 하지만 좀 더 명확한 이해를 위해서는 분리해서 언급하는 것이 좋을 것이다. 사전에 따르면, 전술은 "하나 또는 그이상의 구체적인 과업으로서 집행되는 개념화된 행동(a conceptual action implemented as one or more specific tasks)"으로 정의된다.

다시 말해, 전략은 중장기적 관점을 포함하는 조직의 상위 목표 달성 계획을 의미하는 것이고 이것은 많은 조직의 경우 중장기 발전계획 또는 로드맵이라는 이름으로 공공 부문에도 알려져 있는 것이다. 따라서 이러한 전략으로부터 나온 전략 목표는 한번 설정되면 자주 바꾸는 것이 아니다. 최소한 3~7년은 관찰해 가며 그 추이를 관찰하고 지표를 바꾸지 말아야 한다. 반면 전술은 좀 더 단기적 관점에서 구체적인 과업을 의미하며, 전략 목표를 달성하기 위해 설계된 구체적인 행동이기 때문에 문제가 있으면 그때그때 수정해서 활용할 수 있게 된다. 여기서 전략적 성과관리의 기본 프레임이 나온다. 전략에 해당하는 성과지표를 전략지표라고 하고 이러한 지표를 달성하기 위한 복수의 수단들(구체적인 자원을 배분해야 하는 과업들)이 연계돼야만 전략적 성과관리가 온전한 모습을 갖출 수 있다는 것이다. 많은 경우 조직에 전략지표는 있으나 전술에 해당하는 지표 내지는 과업들이 관리되지 않아 전략지표의 달성에도 불구하고 어떻게 과정이 관리가 됐고 어떻게 자원이 배분됐는지를 알 수 없는 경우가 많다. 전략지표는 대부분 결과지표에 해당하므로 통제 불가능성이 높아서 전술에 해당하는 과업들이 분명하게 구분돼 관리가 되지 않으면 조직의 노력이 얼마나 목표 달성에 기여했는지를 알 수가 없다. 이것은 결국 피드백을 할 수 없다는 것을 의미하는 것이다. 전략과 전술이 연계돼 관리되지 않는다는 것은 관점 없이 일을 한다는 것과 마찬가지이며, 이러한 조직에는 자원 배분의 비효율성이 발생하게 되고 전략집중형 조직(strategy-focused organization: SFO)은 불가능해지는 것이다(이석환, 2021: 53-54).

제2절_ 전략적 기획과 전략적 성과관리

1. 전략적 기획과 전통적 기획

흔히 전략적 기획과 전통적 기획을 혼동하는 경우가 있는데 전통적 기획이 미래에 무엇이 일어날까를 예측하는 것이라면, 전략적 기획은 이미 발생한 미래를 주목하는 것이다. 이것은 SWOT(Strength/Weakness/Opportunities/Threats) 분석에서 기회 요인과 위협 요인이 미래에 발생할 기회와 위협이 아니라 이미 발생해서 진행되고 있는 기회와 위협 요인에 집중하는 것을 의미한다. 따라서 전략적 기획에서 예측(prediction)이란 존재하지 않는다고 봐야 한다(Drucker, 1998; 이석환, 2021; 김용철 외, 2022). 많은 경우 조직들이 SWOT 분석을 오해해서 예측하려고 했다. 이미 발생한 미래를 찾는 일은 결코 쉬운 일이 아니다. 이는 사회적 분위기의 변화, 이념과 가치관의 변화, 전에는 없었던 일들이 자주 등장하는 등 새로운 사건의 출현 등을 복합적으로 고려하고 빅데이터 분석 등을 통해 세밀하게 도출돼야 하는 것들이다. 지금부터라도 이러한 연습을 할 수 있어야 한다.

2. 전략적 기획과 전략적 성과관리 간 관계

또한 전략적 기획과 전략적 성과관리는 서로 어떤 관련이 있는가? 결론부터 말하자면, 전략적 기획이 큰 그림이고, 이러한 기획을 실행에 옮기는 메커니즘 내지는 시스템을 전략적 성과관리로 보는 것이 타당하다. [그림 7-1]은 전략적 기획 내에서 전략적 성과관리가 어떠한 역할을 하고 있는지를 보여 준다.

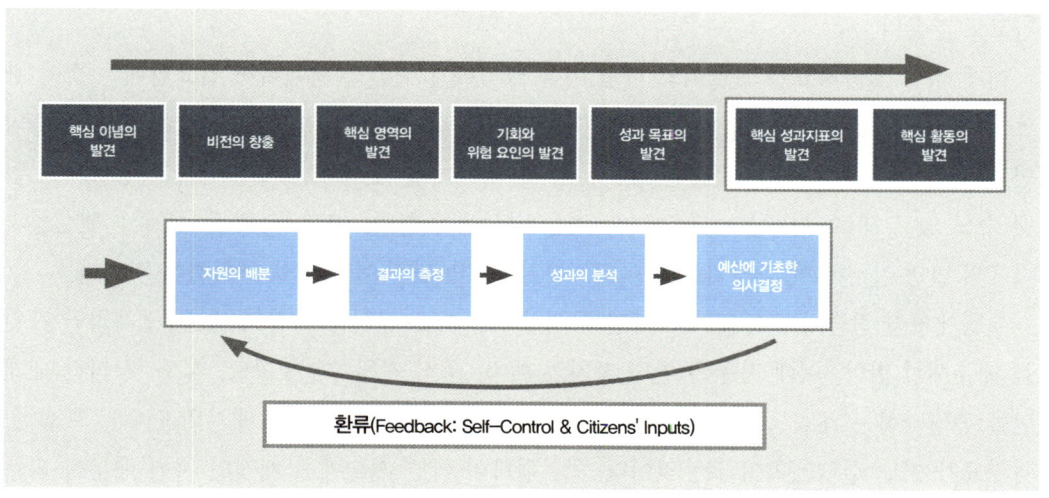

[그림 7-1] 전략적 기획의 흐름도

앞의 그림에서 보면, 먼저 비전(vision)을 창출하기 전에 조직이 추구하는 핵심 이념을 발견할 필요가 있다. 뒤에서 설명하겠지만 핵심 이념은 핵심 가치와 핵심 목적으로 나뉘는데, 이러한 이념이 설정된 이후 이를 어떻게 구현할 것인지를 담는 중장기 계획이 바로 비전이다.

비전이 설정되고 나면 비전의 세상에 도달하기 위한 다양한 루트를 확보하게 되는데 이를 핵심 영역(focus area)으로 표현한다. 핵심 영역은 흔히 전략 목표라고도 부르며, 공공조직의 경우 최상위의 목표에 해당한다.

일단 핵심 영역들이 정해지고 나면 이를 더 구체화한 하위 목표로 전환하기 위해서 SWOT 분석을 거치게 된다. 이때 위에서도 언급됐듯이 특히 외부 환경 요인인 기회와 위협 요인의 경우 이미 발생한 미래(future that has already happened)를 찾아내야 한다(Druker, 1998).

SWOT 분석을 통해 구체적인 사건들(events)나 현상들을 찾아내고 이를 정면으로 다루는 성과 목표(performance goal)를 도출해야 한다. 성과 목표가 발견되면, 경우에 따라서는 이를 한번 더 구체화해서 세부 성과 목표라 할 수 있는 세부 성과 목표(initiative)로 좁혀 보기도 하지만, 이를 중심으로 핵심 성과지표(Key Performance Indicator: KPI)를 도출하는 단계로 들어가게 된다.

이때 핵심 성과지표는 성과 목표를 대변하는 것이어야 하며 둘 이상의 복수의 지표가 도출될 수 있고, 많은 경우 복수의 성과지표가 도출되는 것이 바람직하다. 여기서 언급되는 핵심 성과지표가 바로 위에서 언급된 '전략'에 해당한다. 이러한 의미에서 이를 전략 성과지표라고도 부른다.

이제 핵심 성과지표가 도출되고 나면 이를 달성하기 위한 실행계획이 필요한데 이것이 바로 구체적인 프로그램, 사업, 정책이고 이를 '전술'이라 부른다. 따라서 전략은 한번 도출되면 자주 바뀌면 안 되지만 전술은 성과분석 후 피드백을 해 보고 불필요하다고 생각되면 없앨 수도 있고 새로 추가할 수도 있다는 점을 명심해야 한다. 이전 [그림 7-1]에서 '핵심성과지표의 발견'이 전략에 해당하는 것이고, '핵심활동의 발견'이 전술에 해당하는 것이다.

실행계획인 전술까지 도출되고 나면 구체적으로 이를 실행에 옮길 수 있는 구체적인 자원을 배분해야 한다. 이때 자원은 인적 자원의 배치, 조직 지원, 예산 할당, 제도 및 시간의 개념을 총망라하는 개념으로 봐야 한다. 여기서 강조해야 할 것은 자원 배분의 단위는 핵심 성과지표가 아닌 실행계획이라는 것이다. 즉, 전략이 아닌 전술에 구체적인 자원 배분이 되는 것임을 잊지 말아야 한다.

자원 배분이 끝난 실행계획은 이제 실행만 남아 있으며 실행이 끝나면 결과를 측정해야 한다. 이때의 결과는 핵심 성과지표가 이러한 실행계획들로 인해 달성됐느냐를 측정하는 것이며, 동시에 각각의 실행계획들이 예정대로 추진이 완료됐는지를 보는 것이다.

　이제 성과분석에서는 해당 실행계획들이 추진됐음에도 불구하고 핵심 성과지표가 달성되지 않았다면 그 이유가 무엇인지를 분석하는 단계다. 통제가 불가능한 상황은 무엇이었으며, 기존의 프로그램을 더 강화해야 할지, 축소해야 할지 아니면 폐지해야 할지를 결정해야 한다. 또한 새로운 프로그램들을 보완해야 할지를 고민해야 한다. 설령 핵심 성과지표와 실행계획들이 모두 달성됐다 할지라도 분석이 없는 것이 아니다. 실행계획들의 추진 실적이 아닌 외생 요소들이 어떤 것이 있었는지를 끊임없이 분석하고 점검해 나가야 한다. 이와 동시에 다음 연도에 나타날 기회와 위협 요인의 변동 사항도 함께 점검해 나가야 한다. 이것이 이뤄져야 비로소 피드백이 가능한 것이고 평가를 하더라도 피드백이 되는 평가가 되는 것이다.

　이러한 과정에 기초해 예산에 기초한 의사결정이 이뤄지게 된다. 최종적으로 시민들의 반응과 의견, 자체평가 결과들을 통해 종합적으로 판단해야 하고 지속적이고 반복적인 환류를 통해 자원 배분이 합리적으로 이뤄져 나갈 수 있도록 유도해야 한다.

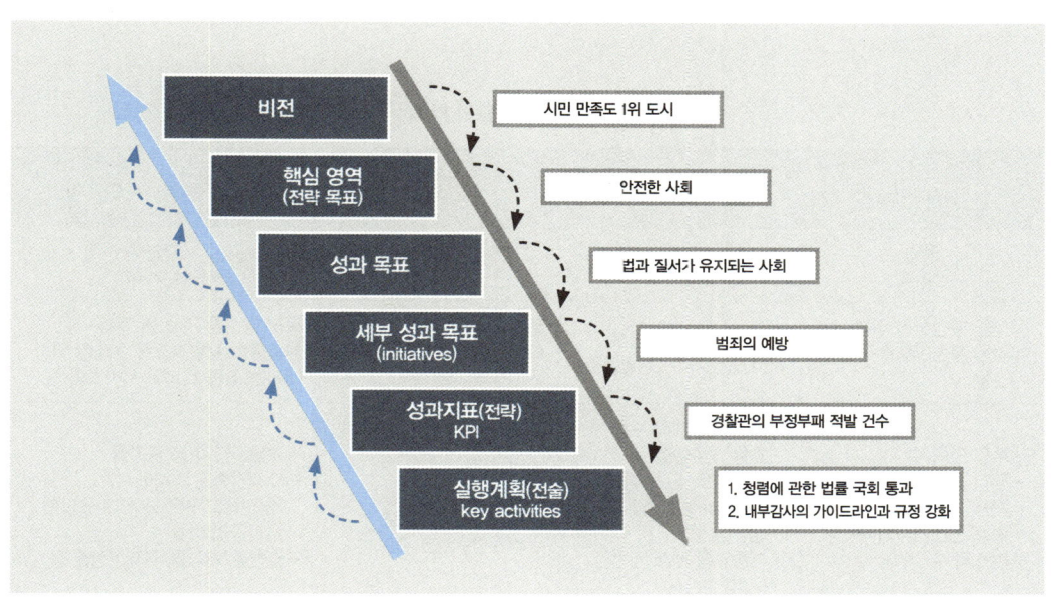

[그림 7-2] 전략적 성과관리 체계도

결국 전략적 기획하에서 성과관리는 위 그림에서 상자로 표시된 부분을 체계적으로 반복적으로 운영하면서 점검해 나가는 과학적·합리적 관리 과정이라 할 수 있다.

한편 앞의 [그림 7-2]는 전략적 성과관리 시스템상의 체계도를 보여 준다. 앞서 설명한 바와 같이 비전으로부터 시작하는 목표들은 하향식(top-down)으로 순차적 세분화(cascading)되면서 점차 목표가 구체화되고 있음을 알 수 있다. 반면 일을 할 때에는 상향식(bottom-up)으로 실행계획부터 시작하면서 최종적인 비전이라는 목표에 이르는 과정을 관리하고 있음을 알 수 있다.

3. 성과지표와 실행계획에 대한 이해

성과관리는 성과지표를 중심으로 이뤄지기 때문에 성과지표에 대한 구체적인 이해가 필요하다. 〈표 7-1〉, 〈표 7-2〉는 성과지표의 종류와 좋은 성과지표의 조건에 대해 설명하고 있다.

중요한 것은 성과지표의 분류에서 동인지표들은 실행계획에 해당하는 부분이고, 결과지표는 이러한 실행계획으로 인해 달성해야 하는 목표에 해당한다는 것이다. 즉, 우리가 전략

〈표 7-1〉 성과지표의 분류

동인지표 (Driver Measures)			결과지표 (Outcome Measures)
투입 (Inputs)	과정 (Processes)	산출 (Outputs)	결과 (Outcomes)
목적을 달성하기 위해 투자된 자원 내지는 자산들	목적을 달성하기 위해 하고 있는(해야 할) 활동들	목적 달성을 위해 뛴 결과 나온 산출물 (사업/프로그램/정책)	목적 달성을 위해 뛴 결과 나온 산출물이 사회적으로 초래한 영향 내지는 최종 효과와 서비스의 질
- 투입 인력 수 - 투입 원가 - 사용 재료량 등 - 버스 운전기사의 수 - 버스의 수	- 효과적인 계획 수립 - 효율적인 실행 - 생산 시간 단축 방법 (lead-time), 1인당 생산성 등 - 대중교통 체계 개편안 수립	- 보고 건수 - 상담 건수 - 지원 건수 및 규모 - 버스전용차로 확보	- 교통수단 이용 증가율 - 고객만족도 조사에서 "안전하고 편안하다"에 응답한 시민들의 비율 - 출산율/취업률/경제성장률 등

자료: 이석환(2008b: 78).

성과지표 또는 핵심 성과지표라고 부르는 지표들은 전략과 전술과의 관계에서 전략에 해당하고, 동인지표들은 전술지표에 해당한다고 보면 된다. 이것이 인과적 논리모형에 입각한 성과지표의 분류다.

또한 〈표 7-2〉의 좋은 성과지표의 조건에서 주목할 만한 사항은 민간 부문에서 흔히 주장되던 "좋은 지표는 통제 가능해야 한다"라는 과거의 잘못된 인식을 바로잡아야 한다는 것이다. 여기서 '통제 불가능성'이라는 말의 해석에 주의해야 하는데 이것은 기관이 혁신적 노력으로 당연히 기울여야 할 노력들까지 배제하는 것이 아니며, 법이나 제도가 바뀌지 않고 기관의 미션과 핵심 목적에 닿아 있는 한 추구해야 하는 중요한 목표까지 배제해서는 안 된다는 것을 의미한다.

〈표 7-2〉 좋은 성과지표의 조건

번호	체크리스트
1	지표가 측정 가능한가?
2	지표가 공공 부문의 시민(고객)에 대한 책임성 향상에 도움이 되는가?
3	지표가 공무원의 조직에 대한 책임성을 향상시키는가?
4	지표가 공무원 직급 간의 책임성을 향상시키는가?
5	지표가 물적 자원 배분의 효율성을 향상시키는가?
6	지표가 분석, 계획, 운영의 효율성을 향상시키는가?
7	지표가 공무원들에게 긍정적 동기부여가 돼 성과를 개선하게 하는가?
8	지표가 조직에 새로운 개선 전략을 가져다줄 수 있을 만한 정보를 제공하는가?

- 성과지표를 개발한 후 다음의 각각의 질문에 모두 Yes라는 답을 얻어야 좋은 성과지표라고 할 수 있음.
※ 지표가 통제 가능하며 충돌하지 않는가에 관한 조건은 공공 부문에서는 맞는 조건이 아님.
※ 공공 부문의 특성상 지표는 통제가 불가능할수록 중요하고 의미 있는 지표일 수 있으며 충돌하는 것은 당연한 것임.
※ 오히려 충돌하는 지표를 잡아내어 이를 동시에 달성하는 것이 기회임.

자료: 이석환(2008b: 79).

이제 성과지표에 대한 이해, 전략과 전술에 대한 이해를 마쳤으니 다음의 성과지표 도출 템플릿(template)을 통해 성과지표와 실행계획을 도출할 수 있는 템플릿을 소개한다.

성과지표 도출 템플릿[1]

비전과 핵심 영역에 연계된 전략 성과지표 도출하기

1. 귀하의 조직의 비전을 기술하시오.

> 예시: 삶의 질 만족도 1위 도시가 된다.

2. 조직 차원에서의 핵심 영역(전략 목표)을 찾아보고 그것들 중 귀하의 부서의 미션에 적합하다고 생각하는 핵심 영역들을 선택해 보고 부서의 성과 목표로 만들어 보시오.

> 예시: 안전한 환경을 조성(핵심 영역)

3. 핵심 영역을 귀하의 부서의 성과 목표로 전환해 보시오.

> 예시: 안전한 환경을 조성(핵심 영역) → 범죄의 예방(부서의 성과 목표)

4-1. 성과지표를 설정하는 단계입니다. 만일 위의 부서 성과 목표를 달성하기 위해 당신의 부서가 해야 할 일을 하지 않는다면 어떤 일이 일어날지를 기술해 보고, 이러한 상황을 보여 주거나 측정할 수 있는 데이터가 있는지 확인하고 지표화해 보시오.

> 예시: 범죄가 폭증할 것이다. → 범죄율 데이터를 보면 알 수 있다. → 범죄율 감소

4-2. 위에서 도출된 지표를 세부 개념으로 나눠 보고 귀하의 부서가 처한 상황에 맞게 더 구체적으로 세분화해서 정의해 보시오.(예를 들어 어떤 종류의 범죄율이 가장 심각한지?)

> 예시: 제1종 범죄인 강도사건(이것이 최종적으로 귀하의 부서의 성과지표가 됩니다)

---

[1] 이 템플릿은 국민대 이석환 교수가 직접 개발한 것이며, 영어 버전이 *Roadmaps for Performance: Online Companion Volume for the Public Productivity and Performance Handbook*, 3rd ed., Edited by Marc Holzer, Andrew Ballard, and Seok-Hwan Lee(forthcoming, Routledge)에 포함돼 있음.

5. 3번에서 지정한 성과 목표(범죄의 예방)를 위해서 가장 중요하고 시급히 해결해야 할 문제 또는 범죄 예방이 잘 안되는 원인에는 무엇이 있다고 생각하십니까? (핵심 요인이라 생각되는 것부터 주변부 요인이라 생각되는 것들을 나열해 보고 가장 시급하고 중요한 원인이라 생각되는 것들을 확정해 보시오. 이것은 위의 1종 범죄율과 경합하는 동등한 성과지표들 될 것임).

> 예시: 경찰관의 부정부패

6. 각각의 도출된 성과지표에 대해 얼마만큼 변화시킬 것인지를 기술하시오.

> 예시:
> - 전년 대비 1종 범죄율을 5% 더 줄이겠다.
> - 전년 대비 경찰관의 부정부패 적발 건수를 5% 더 줄이겠다.

7. 언제까지 위의 목표치를 달성할 것인지 기술하시오.

> 예시: 연말까지/ 6개월 뒤에

8. 이제 모든 내용을 종합해 성과지표를 완성하시오.

> 예시:
> - 연말까지 1종 범죄율을 10% 미만으로 줄이겠다.
> - 연말까지 경찰관의 부정부패 적발 건수를 15% 미만으로 줄이겠다.

전략 성과지표를 달성하기 위한 전술(실행계획) 도출하기
(1개의 지표당 복수의 실행계획이 도출될 수 있음)

1. 위의 성과지표의 목표치를 달성하기 위해 어떤 프로그램, 사업, 정책들이 필요한가?

> 예시: 경찰관 윤리교육

> 2. 이 프로그램의 성공을 무엇으로 측정할 것인가?
>
> > 예시: 교육 참석률
>
> 3. 얼마만큼 많은 변화를 보고 싶은 것인가?
>
> > 예시: 전체 교육 대상자의 95%(약 3,000명의 경찰관)
>
> 4. 언제까지 달성 가능한가?
>
> > 예시: 프로그램이 시행된 이후 6개월 이내 또는 연말까지
>
> 5. 실행계획을 완성하시오.
>
> > 예시: 해당 윤리교육을 이수한 경찰관들의 수가 연말까지 3,000명이 되도록 한다.

제3절_ 성공적 전략적 성과관리를 위한 네 가지 조건[2]

1. 기초가 튼튼한 조직(Basics)

제2절에서 언급했듯이 전략적 기획은 그 출발점이 핵심 이념을 명확하게 정의하는 데서부터 시작한다. 이 부분이 명확하게 설정돼야 비로소 이를 구현하기 위한 비전을 창출할 수

---

[2] 이 부분은 이석환(2021), 『The B·L·U·E Government: 성과와 결과를 창출하는 유능한 미래 정부의 조건』(법문사)에서 중요 내용을 발췌하고 편집·수정한 것임을 밝힌다.

있는 것이다. 이석환(2021)은 성과와 결과를 창출하는 유능한 정부는 네 가지 조건을 갖춰야 한다고 주장하면서 BLUE Government의 개념을 주창했다. 그 첫 번째 요소인 BLUE의 B는 기초(Basics)를 의미한다. 즉, 기초가 튼튼한 조직이 출발점인데, 이러한 기초는 전략적 기획과 관련해 기본 원칙(fundamentals)이 튼튼한 조직이어야 한다는 것을 의미한다. 기초가 강한 조직은 조직의 핵심 목적(core purpose)과 핵심 가치(core values)-핵심 이념(core ideology)이라 부른다- 가 명확하고, 이를 어떠한 일이 있어도 지켜 나가며 구성원들에게 내재화시키는 조직이다. 그리고 이러한 핵심 이념을 구체적으로 구현하기 위한 미래의 조직의 모습을 비전으로 탄생시킨다.

따라서 명확한 핵심 이념의 설정이 없이 비전을 내세우는 조직은 단순한 슬로건에 불과할 뿐이고 조직구성원을 감동시킬 수 없다. 핵심 이념은 보편적 진리이기 때문에 100년이 지나도 변할 수 없는 것이어야 하지만, 적어도 20~30년 앞을 내다보고 세운 비전이 달성되기 전까지는 절대 변하지 않는 것이어야 한다. 그렇다면 핵심 가치와 핵심 목적은 언제 바뀌는가? 단 한 가지의 경우에 한해서라고 말할 수 있어야 한다. 즉, 조직의 비전이 달성돼 제2의 비전을 창출할 때 그때의 시대적 상황에 따라 달라진 환경의 수요를 반영하기 위해서다. 단 이때에도 핵심 가치와 목적의 내용이 추가 내지는 수정되는 것이지 기존의 핵심 가치를 송두리째 날리고 새로운 가치로 채울 수는 없다는 점이 강조돼야 한다.

핵심 이념의 설정은 정부에서 매우 중요하다. 이는 정부가 운영되는 원칙과 방향을 설정함과 동시에 정부가 사회와의 관계 속에서 왜 존재해야 하는지를 밝히는 것이기 때문이다. 결국 이를 중심으로 성과를 창출해 국민들로부터 신뢰를 얻어야 하기 때문에 정부의 성과관리를 위한 첫 단추가 된다. 정부는 5년을 임기로 정권을 유지하지만 정당정치에 의해 움직이는 것이기 때문에 5년을 보고 비전을 세우는 것이 아니라 국가의 미래를 보고 비전을 세워야 한다. 이는 각 정당이 지지하는 핵심 이념과 이에 기초한 비전이 충분히 20~30년 이상을 내다보는 장기적인 것이어야 한다는 것을 의미하며, 정부도 집권 여당과 같은 기조에서 핵심 이념과 비전이 나올 수밖에 없음을 의미한다.

그러나 안타깝게도 역대 정부의 국정 비전과 국정철학 등을 살펴보면 이러한 원칙을 잘 지키지 않은 것 같아 아쉬운 점이 있다. 〈표 7-3〉은 역대 정부의 국정 비전과 국정 목표, 핵심 가치(국정 원리/기조/철학)를 보여 주고 있는데, 핵심 목적에 대해서는 역대 어느 정부도 제대로 정의한 적이 없다. 많은 경우에 핵심 가치(국정철학)를 액자로 만들어 벽에 걸어 두면서 선언적 의미로만 생각하는 경향이 있는데 실제 그것을 지키고 있는지를 말 없는 국민들이 바라보고 있다는 사실을 기억하면 이 부분을 소홀히 할 수 없는 것이다.

〈표 7-3〉 역대 정부의 국정 비전과 핵심 가치(국정 원리/기조/철학)

구분 역대 정부	국정 비전	국정 목표	국정 원리/ 국정기조/국정철학	핵심 목적
노무현 정부 (2003~2008년)	- 일 잘하고 책임을 다하는 정부(정부혁신 비전) - 비전 2030 • 국민소득 4만 9,000달러 부자나라로 삶의 질 세계 10위에 진입한다 (2006년 발표)	- 국민과 함께하는 민주주의 - 더불어 사는 균형발전 사회 - 평화와 번영의 동북아시대	- 원칙과 신뢰 - 공정과 투명 - 대화와 타협 - 분권과 자율	별도로 정의된 바 없음.
이명박 정부 (2008~2013년)	- 선진일류국가 (국정 목표와 동일시) • 잘사는 국민, 따뜻한 사회, 강한 나라 - 747(7년 내에 7% 성장으로 국민소득 4만 달러 달성)	- 선진인류국가(이명박 정부 국정운영백서) - 섬기는 정부 - 활기찬 시장경제 - 능동적 복지 - 인재대국 - 성숙한 세계국가	- 창조적 실용주의 - 공정한 사회(동반성장) - 공생 발전 - 저탄소녹색성장(비전) - 친서민 중도실용 (비전, 국정철학)	
박근혜 정부 (2013~2017년)	- 국민의 행복, 희망의 새시대 - 제2의 한강의 기적	- 일자리 중심의 창조경제 - 맞춤형 고용 복지 - 창의교육과 문화가 있는 삶 - 안전과 통합의 사회 - 행복한 통일시대의 기반 구축	- 국민 중심 성장 - 순환과 통합형 사회 발전 - 소통과 성과 - 개방, 공유, 협력 - 소통과 신뢰	
문재인 정부 (2017~2022년)	- 국민의 나라, 정의로운 대한민국(2017) - 모두를 위한 나라, 다 함께 잘사는 포용국가(2018. 9)	- 국민이 주인인 정부 - 더불어 잘사는 경제 - 내 삶을 책임지는 국가 - 고르게 발전하는 지역 - 평화와 번영의 한반도	- 분권과 포용 - 통합과 개혁 - 소통 - 사람 중심	

자료: 이석환(2021: 125-126).

2. 연계가 튼튼한 조직(Linkages)

기초(Basics)가 튼튼한 조직에서 핵심 이념과 이를 구현하기 위한 비전이 잘 마련됐다면 조직구성원들을 하나로 묶을 수 있는 심리적 정렬(alignment)이 준비됐다는 것을 의미한다. 이제 두 개의 나침반이 필요하다. 구성원들에게 나아갈 방향을 안내해 주는 나침반과 함께 올바른 정책(사업)을 설계할 수 있도록 안내하는 나침반이 필요하다. 결국 연계가 튼튼한 조직은 두 종류의 연계로 구분되는데 첫 번째 연계는 성과지표와 조직을 연계하는 것이며, 두 번째 연계는 결과적 관점의 성과지표와 이를 추구하는 과정에서 나타나는 위험(risk)과 연계하는 것이다. 즉, 이 두 번째 연계를 위험사슬(risk chain)과 결과사슬(result chain) 간의 연계라고 부른다.

먼저 1단계 연계에 대해 언급하기로 한다. 살아 있는 생생한 비전을 달성하기 위한 올바른 전략 및 성과 목표가 발견됐다면 이 추상적 수준의 목표를 어떻게 구체화된 목표로 전환해 국가의 구성 단위(부처, 산하기관, 지방자치단체)에게 명확하게 전달하느냐가 관건이 된다. 그렇게 하기 위해서는 명확한 상위 성과지표가 도출돼야 한다. 그다음에는 해당 하위조직들이 이러한 상위 성과지표에 어떻게 기여(contribution)하게 만들 것인가가 관건이 된다. 이것을 하드웨어적 관점에서 성과지표를 통한 하위조직 간 정렬을 유도하는 '지표와 조직 간 연계(linkage of organizational priorities with national outcome measures)'라 부른다. 이것이 1단계 연계(linkage)다. 여기서 성과지표를 중심으로 부서와 기관 간 협업을 유도하는 과정이 발생해 부서 간, 조직 간 칸막이 현상을 제거하는 역할을 이끌어 내게 된다(이석환, 2008b; Holzer, Schwester, & Lee, 2014).

이제 2단계 연계에 대해 언급하고자 한다. 이렇게 1단계 연계, 즉 '지표와 조직 간 연계'가 이뤄지고 나면 각 조직은 이제 그 상위 지표들을 달성해 나가기 위한 정책을 고민해야 한다. 이를 위해서는 정책문제에 대한 올바른 정의가 필수적이다. 이를 위해 조직들은 우선 최종 결과지표(outcome measures)와 동인지표(lead measures) 간의 정교화된 사슬(chain)이 필요한데 이를 결과사슬이라고 부르며, 궁극적인 결과지표(ultimate outcome measures), 중간 결과지표(intermediate outcome measures), 즉시적 결과지표(immediate outcome measures)로 이뤄진다.[3]

결과사슬은 정책문제를 정의하기 위해 필수적인 사슬이지만, 공공 부문에서 올바른 문제

---

[3] 여기서 즉시적 결과지표는 사람들의 인식과 태도의 변화, 지식의 변화 등을 측정하는 것이고 중간결과지표는 이러한 변화에 기초해 행동의 변화가 일어나는 것이며, 최종 결과지표는 이러한 행동의 변화로 인해 나타나는 기대 효과를 의미한다고 볼 수 있다. 더 자세한 논의는 이석환(2021: 151-152) 참조.

의 정의를 위해서는 결과사슬에만 의존하면 안 된다. 결과사슬을 통해 도출된 정책의 내용이 시행될 경우 국민의 수요에 대한 반응성(responsiveness) 차원에서 어떠한 위험이 있을 것인가에 관해 사전분석이 이뤄지지 않으면 안 된다. 이것을 위험사슬이라 부르며, 이 사슬에 따른 분석을 해야 하는데 이는 정책에 대한 순응(compliance)과 직접적 관련이 있다. 다시 말해, 위험사슬이란 정부의 시민의 요구에 대한 반응성이 달성되지 못할 위험을 단계별로 점검하는 것이며, 정책이 이 부분을 제대로 사전 조율하지 못하면 정책실패로 귀착된다는 점을 강조하는 것이다.

따라서 이를 위험사슬과 결과사슬을 연계해서 올바른 정책문제를 정의하고 올바른 정책(사업)을 설계할 수 있는 '위험과 결과 간 연계(linkage of result chain with risk chain)'라고 부른다. 이것이 바로 2단계 연계인 것이다.

[그림 7-3]은 이러한 위험사슬과 결과사슬 간의 연계 모습을 보여 준다. 즉, 먼저 결과사슬을 통해 최종 결과지표, 중간 결과지표, 즉시 결과지표들이 설정되고, 이를 달성하기 위한 프로그램이나 정책이 개발되면 이러한 프로그램이나 정책으로 인해 나타날 예기치 못했던

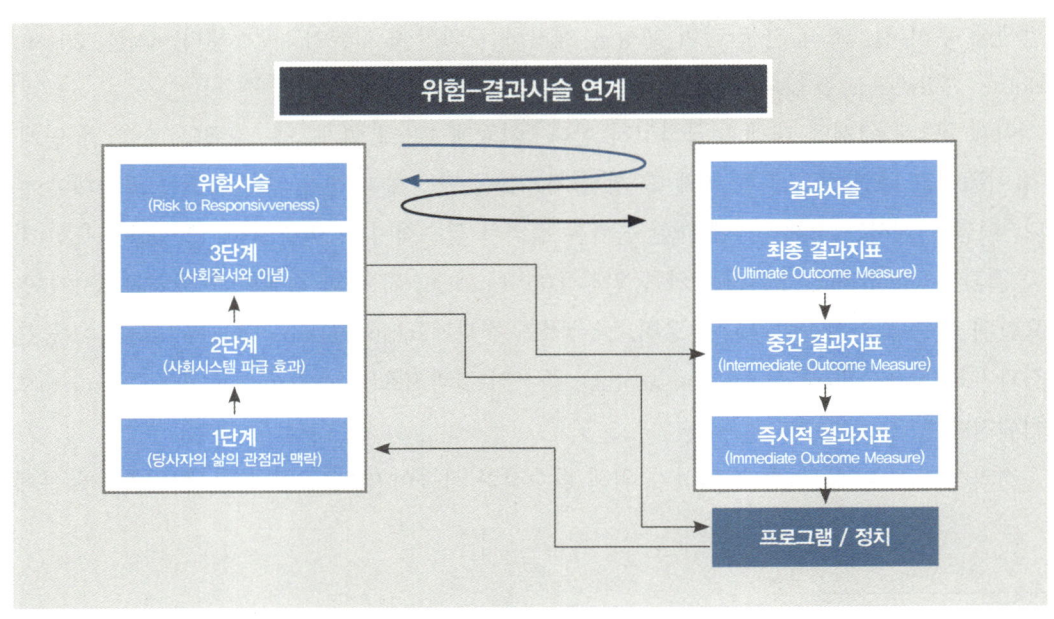

자료: 이석환 (2021: 165).

[그림 7-3] 위험-결과사슬 연계

위험 요인들이 위험사슬에 따라 사전에 점검돼야 한다. 위험사슬의 첫 번째 단계는 당사자의 관점에서 해당 정책이 국민들이 느끼는 진짜 문제(real problem)를 건드리고 있는지를 조사하고 해석하는 단계이고, 두 번째 단계는 사회 전체의 관점에서 해당 정책이 예기치 못한 부작용을 일으킬 수 있는지를 조사하는 단계이며, 마지막으로 세 번째 단계는 이러한 정책이나 프로그램이 현존하는 사회의 질서와 이념에 부합한 것인지를 판단하는 것이다. 이 과정을 통해 정책의 내용이 수정되고 관점이 재조정되며 중간 결과지표와 즉시 결과지표의 내용들이 수정된다. 이를 통해 올바른 정책문제가 정의될 수 있고 최고의 정책은 아니어도 차선의 정책을 수립해 집행할 수 있다는 것이다. 성과관리는 이러한 과정을 망라하는 것이어야 한다.

3. 조화와 통합을 추구하는 조직(Unity)

여기서 unity는 통합, 통일체 등으로 해석될 수 있으나 이것은 사회가 존재하는 모습 그 자체다. 즉, 우리가 살아가는 사회(society)는 하나의 통일체(unity)로서 존재해야 하고, 그러한 통일체는 사회구성원들이 공유된 가치(shared values)와 공동의 목표를 가지고 각자의 역할에 맞게 행동하며 조화롭게 노력하는 단일체를 의미한다고 할 수 있다. 이러한 의미에서 unity를 '통일체'라는 단어로 표현하기보다는 '조화'라는 단어가 더 사회의 본질에 가깝다고 생각해 '조화'로 표현하기로 한다. 따라서 조화(unity)는 사회가 존재해야 하는 방식이므로 사회 속에서 정부가 핵심적인 역할을 수행해 사회가 조화를 이루는 데 기여해야 한다는 것이다. Unity를 신경 쓰지 않는 정부는 무능한 정부이며 책임 있는 정부가 아니다. BLUE Government는 사회의 조화로움(unity)을 위해 달려가는 유능한 정부다. 그렇다면 어떻게 BLUE Government가 조화로운 사회를 구현할 수 있을까? 이것은 정부가 직접 'doing'을 하기보다는 'governing'을 하도록 유도하는 것이다(Drucker, 2008). '통치(governing)'란 전체를 먼저 보고 부분을 조율하는 행위이며 혼자서 모든 것을 다하려고 하는 행위가 아닌 서로의 기능이 유기적으로 맞물려 최대한의 성과를 낼 수 있도록 플랫폼을 깔아 주는 행위다.

먼저 [그림 7-4]를 보면 동심원 속의 핵심에 정부가 있고, 첫 번째 층에 공공 부문 내 수직적 통치가 있다. 실제 공공 부문 내에 존재하는 조직은 서로가 각자 자신들의 목표만 보고

가는 상태에서 다른 기관의 영역에서 일어나는 일에 전혀 신경을 쓰지 않고 일을 하는 경우가 많다. 이것은 통치(governing) 기능이 결여된 상태를 의미하며, 이로 인한 문제점들은 고스란히 시민들이 감당해야 하는 비용으로 나타나고 지속적인 사회적 갈등을 유발할 수밖에 없다. 예를 들어 환경부의 경우 업무의 특성상 다른 부처의 업무에 제동을 거는 정책들이 많을 수밖에 없다. 특히 산업적 규제 완화를 요구하는 산업부와 충돌하는 경우가 많고 숲과 관련해서도 숲을 가꾸고 인공적으로 손을 대려는 산림청과 자연 그대로 놓아 둬야 한다는 환경부의 입장이 늘 충돌해 왔다. 이렇게 일상적으로 발생하는 목표 충돌의 영역에 대한 통치가 필요하다.

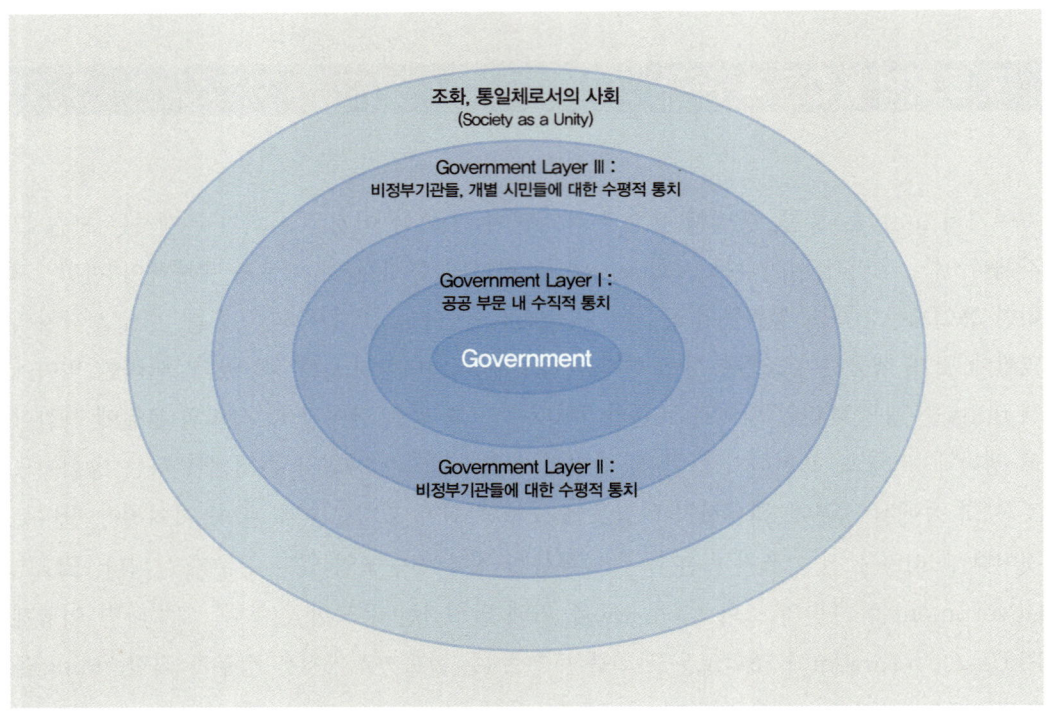

자료: 이석환(2021: 191).

[그림 7-4] 사회의 조화(unity)를 위한 정부의 Governing Capacity 동심원 모형

두 번째 층은 비정부기관들에 대한 수평적 통치의 필요성이다. 이제 정부가 기존에 했던

'doing'을 버리고 완전한 의미의 'governing'으로 기능 전환을 하는 상태를 말한다. 아직 이러한 형태의 통치(governing) 사례가 많지는 않지만 국내에서도 일부 지방자치단체나 공공기관에서도 나타난다. 사실 기재부의 경영평가를 받는 준정부 공공기관 중 위탁집행형 공공기관들은 이러한 기능을 수행하고 있는 것인데, 이 두 번째 동심원에서 강조하고자 하는 형태는 이러한 공공기관들이 정부의 몸체가 아닌 민간의 몸체여야 한다는 것이다. 그래야 더 효율적으로 정부도 비용을 줄여가며 일을 할 수 있다.

물론 이것이 작은 정부를 의미하는 것은 아니다. 그러나 장기적으로 정부가 비대해지고 더 이상 몸무게를 감당할 수 없는 시점에 다다르면 문제는 심각해진다. 지방자치단체의 경우 수요가 급증하거나 늘어나는 영역에서 공무원을 더 뽑거나 조직을 늘리는 대신 지역사회에 있는 대학, 비영리단체, 기업들과 위탁계약을 맺고 공공의 목적을 달성하기 위해 일하는 모습을 말한다. 아직 이러한 유형이 현실에서 많이 나타나고 있지 않으나 대학을 중심으로 지방자치단체와의 협업 사례는 점점 늘어나고 있는 추세다.[4]

4. 평형을 추구하는 조직(Equilibrium)

이제 BLUE Government의 마지막 조건인 평형(equilibrium)에 대해 설명하고자 한다. 여기서 평형이란 두 개의 서로 다른 방향으로 작동하는 힘이 있다고 가정할 때 양쪽의 당기는 힘이 똑같아서 그 어느 쪽으로도 움직이지 않는 상태를 말한다. 양쪽 중 한쪽은 정치로부터 자유로울 수 없는 정부이고, 반대쪽 한쪽은 국민이다. 이것은 아이러니하게도 '정치로부터 자유로울 수 없는 정부'가 지켜야 하는 '대(對)국민 책임성(accountability)'에 대한 이야기다.

고령화 사회와 인구 감소로 점점 국민의 세금은 늘어만 가고 정부의 복지와 관련된 예산들은 나날이 팽창할 수밖에 없는 구조다. 더구나 각종 선거가 돌아오면 정치인들이 내세우는 공약의 실행에 대한 예산상의 부담은 오로지 정부의 몫으로 남는다.

---

[4] 이와 관련한 자세한 예시는 국민대학교와 서울시, 성북구 간의 협업 사례로 성북구에서 '성북구청소년상담복지센터'를 개설하고 관내에 있는 국민대학교를 법인으로 선정해 업무를 위탁 운영하고 있는 사례가 있다. 자세한 내용은 이석환(2021) 참조.

이렇게 비대해진 정부가 속도를 조절해 가며 없어져야 할 프로그램은 없애며 새롭게 대응해야 할 조직과 프로그램은 신설하고 축소할 조직은 축소하면서 운영될 수 있도록, 그래서 혈세를 낭비하지 않게 하고 돈을 잘 쓰게 할 수 있도록 하는 반대 방향의 힘이 필요하다. 반대 방향의 힘이 작용하지 않는다면 정부라는 열차는 정치의 힘의 관성으로 폭주하게 돼 있다. 국민들(citizens)이 반대 방향에 서서 정치로부터 자유로울 수 없는 정부의 폭주를 견제를 통해 막아 줘야 한다. 이것은 곧 BLUE Government의 완성을 위한 '마지막 퍼즐'을 국민이 맞춰 줘야 한다는 것을 의미한다.

이를 위해서는 국민의 입장에서 정부가 무엇을 하고 있고, 일을 제대로 하고 있는지를 점검할 수 있는 과정이 필요한데, 이른바 정보 비대칭성 문제를 해결해 줘야 한다. 이것을 가능하게 만드는 것이 이른바 '성과 보고(performance reporting)'제도를 확립하는 것이다. 중앙정부이든 지방자치단체이든 대 시민 책임성 강화를 위해 성과 보고를 해야 한다. 정부기관은 성과 목표와 성과지표를 중심으로 시민들에게 그 성과 추진 현황을 정기적으로 홈페이지를 통해 보고할 수 있어야 한다. 이때 주민들이 이해하기 쉽게 성과지표의 형태로 공개되고 이해하기 쉬운 언어로 설명돼야 한다.

미국 노스캐롤라이나주 샬롯시의 경우는 매 회계연도마다 정기적으로 성과 보고를 하고 이를 홈페이지에 게시하는데, 성과지표를 중심으로 당초 목표치로 설정했던 부분이 달성됐

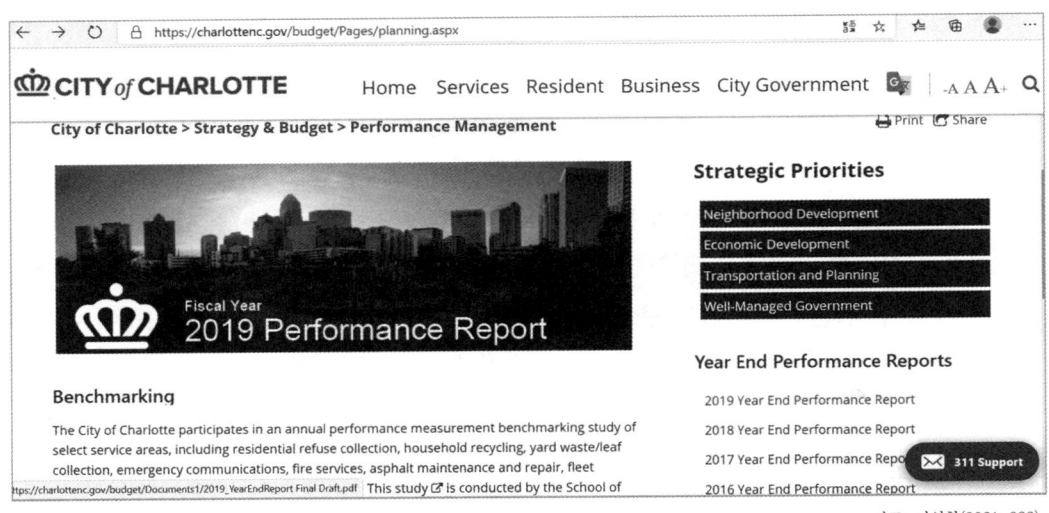

자료: 이석환(2021: 232).

[그림 7-5] 샬롯시 성과관리 홈페이지 화면

는지 여부와 달성하지 못했을 때 간단한 사유를 적어 시민들에게 공개함으로써 투명성을 보장하고 있다.

　샬롯시는 성과 및 결과를 시민들에게 알리기 위해 매년 핵심 영역(focus area)별로 성과 보고를 작성해 홈페이지에 공개하고 있으며([그림 7-5], [그림 7-6] 참조), 핵심적인 내용을 중심으로 성과지표를 쉽게 풀어서 달성 여부와 함께 미달성 시 사유를 간단하고 쉽게 설명하고 있다.

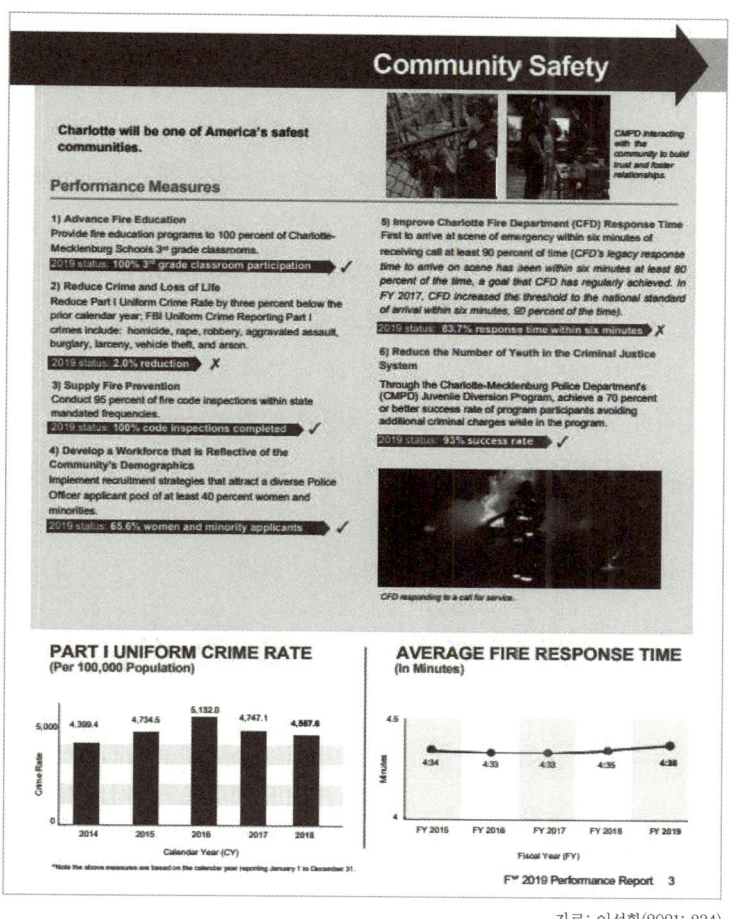

자료: 이석환(2021: 234).

[그림 7-6] 샬롯시의 2019 성과 리포트 예시

제4절_ 나오며: 공공 부문 성과관리의 확산과 성공을 위한 4개 관련 주체의 역할과 책임

종합해 보면 BLUE Government의 네 가지 핵심 요소는 실천이 가장 중요하다고 할 수 있다. 이러한 요소들을 실행에 옮기기 위해서는 공공 부문 내 중요한 네 개의 관련 주체가 함께 노력해야 한다. 여기서 네 개의 관련 주체란 정부, 국회, 감사원, 그리고 정부업무평가위원회다.

우선 정부가 성과관리에 대한 올바른 이해를 해야 한다. 즉, 성과관리를 조직의 변화관리의 관점에서 이해하고 혁신이 동반되는 과정을 이해해야 하며, 성과관리에 대한 피상적·상식적 지식이 아닌 구체적이고 전문적인 지식을 구성원들에게 전달해 올바르게 이해시킬 수 있어야 한다. 이러한 이해를 바탕으로 성과지표 측정을 단순한 일상적인 업무 단위의 측정으로만 보는 것에서 벗어나, 좀 더 거시적으로 균형적인 지표관리를 해 나가는 것이 필요하다. 즉, 계량지표뿐 아니라 비계량지표의 설정과 함께 효과성 지표와 효율성 지표를 균형 있게 관리해 나가도록 관련 제도를 정비하고 개선해 나가야 한다.

국회(지방정부의 의회 포함)는 이제 소모적인 정쟁에서 벗어나 성과 중심으로 정부를 감시하고 비판하며 개선을 요구해야 한다. 이를 위해서는 국회의원과 지방의회 의원들의 성과관리 지식에 대한 습득과 역량 강화가 필수적이다.

감사원은 정부의 성과지표들이 어떻게 측정되고 타당한 데이터가 수집됐는지, 원래의 계획대로 목표가 달성된 것인지 등에 대한 성과감사를 부처별로 실시해야 한다. 이것이 이뤄져야 비로소 국회와 감사원, 정부가 서로 견제와 균형을 유지하며 국민을 위해 일하는 정부를 만들 수 있다.

정부업무평가위원회는 정부가 선정한 국정 과제가 제대로 집행됐는지, 그리고 당초 기대했던 목표가 충분히 달성됐는지를 객관적이고 공정하게 평가하는 국무총리 소속 위원회다. 위원회는 환류를 강조하고 국정의 효율성과 투명성을 확보하기 위해 노력해야 한다. 그러나 위원회는 좀 더 실질적인 환류가 되도록 노력해야 하고 이를 위해 단순히 평가의 집행 기능에 그치지 않고 성과관리 기능을 지속적으로 연구하고 제언하는 기능을 강화해야 한다. 다시 말해, 평가와 성과관리와의 정합성 내지는 연계성을 늘 고민해야 한다(허만형·김주환·이석환, 2008; 김용철 외, 2022). 이를 통해 국회를 지원할 수 있고 감사원과 협조해 올바른 평가를 해 나갈 수 있다.

이하에서는 이 네 개 관련 주체들의 역할과 책임에 대해 구체적으로 살펴보기로 한다.

1. 정부의 역할과 책임

이석환은 성과관리의 주목적을 "조직 단위에 목표를 할당하고 목표치를 정하며, 이를 위해 권한위임을 실현하고 레드테이프(red-tape) 등 비효율적인 관료조직의 확대(bureaucratic imperialism)를 막는 것이다"라고 정의하고 있다(이석환, 2012: 360-361).

다시 말해, 성과관리는 조직 운영의 비효율을 극복하고 불합리한 관행과 문화를 개선하며 실질적인 지표 중심으로 조직을 하나로 묶어 조직의 비전달성을 위해 조직의 모든 자원을 집중시키는 것을 유도해야 한다. 사실 성과관리는 의도가 어떤 것이든지 간에 구성원들에게 추가적인 일(성과 데이터의 모집과 측정에 들어가는 노력, 비용 등)이 부과되는 것으로 인식될 수도 있어서 필수적으로 조직 저항을 불러일으킬 수 있다. 따라서 이러한 저항을 극복하기 위해서는 잘 짜여진 성과관리 도입 계획과 함께 실질적인 조직의 변화관리 계획을 잘 수립해야 한다.

이를 위해서는 최고관리자층이 성과관리를 조직 통제의 수단으로 생각하기 이전에 한정된 자원으로 조직의 목표를 달성하기 위해 인적·물적 자원을 효율적이고 효과적으로 배분하는 과정이라는 생각이 있어야 하고, 외부에 의한 통제가 아닌 스스로의 통제(self-control)라는 생각을 가지고 임해야 한다(Drucker, 1954).

또한 이러한 올바른 이해를 토대로 성과관리의 핵심인 성과지표에 대한 개념을 거시적·미시적으로 명확하게 정의하고 적용할 수 있어야 한다. 즉, 효율성과 효과성의 개념을 구분해 지표를 설정할 수 있어야 한다는 것이다.

많은 경우에 공공기관이나 정부에서 효과성에 해당하는 지표를 목표 달성 정도로 보고 결과지표(outcome measures)로 선정해서 관리하고 있다. 그러나 그것이 결과지표이든 산출지표이든 목표 달성을 위한 것이라면 의미에 차이가 없다. 따라서 성과관리에서 효과성이라고 하는 것은 결과적 관점에서의 궁극적 목표 달성을 위한 것이라고 보는게 맞다.

이러한 효과성 지표를 달성하기 위한 수단으로서 산출지표들이 활용되는 것이 일반적인

데 산출은 일반적으로 구체적인 사업, 프로그램, 정책으로 정의되므로 이에 대한 수단적 관리가 돼야 함은 물론이다.

다만 이 산출지표를 관리하는 과정에서도 대부분의 기관이 놓치고 있는 것은 바로 효율성에 관한 지표들이다. 이석환은 "효율성이란 주어진 자원을 가지고 어떻게 효율적으로 서비스를 생산해 낼 수 있을까를 보는 척도다. 이를 위해서는 투입, 과정, 산출지표를 개별적으로 다루는 것이 아니라 서로 간의 연계 속에서 효율성 지표(예를 들면 투입 대비 산출의 비율로)를 측정해 볼 수 있어야 한다"(이석환, 2012: 363)고 주장한다.

이러한 관점에서 앞서 언급한 전략과 전술 간의 구분과 함께 효율성 지표가 함께 관리돼야 한다. 즉, 예년에는 도로 10km를 포장하는 데 얼마의 예산이 들었다면 올해 도로 10km를 추가 연장하는 데 얼마나 예산이 드는지를 측정할 수 있어야 한다. 비용이 늘어날 수도 있겠지만 어떤 요인으로 늘어나는지 어떤 요인으로 감소할 수 있었는지를 분석할 수 있어야 한다.

또한 노스캐롤라이나주의 샬롯시를 비롯한 시정부들 간 벤치마킹 프로젝트를 통해 "톤 당 수거되는 쓰레기 처리비용"이 인근 시정부 간 비교가 될 수 있도록 하면서 성과관리를 해 나가고 있는데, 이것이 바로 효율성 지표가 성과관리의 핵심으로 작동하고 있다는 증거이므로 이러한 부분을 잘 활용할 필요가 있다(이석환, 2021).

2. 국회의 역할과 책임

이제 정부가 올바른 성과지표를 도출하고 올바른 방향으로 성과관리를 수행하고 있다고 가정하게 되면 실제로 이러한 과정을 점검하고 개선을 요구해야 하는 것이 바로 국회다. 국회는 대정부 질의, 국정감사 등을 통해 성과 중심으로 정부에 책임을 물을 수 있어야 한다.

안타깝게도 그동안 국회 및 지방의회의 기능은 성과지표 중심으로 견제가 이뤄지지 못했다. 이는 그동안 성과지표를 유명무실하게 관리해 온 정부의 문제도 있지만, 국회나 지방의회가 요구하면 정부는 바뀌게 돼 있다. 이러한 점에서 국회의 역할 변화와 의원들의 성과 역량 강화는 필수적이다. 이것이야말로 국민의 혈세를 정부가 어떻게 효율적으로 잘 쓰고 있는지를 검증하는 가장 확실한 방법이며, 이를 통해 여야를 막론하고 국회의원과 지방의회 의원들은 국민의 대표자로서의 역할을 수행하고 있다고 주장할 수 있게 된다. 이를 위해서는 의원들의 역량 강화와 함께 보좌진들의 역량 강화도 필수적임은 두말할 것도 없다.

앞서 언급한 것처럼 국회는 대통령에게 임기 중 부처별 대표 성과지표를 선정하게 하고, 이를 국회와 국민 앞에서 발표하게 해야 하며, 각 부처는 이 대표 성과지표들을 중심으로 국회에 예산을 요청하며 그 성과에 대해 평가받고 검증받아야 한다. 이러한 과정에서 사회적 담론과 토의, 논쟁이 자연스럽게 발생할 수 있고, 이것이 바로 숙의민주주의와 대의민주주의로 가는 가장 정확하고 올바른 방법이다.

3. 감사원의 책임

감사원은 이제 본격적으로 성과감사를 준비해야 한다. 성과감사란 계량적 지표들의 측정 과정이 투명하고 정당했는지를 확인하는 과정이며, 어떤 데이터를 사용했는지를 확인하고 평가하는 과정이다. 이 과정에서 정부 측과 종종 논리싸움을 벌여야 하며, 대안이 될 수 있는 데이터들과 이러한 데이터들이 활용됐을 때에 나타나는 차이 등에 대해 서로 검증해 나갈 수 있어야 한다. 예를 들어 만족도 조사를 했다면 그 측정 과정과 설문 응답자의 분포, 설문조사의 방법과 과정 등을 들여다보고 적절하게 과학적으로 이뤄졌는지를 판단해야 한다. 데이터 소스(data source)의 신뢰도와 투명성을 검증해 국민에게 알리는 것이 성과감사의 핵심이다.

4. 정부업무평가위원회의 역할과 책임

현재 총리와 함께 민간위원장으로 구성된 공동위원장 체제로 운영되는 정부업무평가위원회는 중앙정부, 공공기관, 지방자치단체 평가를 총괄하고 있는 중요한 전문가집단 위원회라 할 수 있다. 정부업무평가위원회는 전문가집단을 동원해 실질적인 평가를 수행하는 기능뿐 아니라 성과관리와 평가 방법을 어떻게 실질적으로 개선할 수 있는지에 대해 상시적으로 연구하는 기능이 작동해야 한다. 정부업무평가위원회 위원들은 각 정책 분야별 전문 영역의 인사들로 구성되지만 공통적으로 성과관리에 대한 충분한 지식과 경험들이 있는 인사들이어야 하고, 전문성이 강조되는 독립적 위원회가 돼야 한다.

또한 각 부처들이 정부가 미리 설정해 놓은 평가 방식에서 어느 부분에서 뛰어났고 어느 부분에서 부족했는지에 대한 피드백을 줄 수 있는 평가결과보고서를 내놓아야 한다. 단순히 평가 결과와 등급만을 내놓는 평가보고서는 지양해야 한다. 부처들이 피드백을 받을 수 없다면 평가를 받아야 할 이유가 없다. 피드백이 가능하기 위해서는 어떻게 성과관리를 설계하고 관리해야 하는지를 이미 이 장에서 설명한 바 있다.

복습 문제

- 정부업무평가위원회 홈페이지(https://www.evaluation.go.kr/web/page.do?menu_id=86)를 방문해 보고 각 부처별 성과관리시행계획이나 평가보고서 하나를 선택해서 내용을 살펴본 후 무엇이 문제인지, 무엇을 개선해야 할 필요가 있는지를 자유롭게 논의해 보시오.
- 성과지표 도출 템플릿을 활용해 귀하가 속한 행정학과의 전략 성과지표들을 도출해 보고 어떤 전술(프로그램)들이 필요할지 자유롭게 논의해 보시오. 또는 특정한 부처를 대상으로 특정한 사회 이슈를 중심으로 성과지표를 도출해 보는 것도 좋다.
- B/L/U/E의 네 가지 기준에서 볼 때 우리나라 정부는 어떤 점이 강점이고 어떤 점이 약점인지를 논의해 보시오.
- 결론에서 언급된 국회(https://www.assembly.go.kr/portal/main/main.do), 감사원(https://www.bai.go.kr/bai), 정부업무평가위원회(https://www.evaluation.go.kr/web/index.do) 등의 홈페이지를 방문해 보고, 이 책에서 논의되는 기능들이 얼마나 충실히 수행되고 있는지 자유롭게 논해 보시오.

제8장

갈등관리

학습 목표

- 최근 우리 사회에서 심각해지고 있는 공공갈등의 개념을 다양한 시각에서 살펴본다.
- 공공정책을 수립하거나 추진하는 과정에서 발생하는 공공갈등의 유형과 특징에 대해 설명한다.
- 공공갈등의 발생 원인을 살펴보고, 공공갈등의 키워드와 연관어가 무엇이고, 어떠한 경향성을 가지는지 이해한다.
- 공공갈등의 관리를 예방과 해결의 관점에서 고찰하고 공공갈등의 주요 기제와 기구, 수단들은 무엇인지 고찰하고, 공공갈등 해결에 어떠한 함의를 던져줄 수 있는지 학습한다.
- 향후 사회경제적 환경 변화에 따라 미래 사회의 공공갈등이 어떻게 변화해 갈 것인지 전망해 본다.

제1절_ 공공갈등의 의의와 특성

1. 공공갈등의 개념

최근 우리나라는 정치적 이념갈등이나 젠더갈등 등 갈등이 심화되고 있는 상황이다. 2018년 이후 갈등 관련 데이터를 분석한 결과 2022년 1분기 한국 사회 종합 갈등 지수가 누적 기준 197.2로 2018년(100)에 비해 거의 두 배로 높아진 것으로 나타났다. 여기서는 진영, 젠더, 세대, 불평등, 일터 등 다섯 가지로 갈등을 유형화해 분석하고 있는데, 이 중 70%가 진영 갈등이었고 8.9%가 젠더 갈등이었다(뉴스1, 2022). 2021년 12월 한국사회갈등해소센터의 '제9차 한국인의 공공갈등 의식조사' 결과를 보면, 응답자의 88.7%가 우리 사회의 집단 간 갈등이 심각하다고 응답했으며, 갈등으로 인한 우리나라의 사회적 비용은 연간 80조 원에서 많게는 246조 원에 달하는 것으로 추산된다. 즉, 한국 사회에서 갈등이 증폭돼 사회적 비용이 확대되고 있지만 갈등을 효과적으로 해결하는 것이 쉽지 않은 과제임을 알 수 있다.

한편, 1995년 지방자치제도의 본격화와 함께 각 지역은 공공정책과 관련된 갈등이 증가하고 있고, 중앙정부, 지방정부, 공공기관, 지역주민 등 다양한 이해당사자들 간 이해관계의 충돌이 증가하고 있다. 공공갈등의 증가는 많은 사회적 비용을 수반하며 정책실패를 가져오기도 한다. 이에 따라 정부는 행정협의조정위원회, 중앙분쟁조정위원회, 지방분쟁조정위원회 등의 공공갈등 관리기구를 설치해 정부의 정책 및 사업 추진에 의해 발생하는 갈등의 최소화를 도모하거나 갈등 관련 교육을 실시하는 등의 다양한 노력을 기울이고 있다. 지방정부 차원에서도 광역 및 기초자치단체들은 공공기관의 갈등 예방과 해결에 관한 규정에 명시된 갈등영향분석, 갈등관리심의위원회 설치와 참여적 의사결정 방법의 활용 등을 위해 자체적인 조례를 제정해 시작했다. 또한 2021년 6월까지 광역자치단체는 모두 갈등 관련 조례를 제정해서 운영하고 있다.

조례와는 달리 갈등관리 전담기구의 신설은 미흡한 상황이다. 서울시의 경우 2012년 '갈등조정담당관'을 설치해 2013년부터 2019년까지 서울시가 처리한 갈등 진단 사례는 1,169건에 이르렀으나 최근 갈등관리협치과로 갈등조정담당관 조직이 축소·운영되다가 행정조직상 갈등관리 전담기구는 없는 실정이다. 인천시 부평구의 경우와 같이 갈등관리팀을 도입한 지자체가 있으나 대부분 자치단체에서는 갈등관리 전담기구의 필요성에 대해 인식이 부족하다. 다만, 현재 도입이 추진 중인 '갈등관리기본법'이 제정된다면 갈등관리 전담기구 역시 조례와 마찬가지로 많은 지방자치단체에 확산될 것으로 보인다.

대내외 환경의 변화에 따라 정부의 정책 추진 과정에서 크고 작은 공공갈등이 지속적으로 발생하고 있으며, 공공갈등의 해결을 위해서 공공갈등에 대한 접근 시각, 공공갈등 관리 시스템, 공공갈등 협의에 관한 인식 전환 등 공공갈등에 대한 이해가 절실히 요구된다. 공공기관의 갈등 예방과 해결에 관한 규정 제2조에 따르면, 공공갈등은 "공공정책(법령의 제정·개정, 각종 사업계획의 수립·추진을 포함)을 수립하거나 추진하는 과정에서 발생하는 이해관계의 충돌을 말한다."라고 규정돼 있다. 즉, 공공갈등[1]은 공익(public interest)과 사익(private interest) 간의 충돌이나 공익 간 충돌에서 발생하며, 사회 내 갈등으로 인한 사회적 비용을 줄이기 위해서 적절한 관리가 요구된다. 공공 부문은 정책이나 제도를 통해 사회문제를 해결하게 되며, 이 과정에서 갈등의 주체는 국가, 지방자치단체, 공공기관, 지역주민 등이 이해당사자로 관여하게 된다. 이해당사자 간 긴장과 대립 및 충돌로 인해 발생하는 공공갈등은 합리적인 갈등 조정제도가 부재하거나 새로운 수요나 기개에 기존 제도가 부응하지 못하는 경우 더욱 심화될 수 있다.

이에 따라 공공갈등의 개념을 제도적 관점에서 살펴보면 공공갈등은 "정부, 지방자치단체, 공공기관, 지역주민이 법령의 제·개정, 각종 사업계획의 수립·추진을 포함해 공공정책을 수립하거나 추진하는 과정에서 발생하는 이해관계의 대립과 충돌"로 정의할 수 있다.

2. 공공갈등의 유형

한국의 공공갈등을 체계적으로 분석하고 있는 단국대학교 분쟁해결연구센터(2022)에 따르면, 공공갈등 유형을 갈등의 쟁점에 따라 노동갈등, 지역갈등, 계층갈등, 교육갈등, 환경갈

---

[1] 공공재 공급 우선과 안전 우선에 대한 가치관의 차이 등에서 원인이 되는 관점에서 정책갈등(policy conflict)으로 표현하기도 한다.

등, 이념갈등 등 여섯 가지 유형으로 구분하고 있고, 갈등 당사자에 따른 공공갈등 종류로는 민/민갈등, 민/관갈등, 관/관갈등 등 세 가지 종류로 구분한다. 공공갈등 성격에 따라서는 자원갈등(님비, 핌피), 권한갈등(사무갈등, 관할구역갈등), 정책갈등(가치갈등, 이익갈등) 등 세 가지 형태로 분류하고 있다(신경섭, 2022: 29). 우리나라의 경우 제주해군기지 건설갈등 사례와 같은 정책갈등이 많은 편이고, 그 외 자원갈등은 한탄강댐 건설갈등 사례(1995~2009) 등이 있으며, 권한갈등은 김천시-구미시 KTX 신역사 명칭갈등 사례(2003~2010) 등을 들 수 있다. 이와 같이 공공갈등 유형은 그 관점에 따라 다양하게 논의된다.

1990년 이후 한국 사회에서 발생한 공공갈등의 유형별 발생 빈도를 분석하면 노동갈등, 계층갈등, 지역갈등, 이념갈등 순으로 나타나고 있는 것으로 분석된다. 한 가지 유념해야 할 것은 최근 관-민갈등이 증가하고 있는데, 이는 중앙정부, 지방자치단체 및 공공기관들이 추진하는 정책들이 대부분 잘못됐다는 것을 의미하지 않는다. 주민들의 삶의 질 향상과 지역 발전에 긍정적인 결과를 초래할 수 있는 정책이 추진되더라도 많은 정책이 지역이기주의에 의한 무조건적인 주민들의 반대나 저항에 부딪히고 있다는 결과로 해석될 수 있다는 점을 주지할 필요가 있다.

민/민갈등 사례: 대구 농수산물도매시장 시설현대화사업 갈등

갈등의 개요: 대구 농수산물도매시장은 1988년 설립돼 거래량 증가에 따른 공간 협소 등으로 이전 및 시설 현대화 요구가 지속적으로 제기돼 왔다. 대구시는 2007년 이후 해법을 찾기 위해 2017년 2월까지 노력해 왔지만 유통종사자 등 이해관계자 간 갈등이 심각해 해결이 지난한 상황이었다. 이에 대구시는 2017년 3월 경제부시장을 위원장으로 유통종사자, 관련 전문가, 갈등전문가, 관계 공무원으로 구성된 "도매시장 시설 현대화 추진협의회"를 운영(15회)했다.

갈등의 해결: 2018년 4월 13일 위원 전원 합의로 "현부지 확장 재건축"으로 시설현대화 방향을 확정했고, 2019년 10월 농식품부가 실시한 공영도매시장 시설현대화사업 정부 공모에 선정됨으로써 총사업비의 30% 국비 지원이 확정돼 사업이 본격 추진하게 됐다. 이 공공갈등은 이익갈등의 대표적 사례로 민/민갈등 구조에 지자체가 제3의 민간갈등 전문가를 활용해 조정자 역할을 수행함으로써 해결의 전기를 마련한 사례라고 볼 수 있다.

민/관갈등 사례: 제주해군기지 건설갈등

갈등의 개요: 제주 해군기지 건설갈등은 1993년부터 해군기지의 필요성이 제기됐고, 2005년 4월 해군이 "제주 해군기지 추진 기획단"을 만들면서 사업이 본격화된다. 이 사업은 제주 지역의 시민사회단체, 해군기지 건설 예정 지역이었던 강정마을 주민을 포함한 제주도 군사기지반대도민대책위원회 등과의 갈등으로 사업 추진이 지연되다가 2010년 법적 판결로 건설이 가능해졌다. 이후 정부는 사업 반대 단체를 대상으로 공사방해 금지 가처분 신청을 하고 주민들의 강력한 저항에도 불구하고 해군기지 건설사업을 강행·추진했다. 이 과정에서 찬성 주민과 반대 주민 간 갈등, 안보와 경제 대 생태와 인권 간 이념 갈등이 심화됐으며, 반대운동 과정에서 698명의 주민이 연행됐고, 구속 30명, 불구속 450명, 약식기소 127명이라는 법적 처벌이 수반됐다.

갈등의 해결: 정부는 2017년 12월 12일 주민들에게 제기한 구상금청구소송을 취하하는 내용의 법원 조정안을 수용했고, 주민들에 대한 민선7기 제주도지사의 사과, 2018년 10월 11일 문재인 대통령이 제주해군기지를 평화의 거점으로 만들겠다고 천명하면서 갈등이 조정되고 있는 상황이다. 이 공공갈등은 이해당사자들 간 해군기지 건설의 필요성과 당위성에 대한 인식 차이가 존재했으며, 제3자인 법원의 개입으로 사업을 추진하게 됐다.

관/관갈등 사례: 울산 반구대 암각화 보존갈등

갈등의 개요: 1975년 발견된 반구대 암각화는 문화적 가치를 인정받아 1995년 국보 제285로 지정됐으나, 1968년 이후 대곡천 하류 지역에 사연댐이 건설, 2005년 대곡천 상류에 대곡댐이 건설되면서 겨울철 갈수기 외에는 연중 8개월을 물속에 잠겨 침식에 의한 훼손이 심각한 상황이었다. 국토부와 문화재청은 암각화 보존을 위해 사연댐 수위를 낮추는 방안을 검토했으나 울산시는 울산시 식수원 부족을 우려해 중앙정부와 갈등이 발생하게 됐다.

갈등의 해결: 기관 간 갈등이 심화되면서 2009년 국무조정실이 조정자로 나서 국토부, 문화재청, 울산시, 한국수자원공사 등이 참여하는 '정책조정협의회'가 구성됐고, 갈등 해결에 난항을 거듭하다가 반구대 암각화 보존 방안, 울산시 물 문제 등 6개 사항이 중심이 되는 양해각서(MOU)를 체결하게 되면서 갈등이 조정됐다. 이 공공갈등은 가치갈등 사례로서, 민선7기 울산시장이 취임하면서 문화재청과 새로운 대안에 합의가 이뤄진 권위주의적 조정에 의존한 문제 해결 유형으로 볼 수 있다.

3. 공공갈등의 특징

공공갈등은 공공정책 추진 과정 전반에서 발생한다. 공공갈등은 매우 다양한 이해관계자가 관련되기 때문에 복잡하고 지난한 갈등문제가 파생돼 그에 대한 적절한 해결책을 찾기가 매우 어려운 것이 특징이다. 이러한 공공갈등의 특징을 살펴보면 다음과 같다(행정자치부 외, 1996; 유재봉 외, 2016: 445 재인용).

첫째, 다양성과 복합성이다. 다양한 이해관계를 가진 집단은 물론 시민단체를 비롯한 간접적 이해관계자들까지 상호 연관돼 매우 복합적인 갈등 양상이 나타남으로써 공공갈등 해결이 쉽지 않다.

둘째, 정부의 개입 및 관여가 필요하다. 공공갈등이 사회·경제적으로 심대한 영향을 미치기 때문에 해결을 위한 정부의 개입 또는 관여가 필연적으로 요구된다.

셋째, 사회적 환경이 공공갈등을 증대시키는 하나의 원인이 되고 있다. 공공재 공급 우선과 안전 우선에 대한 가치관의 차이를 비롯해 개발 우선의 가치관 중심에서 환경 보전이나 삶의 질을 중시하는 가치관으로 변화하면서 충돌이 발생하게 됨으로써 공공갈등이 증가하고 있다. 또한 사회가 점차 다원화되면서 이해당사자 간 타협과 조정의 토대가 형성되기 어렵게 하는 사회적 요인도 공공갈등의 중요한 원인이자 특성으로 볼 수 있다.

공공정책 수행 과정에 다양한 이해관계자의 의견이 반영될 수 있는 기회가 점차 확대되고 있고, 정책이 지향하는 가치나 규범에 대한 담론 차원의 갈등에서 이해당사자 간, 이해당사자와 정부 간, 정부 간 공공갈등의 확대도 상당히 증가하고 있음을 알 수 있다(이종수 외, 2022: 625). 공공갈등이 국가나 지역사회에 크게 확산될 경우 사업 지체로 인해 경제적 손실비용이 매우 커지고 갈등 당사자 간 심각한 불신을 초래하는 등 부작용이 심각하기 때문에 공공갈등을 사전에 예방하는 것이 중요하며, 만일 갈등이 발생하게 되면 효과적인 해결을 위한 체계적인 갈등관리제도를 구축하는 것이 매우 중요하다.

제2절_ 공공갈등의 발생 원인과 주요 현황

1. 공공갈등의 발생 원인

공공갈등이 발생하는 원인은 정책의 배경 및 특성, 이해관계자의 범위 및 상호 신뢰 정도, 사회경제적 환경 등 다양한 요인이 존재한다(장현주, 2008: 31-32). 이하에서는 공공갈등의 원인을 구조적 측면, 정책의 본질적 측면, 갈등 환경 측면, 제도적 측면으로 구분해 살펴보고자 한다.

첫째, 구조적 원인에서 발생하는 갈등이다. 공공갈등은 정책결정 및 집행 과정에서 이해관계자의 참여 범위 및 기회가 보장되지 못하거나 정보 왜곡 및 낮은 정보 공개 수준으로 정보 비대칭성이 발생하게 되면 의사 표출 기회가 박탈되고 상호 불신으로 이어져 갈등이 나타나게 된다. 갈등에 대한 인식 부족도 원인이다. 갈등을 적극적으로 관리하고 해결하고자 하는 인식이 없거나 갈등에 대한 부정적인 시각이 존재하기 때문이다. 공공갈등에 대한 지자체의 대응을 보면 단순한 민원 사항으로 생각하거나 유사한 사업 내용에 비슷한 쟁점을 가진 보상을 요구하는 집단이기주의 차원으로 치부하고 문제 해결을 위해 국가의 공권력을 동원하거나 회유를 하는 등 적절하지 못한 수단을 선택하게 되면서 갈등이 심화된다. 이 밖에 합리적인 정책결정 과정을 거쳤다 하더라도 정책집행 과정에서 갈등 유형에 따라 새로운 이해당사자가 등장하게 되면 갈등이 발생하게 되고 막대한 사회적 비용이 들게 된다.

둘째, 정책의 본질적 특성에 기인한 갈등이다. 정책은 그 자체로 도입 배경과 특성에서 갈등이 유발된다. 즉, 갈등 당사자의 수, 갈등 당사자의 유형, 신뢰 관계의 특성 등 정책 내용에 따라 직접적인 이해관계를 가지고 있는 이해 당사자의 수가 많을수록 이들 이해의 반영 결과에 따라 공공갈등이 다양한 측면에서 발생할 수가 있다. 또한 정책 과정에서 대두되는 갈등 이슈에 대해 불응의 정도가 크게 되면 갈등이 발생하게 되고, 또 다른 정책과 상호 연계돼 있으면 갈등 가능성이 상대적으로 더 높게 된다.

셋째, 공공갈등을 둘러싼 환경도 갈등의 원인이 된다. 정책이나 사업 추진에 영향을 미치는 사회경제적 상황이 존재하고, 그로 인해 갈등 행위자 간 이익갈등, 입지갈등 등이 발생하게 된다. 또한 시민사회의 성장으로 시민단체와 언론이 정책 과정에 직·간접적으로 개입하게 되면서 갈등이 발생하거나 증폭되기도 한다. 정치행정적 환경 변화도 중요한 요인이 된다. 4차 산업혁명 시대가 도래하면서 정보 시스템이 발전하고 민주주의가 성숙하면서 다양한 집단들이 행정행위의 감시자 및 집행자로서 활동하게 됨으로써 다양한 이해관계가 형성되고 그에 따라 공공갈등이 발생하게 된다.

넷째, 제도적 원인에서 나타나는 갈등이 있다. 갈등을 적절하게 관리하기 위해서는 관련 법을 제정해야 하고 그 법에 근거해 갈등관리 기구들을 구축해야 체계적으로 갈등을 관리하고 해결할 수 있다. 이러한 갈등관리 시스템이 미흡하거나 구축되지 못하는 경우 갈등이 발생하게 된다. 우리나라는 공공기관의 갈등 예방과 해결에 관한 규정과 시행규칙은 제정돼 있으나 아직 갈등관리기본법은 국회에서 논의 중에 있고 대통령령만 있다. 대통령령으로 제정돼 있는 「공공기관의 갈등 예방과 해결에 관한 규정」의 경우 그 대상이 중앙정부에 한정돼 있어 실질적으로 지방정부와 주민 간 갈등을 다룰 수 있는 법적 근거가 부족한 것도 현실이다.

2. 공공갈등의 주요 현황

지방자치가 본격적으로 실시된 1997년 7월~2022년 3월까지 주요 일간지 및 언론을 대상으로 한국언론진흥재단(2022)에서 제공하는 공공갈등에 대한 '빅카인즈(BIGKinds)'[2]를 활용한 빅데이터 분석을 통해서 보면 총 1,911건의 공공갈등 관련 기사가 검색되고 있다. 연도별 기사 검색 건수를 보면 [그림 8-1]과 같다.

---

[2] 빅카인즈 분석 서비스의 특징은 ① 정형화된 데이터: 비정형 텍스트를 분석이 가능한 정형화된 데이터로 바꿔, 사회 현상을 분석할 수 있는 기초 자료 제공, ② 빅데이터화: 1990년부터 현재까지 54개 매체의 약 7천만 건 뉴스 콘텐츠 빅데이터화, ③ 가치 있는 정보: 한번 읽고 버려지는 하루살이 정보인 뉴스 콘텐츠를 축적해 분석할 수 있는 정보를 지향해 한국언론진흥재단이 제공하는 서비스다(한국언론진흥재단, 2021).

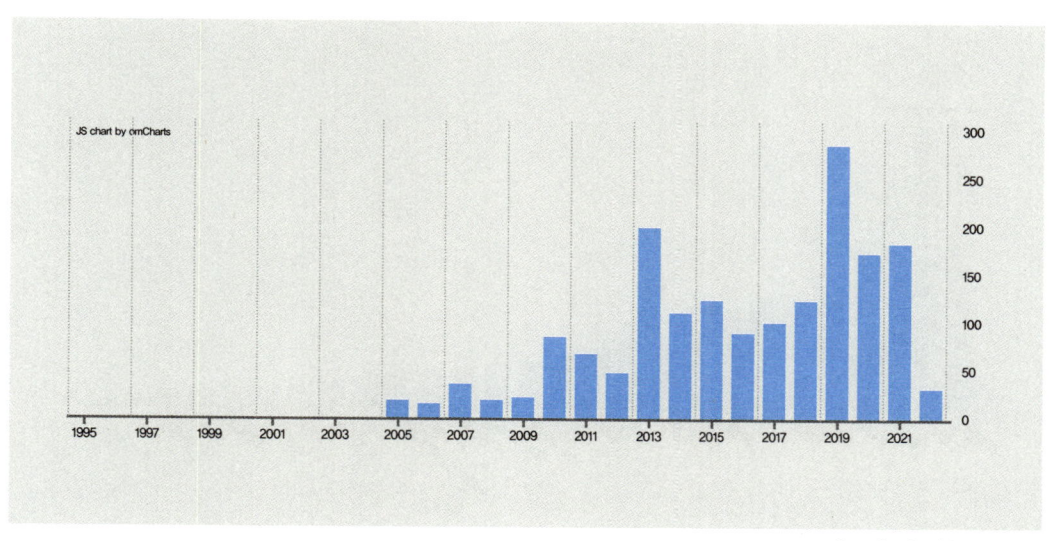

자료: 한국언론진흥재단(2022).

[그림 8-1] 공공갈등 키워드 연도별 트렌드

    사회의 이슈가 된 뉴스와 연관성(가중치, 키워드 빈도 수)이 높은 키워드를 보면 위원회가 가장 높고, 조례안, 공론화, 지자체, 이해관계, 전문가 등이 중요한 키워드들로 나타나고 있는 바, 이러한 요인들이 공공갈등에서 중요하게 다뤄야 할 요소라고 할 수 있을 것이다.

    이러한 키워드를 가중치를 적용해 공공갈등 관련 연관어 분석(워드 클라우드)을 보면, 조례안, 서산시, 공무원, 위원회 등이 중요하게 나타나고 있는 바, 2013년 이후 우리 사회의 공공갈등의 주요 이슈는 공공갈등 조례 제정에 있고, 그 외 지방자치단체로서는 서산시가 이슈의 중심에 있었으며, 갈등관리위원회 등이 주요 관심사가 되고 있음을 알 수 있다. 최근 김예린 외(2019)의 연구에서 보듯이 '갈등관리', '공공갈등' '갈등 유형'이 핵심적 주제가 되고 있다는 점에서 공공갈등 과정에서 이러한 요인들을 중요한 키워드로 다뤄야 할 것으로 보인다.

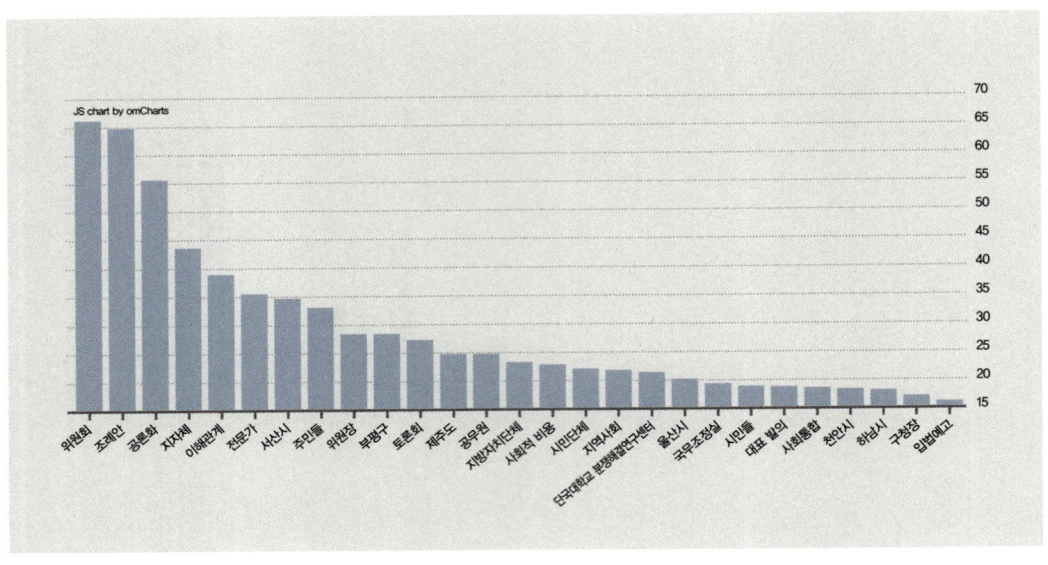

자료: 한국언론진흥재단(2022).

[그림 8-2] 연관어 분석 막대그래프

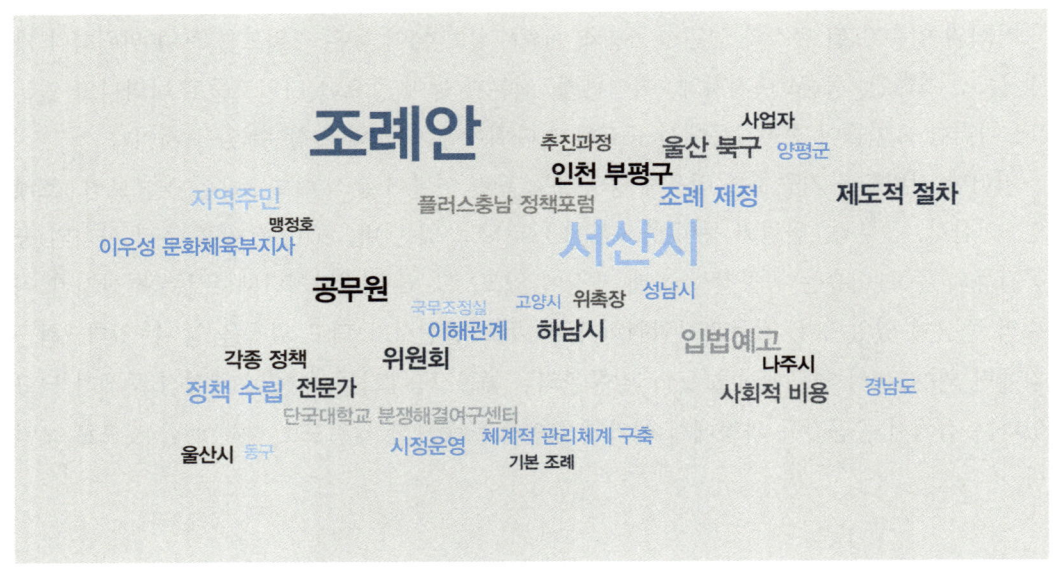

자료: 한국언론진흥재단(2022).

[그림 8-3] 연관어 분석(워드 클라우드) 분석

제3절_ 공공갈등 관리

정부는 2007년 2월 12일 중앙행정기관의 갈등 예방과 해결에 관한 역할·책무 및 절차 등을 규정하고 중앙행정기관의 갈등 예방과 해결 능력을 향상시킴으로써 사회 통합에 기여하기 위해 갈등관리에 관한 표준 절차인 「공공기관의 갈등 예방과 해결에 관한 규정」을 대통령령으로 제정했고, 이후 2016년 1월 22일 개정해 시행하고 있다. 대부분의 지방자치단체들이 갈등관리 예방 해결 조례를 제정해 운영하고 있으며, 갈등관리위원회를 개최해 매년 중점갈등관리 대상 사업들을 선정해 관리하고 있다. 공공기관의 갈등 예방과 해결에 관한 규정을 보면 갈등관리 방법은 갈등 예방 및 해결의 원칙하에 갈등 예방에서는 갈등영향분석과 갈등관리심의위원회 운영, 참여적 의사결정 방법을 활용하고, 갈등 해결에서는 갈등조정협의회를 통해 갈등을 관리해 나가도록 하고 있다.

1. 공공갈등의 예방

1) 갈등 예방 및 해결의 원칙

공공갈등의 예방을 위해서는 다양한 노력이 요구되는데, 우선적으로 갈등 예방 및 해결의 원칙을 고려하는 것이 필요하다. 공공기관의 갈등 예방과 해결에 관한 규정(제5조~제9조)을 보면, 갈등 예방 및 해결의 원칙에 대해 다음과 같이 규정하고 있다.

첫째, 자율 해결과 신뢰 확보다. 즉, 갈등의 당사자는 대화와 타협을 통해 자율적으로 갈등을 해결할 수 있도록 노력해야 하며, 중앙행정기관의 장은 공공정책을 수립·추진할 때 이해관계인의 신뢰를 확보할 수 있도록 노력해야 한다. 둘째, 참여와 절차적 정의다. 중앙행정기관의 장은 공공정책을 수립·추진할 때 이해관계인·일반 시민 또는 전문가 등의 실질적인 참여가 보장되도록 노력해야 한다. 셋째, 이익의 비교·형량이다. 중앙행정기관의 장은 공공정책을 수립·추진할 때 달성하려는 공익과 이와 상충되는 다른 공익 또는 사익을 비교·형량해야 한다. 넷째, 정보 공개 및 공유다. 중앙행정기관의 장은 이해관계인이 공공정책의 취지와 내용을 충분히 이해할 수 있도록 관련 정보를 공개하고 공유하도록 노력해야 한다. 다섯째, 지속 가능한 발전의 고려다. 중앙행정기관의 장은 공공정책을 수립·추진할 때 지속 가능한 발전을 위한 요소를 고려해야 한다.

2) 갈등영향분석

공공기관의 갈등 예방과 해결에 관한 규정에서 규정하고 있는 주요 갈등 예방 관리제도 중 하나로 갈등영향분석이 있다. 갈등영향분석이란 공공정책을 수립·추진할 때 공공정책이 사회에 미치는 갈등의 요인을 예측·분석하고 예상되는 갈등에 대한 대책을 강구하는 것을 의미한다(「공공기관의 갈등 예방과 해결에 관한 규정」 제2조). 중앙행정기관의 장은 공공정책을 수립·시행·변경함에 있어서 국민생활에 중대하고 광범위한 영향을 주거나 국민의 이해 상충으로 인해 과도한 사회적 비용이 발생할 우려가 있다고 판단되는 경우에는 해당 공공정책을 결정하기 전에 갈등영향분석을 실시할 수 있다. 갈등영향분석의 목적은 이해관계자들의 파악, 상대적으로 우선순위가 낮은 쟁점들의 교환을 통한 합의 가능 타진, 분석을 통해서 협의 절차의 진행 여부를 결정해 합리적인 의사결정 및 갈등 해결 방안을 수립하는 것이다.

중앙행정기관의 장은 위의 사항에 따라 갈등영향분석서를 작성해 갈등관리심의위원회에 심의를 요청해야 한다. 갈등영향분석서에 포함될 주요 내용을 보면 ① 공공정책의 개요 및 기대 효과, ② 이해관계인의 확인 및 의견 조사 내용, ③ 관련 단체 및 전문가의 의견, ④ 갈등 유발 요인 및 예상되는 주요 쟁점, ⑤ 갈등으로 인한 사회적 영향, ⑥ 갈등의 예방·해결을 위한 구체적인 계획, ⑦ 그 밖에 갈등의 예방·해결을 위해 필요한 사항 등 7개 사항이 명시돼 있다(「공공기관의 갈등 예방과 해결에 관한 규정」 제10조).

위의 7개 사항 중 ①~③은 면담 및 자료조사를 통해서 확보하게 되며, ④~⑦은 갈등영향분석서의 가장 중요한 부분으로 갈등의 원인 파악, 갈등의 발생 및 해결 가능성, 해결 절차의 설계 등은 전문가의 역량이 요구되는 사항이다. 갈등영향분석이 적절하게 이뤄지지 못하면 주요 이해관계자가 누락되거나 쟁점을 정확하게 파악하지 못하게 됨으로써 협의 절차 진행에 어려움을 겪을 수도 있다.

3) 갈등관리심의위원회

중앙행정기관은 소관 사무의 갈등관리와 관련된 사항을 심의하기 위해 갈등관리심의위원회를 설치해야 한다. 이 위원회는 갈등영향분석 심의, 공공기관의 갈등 예방·해결 능력 강화를 위한 법령 정비, 교육훈련 등의 자문을 한다. 다만, 갈등이 많이 발생하지 않는 기관으로서 총리령으로 정하는 기관은 당해 기관의 장이 판단해 위원회를 설치하지 않을 수 있다.

위원회의 구성은 중앙행정기관의 소속 직원 또는 갈등의 예방과 해결에 관한 학식과 경험이 풍부한 자 중에서 11인 이내의 위원을 임명 또는 위촉하되, 공무원이 아닌 위원이 전체 위원의 과반수가 되도록 해야 한다. 또한 위원장은 민간위원 중에서 호선으로 선출되며, 위원의 임기는 2년이고, 중립적이고 공정한 입장에서 활동해야 한다.

위원회는 종합적인 시책의 수립·추진, 법령 등의 정비, 다양한 갈등 해결 수단의 발굴·활용, 교육훈련의 실시, 갈등영향분석, 갈등의 예방·해결에 관한 민간활동의 지원, 그 밖에 갈등의 예방·해결에 관해 중앙행정기관의 장이 필요하다고 인정한 사항 등을 심의하게 된다. 중앙행정기관의 장은 정당한 사유가 있는 경우를 제외하고는 위원회의 심의 결과를 공공정책의 수립·추진 과정에 성실히 반영해야 한다.

지방정부 수준에서도 공공갈등과 관련한 사안을 심의·자문하는 공공갈등관리심의위원회가 필요하며, 현재 많은 자치단체에서 도입하거나 도입 중에 있다. 지방자치단체 조례에 따라 위원회는 위원의 임기는 2년으로 하고, 공공갈등 예방 및 해결을 위한 종합계획 수립과 추진, 공공갈등관리 대상 사업 지정 및 조정, 공공갈등관리 관련 자치법규 정비, 공공갈등 영향분석 실시 여부 등을 심의하고 자문한다. 위원회는 당연직과 위촉직으로 구성하고 대부분 위원장은 부단체장이 맡는다. 민간위원에는 기초의원, 갈등관리 전문가, 변호사, 대학교수, 시민사회단체 대표 등 갈등관리 경험이 풍부한 이들을 중심으로 위촉하고 있다.

중앙행정기관에 설치돼 있는 갈등관리심의위원회는 국가의 중요한 공공사업 등에 대한 갈등 사항을 검토·심의해 공공갈등을 사전에 예방하거나 갈등 발생 시 효율적이고 원활하게 해결하는 데 그 목적이 있다. 아직은 갈등관리심의위원회의 활용도나 효과성은 기대에 미치지 못하고 있는데, 갈등관리심의위원회가 정책에 대해 예상되는 갈등 요인을 사전에 최소화하는 생산적 심의라는 인식과 중앙행정기관의 장 및 지방자치단체 장은 위원회가 불편한 기구가 아니라 정책결정 과정에서 반드시 필요한 갈등 해결 과정으로 인식하고 설립과 운영에 긍정적인 마인드를 가져야 한다. 공공 부문에 갈등 전문가를 배치해 공공갈등 상황에 대해 사전적 모니터링을 통해 분석함으로써 갈등 해결 역량을 제고한다면 중앙정부와 지방정부 갈등관리심의위원회의 효과성과 활용도를 높일 수 있을 것이다.

4) 참여적 의사결정 방법

중앙행정기관의 장은 갈등영향분석에 대한 심의 결과 갈등의 예방·해결을 위해 이해관계인·일반 시민 또는 전문가 등의 참여가 중요하다고 판단되는 경우에는 이해관계인·일반 시민 또는 전문가 등도 참여하는 의사결정 방법을 활용할 수 있다. 또한 중앙행정기관의 장은 공공정책을 결정할 때 참여적 의사결정 방법의 활용 결과를 충분히 고려해야 한다.

지방정부에서도 공공갈등 문제를 갈등 조정 프로세스와 시민이 참여하는 협력적 거버넌스 등을 통해 해결해 나가는 노력이 필요하다. 즉, 조례 제정을 통해 참여적 의사결정 방법을 명시하고, 공공갈등이 예상되는 정책을 수립할 때에는 이해당사자, 시민, 관계 전문가 등이 의사결정에 참여하도록 하는 참여적 의사결정 방법을 활용하도록 해야 한다.

5) 공공갈등 조례 제정

정부는 2007년 2월 12일 「공공기관의 갈등 예방과 해결에 관한 규정」을 대통령령으로 제정해 중앙행정기관 등이 공공정책과 관련된 갈등을 체계적으로 관리할 수 있도록 했다. 원칙적으로 이 법령의 적용 대상은 중앙행정기관에 한정했고, 지방자치단체와 공공기관은 법령과 동일한 취지의 갈등관리제도를 운영할 수 있다고 규정하고 있다. 따라서 지방정부 차원에서 공공갈등을 제도권 안에서 체계적으로 관리해 나가기 위해서는 조례 제정이 요구된다. 조례의 기본 원칙은 공공갈등의 당사자가 대화와 타협을 통해 자율적으로 공공갈등을 해결하도록 해야 한다.

조례안에는 공공정책이 지역주민 생활에 광범위하고 심대한 영향을 주거나 이해 상충으로 인해 과도한 대립이 발생하는 경우 참여적 의사결정 방식의 활용 및 갈등영향분석을 통해 바람직한 해결점을 찾을 수 있도록 관련 내용을 명문화하는 내용들이 포함돼야 한다. 공공정책의 범주 또한 명확히 할 필요가 있는데, 공공정책의 범위에는 지방정부가 추진하는 정책과 지방정부가 설립한 공사·공단·출자·출연기관 추진 정책, 지방정부 인허가 및 승인 등 업무가 수반되는 국책사업까지 포함해야 한다. 그리고 지방자치단체장은 공공갈등 관리계획 수립 및 추진, 공직자의 갈등 해결 능력 향상을 위한 교육 프로그램 시행 등 갈등 해결을 위해 실질적인 노력을 하도록 규정해야 한다.

2022년 현재 광역자치단체는 대부분 공공갈등 조례를 운영하고 있으며, 기초자치단체 수준에서도 적극적인 도입이 추진되고 있다. 서산시(2019)의 부천시(2020)의 「공공갈등 예방 및 해결에 관한 조례」가 대표적인 예다.

2. 갈등의 해결

1) 갈등 해결 주요 제도

(1) 갈등관리기구

갈등관리기구는 공공갈등을 예방하고 해결하기 위해 정부가 법과 규정에 기반해 설치한 공식 기구를 의미한다. 정부는 중앙정부, 지방정부, 기타 공공기관의 갈등과 분쟁을 해결하기 위해 다양한 갈등 조정 기구를 설치해 운영하고 있다. 「공공기관의 갈등 예방 및 해결에 관한 규정」에 근거를 둔 갈등관리심의위원회, 「지방자치법」에 근거해 중앙-지방정부, 지방정부 간 발생하는 갈등을 주로 다루는 행정협의조정위원회, 중앙분쟁조정위원회, 지방분쟁조정위원회 등은 정부 간 관계를 중심으로 한 대표적인 공공갈등관리 기구다. 행정협의조정위원회는 국무총리실 소속의 정부위원회로서 행정안전부가 주관하고 중앙부처와 지방자치단체의 장이 사무 처리 시 의견을 달리하는 경우 이를 신속하고 효율적으로 협의하고 조정하기 위해 설치된다.

중앙분쟁조정위원회는 행정안전부에 설치되며, 시·도, 시·도를 달리하는 시·군 및 자치구, 시·도와 시·군 및 자치구 간, 시·도와 지방자치단체조합, 시·도를 달리하는 지방자치단체조합 간 또는 그 장 간의 분쟁 등을 심의·의결한다. 지방분쟁조정위원회는 위의 내용에 해당하지 아니하는 지방자치단체·지방자치단체조합 간 또는 그 장 간의 분쟁을 심의·의결한다. 분쟁조정위원회는 위원장 1명을 포함해 11명 이내의 위원으로 구성된다(「지방자치법」 제166조).

한편, 공공갈등이 발생했을 경우에 공공기관의 갈등 예방과 해결에 관한 규정에 근거해 갈등조정협의회를 구성할 수 있다. 협의회는 공공정책 관련 이해당사자의 상충하는 입장과 이해관계를 합리적으로 조정하고 합의안을 도출하는 것이 설립 목적이다(하혜영, 2015: 2). 즉, 중앙행정기관의 장은 공공정책으로 인해 발생한 갈등을 해결하기 위해 필요하다고 판단되는 경우에는 각 사안별로 갈등조정협의회를 구성해 운영할 수 있으며, 중앙행정기관의 장은 협의회의 구성과 운영에 필요한 행정적 지원을 해야 한다. 협의회의 설립 목적은 공공정책 관련 이해당사자의 상충적인 입장과 이해관계를 합리적으로 조정하고 합의안을 도출하는 것이다.

협의회는 의장 1인을 비롯해 관계 중앙행정기관과 이해관계인으로 구성되며, 필요한 경우 관련 단체와 전문가를 협의회에 참석시킬 수 있다. 협의회 의장은 중립성과 공정성을 바탕으로 당사자 간의 갈등이 해소될 수 있도록 지원·촉진하는 역할을 수행하며, 당해 사안과 직접 관련이 없는 자 중 당사자 간의 합의에 의해 선정하게 된다. 협의회에서 당사자는 상호 존중과 신뢰를 바탕으로 공동의 이익이 되는 대안을 창출하기 위해 적극적으로 협력해야 한다(「공공기관의 갈등 예방과 해결에 관한 규정」 제16조~18조). 협의회의 구체적인 구성과 운영은 당사자가 정하는 기본 규칙에 따라 작성할 수 있다. 협의 결과문은 법령 등에 위배되거나 중대한 공익을 침해하지 않아야 하며, 협의 절차는 당사자들이 모두 합의한 경우 외에는 비공개를 원칙으로 하고, 협의회 과정에서 알게 된 비밀을 타인에게 누설하거나 직무상 목적 외에 이를 사용해서는 안 되는 비밀 유지 조항 등이 있다.

갈등조정협의회를 통한 공공갈등 해결 사례: 국립서울병원 재건축 갈등

사례의 개요: 국립서울병원은 1961년 국내 최초 국가 정신병원으로 개원한 이후 정신병원이라는 부정적 이미지 때문에 지역 발전이 막혀 왔다는 논리로 지역주민들로부터 끊임없는 이전 요구가 있었다. 이에 보건복지부는 1989년부터 다른 지역으로의 이전을 본격 추진했지만, 마땅한 대안 부지를 찾지 못해 지지부진한 상황이 지속됐다. 이후 국무총리실이 보건복지부에 갈등 조정을 권고했고 국회의원의 적극적인 지원으로 약 13개월(2009년 2월~2010

년 2월) 간 갈등조정협의회가 운영됐다. 협의회는 다른 지역 이전, 광진구 내 대체 부지 이전, 현부지 신축안에 대해 심도 있는 검토를 통해 2010년 2월 최종적으로 광진구 현 부지 내에 종합의료행정타운(정신건강센터 포함)을 새로 건축하는 안에 합의했다.

갈등의 해결: 해결 과정에서 민간 갈등 전문가 활용을 통해 주민설명회, 주민참여형 여론조사, 갈등조정위원회 운영 등 다양한 갈등관리 기법이 적용됐으며, 시설을 이전하지 않고 '종합의료행정타운' 건설이라는 발전적인 안을 도출해 주민 수용이 가능했다. 이후 1단계 사업과 2단계 사업을 거치면서 종합의료복합단지는 보건 및 의료 관련 공공기관 12개 이상이 입주해 운영되고 있다. 현재 국립정신건강센터는 정신질환에 대한 치료를 넘어 국내 정신건강정책 실현의 중심으로 발전해 가고 있다. 국립서울병원 재건축은 국내 갈등 해결 분야의 대표적인 사례로 민-관이 대화와 협력을 통해 함께 문제를 해결해 나간 갈등 해결 우수 사례 중 하나이다.

자료: 국민대통합위원회 보도자료, 2016. 8. 29.

(2) 갈등관리연구기관 지정 및 운영

공공갈등 해결을 위해서는 갈등관리연구기관의 지정·운영 또한 필요하다. 갈등관리연구기관은 국무조정실장이 갈등관리를 위해 지정할 수 있는데, 이들은 지자체 환경을 충분히 고려한 공공갈등 조례 제정 및 지자체별 갈등관리 전담 부서 설치 지원, 공공갈등 예방 및 해결을 위한 정책 추진과 관련된 교육훈련 프로그램 개발 및 보급 등의 역할을 수행한다. 구체적으로 ① 갈등의 예방·해결을 위한 정책·법령·제도·문화 등의 조사·연구, ② 갈등의 예방·해결 과정과 관련된 매뉴얼 작성·보급, ③ 갈등의 예방·해결을 위한 교육훈련 프로그램의 개발·보급, ④ 갈등영향분석에 관한 조사·연구, ⑤ 참여적 의사결정 방법의 활용 방법에 대한 조사·연구, ⑥ 그 밖에 갈등의 예방·해결에 필요한 사항 등의 업무를 수행하도록 하고 있다(「공공기관의 갈등 예방과 해결에 관한 규정」 제24조).

이러한 활동을 위해 필요한 경비를 예산의 범위 안에서 지원할 수 있으며, 우리나라에서는 국무조정실 지정 갈등관리 연구기관으로 단국대학교 분쟁해결연구센터(2001년 개원), 한국행정연구원(2010년 지정), 전북대학교 공공갈등과 지역혁신연구소(2022년 지정) 등이 대표적인 연구기관으로 지정돼 공공갈등에 대한 연구를 수행하고 있다.

(3) 갈등관리 매뉴얼의 작성 및 활용

「공공기관의 갈등 예방과 해결에 관한 규정」제25조에 따르면, 국무조정실장은 갈등의 예방·해결 과정과 관련된 갈등관리 매뉴얼을 작성해 각 부처에 통보하고, 각 부처는 각 부처의 특성을 반영해 소관 정책을 추진할 때 갈등관리 매뉴얼을 활용해야 하며, 배부된 매뉴얼에 각 부처의 특성을 반영한 내용을 추가·보완할 수 있도록 하고 있다.

한편, 국무조정실장은 중앙행정기관에 의한 갈등관리의 실태 등을 점검·평가해야 하는데, 점검·평가를 위해 중앙행정기관의 장에게 갈등관리 실태 등에 관한 자료의 제출을 요구할 수 있으며, 중앙행정기관의 장은 자료 제출을 요청받은 경우 특별한 사유가 없는 한 관련 자료를 제공해야 하고, 점검·평가 결과를 국무회의에 보고할 수 있다. 갈등관리에 대한 관계 부처 간의 협의 등을 위해 갈등관리심의위원회를 설치한 중앙행정기관으로 구성되는 갈등관리정책협의회를 국무조정실에 둔다.

(4) 지속가능발전위원회와의 협의

중앙행정기관의 장은 「지속가능발전위원회 규정」제2조[3])에는 공공갈등 관리를 위해 지속가능한 국가 발전과 관련된 사회적 갈등의 해결에 관한 사항 등과 관련된 정책에 관한 계획을 수립하거나 다수 부처가 관련된 정책을 수립하는 과정에서 갈등의 예방과 해결을 위해 필요하다고 판단하는 경우에는 지속가능발전위원회의 갈등조정특별위원회와 협의하거나 자문을 요청할 수 있도록 하고 있다.

지속가능발전위원회는 지속 가능 발전을 이룩하고, 지속 가능 발전을 위한 국제사회의 노력에 동참해 현재 세대와 미래 세대가 더 나은 삶의 질을 누릴 수 있도록 함을 목적으로 삼고 있다. 2000년 대통령 자문 지속가능발전위원회가 출범했고, 2006년 국내 최초의 경제·사회·환경 분야 통합관리 전략 및 실천계획인 '제1차 국가지속가능발전 전략 및 이행계획(2006~2010)'을 발표했으며, 2018년 국가지속가능발전목표(K-SDGs) 수립과 2020년 제4차

---

3) 지속가능발전위원회는 ① 경제·사회·환경을 통합하는 지속 가능한 발전을 위해 고려해야 할 주요 정책 방향의 설정 및 계획의 수립에 관한 사항, ② 물·에너지 대책 등 주요 정책의 수립 및 시행에 관한 사항, ③ 지속 가능한 국가 발전과 관련된 사회적 갈등의 해결에 관한 사항, ④ 유엔환경개발회의에서 채택된 의제 21의 실천계획 수립 및 시행에 관한 사항, ⑤ 기후변화협약 등 주요 국제환경협약의 국내 이행대책 및 대응전략에 관한 사항, ⑥ 세계지속가능발전정상회의에서 채택된 이행계획 수립 및 시행에 관한 사항, ⑦ 그 밖에 환경친화적이고 지속 가능한 국가 발전 및 이와 관련된 사회적 갈등의 해결과 관련해 대통령이 자문을 구하는 사항 등을 심의한다(개정 2003.11.11.).

지속가능발전 기본계획(21-40) 수립 등이 이뤄졌다.

지표(제4차 기본계획 기준)를 설정해 중앙부처는 물론 지방자치단체, 시민단체, 전문가, 이해관계자그룹 등 다양한 조직에서 적용 노력을 기울이고 있다.

한국형 지속가능발전목표, 즉 K-SDGs는 모두가 사람답게 살 수 있는 포용사회 구현, 모든 세대가 누리는 깨끗한 환경 보전, 삶의 질을 향상시키는 경제 성장, 인권 보호와 남북 평화구축, 지구촌 협력과 같은 5대 전략을 실천하기 위해 17개 목표와 119개 세부 목표, 236개 지표(제4차 기본계획 기준)를 설정해 중앙부처는 물론 지방자치단체, 시민단체, 전문가, 이해관계자그룹 등 다양한 조직에서 적용 노력을 기울이고 있다.

(5) 갈등전담기구 설치 및 갈등전문인력의 양성

갈등전담기구는 공공기관의 갈등 예방과 해결에 매우 중요한 기제 중 하나다. 그러나 갈등관리 조례와는 달리 갈등관리 전담기구의 신설은 미흡한 상황이다. 인천시 부평구와 같이 갈등조정관제도를 도입한 지자체가 있으나 과 단위(갈등관리협치과)로 갈등관리 전담기구를 설치한 곳은 서울시 외에는 거의 없다. 현재 도입이 추진 중인「갈등관리기본법」이 제정된다면 갈등관리 전담기구 역시 조례와 마찬가지로 많은 지방자치단체에 확산될 것이다(행정과 갈등연구소, 2021).

갈등전문인력[4]의 양성을 위해 중앙행정기관은 갈등관리에 관한 전문인력을 양성하기 위한 교육훈련, 자격제도의 도입 등 필요한 시책을 수립할 수 있다. 갈등전문가를 통해 대안적 분쟁 해결제도를 적극적으로 활용 및 운용할 필요가 있고, 갈등에 대한 서면평가 및 의견 청취와 같은 소극적 자세를 탈피해 적극적으로 갈등 현장을 찾아 다양한 수준의 갈등 해결 방안을 강구할 필요가 있다. 갈등영향분석, 규제 협상, 합의 회의, 시민배심원제 등 숙의적 갈등 해결 기법을 적용해 조정과 중재로 해결되지 못하는 갈등을 해결해 나가야 한다. 중앙행정기관은 갈등관리에 필요한 조사·연구·교육훈련과 민간 부문의 자발적인 갈등관리 활동

---

[4] 최근 다양한 사회적 갈등을 경험하고 있는 미국의 경우에도 전문가 육성의 필요성에 의해 대표적 갈등관리 전문가 집단으로 2001년 갈등해결협회(Association for Conflict Resolution: ACR)를 구성·운영하고 있으며, 전문성, 역할, 갈등 프로세스 관련 원칙을 규정한 ACR 윤리적 원칙을 정립해 갈등 해소를 위한 실무 능력의 제고와 일반인들의 이해 제고를 돕고 있다. 그뿐만 아니라 일부 대학에서 갈등관리 전문가들을 양성하고 있고, 이와는 별개로 일정 학점을 이수하는 경우 수료증을 주는 프로그램도 있어 갈등관리 전문가 자격을 얻을 수 있는 다양한 방법이 있으며, 이들은 협회 등록을 통해 정식으로 활동할 수 있다.

을 촉진하기 위해 예산의 범위 내에서 필요한 재정 지원 등을 할 수 있다.

공공갈등의 경우 갈등을 관리하고 해결해야 하는 주체는 공공기관이다. 그 때문에 갈등에 대한 부정적인 인식을 해소하기 위해서는 좀 더 전문적인 갈등교육이나 적절한 갈등 해결 유인 체계를 발굴해야 한다. 특히 광역 및 기초자치단체들을 보면 대부분 갈등관리를 위한 교육이나 훈련이 충분하게 이뤄지지 않고 있으며, 갈등을 관리하고 교육을 담당하는 조직이나 부서조차도 기초자치단체 수준에서는 거의 부재한 실정인 바, 지방정부의 적극적인 인식 개선 노력이 요구된다.

2) 공공갈등 관리 수단

공공갈등은 갈등 당사자 간 갈등을 어떻게 다루고 관리하는가가 매우 중요하기 때문에 갈등 당사자가 갈등 상황을 어떻게 인식하는지를 잘 파악해야 하고, 그 내용에 따라 갈등을 적절하게 관리해 나가야 한다. 즉, 갈등에 대한 인식 차이를 잘 파악하고, 그에 따라 적절한 갈등관리 수단을 강구해야 한다. 갈등관리 수단은 전통적 관리 방식(Conventional Dispute Resolution: CDR)과 대안적 분쟁 해결 방식(Alternative Dispute Resolution: ADR)으로 유형화해 설명할 수 있다(하혜영, 2007: 60-61; 이용훈, 2012: 40-42).

첫째, 전통적 관리 방식(CDR)은 독자적 관리 방식과 사법적 판결 방식으로 구분할 수 있다. 독자적 관리 방식이란 우월한 지위와 권력을 소유한 일방 당사자가 주도적으로 갈등을 해결해 나가는 활동을 의미한다. 독자적 관리 방식에는 일방적 권력 행사(unilateral power play), 회피(avoidance), 타협전략(split the difference) 등이 있다. 일방적 권력 행사 방식은 'DAD(Decision, Announcement, Defence) 방식'이라고도 하는데, 주로 권위주의 정권이 DAD 방식을 선호한다. 회피전략은 상대의 이익뿐만 아니라 자신의 목적 달성에도 큰 관심을 두지 않는 것으로 침묵이 갈등 해결에 더 유리하다고 판단될 때 사용하는 전략이다. 갈등 해결을 위해 적극적인 노력을 기울이기보다는 덮어두고 시간이 지남에 따라 해결되기를 바라는 회피 및 방치 전략으로 적절한 관리 방식으로 보기는 어렵다. 타협전략은 현실적으로 가장 많이 사용되는 전략으로서 절충적 대안을 채택해 서로가 명분과 실리를 두고 타협점을 찾아가는 방식이다.

사법적 판결(재판) 방식은 사법기관의 강제적 결정에 따른 갈등 해결 방식으로 비용과 시간이 많이 투입되는 갈등관리 방식이다.

둘째, 대안적 갈등관리 방식(ADR)은 전통적인 갈등관리 방식의 문제점을 보완하기 위해 등장한 갈등 방식으로 소송 절차에 의한 판결을 거치지 않고 제3자 개입 등을 통해 갈등을 해결하는 방식을 말한다. 대안적 분쟁 해결 방식은 그 종류가 매우 다양한데 크게 협상(negotiation)과 조정(meditation) 및 중재(arbitration)의 세 가지로 논의할 수 있다.

협상은 어떤 공통된 문제에 대해 둘 이상의 갈등 당사자가 상호 간 합의를 형성해 상충되는 이익을 조정해 나가는 전략이다. 협상은 힘의 균형을 이루고 있을 때 갈등의 해결을 위해 효과적이며, 갈등 당사자들은 상호 간 어느 정도 양보를 해야 가능하다. 협상전략은 일시적인 갈등 해결이기 때문에 갈등이 잠재하고 있어 갈등이 다시 나타날 수 있다. 조정은 제3자에게 갈등 해결 절차를 맡기고 갈등 당사자가 결과를 통제하는 방식이며, 중재는 당사자 간의 합의(중재 합의)에 의해 제3자를 중재인으로 선정해 절차와 결과를 모두 맡겨 분쟁을 해결해 나가는 방식이다.

셋째, 숙의기구를 통한 갈등 해결 방법이 있다. 민선7기에 이르러 정책결정 과정에서 숙의형 주민 참여 방식을 적극적으로 활용하는 경향이 나타났다. 이는 주민의 실질적인 참여 보장 필요성에 공감하는 사회적 분위기가 국가 전체적으로 형성된데 기인한 것으로 보인다. '숙의형 주민 참여'는 첫째, 주민이 균형 잡힌 정보를 기반으로 학습 기회를 보장받고, 둘째, 소집단 토론 방식을 통해 다른 사람의 의견을 듣고 논의하는 과정을 거치며 자신의 입장을 정하고 표현하는 절차를 가진다. 다만, 아직까지 숙의형 주민 참여 방식 활용 방법에 대한 구체적인 기준이나 가이드라인이 마련되지 못해 시행착오가 나타나기도 한다. 숙의형 주민 참여 방식을 통한 대표적인 공공갈등 사례 중 하나가 신고리 5·6호기 공론화위원회다.

지역갈등 해소를 목적으로 갈등 발생 이슈에 대해 숙의형 주민 참여 프로세스를 활용하는 경우 주민 참여가 오히려 갈등의 원인이나 확산의 기제가 되지 않도록 구체적인 활용 방법과 참여 원칙을 구축하고, 제도적 기반을 공고히 하기 위한 노력을 병행할 필요가 있다. 숙의형 주민 참여 프로세스 설계를 위한 과제로 ① 지방자치단체 차원의 숙의형 주민 참여 프로세스 활용 실무 가이드라인 개발, ② 숙의형 주민 참여 프로세스 활용의 재원 마련을 위한 공공 펀드를 조성하고 숙의형 주민 참여 프로세스 설계 및 운영을 컨설팅할 수 있는 공신력 있는 기관 지정, ③ 주민 대상의 숙의형 주민 참여 프로세스 및 시민의식 교육 확대가 필요하다(한국지방행정연구원, 2018).

신고리 건설 5,6호기 건설 재개 문제는 국가정책에 대해 처음으로 공론조사라는 방법을 도입해 결정한 데 의의가 있다. 건설 재개와 건설 중단을 주장하는 양측의 입장이 첨예하게 맞선 상황에서 결론은 당시 문재인 정부의 탈원전 정책 여파로 6개월간 공사가 중단된 신고리 건설을 재개하도록 하는 결정 결과(건설 재개 59.5%, 건설 중단 40.5%)를 실제로 정부가 받아들이게 된다. 공론화는 "사회적 갈등에 대한 해결책을 모색하는 과정에서 일반 시민과 이해관계자들 및 전문가들의 다양한 의견을 민주적으로 수렴함으로써 정책결정에 대한 사회적 수용성을 확보하고자 하는 일련의 절차"를 의미한다. 시민 2만여 명을 대상으로 응답자 중 500명을 무작위로 추출했고, 이 중 471명이 참여해 주민 등 이해관계자 의견 청취(설문조사 포함) 및 토론회 등을 거치고 최종 조사 후 공론 결과 등 권고안을 마련하는 숙의 절차 과정을 거쳤다.

첨예하게 입장이 갈리는 공공정책에 대해 반드시 어느 한쪽의 의견을 선택해야 하는 경우 공론화위원회는 해결책을 찾아가는 데 중요한 동인으로 작용할 수 있을 것이고, 향후 다양한 사회갈등을 적절하게 관리해 나가는 데 기여할 수 있을 것으로 보인다. 서로 다른 가치가 충돌하는 상황에서 숙의 과정을 통해 자신의 주장을 말하고 상대의 주장을 들으며, 민주적 의사 형성 절차를 취하는 데 의의가 있다. 쌍방 소통의 논의 과정은 시민대표들 간 최종 판단에 대한 승복 가능성과 정부의 최종 정책결정에 대한 사회적 수용성을 높여 주게 된다(연합뉴스, 2017).

자료: 엽합뉴스, 신고리 5·6호기 공론화 위원회 발표문, 2017. 10. 20.

3. 4차 산업혁명시대의 공공갈등

1) 디지털 공공갈등의 등장과 사회 변화

성장 정체기에 접어든 우리나라의 불확실한 미래에 선제적으로 대응하고 한 단계 더 선진국으로 도약할 수 있는 경제 부흥을 위해 중앙정부 및 지방정부 등 공공 분야에서 내세우고 있는 국민 삶의 질 향상, 국가 경쟁력 강화, 일자리 창출 등의 공공 목적을 달성하기 위한 핵심 어젠다로 4차 산업혁명이 최근 사회적 이슈로 등장하고 있다. 4차 산업혁명 시대의 핵심 트렌드는 공공 분야에서 혁신적인 대응 전략 마련을 요구하고 있으며, 더욱 복잡한 이해관계로 공공갈등, 특히 디지털 갈등은 새로운 우리 사회의 이슈가 되고 있다. 사회관계망서비스(Social Network Service: SNS)의 여론 영향력이 증대하면서 분산형의 미디어 환경에서는 블로그, 페이스북, 인스타그램 등 사회관계망서비스를 통한 개인 미디어가 발달하게 되면서 공공과 민간 영역의 구분이 모호해지고 있고, 네티즌이 여론을 주도하고 개인 미디어의 영향력이 사회갈등을 증폭시키는 새로운 양상이 등장하고 있다.

유사한 의견을 가진 이들 간의 호응과 정보의 선택적 노출 등이 수반되면서 자신의 의견과 어긋나는 정보에 대해서는 외면하는 확증 편향(confirmation bias)과 함께 동일한 의견을 가진 이들 간 정보를 공유하며 해당 의견에 대한 신념을 증폭하는 에코 챔버(echo chamber) 효과가 나타나면서 갈등은 더욱 증폭되고 있다. 최근 두드러지고 있는 세대갈등이나 진영갈등 등의 이슈와 의견 대립은 이러한 경향의 대표적 결과다. 빅데이터(big data), 인공지능(AI), 사물인터넷(IoT)과 같은 고도화된 정보통신기술(ICT)을 기반으로 한 4차 산업혁명 시대에 디지털 기기를 통한 사회경제적 갈등이라는 새로운 공공갈등이 더욱 확산될 것으로 보인다. 인공지능에 의한 플랫폼의 발달은 일자리 감소로 이어져 사회적 취약계층의 반발을 가져올 것이고, 의사, 교원, 회계사, 공무원, 변호사 등 고학력 전문직까지 영향을 미칠 것이다. 따라서 기존의 공공갈등에 더해 새로운 형태의 디지털 기반 공공갈등에도 효과적으로 대응해 나가는 노력이 요구된다.

2) 디지털 플랫폼 정부에서의 갈등관리

정부는 공공정책 추진에 대한 노력이 효과를 보기 위해서는 국민들이 우려하는 4차 산업혁명에 대한 심리적 거부감을 해소해야 하며, 전례 없는 사회적 변화에 대한 불안감 해결 등을 위해 서두르지 않고 사회적 합의를 거치는 정책결정, 4차 산업혁명 관련 핵심 기술들에 대한 국민의 신뢰감 증진 등이 필요하다. 앞으로 공공 부문은 무인화 및 인공지능 보편화에 따른 인프라의 고도화, 가상현실과 같은 기술 활용 증가에 대한 연구개발 지원, 도시문제 해결형 혁신적인 공공서비스 창출, 그리고 초연결사회의 유기적 연계를 위한 국가와 지방정부의 정책적 지원 등을 주도적으로 이끌어 나가야 할 것이다.

윤석열 정부는 디지털 플랫폼 정부 태스크포스(TF)의 추진 방향에서 디지털 플랫폼 정부의 개념에 대해 모든 데이터가 하나로 연결되는 디지털 플랫폼에서 국민과 기업, 정부가 함께 사회문제를 해결해 나가고 새로운 가치를 창출하는 정부를 구축하기 위해 노력을 기울이고 있다. 데이터를 공유하고 ICT 기반의 정보통신기술을 활용해 정부, 민간, 시민 간 사회문제 해결을 위한 혁신을 통해 공공가치를 창출하는 열린 장을 마련하는 정부가 플랫폼 정부(Government as a Platform)라고 볼 수 있다(한국지방행정연구원, 2022). 특히 2022년 9월부

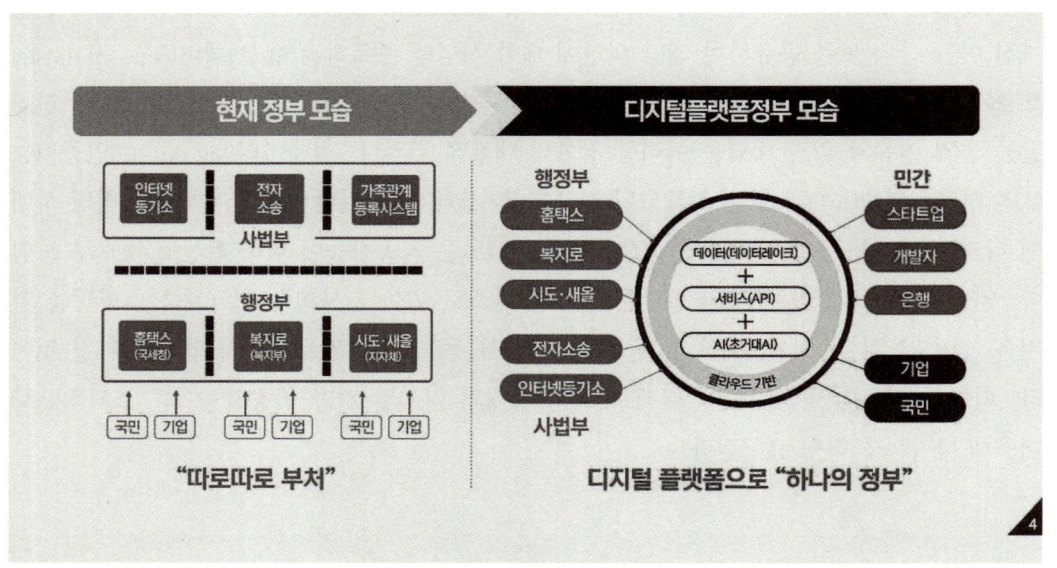

[그림 8-4] 디지털 플랫폼 정부의 모습

터 출범한 디지털플랫폼정부위원회에서 분야별 이슈 논의, 정책을 발굴하고 제안할 때 플랫폼정부에서 공공갈등의 영역 또한 중요하게 다뤄야 할 것이다.

지금까지의 공공갈등은 갈등 원인과 히스토리, 다양한 공공갈등의 사례와 해결의 경험, 공공갈등의 기제 등이 축적되지 못하고 분절화된 채 관리됨으로써 공공정책 추진 과정에서 유사한 공공갈등 사례의 지속적인 등장과 이에 대한 사회적 비용 지출이라는 악순환이 반복적으로 나타나고 있는 것이 현실이었다. 디지털 플랫폼 정부 안에 다양한 사회문제와 함께 공공갈등 사례를 데이터베이스(DB)화해서 축적하고, 데이터를 기반으로 부처 간 협업 등을 통해 미래 지향적인 공공갈등 관리 방안을 구축하도록 해야 할 것이다.

AI/빅데이터 기술을 사용한 지역사회 고유의 문제 이해 및 해결 방안 과정

미국 오리건주 비버턴시는 2018년 노숙자 문제 해결을 위해 안전한 지정 주차공간에서 자동차 캠핑을 할 수 있도록 했으나 해당 지역 주민들의 반대에 부딪치게 됐다. 이에 시는 AI 기술을 활용한 주민 참여 플랫폼인 Zencity를 개설해 지역사회 의견 & 피드백 추적 → 지역사회의 최대 관심사 이해 → 주민 과반수와 목소리 높은 의견 구분 → 시 정부의 예산 책정 및 프로그램 계획 프로세스에 통합된 주민 의견 제안 및 반영 등을 통해 주민들의 진정한 요구와 우선순위를 파악하고, 자원 배분 순위를 도출해 지역사회 고유의 문제 이해 및 해결을 추진했다(한국지방행정연구원, 2022).

제4절_ 나오며

최근 공공정책 수행 과정에서 갈등의 개념과 유형이 확대됨으로써 중앙 및 지방정부의 갈등관리 역할의 중요성이 더욱더 증대되고 있다. 공공갈등은 정부, 지방자치단체, 공공기관,

지역주민이 법령의 제정·개정, 각종 사업계획의 수립·추진을 포함하는 공공정책을 수립하거나 추진하는 과정에서 발생하는 이해관계의 충돌로 이해된다. 따라서 공공갈등은 다양한 유형이 존재하고, 그 특징과 양상 또한 다양하게 나타나고 있다. 최근 국가 전체적으로 공공갈등이 크게 증가하고 있는 양상으로 볼 때 공공갈등은 필연적이라는 인식과 갈등의 순기능적인 측면을 고려해 적극적으로 대응해 나가는 노력이 필요하다.

현재 중앙 및 지방정부는 효과적인 갈등관리를 위해 갈등관리 조례 제정, 관련 부서 설치 및 갈등관리 민간 전문가 채용 등의 다양한 노력을 기울이고 있다. 즉, 지방자치법에서는 중앙정부와 지방정부에 갈등 관련 분쟁조정위원회 설립을 위한 규정이 마련돼 있으며, 공공기관의 갈등 예방과 해결에 관한 규정에서 공공갈등 관리 방안들이 좀 더 구체적으로 제시되고 있다. 향후 「갈등관리기본법」이 제정된다면 공공갈등 관리에 대한 좀 더 명확하고 구체적인 대응이 가능해질 것이다. 그럼에도 불구하고 중앙정부 및 지방자치단체들의 갈등관리 역량은 아직은 매우 부족한 것이 현실이다. 공공갈등 관련 사회조직 및 공공기관이 필요로 하는 갈등 해결의 축적된 지식 기반과 경험적 매뉴얼이 필요하다. 또한 전문적 활동을 토대로 공공갈등 해결 및 예방의 기반을 마련하기 위한 산학연 협동 연구가 필요하다. 이러한 노력은 향후 디지털 플랫폼 정부라는 하나의 정부 안에서 효율적으로 관리돼야 할 것이다.

향후 공공갈등 해결을 위해서는 다음과 같은 노력이 요구된다.

첫째, 각 지역 및 개별 갈등 상황에 부합한 전략과 개입 방안이 구축돼야 한다.

둘째, 중앙정부와 지방자치단체 수준에서 갈등 사례, 갈등 해결 방안, 갈등정책 등 제반 내용이 플랫폼에 구축되고 활용되기 위한 인력의 지원 및 확보가 필요하다. 이를 위해 갈등 관련 전문가 양성을 비롯해 공공갈등에 대한 전문성을 가진 플랫폼 관리자 양성 및 전문교육 프로그램이 필요하다.

셋째, 공공갈등 사례 표준화 작업 노력이 계속 진행돼야 한다. 현재 정부 주도로 1948년 해방 이후 공공갈등 사례를 축적하고 데이터베이스화하는 노력이 계속되고 있는데, 이러한 노력을 하나의 플랫폼에 담아 공공갈등을 표준화해 관리해 나가는 전략이 필요하다.

넷째, 숙의기구의 활성화가 필요하다. 원전 건설 재개와 건설 중단을 주장하는 입장이 첨예하게 맞선 상황에서 신고리 5·6호기 공론화위원회 운영을 통해 다양한 의견을 민주적으로 수렴함으로써 정책결정에 대한 사회적 수용성을 확보해 나간 사례를 보면 숙의기구는 향후 공공갈등의 해결을 위한 모범적 사례가 될 것으로 보인다.

복습 문제

- 공공갈등의 개념과 원인에 대해 설명해 보시오.
- 공공갈등을 예방하기 위한 제도적 방안들에 대해 설명해 보시오.
- 공공갈등을 해결하기 위한 주요 제도와 수단들은 무엇이 있는지 논의해 보시오.
- 우리 주변 지역의 공공갈등 사례를 선택해서 갈등의 원인과 해결 과정에 대해 논의해 보시오.
- 우리가 속한 광역자치단체에서 공공갈등 관련 전담조직 설치 현황을 살펴보고, 주된 업무는 무엇인지 논의해 보시오.
- 최근 첨예한 공공갈등을 숙의기구를 통해 해결한 사례를 선택해서 핵심 쟁점과 그 해결 과정을 논의해 보시오.

제 9 장

정책관리

학습 목표

- 정책은 무엇을 위한 것이고 어떻게 구성되는지 살펴본다.
- 정책은 어떻게 분류되고, 각 정책 유형들의 특징은 무엇인지 살펴본다.
- 정책환경은 어떻게 구성되고, 주요 정책환경 요인의 정책에 대한 영향은 어떠한지 살펴본다.
- 정책의 주요 참여자는 누구이고, 정책 과정에서 이들의 역할은 어떠한지 알아본다.
- 정책의제 설정은 어떻게 이뤄지는지 알아본다.
- 정책결정모형들의 주요 내용은 무엇이며, 합리적인 정책결정을 위한 방안들은 무엇인지 알아본다.
- 주요한 정책분석과 정책평가 방법들의 주요 내용은 무엇인지 알아본다.
- 정책 변동의 원인은 무엇이며, 저항은 어떻게 극복될 수 있는지 알아본다.

제1절_ 정책의 의의와 유형

1. 정책의 의의

1) 정책의 개념

정책이 무엇인가에 대해서는 학자들의 관점과 연구 목적어 따라 다양하게 정의되고 있다. 라스웰과 카플란(Lasswell & Kaplan, 1970: 71)은 정책을 "목도, 가치 및 행동노선을 포함하고 있는 대규모의 계획"이라고 정의했으며, 다이(Dye, 1984: 1)는 "정부가 하기로 혹은 하지 않기로 결정한 모든 것"이라고 하고 있다. 정정길과 그의 동료들(2022: 35)은 "정책이란 바람직한 사회 상태를 이루려는 정책 목표와 이를 달성하기 위해 필요한 정책 수단에 대해 권위 있는 정부기관이 공식적으로 결정한 기본 방침"이라고 정의하고 있다.

이러한 정의들에 나타난 정책의 특성을 살펴보면 다음과 같다. 첫째, 정책의 주체는 개인이나 사적인 조직이 아닌 정부기관이다. 둘째, 정책은 목표 달성을 추구하고, 따라서 미래 지향적이다. 셋째, 정책은 복잡한 정치·행정적 과정을 거쳐 만들어지므로 정책형성은 복잡하고 동태적인 성격을 갖는다. 넷째, 정책은 권위 있는 정부의 공식적인 결정이므로 정책담당자의 행동 범위와 한계를 설정하는 지침으로서 규범적 성격을 갖는다.

2) 정책의 구성 요소

정책을 구성하는 주요 3대 요소는 정책목표와 정책수단, 그리고 정책대상자집단이다.

(1) 정책목표

정책목표(policy goals)란 정책을 통해 달성하고자 하는 바람직한 미래의 상태를 말한다. 교육정책의 목표는 인성과 능력을 갖춘 훌륭한 인재의 양성이며, 치안정책의 목표는 범죄와 재난으로부터 국민의 신체·생명·재산을 보호하고, 공공의 안녕과 질서를 유지하는 것이다.

정책목표는 정책의 핵심 구성 요소로 정책 과정에서 매우 주요한 역할을 한다. 첫째, 정책 대안의 선정 기준으로서 사용되며, 정책목표의 달성에 어느 정도 기여하는가가 최종 대안의 선택 시에 가장 핵심적인 기준으로 사용된다. 둘째, 정책집행 단계에서의 주요한 결정이나 활동은 정책목표 달성의 극대화를 지향하므로 정책목표는 이를 위한 지침으로서 사용된다. 셋째, 정책평가 단계에서는 정책목표의 달성 정도인 정책 효과를 평가하므로, 정책목표는 정책평가의 핵심적인 기준으로 사용된다.

바람직한 정책목표란 적합성(appropriateness)과 적정성(adequacy) 요건을 충족시켜야 한다. 적합성은 정책의 내용과 관련된 것으로, 정책이 추구하는 목표의 바람직하거나 실현 가능한 정도를 말한다. 적절성은 정책목표의 수준과 관련된 것으로서 정책이 초래하는 효과가 정책담당자와 사회구성원의 일반적 기대치에 미치는 정도를 의미한다.

(2) 정책수단

정책수단(policy instruments)이란 정책목표를 달성하기 위한 방안들을 말하며, 전체 국민의 보건 수준 향상이라는 보건정책의 목표 달성을 위해서 전염병 예방과 치료를 확대하고 정기적으로 건강검진을 받도록 하는 것 등이 포함된다. 대부분의 경우, 하나의 정책은 복수의 정책수단을 사용하고, 이들 간에는 자원의 효과적 배분을 위해 우선순위가 설정된다.

정책수단의 종류로는 실질적 정책수단과 보조적 정책수단이 있다. 실질적 정책수단이란 목표와 수단의 연쇄 관계에서 상위 목표에 대해서는 정책수단으로서, 하위 목표에 대해서는 정책목표로서의 역할을 담당하는 것으로서 경제 발전이라는 목표를 달성하기 위한 기업의 투자 확대나 신규 기업의 유치 등이 해당된다. 보조적 정책수단은 실질적 정책수단을 실현하기 위해 필요한 것으로서 집행기구와 조직 및 인력의 확보 등이 해당되며, 기업의 투자 확대나 신규 기업의 유치를 위해 전담조직과 인력의 편성, 보조금과 세제 혜택 등이 포함된다.

(3) 정책대상자집단

정책대상자집단(policy target group)은 특정 정책에 직접적인 이해관계를 공유하는 사람들의 무리를 말하며, 크게 수혜자집단과 비용부담자집단으로 구분된다. 수혜자집단은 정책을 통해 서비스나 재화를 받는 사람들이며, 생활보호자 지원 정책에서 월 소득액이나 세대당 재산액이 일정 수준에 미치지 못해 생계비 지원을 받는 생활보호대상자다. 비용부담집단은 정책집행 과정에서 피해를 입게 되는 사람들로서 전염병 감염 확산 방지를 위해 영업활동을 정지 혹은 제한당하는 자영업자들이 해당된다.

2. 정책의 유형

1) 정책 분류의 기준

정책은 정책 분류자의 관점과 기준에 따라 다양하게 분류되며, 가장 전통적인 분류 방법은 기능별로 분류하는 것이다. 우리나라의 경우 행정부처나 국회의 상임위원회도 기능별로 조직돼 있어 담당기관별 분류는 기능별 분류와 유사하며, 교육정책, 보건정책, 복지정책, 노동정책, 외교정책, 국방정책, 통일정책, 문화정책 등으로 나눌 수 있다. 그러나 현대의 많은 정책은 다양한 목적을 추구하고 있어 그 기능을 특정하기 어렵기 때문에 많은 수의 정책이 어느 특정 기능별로 분류하기가 어렵다는 한계가 있다.

2) 로위의 정책 유형 분류

로위(Theodore J. Lowi)의 정책 유형은 가장 많이 인용되고 있으며, 정책을 강력력 적용의 직·간접성과 적용 대상에 따라 분배정책, 재분배정책, 규제정책, 구성정책으로 분류하고 있다.

(1) 분배정책

분배정책(distributive policy)은 정부가 서비스, 권리, 혜택, 기회 등을 특정 개인이나 집단 혹은 지역사회에 분배하는 정책이다. 분배정책의 특징은 첫째, 도로, 철도, 항만, 공항 등 사회간접자본 건설, 군수품 구매 사업, 연구개발 당지 조성, 무의촌 의료 지원 등과 같은 다양한 사업으로 구성된다. 둘째, 수혜자집단과 비용부담자집단 간의 반목이나 갈등의 발생 여지는 적으나 이러한 사업이나 세부 사업의 유치 경쟁이 발생할 수 있다.

(2) 재분배정책

재분배정책(redistributive policy)은 소득의 이전과 관련 있는 정책으로 누진세율의 적용을 통한 소득에 따른 세금의 차별적 징수와 생활보호대상자에 대한 생계비의 지원 등이 해당된다. 재분배정책은 계급 대립적 성격을 띠고 정당한 대우보다는 평등한 소유를 지향한다는 점이 특징이다.

(3) 규제정책

규제정책(regulatory policy)은 사회의 특정한 구성원이나 집단의 활동을 통제함으로써 다른 사람이나 집단을 보호하려는 정책을 말하며, 기업들끼리의 가격 담합을 금지하거나 전세 가격을 일정 비율 이상 올리지 못하게 하는 것 등 수많은 예들이 해당한다. 규제정책의 특징은 첫째, 규제에 대해 불응할 경우 강제력이 행사되고, 둘째, 국민의 권리나 자유를 제약하는 측면이 강하므로 국회에서 의결을 요하는 법률의 형식을 취하며, 셋째, 규제 대상이 돼 피해를 입게 되는 개인이나 집단의 반발로 인해 사회적 갈등이 야기될 가능성 큰 점 등이다.

(4) 구성정책

구성정책(constitutional policy)은 정치·행정 체제의 구성과 운영에 관련된 정책을 말하며, 정부기관의 신설이나 변경, 공무원 정원이나 보수의 책정, 국회의원 수의 조정, 선거구의 조정 등이 구체적인 예다. 정당이 그 결정에 중요한 영향을 미친다는 점이 구성정책의 특징이다(Lowi, 1970: 302; 정정길 외, 2003: 77).

3) 리플리와 프랭클린의 정책 분류

리플리(Randall Ripley)와 프랭클린(Grace A. Franklin)은 정책을 분배정책, 재분배정책, 경쟁적 규제정책(competitive regulatory policy), 보호적 규제정책(protective regulatory policy)으로 나누고 있다(Ripley & Franklin, 1982). 로위의 정책 유형과 다른 점은 구성정책이 빠지고 규제정책을 둘로 나눈 것이다.

경쟁적 규제정책은 특정한 재화나 서비스를 제공할 수 있는 권리를 일정한 자격 요건을 갖춘 특정 개인이나 집단에게 부여하고, 정부가 재화와 서비스의 공급과 관련해 일정한 통제를 가하는 정책이다. 국내나 국제 노선의 항공운항권 부여, 특정 버스노선의 부여, 특정 방송 주파수 부여, 영유아 보육사업이나 복지시설의 민간위탁 등이 해당된다. 이러한 재화와 서비스의 독과점적 성격으로 정부의 개입이 요구되며, 정부는 권리 취득을 위한 경쟁에 참여할 수 있는 자격 요건을 제시하고, 권리를 부여받은 개인이나 집단에 대해 관리·감독을 시행한다.

보호적 규제정책은 일반 국민들을 보호할 목적으로 특정한 개인이나 집단의 행위를 포괄적으로 제한하는 정책을 말한다. 근로자의 생활 안전을 보장할 목적으로 시행하는 최저임금제, 물가 안정과 서민생활의 고려한 공공요금의 책정, 근로자의 권리를 보장한 근로기준법, 소비자 보호를 위한 농수산물 원산지와 식품의 성분 표시 등이 해당된다.

제2절_ 정책환경, 참여자, 정책 과정

1. 정책환경

1) 정책환경의 의의

정책환경이란 정책을 둘러싸고 정책에 영향을 미치는 일체의 외부적 조건을 말하며, 개방체제로서의 정치·행정 체제는 환경과 끊임없이 상호 작용하며 서로 영향을 주고받는다. 국가의 인구통계학적인 특성, 기후와 자연환경 등의 지리적 특성, 정치·행정 체제의 가치와 문화, 사회의 구조와 문화, 경제 상황, 나아가 다른 국제 정세의 변화 등 다양한 환경적인 요소들이 정책에 영향을 미친다.

이러한 환경적 요소들은 정책 제제에 요구(demand)와 지지(support)를 투입해 정책 체제의 행태와 정책 내용에 직·간접적인 영향을 미친다. 저출산·고령화의 진행으로 출산 장려 및 육아, 노인에 대한 사회보장 정책의 중요도가 높아지고 있는 점 등이 그 예다. 정책은 정책환경의 변화를 직접적인 목표로 제시함으로써 이의 효과적 달성을 추구하기도 하며, 때로는 의도하지 않은 긍정적 혹은 부정적인 부수 효과(side effects)를 발생시키기도 한다.

2) 주요 정책환경 요인

정책에 영향을 미치는 주요한 환경적 요인은 다음과 같다(박성복·이종열. 2003: 154-168).

(1) 정치·행정적 요인

정책을 담당하는 정치행정 체제의 여러 가지 속성은 정책에 직접적인 영향을 미친다. 정치 체제가 지향하고 있는 관념 체계라고 볼 수 있는 이념, 정부관료제와 의회, 정당, 이익단체 및 선거 체제를 포함하는 정치행정 체제의 구조적 분화와 통합 정도를 포함하는 정치행정 체제의 발전 수준, 정부의 기본적인 임무나 운영 방향, 정부와 시민사회 간의 관계에 대한 가치와 신념 및 태도를 포함하는 정치행정 문화, 정치 및 행정 체제 내의 권력구조 및 정부와 민간 간의 권력 배분을 포함하는 정치행정 체제의 권력구조 등이 정책에 직·간접적인 영향을 미친다.

몇몇 실증연구들은 정치적 요인 중 정당 간의 경쟁과 정치 체제가 정책에 영향을 미치고 있음을 밝히고 있다. 케이(Kay, 200)는 미국 남부지역의 정당 간 경쟁 축소가 복지 지출의 감소를 초래했고, 도슨과 로빈슨(Dawson & Robibson, 1963)은 사회경제적 변수는 정치 체제와 정책에 영향을 미치며, 정치 체제는 정책에 직접적인 영향을 미치고 있음을 제시하고 있다(정정길 외, 2003: 95-99).

(2) 경제적 요인

인간 삶에서 경제활동이 차지하는 비중이 높은 만큼 경제적 요인은 정책에 영향을 미친다. 물가 수준과 고용 수준 몇 경제성장률을 포함한 전반적인 경제 상황, 천연자원의 보유 정도 등 국내적인 요인뿐만 아니라 국제 에너지 가격의 변동 등은 경제정책뿐만 아니라 이와 관련된 여러 정책에도 영향을 미친다.

다이(Dye, 1966)는 미국의 50개 주의 교육과 복지를 포함한 주요 정책들에는 1인당 소득, 도시인구의 비율, 평균 교육 수준, 제조업 고용률 등으로 측정된 경제 발전 수준이 투표 참여율, 정당 간의 경쟁, 정당의 건실함, 의회의 인구 대표성 등을 포함한 정치적 변수들에 비해 더 강한 영향을 미치는 것을 발견했다. 그러나 사회경제적 요인이 정치적인 요인보다 정책에 더 강한 영향을 미친다는 실증연구들은 경제적 변수가 많은 일부분의 정치적 변수들만을 고려했고, 통계적으로 볼 때 정책의 분산이 경제적 변수로 설명되지 못하는 부분이 많은 점 등을 고려할 때 경제적 요인의 영향력이 너무 과장되고 있다는 비판을 받고 있다. 이러한 비판에도 불구하고 경제적 요인은 정치적인 요인과 사회적인 요인과 더불어 정책에 직·간접적인 영향을 미친다고 볼 수 있다.

(3) 사회적 요인

정책 체제가 속해 있는 사회의 여러 가지 속성 또한 정책에 영향을 미친다. 인구통계학적인 구성, 도시화율, 빈부의 차이, 정보통신 분야를 비롯한 각 분야의 기술 발전 수준, 사회적 제도의 발달 정도, 사람들의 보편적인 욕구와 아이디어, 전염병의 확산이나 태풍, 지진, 홍수와 같은 재난 등이 여러 정책에 다양한 영향을 미치는 주요 사회적 요인이다.

2. 정책 과정의 참여자

정책 과정에는 다양한 기관과 개인이 참여하며, 이러한 행위자들은 정책 과정에서 공식적인 의사결정권을 가진 공식적 참여자와 그러한 권한을 가지지 못한 채 간접적인 영향력을 행사하는 비공식적 참여자로 나눌 수 있다. 공식적인 참여자는 대통령, 의회, 중앙행정부처와 지방자치단체, 법원과 헌법재판소 등이며, 비공식적인 참여자는 정당, 이익집단, NGO, 전문가, 언론, 일반 국민과 여론 등이 해당된다. 참여자 우형별 정책의제설정 단계, 정책결정 단계, 정책집행 단계, 정책평가 단계에서의 역할을 살펴보면 다음과 같다(정정길 외, 2003: 137-215).

1) 공식적 참여자

(1) 대통령

대통령제를 채택하고 있는 우리나라에서의 대통령은 국가원수인 동시에 행정부의 수장으로서 정책 과정의 거의 모든 단계에서 강력한 권한을 행사한다.

정책의제설정 단계에서는 대통령의 이념이나 가치와 신념 등이 정책의제의 설정에 중요한 영향을 미치고 선거 과정에서 제시된 공약 등이 주요 정책으로 채택돼 시행된다.

정책결정과 관련해서도 강력한 영향력을 행사한다. 대통령은 정부를 대표해 법률안을 제출할 수 있으며, 국회에서 의결된 법률안에 대한 거부권을 가지고 있고, 법률로 위임된 사항과 법률 집행을 위해 대통령령을 발할 수 있다. 이 밖에도 대통령은 국무회의를 주재해 국가의 중요 정책을 심의·의결하며, 외교·국방·기타 국가 안위에 관한 중요 정책을 국민투표에 부칠 수 있고, 조약을 체결·비준하고 선전포고와 강화를 체결할 권한을 보유하고 있다.

정책집행 단계에서 대통령은 행정부의 최고 수장으로서 가장 강력한 영향력을 행사한다. 성공적 정책집행을 위해 정부조직을 개편할 수도 있으며, 중앙부처 및 주요 행정기관의 장에 대한 임면권을 행사하기도 하고, 정책집행에 소요되는 예산의 편성에도 직·간접적으로 관여할 수 있다. 정책이 대통령의 역점 사업에 포함될 경우 성공적으로 집행될 가능성이 높아지며, 대통령의 의지와 지원 여부가 성공적인 정책집행의 중요 결정 요인으로 작동한다.

정책결정과 정책집행 단계에 비해 정책평가 단계에서 대통령은 상대적으로 소극적인 역할을 하는 편이지만 정책평가 결과의 활용을 통해 정책을 개선하거나 폐지할 수 있다.

(2) 국회

국회는 법률제정권을 보유하며, 행정부를 감시·견제하는 역할을 담당한다. 정책 과정에서의 주요 기능을 살펴보면 다음과 같다.

정책의제설정 단계에서 국회의 역할은 대통령과 행정부에 비해 상대적으로 약한 편이나 국회의원은 개인이나 집단으로 특정 사회문제를 쟁점화하거나 여론이 형성된 사회문제를 정부가 정책의제로 채택하도록 정부에 영향력을 행사하기도 한다. 국회의 다수당이 집권당일 경우 정책의제설정 단계에서의 영향력은 커진다.

정책결정 단계에서 국회는 법률안 제출권을 포함한 법률제정권을 보유하며, 대통령이 법률안 거부권을 행사할 경우 이를 최종적으로 의결할 수 있는 권한을 가지고 있어 가장 강력한 정책결정 기능을 수행한다. 예산안에 대한 심의·확정권의 행사나 국정 질의 등을 통해 특정한 방향으로 정책 내용을 구성하도록 압력을 행사하기도 한다. 국채의 모집이나 국가채무에 대한 승인권 및 조약 등에 관한 동의권 행사를 통해 중요 국가정책을 확정하기도 한다.

정책집행과 정책평가 단계에서 국회는 대정부 질의, 국정조사, 국정감사 등의 행정부 통제 수단을 통해 정책의 집행과 평가 과정을 감시한다.

(3) 중앙행정부처와 지방자치단체

중앙정부 차원의 주요 정책의 집행 권한을 가진 중앙행정부처는 정책 과정에서 중요한 역할을 수행하며, 특히 정책집행 단계에서 핵심적인 기능을 담당하고 있다.

정책의제설정 단계에서는 전문성을 지닌 관료조직이 핵심적인 역할을 수행하며, 동원형의 정책의제설정이 이뤄질 경우 최고관리층이, 내부접근형의 정책의제설정에서는 중간관리층이 주도적인 역할을 수행한다.

정책결정 단계에서는 부처의 관료들이 정책 대안의 탐색 범위와 분석의 방법 등을 결정하며, 법률로 위임된 법률제정권인 부령(部令)을 제정할 수 있다.

정책집행 단계에서 중앙행정부처는 정책의 집행과 관련해 인사, 조직, 예산을 편성·운영하고 규정이나 세부 의사결정 규칙을 제정·시행해 정책을 집행한다.

정책평가 단계에서는 정책평가의 기초가 되는 정책의 시행 절차나 주요 결과에 대한 정보나 자료의 선택적 제공을 통해 정책평가에 영향을 미친다.

지방자치단체는 자치단체 차원의 정책을 수립·시행하므로 지방자치단체장과 지방의회는 대통령과 국회와 그 규모나 영향력은 적으나 성격상 유사한 역할을 담당하고 있다. 또한 많은 국가사무를 위임받아 집행하고 있으며, 중앙행정기관과 지방자치단체 간의 효율적인 정책 협의를 위해서 행정안전부 장관 소속의 정책협의회가 설치돼 있다. 정책협의회에서는 지방행정과 관련된 주요 국가 정책의 집행에 관한 사항과 주요 정책의 수립·집행과 관련해 법·제도의 개선에 관한 사항 등을 심의·조정한다.

(4) 법원과 헌법재판소

법원과 헌법재판소는 정책 과정에 직접적으로 참여하지는 않으나 판결을 통해 정책에 영향을 미친다. 법원의 행정소송에 대한 판결과 명령·규칙 또는 처분이 헌법이나 법률에 위반되는 지의 여부가 재판이 전제가 된 경우에 이에 대한 최종 심의권 행사를 통해 정책에 영향을 미친다. 헌법재판소는 법률의 위헌 여부 심판, 탄핵의 심판, 정당의 해산 심판, 국가기관과 지방자치단체 상호 간의 권한쟁의에 관한 심판 등을 통해 주요 정책의 수립과 집행에 상당한 영향을 미친다.

2) 비공식적 참여자

(1) 정당

정당은 정치적 주장이나 정책을 추진하거나 선출직 공무원 후보자의 추천이나 지지를 통한 국민의 정치적 의사 형성에 주도적인 역할을 수행함으로써 정책 과정에 영향을 미친다. 정당은 국가의 보호를 받으며 정책의제설정 및 정책결정 단계에서 일반 국민이나 이익단체 등으로부터 표출된 이해관계들을 결집해 이를 반영하는 방향으로 정책이 수립되도록 영향력을 행사한다.

(2) NGO

NGO(non-govenmental organizations)는 시민들의 참여를 전제로 공익을 추구하며, 자치적으로 운영되는 민간기구로서 비영리단체(nonprofit organizations)나 시민사회단체 등으로 불리기도 한다. NGO는 관료적 운영 방식의 한계로 인한 정부 부문의 비능률성, 사회의 다원화에 따른 공공서비스의 수요 확대, 시민들의 참여 의식 증대 등에 따라 그 활동 영역이 다방면으로 늘어나고 있다.

정책의제설정 단계에서 NGO는 시민들의 요구를 정책에 반영하는 역할을 한다. 대표적 NGO인 환경단체들은 생태계 보존의 필요성을 옹호하고 이를 시민들과 정부에 홍보해 정부가 친환경적인 정책들을 수립·시행하는 데 선도적인 역할을 담당한다. 정책결정 단계에서는 정책결정자에게 정책 대안과 관련된 전문지식이나 자료를 제공하기도 하며, 때로는 자신들이 원하는 방향으로 정책결정이 이뤄지도록 다양한 방식의 압력을 행사하기도 한다. 정책집행 및 정책평가 단계에서는 정부가 하는 사업의 파트너로서 활동하기도 하고, 적극적인 감시와 비판활동을 벌이기도 한다.

(3) 이익집단

이익집단은 집단구성원의 공동 이익을 증진함을 목적으로 하는 집단을 의미하며, 정책 과정상의 영향력은 집단의 규모와 응집성, 재정력, 정책결정자와의 친소 관계, 구성원의 명성 등에 따라 결정된다.

정책의제설정 단계에서 이익집단은 집단구성원의 이익을 적극적으로 주장함으로써 자신들의 문제를 해결하는 데 정부가 개입하도록 한다. 정책결정 단계에서는 정책결정에 필요한 정보나 전문지식을 제공하기도 하고 정책결정자에게 압력을 행사해 자신들의 이익을 실현하는 데 유리한 방향으로 정책이 결정되도록 압력을 행사하기도 한다. 정책집행 단계에서는 수혜자집단의 경우는 정책에 대한 적극적인 지지와 독려를 통해 성공적인 정책집행에 도움을 주기도 하나, 비용부담자집단의 경우는 정책집행에 대한 강한 저항을 통해 정책실패를 유도하기도 한다. 정책평가 단계에서는 정보의 선택적 제공과 여론의 조작을 통해 정책 효과의 판단에 영향을 미친다.

(4) 전문가

연구원과 학자를 포함해 특정한 분야에 높은 수준의 전문지식과 경험을 보유한 다양한 분야의 전문가들은 개인으로서뿐만 아니라 정책공동체(policy community)를 통해 정책 과정에 상당한 영향력을 발휘한다.

정책의제설정 단계에서 전문가들은 높은 수준의 지식과 기술을 활용해 사회문제를 분석함으로써 문제의 심각성을 시민들과 정책담당자에게 알리는 역할을 한다. 정책결정 단계에서 전문가들은 정책 대안의 개발과 정책 대안의 비용과 효과에 대한 판단 등에 중요한 역할을 담당하며, 정책 대안에 대한 전문가들의 판단은 정책에 대한 정당성을 높여 준다. 이러한 전문가들의 영향력은 정책이 고도의 과학적 지식이나 혹은 전문적 기술이 요구될 때 더 강해지는데, 감염병 전문가들의 의견이 코로나19(COVID-19) 감염 확산 방지를 위한 대책을 수립하는 데 결정적인 역할을 했던 사실에서 이를 알 수 있다. 정책평가 단계에서 전문가들은 자신들의 지식과 기술을 활용해 정책의 효과를 평가해 그 결과들을 발표함으로써 직·간접적인 영향력을 행사한다.

(5) 일반 시민과 여론

개인으로서 시민의 정책 과정상의 영향력은 크지 않은 편이다. 정책의제설정 단계에서는 일반적으로 큰 영향력을 발휘하고 있지 못하며, 정책결정 및 정책집행 단계에서는 주요 정책에 대한 국민투표 참여, 선출직 공무원 선거에의 입후보, 주요 정책담당자에 대한 개인적인 접촉 등을 통해 영향을 미친다. 정책평가 단계에서는 정책에 대한 포괄적 책임을 지고 있는 선출직 공무원에 대한 투표권 행사를 통해 간접적인 영향력을 행사한다.

전체로서의 시민이라고 볼 수 있는 여론의 민주국가에서의 정책 과정상의 영향력은 상당한 편이다. 정책의제설정 및 정책결정 단계에서는 수혜자집단이나 비용부담자집단의 지지나 반대 여론 형성으로 인해 사회문제가 정책문제로 전환되거나 전환이 이뤄지지 않을 수도 있으며, 특정한 방향으로 정책결정이 이뤄지도록 압력을 행사할 수 있다. 정책평가 단계에서는 정책의 고객이라고 할 수 있는 사람들의 정책 과정이나 결과에 대한 만족도가 주요 평가 요소로 고려된다.

(6) 언론

방송, 신문, 유튜버를 포함한 주요 대중매체들도 정책 과정에서 중요한 역할을 수행한다. 언론은 특정 문제에 대한 집중적인 방송이나 기사화를 통해 여론을 형성하거나 확산시켜 그 문제를 공중의제화하거나 정책의제화하는 데 핵심적인 역할을 수행한다. 정책결정이나 정책집행 단계에서는 정책결정 과정에서의 쟁점에 대한 보도 등을 통해 간접적인 영향을 미치고, 정책집행 단계에서는 정책집행이 어떻게 이뤄지고 있는지에 대한 감시자 역할을 담당한다. 정책평가 단계에서는 정책의 집행 과정과 결과에 대한 보도를 통해 정책의 성과와 문제점 등을 부각시켜 정책에 대한 시민들의 여론 형성에 영향을 미친다.

3. 정책 과정

1) 정책 과정의 분류

정책 과정은 학자들의 관점이나 연구 목적에 따라 다양하게 제시되고 있다. 다이(Dye, 1981: 23-26)는 정책 과정을 문제의 규명(identyfying problems), 정책안의 형성(formulating policy proposals), 정책의 합법화(legitimating policies), 정책의 집행(implementing policies), 정책의 평가(evaluating policies) 등 5단계로 나누고 있다. 앤더슨(Anderson, 1978: 23-24)은 이와는 다소 상이하게 정책 과정을 정책의제의 설정, 정책의 형성, 정책의 채택, 정책의 집행, 정책의 평가 등으로 분류하고 있다. 드로(Dror, 1983:163-196)는 정책의 구체화 정도에 따라 최적 정책결정 과정을 상위 정책결정 단계(meta-policymaking stage), 정책결정 단계(policy-making stage), 정책결정 이후 단계(post-policymaking stage) 등 3단계로 나누고, 이 단계들과 연계된 의사소통과 환류 단계(communication and feedback stage)를 덧붙여 4단계의 정책 과정을 제시하고 있다. 존스(Jones, 1984: 27-30)는 정책 과정에서 참여자의 역할 비중에 따라 정책 과정을 문제의 인지와 정의(perception and recognition), 집결(aggregation), 조직화(organization), 주장(representation), 의제설정(agenda setting), 정책형성(policy formulation), 합법화(legitimation), 예산 편성(budgeting), 정책집행(policy implementation), 정책평가(policy evaluation), 정책조정과 종결(policy adjustment/termination) 등 11개 단계로 나누고 있다. 드로와 존스의 정책 과정을 살펴보면 다음과 같다.

2) 드로의 정책 과정

드로(Yehezkel Dror)는 정책 과정을 상위 정책결정 단계, 정책결정 단계, 정책결정 이후 단계, 의사소통과 환류 단계 등 4단계로 구분하고 있다.

(1) 상위 정책결정 단계

상위 정책결정 단계는 정책결정을 위한 정책결정을 시행하는 단계로서 정책결정 체제의 설계 및 운영 절차, 정책결정의 포괄적인 규칙과 지침, 참여자, 투입 자원의 배분계획 등을 설계하는 단계다. 이 단계에 포함되는 7개의 세부 단계는 ① 가치의 검토, ② 현실 파악, ③ 문제의 인지, ④ 자원의 조사·검토·개발, ⑤ 정책결정 체제의 설계·평가·재설계, ⑥ 문제·가치·자원 분배·정책결정 전략의 수립 등이다.

(2) 정책결정 단계

정책결정 단계는 정책목표 달성을 위한 최적의 대안이 구체화되는 단계다. 이 단계에 포함되는 7개의 세부 단계는 ① 자원의 재분배, ② 우선순위를 고려한 목표의 설정, ③ 우선시되는 중요 가치들의 확정, ④ 주요 정책 대안들을 마련, ⑤ 비용·편익분석을 통한 정책 대안들의 예측 방법 검토, ⑥ 최적 정책 대안의 식별, ⑦ 최적 대안에 대한 평가와 판단 등이다.

(3) 정책결정 이후 단계

이 단계는 효율적인 정책집행을 위한 대비를 포함한 정책집행과 그 결과에 대한 평가로 구성된다. 이 단계에 포함되는 3개의 세부 단계는 ① 정책집행을 위한 동기부여, ② 정책집행, ③ 집행 후 정책결정에 대한 평가 등이다.

(4) 의사소통과 환류 단계

이 단계는 위에서 설명한 모든 단계와 상호 연계되며, 최적의 정책을 결정·집행함으로써 의도한 정책목표를 달성하도록 하는 과정이다. 이 단계에서는 집행 중인 정책의 재구성, 집행 방법의 수정·보완, 앞 3단계에서 수집된 정보의 활용 등이 시도된다.

3) 존스의 정책 과정

존스(Charles O. Jones)는 정책 과정을 참여자에 초점을 맞춰, 참여자가 달라지면 정책 과정이 달라진다고 보고, 참여자의 역할 비중에 따라 정책 과정을 11단계로 구분하고 있다(Jones, 1984: 27-30; 류지성, 2019: 89-94).

(1) 문제의 인지와 정의 단계

이 단계에서는 다양한 사회문제들 중에서 특정 문제를 정부가 인지하고 문제가 무엇인가에 대한 정의를 내린다. 문제를 어떻게 정의하는가는 정부의 문제에 대한 관점을 나타내고, 문제의 해결 가능성과 방법의 결정에도 영향을 미친다.

(2) 집결 단계

집결 단계는 특정 사회문제에 대한 인식이 사회구성원들에게로 확산되는 단계로서, 제기된 문제에 대해 인식을 공유한 사회구성원들의 규모가 클수록 사회문제가 정책문제로 전환될 가능성이 높아진다. 집결이 이뤄지면 사회구성원들의 공유된 인식은 구체적인 요구로 전환된다.

(3) 조직화 단계

조직화 단계는 사회문제를 공유한 사람들이 집결해 문제의 해결을 위한 정부의 대책에 대한 공식적인 요구를 효율적으로 하기 위해 협의체와 같은 조직을 구성하는 단계다.

(4) 주장 단계

주장 단계는 문제를 공유한 사람들이 조직체를 구성한 후 그 주요 구성원들이 문제 해결을 정부에 공식적으로 요구하는 단계이며, 관련 정부기관과의 의사소통 통로를 확보하고 유지하는 방안이 구체화된다.

(5) 의제설정 단계

의제설정 단계는 공식적인 통로를 통해 전달된 요구를 정부가 받아들이는 과정이며, 이를 통해 공중의제(체제의제)는 정부의제(기관의제)로 전환된다. 이 단계에서는 문제 해결을 위한 방안에 대한 정부의 공식적인 논의가 시작된다.

(6) 정책형성 단계

정책형성 단계는 정부가 정부의제로 전환된 사회문제를 해결하기 위한 구체적인 방안을 찾기 위해 노력하는 과정이다. 이 단계에서는 문제 해결을 위한 대안의 탐색, 적절한 기준에 의한 비교·분석, 최종 대안의 선택 등이 이뤄진다.

(7) 합법화 단계

합법화 단계는 정부에 의해 결정된 정책이 법률안의 형태로 국회에 제출돼 국회의 승인을 거쳐 법제화되는 과정이다. 이 과정에서 정책의 내용이 변경되기도 하며, 국회의 승인을 받지 못할 경우 정책은 폐기되거나 대폭적인 수정을 거쳐 다시 제출되기도 한다.

(8) 예산 편성 단계

예산 편성 단계는 국회의 승인을 받은 정책의 성공적인 집행을 위해 필요한 예산의 규모와 세부 항목을 정하는 과정이다. 정책목표의 효과적인 달성을 위해서는 충분한 예산의 확보와 적절한 배분이 필수적이다.

(9) 정책집행 단계

정책집행 단계는 정책을 담당한 행정부처가 조직 편성, 인력 배치, 예산 배분, 규정이나 지침의 수립·시행을 통해 정책 내용을 실현하는 과정이다. 정책목표를 효과적으로 구현하기 위해서는 합리적인 집행계획의 수립·시행 및 이에 대한 감시활동 등이 필요하다.

(10) 정책평가 단계

정책평가는 정책집행의 결과물이 정책목표를 어느 정도 성취했는지를 평가하는 과정으로서, 평가의 주체·기준·방법과 그 결과의 활용 방안 등이 고려된다.

(11) 정책조정과 종결 단계
정책조정과 종결 단계는 정책평가 결과를 바탕으로 정책을 수정하거나 폐지하는 과정이다.

존스는 위에서 언급한 11단계를 특성에 따라 네 단계로 범주화했다. 문제의 인지와 정의 단계부터 의제설정 단계까지를 문제가 정부로 귀속되는 단계, 정책형성 단계부터 예산 편성 단계까지를 정부에 의한 행위 단계, 정책집행 단계를 정부의 문제에 대한 실질적인 개입 단계, 정책평가와 정책조정 및 종결 단계를 정책수단의 검토와 변화 단계로 재분류하고 있다.

존스는 정책 과정의 단계적 구분은 정책 과정을 단순화함으로써 정책 과정에 대한 이해에 도움을 주는 장점이 있지만 실제 정책은 반드시 이러한 과정을 따라 순차적·연속적으로 진행하지 않는다고 주장한다. 즉, 모든 정책이 동일한 과정을 거치는 것은 아니며, 어떤 정책은 몇 단계가 생략되기도 하고 두 개 이상의 단계가 동시에 진행되기도 한다. 또한 앞 단계가 미완성된 채로 다음 단계로 진행되기도 하며, 정부가 사회구성원이나 집단으로부터 의제가 만들어져서 정부로 진입되기를 기다리기보다는 정부가 스스로 의제를 찾아내거나 만들어 내기도 한다(류지성, 2019: 93-94).

제3절_ 정책의제설정

1. 정책의제설정의 의의

정책의제[1]설정(agenda setting)이란 여러 사회문제 가운데서 특정 문제를 정책문제로 채택

---

[1] 앤더슨(Anderson, 1984: 87)은 정책의제는 개인이나 집단의 요구들 가운데서 정책결정자가 그것에 대해 어떤 행동을 하기로 스스로 선택하거나 그렇게 하도록 강요되는 것들로 구성된다고 한다.

하는 과정을 의미한다. 이 과정을 통해 정치 영역과 행정 영역의 연계가 이뤄지며, 문제를 다루는 주체가 사회에서 정부로 바뀌어 의제의 성격이 체제의제 혹은 공중의제에서 정부의제 혹은 기관의제로 전환된다.

정책의제설정은 몇 가지 면에서 중요한 의미를 가진다. 첫째, 정책의제설정 과정은 정부가 환경으로부터 제기되는 요구와 지지를 수용해 문제 해결을 위한 노력을 시작한다는 것, 즉 정책 과정이 공식적으로 전개된다는 것을 의미한다. 둘째, 정부의제로 채택했다는 것은 문제 해결을 가능케 하는 실현 가능한 정책 대안이나 정책수단이 있다는 것을 의미하며, 정부의제의 설정은 정책 대안이나 정책수단의 탐색 범위를 한정하는 의미를 지닌다. 셋째, 정책의제설정을 누가 주도하느냐에 따라 이후의 정책 과정에 영향을 미친다. 예를 들어 정책의제설정 과정을 정부관료가 주도했을 경우 정책결정과 정책집행은 비정치적이며 분석적으로 이뤄질 가능성이 높고, 사회의 특정 집단에 의해 주도됐을 경우 협상이나 타협 등과 같은 정치적 흥정이 이뤄지는 정치 과정으로 전개될 가능성이 커진다(김행범·구현우, 2014: 392).

2. 정책의제설정 과정

아이스턴(Eyestone, 1978: 69-108)은 [그림 9-1]에 제시된 바와 같이 정책의제의 설정 과정을 사회문제의 인지 단계, 문제의 사회적 쟁점화 단계, 공중의제화 단계, 공식의제화 단계

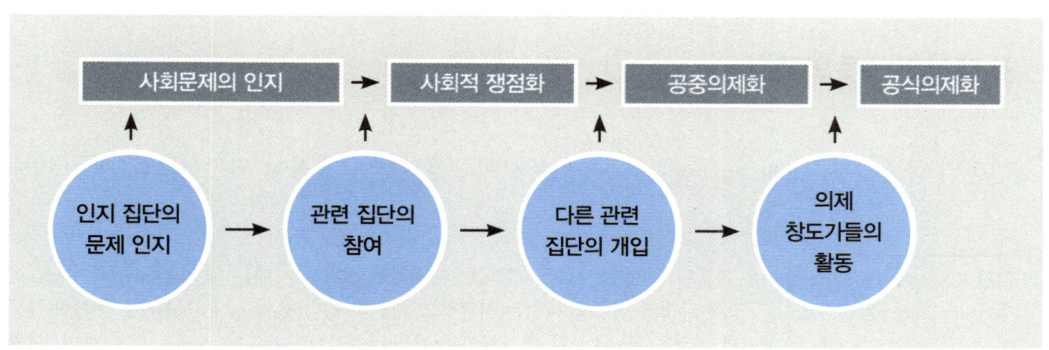

자료: 박성복·이종열(2003: 176).

[그림 9-1] 아이스턴의 정책의제 채택 과정 모형

등 4단계로 나누고 있다.

1) 사회문제의 인지

이 단계에서는 어떤 상황이나 조건이 관련 개인이나 집단에 의해 사회문제로 인식된다.[2] 개인이나 집단이 특정 상황에 대해 어떤 조치가 취해져야 된다고 주관적으로 인식하고 불특정 다수의 사회구성원이 이러한 인식을 공유할 때 사회문제가 대두된다. 사회문제로 인식되려면 문제로 여겨지는 특정한 상황이 비교적 장기간에 걸쳐 반복적으로 발생해서 이에 대한 해결이 필요하다는 인식이 불특정 다수의 사회구성원들 사이에 확산돼야 한다.

2) 문제의 사회적 쟁점화

문제의 사회적 쟁점화 단계는 문제를 제기한 개인이나 집단이 그 문제의 해결을 위한 정부의 행동을 요구하며, 그 문제의 해결 방안을 두고 사회구성원들 간에 이견이 표출되는 단계다. 사회구성원들의 가치관과 관점 및 태도, 정보 등의 차이가 그 사회문제의 해결에 대한 논쟁을 불러온다. 모든 사회문제가 쟁점화 단계에 이르는 것은 아니며, 사회문제의 특성과 주도집단의 특성 및 이들이 사용하는 전략 등이 쟁점화 여부에 영향을 미친다.

3) 쟁점의 공중의제화

쟁점의 공중의제(public agenda)[3]화 단계는 사회구성원들이 쟁점이 되는 사회문제를 대중

---

[2] 킹던(Kingdon, 1984: 99-108)은 특정한 문제가 사회문제화돼 정부의제로 전환하는 데는 사건(event), 위기(crisis), 재난(disaster), 상징(symbols), 정책 과정에 영향을 미치는 사람들의 개인적 경험(personal experience) 등이 영향을 미친다고 보고 있다. 많은 사람의 관심을 폭발적으로 증가시키는 것을 점화장치(triggering events)라고 하며, 세월호 사고는 선박의 안전 운행과 사고 시의 대처 체계와 관련돼 잠재해 있던 문제를 폭발적으로 부각시킨 바 있다.
[3] 콥과 엘더(Cobb & Elder, 1972: 85-89)는 정책의제를 의제화 과정의 주체자가 누구인가를 기준으로 체제의제

의 관심을 받을 가치가 있으며, 그 문제의 해결을 위해 정부가 개입하는 것이 정당하다고 인식하는 단계다. 콥과 엘더(Cobb & Elder, 1972: 86)에 따르면, 쟁점이 체제의제로 전환되기 위해서는 쟁점에 대해 많은 사회구성원들이 관심을 가지고 알고 있어야 하며, 쟁점에 대해 어떤 조치가 필요하다는 데 공감해야 되고, 쟁점에 대한 해결 방안을 모색하는 것이 정부의 권한에 속한다고 생각을 공유하는 것이 필요하다.

4) 쟁점의 공식의제화

쟁점의 공식의제화 단계는 공중의제(formal agenda)가 정부 내부로 진입하는 단계다. 정부의제나 제도의제라고도 불리는 공식의제는 정부가 그 문제의 해결을 진지하게 고려하기로 공식적으로 밝힌 문제들로 구성된다.

모든 공식의제가 정책 과정의 다음 단계인 정책결정 단계로 넘어가 정책결정의 대상이 되는 것은 아니며, 정책결정의 대상이 되는지를 결정하는 요인들로는 그 문제에 대한 정부 내에서의 수용 정도, 그 문제의 정책적 중요성, 정부 내부의 의제 창도가들(issue-entrepreneur as inside-dophester)의 역할 등이 있다(박성복·이종열, 2003: 176).

위에서 아이스턴이 제시한 정책의제설정 과정을 살펴봤지만 실제 정책의제설정 과정은 다음 [그림 9-2]에 제시된 바와 같이 다양한 과정을 거쳐 이뤄진다.

첫 번째 유형은 정책결정자가 사회문제를 인지해 사회적 쟁점화나 공중의제화가 되지 않고 바로 정부의제로 전환되는 경우다. 최고정책결정자가 문제의식을 가지고 정책 과정에서 주도적인 역할을 하는 개발도상국에서 많이 나타나며, 1970년대부터 박정희 대통령이 낙후된 농촌지역을 개발하기 위해 정부 주도로 추진했던 새마을운동이 대표적인 사례다.

두 번째 유형은 사회문제가 쟁점화된 후 공중의제화 과정을 거치지 않고 정부의제로 전환되는 경우로서, 우리나라 스쿨폴리스제도(school police system) 도입이 그 사례다. 학교 폭력 문제에 대한 해결책이 일선 교사나 학부모, 전문가들 사이에서만 논의되고 일반 국민들의

(system agenda)와 제도의제(institutional agenda)로 나누고 있다. 체제의지는 공중의제(public agenda)라고도 하며, 제도의제는 정부의제(governmental agenda) 혹은 공식의제(formal agenda)라고도 한다. 앤더슨(Anderson, 1984: 48)은 체제의제를 토의의제(discussion), 제도의제를 행동의제(action agenda)라고 칭한다.

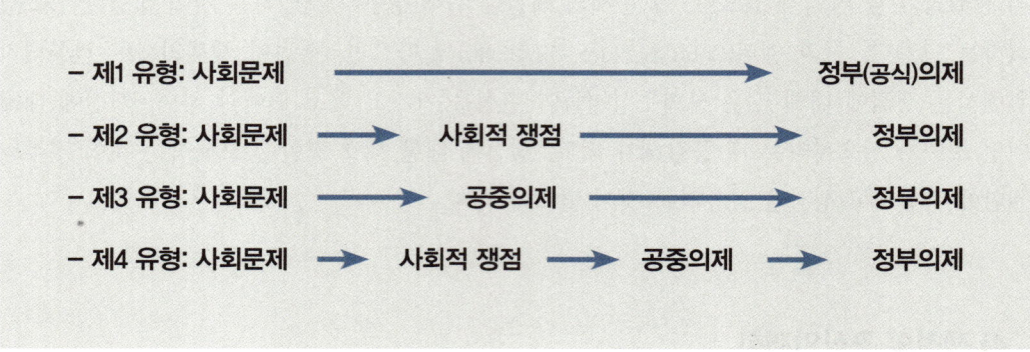

[그림 9-2] 정책의제화의 다양한 과정

자료: 정정길(2022: 295).

큰 관심을 갖고 있지 않을 때 교육부나 검찰에서 스쿨폴리스제도의 도입을 공식적으로 검토했다.

세 번째 유형은 사회문제가 쟁점화 단계를 거치지 않고 공중의제화된 후 정부의제로 채택되는 경우다. 이 경우는 극적인 사건이 점화장치(triggering events)로 작동해 문제의 심각성에 대한 인식의 확산이 급속하고 광범위하게 확산될 때 나타난다. 여객선인 세월호가 전라남도 진도군 해상에서 침몰 중인 상황에서 해난구조 작업이 제대로 이뤄지지 않아 수학여행을 가던 학생들을 비롯한 많은 사람이 죽게 되자 해상 재난구조 체계의 개선에 대한 광범위한 여론이 형성됐고, 이에 따라 정부가 이를 공식적으로 검토한 것이 이에 해당된다.

네 번째 유형은 네 단계를 모두 거치는 경우다.

3. 정책의제설정 모형

콥과 그의 동료들(Cobb, Ross, & Ross, 1976: 128-138)은 의제를 사회구성원의 관심을 획득한 쟁점인 공중의제(public agenda)와 정책결정자의 관심을 획득한 공식의제(formal agenda)로 나누고, 쟁점들은 주도 단계(initiation stage), 구체화 단계(specification stage), 확산 단계(expansion stage), 진입 단계(enterance stage)를 거쳐 공식의제로 전환된다고 한다. 콥과 그의 동료들은 이 과정의 진행 특성에 따라 의제설정 모형을 외부주도 모형(outside initiative model), 동원 모형(mobilization model), 내부접근 모형(inside access model)으로 구분하고 있다.

1) 외부주도 모형

외부주도 모형은 정부 밖의 사회집단에 의해 사회문제가 쟁점화를 거쳐 공중의제화되고 정부가 이를 공식의제로 채택하는 과정을 거치는 유형이다. 일반 시민들의 대통령직선제 요구를 수용한 6·29선언, 군 의문사에 대한 재조사와 이명박 정부의 자원외교 및 4대강 사업에 대한 재조사, 가덕도 신공항 건설 등이 그 예다.

구체적인 과정을 살펴보면, 주도 단계에서는 개인이나 집단에 의해 사회문제가 제기되고 그 문제에 대한 사회구성원들의 관심이 응집하게 된다. 구체화 단계에서는 개인이나 집단에 의해 제기된 사회문제에 대한 해결인 구체적인 요구로 나타난다. 확산 단계에서는 주도집단의 노력으로 제기된 사회문제가 다른 사회구성원들과 집단의 관심을 받아 공중의제로 전환된다.[4] 진입 단계에서는 공중의제가 정책결정자의 관심을 받아 공식적인 정부의제로 채택된다. 진입 단계에서는 정부의 공식적인 개입을 이끌어 내기 위해 폭력이나 위협, 투표·자금 제공·집단쟁의 등 제도적 제재의 동원, 중개인 활용 등 다양한 전략이 구성된다.

시민들의 정치에 대한 참여도가 높고 시민사회의 조직이 발달돼 있는 선진국에서의 정책의제설정은 외부주도 모형에서 제시하는 단계를 거쳐서 이뤄지는 경우가 많다. 정책의제 설정이 외부주도 모형에서 제시한 것처럼 이뤄질 경우 정책결정은 대화와 타협을 거쳐 이뤄질 가능성이 크며, 정책 과정이 점진적으로 이뤄질 가능성이 높다.

---

4) 콥과 엘더(Cobb & Elder, 1972: 104-108)는 확산 단계에서 확산 대상이 되는 집단을 쟁점의 수용 태도에 따라 4개로 분류하고 있다. 동일시집단(identification group)은 주도집단과 강력한 공감대를 형성하고 주도집단의 입장을 가장 적극적으로 지지한다. 주의집단(attention group)은 동일시집단에 비해 주도집단에 대한 충성과 애착은 크지 않으나 쟁점이 자신들과 관련 있을 경우 적극적으로 동조하는 집단이다. 주의공중(attentive public)은 사회문제에 관심을 가지고 있는 일반 시민들로서 집단화돼 있지 않으나 여론 형성에 영향을 미칠 수 있다. 일반 국민(general public)은 쟁점에 대해 관심이 적고 정보와 적극성이 부족하며 사회적 쟁점에 마지막으로 참여하게 되는 사람들이다(류지성, 2019: 254-255).

2) 동원 모형

동원 모형은 문제에 대한 논의가 정부 내부에서 제기돼 자동적으로 공식의제가 되고 정책의 성공적인 집행에 필요한 일반 국민들의 지지를 이끌어 내기 위해 공중의제로 확산시키는 과정을 거치는 유형이다. 1960년대부터 1990년대 중반까지 인구 증가를 막기 위해 정부에 의해 적극적으로 추진했던 가족계획사업, 1970년대부터 농촌 근대화를 위해 추진했던 새마을운동, 동맹국인 미국의 요청에 따라 반대 여론에도 불구하고 정부에서 추진한 이라크 파병 등이 그 예다.

구체적인 과정을 살펴보면 다음과 같다. 주도 단계에서는 정치 엘리트집단이 정책이나 프로그램을 공표하게 되고 쟁점 주도자 역할을 담당한다. 구체화 단계에서는 공표된 정책이나 프로그램의 세부 항목들이 확정되며, 일반 국민의 지지와 협력을 얻기 위한 방안들이 모색된다. 확산 단계에서는 성공적인 정책집행을 위해 일반 국민의 적극적인 참여가 동원되며, 적극적인 지지집단으로 하여금 공식적인 지지 표명을 유도하기도 한다. 진입 단계에서는 정부의 공식의제가 공중의제로 전환돼 일반 국민이 정부의 정책이나 프로그램의 중요한 것으로 인식하게 된다.

정치 엘리트집단의 주도로 주요한 정책들이 수립·시행되는 개발도상국가의 경우 많은 정책의 의제설정은 동원 모형에서 제시하는 것과 유사하게 이뤄진다. 정책의제설정이 이러한 과정을 거쳐 이뤄질 경우 관련 집단의 반발과 저항으로 정책이 변동될 가능성이 있으나, 정책결정은 분석적으로 이뤄지고, 정책은 체계적이고 장기적으로 추진될 가능성이 커진다.

3) 내부접근 모형

내부접근 모형은 정부 내의 관료집단에 의해 문제가 제기돼 사회구성원이나 집단의 참여가 배제된 채 그 문제가 공식의제로 채택되는 유형이다. 고도의 보안이 유지되는 외교정책이나 국가 간의 무기 거래 등과 관련된 정책에서 나타난다.

구체적인 과정을 살펴보면 다음과 같다. 주도 단계에서는 정책결정자집단이나 그 측근에 의해 문제가 제기된다. 구체화 단계에서는 정책이나 프로그램의 세부적인 사항들이 결정되며, 문제 제기와 구체화가 거의 동시에 진행된다. 확산 단계에서는 정부 내에서 매우 제한적으로 이뤄진다. 진입 단계는 생략된다.

콥과 그의 동료들이 제시한 세 모형의 특성은 〈표 9-1〉에 제시된 바와 같다. 전개 방향은 외부주도 모형은 정부 외부에서 내부로, 동원 모형은 정부 내부에서 외부로, 내부접근 모형은 정부 내부에서 내부로 진행된다. 공개성과 일반 국민들의 참여 정도는 외부주도 모형이 가장 높고, 내부접근 모형이 가장 낮다. 공중의제가 성립되는 시기는 외부주도 모형의 경우 구체화 및 확산 단계에서, 동원 모형의 경우 확산 단계이나, 내부접근 모형은 공중의제가 성립되지 않는다. 공식의제가 성립되는 시기는 외부주도 모형은 진입 단계에서 동원 모형과 내부접근 모형에서는 주도 단계에서 성립한다. 흔히 나타나는 사회문화적 배경으로는 외부주도 모형은 평등 사회, 동원 모형은 계층 사회, 내부접근 모형은 불평등 사회다.

〈표 9-1〉 외부주도 모형, 동원 모형, 내부접근 모형의 특성 비교

	외부주도 모형	동원 모형	내부접근 모형
전개 방향	외부→내부	내부→외부	내부→내부
공개성	높음	중간	낮음
참여도	높음	중간	낮음
공중의제 성립	구체화·확산 단계	확산 단계	공중의제 불성립
공식의제 성립	진입 단계	주도 단계	주도 단계
사회적·문화적 배경	평등 사회	계층 사회	불평등 사회(사회적 지위·부의 편중 사회)

자료: 류지성(2019: 263).

4. 정책의제설정의 결정 요인

한정된 자원과 능력을 지닌 정부가 모든 사회문제에 대한 해결 요구를 수용할 수는 없다. 정부가 제기되는 문제에 대해 진지한 관심을 기울이고 그 해결 방안을 찾도록 하는 데 영향

을 미치는 요인은 다양하다. 콥과 엘더(Cobb & Elder, 1983)는 문제의 성격과 주도집단, 킹던(Kindon, 1984)은 정책문제와 주도집단 및 정치적 상황 등을 들고 있다. 이를 중심으로 정책의제설정에 영향을 미치는 주요한 요인을 살펴보면 다음과 같다(정정길 외, 2022: 310-319).

1) 문제의 특성과 사건

제기되는 문제가 어떤 특성을 갖는지가 의제설정에 영향을 미친다. 첫째, 그 문제로 인해 피해를 보는 사람의 수가 많거나 그 피해의 정도가 심각할수록 공식의제로 채택될 가능성이 크다. 둘째, 문제에 대한 해결책의 존재 유무도 영향을 미치며, 해결책이 없거나 그 해결책을 정책으로 시행하는 것이 불가능할 경우 공식의제로 채택될 가능성은 낮아진다. 셋째, 문제의 특성이 어떤 정책 유형에 속하는지도 영향을 미친다. 로위(Theodore J. Lowi)의 정책 유형 중 재분배정책보다는 배분정책의 영역에 속하는 문제들은 이해관계자가 특정 부문에 한정돼 있고 비용부담자집단이 특정돼 있지 않아 상대적으로 정부가 공식의제로 채택하기 쉽다. 넷째, 선례가 있는 문제는 공식의제로 채택되기 쉬운데, 이를 처리하는 상례적인 절차에 따라 해결책을 쉽게 마련할 수 있기 때문이다.

문제에 대한 관심을 폭발적으로 증가시키는 사회의 중요한 사건(event), 위기(crises), 재난(disaster) 등은 정부가 그 문제를 공식의제로 채택해 해결책을 강구하도록 하는 점화장치(triggering device)다. 신종 코로나 감염증(COVID-19)의 유입으로 인해 순식간에 수많은 확진자가 발생하자 정부가 이와 관련된 문제들을 공식의제로 채택해 정책을 수립·시행했다.

2) 주도집단과 참여자

의제설정 과정을 누가 주도하고 그 과정에 누가 참여하는지도 의제설정에 영향을 미친다. 동원 모형과 내부주도 모형처럼 의제설정을 정부 내부의 최고관리층이나 정책결정자가 주도할 경우 정부의제화는 쉽게 이뤄진다.

의제설정 과정을 외부집단이 주도하는 경우 정부의제화의 가능성은 그 집단의 규모, 응집력, 재정력, 정치적·사회적·경제적 지위와 명망 등에 따라 결정되는 정치적 자원이 풍부할수록 쉬워진다. 피해집단의 크기도 정부의제화에 영향을 미치며, 그 문제로 인해 피해를 입는 사람들의 수가 많을수록 정책결정자들에 대한 압력의 증가로 인해 공식의제화되기 쉽다. 정부 외부에서의 정책선도자(policy entrepreneur)[5]의 역할 또한 정부의제화의 중요한 결정 요인이다. 정책선도자는 정책 아이디어와 정책 개발, 정책 대안의 제시, 정책 아이디어의 조장과 중재, 여론 동원 등을 통해 정치적 지원을 이끌어 내고 정책결정자로 하여금 제기된 문제를 정책으로 해결하도록 영향력을 행사한다.

대중매체의 보도 태도 또한 의제설정 과정에 영향을 미친다. 외부주도 모형의 경우 공중의제가 공식의제로 되기 위해서는 쟁점화를 통한 여론의 확산에 대중매체는 결정적인 역할을 수행한다. 영향력 있는 SNS상에서 네티즌 또한 개인 유튜버 또한 여론의 형성 및 확산을 통해 정부의제 채택 과정에 상당한 영향을 미친다.

3) 정치적 요소

정치 체제의 구조와 운영 방식, 정치적 분위기와 이념, 선거 등의 정치적인 사건 등도 특정한 문제가 정부의제화되는 데 영향을 미친다.

제4절_ 정책분석

1. 정책분석의 개념

정책분석은 학자에 따라 다양하게 정의된다. 맥래와 윌드(MacRae & Wilde, 1979: 4)는 "여

---

5) 정책선도자는 로버트와 킹(Roberts & King, 1991)이 제시한 용어로 정부 밖에서 정책 아이디어를 제안하고 이를 정책의제화해서 정책을 결정하고 집행하는 과정에서 리더십을 발휘하는 정책 주체를 말한다(정정길 외, 2020: 313).

러 대안 중에서 최선의 것을 선택하기 위해 이성적인 사고와 실제적인 증거를 활용하는 것"이라 정의한다. 던(William N. Dunn)은 "하나의 응용사회과학 분야로서 공공문제를 명확히 하고 평가해서 그 해결책을 제시하기 위해 이성과 경험적 증거를 사용하는 것"이라고 정의 내리고 있다(이대희 옮김, 1988: 57). 정책분석에 관한 던의 정의를 기초로 정책분석의 특징은 다음과 같다(박성복·이종열, 2003: 205-208).

첫째, 정책분석은 하나의 응용사회과학 분야로서 행태과학을 비롯해 행정학, 심리학, 법학, 철학, 윤리학 및 다양한 체제분석과 응용수학 등 다양한 학문 분야의 이론과 기법을 활용한다.

둘째, 정책분석은 다양한 탐구 방법을 적용한다. 즉, 정책분석은 점검 혹은 기술(記述), 예측, 평가, 제안 혹은 처방 등으로 이뤄지는 일반적 분석 절차와 문제 구조화를 이용해 문제에 관한 정보를 산출한다.

셋째, 정책분석은 정책 논증의 구조를 따르며, 정책분석가는 다양한 정보의 산출에 그치는 것이 아니라 그러한 정보를 공공정책에 대한 타당한 논증으로 전달하려 한다.[6]

넷째, 정책분석은 정보 활용의 정치로서 정책분석가는 산출된 정책 관련 정보와 타당한 논증들을 정책결정자가 활용하도록 하기 위한 계획을 세워야 한다.

다섯째, 정책분석가는 정책 체제에서 정책환경과 정책을 연결하는 다양한 정책 관련자들 중 하나로서 정책분석가의 핵심적인 역할은 정책결정자를 도와 합리적인 정책결정이 이뤄지도록 하는 데 있다.[7]

---

6) 모든 정책 논증은 다음과 여섯 가지 요소를 포함한다(Toulmin, 1958, 박성복·이종열: 206-207 재인용).
  ① 정책 관련 정보(policy-relevant information): 정책 논증의 시작점이며, 다양한 방법에 의해 산출되고 정책분석가의 주장에 대한 증거로 사용된다.
  ② 정책 주장(policy claim): 정책 관련 정보의 논리적 귀결이자 정책 논증의 결론이다.
  ③ 근거(warrant): 정책 논증에서의 정책분석가의 가정으로서 정책 관련 정보를 정책 주장으로 전환하는 과정에서 그 주장이 수용되도록 정당한 이유를 제공한다.
  ④ 보강(backing): 근거를 보강하기 위해 사용될 수 있는 추가적인 가정으로서 분석가가 더 근본적인 가정들을 파악할 수 있게 한다.
  ⑤ 반론(rebuttal): 원래의 주장이 수용되지 않거나 조건부로만 수용되는 상태를 말하는 제2의 결론, 가정, 혹은 논증으로서 분석가들로 하여금 상대방의 입장을 이해할 수 있게 하고 자신의 주장과 가정 및 논증들을 비판적인 관점에서 볼 수 있게 한다.
  ⑥ 정당화의 요건(qualifier): 정책 주장에 대한 분석가의 확신 정도를 나타낸다.
7) 윌다브스키(Wildavsky, 1993)는 정책분석가의 역할을 "권력자에게 진실을 말하는 것(Speaking Truth to Power)"이라고 정의하고 있다.

2. 정책분석의 절차와 기법

정책분석의 절차는 정책결정의 절차와 거의 일치한다. 에드워드 3세와 샤칸스키(Edward III & Sharkansky, 1978: 6-7)는 정책분석을 위한 단계를 문제의 정의, 목표의 우선순위 설정, 대안의 탐색과 자료 수집, 대안의 비교·평가, 최적 대안의 추천 등으로 나누고 있다. 이와 유사하게 호그우드와 건(Hogwood & Gunn, 1984: 171-194)은 정책분석의 기본 과정을 정책 대안의 모색(identifying)과 창출(generating) 단계, 정책 대안의 정의 단계, 정책 대안의 비교·평가 단계, 정책 대안의 추천 단계 등으로 구분한다. 이를 바탕으로 정책분석 과정을 살펴보면 다음과 같다.

1) 정책문제의 정의

정책분석은 정책문제[8]를 명확하게 인식하는 것에서부터 시작되며, 정책문제의 정의란 "정책문제의 구성 요소(components), 원인(causes), 결과(consequences) 등의 내용을 규정해 '무엇이 문제'인지를 밝히는 것"이다(정정길 외, 2022: 344). 정책문제에 대한 정의가 중요한 이유는 정책 과정 전반, 즉 정책 목표의 설정, 정책 대안의 개발과 결과 예측, 정책 대안의 선택은 물론 정책 집행과 그 결과의 평가에 중대한 영향을 미치기 때문이다.

정책문제의 정의는 문제 상황의 대안적 개념화를 생성하고 검증하는 과정인 문제 구조화의 핵심 구성 요소이며, 문제 구조화는 문제의 감지, 문제의 탐색, 문제의 정의, 문제의 구체화 등의 상호 관련된 단계를 거쳐 이뤄진다.

문제 구조화의 방안으로는 다음 〈표 9-2〉에서 보듯이 경계분석, 분류분석(classification analysis), 계층분석(hierarchy analysis), 시네틱스(synectics), 브레인스토밍(brainstorming),

---

[8] 앤더슨(Anderson, 2011: 85)은 정책문제를 "사람들 사이에 불만족을 가져오는 것으로 정부의 활동을 통해 완화되거나 치유될 수 있는 상황"으로 정의한다(김행범·구현우, 2014: 485 재인용). 정책문제는 다른 문제와 연계돼 있으며(상호의존성), 상황에 대한 주관적인 인식과 가치 판단의 결과물이고(주관성), 객관적인 상황이나 조건의 변경이 필요하다는 주관적인 판단이 곁들여진 인공적인 구성물이며(인공성), 문제의 양태와 그 해결 방안은 다양하고 가변적이다(역동성)(남궁근 외 역, 2005: 98-99).

복수관점분석(multiple perspective analysis), 가정분석(assumptional analysis), 논변지도 작성 등이 있다.

〈표 9-2〉 문제 구조화의 방법

방법	목적	절차	지식의 출처	성과 기준
경계분석	메타 문제의 경계 추정	포화표본 추출, 문제 도출, 축적	지식 체계	한계의 정확성
분류분석	개념의 명료화	개념의 논리적 분할 및 분류	개별분석가	논리적 일관성
계층분석	가능하고, 개연적이고, 행동 가능한 원인의 식별	원인의 논리적 분할 및 분류	개별분석가	논리적 일관성
시네틱스	문제들 사이의 유사성 인식	개인적·직접적·상징적·환상적 유추의 구성	개별분석가 및 집단	비교의 개연성
브레인스토밍	아이디어, 목표 전략의 생성	아이디어 생성과 평가	집단	의견의 일치
복수관점분석	통찰력 생성	기술적, 조직적, 개인적 관점의 사용	집단	개선된 통찰력
가정분석	갈등 있는 가정들의 창조적 통합	이해관계자 식별, 가정 도출, 도전, 집계, 통합	집단	갈등
논변지도 작성	가정평가	개연성 및 중요성	집단	최적 개연성 및 중요성

자료: 남궁근 외 역(2005: 124).

2) 정책목표 설정

정책목표란 정책이 달성하고자 하는 바람직한 미래 상태를 말하며, 사회적 규범과 가치를 고려해서 설정된다. 정책목표는 정책분석과 정책결정, 정책집행 및 평가에서 지침으로서의 역할을 수행하기 때문에 가능한 명확하고 구체적일 필요가 있으나 구체적이지 않고 추상적인 경우가 많으며, 하나의 정책은 복수의 목표를 추구하기도 하고, 목표들 간에는 상충되기도 하며, 상이하게 해석되기도 한다.

한정된 자원과 정치·경제·사회·국제적 제약 요인들로 인해 모든 목표를 동시에 추구하기 어려우므로 정책문제의 본질, 심각성, 중요성, 실현가능성 등을 감안해 우선순위를 결정한다. 그러나 정책목표의 불명확성, 가치와 규범 해석의 주관성 등으로 우선순위 설정이 쉽지 않다. 정책목표 간의 우선순위를 정하는 방법과 절차에 관해 학자들 간에 합의된 것은 없으나 정치 체제의 특성, 정책집행을 담당할 정부기관의 속성, 이용 가능한 자원의 정도 등이 우선순위 결정에 영향을 미친다.[9]

정책목표의 설정 기준으로는 적합성(appropriateness)과 적정성(adequacy)이 있다. 적합성이란 정책목표를 정책 대안이 어느 정도 실현할 수 있는가의 정도, 즉 실현가능성을 의미한다. 정책 대안들의 성공적인 집행을 제약하는 요인이 많아 실현할 수 없는 목표는 적합하지 많은 목표라고 볼 수 있다. 즉, 정치지도자들의 합의를 이끌어 낼 수 없거나, 소요되는 자원 조달이 불가능하고, 전문적 기술이나 지식을 가진 인력이 부족하며, 예산 확보가 불가능해 정책 대안들의 성공적인 집행이 어려운 경우, 그 정책 목표의 적합성은 낮다고 볼 수 있다. 적정성이란 정책을 통해 산출하고자 하는 편익의 수준이 사회구성원의 평균적 기대치를 어느 정도 충족하는가를 말한다. 예를 들어 저소득 노인들을 위한 기초연금의 액수를 산정하는 경우 그 액수에 대해 사회구성원들의 평균적인 기대치에 미치지 못한 경우 그 정책의 목표는 적정하지 않다고 볼 수 있다.

3) 정책 대안의 탐색

정책 대안의 탐색은 정책목표를 실현하기 위한 구체적인 방안을 찾는 과정을 말한다. 자원과 시간 등의 제약 요건으로 인해 가능한 모든 대안을 찾아내기보다는 제한된 범위 내에서 최선의 방안을 찾는 과정이라 할 수 있다.

정책 대안 탐색의 원천으로는 ① 경험과 학습, ② 과학적 지식과 기술, ③ 주관적·직관적 방법, 등이 있다. 경험과 학습에 의한 탐색이란 과거 혹은 현재의 정책, 다른 국가나 지역의 정책에 대한 경험과 학습을 통해 그것들을 정책 대안으로 고려하는 것이다. 과학적 지식과 기술에 의한 탐색은 과학적 지식을 활용한 모형 적용을 통해 정책목표와 정책수단 간의 인

---

[9] 호그우드와 건(Hogwood & Gunn, 1984: 166-170)은 우선순위 결정 기준으로 본질적 기준(intrinsic criteria), 요구(demand), 결핍(needs), 사회적 혹은 경제적 편익(social or economic benefits) 등 네 가지를 제시한다. 본질적 기준이란 정책결정자집단의 전문적·정치적 판단을 말하고, 결핍은 주로 사회복지 분야에 주로 사용되는 기준으로서 특정 문제에 대한 여론의 형성, 특정 공동체의 요구, 소비자 설문조사 등에 의해 파악될 수 있다(류지성, 2012: 233-234).

과관계를 분석하거나 새로운 기술을 활용해 정책 대안을 탐색하는 것을 말한다.[10] 주관적·직관적 방법이란 관계자의 주관적인 의견이나 판단에 따라 정책 대안을 찾아내는 방법으로 브레인스토밍(brainstorming)[11]과 정책 델파이(policy delphi)[12] 등이 쓰인다.

4) 정책 대안의 비교·평가

정책 대안의 비교·평가 단계에서는 정책 대안의 비교·평가를 위한 기준을 설정한 후 이 기준을 적용해 정책 대안의 결과를 예측하게 된다.

(1) 정책 대안의 평가 기준

정책 대안의 평가 기준으로는 크게 정책 대안의 바람직한 정도를 의미하는 소망성(desirability)과 정책 대안이 채택돼 집행 가능한가를 의미하는 실현가능성(feasibility) 등 두 가지가 있다.

소망성을 판단하는 기준으로는 효과성(effectiveness), 능률성(efficiency), 형평성(equity), 합리성(rationality) 등이 있으며, 능률성과 형평성, 효과성과 다른 기준과는 모순·대립되는 경우가 많다. 실현가능성의 종류로는 기술적 실현가능성(technical feasibility), 재정적 혹은 경제적 실현가능성(financial or economic feasibility), 행정적 실현가능성(administrative feasibility), 법적 실현가능성(legal feasibility), 정치적 실현가능성(political feasibility) 등이 있다.

---

[10] 우주 개발을 위해 인공위성을 우주로 보내는 프로그램에서 우리나라의 로켓 발사 기술 수준의 발전은 과거에 미국과 소련 등 외국 로켓 발사체를 이용하는 대안 외에 우리나라 발사체의 이용이라는 새로운 대안이 만들어진 셈이다.

[11] 브레인스토밍은 가능한 많은 수의 대안을 찾아내기 위해 사용하는 방법으로서 전문가뿐만 아니라 정책과 관련된 여러 사람이 참여하여 집단적 토의를 벌인다. 참여자들은 자유롭게 정책 대안을 제시한 후 집단토의를 통해 이들에 대한 선별 작업을 통해 몇 가지 대안을 제시하게 된다. 이 방법은 대안의 창출뿐만 아니라 대안의 결과 예측을 위해서도 사용된다(정정길 외, 2020: 265-366).

[12] 델파이 기법은 1948년 랜드(RAND)연구소에서 개발했으며, 전문가 집단을 대상으로 수차례 연속된 설문조사를 거쳐 아이디어를 창출·선별하고 종합하는 과정을 통해 미래를 예측한다. 정책 델파이는 이러한 델파이의 기본 논리를 적용해 정책 대안을 개발하고 정책 대안의 결과를 예측하는 기법이다. 정책 델파이는 ① 정책 관계자의 의견 중시, ② 선택적 익명성, ③ 유도된 의견 대립 등의 특성을 지닌다(정정길 외, 2020: 366-367). 정책 델파이의 단계는 ① 이슈의 구체화, ② 참가자 선정, ③ 설문지의 설계, ④ 1차 응답 결과의 분석, ⑤ 후속 설문지의 개발, ⑥ 회의 소집, ⑦ 최종 보고서의 작성 등으로 구성된다(박성복·이종열, 2003: 228-229).

〈표 9-3〉 정책 대안의 예측 근거와 대표적인 기법

접근 방법	근거	기법	산출
외삽법에 의한 예측	경향 투사	시계열 분석 최소자승 경향 추정	투사(projections)
이론에 의한 예측	이론	선형기획법 경로분석 회귀분석 상관관계분석	예측(predictions)
주관적 예측	주관적 판단	고전적 델파이 정책 델파이 교차영향분석 실현가능성 접근 방법	추정(conjectures)

자료: 류지성(2019: 301).

(2) 정책 대안의 결과 예측

최선의 정책 대안을 선별하기 위해서는 정책 대안이 집행됐을 경우 어떤 결과를 초래할 것인가를 예측해야 한다. 정책 대안의 결과 예측 접근 방법은 〈표 9-3〉에 제시된 바와 같이, 크게 투사(projection)에 의한 방법, 이론적 가정(theoretical assumption)에 의한 예측(prediction), 주관적 판단(subjective judgement)에 의한 추측 등이 있다.

5) 정책 대안의 추천

정책 대안이 선택되고 나면 최종적으로 정책결정자에게 정책 대안을 추천하게 된다. 정책 추천은 정책결정자가 최종적으로 대안을 선택하는 데 필요한 정보를 제공하는 것, 즉 어떤 대안이 왜 최선의 대안인지를 알려 주는 과정이다.

정책 추천의 기준으로는 정책 대안의 평가 기준과 동일하게 소망성과 실현가능성이 사용된다. 정책 추천 시에 참고해야 할 점검 사항으로는 목적(objectives), 비용(cost), 제약 요인(constraints), 외부 효과(externalities), 시간(time), 위험과 불확실성(risk and uncertainty) 등이 있다(Dunn, 1981: 239; 류지성, 2019: 321).

정책 대안의 추천 기준과 점검 사항을 동시에 고려하기 위해 정책 추천 시에 사용하는 대표적인 기법으로는 비용·편익분석(cost-benefits analysis)과 비용·효과분석(cost-effectiveness analysis)이 있다.

(1) 비용·편익분석

비용·편익분석은 경제학에서 개발돼 공공 분야에 널리 적용되고 있는 기법으로서, 정책 대안의 실행에 소요되는 비용과 그 대안의 실행으로 창출될 편익을 화폐 가치로 환산해 정책 대안을 평가하고 추천한다.

비용·편익분석은 공공 분야에서 적용될 때 다음과 같은 특징을 갖는다(Dunn, 1981: 244).

① 비용·편익분석은 정책이나 공공 프로그램이 초래할 모든 사회적 비용과 편익을 측정해 화폐 가치로 환산하고자 한다.
② 전통적인 비용·편익분석은 경제적 합리성을 가장 중시하므로, 정책 대안의 추천 기준으로 경제적 능률성을 사용한다. 정책이나 프로그램의 순편익(net-benefits)이 순비용(net-cost)보다 클 때 착수할 가치가 있는 것으로 본다.
③ 전통적인 비용·편익분석은 시장 논리에 따라 정책이나 프로그램을 추천한다. 기회비용(oppotunity cost)은 민간 부문에 투자할 경우 예상되는 순편익에 입각해서 계산한다.
④ 최근의 비용·편익분석은 사회적 비용·편익분석(social cost-benefit analysis)이라고도 하며, 사회적 형평성이 비용·편익분석의 기준이 되고 사회적 합리성(social rationality)을 중시한다.

비용·편익분석의 절차와 각 절차에서 시행해야 할 주요 과제는 〈표 9-4〉에 제시된 바와 같다.

〈표 9-4〉 비용·편익분석의 시행에서 열 가지 과제

과제	근거
문제 구조화	목적, 목표, 대안, 준, 대상집단, 비용 그리고 편익의 경계를 규정함으로써 메타 문제의 개념화를 형성한다.
목표의 구체화	일반적인 목표를 직접적 혹은 간접적으로 측정 가능한 구체적인 목표로 전환한다.
대안의 구체화	문제구조화 단계에서 규정된 잠재적 해결 방안들 중에서 가장 타당한 것으로 보이는 정책 대안을 선정한다.
정보 탐색, 분석 및 해석	구체화된 정책 대안이 가져올 결과를 예측하는 데 필요한 정보를 수집하고 분석하고 해석한다.

대상집단과 수혜집단의 식별	정책 대안에 의해 혜택을 받는 집단과 손해를 받는 집단을 모두 나열한다.
비용과 편익의 추정	각 정책 대안이 가져올 모든 종류의 구체적 비용과 편익을 화폐 가치로 추정한다.
비용과 편익의 할인	미래에 발생할 편익이나 비용을 현재 가치로 환산한다.
위험과 불확실성의 추정	편익과 비용이 미래 시점에서 발생할 확률을 추정하기 위해 민감도 분석과 보강 조건 분석을 사용한다.
결정 기준의 선택	파레토 개선, 순능률 개선, 재분배의 개선, 내부수익률, 순현재가치 등 최적 대안의 선택에 사용될 기준을 선택한다.
제안	대립적인 윤리적 및 인과적 가설들을 고려해서 가장 타당성이 높은 대안을 선택한다.

자료: 박성복·이종열(2003: 231).

(2) 비용·효과분석

비용·효과 분석은 랜드(RAND)연구소가 미국 국방부의 군사 전력과 무기 체제의 대안을 평가하는 과정에서 개발해 다른 정부기관에 확대됐으며, 정책 대안의 총비용과 총효과를 비교해 최종 대안을 추천하는 기법이다. 비용·편익분석과 유사한 절차를 사용하나 비용·편익분석의 경우 비용과 편익이 모두 화폐 가치로 환산되나 비용·효과분석에서는 효과는 화폐 가치가 아니라 물건이나 용역의 단위나 기타 측정 가능한 효과로 나타낸다. 비용·효과분석은 다음과 같은 특징을 가지고 있다(박성복·이종열, 2003: 233-234).

첫째, 비용·효과분석은 화폐 가치로 환산하는 데 따른 어려움이 없으므로 비용·편익분석보다 사용하기에 편리하다.

둘째, 비용·효과분석은 정책 대안의 효용을 경제적 기준이나 사회복지의 총량과 같이 경제적 합리성에 두는 것이 아니라 기술적 합리성을 추구한다.

셋째, 비용·효과분석은 시장 논리에 따른 이윤극대화 논리나 기회비용을 고려하지 않으며, 외부경제(externalities)와 측정할 수 없는 가치의 분석에 더 적합하다.

넷째, 비용·효과분석은 비용만을 할인율을 적용해 현재 가치로 환산하고, 대안의 적정성은 최소 비용 기준(least-cost criterion)과 최대 효과 기준(maximum-effectiveness criterion)을 사용해 평가한다. 최소 비용 기준은 일정한 수준에 도달하는 정책 대안들 중 최소 비용이 소요되는 대안을 선정하게 되는 것을 말하고, 최대 효과 기준은 비용 한도를 정해 두고 그것을 초과하지 않은 대안 중에서 최대의 효과를 산출하는 것을 선정하게 되는 것을 말한다.

제5절_ 정책결정

1. 정책결정의 의의와 과정

1) 정책결정의 정의

정책결정(policy making)은 정책의 내용을 구체화하는 과정으로 정책형성(policy formation) 과정에 속한다고 볼 수 있다. 정책결정은 학자마다 다양하게 정의하며, 케이든(Gerald E. Caiden)은 "사회적 문제를 공적으로 해결하는 일반적 방향의 결정"이라고 정의하고 있다. 정책결정은 탐색돼 비교·분석한 정책 대안들에 대한 정책결정자의 최종적인 승인, 수정, 혹은 거부와 관련된 일련의 행위들로 구성되며, 정책결정의 결과로서 법이 제정되거나 행정명령이 내려지기도 한다.

2) 정책결정의 과정

정책결정의 과정은 정책문제의 특성, 정책의 유형, 정책결정자의 성향, 정책환경 등에 따라 매우 다양하나 합리모형에서 제시하고 있는 일반적인 과정은 다음과 같다.
① 문제의 인지 및 정의: 정책결정자가 어떤 객관적인 상황에 대해 정부의 행위가 취해져야 한다고 인식하고, 정책문제의 여러 가지 속성, 특히 그 원인과 결과들을 파악한다.
② 대안의 탐색: 정책문제를 해결하기 위해 방안을 시간, 정보, 자원 등이 가능한 범위 내에서 찾아본다.
③ 대안의 비교·평가 : 실현가능성과 비용 대비 효과. 형평성 등과 같은 기준을 적용해 찾아낸 대안들에 대해 비교하고 평가한다.
④ 대안의 선택: 여러 대안 중에서 가장 바람직한 결과를 가져올 대안을 선택한다.

2. 정책결정 모형

1) 합리모형

(1) 기본 전제와 내용

합리모형은 최고 수준의 합리성인 순수합리성(pure rationality)을 추구하는 모형으로서 ① 정책결정자의 인지 능력상의 완전성, ② 명확한 대안 선택 기준의 존재, ③ 시간, 예산, 인력, 정보 등 정책결정에 소요되는 자원의 무제한적인 이용가능성, ④ 비합리적인 요인을 배제한 최선의 대안 선택가능성 등을 전제로 하고 있다.

이러한 전제하에서 합리모형에 입각한 정책결정은 다음과 같은 과정을 거쳐 이뤄진다.
① 완전한 정보하에서 문제에 대한 명확한 인지 및 정의
② 목표, 가치, 목적의 명확한 구분과 이들 간의 우선순위의 결정
③ 문제 해결을 위한 모든 가능한 대안의 탐색
④ 정해진 기준을 사용해 각 대안이 초래할 결과를 비교·평가
⑤ 최선의 안을 채택

(2) 유용성과 비판

합리모형은 정책결정의 실제를 설명하는 실증모형이라기보다는 최선의 정책결정을 하기 위한 전제 조건과 방향성을 제시하는 이상적·규범적 모형이라고 볼 수 있으며, 최선의 정책결정을 하기 위해 필요한 기본적인 절차와 각 절차에서 필요한 요건들을 점검할 수 있는 목록을 제공해 준다.

비현실성에 초점을 둔 합리모형에 대한 비판은 다음과 같다. ① 정책결정자의 인지 능력상의 완전성을 전제로 하고 있으나 인간은 정보의 의미에 대한 완전한 이해와 해석에 대한 많은 한계로 인해 문제의 명확한 인지 및 정의, 목표와 수단의 구분 및 우선순위 등을 완벽하게 할 수는 없다. ② 자원의 무제한적인 이용가능성을 전제하고 있으나 정보 수집에는 많은 제약이 따르며, 대안의 모색에도 많은 시간과 비용이 소요된다. ③ 특정한 평가 기준과 각 기준에 대한 명확한 비중을 고려해서 대안들을 비교·평가한다고 하고 있으나 합리적인 평가 기준이 없는 경우도 많고 그 비중에 대한 명확한 파악도 어렵다. ④ 정책결정 과정에서

비합리적인 요인을 배제한 채 이성과 객관적인 기준의 적용을 전제하고 있으나 주관과 감정적인 요소를 완전히 배제하기는 어렵다.

2) 점증주의모형

(1) 내용

점증주의모형은 합리모형의 비현실성을 비판하고 린드블럼(Lindblom, 1969, 1980)과 윌다브스키(Wildavsky, 1964) 등이 제시했다. 점증주의모형은 정책의 실현가능성을 중시하며, 정책결정자들은 정책을 통해 획기적인 변화를 모색하기보다는 점진적인 개선을 추구한다고 본다. 따라서 정책결정 과정에서 혁신적이거나 대단히 창의적인 대안보다는 기존 정책에 약간의 개선을 가져올 수 있는 대안을 최종적으로 선택한다고 본다. 점증주의 모형에 입각한 정책결정 과정은 다음과 같다.

① 대안의 탐색은 기존의 정책을 중심으로 다소 다른 소수의 대안들에 국한해서 이뤄진다.
② 목표와 수단, 가치와 사실은 명확히 구분될 수 없으며, 이 둘을 동시에 고려해서 정책결정을 한다.
③ 각 대안들에 대한 분석은 제한적으로 이뤄지며, 그 분석 결과는 최종 대안의 선택에 참고 자료로 활용될 뿐이다.
④ 좋은 정책이란 다양한 정책결정 과정의 참여자들이 동의할 수 있는 것이며, 정책결정 과정은 진흙탕을 헤쳐 나가는 것(muddling through)에 비유되고, 참여자들 간에는 당파적 상호 조절(partisan mutual coordination)이 이뤄진다.

(2) 유용성과 비판

점증주의모형에 의해 정책결정이 이뤄질 경우, 최종 선택되는 정책의 내용은 기존의 정책과는 크게 다르지 않기 때문에 전혀 새로운 대안 채택 시에 초래되는 매몰비용(sunk cost)의 발생과 치명적인 정책실패를 예방할 수 있다. 또한 다양한 정책 참여자들 간의 타협과 조정을 통해 합의할 수 있는 대안을 좋은 대안으로 보고 이를 최종적으로 선택하게 됨으로써 그 정책 대안의 정치적 실현가능성이 높아진다. 점증주의모형에 대한 비판은 다음과 같다.

① 권력과 부(富)의 편중이 심한 사회에서는 혁신적인 정책 도입을 통해 사회 변혁을 시도

해야 하는데 점증주의모형은 이를 경시하는 보수적 성향을 지닌다.
② 정책결정자에게 점증주의 모형에서 제시하는 대로 정책결정을 하도록 할 경우 기존의 정책에 집착하는 무사안일적 행태를 조장하기 쉽다.
③ 점증주의모형의 이러한 특성으로 인해 급속히 변동하는 환경 속에서 효과적인 정책 대안을 모색해야 하는 개발도상국가에서의 정책결정 방식으로 채택하기는 어렵다

3) 만족모형

(1) 내용

만족모형은 마치와 사이먼(March & Simon, 1958), 사이어트와 마치(Cyert & March, 1963)가 제시한 모형으로서, 여러 가지 한계를 지닌 정책결정자는 제한된 합리성(limited rationality)을 추구하며, 정책결정자는 만족할 만한 수준에서 대안을 탐색, 분석, 비교, 평가하고 선택한다고 주장한다.

만족모형의 기본 전제는 정책결정자가 완전한 지식이나 정보를 갖고 있지 않으며, 의사결정자는 다수이고, 이들 간에는 대안들에 대한 비교·평가의 기준이나 선호에 대한 합의 도출이 어렵고, 따라서 최종 대안은 모든 정책결정 참가자들의 선호를 극대화하는 것이 아닌 이들이 만족할 만한 수준의 것이 선택된다는 것이다.

만족모형에 따른 정책결정 과정은 다음과 같다.
① 인지상의 제약을 가진 정책결정자는 주어진 상황에 대해 제한적·선별적으로 인식한다.
② 모든 목표가 아닌 조작 가능한 일부 하위 목표의 달성을 추구한다.
③ 모든 대안을 탐색하기보다는 소수의 대안만을 순차적으로 고려한다.
④ 최종 대안은 극대화 기준이 아닌 만족화 기준을 사용해 정된 목표를 달성할 수 있는 대안들 가운데 하나를 선택한다.

(2) 유용성과 비판

만족모형은 합리모형의 비현실성에 주목하고 이를 극복하기 위해 정책결정자의 인식적인 한계를 고려해서 기대 수준과 이에 대한 성과라는 기준에 입각한 현실적합성이 높은 정책결정 방식을 제기했다는 평가를 받는다.

만족모형에 대한 비판은 주로 만족화 기준에 모아진다. 즉, 만족할 만한 수준을 결정하는 변수들이 무엇인가에 대한 구체적인 설명이 없으며, 만족의 정도를 측정하는 객관적인 척도도 없다는 것이다. 또한 정책결정의 수준을 주관에 지배되는 만족화 기준에 맞추면 정책결정의 일관성이 저해되기 쉬우며, 만족화의 수준을 높게 잡으면 합리모형과 가까워지고, 낮게 잡으면 점증주의모형과 유사해진다는 점이 지적된다(Dror, 1968: 148).

4) 혼합탐사모형

(1) 내용

혼합탐사모형(mixed scanning model)은 에치오니(Etzioni, 1968)가 합리모형의 비현실성과 점증주의모형의 보수성을 보완할 제3의 모형으로 제시했다. 에치오니는 합리모형과 점증주의모형은 각각 전체주의 사회와 다원적인 민주사회에 적합한 모형이고, 혼합탐사모형은 자신이 책임을 지는 행동적 사회(active society)에 적합한 모형이라고 주장한다(안해균, 1982: 264; 박성복·이종열, 2008: 278-279).

에치오니는 〈표 9-5〉에 제시된 바와 같이 의사결정은 근본적 결정(fundamental decision)괴 세부적 결정(details)으로 나누고, 2단계에 걸친 의사결정 방식을 제안한다. 근본적 결정은 대안의 탐색은 합리모형이 제시하는 대로 중요한 대안들을 광범위하게 찾아내되, 각 대안의 결과는 점증주의모형이 제시하는 바와 같이 중요한 결과만을 개괄적으로 예측한다. 반면, 근본적 테두리 안에서의 세부적 결정에서의 대안의 탐색은 소수에 그치되, 그 대안의 결과는 세밀한 분석을 통해 포괄적으로 예측한다.

〈표 9-5〉 혼합탐사모형의 내용

	고려한 대안	예측할 대안의 결과
근본적 결정	중요한 대안을 포괄적으로 모두 고려 (포괄적 합리모형)	중요한 결과만 개괄적 예측, 미세한 세목은 무시 (합리모형의 지나친 엄밀성 극복)
세부적 결정	근본적 결정의 테두리 안에서 소수의 대안만 고려 (점증주의)	여러 가지 결과의 세밀한 분석 (포괄적 합리모형)

자료: 정정길 외(2003: 513).

(2) 유용성과 비판

혼합탐사모형은 합리모형의 비현실성과 점증주의모형의 보수성을 극복하고 두 모형의 장점을 살려 합리성과 실현가능성을 제고할 수 있는 방안을 제시했다는 점에 의의가 있다. 그러나 창의적인 대안이라기보다는 합리모형과 점증주의모형을 절충·혼합한 것에 지나지 않는다는 점과 현실적으로 근본적인 결정과 세부적 결정을 명확히 구분하는 것이 어렵다는 점 등에서 비판을 받고 있다.

5) 최적모형

(1) 내용

최적모형(optimal model)은 드로(Yehezkel Dror)가 점증주의모형에 입각한 정책결정의 한계를 지적하고 이에 대한 대안 모형으로 제시했다. 그는 정책결정 과정을 상위 정책결정 단계(meta-policy making stage), 정책결정 단계(policy making stage), 정책결정 이후 단계(post-policy making stage), 의사소통과 환류 단계(communication and feedback stage) 등 4단계로 나누고, 최적의 정책결정을 위한 각 단계별 세부 절차와 중점 사항들을 제시했다.

최적모형의 기본 전제와 주요 내용은 다음과 같다.

① 점증주의적 정책결정의 개선 필요성과 합리성 증진을 위한 노력의 필요성을 강조한다.
② 결정 기준으로 이론과 경험, 합리성과 합리성을 제약하는 요인들을 극복하고 복잡한 문제들을 다루기 위해 직관이나 통찰력을 포함하는 초합리적인 요소의 사용의 불가피성을 주장한다.
③ 계량적인 분석과 함께 질적인 분석 및 충분하고도 솔직한 토의, 평가와 환류를 통한 결정을 강조한다.
④ 정책결정 단계에서 자원의 효율적 배분을 통해 최적의 정도를 높이는 '경제적 합리성'을 추구할 것을 제안한다.

(2) 유용성과 비판

최적모형은 정책결정의 현실에 대해 설명하는 실증모형으로 정책결정의 방향성을 제시하는 이상적·규범적 모형으로서의 성격을 갖는다. 특히 점증주의모형의 한계인 보수성과 반쇄신성을 극복할 수 있는 대안적 정책결정 모형이라는 점에 의의가 있다. 그러나 초합리적인 요소의 사용 방법과 초합리성과 합리성의 관계에 대한 설명의 모호성이 비판을 받고 있다.

6) 쓰레기통모형

(1) 내용

쓰레기통모형(Garbage Can Model)은 올슨(Johan P. Olson), 코헨(Michael D. Cohen), 마치(James G. March)가 응집성이 약하거나 조직화된 무정부 상태(organized anarchy)에서의 의사결정을 설명하기 위한 모형으로 제시했다. 이 모형은 앞서 제시한 모형들과는 달리 의사결정의 목적에 대한 의사결정 참여자들 스스로의 인식이나 상호 간의 합의의 부재를 의미하는 불확정적 선호, 목표와 수단 간의 인과관계에 대한 불명확한 이해를 의미하는 불명확한 기술, 의사결정 참여자들의 변동성을 의미하는 일시적 참여자 등을 전제로 하고 있다.

쓰레기통모형에서는 의사결정의 네 가지 요소로서 해결을 요하는 문제, 문제의 해결책, 참여자, 의사결정 기회를 제시하고 있으며, 이들 네 가지 요소가 마치 쓰레기통 속의 잡동사니처럼 서로 무관하게 독자적으로 흐르고 있으며, 통제의 유무에 따라 결정 과정이 다름을 밝히고 있다. 완전한 통제가 이뤄지는 경우 네 가지 요소의 흐름이 생겨나면 즉시 결정이 이뤄지고, 전혀 통제가 없는 순수한 무정부 상태에서는 이 네 가지 요소가 우연한 결합이 이뤄지는 경우 결정이 이뤄진다. 쓰레기통모형에서 초점을 두고 있는 조직화된 무정부 상태에서의 결정은 여유자원이 있을 경우 문제를 해결하거나 준해결(quasi-solution)하게 된다. 여유자원이 없을 경우에는 힘을 가진 실력자에 의해 진빼기 작전(choice by flight)이나 날치기 작전(choice by overnight)을 통한 의사결정이 시도된다.

(2) 유용성과 비판

쓰레기통모형은 일상적인 상황이 아닌 조직화된 무정부 상태에서의 의사결정을 설명하는 모형으로서의 의의를 가지나 일상적인 상황에 적용하는 것은 어렵다는 한계를 지닌다.

제6절_ 정책집행

1. 정책집행의 개념

　정책집행이란 만들어진 정책 내용을 실현해 정책목표를 달성하는 과정으로서 학자에 따라 다양하게 정의된다(박성복·이종열, 2003: 335-337). 프레스맨과 윌다브스키(Pressman & Wildavsky, 1973: xiii)는 정책집행을 "정책을 수행, 달성, 충족, 생산, 완성하는 것"이라고 정의했고, 미터와 혼(Van Meter & Van Horn, 1975: ∠47)은 "정책결정에서 미리 설정된 목표를 성취하기 위해 정부 부문 및 민간 부문의 개인이나 집단이 수행하는 활동"이라고 규정했다. 바르다크(Bardach, 1977: 36-38)는 집행 과정을 "기계를 조립해 그것이 작동되도록 하는 조립 과정(assembly process)"이라고 정의해 집행문제를 느슨하게 연결된 집행게임(implementation game)의 체제라고 보고 있다. 나카무라와 스몰우드(Nakamura & Smallwood, 1980: 1)는 집행을 "권위 있는 정책 지시를 실천에 옮기는 과정"이라고 보고, 그 과정은 결코 용이하지도 않고 자동적(automatic)이지도 않다고 하고 있다. 사바티어와 매즈매니언(Sabatier & Mazmanian, 1983)은 정책집행을 "항상 법조문과 관련되거나 정부 고위층의 명성 또는 법원의 판결의 형태를 취할 수 있는 기초적인 정책결정을 수행하는 것"이라고 규정하면서 법적인 명령지침을 강조했다. 이상에서 살펴본 정책집행에 관한 정의에 나타난 특징은 다음과 같다.

① 정책집행은 여러 가지 다양한 요인이 상호 작용하는 복잡하고 동태적인 과정이다.
② 정책집행은 정책집행 조직과 환경과의 상호 적응 과정으로서, 이 과정을 통해 갈등과 대립이 조정되고 순응이 확보되기도 한다.
③ 정책집행은 순환적 과정(circular process)으로서 정책집행에서의 주요 결정과 활동들은 전 단계인 정책결정 과정에 다시 투입되고 반영돼 조정되기도 한다.
④ 정책집행 과정은 정책결정 과정의 일부로서의 성격을 지니는데 정책집행자는 원래의 정책목표를 더욱 구체화하거나 재해석하기도 하며 이는 일종의 정책결정 과정이다(박성복·이종열, 2003: 335-337).

2. 정책집행의 유형

나카무라와 스몰우드(Nakamura & Smallwood, 1980)는 재량의 위임을 둘러싸고 정책결정자와 정책집행자의 관계에 착안해 정책집행을 ① 고전적 기술자형(classical technocrats), ② 지시적 위임형(instructed delegates), ③ 협상형(bargainers), ④ 재량적 실험형(discretionary experimenters), ⑤ 관료적 기업가형(bureaucratic enterpreneurs) 등 다섯 가지 유형으로 분류했다. 이들 정책집행 유형 중 정책결정자의 권한은 고전적 기술자형으로 갈수록 커지는 반면에 정책집행자의 권한은 관료적 기업가형으로 갈수록 커진다. 각 정책집행 유형별 정책결정자와 정책집행자의 주요 기능은 〈표 9-6〉에 제시된 바와 같다.

〈표 9-6〉 정책집행 유형

집행의 유형	정책결정자	정책집행자	실패 요인
고전적 기술자형	① 정책결정자가 구체적인 목표를 형성한다. ② 정책결정자는 목표 달성을 위해 기술적인 권한을 집행자에게 위임한다.	집행자는 정책결정자의 목표를 받아들이고, 그러한 목표의 달성을 위한 기술적 수단을 마련한다.	수단에 대한 기술적 실패
지시적 위임형	① 정책결정자는 구체적인 목표를 형성한다. ② 정책결정자는 목표 달성을 위한 수단을 마련하도록 집행자에게 행정적 권한을 위임한다.	집행자들은 정책결정자의 목표를 지지하고, 그러한 목표를 달성하기 위해 상호 간에 행정적인 수단을 협상한다.	① 수단에 대한 기술적 실패 ② 협상의 실패 (복잡성, 교착 상태 등)
협상형	① 정책결정자가 목표를 형성한다. ② 정책결정자가 목표나 목표를 달성하기 위한 수단에 관해 집행자와 협상한다.	집행자가 목표나 목표 달성을 위한 수단에 관해 결정자와 협상한다.	① 수단에 대한 기술적 실패 ② 협상의 실패 (교착 상태, 비집행 등) ③ 흡수 내지 사술(詐術)
재량적 실험형	① 정책결정자는 추상적(모호한) 목표를 지지한다. ② 정책결정자는 목표와 수단을 재정의하기 위해 집행자에게 광범한 재량권을 위임한다.	집행자는 정책결정자를 대신해 목표와 수단을 재정의한다.	① 수단에 대한 기술적 실패 ② 목표의 모호성 ③ 흡수 ④ 무책임성
관료적 기업가형	집행자가 형성한 목표와 수단을 정책결정자가 지지한다.	집행자는 정책목표와 목표 달성을 위한 수단을 받아들이도록 정책결정자를 설득한다.	① 수단에 대한 기술적 실패 ② 흡수 ③ 무책임성 ④ 정책의 선매(先買)

자료: 박성복·이종열(2003: 343).

3. 정책집행의 접근 방법과 연구

1) 하향적 접근 방법

(1) 개념과 주요 내용
정책집행에 대한 하향식 접근 방법은 반 미터와 반 혼(Van Meter & Van Horn, 1975), 사바티어와 매즈매니언(Sabatier & Mazmanian) 등이 제시했으며, 정책집행을 정책결정 단계에서 설정된 정책목표의 달성 과정으로 본다. 정치·행정 이원론적 시각과 정책결정자의 입장에서 정책집행을 보며, 정책결정자에게 올바른 방향으로 정책집행이 이뤄질 수 있도록 규범적인 처방(normative prescription)을 제공하는 데 초점을 두고 있다. 사바티어와 매즈매니언(Sabatier & Mazmanian, 1979)은 규범적인 처방의 핵심적인 내용이라고 볼 수 있는 효과적인 정책집행을 위한 이상적인 조건으로 다음과 같은 다섯 가지를 제시하고 있다.
① 정책결정의 내용은 타당한 인과이론(sound theory)에 바탕을 둬야 한다.
② 정책 내용으로서의 법령은 명확한 정책지침을 갖추고 있어야 하고, 대상집단의 순응을 극대화할 수 있도록 구성돼야 한다.
③ 유능하고 헌신적인 집행관료가 정책집행을 담당해야 한다.
④ 결정된 정책에 대해 이익집단, 유권자 집단 그리고 주요 입법가 또는 행정부의 장으로부터 지속적인 지지를 받아야 한다.
⑤ 정책목표가 안정적이고 집행 과정 동안 목표의 우선순위가 바뀌지 않아야 한다.

(2) 평가
하향식 접근 방법의 장점은 다음과 같다(정정길 외, 2022: 579-581).
① 하향적 접근 방법에서는 법적 구조화 등 중요한 성공적 집행 요인을 제시했다.
② 하향적 접근 방법에서 제시한 효과적인 집행의 조건들은 집행 과정에서 유용한 점검목록(check list)으로 활용되며, 집행 과정이 집행 실적에 어떠한 차이를 초래하는지를 설명하는 데 도움을 준다.
③ 하향식 접근 방법은 소수의 집행영향변수(분명하고 일관된 정책 목표, 정책 내용의 합리성을 보장하는 적절한 인과이론, 집행관료들과 대상집단의 순응을 확보하기 위한 법적 구조화 능력, 헌

신적이고 숙련된 관료집단, 이해관계집단 및 통치자의 지지, 정치적 지지나 인과관계의 타당성을 침해하지 않는 안정된 집행환경)에 관심을 집중시키고 정책 형성-집행-재형성-재집행이라는 장기적이고 총체적 정책 과정에 초점을 맞출 수 있게 한다. 이는 정책 담당자들로 하여금 기존 정책을 이해하고, 정책의 결정과 집행을 위한 법적·절차적 전략 수립을 가능하게 한다.
④ 하향식 접근 방법은 정책목표 달성도를 중시하므로 객관적인 정책평가가 가능해진다

하향식 접근 방법은 다음과 같은 이론적·현실적 한계를 지니고 있다.
① 다원적 민주주의 체제하에서 정책목표는 다양한 이해관계집단의 요구를 반영해야 되기 때문에 모호하게 설정되는 경우가 많으며, 하향식 접근 방법에서 제시하고 있는 명확하고 일관된 정책목표의 설정은 불가능하다.
② 정책결정권자가 집행 과정에서 발생하는 모든 문제를 예견해 법령에 그 대안을 제시할 수 있다는 하향식 접근법의 전제는 비현실적이다.
③ 하향식 접근 방법에서는 정책결정자만을 중시하고 정책집행 현장에서 중시되는 민간부문, 일선관료, 지방의 집행관료의 전략적 행위, 그리고 다른 정책의 하부 시스템과 관련된 변수들에 대한 고려가 부족하다.
④ 하향식 접근 방법은 하나의 정책이 집행되는 과정에 초점을 맞추고 있으나 집행 현장에서는 여러 가지 정책이 동시에 집행되는 경우가 많아 이 모형을 적용하는 것이 어렵다.

2) 상향적 접근 방법

(1) 개념과 주요 내용

엘모어(Elmore, 1980), 헤이른과 헐(Hjern & Hull, 1985)에 의해 정립된 상향적 접근 방법은 정책집행 과정에서 가장 핵심적인 역할을 수행하는 집단은 정책결정자가 아니라 일선집행 관료라고 보고, 일선관료와 대상집단의 행태에 대한 고찰을 통해 집행 과정을 분석한다. 또한 정책목표와 관련된 문제가 아닌 집행문제의 해결을 중시하며, 정책결정을 집행 과정에서 구체화되는 것으로 보고 정책집행과의 엄밀한 구분을 어렵다고 본다.

상향적 접근 방법에서는 정책집행이 성공하기 위해서는 일선관료들이 그들의 지식과 전

문성을 충분히 발휘할 수 있도록 적절한 재량과 자원을 부여돼야 함을 강조하고, 일선집행 관료들의 바람직한 행동이 얼마나 유발됐는가를 정책집행의 성공과 실패의 판단 기준으로 삼고 있다. 또한 상향적 접근 방법은 집행 과정의 이해를 의해 집행 과정의 문제와 관련된 행위자들의 목표, 전략, 행동 등에 대한 파악과 그들 간의 네트워크 특성의 규명이 필요함을 강조한다.

(2) 평가

상향적 접근 방법의 장점은 다음과 같다(정정길 외, 2022: 584-585).
① 상향식 접근 방법은 실제적인 정책집행 과정의 상세한 기술하고 인과관계를 잘 설명할 수 있다.
② 집행 현장에 초점을 두므로 의도하지 않은 효과까지도 분석해 낼 수 있다.
③ 집행 현장에서의 문제 인식과 전략에서 논의를 전개하기 때문에 정부 부문과 민간 부문의 문제 해결 능력을 비교·평가할 수 있다.
④ 다양한 정책이 동시에 집행되는 집행 현장의 집행전략을 제시할 수 있다.
⑤ 다양한 행위자들 간의 전략적 상호 작용 과정을 파악할 수 있다.

상향적 접근 방법은 나무는 보되 숲을 보지 못하는 문제점이 있으며, 구체적인 한계점은 다음과 같다(정정길 외, 2022: 585-586).
① 일선집행관료들의 영향력이 지나치게 강조되고 집행의 구조와 자원의 배분 등을 비롯한 일선관료들의 행태에 영향을 미치는 변수들이 경시된다.
② 공식적인 정책목표를 중시하지 않기 때문에 정책평가가 어려워진다.
③ 집행요원들과 정책대상집단이 인지하지 못하는 요인들을 경시하기 쉽다.
④ 하향적 접근에서 제시하고 있는 정책집행의 틀을 제시하지 못한다.

3) 통합적 접근 방법

(1) 개념과 주요 내용

통합적 접근 방법은 사바티어(Sabatier, 1986)와 엘모어(Elmore, 1979) 등에 의해 1980년대 중반 이후 대두됐으며 하향적 접근 방법과 상향적 접근 방법의 요소들을 종합해 정책집행 과정을 연구하는 접근 방법이다. 사바티어(Sabatier, 1986)는 하향적 접근 방법과 상향적 접근 방법이 유용한 조건[13]을 제시한 후 그러한 조건에 따라 둘 중 하나를 집행 연구의 틀로 사용할 것을 주장한다. 엘모어(Elmore, 1979: 80)가 제시한 두 접근 방법의 통합 방법의 절차는 우선 하향적 접근 방법의 틀에 의거해 정책결정자가 프로그램을 설계할 경우 정책목표를 명확히 설정하고, 목표 달성 수단을 강구해 각 집행 단계에서의 실적 평가 기준을 제시한다. 그다음으로 상향적 접근 방법의 틀에 의거해 일선집행관료와 대상집단의 바람직한 행태를 유도할 수 있는 조직 운영 절차를 찾아내고, 그 과정을 조직계층에 따라 계속해서 정책결정층에까지 이르도록 한다. 버만(Berman, 1978)은 집행의 제도적 환경을 거시집행(macro-implementation)과 미시집행(micro-implementation)으로 나누고, 미시집행 국면에서 발생하는 정책과 집행조직 사이의 적응적 상호 작용이 실현될 때 성공적인 집행이 이뤄진다고 보고 있다. 즉, 정책결정자가 결정한 정책과 정책집행자의 집행 방식이 동시에 변화되는 상호 적응적 집행이 필요하다는 것이다.

(2) 평가

통합적 접근 방법이 정책집행 연구에 기여한 점은 두 가지 측면에서 볼 수 있다.
① 통합적 접근 방법은 하향적 접근 방법과 상향적 접근 방법의 절충을 통해 두 접근 방법이 가지고 있는 약점을 보완할 수 있게 했다.
② 일부의 통합이론에서는 두 접근 방법에서 다루지 않았던 중요한 요인들을 제시했다.

사바티어(Sabatier, 1986)는 정책집행 과정을 고립적으로 봐서는 안 되고 정책집행을 분석하기 위해서는 정책형성 과정에 대한 검토가 필요하다는 점을 강조했다. 리플리와 프랭클린(Ripley & Franklin)은 정책 유형이 정책집행에 영향을 미친다는 점을 발견했다(남궁근, 2021: 485-486).

---

13) 하향적 접근 방법이 유용한 경우는 ① 특정한 공공정책이 집행 현장을 지배적으로 좌우할 경우, ② 연구자금의 제약으로 연구자가 평균적·일반적인 과정과 반응에만 관심을 가지는 경우, ③ 사바티어와 매즈매니언(Sabatier & Mazmanian, 1979)이 제시한 성공적 집행을 위한 다섯 가지 조건을 상대적으로 잘 충족하는 경우, ⑤ 이론적인 발전이 잘 이뤄져 집행 전에 예비평가나 예측을 하는 경우다. 상향적 접근 방법이 유용한 경우는 ① 지배적인 정책이나 법규가 없고, 공공 부문과 민간 부문의 다양한 참여자가 있는 경우, ② 상이한 지역적 상황과 중앙·지방 간 역학 관계에 관심을 갖는 경우, ③ 성공적 집행 조건이 상대적으로 잘 충족되지 않고, 지역 간의 다양성에 연구의 초점이 있는 경우다(정정길 외, 2020: 698-599).

이러한 기여에도 불구하고 통합적 접근 방법은 하향적 접근 방법과 상향적 접근 방법이 가지고 있는 근본적인 차이점을 극복하는 데는 성공적이지 못했고, 두 접근 방법이 가진 결함의 일부를 극복하는 데 그쳤다고 볼 수 있다.

4. 정책집행의 영향 요인

정책집행의 성공과 실패를 좌우하는 요인들은 [그림 9-3]에 제시된 바와 같이 정책의 특성과 자원, 정책결정자 및 정책 관련 집단의 지지, 집행조직과 담당자, 정책집행에 대한 순응 등이다(정정길 외, 2022: 527-557).

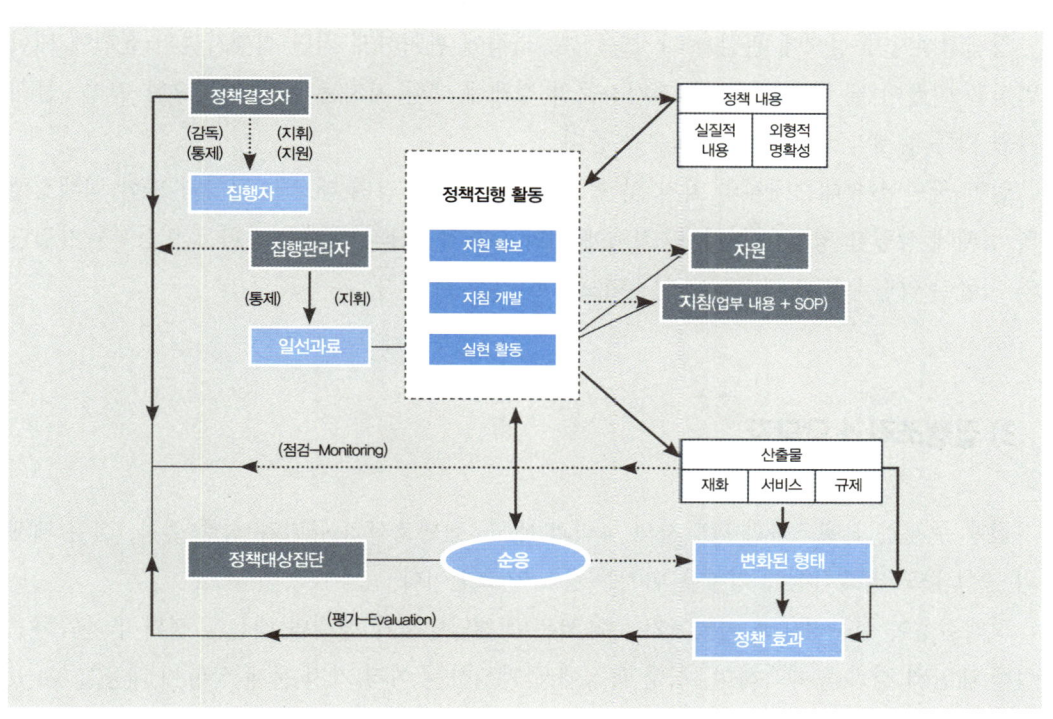

자료: 정정길 외(2022: 528).

[그림 9-3] 정책집행을 좌우하는 요인

1) 정책의 특성과 자원

정책의 특성과 관련된 요인으로는 ① 정책의 명확성과 일관성, ② 정책 내용의 소망성, ③ 정책집행 수단 및 자원의 확보, ④ 정책의 중요성과 영향 정도 등이다. 정책목표와 이를 실현하기 위한 정책수단이 명확하고, 정책 내용이 바람직스러우며, 정책집행에 소요되는 물적·인적 자원이 충분히 확보될수록 정책집행은 성공적일 가능성이 커진다. 또한 정책의 중요성이 높아 사회의 모든 측면에 광범위하게 영향을 미쳐 정책결정자나 정치지도자의 강력한 지지를 얻거나 수혜자집단의 규모가 크고 혜택이 많을수록 정책집행이 성공적으로 이뤄질 가능성이 높다.

2) 정책결정자 및 정책 관련 집단의 태도

정책결정자가 정책에 관심을 가지고 집행 과정에 관여하게 되면 집행자들의 집행에 대한 열성을 이끌어 낼 수 있고, 정책결정자들의 정책에 대한 지지는 집행에 필요한 인적·물적 자원 획득과 제약 요인 극복에 도움을 준다.

일반 국민이나 대중매체의 지지 및 협조와 정책대상집단의 태도와 정치력 또한 정책집행의 성패에 상당한 영향을 미친다. 정책에 대한 수혜자집단의 지지가 강하고 비용부담자집단의 저항이 약할수록 정책집행이 성공적으로 이뤄질 수 있다.

3) 집행조직과 담당자

집행 주체인 집행조직과 담당자의 능력과 태도, 집행조직의 규범과 집행 절차, 집행 체제의 특성 등도 정책집행에 영향을 미치는 중요한 요인이다.

정책집행이 성공적으로 이뤄지기 위해서는 정책담당자가 정책의 내용을 정확히 파악하고 정책 대안의 결과를 예측하며, 집행 과정에서 발생하는 여러 가지 문제 상황에 대응할 수 있는 지적인 능력을 갖추고 있어야 한다. 또한 효과적이고 능률적으로 업무를 추진할 수 있는 리더십과 이해관계자들과의 타협과 조정, 반대자의 설득과 정치적 지지를 확보하는 정치적 능력도 필요하다.

집행조직의 구조와 분위기와 특성도 정책집행에 영향을 미친다. 정책집행 과정에서 발생하는 정보들을 신속히 처리할 수 있는 의사소통 체계와 하위 조직 간에 분업 체계가 잘 갖춰져 있고, 집행조직의 구성원들 간의 합리적인 업무 추진 방법 등에 대한 묵시적인 합의가 규범적인 기능을 수행하며, 집행에 필요한 여러 활동에 대해 표준화된 운영 절차가 마련돼 있을 경우 정책집행이 성공적으로 이뤄질 가능성이 크다.

집행 체제의 복잡성도 또한 정책집행에 영향을 미친다. 정책집행에 관여하는 조직의 수가 많고 조직들 간의 협조와 조정이 어렵거나, 조직들 간의 체계가 연계가 약해 통제력이 약할 경우 집행이 지연되거나 정책 내용이 변질돼 집행될 가능성이 커진다.

4) 정책집행에 대한 순응

(1) 순응의 의미와 중요성

순응(compliance)이란 정책이나 법규에서 요구하는 행동에 따르는 행위를 의미하고, 따르지 않는 행위를 불응(noncompliance)이라 한다. 정책대상집단과 일선집행관료 및 집행책임자나 기관을 대신해서 집행을 실제로 담당하는 중간매개집단의 순응은 정책이 집행돼 의도한 결과를 나타내기 위한 충분 조건(sufficient condition)은 아니지만 그 결과를 나타내기 위해 꼭 있어야 하는 필요 조건(necessary condition)이다(남궁근, 2021: 489).

(2) 순응을 좌우하는 요인

순응을 가능케 하는 요인으로는 크게 정책의 내용과 관련된 요인, 정책결정 및 정책집행과 관련된 요인, 순응 주체와 관련된 요인 등으로 구분할 수 있다.

정책의 내용이 명확해서 순응 주체가 어떤 행동을 요구하는지가 분명하고 시간적·공간적으로 일관성이 있으며, 순응 주체가 바람직하다고 느끼고, 정책목표와 정책수단의 우선순위가 명확할수록 순응이 확보될 가능성이 크다.

정책결정과 집행을 담당하는 기관에 대해 정책대상집단이 어떻게 평가하고 있는지도 순응에 영향을 미친다. 정책결정과 집행을 정통성 있는 기관이 담당하고, 이들이 추진하는 정책들이 일관성을 유지하는 경우 정책대상집단, 일선집행관료, 중간매개집단은 집행 과정에서의 지침이나 명령에 충실히 따르게 된다.

순응 주체들의 지적·경제적 능력이 부족해서 정책 내용에 대해 이해가 부족하거나 필요한 자원을 제때에 공급하지 못할 경우 정책이나 법규에서 요구하는 행동에 따르는 행위가 확보되기 어렵다. 또한 심리적 거부감이나 경제적 부담 등으로 인해 순응 주체들의 순응 의욕이 저하되는 경우에도 불응이 나타난다.

(3) 순응 확보 수단

순응을 확보하기 위해서는 앞서 언급된 요인들에 따른 대책을 수립·시행해야 한다. 즉, 추상적이거나 모호한 정책은 구체적이고 분명하게 하며, 정책 내용에 대해 순응 주체들이 바람직하지 않다고 느끼는 경우 바람직한 방향으로 정책목표와 정책수단을 수정해야 한다. 목표나 정책수단의 우선순위를 명확히 하거나 잦은 변경으로 인해 정책의 일관성이 훼손되는 경우를 피해야 한다. 또한 적극적인 홍보와 정보 제공을 통해 순응 주체들의 정책에 대한 이해를 돕고, 집행 과정에서 필요한 인적·물적 자원이 부족하지 않도록 해야 한다. 순응 주체들의 의욕 부족으로 인한 전통적인 순응 확보 수단으로는 도덕적 설득, 유인, 처벌 등 세 가지가 있다.

도덕적 설득(normative persuasion)은 정책에 순응하는 것이 국가·사회적으로나 윤리·도덕적으로 정당하다고 인식시키는 것을 말한다. 도덕적 설득은 특히 정책대상집단을 대상으로 행해지는 경우가 많으며, 설득이 용이하게 이뤄지려면 정책목표와 정책수단이 명확하고 일관성이 있으며, 정책결정기관과 집행기관이 정통성과 신뢰성을 가지고 있어야 한다

유인(incentives) 혹은 보상(rewards)은 순응에 대한 혜택을 제공함으로써 순응을 유도하는 방법이다. 공공기관의 지방 이전에 대한 직원들에게 아파트 분양권을 주거나 임대주택을 제공하는 경우다.

처벌(punishment or penalty) 또는 강압(coercion)은 순응하지 않을 경우 처벌이나 혜택의 박탈 등 불이익을 부과하는 방법이다. 처벌의 형태는 벌금이나 과태료와 같은 금전적인 것과 징역이나 금고 등 체형도 있다. 처벌은 개인의 인권이나 재산권을 침해하는 것이고 적개심 유발을 통한 불응의 확산을 초래할 위험성이 있어 도덕적 정당성이 있을 경우에 한정적으로 사용되는 것이 바람직하다.

제7절_ 정책평가

1. 정책평가의 의의와 목적

1) 정책평가의 의의

정책평가는 정책 내용, 집행 과정 및 그 효과를 판단하는 일반적인 과정으로서 정책이 좋은지 나쁜지를 비판적으로 검토하는 활동이다(정정길 외, 2022: 617). 정책평가는 크게 과정평가(process evaluation)와 총괄평가(summative evaluation) 혹은 영향평가(impact evaluation)로 나눈다.[14] 과정평가는 집행이 끝난 후에 집행 과정에서 나타난 집행계획·집행절차·투입자원·집행활동 등을 검토하고 바람직한 집행전략을 수립하기 위해 실시되며, 총괄평가는 정책이 집행된 후 의도했던 정책 효과를 확인·검토하기 위해 실시된다(정정길 외, 2022: 617).

정책평가의 대상은 정책 또는 사업이고 사업평가의 방법을 주로 사용하고 있기 때문에 정책평가와 사업평가는 함께 사용되고 있다. 광의의 정책평가 개념에는 과정평가와 총괄평가 외에 정책분석도 포함된다. 그러나 일반적으로 정책분석은 합리적인 정책결정을 위해 정책 대안의 결과 예측을 통한 정책 대안을 비교·분석하는 것을 말하고, 정책평가는 정책이 결정돼 집행된 이후에 그 과정과 결과를 사후적으로 검토하는 것이다(김행범·구현우, 2014: 639).

---

14) 정책평가는 다양한 기준에 따라 분류된다. 평가의 주체에 따라서는 내부평가(inside evaluation)와 외부평가(outside evaluation), 평가 단위의 수준에 따라서는 기관평가(agency evaluation), 정책평가(policy evaluation), 프로그램평가(program evaluation) 등으로 구분된다. 평가의 시점에 따라서는 사전평가(ex-ante evaluation), 진행평가(ongoing evaluation), 그리고 사후평가(ex-post evaluation)로 구분되며, 평가 초점에 따라서는 과정평가(process evaluation)와 총괄평가(summative evaluation) 또는 영향평가(impact evaluation)로 구분된다. 과정평가는 형성평가(formative evaluation), 모니터링, 사후적 과정평가로 나뉜다. 총괄평가는 여러 가지 기준에 따라 분류되지만 평가 기준에 따라서는 효과성 평가, 능률성 평가, 형평성 평가, 대응성 평가로 구분된다(남궁근, 2021: 688-709).

2) 정책평가의 목적

정책평가의 목적은 평가 대상 정책의 내용과 시행 단계 등에 따라 다양하다. 정정길 외(2022: 621-626)는 정책평가의 목적을 정책결정과 집행에 필요한 정보 제공, 정책 과정상의 책임성 확보, 이론 구축에 의한 학문적 기여 등으로 구분한다. 남궁근(2021: 504-507)은 책무성 확보, 정책정보의 환류, 지식의 축적 등 세 가지로 분류하고 있다.

(1) 책무성 확보

책무성(accountability)이란 공직자가 정책결정과 예산 지출 등 직무 수행의 내용을 정당화할 책임을 말한다. 책무성은 민주주의 체제에서 정부를 관리하고 운영하는 집단은 국민에게 책임을 져야 한다는 원리에 입각하고 있다. 감사활동과 유사한 평가를 통해 일선집행관료들은 법규나 회계규칙 등을 준수하면서 집행활동을 하도록 유도한다(법적 책무성 또는 회계적 책무성). 집행 과정에 대한 평가를 통해서는 관리자의 관리활동이 효율적으로 이뤄질 수 있도록 자극·유도·강제한다(행정적 책임성). 또한 평가는 정책목표가 잘못 설정됐거나 정책을 잘못 집행했을 경우 이를 담당한 정무직 공무원의 정치적 책임을 물을 수도 있다(정치적 책임성).

(2) 정책정보의 환류

정책평가를 통해 얻은 정보들은 정책결정자, 정책관리자, 일선집행관료들에게 환류(feedback)돼 활용된다. 정책결정자에게 환류된 정보들은 정책이나 프로그램을 수정·보완하거나 새로운 정책을 설계할 때 활용된다. 정책관리자에게는 관리의 효율화를 위한 전략과 방안을 모색하는 데 도움이 된다. 일선집행관료들에게는 집행 과정상의 애로 사항을 타개하고 경험을 활용하는 데 유익한 정보를 제공해 줄 수 있다.

(3) 지식의 축적

정책평가 연구는 기존의 이론에 입각한 정책의 타당성을 검증하는 것으로서 일종의 가설 검증을 위한 연구의 특수한 형태로 볼 수 있다. 정책평가 연구를 통해 새로운 지식이 축적될 수 있으며, 학문의 발전에도 기여할 수 있다.

2. 정책평가의 절차와 방법

1) 정책평가의 절차

　일반적인 정책평가의 절차는 ① 목표의 규명, ② 기준의 설정, ③ 인과모형의 설정, ④ 연구설계, ⑤ 자료의 수집·분석 및 해석 등으로 구성된다. 목표의 규명 단계에서는 평가의 대상이 되는 정책의 핵심 목표를 찾아내고 그 달성 여부에 대한 확인이 가능하도록 명확하게 규정해야 한다. 기준의 설정 단계에서는 정책의 성공과 실패를 판단할 질적·양적 기준을 설정하며, 총괄평가에서 사용되는 기준으로는 효과성, 능률성, 형평성 등이 있다. 인과모형의 설정 단계에서는 정책이 정책대상집단들이나 조건들에 영향을 미치는 과정에 대한 하나의 인과적 모형(영향모형)을 작성한다. 인과적 모형은 관련 이론이나 실증적인 연구 결과물, 정책결정자 및 일선집행관료들의 경험 등을 토대로 수립돼야 한다. 연구설계 단계에서는 연구지침을 수립하게 되며, 어떻게 프로그램을 관찰하고 자료를 수집·측정·분석·해석할 것인가를 결정한다. 영향평가의 접근 방법으로는 실험설계에 의한 방법, 준실험적 설계에 의한 방법, 비실험적 설계에 의한 방법 등이 있다. 자료의 수집·분석 및 해석 단계에서는 면접, 관찰, 설문지, 각종 통계나 기록물 조사와 같은 다양한 방법으로 자료를 수집하며, 이를 분석해 그 결과를 해석한다.

2) 정책영향평가의 방법

　정책평가는 다양하게 분류되고 그 유형과 목적에 다라 다양한 평가 방법이 사용되나 여기서는 가장 널리 활용되고 있는 정책평가 유형인 영향평가 또는 총괄평가 방법에 대해 살펴보고자 한다(남궁근, 2021: 721-749).
　정책영향평가의 방법으로는 진실험설계에 의한 정책평가, 준실험에 의한 정책평가, 비실험에 의한 정책평가 등 세 가지가 있다. 정책영향평가의 핵심은 정책이나 프로그램과 그 집행 결과 사이에 인과관계가 있는가를 검증하는 것이고, 밀(John S. Mill)이 제시한 인과관계의 추론의 조건은 첫째, 결과가 원인보다 시간적으로 앞서야 하고, 둘째, 원인과 결과는 공동으로 변화해야 하며, 셋째, 결과는 원인변수에 의해서만 설명돼야 한다.

정책평가 연구설계의 핵심은 정책이나 프로그램과 집행 결과 간의 정확한 인과관계를 추론하는 것, 즉 타당성을 높이는 것이다. 목표의 규명에서부터 연구설계, 자료의 수집·분석·해석과 연구 결과의 일반화 등 정책평가 연구의 전 과정에서 인과적 추론을 왜곡하는 요인들이 배제됐을 때 연구의 타당성은 높아진다. 인과적 평가 연구의 타당성은 내적 타당성(internal validity)과 외적 타당성(external validity)으로 구분된다. 내적 타당성은 인과적 추론이 얼마나 정확했는지에 관한 것이고, 외적 타당성이란 평가 연구의 결론은 다른 상황이나 시점에 어느 정도까지 일반화할 수 있느냐에 관한 것이다. 내적 타당성의 위협 요인과 통제 방안은 〈표 9-7〉에 제시된 바와 같고, 외적 타당성의 의미와 통제 방안은 〈표 9-8〉에 제시된 바와 같다.

〈표 9-7〉 내적 타당성의 위협 요인과 통제 방안 요약

유형	의미	통제 방안
성숙 요인	시간의 경과에 따른 대상집단의 특성 변화	• 통제집단 구성 • 실험(조사) 기간의 제한 • 빠른 성숙을 보이는 표본 회피
역사 요인	실험 기간 중 일어난 사건에 의한 대상집단의 특성 변화	• 통제집단 구성 • 실험(조사) 기간의 제한
선발 요인	실험집단과 통제집단이 다르기 때문에 나타나는 차이	• 무작위 배정 • 사전 측정
상실 요인	실험 기간 중 실험 대상의 중도 포기 또는 탈락 때문에 나타나는 차이	• 무작위 배정 • 사전 측정
회귀 요인	실험 대상이 극단적인 값을 갖기 때문에 재측정 시 평균으로 회귀하려는 경향 때문에 나타나는 차이	• 극단적인 측정치를 갖는 집단 회피 • 신뢰성 있는 측정도구 사용
검사 요인	사전검사에 대한 친숙도가 사후 측정에 미치는 영향에 따른 차이	• 사전검사를 하지 않는 통제집단과 실험집단 활용 (예: 솔로몬 4집단 설계) • 사전검사의 위장 • 눈에 띄지 않는 관찰 방법
측정 수단 요인	측정 기준과 측정 수단이 변화함에 따라 나타나는 차이	• 표준화된 측정도구 사용

자료: 남궁근(2021: 725).

〈표 9-8〉 외적 타당성의 의미와 통제 방안

유형	의미	통제 방안
A. 일반화가 가능한 상황과 맥락		
1. 실험 상황	관찰된 X의 효과는 실험 상황 배열의 요소와 결합돼 나타남.	• 상호 작용의 검증을 위해 복수의 집단을 실험에 포함시켜 확인함.
2. 맥락	관찰된 X의 효과는 사회적 또는 물리적 환경의 요소와 결합돼 나타남.	• 다른 유형의 상황에 대한 반복연구를 통해 확인 • 상황의 사실성(realism)을 제고함.
B. 일반화가 가능한 모집단 범위	관찰된 X의 효과는 특정 연구 대상 표본의 특성과 결합돼 나타남.	• 표본의 대표성 제고, 다른 모집단의 표본에 대한 반복 연구를 통해 확인
C. 일반화가 가능한 시기	관찰된 X의 효과는 최근의 특정 사건 또는 특정 시기와 결합돼 나타남.	• 다른 시기에 반복 연구를 통해 확인함.

자료: 남궁근(2021: 728).

(1) 진실험설계에 의한 정책평가

진실험설계에 의한 방법은 정책이나 프로그램을 동질성을 확보한 실험집단과 통제집단에 동시에 실시해 그 결과 비교를 통해 정책이나 프로그램의 효과를 추론하는 방법이다. 전통적인 실험설계의 핵심적인 원리는 첫째, 연구 대상을 무작위로 실험집단과 통제집단에 배정하고, 둘째, 독립변수(정책이나 프로그램의 시행)를 실험집단에 한해 도입하며, 셋째, 두 집단의 종속(영향)변수의 변화 정도를 비교하는 것이다. 진실험설계는 다음 [그림 9-4]에서 제시된 바와 같이 전통적인 실험설계의 원리를 그대로 적용하며, 주요 구성 요소는 실험집단과 통제집단의 비교, 실험변수(정책)의 조작, 그리고 제3변수(허위변수 또는 혼란변수)의 통제다.

진실험설계에 의한 방법의 가장 큰 장점은 준실험 등 다른 방법에 비해 내적 타당성의 확보가 상대적으로 용이하다는 점이다. 무작위 배정을 통한 실험집단과 통제집단의 동질성 확보를 통해 선발과 성숙 및 역사적 요인 등 내적 타당성의 주요한 위협 요인을 방지할 수 있기 때문이다. 그러나 내적 타당성을 위협하는 모든 요인을 방지할 수 있는 것은 아니며,[15]

---

[15] 내적 타당성을 위협하는 요인 중에는 누출(leakage 또는 transfer)과 모방 효과(imitation effect)가 있다. 누출은 실험집단에만 실현돼야 할 정책 내용이 통제집단에게도 이전되는 경우를 말하고, 모방 효과란 통제집단에 속한 사람들이 정책의 효과로 나타난 실험집단에 속한 사람들의 변화된 행태를 모방하게 되는 현상을 말한다. 이 두 가지 현상을 합쳐서 오염 현상(contamination) 또는 확산 효과(diffusion effect)라고 부른다(정정길 외, 2022: 665).

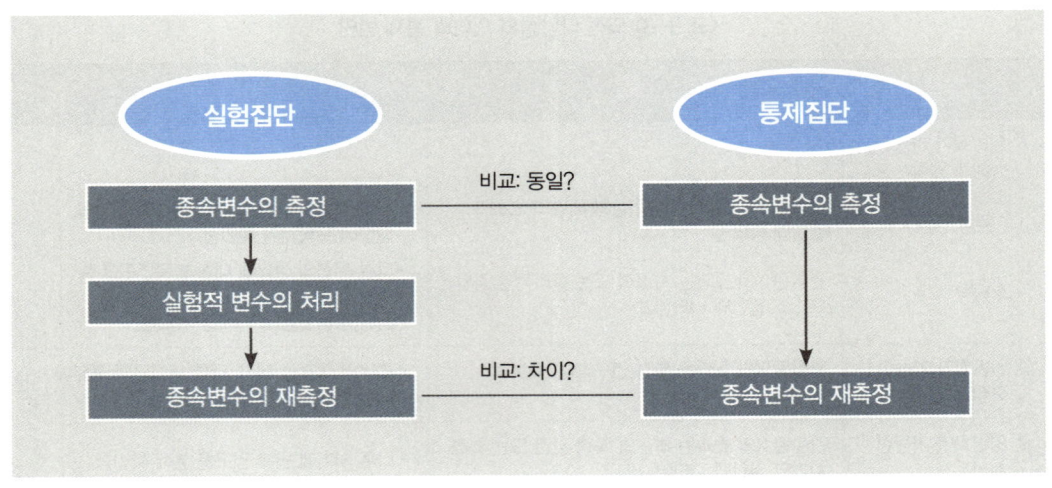

자료: 남궁근(2021: 730).

[그림 9-4] 고전적 실험설계의 원리

내적 타당성을 위협하는 요인을 방지하기 위해서는 실험집단과 통제집단이 서로 접촉하지 않도록 철저한 관리가 필요하다. 진실험설계의 약점은 외적 타당성이 준실험설계에 비해 크지 않고 실현가능성이 높지 않다는 점이다. 진실험설계에서는 실험 대상자들이 자신들이 실험의 대상으로 관찰되고 있다는 사실을 알고 평소와는 다르게 행동하는 현상을 의미하는 호손 효과(Hawthorne effect)가 발생할 경우 외적 타당성은 떨어진다. 또한 정책 내용에 따라 통제집단이나 실험집단의 반발을 야기하게 되므로 진실험실험설계에 의한 정책실험은 준실험설계에 비해 실현가능성이 상대적으로 낮은 편이다.

(2) 준실험설계에 의한 정책평가

준실험설계에 의한 정책평가는 무작위 배정을 통한 실험집단과 통제집단의 동질성을 확보하지 않고 정책이나 프로그램의 효과를 추론하는 실험설계 방법이다. 진실험설계에 비해 떨어지는 내적 타당성 문제를 줄이기 위해 가설 검증과 관련된 변수를 기준으로 서로 비슷한 것끼리 짝을 지어 실험집단과 통제집단에 배정하는 짝짓기(matching)를 통해 가능한 두 집단을 유사하게 구성하려고 한다(김행범·구현우, 2014: 668). 준실험설계는 과거에 처리한 실험 처리(정책)의 효과를 알기 위한 연구에 주로 사용되기 때문에 과거 지향적이며, 정책평가는 대부분 준실험설계에 의해 이뤄진다.

대표적인 준실험설계 방법의 예인 비동질적 실험설계(non-equivalent control group design)에서는 짝짓기를 통해 실험집단과 유사한 비교집단(통제집단)을 구성하고, 실험집단에만 실험 처리(정책)를 한 후 두 집단에 대해 사전 측정과 사후 측정을 통해 실험 처리의 효과를 추론한다. 예를 들어 1년 동안의 우유 급식이 체중 증가에 미치는 효과를 검증하기 위해서 우유 급식을 한 실험집단과 우유 급식을 제공하지 않은 비교집단을 구성해 사전 및 사후 측정한 평균 체중이 [그림 9-5]에 나타난 바와 같다고 보자. 이 경우 두 집단의 성숙 효과는 같다고 가정하며, 비교집단의 성숙 효과는 3kg(41kg-38kg)이므로 우유 급식이 없었더라면 실험집단의 평균 체중은 성숙 효과만큼 늘어나 43kg(40kg+3kg)이 될 것이다. 그런데 실제 평균 체중은 45kg이므로 우유 급식의 효과는 2kg(45kg-43kg)이 증가한 것이다(정정길 외, 2022: 659-660).

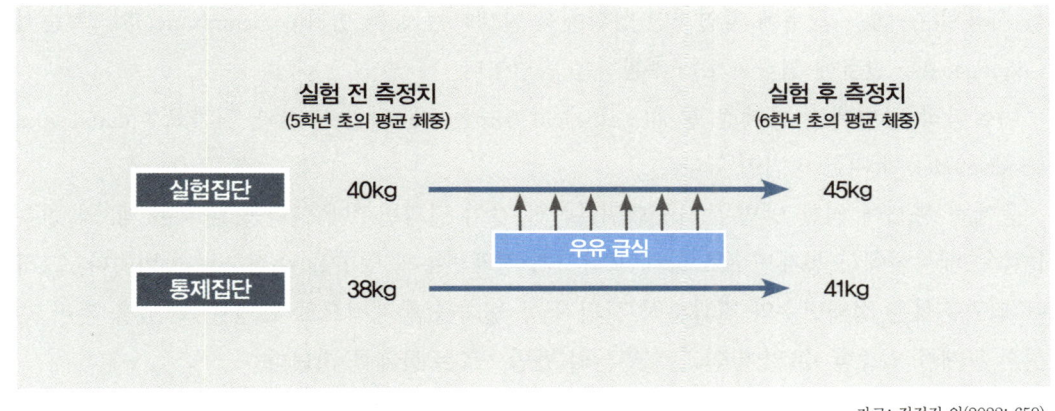

자료: 정정길 외(2022: 659).

[그림 9-5] 비동질적 통제집단 설계

준실험설계에 의한 방법은 실험집단과 통제집단의 구성이 은밀하게 이뤄지므로 진실험설계에서 발생되는 실험집단이나 통제집단으로부터의 반발 발생이 적어 실현가능성과 외적 타당성이 상대적으로 높다. 그러나 준실험설계에서는 실험집단과 비교(통제)집단이 비동질적이라는 특성으로 인해 내적 타당성을 위협하는 요인들이 발생하기 쉽다. 첫 번째 위협 요인은 '선정과 성숙의 상호 작용(selection-maturation interaction)'으로 이는 두 집단 간의 성숙 효과가 다르게 나타나는 경우를 말한다. 이러한 경우는 특히 실험 대상이 자원해서 실험집단을 선택하고 그렇지 않은 대상이 통제집단을 구성할 때 문제가 된다. 두 번째 위협 요인은 집단 특유의 사건(intra-session history)으로서 이는 실험집단과 통제집단 중 어느 한쪽에서만 특유한 사건이 발생하는 것을 말한다. 준실험설계는 진실험설계에 비해 외적 타당성이 상대적으로 높은 편이나 위협 요인은 여전히 존재한다. 외적 타당성을 떨어뜨리는 것 중에 가장 전형적인 것이 크리밍 효과(creaming effect)다. 이는 실험의 효과가 비교적 잘 나타나기 쉬운 조건을 가진 집단을 실험집단으로 선정하고, 그렇지 못한 집단을 통제집단으로 설정해 처리 효과를 검증하는 경우 처리 효과가 과장되게 나타나는 경우다.

(3) 비실험설계에 의한 정책평가

비실험설계(non-experimental design)는 진실험과 준실험적 설계를 제외한 인과관계의 추론 방법을 말한다. 비실험설계는 외재적 변수의 영향을 배제할 수 있는 적절한 통제 방법을 사용할 수 없는 경우에 자연적인 상황에서 발생하는 공동 변화(comcomitance)와 그 순서(sequences)를 관찰해 인과관계를 추론하는 방법이다.

비실험적 방법에는 통계적 통제(statistical control)에 의한 방법과 인과모형(cause and effect model)에 의한 방법이 있다.

통계적 통제에 의한 방법은 다중회귀분석과 같이 결과변수에 영향을 미치는 제3의 변수들을 통계분석에서 통제변수로 함께 포함시켜 정책변수의 영향을 추정하는 방법이다. 그러나 회귀분석은 정책변수와 결과분석 간의 공동 변화를 통계적으로 확인할 수 있을 뿐이고, 선후 관계를 입증할 수 없어 인과적 추론의 방법으로는 한계를 지닌다.

인과모형에 의한 방법은 인과적 모델링에 의해 인과모형을 작성하고, 경로분석(path analysis)을 통해 변수들 간의 인과관계의 경로에 관한 가설들을 검증하는 방법이다.

3. 우리나라의 정책평가제도

우리나라의 정책평가제도는 1961년 군사정권에서 도입해 1963년 제3공화국 때 기획조정실에서 심사분석 업무를 담당하게 되면서 정부조직법에 정부의 업무평가 기능이 규정됐다.

1990년 4월 「정부 주요 정책평가 및 조정에 관한 규정」이 국무총리령으로 공포되면서 '정책평가'라는 용어를 공식적으로 사용하게 됐으며, 1998년 2월 김대중 정부 출범과 함께 국무조정실이 신설돼 기관업무평가를 담당하면서 정부업무평가 기능이 강화됐다. 2001년 1월 「정부업무 등의 평가에 관한 기본법」이 제정되면서 중앙행정기관, 지방자치단체, 공공기관에 대한 평가를 실시해 왔으나 중복적인 평가로 인한 평가 업무의 과중, 평가 결과의 활용 미흡, 성과관리와의 연계 미흡 등 여러 가지 문제점이 노출됐다. 이를 개선하기 위해 2006년 1월 「정부업무 등의 평가에 관한 기본법」을 대체하는 「정부업무평가기본법」이 제정·시행되면서 수차례 개정을 거쳐 현재에 이르고 있다. 2017년 7월 9차 개정된 「정부업무평가기본법」을 토대로 현재 시행되고 있는 정부업무평가의 핵심적인 내용을 살펴본다(정정길 외, 2022: 679-687).

1) 현행 정책평가제도: 정부업무평가

(1) 정부업무평가의 의의

'정부업무평가'란 중앙행정기관, 지방자치단체, 중앙행정기관 또는 지방자치단체 소속기관, 공공기관이 수행하는 정책·사업·업무 등에 관해 그 계획의 수립과 집행 과정 및 결과 등을 점검·분석·평정하는 것을 말한다.

정부업무평가의 목적은 중앙행정기관·지방자치단체·공공기관 등의 통합적인 성과관리 체계의 구축과 자율적인 평가 역량의 강화를 통해 국정 운영의 능률성과 효과성 및 책임성을 확보하는 것이다. 감사가 주로 업무 추진의 합법성 및 책무성에 중점을 두는 준사업적인 행위인 반면에 정부업무평가는 정부 정책의 효과 및 효율성 제고에 중점을 두는 행정적인 행위다.

정부업무평가의 기본 원칙으로는 평가의 자율성과 독립성의 보장, 객관적이고 전문적인 방법을 통한 결과의 신뢰성과 공정성 확보, 평가 대상이 되는 정책 등의 관련자의 참여 기회의 보장과 결과의 공개를 통한 투명성 확보 등이다.

(2) 정부업무평가의 종류

정부업무평가는 평가 대상을 기준으로 중앙행정기관에 대한 평가, 지방자치단체에 대한 평가, 공공기관에 대한 평가, 국가위임사무 등에 관한 평가(합동평가)로 분류할 수 있고, 평가 주체를 기준으로 자체평가와 특정평가로 구분할 수 있다.

① 중앙행정기관의 자체평가

「정부업무평기기본법」은 중앙행정기관의 장으로 하여금 그 소속기관의 정책·사업· 업무 등에 대해 자체평가를 실시하도록 의무화하고 있다. 중앙행정기관의 장은 자체평가 실시를 위해 자체평가조직 및 자체평가위원회를 구성·운영해야 하며, 이 경우 평가의 공정성과 객관성을 확보하기 위해서 자체평가위원의 3분의 2 이상은 민간위원으로 구성하도록 하고 있다.

중앙행정기관의 장은 국무총리 산하 정부업무평가위원회의 심의·의결을 거쳐 확정된 '정부업무평가시행계획'을 토대로 당해 연도의 주요 정책 등에 관한 자체평가계획을 수립해 4월 말까지 정부업무평가위원회에 제출해야 한다. 자체평가는 전년도 정책 등의 추진 실적을 기준으로 자체평가를 실시하고 그 결과를 3월 말까지 정부업무평가위원회에 제출해야 한다. 국무총리는 정부업무평가위원회가 자체평가 결과를 확인·점검 후 평가의 객관성·신뢰성에 문제가 있다고 심의·의결하는 경우 재평가를 실시해 최종 결과를 확정할 수 있다.

② 지방자치단체의 자체평가

지방자치단체의 자체평가는 지방자치단체의 장에 의해 그 소속기관의 정책·사업· 업무 등에 대해 자율적으로 실시하는 평가로서 중앙행정기관의 자체평가와 마찬가지로 의무적으로 실시해야 한다. 지방자치단체의 장은 자체평가 실시를 위해 자체평가조직 및 자체평가위원회를 구성·운영해야 하며, 이 경우 평가의 공정성과 객관성을 확보하기 위해서 자체평가위원의 3분의 2 이상은 민간위원으로 구성하도록 하고 있다.

지방자치단체의 장은 국무총리 '정부업무평가 시행계획'을 토대로 자체평가계획을 수립하고, 이에 기초해 자체평가를 실시한다. 자체평가 결과는 다음 연도 사업계획이나 행정서비스 개선에 활용하고 부진 사업에 대해서는 개선 방안을 마련해 추진하도록 하고 있다.

③ 특정평가

특정평가란 국무총리가 중앙행정기관을 대상으로 국정을 통합적으로 관리하기 위해 필요한 정책 등을 평가하는 것을 말한다. 특정평가의 대상은 2개 이상의 중앙행정기관 관련 시책, 주요 현안 시책, 혁신관리 및 대통령령이 정하는 대상 부문이다. 국무총리는 평가 방법·평가 가준·평가지표 등을 마련해 특정평가 대상 기관에게 평가 실시 이전에 통고하고 이를 공개해야 한다. 특정평가는 대상 기관에 요구해 제출받은 자료를 바탕으로 실시하게 되며, 그 결과는 정부업무평가위원회의 최종 심의·의결을 통해 확정된다.

④ 국가위임사무 등에 관한 평가(합동평가)

국가위임사무 등에 관한 평가(이하 합동평가)는 행정안전부 장관과 관계 중앙행정기관의 장과 합동으로 실시하는 평가를 말하며, 국정의 효율적 수행을 위한 목적으로 실시된다. 평가의 대상은 지방자치단체 또는 그 장이 위임받아 처리하는 국가사무, 국고보조금사업, 그 밖에 대통령령이 정하는 국가의 주요 시책이다.

합동평가는 행정안전부 장관이 정부업무평가위원회의 심의·의결을 거쳐 실시되며, 합동평가의 결과는 지체 없이 정부업무평가위원회에 보고해야 한다.

⑤ 공공기관 평가

공공기관에 대한 평가는 공공기관의 특수성·전문성을 그러하고 평가의 객관성 및 공정성을 확보하기 위해 공공기관 외부의 기관이 실시하는 평가를 말한다. 공공기관 평가는 개별 법률에 의한 평가와 소관 중앙행정기관의 장이 정부업무평가위원회와 협의해 실시하는 평가로 구분된다.

개별 법률에 의한 공공기관 평가는 「국가재정법」, 「과학기술기본법」, 「지방공기업법」, 「정부출연연구기관 등의 설립·운영에 관한 법률」, 「과학기술 분야 정부출연연구기관 등의 설립·운영에 관한 법률」, 「지방자치단체출연 연구원의 설립·운영에 관한 법률」 등에서 평가 대상 기관을 명시하고 있다.

소관 중앙행정기관이 공공기관 평가를 실시하는 경우 평가계획을 정부업무평가위원회에 미리 제출해야 하며, 공공기관 평가 결과는 지체 없이 정부업무평가위원회에 제출해야 한다.

2) 평가 결과의 활용

「정부업무평가기본법」은 기관과 개인 차원에서 정무업무평가 결과의 활용을 촉진하기 위한 제도적 조치를 취하고 있다.

(1) 기관 차원의 평가 결과 활용

기관 차원의 활용으로는 첫째, 평가 결과를 예산과 조직 및 인사관리에 반영하도록 하고 있다. 중앙행정기관의 장은 평가 결과를 조직·예산·인사 및 보수 체계에 연계·반영해야 하고, 평가 결과를 다음 연도의 예산 요구 시 반영해야 한다. 기획재정부 장관은 평가 결과를 중앙행정기관의 다음 연도 예산 편성 시 반영하도록 하고 있다. 둘째, 평가 결과에 따른 자체 시정 조치 및 감사를 의무화하고 있다. 중앙행정기관의 장은 평가의 결과에 따라 정책 등에 문제점이 발견된 때에는 지체 없이 이에 대한 조치계획을 수립해 당해 정책 등의 집행 중단·축소 등 시정 조치를 하거나 이에 대한 자체감사를 실시하고 그 결과를 정부업무평가위원회에 제출해야 한다. 셋째, 평가 결과에 따른 보상을 명시하고 있다. 중앙행정기관의 장은 우수 사례로 인정되는 소속 부서·기관 또는 공무원에게 포상, 성과급 지급, 인사상 우대 등의 조치를 취하고, 그 결과를 정부업무평가위원회에 제출해야 한다.

(2) 개인 차원의 평가 결과 활용

평가 결과는 과제를 추진한 개인의 성과와 연계해서 인사에 반영하고 있다. 고위공무원의 경우 적격심사제도에 5급 이하의 경우 승진후보자명부에 반영하고 있으며, 고위공무원단 및 과장급 공무원에 대한 성과연봉 결정 시 직무성과계약 평가 결과를 활용하고 있고, 4급 이하 공무원의 경우 성과상여금 등급 결정 시에 정부업무평가 결과를 반영하고 있다.

제8절_ 정책변동

1. 정책변동의 의의와 원인

1) 정책변동의 의의

정책변동이란 정책환류와 정책학습의 결과에 따라 정책 내용(목표, 수단, 대상집단)과 정책집행의 방법에 변화가 발생하는 것을 말한다(남궁근, 2021: 510). 정책 과정에는 끊임없는 환류가 이뤄진다. 정책 과정의 각 단계에서의 활동 결과로 얻어지는 정보는 전 단계의 활동을 위한 정보로 환류되며, 동일한 단계 내에서도 계속적인 환류가 일어난다. 정책 과정 중의 가장 중요한 환류는 정책평가 결과의 환류다. 과정평가 결과는 정책집행 전략을 수정하거나 새로운 전략을 수립하는 데 활용되며, 총괄평가 결과는 정책이나 사업을 존속시키거나 종료시키는 결정에 활용되기도 한다. 정책이 정책문제의 해결에 기여하기 위해서는 정책 과정에서 지속적인 환류와 정책학습이 이뤄져 정책문제를 좀 더 효율적으로 해결하는 방향으로 정책변동이 이뤄져야 한다.

2) 정책변동의 원인

정책이 변동되는 원인은 다양하나 크게 정책환경 변화에 따른 투입의 변화, 정책의 오류와 집행조직의 변화, 정책의 일관성 등으로 분류할 수 있다(정정길 외, 2022: 703-707).

(1) 정책환경 변화에 따른 투입의 변화

정책환경의 변화는 정책 변동의 근본 원인이며, 정책환경이 변화되면 정책을 담당하고 있는 정치 체제에 대한 투입, 즉 요구(demand)와 지지(support)의 변화를 가져오며, 이는 정책변동으로 이어진다.

정책의 사회적·경제적 환경이 변하면 정책문제의 변화가 일어나며, 관련 집단은 정책문제의 해결을 목표로 하는 정책 내용의 변화를 요구한다. 고령화사회와 핵가족화의 진행으로 노인 인구가 증가하자 노인복지 문제가 사회문제로 부각되고, 이에 따라 노인기초연금이 신설된 바 있다.

자원의 변화에 따른 지지의 변화도 정책변동을 초래한다. 경제 사정이 좋아져서 조세 납부가 증가하면 정책 추진에 필요한 자원 확보가 가능해져 새로운 정책을 추진할 수 있는 반면에 경제 사정이 악화돼 조세 납부가 줄어들면 정부 예산이 축소돼 일부 정책의 축소 또는 폐지가 이뤄진다.

(2) 정책의 오류와 집행조직의 변화

정책 내용에 오류가 있을 경우 이를 집행 과정에서 수정·보완이 이뤄진다. 담당 조직의 대외적 이미지 악화, 최고관리자층을 리더십 약화, 내부적 갈등을 심화 등 조직의 정치적 취약성(political vulnerability)이 드러나면 정책이 종결되거나 축소될 수 있다. 또한 조직이 외부 환경의 변화에 적응하지 못할 경우 조직의 위축(organizational atrophy)이 초래돼 정책의 변동을 가져올 수 있다.

(3) 정책의 일관성 상실

정책은 공간적·시간적으로 일관성을 유지해야 한다. 정책이 일관성을 잃게 되면 모순·충돌되는 정책을 동시에 추진하게 돼 사회적 낭비와 이해당사자들과 일반 국민들의 혼란을 초래할 수 있다. 우리나라의 경우 통치 이념의 변화, 정치 체제 구조의 분권화, 정책담당자들의 잦은 교체 등이 정책의 일관성 상실이나 정책 혼란의 발생 원인이다.

2. 정책변동의 유형

호그우드와 피터스(Hogwood & Peters, 1983)는 정책변동을 정책혁신(policy innovation), 정책유지(policy maintenance), 정책승계(policy succession), 정책종결(policy termination) 등 네 가지로 나누고 있다(남궁근, 2021: 521; 정정길 외, 2022: 699-703).

1) 정책혁신

정책혁신은 정부가 개입하지 않고 있는 분야에 개입하기 위해 새로운 정책을 도입하는 것을 말한다. 엄밀히 말하면, 정책변동이라기보다는 새로운 정책을 만드는 것이다. 정책혁신은 특정 사회문제가 처음으로 정책문제화되고 이를 해결하기 위한 정책이나 활동이 없는 상태에서 새로운 정책을 만드는 것이다(정정길 외, 2022: 699). 정책혁신으로 채택된 정책을 추진하려면 프로그램, 예산, 인력과 조직이 추가돼야 한다(남궁근, 2021: 515).

2) 정책유지

정책유지는 현재 정책의 기본적인 특성을 유지하면서 정책수단의 부분적인 변화만 이뤄지는 경우를 말한다. 정책유지의 경우에는 정책, 프로그램, 조직이 지속되며, 정책을 구성하는 사업 내용이나 예산 액수, 집행 절차의 변경이 있더라도 정책유지로 본다(정절길 외, 2022: 699). 정책유지는 정책평가 결과로부터 나오는 전형적인 환류 과정으로서 오늘날의 국가의 정책결정은 경로의존성을 띠게 되므로 정책이 유지되는 경향이 나타난다. 정책유지는 정책집행 과정에서 상황에 적응하기 위해 의도하지 않게 발생하는 경우도 있고, 의도적인 결정을 통해서도 나타나는데 정책평가 후에 정책의 기본적인 내용을 그대로 유지하기로 결정하는 경우다.

3) 정책승계

정책승계는 정책목표는 유지하되 그 수단의 핵심이 되는 내용의 일부 혹은 전부를 바꾸는 것을 말한다. 즉, 정책의 근본적인 것을 수정하는 경우를 말하며, 정책의 중요 부분을 없애거나 새로운 부분을 추가하는 것과 정책을 없애고 완전히 대체하는 것도 포함된다. 정책승계가 이뤄지면 정책수단인 사업이나 조직, 예산에서 중대한 변화가 일어난다. 정책승계의 유형으로는 정책대체(replacement), 부분종결(partial termination), 복합적 정책승계(complex policy succession), 정책통합(consolidation)과 정책분할(spliting) 등이 있다.

① 정책대체
정책대체는 가장 순수한 형태의 정책승계로서 정책목표를 유지한 채 정책 내용을 완전히 새롭게 바꾸는 것을 말하며, 호그우드와 피터스(Hogwood & Peters, 1983)는 이를 선형 승계(linear succession)라고 한다. 교통 위반 단속을 위해 교통경찰관을 투입하는 대신에 감시카메라 설치로 대체하는 것과 공공 부문에서 직접 수행하던 청소 업무나 경비 업무 등을 민간 위탁으로 전환한 것 등이 정책대체에 해당된다.

② 부분종결

　부분종결은 정책유지와 정책종결이 겹합된 경우로서 정책의 일부는 유지하되 일부를 완전히 폐지하는 것을 말한다. 코로나 바이러스(COVID-19)의 확산으로 인해 감염 환자 수가 급속히 증가하자 확산세를 늦추기 위해 사회적 거리두기와 마스크 착용을 의무화했는데, 확산세가 완화되자 마스크 착용만 의무화하고 사회적 거리두기를 폐지한 경우다.

③ 복합적 정책승계

　복합적 정책승계는 정책유지, 정책대체, 정책종결과 정책추가 등이 3개 이상 복합적으로 나타나는 것을 말하며, 호그우드와 피터스(Hogwood & Peters, 1983)는 이를 비선형 승계(non-linear succession)라고 부른다.

④ 정책통합

　정책통합은 두 개의 정책이 하나로 합쳐지는 경우를 말하며, 두 정책의 목표와 정책 내용이 유사한 경우에 일어난다. 해운정책과 항만정책이 통합돼 해운항만정책으로 통합된 경우가 해당된다. 정책통합이 이뤄지면 프로그램, 조직 및 예산의 통합이 이뤄진다.

⑤ 정책분할

　정책분할은 하나의 정책이 두 개 이상으로 분할되는 경우를 말하며, 정책담당기관이 두 개 이상으로 분리되면서 정책분할이 발생한다. 과거 보건사회부 내에 있던 환경청이 환경처로 분리·승격되면서 보건정책과 환경정책이 분리된 경우가 해당된다. 정책담당기관이 분리돼 정책분할이 일어나면 정책의 성격에도 커다란 변화가 생길 수 있다.

4) 정책종결

　정책종결은 정책을 완전히 소멸시키는 것으로 이를 담당하는 프로그램, 조직, 예산이 없어지는 경우를 말한다. 즉, 정책을 종료하면서 새로운 정책도 수립하지 않는 정책변동 유형이며, 과거 우리나라의 급속한 인구 증가를 완화하기 위해 실시했던 산아제한정책을 폐지한 경우다.

호그우드와 피터스(Hogwood & Peters, 1983)가 제시한 정책변동 유형별 특징은 〈표 9-9〉에 제시된 바와 같다.

〈표 9-9〉 호그우드와 피터스의 정책변동 유형별 특징

구분	정책혁신	정책유지	정책승계	정책종결
기본 성격	의도적 성격	적응적 성격	의도적 성격	의도적 성격
법령 측면	법률 신규 제정	기존 법률 유지	법률 제정 및 기존 법률의 개정	기존 법률 폐지
조직 측면	조직 추가	기존 조직 유지, 정책 상황에 따라 조직 보완 가능	기존 조직의 개편	기존 조직 폐지
예산 측면	예산 신규 편성	기존 예산 유지	기존 예산 조정	기존 예산 폐지

자료: 남궁근(2021: 521).

3. 정책변동에 대한 저항과 정책변동의 추진 전략

1) 정책변동에 대한 저항

정책변동이 일어나면 이로 인해 피해를 입는 집단의 저항이 발생한다. 정책변동에 대한 저항은 정책변동 유형 중 정책과 사업, 예산과 조직을 모두 없애는 정책종결에서 가장 강력하게 나타난다. 정책종결을 중심으로 정책변동에 대한 저항을 살펴보면 다음과 같다(정정길 외, 2022: 721-722).

(1) 담당조직의 저항

조직이 하나의 정책을 담당하고 있는 경우 그 정책이 종결되면 그 조직도 소멸하게 되고, 다른 정책을 담당하고 있는 경우는 사업이나 예산이 삭감된다. 유기체와 같은 생존 본능을 가진 조직은 존속을 위해 저항하게 되며, 정책의 종결을 피하기 위해 정책목표가 달성된 후에도 비슷한 목표를 지닌 정책을 개발하거나 종결돼야 할 사업을 다른 것으로 대체하려고

노력한다.

(2) 정책수혜집단의 저항과 정치적 연합

정책종결로 인해 혜택이 박탈되는 정책수혜집단은 정책종결에 저항한다. 또한 정책 담당 조직이 중심이 돼 정책수혜집단과 정책을 지지한 정치인들과 연합을 형성해 강력한 투쟁을 벌이게 된다.

(3) 정치적 부담

정책을 추진한 정치인들이나 정책입안자, 그리고 집행책임자 등은 정책이 종결되면 자신의 책임으로 비춰질 가능성 때문에 정책종결에 소극적이다. 또한 정책종결로 인해 혜택이 박탈되는 수혜자들의 정치적 저항, 정책대체의 경우 정치적 지지 확보의 불확실성 등으로 인해 정치지도자들을 정책의 변동, 특히 정책종결에 미온적이다.

(4) 정책종결이나 정책변동의 불합리성

정책변동 자체가 합리적이지 못할 경우에도 정책변동에 대한 저항이 발생한다. 정책종결로 인한 혜택의 박탈이 수혜자들에게 혜택이 없을 때에 비해 더 큰 피해를 줄 경우 도덕적·윤리적으로 정당성을 인정받지 못한다. 또한 문제가 개선될지 불확실한 상태에서의 정책종결은 이미 투입된 사회적 비용(sunk cost)을 그대로 버리게 돼 사회적 손실을 초래할 수 있다. 그리고 정책변동, 특히 정책종결은 정책의 일관성을 깨뜨려 정책에 대한 이해관계자들과 국민들의 신뢰를 무너뜨릴 수 있다.

2) 정책변동의 추진 전략

정책변동에 따른 저항을 줄이고 정책종결을 효과적으로 추진하기 위한 전략으로는 다음과 같은 것들이 있다(정정길 외, 2022: 723).

(1) 동태적 전략

정책변동에 대한 저항을 줄이기 위해서는 다양한 전략을 마련해 상황에 맞게 사용해야 한다. 정책변동에 대한 홍보를 통해 정치적 지지 세력을 확대하고, 저항 세력을 줄이기 위해 정책변동을 최소화해야 한다. 정책종결로 인해 혜택이 박탈되는 수혜집단의 불만을 줄이기 위한 보상을 제공해야 하며, 담당조직의 소멸로 인해 해고되는 직원들을 위한 직장 알선 등이 필요하다.

(2) 제도적 전략

정책변동에 대한 저항을 최소화하기 위해서는 제도적 조치를 마련해 정책변동이 필요할 때 할 수 있도록 해야 한다. 대표적인 제도적 장치로는 영기준예산(zero base budgeting: ZBB)과 일몰법(sun-set law)이 있다. 영기준예산은 예산을 편성할 때 기존 사업과 신규 사업을 구분하지 않고 동시에 검토해 사업타당성이 없는 사업을 종결시키는 제도다. 일몰법은 정책이나 사업이 일정한 기간이 지나면 자동적으로 종결되거나 축소되도록 하는 제도다.

복습 문제

- 정책의 정의 및 특성과 구성 요소를 설명하시오.
- 로위(T. J. Lowi)의 정책 분류와 각 정책 유형별 특징을 설명하시오.
- 존스(C. A. Jones)가 제시한 정책 과정을 설명하시오.
- 정책의제설정모형을 비교·설명하시오.
- 정책결정모형의 주요 내용과 합리적인 정책결정 방안을 설명하시오.
- 주요 정책분석과 정책평가 방법을 설명하시오.
- 정책변동의 유형과 저항 극복 방안을 설명하시오.

The Study of Public Administration

제3편 행정혁신

제10장

정부혁신*

학습 목표

- 코로나19와 같은 난제(wicked problem)적 특성과 미래 사회 문제에 대해 전망해 본다.
- 난제 해결형 미래 정부를 구현하기 위한 정부혁신의 방향에 대해 알아본다.
- 난제적 특성을 VUCA(Volatility, Uncertainty, Complexity, Ambiguity)로 이해할 때 이들 난제 해결이 어려운 이유를 파악해 본다.
- 정부의 난제에 대응하는 기존 방식의 한계와 향후 접근 방향에 대해 고찰해 본다.
- 인사제도 측면에서는 민첩성, 유연성, 전문성, 협력성과 개방성을 제고할 수 있는 혁신의 필요성에 대해 알아본다.
- 미래 정부의 대안적 모습에 대한 네 가지 시나리오(DIY Democracy, Private Algocracy, Super Collaboration, Over-Regulatocracy)를 제시해 본다.
- 난제 해결형 미래 정부를 구현하기 위한 혁신이 왜 필수적인지 알아본다.
- 포스트(위드)코로나 시대에 대비하는 전략적 정부혁신이 왜 요구되는지 알아본다.

제1절_ 들어가며

지난 2019년 12월 창궐한 코로나19는 2023년 현재까지 3년여 동안 우리의 일상에 많은 변화를 가져왔다. 제2차 세계대전 이후로 코로나19는 가장 강하게 근본적인 시대적 변화를 요구하고 있다. 먼저 디지털 기술을 생활 속에서 적극 활용하는 진정한 의미의 4차 산업혁명 시대가 도래하고 있다. 사실 여러 가지 변화의 조짐은 코로나19 이전부터 보였다고 해도 과언은 아니다. 단지 코로나19로 인해 변화의 속도가 빨라졌다. 뉴노멀로 표현되는 세계적 경제환경 변화가 이뤄지고 있었고, 동시에 4차 산업혁명 역시 본격화됐다. 물론 정부도 그 변화를 피할 수 없다. 또한 코로나19는 다양한 사회적·경제적 변화를 야기하고 있으며, 그 파급력 또한 예측 이상이다. 사회 여러 부문이 서로 연결돼 있어 상호연계성이 높고 도시화돼 응축성이 높은 현대 사회는 감염성이 높은 코로나19에 더욱더 취약하다. 도시화와 고령화가 높은 선진국도 예외가 아닐 뿐만 아니라 때로는 더 큰 위기에 직면했다. 코로나19의 세계적 확산에 따라 팬데믹이 장기화되면서 공중보건 문제뿐만 아니라 경제, 사회, 치안, 교육, 정치와 연계된 종합적인 문제로 진화하고 있다. 특히, 사회에서 소외되거나 배제된 계층에 대한 코로나19의 부정적 영향이나 이로 인한 사회적 갈등은 매우 심각한 수준이다(Cadore & Ghalan, 2020).

코로나19로 인한 기술적·경제적·사회적·환경적 미래 환경 변화의 연장선에서 정부 역할과 기능에 대한 성찰과 위기 대응 방식에 대한 관심은 점차 높아지고 있다. 코로나19 이후 시대의 정부는 국가 성장의 기반이 될 수 있는 먹거리산업을 잘 보호하고 육성하는 한편, 새롭게 개발되고 있는 기술을 행정, 정책의 현장에서 도입하고 활용할 수 있는 역량을 갖춰야 한다. 그뿐만 아니라 코로나19를 겪으면서 부각된 양극화와 사회적 갈등 그리고 기후 변화 등 다양한 난제적 사회문제를 예측하고 그 내부적 메커니즘을 파악해 시의적절한 해결책을 제공할 수 있어야 한다. 즉, 디지털 전환에 따른 위기 대응 방식이나 문제 해결 방식에 대한 관심이 높아지면서 기존 방식과는 다른 새로운 문제 해결 방식에 대한 기대와 이를 위한 정부혁신에 대한 요구가 커지고 있다. 코로나19와 같은 문제에 제대로 대처하지 못한다면, 우

---

* 이 장은 「한국행정연구(2021)」 30권 3호에 게재된 논문을 바탕으로 수정·보완했음을 밝힌다.

리 사회는 전반적 사회 붕괴를 피할 수 없는 현실에 직면하게 됐다. 특히, 코로나19 팬데믹은 문제의 파급 범위가 넓고 이해관계자가 복잡할 뿐만 아니라 지속적으로 변화하는 불예측성이 높은 난제적(Rittel & Webber, 1973; Peters, 2017) 성격을 띠고 있기 때문에 이를 해결하기 위해서는 정부의 일하는 방식과 그 운영 방식도 새로운 접근이 필요하다(문명재 외, 2017).

이러한 필요성은 최근 정부혁신에 대한 다양한 접근과 이해로 이어지고 있다. 최근 코로나19 대응과 관련된 국가 간 비교 연구가 활발하게 이뤄지고 있으며, 미래 정부와 정부혁신에 대한 관심도 높아지고 있다. 특히, 정책 형성과 결정 그리고 정책집행에 영향을 주는 요인으로 정치적·행정적 제도, 사회 및 보건 역량 등에 대한 비교 연구가 수행되고 있다(Greer et al., 2021). 한편 코로나19와 유사한 미래 난제(wicked problem)를 효과적으로 해결할 수 있는 정부를 구현하기 위한 전략적 대안에 대한 관심도 높아졌다. 우리나라의 경우 코로나19로 인해 여전히 많은 어려움을 겪고 있지만 다른 나라와 비교해 볼 때 메르스(MERS)의 실패를 발판삼아 빠른 대응과 효과적인 방역과 탄력적 회복을 위해 노력한 점은 국제적으로 인정받았다. 그러나 향후 코로나19와 같은 정책 난제를 효과적으로 대응하기 위한 근본적인 해결책 마련에는 큰 관심을 기울이지 못하고 있다는 점에서 앞으로 관련된 분야에 대한 관심과 정책적 노력이 필요한 것도 사실이다.

따라서 이 연구는 코로나19 시대에 대응하는 정부의 역량 강화와 혁신 방안을 좀 더 근본적인 관점에서 접근해 보고자 한다. 먼저 현 공무원 인사제도를 검토하고, 복잡하고 다양한 사회 난제에 직면해 정확하고 객관적 판단과 의사결정을 내릴 수 있는 공직자를 선발 및 육성하기 위한 인사제도의 개혁 방향을 살펴보고자 한다. 우리 사회의 문제점을 간파하고 이를 해결하기 위한 적절한 정책적 해결책을 모색하는 것은 결국 사람이다. 따라서 코로나 시대 난제 해결형 정부의 구현을 근본적으로 탐색하기 위해서는 인사제도 개혁 방향을 먼저 살펴보는 것이 타당하다고 할 것이다. 두 번째로는 향후 난제 해결형 정부가 나아가야 할 방향을 좀 더 정부혁신적 관점에서 제시하고자 한다. 인적 자원의 구성이 적절해도 이들이 활동할 수 있는 제도적·구조적 한계가 견고하다면, 인적 자원 활용의 가능성이 감소할 수밖에 없을 것이다. 특히 우리나라의 전통적 관료제 조직 철학은 미래 사회에 대한 논의의 연장선상에서 다양한 비판을 받아왔다. 이 연구에서는 향후 난제 해결형 정부로 나아가기 위한 초석이 될 수 있는 다양한 미래 정부조직 운영 방안과 원리를 제시하고자 하며, 이를 통해 특히 정부와 민간, 시민이 모두 사회문제 해결을 위한 포석을 마련할 수 있는 정부혁신의 방향을 구체화하고자 한다.

제2절_ 코로나19와 정책 난제의 등장

1. 코로나19의 파급력과 특징

코로나19는 기존의 감염병과는 다르다. 그 전파력은 빠르고 파급력의 강도는 크며 파급 범위 또한 넓다. 이미 코로나19로 인한 전 세계 경제 피해는 이미 약 90조 달러가 넘은지 오래이며(Congressional Research Service, 2020), 2억 명에 달하는 인구가 코로나19에 감염됐고, 이 중 4백만 명이 사망했다(Worldometers, 2021).[1] 국제노동기구(ILO)에 따르면, 코로나19로 파생된 불확실성 때문에 전 세계 노동자의 절반 이상이 실업에 들어갔고, 비공식 시장(informal economy)에서 소득을 얻었던 16억 명의 노동자가 고통받고 있다(ILO, 2020). 세계적으로 수백만 명이 직업을 잃었고 이들이 다시 직업을 구할 수 있을지도 불분명하다. 코로나19의 경제적·사회적 파급력에서 우리나라도 예외는 아니다. 식당, 카페, 미용실, 체육관 등을 운영하는 영세 자영업자들은 이미 큰 피해를 입어 경제적 절벽으로 밀려나고 있다. 특히, 사회 취약계층의 경우 소득문제뿐 아니라 자녀의 교육문제, 코로나19로 인해 관리되지 못한 기타 질병 감염 등에 무방비 상태로 노출돼 있다. 백신 접종이 시작돼 1차 접종률이 50%를 넘었지만 일일 확진자는 거의 두 달 이상 네 자리를 유지하고 있다. 앞서 언급했듯이 일반적으로 코로나19와 같이 단순한 대응이 어렵고 특정한 주체(혹은 집단)가 홀로 해결할 수 없는 문제를 난제(wicked problem)라고 일컫는다. 난제는 복잡하게 얽혀 있을 뿐만 아니라 상충(trade-off)이 존재해 문제의 내용이나 경계도 유동적이기에 쉽게 해결할 수 없는 문제를 의미한다(Rittel & Webber, 1973). 베넷과 레모인(Bennett & Lemoine, 2014)은 이러한 난제의 특징을 국제안보 환경이나 기업환경에서 주로 나타나는 VUCA(Volatility, Uncertainty, Complexity, Ambiguity)로 설명하고 있다.

코로나19의 난제적 특성도 VUCA의 네 가지 특징인 변동성, 불확실성, 복잡성, 모호성에 따라서 살펴볼 수 있다. 급격한 기술 발전에 따라 사회의 시공간적 제약은 완화됐으나 변

---

1) 2021년 7월 4월 기준.

동성과 불안정성은 크게 줄어들지 않았을 뿐만 아니라 오히려 커진 측면도 있다. 민주주의의 확대 역시 시민의 영향력을 키우면서 정치적 안정성보다 변화를 강조하게 됐고, 이는 정책의 변동성을 높였다. 최근 포퓰리즘의 등장은 기술적 발전과 사회적 상호의존성에 영향을 받는 정책의 불안정성을 더욱 증폭시키기도 했다.

변동성은 공간적 요인보다 시간적 요인에 더 크게 영향을 받는다. 시간이 흐르면서 구성원과 문제의 메커니즘이 변하고, 같은 구성원이라 할지라도 문제 인식이 다를 수 있다. 이들이 활용할 수 있는 정보의 양 또한 바뀐다. 기술의 급격한 발전 속도를 고려한다면, 결과적으로 시간 변수가 유발하는 변동성의 영향은 점차 커진다. 감염병의 발생은 예측된 것이지만 발생 시점, 파급력 그리고 지속 기간을 알 수 없기 때문에 시간에 따른 변동성은 커진다. 코로나19의 문제는 시간이 지남에 따라서 초기 방역의 문제에서 마스크 수급, 의료 인력 수급, 무증상 지역 감염, 변이 바이러스 발생, 백신 확보, 교육과 실업 그리고 소상공인 생계와 양극화 등의 다양한 사회문제로 진화해 왔다. 이는 코로나19가 가진 변동성과 휘발성(volatility)의 특징을 명확하게 보여 주고 있다. 이에 대한 적절한 대응은 시간에 따라 달라지는 문제의 성격에 따라서 해결책 역시 진화하는 것이다. 즉, 하나의 절대적 해답을 찾기보다 새롭게 등장한 문제에 대한 지속적인 학습을 통해(Lee et al., 2020) 새로운 문제를 유연하게 다루면서 이를 해결하는 대안을 찾아야 한다. 특히, 변동성이 크면서도 파급력이 큰 문제에는 신속성과 유연성을 특징으로 한 민첩한(agile) 방식의 적용이 중요해졌다(Moon, 2020).

불확실성(uncertainty)은 정책문제에서는 불가피한 요소라고 할 수 있다(김영평, 1991). 불확실성의 문제를 포괄적으로 다룬 김영평 교수는 30년 전에 출간한 저서인 『불확실성과 정책의 정당성』에서 불확실성을 환경적 불확실성, 구조적 불확실성, 인과적 불확실성으로 구분했다(김영평, 1991). 이러한 불확실성의 유형과 정도를 결정하는 요인은 다양하다고 봤다. 우선 환경적 불확실성은 맥락적 요인에 의해 결정된다. 즉, 상황이 지속적으로 변화하고 있기에 특정한 해결책을 쉽게 제시할 수 없는 경우다. 상황의 지속적 변화로 인한 불확실성은 단순한 상황 변화뿐만 아니라 때로는 문제가 다양하게 정의되기 때문에 발생하기도 한다. 즉, 코로나19를 공중보건상의 문제로 볼 것인지, 또는 경제문제로 볼 것인지, 혹은 사회문제로 정의할 것인지에 따라 문제에 대한 접근과 해결책이 달라지고 관련 이해관계도 변한다. 이를 구조적 불확실성으로 일컫는다(김영평, 1991). 마지막으로 귀인 관계를 분명하게 알지 못하기 때문에 생기는 인과적 불확실성이 있는데, 일반적으로 정책의 불확실성은 인과적 불확실성을 가리키는 경우가 많다(김영평, 1991). 불확실성은 특정한 시점의 분석과 해석이 정확할지라도 시간의 흐름에 따라 문제가 계속 변화하기 때문에 불확실성 역시 시간에 따른 변동성이 크다. 시간 변수로 인한 변동성과 관련된 불확실성을 동태적 불확실성이라고 하는데, 동태적 불확실성은 앞서 설명한 상황적·구조적·인과적 불확실성을 배가하는 요인으로 작용한다. 코로나19 대유행에서 경험하듯이 문제의 변화 속도가 빠르고 국민을 비롯한 정책 대상자의 정보 역량이 높고 사회적 요구에 비해 정책 효과가 기대에 미치지 못할 경우 정책을 둘러싼 불확실성은 더욱 커진다.

복잡성(complexity)은 어떤 정책과 관련된 이해관계자의 다양성과 그 규모에 따라 결정된다. 코로나19 감염 상황에 대한 대응은 다양한 부처, 중앙정부와 지방정부, 의료기관, 그리고 국민이 서로 협력하고 다양한 자원을 유연하게 조정할 수 있어야 성공할 수 있다. 법과 제도의 불비, 인적 및 재정적 자원의 제약은 복잡성을 높인다. 20세기 정부조직 설계를 지배하는 원칙은 오랫동안 세분화와 전문화였기 때문에 현재의 분절적·파편적 정부조직 체계하에서 정책결정 과정은 복잡한 문제를 해결하는 데 큰 장애가 되고 있다. 인적 자원과 재정자원이 기관별로 구분되고 고정돼 있다는 제약도 협업과 조정 기능 그리고 유연한 자원 배분을 방해함으로써 정책문제 해결을 더욱 어렵게 한다. 최근 코로나19 이후 시대 공공의료 확충을 위한 중앙정부와 지방정부의 역할에 대한 논의가 시작되거나, 민간의 역할에 대해 고민할 필요성이 부각되고 있다는 점은 코로나19가 가진 높은 복잡성을 잘 보여 주는 사례라고 할 수 있다.

VUCA의 마지막 요소는 모호성(ambiguity)이다. 모호성은 광의적 불확실성과 관련돼 있다. 모호성은 인과관계를 파악할 수 없는 상황일 뿐만 아니라 동태적 변동성이 높은 상황이다. 또한 정책결정자의 판단과 결정을 구성하는 역량이 충분하지 않은 경우에 발생하기도 한다. 그러나 모호성은 협의적 불확실성과는 명확하게 구분된다. 협의적 불확실성이 인과관계에 대한 파악이 돼 있지만 관련 정보는 부족한 상황에서 기인한다면, 모호성은 인과관계는 물론 관련 정보도 부족한 경우에 생긴다. 코로나19 이후 팬데믹 창궐이 야기한 변화들이 어떠한 효과를 불러일으킬 것인지, 또 이러한 변화에 우리는 어떻게 대응해야 하는지에 대해 여러 예측이 이뤄지고 있으나, 합의된 결과는 존재하지 않는다. 현재까지 명확하게 밝혀진 인과관계가 존재하지 않으며, 이러한 인과관계를 밝히기 위한 데이터와 정보 또한 충분하지 않기 때문이다.

2. 코로나19가 던진 질문과 한국 정부의 코로나19 대응[2]

높은 변동성, 불확실성, 복잡성과 모호성을 내포한 코로나19는 안정성을 확보하는 기제인 관료제와 정부의 일하는 방식의 한계를 크게 부각했다. 코로나19의 영향이 관료제의 운영과 정부 운영 방식에 어떠한 변화를 요구하는지, 다음의 일곱 가지 질문을 통해 살펴볼 수 있다.

첫째, 코로나19 감염의 확산 속도를 기존의 관료제 체계와 정책결정 방식이 효과적으로 따라잡을 수 있는가?

둘째, 사회정책 분야가 높은 수준으로 발전했다고 평가받는 선진국이 후진국보다 코로나19에 성공적으로 대응했는가?

셋째, 코로나 19와 같이 불확실성이 높은 '검은 백조(black swan: 도저히 일어날 것 같지 않지만 만약 발생할 경우 시장에 엄청난 충격을 몰고오는 사건)' 문제를 증거 기반의 정책결정으로 해결할 수 없다면, 어떻게 정책을 결정하고 해결해야 하는가?

넷째, 관료제가 불확실성이 높은 난제를 사전에 예측하고 효과적인 방식으로 해결할 수 있는가?

다섯째, 기존의 정책 수단은 코로나19로 인한 광범위한 피해를 회복시킬 수 있는가?

여섯째, 중앙정부와 지방정부 간 협력은 코로나19 대응에서 효과적으로 작동했는가?

일곱째, 기존의 정부, 시장, 시민사회로 구성된 협력적 거버넌스는 코로나19에 효과적으로 대응했는가?

이상의 질문은 코로나19와 비슷한 난제적 성격을 가진 문제에 세계 각국이 효과적으로 대응하기 위해 반드시 고민해야 할 사항들이다.

몇 가지 한계점에도 불구하고 우리나라 정부의 초기 코로나19 대응은 민첩성과 대응성을 바탕으로 많은 주목을 끌어왔으며, 향후 포스트코로나(post-corona) 시대 정부혁신 방향 설정에도 시사하는 바는 크다.

첫째, 위기에 대해 민첩하게 대응함으로써 효과적인 초기 대응이 가능해졌다. 특히, 의료현장에서 선별 진료소(워크스루/드라이브스루)를 설치하고 생활치료센터를 가동하는 등 새로

---

[2] 코로나19에 대한 우리나라 정부의 대응에 대한 부분은 저자가 『행정포커스』(2020)에 게재한 "코로나 19의 도전과 정부의 대응: 도전과 기회"의 일부 내용을 중심으로 수정·보완했음을 밝힌다.

운 상황 변화에 적응적(adaptive)이며 민첩한(agile) 방식을 통해 새로운 위기 상황에 유연하게 대응한 점은 다른 나라의 큰 주목을 받았다(Moon, 2020). 이러한 대응 방식을 통해 우리나라는 1차 대유행 시기에 중국과 이탈리아가 취한 극단적인 국경 폐쇄 및 이동 제한 조치를 피하는 동시에 초기에 관리 가능한 수준에서 확진자의 급증을 막고 사망자의 증가를 억제할 수 있었다. 질병관리본부를 차관급으로 승격해 감염병 발생 시 적절한 권한을 갖고 책임 있는 기능을 수행할 수 있도록 한 점도 주목할 만하다.

둘째, 정부는 신속하고 투명하게 국민과 소통해 사회적 불안감을 감소시켰다. 무증상 감염이 코로나19의 특징으로 알려지기 전에도 이미 우리 정부는 마스크 착용을 적극적으로 홍보하는 한편 매일 감염 상황에 대한 정보를 투명하게 전달했는데, 이는 결과적으로 매우 주효한 조치였다. 정부는 감염병 발병에 따라 감염자 수 및 사망자 수, 감염병과 관련된 안전수칙, 주의 사항 등을 국민에게 적극적으로 알리고 정부 대응에 대한 국민의 신뢰를 높였으며, 이는 국민들의 생활수칙 실천으로 이어졌다.

셋째, 최신 디지털 기술을 활용해 정책 효과성을 극대화했다. 코로나 확진자들의 동선을 보여 주거나, 약국의 마스크 재고를 실시간으로 보여 주는 앱(application) 등이 중요한 역할을 했다. 이러한 디지털 기술은 공공 데이터과 개방 API에 바탕을 두고 개발·활용됐고, 민간 부문 역시 휴대전화와 신용카드 사용 내역 등을 제공함으로써 디지털 기술의 효용을 높였다. 감염 경로에 대한 투명한 정보 제공과 감염자와 밀접 접촉자의 동선 추적, 잠재 감염자 파악을 위한 QR 코드 사용도 다중이용시설을 중심으로 확대돼 현재는 거의 모든 시설에서 이를 활용하고 있다.

넷째, 공동체의식과 시민의식을 바탕으로 국민들 또한 적극적으로 방역에 참여했다. 마스크 착용과 개인 위생을 철저히 관리하며 강도 높은 사회적 거리두기에 적극적으로 참여한 시민들이 없다면 정부의 대응만으로 코로나19의 효과적 대응은 불가능했다.

그러나 한국 정부의 다양한 초기 대응이 정책 난제에 대한 근원적 해결책이라고 보기는 어렵다. 그 증거로 최근 백신 접종률이 증가하는 상황에도 불구하고, 델타변이 바이러스로 인한 4차 대유행은 좀처럼 누그러들지 않고 있다. 시간 변수에 영향을 받은 코로나19 문제가 여전히 난제로서 진화하고 있어 포스트코로나보다는 위드코로나(with corona) 상황을 염두에 두고 코로나19 문제에 접근해야 한다는 목소리도 높다. 진화하는 난제를 해결하기 위해 주지한 바와 같이 정부 역시 지속적으로 근본적 구조적인 변화와 기능적 개선을 모색해야 한다. 다음 절에서는 포스트코로나 시대의 정부혁신 방향과 과제를 인사혁신과 일반 정부혁신 부분으로 나눠 살펴볼 것이다.

제3절_ 인사혁신의 방향과 과제

앞서 살펴봤듯이 빠른 속도로 확산되면서 지속적으로 진화하는 코로나19와 같은 난제를 효과적으로 해결하기 위해서는 정부혁신도 코로나19의 전파 속도와 파급 범위와 정도에 대응할 수 있도록 정부의 민첩성과 유연성 그리고 개방성을 제고할 수 있는 방향으로 추진해야 한다. 기존 소프트웨어 업계를 필두로 민간기업에서는 이미 오래전부터 민첩성과 유연성 그리고 고객의 요구에 대한 반응성을 강조하면서 애자일(agile) 방식과 애자일 조직을 도입하고자 노력했다. 미국 연방정부도 일부이기는 하지만 F18이라는 애자일 조직을 조달청(General Services Administration: GSA) 소속으로 만들어 디지털 서비스 지원 업무를 수행하도록 하고 있다. 물론 정부의 국정 운영을 전적으로 애자일 방식에 의존할 수는 없다. 모든 정부조직을 애자일 조직으로 만들 수도 없을 뿐만 아니라 그럴 필요도 없다. 그러나 불확실성이 높고 변동성이 높은 정책환경에서 기대 수준이 높은 국민을 만족시키기 위해서는 정부는 전략적으로 다양한 변화를 효과적으로 감지하고 인사와 재정 등 다양한 자원을 유연하게 조정·활용할 수 있도록 정부혁신의 방향을 설정할 필요가 있다.

특히 VUCA로 대변되는 정책환경하에서는 관료제의 민첩성, 유연성, 전문성 그리고 협력성과 개방성을 제고할 수 있는 인사제도 혁신을 추진하는 것이 중요하다. 채용제도부터 보상 및 퇴임제도까지 모든 범위에서의 인사제도 혁신을 고려할 수 있겠지만 여기에서는 네 가지 측면에서 중점적으로 혁신 과제를 제시하고자 한다. 첫째는 5급 공개경쟁 채용제도의 개혁이며, 둘째는 부처 칸막이와 부처이기주의를 해소하고 부처 간 협력 체제 구축을 위해 부처 내 순환보직제도를 부처 간 순환보직제도로 변환시키는 개혁이다. 셋째는 공무원 역량강화 개혁이며, 마지막은 클라우드 공무원단 운용과 관련된 개혁이다.

1. 공개경쟁 채용제도의 개혁

우리나라 공무원 채용 방식은 가장 객관적이고 투명한 것으로 알려져 있다. 우리나라의 공무원 채용제도에서 가장 기본적인 방식은 공개경쟁 채용으로 자격 기준을 충족하는 모든 사람에게 지원 기회를 제공하고, 모든 지원자를 대상으로 투명하고 객관적으로 신규 공무원을 선발하는 것이다. 공무원시험을 통한 투명하고 객관적인 능력 중심의 채용 방식은 정부의 품질(quality of government) 제고와 국가 발전에 중요한 토대다. 그러나 가장 효율적인 조직 형태가 관료제라고 믿었던 베버(Max Weber)적 시각이 시대적 상황에 따라서 재평가돼야 하듯이 공무원 채용 방식에 대한 평가도 맥락적 행정환경 요인과 당면한 문제를 고려해 재평가·재설계돼야 한다.[3]

공개경쟁채용이 경력채용과 더불어 가장 중요한 공무원 충원 방식이지만 행정환경이 복잡하게 변화하면서 현 충원 방식에 대한 재검토와 다양한 충원 방식에 대한 논의가 필요하다. 특히 객관성과 투명성 확보 등 많은 장점에도 불구하고 현재 공개경쟁 채용제도는 많은 한계점도 드러내고 있다. 첫째, 현 공개경쟁 채용제도의 낮은 실무 역량 예측력과 문제 해결 능력 배양력을 비판할 수 있다. 임용시험 자체가 현대 사회의 공공 부문에서 중요시되는 국제화 및 정보화 능력이나 문제 해결 능력을 평가하기보다는 특정한 주제에 대한 이해력과 암기력을 평가하는 데 그치고 있어 미래 난제를 해결하는 데 큰 도움이 되지 못한다는 문제점도 제기돼 왔다. 둘째, 시험과목의 선정 과정의 타당성이 현저히 낮다는 지적도 있다. 입직 경로에 따른 공무원의 역량 차이도 검토해 볼 필요가 있다. 특히 최근 들어 5급과 7급 합격자들의 학력이나 역량 차이가 입직 경로에 따른 보직과 승진상의 차이를 정당화할 만큼 크지 않다는 지적이 많다.

5급 공개경쟁시험으로 중간관리자를 선발하는 방식에 6급 공채시험이나 5급과 7급을 통합 채용시험을 도입함으로써 일선행정 경험과 환경 변화에 민감한 역량 있는 인재를 확보하는 방안을 고려할 수 있다. 물론 이를 위해서는 단순히 채용 과정에서 임용시험을 통해 선발하는 근시안적인 평가보다는 장기적으로는 시험 외에 다양한 방식의 선발 및 평가 시스템 구축도 요구된다. 단기적으로는 먼저 두 가지 대안을 고려할 수 있다.

첫째는 5급 공무원 공개경쟁 채용시험보다는 6급 채용 후에 지방자치단체나 일선행정 현장에서 근무하도록 배치하는 안이다. 이는 사무관으로 입직하는 경로 대신에 6급으로 채용된 공무원이 풍부한 현장 경험을 거친 뒤에 사무관으로 승진해 중간관리자로서의 보직 경로

---

[3] 아래에서 제시한 공개경쟁 채용제도 부문의 혁신 과제는 「국가재창조를 위한 정부개혁」(2017)에 포함된 저자와 공동 집필한 "개방형 국가인재관리제도의 도입과 과제"의 일부 내용을 중심으로 수정·보완했음을 밝힌다.

를 밟도록 설계하는 안이다. 신규 임용된 공무원들에게 현장에서 직면한 프로세스를 효과적으로 파악하고 업무를 수행할 수 있는 기회를 충분하게 제공한다는 점에서 5급 공채 이후에 신임관리자 공채 교육과정 후에 단기적인 사무관 시보공무원으로 현장 경험을 갖는 현 제도와는 큰 차이가 있다. 또한 신입 공무원을 대상으로 실적에 따른 경쟁 과정을 거친 우수 인력을 한정해 패스트 트랙으로 승진시키고 일정 수준 미달의 성과를 보인 인원에 대해서는 승진을 제한함으로써 개인 측면에서는 성과 제고에 대한 의욕을 고취하고 조직 차원에서는 긍정적인 경쟁환경을 구축할 수 있다.

두 번째 안은 현재의 5급과 7급 공무원 채용시험을 통합해 일원화하는 대안이다. 이는 현재 신규 채용된 5급과 7급 공무원 간의 교육 수준이나 개인별 역량 수준의 차이가 과거보다 크지 않다는 점과 과거 5급 공채 출신의 고위직 독점구조에서 벗어나 개방성, 경쟁성, 그리고 유연성을 제고하기 위한 방식이다. 과거와 달리 현재 공무원 시험에 응시하는 인원들은 대부분 고등교육 이상(학사 이상)의 학위를 가지고 있으며, 개인의 역량 또한 비슷하다. 특히, 고등교육을 받은 우수 인력들이 실제 7급 공개경쟁채용에 응시함으로써 7급 공채 출신 공무원들의 역량 수준이 이전에 비해 월등히 향상됐으며, 실제 업무 수행 측면에서도 5급 공채 출신 공무원과 큰 차이가 없는 경우가 많다. 통합 공개경쟁 채용 방식은 기존 5급 공채 출신의 공무원이 고위직 관료층을 독점하는 문제점을 해결하는 동시에 중간관리자 이상 직위에 대한 건강한 경쟁을 이끌어 낼 수 있다는 점에서 그 실효성이 기대되는 방안이라 볼 수 있다.

향후 위에서 제시한 두 가지 대안의 장단점을 더욱 면밀하게 검토해야겠지만, 첫째 안이 좀 더 점진적인 방안이라는 측면에서 첫째 안의 시행을 우선적으로 추진하면서 그 결과에 따라서 장기적으로 둘째 안을 도입하는 단계적 접근이 현실적이다. 이러한 5급 공개경쟁 채용제도의 폐지와 더불어 경력채용의 비중을 지속적으로 확대해 공개경쟁 채용과의 채용 비율의 균형을 맞춰 나가는 계획을 수립해야 한다. 한편 경력채용으로 우수한 공무원을 선발할 수 있도록 다양한 유인적 기제를 도입하고 입직한 공무원이 현업에서 공채 공무원과 동등하게 역량을 발휘하면서 경쟁할 수 있도록 경력채용제도를 내실 있게 운영해야 한다. 이를 위해 채용, 보수 그리고 보직과 승진의 연계성을 제고해 나갈 필요가 있다.

2. 부처 칸막이 해소를 위한 부처 간 순환보직제도 도입

정책 난제는 특정한 부처가 단독으로 해결할 수 없는 복합적인 성격을 띤다. 따라서 부처 간의 협업과 정책 조정이 무엇보다도 중요해진다. 그러나 부처 간 칸막이나 부처이기주의는 난제 해결을 저해하는 가장 큰 걸림돌 중 하나다. 공직문화 개선을 통해서 부처이기주의 문제를 근본적으로 해결하기는 어렵다. 과도한 공무원의 부처이기주의 문제를 해결하기 위해서는 대부분의 공무원이 평생 하나의 부서에서만 근무하는 보직경로제도를 우선적으로 개선할 필요가 있다.[4]

가장 우선적으로 고려해 볼 수 있는 대안은 工자형 보직제도다. 공무원들이 입직 후 과장으로 승진하기 전 약 15년 기간 동안 최소한 3개 이상의 부처에서 3년 이상의 기간을 근무한 이후, 과장 직급부터는 하나의 부처에서 근무하다가 고위공무원단으로 승진하게 되면 다시 부서를 이동해 복무하도록 보직 경로를 설계하는 것이다. 다양한 부처 근무 경험을 통해 정책결정 및 관리 역량과 협업 역량을 갖춘 고위공무원단은 업무 전문성과 정무적 판단력, 리더십 역량을 종합적으로 발휘할 수 있게 될 것으로 기대된다.

또 다른 대안은 Y자형 인사제도 체제를 도입하는 것이다(김태유·신문주, 2009). 이는 공직에 10년 이상 복무한 인원을 대상으로 서기관에서부터 Y자형 인사제도 체제를 도입해 정책관리직 공무원과 전문직 공무원으로 이원화하는 형태를 의미한다. Y자형 인사제도는 관리직 공무원에게 입직 시점부터 다양한 부처를 대상으로 업무 경험을 축적하고 이후 고위관료 직급을 보장하는 인센티브를 제공하며, 전문직 공무원의 경우 특정 분야에서 전문적인 지식과 업무 능력을 습득하고 성과 수준에 따라 임금을 결정하는 방식으로 운영된다. 정책관리직 공무원의 경우 7개의 직무군 내에서 선정되며, 전문직 공무원의 경우 30개의 직무직렬 내에서 승진하거나 보직이 변경되는 체제로 운영된다. 해당 체제에서 정책관리직 공무원과 전문직 공무원은 각각의 직무직렬 내에서 부처 간 칸막이를 허물고 필요에 따라 자유롭게 부처를 이동할 수 있다.

그러나 Y자형 인사제도는 기존의 순환보직제도가 갖는 문제점을 해결하고 업무의 전문

---

[4] 아래에서 제시한 순환보직제도 관련 혁신 과제는 「국가재창조를 위한 정부개혁」(2017)에 포함된 저자와 공동 집필한 "개방형 국가인재관리제도의 도입과 과제"의 일부 내용을 중심으로 수정·보완했음을 밝힌다.

성을 제고할 수 있는 대안이지만 승진에 유리한 보직에 사람이 몰리는 부작용을 초래할 우려가 있다. 특히 정책관리직 공무원의 경우 고위관료직을 보장받지만 전문직 공무원의 경우 이에 상응하는 인센티브 요인을 제시하기 어렵다는 단점이 있다. 이러한 문제점을 해결하기 위해서 工자형 보직제도가 좀 더 적합하다고 볼 수 있다. 그리고 工자형 보직제도는 제도를 도입할 때 적용 대상을 신규 직원부터 선정함으로써 기존 공무원의 반발을 최소화할 수 있으며, 부처 간 순환보직제도와 연계해 실시할 수 있는 장점도 있다. 또한 工자형 보직제도로의 개편을 추진하는 과정에서 Y자형 보직제도의 장점을 일부 가져올 수도 있다. 특히 고도의 전문성을 요구하는 공무원 직군의 경우 외부 전문가를 초청해 최소 4년에서 5년간의 임기를 보장해 주고 민간 부문에 상응하는 높은 수준의 임금 수준을 제시할 필요가 있다. 특정한 미션 달성 혹은 프로젝트 운영에 필요한 전문 인력을 수급하고 전문성을 갖춘 인력을 적극적으로 충원·활용함으로써 공공 영역과 민간 영역 간의 역량 차이를 줄일 수 있도록 해야 한다. 이를 위해 국책연구기관에 근무하는 정책 전문가와의 인사 교류나 다양한 분야의 정책 전문가 활용을 적극적으로 검토할 필요가 있다.

3. 난제 해결을 위한 공무원 역량 강화

최근 우리나라 공무원의 역량 부족과 공직의식의 저하에 대한 비판의 목소리가 높다. 우수한 인재가 치열한 경쟁을 뚫고 공무원이 되는데 왜 우리나라 공무원의 역량이 부족하다고 이야기할까? 이는 과거와 현재 공무원의 역량을 비교할 때 현재 공무원의 역량이 절대적으로 낮다기보다는 점차 높아지는 정책의 난이도와 복잡성에 비해 공무원의 역량이 이에 미치지 못하기 때문이다. 몇 년 전 저자가 다른 연구자들과 함께 공무원과 민간기업 인력의 역량에 대한 전문가와 공무원을 대상으로 실시한 설문조사 결과는 우리나라 공무원 역량의 현주소를 시사해 준다.[5] 다음 [그림 10-1]이 보여 주는 바와 같이 30대 중앙정부부처 사무관과

---

5) 공무원 역량 강화와 관련된 진단과 혁신 과제는 『한국인의 역량: 실증분석과 미래전략』(2015)에 포함된 저자와 공동 집필한 "공무원 역량 제고를 위한 제도 개선 방안"의 일부 내용을 중심으로 수정·보완했음을 밝힌다. 공무원 역량에 대한 자세한 논의는 위 연구를 참조하기 바란다.

대기업 신입사원의 역량을 비교한 결과를 살펴보면, 전문가들은 30대 공무원과 대기업 신입사원 중에서는 공무원이 더 우수하다는 의견이 4배가량 더 높게 나타났다. 그러나 50대 실장과 대기업 임원을 대상으로 비교한 결과에서는 민간 부문의 인력이 더 우수하다는 응답 결과가 반대로 4배 더 나왔다. 공무원을 대상으로 한 설문조사 결과에서는 전문가를 대상으로 한 결과와 비교했을 때 덜 극적이기는 하지만 연령이 높을수록 민간 부문이 공공 부문을 넘어선다는 점에서는 공통점을 나타내고 있다.

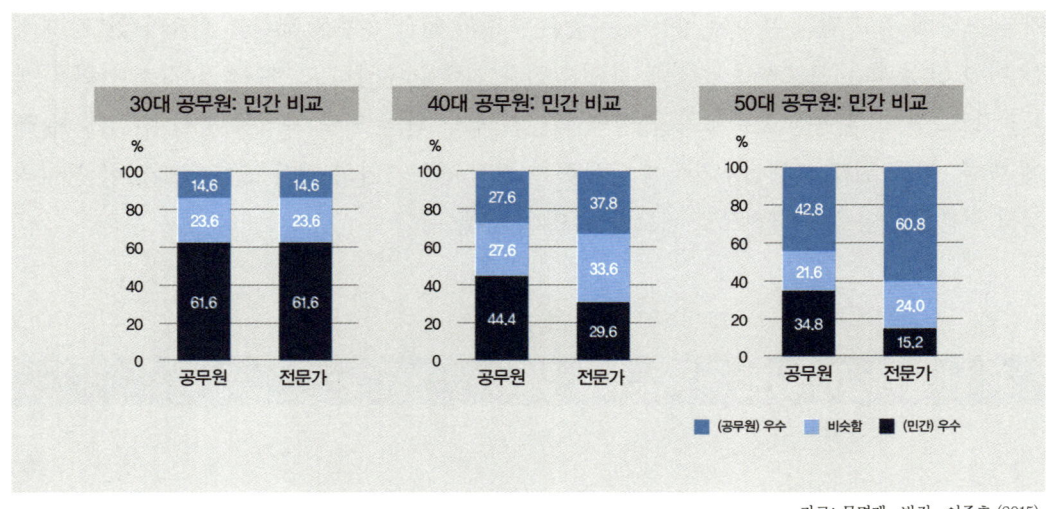

자료: 문명재·박진·이주호 (2015).

[그림 10-1] 공직과 민간기업 인력 역량 인식 비교

미래 사회의 난제를 해결하기 위해서는 우선 공무원의 부족한 역량을 보강할 수 있는 적극적인 제도 개선 노력이 필요하다. 먼저 공직사회의 역량 제고를 방해하는 요인을 검토하고 이에 대한 해결 방안을 제시해야 한다. 상명하복식 공직문화나 업무 방식이 공무원의 역량 강화 기회를 막고 있을 가능성에 대한 고찰이 요구된다. 실제 설문조사 결과에 따르면, 공무원과 전문가 모두 공직문화의 심각성을 제기하고 있다. 특히 전문가의 경우에, 90%에 가까운 비율의 응답자가 공직문화는 업무 역량을 약화시킨다고 응답했다. 창의적인 업무나 중요한 의사결정을 내리는 과정에서 공직자들은 역량 개발의 기회를 갖게 되는데 상명하복

의 문화에서는 창의적 사고나 아이디어 제시가 원천적으로 봉쇄되거나 억제되기 쉽다. 거꾸로 상급자가 지시한 단순 업무에만 몰두하게 되면 높은 역량을 보유했던 공직자라도 결국 역량을 개발하지 못하거나 하락을 경험하게 된다.

교육훈련, 보직관리 등 정부 내의 역량 강화 프로그램이 부족할 가능성에 대한 검토도 필요하다. 설문조사 결과 역량 강화 프로그램 부족하냐는 질문에 공무원은 58.8%, 전문가는 84.4%가 동의하는 것으로 나타났다. 특히 역량 강화 프로그램을 보직관리, 교육훈련 등과 유기적으로 연계할 필요성이 있다고 인식하는 것으로 나타났다. 빈번한 순환보직이 우리 공직자의 전문성을 약화시킨다는 문제 제기는 어제 오늘의 이야기가 아니다. 또한 교육훈련 역시 양적으로 적지 않은 의무 이수 시간이 규정돼 있으나 질적인 효과성 측면에 대해서도 검증도 지속적으로 필요하다. 한편 코로나19를 경험하는 과정에서 제기된 교육훈련 방식의 보완이나 필요 역량에 대한 진단과 관련된 역량 개발 프로그램을 보강해야 한다. 특히 비대면 교육훈련의 효과성을 제고할 수 있도록 비대면 교육훈련 플랫폼을 개발하고 이를 활용한 자기주도형 상시학습제도나 외부 전문교육기관과의 적극적인 협력 체계를 구축해 나가야 한다. 한편 민첩하고 유연한 정책 역량, 창의성 그리고 전략적 사고를 제고할 수 있는 문제 해결 중심의 교육훈련 프로그램과 미래 예측 기법이나 데이터 기반 정책결정 기법에 대한 교육 프로그램 보강이 절실하다.

한편, 공무원 개인 스스로가 자신의 역량 강화를 위한 노력을 소홀히 할 가능성도 검토해 봐야 한다. 역량 강화 노력이 부족한 이유는 특히 두 가지 측면에서 살펴볼 수 있다. 첫 번째로 역량이 잘 활용되지 않을 가능성이다. 공공 부문에서 역량 활용도가 낮다는 점은 이전에도 통계적 수치로 설명한 부분이다. 역량이 잘 활용되지 않으니 굳이 역량 개발의 필요성을 인지하지 못하는 것이다. 두 번째로 역량이 보상에 반영되지 않기 때문에 나타나는 문제다. 공직사회의 보상은 주로 보수, 보직, 승진, 명예로 구분할 수 있다. 공공 부문에서는 보수와 역량 간의 상관 관계가 낮다는 점은 오래전부터 지적된 부분이다(이주호·최슬기, 2015). 그 외 보직이나 승진 역시 공공 부문에서는 대부분의 경우 연공서열에 따라 결정되고 있다. 심지어 각종 포상도 연공서열에 의해 나누는 경우가 다수로 나타나고 있다. 이러한 현실에서는 역량을 스스로 개발할 동기가 현저히 저하될 수밖에 없다. 따라서 연공서열 위주의 보직, 승진, 그리고 보상의 문제를 개선해야 한다. 이를 위해서는 점차 호봉제 폐지를 포함하고 직위분류제로의 근본적인 전환을 포함해 중장기적으로는 직업공무원제에 대한 근본적인 제도 혁신 방안을 마련할 필요가 있다.

4. 클라우드 공무원단을 통한 유연한 인력관리

코로나19와 같이 예측하지 못한 난제에 직면할 경우, 특정한 정책 목표를 달성하기 위해 조직과 인력을 유연하게 사용하기 위해서는 클라우드 조직 형태를 활용하는 방안을 제시할 수 있다.6) 이를 위해 기본적으로 협력할 업무와 기능 공간을 창출해 관련된 정보를 공유하면서 태스크포스(TF) 형태로 정기적으로 협력 업무를 수행할 수 있도록 해야 한다. 우리나라의 경우에 파견직제도에 대한 종합적인 검토와 발전 방안 수립이 필요하다. 향후, 점차 부처 간 순환보직을 활성화하거나 자원자로서 클라우드 조직을 구축해 업무를 수행하거나 특정한 정부 기능 수행과 목표 달성을 위해 해당 정책 부문 내의 플랫폼 정부 형태를 운영할 수 있다. 예를 들면 영국 내각처 내의 경제개혁조직(Economic Reform Group: ERG)에서 400명 규모를 유연한 자원 활용(flexible resourcing: FR) 형태로 소규모 클라우드 공무원단을 운영한 점도 참고할 만하다(Tierney et al., 2013). 클라우드 공무원단 조직 형태는 현재 공무원 조직 운영 체계와 정합하지 않는 부분이 많기 때문에 이를 도입하기 전에 많은 제도적 기반을 충분히 고려한 다음 도입해야 한다. 예를 들면 클라우드 공무원단 조직구성원의 충원, 배치, 성과관리 등에 대한 제도를 사전에 검토해 구축돼야 한다.

클라우드 공무원단제도는 아래와 같이 다양한 형태로 채택되고 있다(Tierney et al., 2013). 가장 단순한 방식은 협업 공간 구축(build collaboration spaces)을 통해 기관 내에서 협업을 좀 더 쉽게 할 수 있도록 조직을 설계함으로써 직원들이 부서 간의 정보를 좀 더 손쉽게 공유할 뿐만 아니라 협업조직문화를 구축해 나가는 방식을 포함한다. 한편, 공무원들의 순환보직이나 파견직의 효과적인 개선 등을 통해 인력 배치의 유연성을 확보하는 방식을 고려할 수 있다. 변화를 위한 밀레니얼 세대의 적성을 반영해 전문성을 살릴 수 있도록 유연한 순환 프로그램이나 다양한 계약직을 통한 유연성 확보 방안도 설계할 수 있다. 조직이 좀 더 상위의 공익의 관점에서 특정한 정책문제를 해결하기 위해 기관 간 또는 심지어 임시 파견직의 순환 및 교류 프로그램을 통해 비영리, 민간 및 공공 부문 간의 교류와 협력을 활성화하는 제도도 고려할 수 있을 것이다. 그리고 자원 클라우드(a volunteer cloud)인데 이는 관리자

---

6) 클라우드 공무원단에 대한 기본적인 사항과 유형은 티어니 외(Tierney et al., 2013)의 CloudGov의 일부 내용을 참고해 수정·보완했음을 밝힌다.

가 해결하는 데 도움이 필요한 문제나 이슈를 게시할 수 있는 플랫폼을 제공함으로써 다양한 인력이 특정한 프로젝트나 관심 있는 작업에 도움을 적극적으로 줄 수 있도록 하는 방식이다. 이를 통해 공무원들이 네트워크를 확장하고, 새로운 기술을 쌓으며, 목표를 달성할 수 있도록 하는 데에 도움을 준다. 끝으로 특정한 부처에 배치된 공무원이 새로운 업무나 현안이 발생할 경우에 유연하게 인력을 충원, 배치, 활용하는 방식을 제시할 수 있다. 특정한 고용 형태, 충원 방식 그리고 처우에 대한 고민과 같이 정교하게 설계해야 하는 부분은 여전히 숙제로 남아 있지만 퇴직 공무원이나 외부 전문가 활용 문제를 적극적으로 고려할 수 있다. 기존 공무원제도와의 양립 문제나 인력관리 문제 등에 대한 충분한 검토가 요구된다.

제4절_ 미래 정부와 정부혁신 방향

앞서 살펴본 바와 같이 우리가 직면할 코로나19 이후의 환경은 좀 더 복잡하고, 역동적이며, 불확실성이 클 것이다. 포스트코로나 시대의 환경 변화를 앞에서 살펴본 바, 미래 정부는 일상적 위험뿐만 아니라 주기적인 감염병 발생, 기후 변화, 급격한 디지털 전환으로 인한 사회 변동 등 매우 복잡한 문제에 직면하게 될 것이다. 코로나19 변이 바이러스의 등장으로 인해 포스트코로나 시대가 아닌 위드코로나 시대에 대비해야 하는 상황에 처할 수 있다.

다음 〈표 10-1〉에 정리된 바와 같이 미래 정부의 대안적 모습과 관련해 유럽연합 집행위원회(European Commission, 2019)는 네 가지 시나리오를 제시했다. 특히 4차 산업혁명을 통한 다양한 와해성 기술의 발전과 함께 정부와 시민 간 관계의 상호 관계 변화에 따라서 정부의 역할과 기능이 달라질 수 있다는 점을 고려해 미래 정부의 모습을 예측한다.

첫째 시나리오는 DIY(Democracy In Yourself) 민주주의다. 이는 개인 중심의 최소 정부 시스템으로 '시민들이 만들어 가는 민주주의'를 의미한다. 시민들의 직접적인 참여를 통해 열린 민주주의를 구현하고 최소 정부 아래에서 철저하게 개인 자유주의에 기초한 정책결정과 제한된 범위에서의 정부 역할 수행이 특징이다. 이러한 시나리오에서는 개인의 문제를 개별적으로 해결함에 따라 불평등과 양극화 문제가 심화될 수 있다는 문제점이 있다. 두 번째로 민간 알고크라시(private algocracy) 시나리오다. 이는 다국적 기업 중심의 시스템으로 알고리즘의 지배를 의미한다. 민간 알고크러시 시나리오는 구글과 같은 민간기업이 보유한 다양한 정보에 근거해 많은 서비스가 제공되고 공공 영역도 이에 의해 제한될 수 있다는 가능성을 제시한다. 셋째로 초협치 정부(super collaboration government) 시나리오에서는 정부와 시민사회 및 기업과 시민이 협력해 정책을 결정하고 서비스를 제공하는 가장 이상적인 모델이다. 마지막은 과도한 규제정부(over-regulatocracy) 시나리오로 과도한 규제와 정부 개입으로 인해 시장이 위축되고 정부의 과도한 정보 보유로 인한 프라이버시 침해와 통제사회의 부정적인 모습을 띠는 정부다.

〈표 10-1〉 미래 정부의 네 가지 시나리오

시나리오	내용	문제점
DIY Democracy	최소 정부와 개인주의에 기초한 정책결정	양극화 문제 해결 어려움
Private Algocracy	구글과 같은 대형 민간기업이 보유한 다양한 데이터에 근거한 서비스와 정책	민간기업의 이익에 과도한 영향
Super Collaboration Government	민간과 정부 등의 균형 잡힌 거버넌스와 시민의 참여	
Over-Regulatocracy	과도한 정부 개입과 규제	프라이버시에 대한 과도한 제한

자료: European Commission(2019).

EC가 제시한 네 가지 미래 정부 시나리오 중에서 코로나19와 같은 난제를 효과적으로 해결할 수 있는 가장 이상적인 미래 정부 시나리오는 초협치 정부라고 할 수 있다. 특히, 미래의 난제는 매우 복잡하고 불확실성이 높은 특징을 가지고 있기 때문에 기존의 전통적인 예측과 계획 방식을 통해 단순하게 대응하기는 어렵다(Guston, 2007; Barben et al., 2007). 그러므로 정책 난제 해결형 정부 구현을 위해서는 기존의 정부구조와 일하는 방식과는 다르게 접근해야 한다. 윌다브스키(Wildavsky, 1988)가 제시한 바와 같이 예견(anticipation) 기반 방식과 회복(resilience) 기반 방식을 동시에 고려해야 한다. 예견 기반 방식은 정확한 예측을 토대로 한 선제적인 문제 해결 방식이고, 회복 기반 방식은 효과적 회복력 제고를 위해 시행착오의 과정을 전제로 두는 방식이다(Wildavsky, 1988: 10). 다음 〈표 10-2〉와 같이 두 방식에 대한 선호도는 축적된 정보의 양과 변화 예측가능성에 따라 달라질 수 있다.

〈표 10-2〉 예견적 접근과 회복탄력적 접근

	축적된 지식의 양(저)	축적된 지식의 양(고)
변화 예측 가능성(고)	회복탄력적(고) 예견적(저) 접근 정책학습	예견적 접근(anticipation) 데이터와 증거 기반 정부
변화 예측 가능성(저)	회복탄력적 접근(resilience)	회복탄력적(고) 예견적(저) 접근 정책학습

자료: Wildavsky(1988).

포스트코로나 시대의 행정환경 변화는 규모, 속도, 복잡성 측면에서 기존의 변화와는 수준이 다르기 때문에 질적인 차원에서 기존과는 일하는 방식을 달리하고 다양성을 더욱 존중하며, 시민을 포함한 다양한 이해관계자와의 활발한 협력과 소통, 디지털 기반 정부, 민첩한 정부 등이 정부혁신의 주요한 방향이 될 것으로 판단된다. 이미 세계경제포럼은 FAST 정부를 제안한 바 있다. FAST 정부란 수평적이고 얇은 정부(Flat), 민첩한 정부(Agile), 능률적이고 간소한 정부(Stramlined), 기술 기반(technology-enabled) 정부의 특징을 갖는 정부를 의미한다(Hohlov & Fountain, 2012: 5-7). 다음은 EC가 제시한 초협치 정부 시나리오와 윌다브스키(Aaron Wildavsky)의 두 가지 접근 방식인 예견 기반 방식과 회복 기반 방식을 토대로 미래 정부혁신의 방향과 관련된 다섯 가지 정부혁신 방향을 제시한다.[7]

1. 데이터 기반 예견적 정부

통상 예견적 역할을 수행하는 정부는 중앙집권적 통제 방식을 통해 예상되는 문제를 사전에 방지하려 한다(Wildavsky, 1988: 85). 그러나 현대 사회가 불확실성이 높고 다양한 문제를 갖고 있다는 점을 고려한다면, 정부의 예견적 역량은 안정적 방식이 아닐 수 있다는 지적을 받는다. 그러나 예측력이 높거나 변화가 점진적이거나 다소간의 안정성이 확보된 상황에서

---

[7] 정부혁신의 방향은 『포용국가의 혁신경제: 이론, 사례, 이행전략』(2020)에 포함된 저자와 공동 집필한 일부 내용을 바탕으로 수정·보완했음을 밝힌다.

의 예견적 전략은 회복적 전략보다 뛰어날 수 있다.

월다브스키(Wildavsky, 1988)는 정부 역량의 수준과 정부를 둘러싼 불확실성의 특징을 토대로 예견적 역할과 회복적 역할에 적합한 조건을 다음과 같이 제시했다. 그는 예견적 역할을 과소 평가하지는 않았으나, 불확실성이 큰 사회일수록 회복적 역할이 중요하다고 주장했다. 회복적 정부 역할이 중요할 수밖에 없었던 과거의 조건과는 다르게 오늘날은 정부의 역량 수준, 예측 역량과 데이터 활용도는 점점 높아지는 조건에 위치한다. 일례로, 코로나19 상황에서 보여 준 우리 정부의 대응은 예견적 정부의 역할과 회복적 정부 역할이 적절하게 균형을 이룬 것이며, 이는 마치 예견적 기능과 회복적 기능이 함께 작동하는 신체의 방어 체계와 같은 모습이다.

이러한 정부의 혁신은 최근 데이터 분석과 기술 발전을 통해 가능해졌다. 과거에는 상상하지 못했던 정보 수집 및 정보 처리 기술이 일상에서 활용되고 있고, 인공지능(AI)은 머신러닝 기능을 통해 스스로 학습해 데이터 분석·활용 능력을 나날이 높이고 있다. 새로운 기술과 데이터 처리 역량의 향상은 데이터 기반 예견적 정부(anticipatory government)의 중요성을 더욱 부각시킬 것으로 예측된다. 특히, 예견적 정부는 위험이 일상화된 사회에서 예방적이고 선제적이며, 맞춤형 문제 해결 능력과 서비스를 제공할 수 있도록 설계해야 한다. 이를 위해 정부는 이미 2020년에 데이터 기반 행정 활성화에 관한 법률을 제정하고 구체적인 관련 기본계획을 수립했다. 데이터 기반 행정 기본계획에는 공공 및 민간 데이터에 대한 범정부 공동 활용, 데이터 기반 행정 평가 체계 구축과 행정 절차 개선 그리고 데이터 활용 촉진 및 데이터 기반 행정 역량 강화 등이 포함돼 있다. 이를 구현하기 위해서는 데이터 기반 행정 활성화에 관한 법률에 제시돼 있는 데이터의 수집, 관리, 활용의 품질 제고와 더불어 구체적으로 데이터 기반 행정과 정책결정이 자리 잡을 수 있도록 데이터 분석기구의 설치와 추진 체계 확립 등이 구체적으로 뒷받침돼야 한다. 국정 어젠다 관리부터 일선 행정의 모든 사무와 공공서비스 제공에 이르기까지 구체적으로 데이터 기반 행정이 뿌리내릴 수 있도록 데이터와 데이터 분석의 품질과 활용이 체계적으로 이뤄져야 한다.

데이터를 기반으로 한 국정관리를 위해 미국 백악관에서 예산관리국(OMB)에서 데이터 관련 전략을 통합 관리하는 체계와 마찬가지로 대통령실에서 데이터 기반 국정 어젠다를 모니터링하고 실무 부처와 정책 조정을 할 수 있도록 데이터 차르(data czar: 데이터 기반 국정관리 수석 또는 데이터 특임장관)을 임명해 활용하는 방안을 고려할 필요가 있다. 또한 전(全)정부적 데이터 플랫폼을 통해 관련 부처들이 데이터를 수집, 관리, 활용할 수 있도록 표준화 작업이나 데이터 관련 기본 정책을 수립하는 한편 필요에 따라서 긴간 데이터를 연계하거나 민간의 데이터 기반 서비스를 지원할 수 있도록 데이터 관리를 위한 전정부적 거버넌스 체계를 설계해야 한다.

2. 사회역량 기반 회복탄력적 정부

　데이터 기반 예견적 정부를 강조한다는 것이 회복적 정부의 실현을 부정하는 것은 아니다. 오히려, 중앙정부의 역량과 함께 사회 역량 그리고 풀뿌리 공동체 역량을 바탕으로 회복적 정부로의 전환을 동시에 필요로 한다. 특히, 사회 전반의 회복성은 새로우면서도 재생산되고, 시스템의 재조직화나 혁신과 관련한 문제들을 잘 다룰 수 있기 때문에(Holling, 1986), 코로나19와 같은 전례 없는 위기, 기후 변화와 같은 혁신적 대응이 필요한 포스트(위드)코로나 시대에 적합한 정부의 모습이라고 할 수 있다.

　회복탄력적 정부(resilient government)의 추구가 중요한 또 다른 이유는 사회적 포용성을 제고해야 하기 때문이다. 코로나19와 같은 위기는 취약계층의 생존을 좀 더 크게 위협한다. 취약계층에 대한 체계적인 지원과 함께 위기 시에 전 사회의 회복탄력성을 유지하기 위해 다양한 재난 대응 시스템과 회복 시스템 그리고 관련된 정책 수단을 준비해야 한다. 2020년 초기 코로나 대유행을 겪으면서 빠르게 전 가구 재난지원금을 지급하면서 경기 회복을 꾀하고자 한 노력도 회복탄력성을 위한 부분적인 노력이라고 볼 수 있다. 특히 국방, 치안, 교육, 보건, 복지, 민생, 경제 등 다양한 영역의 회복탄력성이 유기적으로 유지될 수 있도록 공공자원과 민간자원을 포함한 모든 사회자원과 역량이 효과적으로 활용될 수 있어야 한다.

　사회 역량 기반의 회복탄력적 정부를 구현하기 위해서는 정부의 상황적합적 역량을 강화하고, 위기 상황에서도 사회 시스템과 정부조직이 회복력을 발휘할 수 있는 시스템을 갖춰야 한다. 이를 위해 과거의 경험과 실패를 기반으로 삼아 지속적인 회복적 역량을 키울 수 있는 정책학습 체계도 구축해야 한다. 한편 코로나19 발생과 같은 유사시에 의료자원을 비슷한 다양한 사회자원을 동원할 수 있는 체계를 갖추고 문제 해결 후에는 다시 사회자원을 민간으로 복귀시키는 시스템을 갖춰야 한다.

3. 애자일 조직 기반 정부

　감염병이라는 새로운 환경에 대응하기 위해 각국의 정부조직은 조직적, 구조적, 관리적, 절차적, 기술적 변화를 시도하고 있다. 이때, 변화에 적응하고 새로운 변화 양상을 파악할 수 있는 시스템 개발을 통해 변화가 미칠 잠재적 영향을 예측하고 대응 방식을 개발할 수 있는(Gong & Janssen, 2012), 즉 좀 더 상황적응적(adaptive)이고 민첩한(agile) 정부의 역할이 강조된다. 이를 위해서는 경제협력개발기구(OECD, 2015)가 제시한 바와 같이 조직의 내·외부 변화를 다양한 방식으로 감지할 수 있는 전략적 민감성을 토대로 변화 수용과 변화에 대응할 수 있는 신속한 적응성이 중요하다. 한편 인적 자원 및 재정자원을 부처의 칸막이를 넘어 유연하게 배정하고 사용할 수 있도록 자원의 유동성을 제고하고 다양한 부처나 부문과 협력할 수 있도록 협력적 거버넌스 체계를 구축해 나가야 한다.

　애자일 기반 정부(agile government) 구축을 위해 정부는 새로운 방식을 적극적으로 모색할 필요가 있다. 코로나19 상황에서 보여 준 민첩한 모습이 정부 운영 전반에 자리 잡을 수 있도록 정부 부처 간 또는 중앙-지방 사이에 효과적인 협력이 이뤄지도록 해야 한다. 정부조직의 유연한 변화와 새로운 시스템을 신속하게 받아들일 수 있도록 예산과 인적 자원의 유연성 확보도 필요하다. 앞서 제시한 바와 같이 부처 내 배타적 보직 경로 개발을 지양하고, 다양한 부처에서 근무한 경험을 토대로 고위직을 수행하는 부처 간 보직 경로 개발을 설계할 필요도 있다. 특히, 인사제도 개혁 부문에서 제시한 코로나19 이후의 정책 난제를 새로운 방식으로 해결하기 위해 클라우드 공무원단과 같은 유연한 관료조직 운영도 다양한 방식으로 도입을 검토할 필요가 있다. 이를 위해서는 현재 활용 중인 파견직과 임시 정원 및 별도 정원의 발전적 방안을 모색하는 방법과 계약직을 비롯한 다양하고 유연한 고용 형태를 포함한 적극적인 클라우드 공무원단제도 설계에 대한 고려도 필요하다. 동시에, 정책실험실(policy lab)의 상설화를 통해 다양한 혁신적 방법을 실험적으로 도입해 혁신 이전에 타당성을 검증하는 것을 토대로 애자일 역량을 높일 수 있다. 장기적 관점으로는, 관료제를 토대로 구성되는 정부조직의 기본 설계에 대한 재검토가 필요하며, 애자일 기반 정부 운영을 확산하고 정착시키기 위해 법제적인 검토도 필요하다.

4. 와해성 기술을 활용한 디지털 기술 기반 정부

제4차 산업혁명과 디지털 전환은 코로나19 발생 이전부터 강조됐지만, 코로나19로 인해 더욱 가속화되고 있다. 코로나19에 대응하기 위해 제4차 산업혁명의 주요 기술인 인공지능(AI), 빅데이터, 사물인터넷(IoT) 등의 활용이 강화되고 있으며, 비대면 수요의 급증으로 디지털 경제로의 전환도 가속화되고 있다. 코로나19에 대응하는 과정에서 기술의 활발한 활용은 디지털 기술의 중요성을 더욱 강화하고 있다.

코로나19 이후 시대에 발생할 수 있는 복잡한 난제를 해결하기 위해 정부는 새로운 기술을 적극적으로 활용하고, 이를 통해 이러한 문제 해결 능력을 갖춘 지능형 정부, 디지털 기술 기반 정부로 진화해야 할 것이다(문명재, 2017). 디지털 기술 기반 정부(digital technology-enabled government)는 기존의 전자정부를 뛰어넘는 새로운 정부혁신이다. 인공지능과 빅데이터를 활용해 다양한 정책 데이터를 수집 및 분석하고, 더 나아가서는 이를 학습할 수 있는 시스템을 구현함으로써 정책결정이나 공공서비스 제공에 활용할 수 있도록 한다. 이미 인공지능을 활용해 코로나19와 포스트코로나를 대비한 연구가 이뤄지고 있으며, 바이오 기업뿐만 아니라 정부 차원에서도 관련 연구에 자금 지원과 직접 연구를 수행하고 있다(황현주, 2020).

우리나라는 현재 세계 최고 수준의 전자정부 인프라와 서비스 등을 갖추고 있고, 디지털 기술에 대한 국민의 이해(digital literacy)도 높다. 디지털 기술 기반 정부를 위한 기반이 다른 나라에 비해 상대적으로 잘 갖춰져 있으며, 그동안 다양한 디지털 정부 시스템이 구축돼 운영되고 있다. 그러나 앞으로 해결해야 할 과제도 여전히 많다. 원스톱 서비스(one stop service)를 넘어서 개인이 필요한 다양한 공공서비스를 특별한 신청 절차 없이 자동적으로 시민들에게 맞춤형 서비스 형태로 제시/제공되는 노터치 정부(no touch government)로 진화해야 한다. 이를 위해서는 공공 데이터뿐만 아니라 다양한 데이터가 연계되고 활용돼야 한다. 한편 민간 협력을 위한 공공 데이터 관리와 활용이 현저보다 더욱 활성화돼야 하고, 디지털 취약계층에 대한 격차 해소도 필요하다. 특히 포스트(위드)코로나 시대의 비대면 생활의 확대에 맞춰 비대면 공공서비스 제공 방식을 확대해 나갈 필요도 있다. 디지털 기반 정부는 인공지능, 사물인터넷, 드론 등 다양한 기술을 적극적으로 활용할 때 구현된다. 무엇보다도 복잡하고 불확실한 사회문제를 효과적으로 해결할 수 있도록 내부 차원의 행정 절차와 외부 차원의 서비스 제공을 통해 초지능형 정부 구현을 위해 지속적으로 노력해야 한다.

5. 시민 중심적 공동생산 정부

공동생산은 주로 시민과의 협력을 통해 효과적으로 서비스를 생산하고 전달하는 것을 총칭한다. 주로 정책의제 설정 단계부터 공공서비스 제공 단계에 정부와 시민이 함께 협력하는 공동아이디어(co-idea), 공동디자인(co-design), 공동서비스 제공(co-delivery) 등을 포함한다. 코로나19의 세계적 대유행을 효과적으로 막는 과정에서 시민의 자발적인 참여와 협력이 강조되면서 시민과 정부의 공동생산의 중요성이 더욱 부각됐다.

시민 중심적 공동생산 정부(citizen-centric coproduction government)는 공공과 민간의 역량을 활용하는 것이기 때문에 다양한 모습으로 나타난다. 예를 들면, 하향식 협력은 시민들이 정부 정책을 효과적으로 만들 수 있게 하고, 상향식 협력은 시민이 제안한 아이디어가 구체적으로 정책화될 수 있도록 한다. 하지만 어떠한 협력 방식을 취하든 간에 정부는 다양하고 광범위한 소통을 기반으로 시민과의 협력을 위해 노력해야 한다. 특히 코로나19와 같은 난제는 정부 단독으로 해결하는 것은 불가능하다. 정부는 공공기관과의 협력뿐만 아니라 기업, 민간 연구소, 비영리조직, 시민단체와 시민과 협력하면서 미래 난제를 해결해야 한다. 특히, 공동생산 정부는 시민의 자발적 참여가 정책의제 형성, 결정, 집행, 평가 등 전 과정에서 이뤄질 때 제대로 구현될 수 있다.

공동생산 정부의 실현을 위해서는 민간 참여를 보장할 수 있는 다양한 제도의 마련과 기술적 역량이 필요하다. 정책 과정에서 형식적인 시민 참여를 보장하는 것이 아니라, 실질적인 참여가 지속될 수 있는 제도가 요구된다. 또한, 지속적인 공동생산을 위한 정부 역량을 키워 가야 할 것이다(Jasper & Steen, 2020). 이와 같은 역량은 디지털 플랫폼을 활용해 향상시킬 수 있다. 엑센츄어(Accenture, 2017)는 플랫폼 정부서비스가 협력적 혁신을 만들어 내는 공동생산을 가능하게 할 것으로 판단했다. 플랫폼 정부 서비스는 다양한 혁신을 위해 시민, 기업, 정부기관 등 다양한 채널에서 새로운 아이디어를 공급받기 위한 플랫폼 정부 형태다(문명재, 2017). 미래의 공동생산 정부는 디지털 기술 기반 플랫폼을 토대로 더욱 진화할 것으로 예측된다. 코로나19 대응 과정에서 시민들이 자발적으로 정부가 제공한 마스크 판매

데이터를 활용해 실시간으로 마스크 재고를 확인할 수 있는 앱를 개발해 휴대전화기를 통해 공유한 사례는 공동생산의 모범 사례라고 할 수 있다. 국민신문고나 광화문1번가라는 디지털 플랫폼을 통해 국민들이 적극적으로 정부혁신안을 제안하거나 정책 아이디어를 제시할 수 있도록 공동아이디어와 공동생산의 범위를 넓히고 이를 통해 국민의 정책효능감을 제고해 나가야 한다.

한편 시민 중심 정부는 지금까지 논의한 정부혁신의 방향 속에서 공통적으로 구현해야 하는 정부혁신이다. 즉, 예견적 정부와 회복탄력적 정부, 애자일 조직 기반 정부와 디지털 기반 정부, 공동생산 정부혁신을 구현하는 데 모두 시민 중심 정부를 목표로 해야 한다. 이는 새로운 환경에 대비함으로써 시민을 보호하고 포용성 확보와 지속 가능한 가치를 생산하기 위한 정부혁신 방향이다. 시민 중심 정부는 정부서비스의 효율적인 운영을 넘어서, 정부서비스에 포용성이 담겨야 한다는 요구다. 따라서 다양한 시민의 요구와 필요를 이해하고 충족시킬 수 있는 역량 높은 공무원 조직으로의 변화가 필요하다. 또한, 정부의 역량과 기술은 공공서비스의 품질을 향상시키고 공적 가치를 담아 내는 수단으로서 적극적으로 활용해야 한다.

제5절_ 남겨진 과제들

코로나19와의 전쟁은 3년째 계속되고 있다. 백신 접종률이 높아짐에도 불구하고 변이로 인해 코로나19 문제는 쉽사리 해결될 기미가 보이지 않는다. 코로나19 대응 경험은 포스트(위드)코로나 시대의 난제 해결형 정부를 구현하기 위한 정부혁신의 중요성과 시급성을 일깨워 준다. 특히, 베버적 시각에 기반한 전통적인 관료제의 특징과 일하는 방식을 재검토하고 코로나19와 같은 난제를 해결하기 위한 유연성, 투명성, 민첩성 그리고 공동생산성을 내재한 미래 정부에 대한 사회적 관심과 요구가 높아졌다. 이에 부응하기 위해서는 앞서 제시한 바와 같이 구체적인 공무원제도 혁신과 일하는 방식에 대한 혁신을 적극적으로 검토해야 한다.

첫 번째, 예견적 접근과 회복탄력적 접근이 필요하다. 미래에 발생할 다양한 문제를 미리 예측하고 선제적으로 대응할 수 있는 데이터 기반 예견적 정부(anticipatory government)와 빠르게 난제에 대응할 수 있는 애자일 정부(agile government)와 회복탄력적 정부(resilient government)를 함께 구현해야 한다. 예견적 정부와 애자일 정부를 동시에 지향하는 것이 전략적 애자일 정부(strategic agile government)라고 할 수 있다. 전략적 애자일 정부의 핵심 요소는 전략적 민감성(strategic sensitivity), 자원의 유동성(resource fluidity)과 협력적 리더십의 통일성(leadership unity)이다(OECD, 2015). 전략적 민감성은 예견적 정부와 관련성이 깊고, 자원의 유동성은 다양한 행정환경 변화 속에서 인적·물적·정보통신자원을 유연하게 활용하는 것이다. 리더십의 통일성은 다양한 부처 간 그리고 민-관의 효과적인 협력과 조정을 위한 전제 조건이다. 한편, 효과적인 참여적·협력적 리더십은 적극적인 법제적 개선과 행정문화의 혁신을 동시에 요구하고 있다. 예견적 접근과 함께 윌다브스키(Wildavsky, 1984)가 강조한 회복탄력적 접근도 미래 정부가 구현하고 강화해야 할 핵심적인 역량이다. 효과적으로 회복탄력성을 제고하기 위해서는 정부의 역량은 물론 민간과 시민들의 참여와 협력이 무엇보다도 중요하다. 특히 중앙정부와 지방정부의 협력적 관계를 구축하고 읍·면·동 등 지역공동체 차원에서의 풀뿌리 자치 역량을 제고할 수 있도록 주민 참여는 물론 주민자치제도와 사회적 혁신 기반을 지속적으로 강화해 나갈 필요가 있다.

두 번째, 협력적 문제 해결이 필요하다. 한편 코로나19와 같은 복합적이고 다차원적인 문제를 효과적으로 해결하기 위해서는 단일부처 단위의 역량보다는 부처 간의 협력적 문제 해결 역량 제고가 더욱 중요하다. 이를 위해서는 부처 간 담장을 허물고 시장과 정부와의 틈을 메꿔 부처 간 협력(Inter-agency cooperation)과 부문 간 협력(Inter-sectoral collaboration)을 제고할 수 있도록 해야 한다. 특히 앞서 제안한 바와 같이 부처별 인력과 예산의 배정 방식을 변화시켜서 부처 간 협력사업을 지원할 수 있는 개방적이고 유연한 인사제도와 예산제도에 대한 혁신이 필요하다. 호봉제 폐지와 직위분류제 도입을 위한 근본적인 제도 개혁도 필요하다. 채용에 대한 혁신과 역량 개발은 물론 부처 내의 배타적인 순환보직제도를 부처 간의 순환보직제도로 바꿔 부처이기주의의 뿌리를 근본적으로 해체하고 부처 간 협력의 토대를 조성해야 한다. 다양한 부처에서 근무한 경험을 가진 공무원은 부처 간 협력에 좀 더 적극적일 가능성이 높다. 한편, 다양한 난제에 효율적으로 대응하기 위해서는 필요에 따라서 클라우드 공무원단제도와 같은 유연한 공무원 조직 형태를 실험적으로 도입해 볼 필요가 있다. 물론 현재의 직업공무원제도 아래에서는 다양한 고용 형태를 전제로 하는 클라우드 공무원단제도를 도입하기는 어렵기 때문에 향후 법제적인 혁신을 통해 좀 더 유연하고 개방적인 공무원제도로 발전시켜 나가야 한다.

세 번째, 난제 해결형 정부를 위해 정부 역량을 강화해 나가면서도 정부의 지나친 비대화(government thickening)의 위험성도 경계해야 한다. 이를 위해 정부자원과 민간자원의 효과적인 활용이 중요하다. 예를 들어, 코로나19와 같은 의료 위기 상황에서는 공공 부문의 의료 역량을 최대한으로 확대해 유지하고, 위기 상황의 종결 시 정부조직의 비효율성을 억제하기 위해 확대시킨 공공 부문의 의료 역량을 시장으로 유연하게 복귀시키는 공–사 간의 전략적 자원 활용 방안을 강구해야 할 필요성이 있다.

앞으로 우리가 맞이할 포스트(위드)코로나시대는 장밋빛이라기보다는 잿빛에 가까울 가능성이 높다. 그럼에도 불구하고 새로운 정부가 들어서게 되면 전략적인 정부혁신을 추진하기보다는 단순한 정부조직 개편에 관심을 두는 경우가 많다. 정부조직 개편은 행정환경에 대한 적극적인 대응이나 문제 해결을 위한 대안으로 제시되기보다는 새로운 정부의 정치적 의지나 상징으로 제시되는 경우가 많다(Ryu, Moon, & Yang, 2020). 정부조직 개편으로 인한 사회적 비용도 만만찮지만 새로운 정부가 들어설 때마다 초기에 상징적으로 정책 의지를 보여 줄 수 있는 수단인 정부조직 개편을 외면하기는 현실적으로 어렵다. 특히 이번 정부는 코로나19와 4차 산업혁명으로 대변되는 대전환의 시기에 중요한 정책문제인 기후 변화와 환경(Green), 데이터(Dada), 팬데믹(Pandemic), 그리고 안전과 사회안전망(Safety and Safety Net)을 핵심적인 정책 분야(GDPS)로 다룰 가능성이 높다. 그러나 우리 사회가 오랫동안 경험하고 있는 저출산과 고령화, 양극화 그리고 사회갈등 문제나 국제사회가 함께 해결해야 할 기후 변화 문제는 단순한 조직 개편으로 해결될 문제가 아니다. 난제의 특성상 오히려 시간이 지날수록 문제는 심화되고 해결은 어려워진다. 다양한 법·제도적 장애물에도 불구하고 새로운 정부는 단순한 조직 개편을 통한 표면적인 혁신이 아니라 난제 해결형 정부 구현을 위해 인사제도 혁신부터 데이터 기반 예견적 정부와 애자일 정부에 이르기까지 다양한 분야의 정부혁신을 더욱 빠르고 적극적으로 추진해야 할 이유다.

복습 문제

- 난제 해결형 정부에 요구되는 중요한 역량은 무엇이라고 생각하는지 자유롭게 제시해 보시오.
- 우리나라 정부의 코로나19에 대한 주요 대응 정책을 VUCA의 관점에서 분석해 보고, 네 가지 특징 중 강점과 약점에 대해 알아보시오.
- 제4절에서 제시된 네 가지의 인사제도 개혁안 중 가장 타당성과 실현가능성이 높다고 생각되는 방안을 골라보고, 해당 방안을 선택한 이유에 대해 자유롭게 논해 보시오.
- 미래 정부에 적합한 정부 형태와 혁신 방향성은 어떠해야 한다고 생각하는지 알아보시오.
- 전체적 내용을 고려해서 현재 시급성이 높은 정책 분야인 환경(Green), 데이터(Dada), 팬데믹(Pandemic), 그리고 안전과 사회안전망(Safety and Safety Net)에 대응하기 위한 난제 해결형 정부에 요구되는 역량은 무엇이 있을지 알아보시오.

제11장

공직윤리와 문화

학습 목표

- 역대 정부에서 공직윤리를 확립하기 위한 다양한 법적·제도적 장치를 마련해 왔으나 국민의 눈높이에 아직 이르지 못하는 근본 이유는 윤리 문제가 외부의 제재보다는 내면의 의식 변화에 크게 영향을 받기 때문이다.
- 공무원을 포함한 모든 공직자는 「대한민국헌법」 제7조에 따라 국민 전체에 대한 봉사자로서 국민에게 책임을 지므로 공직자들이 직무 수행을 통해 봉사하는 국민의 지위에 대한 인식이 매우 중요하다.
- 대한민국이 발전하는 과정에서 국회·정부·법원 등 국가기관과 국민의 관계가 그동안 어떻게 변화돼 왔고, 이것이 공직자의 태도와 공직윤리관 확립에 얼마나 영향을 미쳤는지 살펴본다.
- 주권자인 국민과 통치권을 수임·행사하는 국가의 관계를 극장모형으로 살펴봄으로써 인권과 ESG 등 사회적 가치를 구현하는 공직자의 역할과 바람직한 행정문화의 방향을 모색한다.

제1절_ 공직윤리

1. 의의

공직 기강의 일반적 의미는 "공직자가 자신이 맡은 공공 업무를 수행하면서 준수해야 할 공식적·비공식적 규범의 총체"를 말한다(유승현, 2020). 공식적 규범에는 법령의 규정과 이를 근거로 발령하는 복무지침 등이 있고, 비공식적 규범에는 공직자의 공복(公僕, public servant) 의식에 따라 자연스럽게 표출되는 행동의 준거 기준인 조직문화 등을 들 수 있다. 그런데 공직 기강이라는 말에는, 제4공화국 정부의 공직자 서정쇄신 작업과 제5공화국 정부의 사회정화 조치로 수천 명의 공직자가 기강 확립 차원에서 강제 해직된 것처럼 공직자는 사정(司正) 작업의 객체로 인식할 소지가 있다.

청렴은 부패하지 않은 바람직한 공직 가치를 말한다. 국민권익위원회가 발표한[1] 2021년도 국제투명성기구(Transparency International: TI) 국가청렴도(Corruption Perceptions Index: CPI)에서 보는 바와 같이 청렴이라는 말에는 재물과 권세에 물들지 않은 깨끗한 공직자의 상(像)을 표방하고 있다. 2015년 인사혁신처가 공무원과 국민 5천 명을 대상으로 실시한[2] 설문조사에서 현재와 미래에 가장 필요한 윤리관으로 청렴이 나온 것처럼 공직자 개인은 물론 공직사회에도 필요한 덕목이다.

공직윤리는, 좁게는 '공직자의 도덕성(morality)'을 의미하지만 넓게는 "공직자가 옳거나 그릇된 행위를 구별하고 옳은 행위로 안내하는 공적 가치 기준"으로 볼 수 있다(라영재, 2012). 공직자를 비리 척결 대상으로 보지 않고 스스로 도덕적인 판단을 내리고 행동하는 인격 주체라는 뜻이 담겨 있다. 따라서 2005년부터 2008년까지 존재했던 국가청렴위원회가 국민권익위원회로 통합·폐지된 후에는 공직 기강이나 청렴보다는 공직윤리라는 말이 더

---

[1] 국민권익위원회 보도자료, 2022.1.25. "2021년도 국제투명성기구(TI) 국가청렴도(CPI) 대한민국 세계 32위, 62점으로 역대 최고."

[2] 인사혁신처 보도자료, 2015.7.9. "공직자가 갖춰야 할 필수적 공직가치는 청렴성: 국민·공무원 대상 현재와 미래의 공직 가치 설문조사 결과."

널리 사용되고 있다.

　우리나라에서 공직윤리 확립을 위해 최초로 제정한 법률은 1981년 말 제5공화국 정부에서 구 총무처가 입안해 1983년부터 시행하고 있는 「공직자윤리법」이다. 몇 차례의 정부조직 개편을 거쳐 지금은 인사혁신처가 이 법을 관장하며 고위공직자의 재산등록·공개, 주식백지신탁, 취업·행위 제한, 선물 신고 업무를 담당하고 있다. 인사혁신처가 관리하는 공직윤리시스템(peti.go.kr)에서는 「공직자윤리법」의 목적을 "공직자의 공익과 사익 간 이해 충돌 방지 및 직무의 공정성 확보를 통해 국민에 대한 봉사자로서 요구되는 공직윤리 확립"에 두고 있다.

　공무원을 포함한 공직자는 「정부조직법」을 비롯한 개별 법령에 따라 소속이 정해지고 일하므로 담당 업무는 당연히 공익성을 가진다. 이는 「공익신고자 보호법」 제2조에서 공익 침해행위에 대해, 같은 법 [별표]에서 열거하는 471개 법률의 벌칙 행위로 정의한 것을 보더라도 쉽게 알 수 있다. 즉, 국민의 건강과 안전, 환경, 소비자의 이익, 공정한 경쟁 및 이에 준하는 공공의 이익을 보호하기 위한 대부분의 실체법 규정은 공익을 목적으로 하므로 공익을 위해 일하는 공직자는 국민 전체에 대한 봉사자라는 말과 같은 의미가 되는 것이다.

　직무를 공정하게 수행한다고 해서 행정의 이념 중 공정성만 달성하면 된다고 좁게 해석할 필요는 없다. 합법성, 형평성, 책임성은 물론 민주성, 효율성, 중립성, 합리성 등의 이념도 함께 고려해야 한다. 그리고 직무의 범위에는 법령에 열거된 것은 물론, 사회적 가치 향상 등 공익에 부합되는 업무를 창의적으로 개발하고 추진할 수 있다. 요컨대 공직윤리란 공직 수행을 통해 기대하는 바람직한 행동 준거로부터 사적 영역에서 요구되는 이해관계를 어떻게 구분해 행동할 것인가에 대한 공직자의 복무 자세로 귀결된다.

2. 거버넌스와 극장모형

　공직윤리의 필요성과 내용을 알아보려면, 헌법에서 규정하고 있는 국가의 통치기구, 국민과 공직의 관계부터 정확히 이해할 필요가 있다.

1) 거버넌스 체계

「대한민국헌법」에 규정된 권력구조를 기반으로 거버넌스 체계를 [그림 11-1]을 통해서 보면 다음과 같다(김명식, 2019: 77-79).

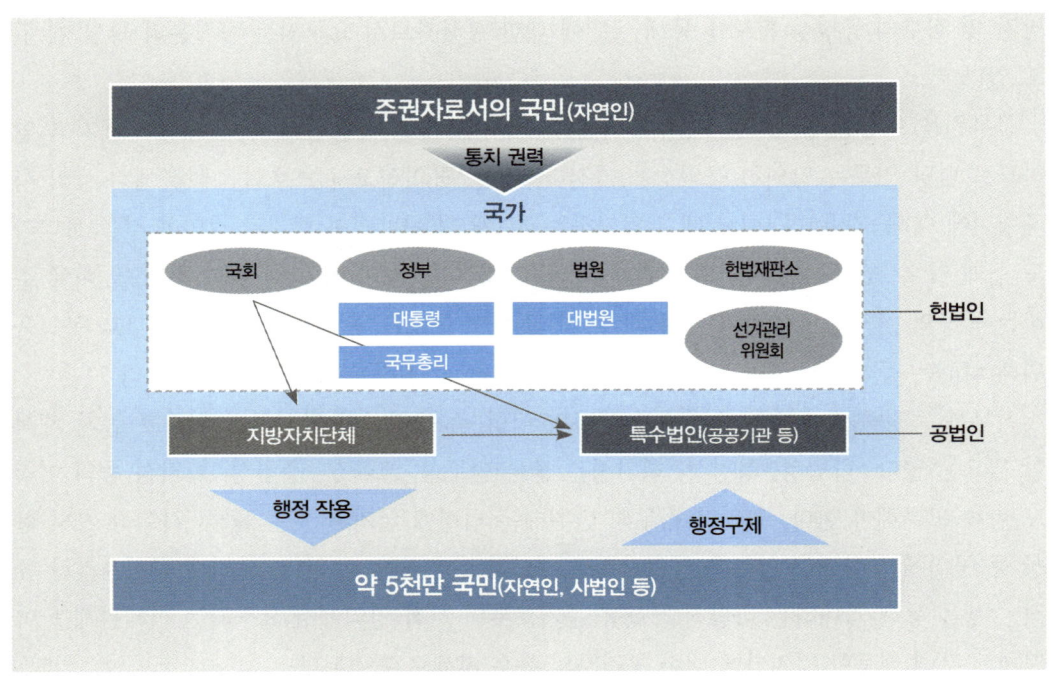

[그림 11-1] 대한민국헌법상 거버넌스 체계

그림의 맨 위에 표시한 국민은 현행 헌법 제1조 제2항에 있는 "대한민국의 주권은 국민에게 있고 모든 권력은 국민으로부터 나온다."는 규정에서 주권자를 의미한다. 국민에게서 나온 '모든 권력'은 국가로 들어가서 통치권의 근거가 됨을 보여 주고 있다.

가운데 큰 네모 속 국가를 구성하는 타원형 안의 기관들은 모두 헌법의 통치기구 이름들이다. 국민이 권력을 국가에 넘기는 이유는, 제헌 헌법 제5조에 규정된 것처럼 국가로부터 정치, 경제, 사회, 문화의 모든 영역에서 자유, 평등과 창의를 존중받고 보장받기 위함이다.

이를 위해 국민은 국민투표와 선거를 통해 권력을 국가에 이양해 국회에는 입법권을, 대통령을 수반으로 하는 정부에는 행정권을, 대법원을 최고법원으로 하는 법원에는 사법권을 각각 부여해 상호 견제와 균형을 유지하고 있다. 헌법재판소와 선거관리위원회는 각각 행사할 권한이 헌법에 열거돼 있다.

국가는 「대한민국헌법」 규정에 따라 국민을 위한 각종 의무를 수행하는 시원적(始原的) 행정주체이므로 '헌법인(憲法人)'이라 할 수 있다. 국민의 선거로 구성된 국회는 입법권을 통해 각 기관에 국민을 위해 일정한 권한을 행사할 공직자의 정원과 예산을 배분한다. 즉, 국민은 주권자이면서 동시에 행정의 대상자가 된다. 행정법학은 행정 주체가 행정 객체에 행하는 처분 등 행정 작용의 요건, 절차, 효력 등과 관련된 권리·의무 관계를 주로 다루지만, 행정학은 행정 작용에 필요한 인적·물적 자원을 누가 어떻게 결정·집행·평가하는지를 연구한다.

위 그림에서 지방자치단체에 관해서는 헌법 제8장에서 지방의회를 둔다는 규정을 제외하고는 대부분 법률로 정하도록 위임하고 있다. 지방자치단체는 국가기관인 국회가 제정한 「지방자치법」 제3조에 따라 법인격을 가지므로 공법인(公法人)이다. 따라서 헌법인과는 모자(母子) 관계라 할 수 있다.

특수법인에 관해서는 헌법 제89조의 국영기업처럼 「민법」이나 「상법」에 의한 사법인(私法人)과 달리 국가와 지방자치단체가 필요에 따라 개별적으로 특별법 또는 조례로 설립하는 공법상의 법인을 말한다. 따라서 특수법인도 설립 주체인 국가(헌법인) 또는 지방자치단체(공법인)와 모자 관계라 할 수 있다. 특수법인 중 국가 예산이 상대적으로 많이 투입되는 공법상 재단법인과 공기업(법인)의 경영상 책임성을 높이기 위해 정부는 「공공기관 운영에 관한 법률」을 제정해 공공기관으로 매년 지정해 별도로 관리하고 있다.

요컨대 국가는 국민에게서 나온 권력을 기반으로 다양한 하부조직을 만들어 직접 권한을 행사하고, 지방자치단체나 특수법인에게도 권한의 일부를 이양, 위임, 위탁해 국민 전체를 대상으로 다양한 서비스를 제공하는 인격체다.

2) 극장모형

앞쪽의 거버넌스 체계도를 다음 [그림 11-2]의 극장모형으로 설명하면 다음과 같다(김명식, 2019: 155-156).

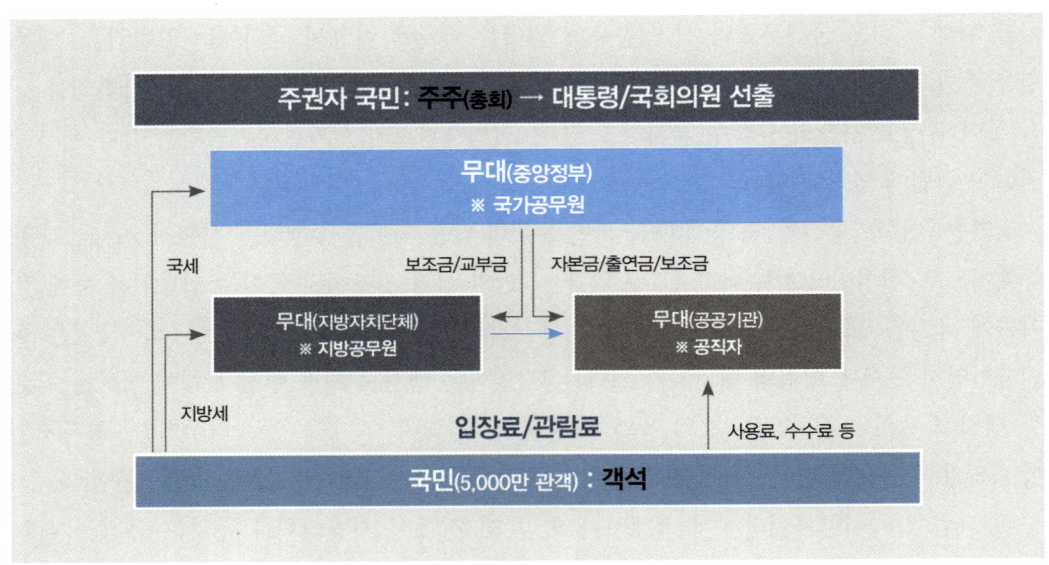

[그림 11-2] 대한민국 극장모형

　주권자인 국민은 대한민국 극장의 주주이면서 관객이 된다. 무대는 국가인 중앙정부를 비롯해 지방자치단체와 각종 특수법인(특히 공공기관) 등 세 유형이 있다.
　공직자는 각 무대 위에서 연기하는 사람들이다. 주주들은 4~5년마다 정기총회를 열어 극장과 무대를 관장하는 대표자(대통령 등)와 임원(국회의원 등)을 선출한다. 극장의 건물은 외부의 침입으로부터 안전하게 보호돼야 하며 비가 새거나 무너지지 않도록 유지관리를 잘해야 한다. 또 극장 안의 관객들이 편하게 관람할 수 있게 내부 질서를 유지하고 쾌적한 환경도 조성해야 한다.
　극장의 감독은 좋은 작품을 만들어 무대 위에 올림으로써 극장을 찾는 관객들이 지출하는 입장료와 관람료가 아깝지 않도록 해야 한다. 이를 위해서는 작품의 내용과 구성이 좋아야 함은 물론이고 극장의 시설과 무대 위에서 연기를 펼치는 공직 연기자의 실력도 뛰어나야 한다. 그렇지 않으면 관객들은 실망하고 다른 극장으로 떠나 버릴 것이다.
　무대 위 공직자는 연출가(법령, 정부수반 등)가 지정한 세트(조직)와 공연하는 작품(정책)별로 각자 맡은 역할에 최선을 다해야 한다. 세 유형의 무대는 상호 유기적으로 협력하고 소통할 필요가 있다. 국가는 극장에 들어오는 국민으로부터 받는 다양한 재원(국세, 지방세, 수수료 등)을 통해 지방자치단체에는 보조금이나 교부금을, 특수법인에는 자본금, 출연금, 보조금 등을 각각 지원하고, 지방자치단체도 직접 설립하는 특수법인에게 자본금이나 출연금 등을 주기 때문이다.

공무원은 국가에 소속된 국가공무원과 지방자치단체에 소속된 지방공무원을 가리키고, 공직자는 공무원 외에 공공기관을 포함한 특수법인 구성원까지 모두 아우르는 말이다. 다만 공무원과 달리 특수법인의 유형은 매우 다양하여 인력 규모를 정확하게 파악하기가 어렵다. 그래서 경제협력개발기구(OECD)의 일반정부(general government) 개념을 원용해 보면 〈표 11-1〉과 같이 개략적인 규모를 추정할 수 있다(김명식, 2019: 104).

〈표 11-1〉 공직자 전체 정원 규모(추정)

계	국가공무원	지방공무원	특수법인(공공기관)
1,770,652명(100%)	887,572명(50.1%)	420,171명(23.8%)	462,909명(26.1%)

※ 국가공무원에는 병역 의무를 이행하기 위해 복무 중인 현역병 제외.
※ 특수법인(공공기관)에는 협회·조합 등 공법상 사단법인 종사자는 불포함.

위 표의 숫자는 2019년 6월 기준으로 행정안전부와 기획재정부가 관리하는 홈페이지에 공개된 자료와 개별 기관의 직제 규정 등에 있는 정원 숫자를 기준으로 파악한 것이다. 법령마다 기준 일자가 다르고, 직무 특성상 정원이 대외비로 관리되거나 공공기관으로 지정되지 않은 특수법인 등은 추정했으므로 정확한 수치는 아니다. 하지만 개략적으로 볼 때, 국가예산이 지급되는 비정규직, 시간제 근무자, 현역병까지 다 포함하면 200만 명이 넘는 공직자가 5,000만 명의 국민을 대상으로 일반정부의 무대에서 다양한 서비스를 제공하고 있다고 추정할 수 있을 것이다.

3. 극장모형과 윤리제도

1) 공직윤리 관련 규범

공직윤리와 관련된 각종 법·제도 규범의 문장 구조를 보면, 공직자가 지켜야 하는 작위의무 또는 부작위(금지) 사항을 섞어서 규정하고 있다. 어떻게 표현돼 있더라도 의무 사항을 위반하면 징계처분이나 형사처벌 등 제재를 받는다는 점에서는 다를 바 없다. 〈표 11-2〉는 공직윤리에 관한 규정이 들어 있는 법률의 이름과 그 시행 연도를 적용 대상자별로 구분해 정리한 것이다. 법률 전체가 공직윤리에 대한 것이 있는가 하면 법률 중 일부 장(章) 또는 일부 조항(條項)만 공직윤리를 규정하는 등 목적과 대상에 따라 차이가 있다.

〈표 11-2〉 공직윤리 관련법 및 제정 연도(예시)

공무원 대상	공직자 대상	공공기관 직원 대상
「국가공무원법」 「경찰공무원법」 「소방공무원법」 「교육공무원법」 「외무공무원법」 「군인사법」 「군무원인사법」 「국가정보원직원법」 「지방공무원법」 「공무원범죄에 관한 몰수 특례법」 「형법」 제7장	「공직자윤리법」(1981) 「공직자 등의 병역 사항 신고 및 공개에 관한 법률」(1999) 「부패 방지 및 국민권익위원회의 설치와 운영에 관한 법률」(2008) 「공익신고자 보호법」(2011) 「부정 청탁 및 금품 등 수수의 금지에 관한 법」(2015) 「공직자의 이해충돌 방지법」(2021)	「지방공기업법」(1969) 「정부출연연구기관 등의 설립·운영 및 육성에 관한 법률」(1999) 「과학기술 분야 정부출연연구기관 등의 설립·운영 및 육성에 관한 법률」(2004) 「공공기관의 운영에 관한 법률」(2007) 「지방자치단체 출자·출연기관의 운영에 관한 법률」(2014)

표에는 법률만 예시돼 있으나 공직자는 대통령령인 「공무원 행동강령」에 따라 중앙행정기관장이 훈령·예규 등으로 정한 자체 행동강령과 대통령훈령인 「공무원 헌장」 및 국무총리 훈령인 「공무원 헌장 실천강령」에 포함된 것도 다 지켜야 한다.

(1) 공무원 대상 법률

일반법인 「국가공무원법」과 특정직 공무원인 경찰, 소방공무원 등 특별법에서 적용할 복무상의 의무 규정을 열거하고 있다. 구체적으로 보면, 「국가공무원법」 제7장에는 선서 의무, 성실 의무, 복종의 의무, 직장 이탈 금지, 친절·공정의 의무, 종교 중립의 의무, 청렴의 의무, 외국 정부로부터 영예 등을 받을 경우 허가받을 의무, 품위 유지의 의무, 영리 업무 및 겸직 금지, 정치운동의 금지, 집단행위의 금지 등이 있고, 특정직 공무원법에서는 직무의 특성에 맞게 거짓 보고 금지, 복제(服制), 무기 휴대 등 일부 의무가 추가돼 있다. 위반한 사람은 대개 징계 책임을 지지만 「형법」 제7장의 '공무원의 직무에 관한 죄'에 해당하면 형사책임까지 질 수 있다.

(2) 공무원과 주요 공공기관의 임원까지 적용하는 공직자 대상 법률

1981년 말 「공직자윤리법」을 제정할 당시에는 재산 등록, 취업 제한, 선물 신고 사항만 들어 있었으나, 2005년에 주식백지신탁제도가 도입됐다. 그 후 병역 사항 신고, 공익신고자 보호, 부정 청탁 금지, 이해 충돌 방지 등 경제·사회 변화와 함께 새로운 의무 사항을 포함하는 법률들이 공무원 외에 공공기관 직원에게도 적용하는 입법 조치들이 이뤄졌다. 특히 2019년부터는 매년 「공직자윤리법」을 개정해 재산 등록 의무자 확대, 부동산 형성 과정 기재 의무화, 주식 관련 이해 충돌 방지 강화, 퇴직 공직자 행위 제한 강화 등 공직자의 의무를 계속 강화해 왔다. 이는 국민의 세금이 직·간접으로 투입되는 특수법인의 구성원에게도 공무원에 버금가는 정도의 공직윤리성이 요구됐기 때문이다.

(3) 공공기관의 임직원에게만 적용되는 법률

공공기관 직원이라도 특히 뇌물 수수와 관련된 죄를 범하건 형법상 공무원으로 간주해 벌칙을 적용한다. 또한 공익적 업무를 담당하므로 개별 설치법에서 직무상 비밀 엄수와 정치적 중립에 관한 규정이 대체로 적용된다. 다만 공공기관의 직원은 법치행정 원칙이 엄격하게 적용되는 공무원과 달리 「근로기준법」과 「노동조합 및 노동관계조정법」 등 복무에 관해서는 사적 자치(私的自治)의 원칙도 적용되므로 개별법의 제정 목적에 따라 기관별로 직원이 부담하는 의무 내용에 차이가 있다.

2) 무대와 객석의 관계 변화

공직윤리와 관련된 법규범이 그동안 지속적으로 늘어나게 된 배경을 극장모형의 관점에서 [그림 11-3]을 통해 보면 다음과 같다(김명식, 2019: 157~159).

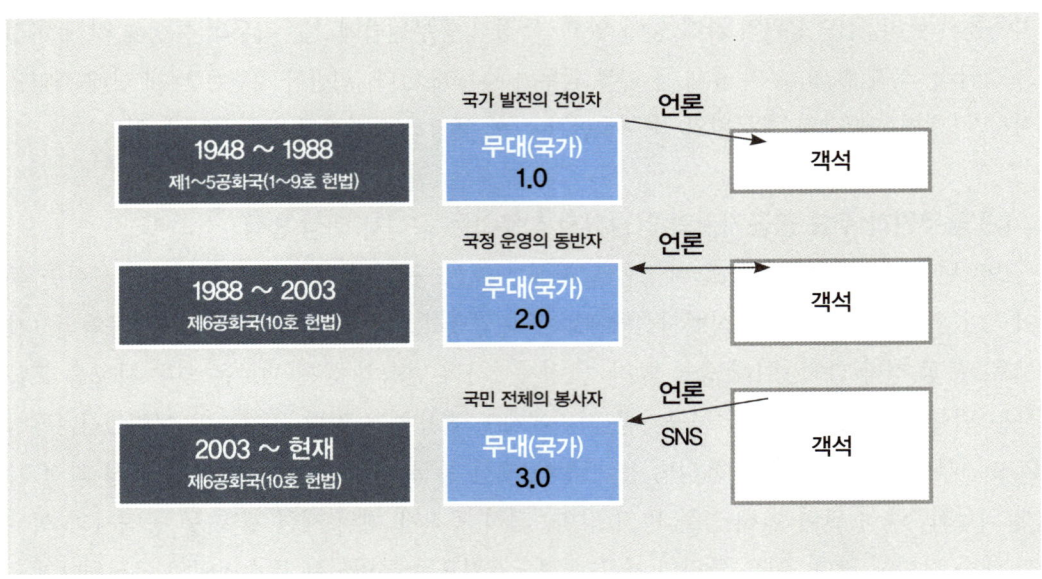

[그림 11-3] 무대와 객석의 관계 변화

    역대 정부가 대한민국 극장을 꾸준히 리모델링함으로써 무대와 객석 간의 위상 변화가 크게 달라진 모습을 3단계로 구분할 수 있다. 무대가 객석보다 높은 시기는 무대 1.0, 둘 다 비슷한 높이의 시기는 무대 2.0, 객석이 무대보다 높은 시기는 무대 3.0으로 각각 나눠 설명한다.
    그림에서 알 수 있듯이 무대인 정부의 위치는 별로 달라지지 않았으나 국민이 일상생활을 하는 민간 부문(시장)인 객석은 발전을 거듭하면서 무대보다 훨씬 높아졌다. 이처럼 시장의 규모가 급속도로 성장한 배경에는, 제헌헌법에서 자유민주주의 체제를, 3호 헌법에서 시장경제 체제를 각각 도입함으로써 경제적 산업화를 통한 정치적 민주화까지 함께 이루게 됐다는 사실은 누구나 공감하는 바이다.

(1) 무대 1.0: 이승만 정부 ~ 전두환 정부

    이 단계의 초기에는 6·25전쟁의 참화를 딛고 하루바삐 세계 최빈국의 굴레를 벗어나는 것이 국가의 최우선 과제인 만큼 나라의 기초를 다지는 데 주력했다. 신생국의 관객들은 입장료를 내기 어려울 정도로 가난해서 그나마 형편이 좀 나은 정부가 국가를 이끌어 갈 수밖에 없어서 객석은 무대보다 위상이 낮았다.

무대 위의 공직자들은 국가 발전을 이끌어 간다는 자부심과 긍지를 가지고 열심히 일했다. 토지 개혁, 전쟁 후 복구사업, 고속도로와 철도, 공항 건설 등 사회간접자본의 축적, 경제개발 5개년계획, 경제사회발전계획, 산림녹화, 외자 도입을 통한 중화학공업과 대규모 공업단지 육성, 자조·근면·협동을 토대로 한 전국적 새마을운동, 한강종합개발사업 등 정부가 앞장서 추진한 정책들은 민간에만 맡겨서 자율적으로 진행하기는 어려운 사업들이었다.

정부와 공직자들이 '국가 발전의 견인차'로서 마중물 역할을 함으로써 민간 부문이 자생력을 갖기 시작했다. 시장의 경쟁력이 생기게 되면서 객석도 조금씩 높아지게 됐다. 그래도 무대의 위치가 높다 보니 객석에서 무대 위의 상황을 자세히 알기는 어려웠다. 무대 위 소식을 전달하는 언론은 정부가 제공하는 보도자료를 토대로 게재하는 것이 많아 관객의 의견이 정부로 전달되는 데도 한계가 있었다.

(2) 무대 2.0: 노태우 정부 ~ 김대중 정부

무대 1.0 시기에 축적된 자본력과 대량 생산 체제로 국민의 배고픔 문제는 상당히 해소됐다. 국민의 경제적 욕구가 충족되면서 자유와 문화적 수요가 급증했다. 특히 서울올림픽을 계기로 무대와 객석의 높이가 비슷하게 됨에 따라 무대에서 관객으로 향하는 일방통행 방식의 통치가 아니라 무대 위 공직자와 객석의 국민·기업 등이 '국정 운영의 동반자'로서 함께 협력하며 문제를 해결해 나가는 거버넌스(governance)로 전환됐다.

이 단계에서 주목할 만한 정부의 주도적 사업은 오늘날 IT 강국의 기초를 다지게 된 전국의 초고속망 구축, 신도시 건설, 인천국제공항의 건설 등을 들 수 있고, 무대 1.0 시기에서 유보 또는 연기됐던 소프트웨어 측면에서 국민의 참여를 확대하는 조치들이 많았다. 금융실명제, 「행정절차법」과 「공공기관의 정보공개에 관한 법률」, 「전자정부법」 등이 제정됐고, 「지방자치법」 개정 등 국민의 지위를 향상하는 다양한 입법 조치가 단행됐다. 다만 무대 1.0에서 무대 2.0으로 도약한 것에 대해 너무 일찍 샴페인을 터뜨린 탓으로 아시아 외환 위기를 겪고 국제통화기금(IMF)으로부터 구제금융을 받아 타율적으로 정부가 구조 조정을 하게 된 것은 아쉬운 점이라 할 수 있다.

(3) 무대 3.0: 노무현 정부 ~ 현재

이 단계는 인터넷이 행정에 본격적으로 활용됐고 무선통신과 스마트폰의 보급으로 국민의 삶의 질이 크게 향상됐다. 민간 부문의 발전은 객석의 위상을 자연스럽게 무대보다 높게 만들었다. 이제 공직자는 헌법상 '국민 전체의 봉사자'라는 본연의 지위로 돌아갔다. 이 시기에는 객석이 훨씬 높아 무대 뒤까지 잘 볼 수 있게 됐다. 더욱이 많은 국민은 스마트폰을 갖고 다니는 카메라 기자 역할을 하면서 무대 위 정책이나 공직자의 비위(非違)까지 쉽게 찾고 있다.

사적 자치의 원리가 지배하는 민간 부문은 법치행정의 원리가 적용되는 공공 부문보다 변화의 속도가 빠르다. 이는 2000년대 이후 우리나라의 국민총생산(GDP)이 가파르게 성장한 [그림 11-4]의 그래프를 봐도 쉽게 이해된다.

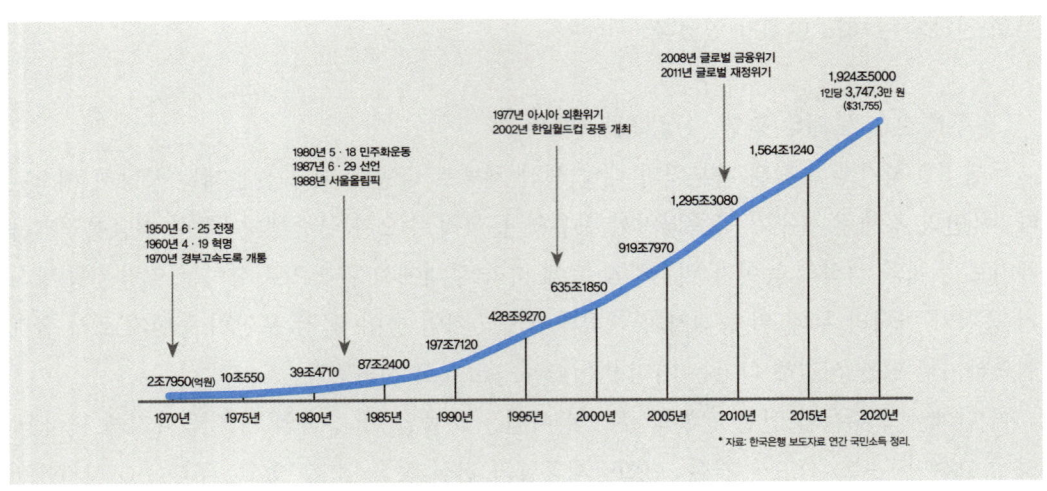

[그림 11-4] 우리나라 총 GDP 규모 변화

정부의 예산 규모가 매년 증액돼도 시장경제보다 빨리 확대되기는 어려우므로 시간이 흐를수록 객석이 무대보다 높아지는 것은 자연스러운 현상이다. 위 그림의 그래프를 통해 신생국 대한민국(헌법인)의 성장 과정을 보면 마치 자연인이 신생아, 유아기에는 더디게 자라다가 청소년기에 체격이 급속히 커져 성인이 돼 가는 것과 매우 비슷함을 알 수 있다.

3) 공직윤리 관련 법률의 강화 배경

국가 발전에 따라 객석의 국민 위상이 공직자가 일하는 무대보다 훨씬 높아지면서 공직자에 대한 윤리적 기대 수준도 함께 높아졌다. 그래서 공직윤리와 관련된 법률이 많아지고 종래 정부에 위임했던 사항들을 국회가 직접 법률로 구체적이고 세부적으로 정하게 됐다. 1981년 제정 후 30년 동안 네 번 개정된 「공직자윤리법」이 2011년부터는 10년 동안 여섯 번이나 개정된 사실은 공직윤리에 대한 국민의 요구 사항이 크게 늘었음을 보여 준다. 이는 주인과 대리인 관계 모형에서, 주인(국민)이 대리인(공직자)의 비윤리적 행위를 예방하고 불충분한 정보에 의지해 잘못된 의사결정을 할 가능성을 줄이려는 조치라 할 수 있다.

4. 극장모형과 윤리의식

1) 공직 연기자와 일반 연기자

공직윤리를 확립하기 위해 꾸준히 제도를 보완하고 무리한 조치까지 단행한 적도 있었으나, 정치·사회적으로 공직자의 일탈행위는 쉽게 사라지지 않고 있다. 이는 외부의 제재 못지않게 공직자 개개인의 윤리의식 함양이 중요함을 보여 준다. 모든 공직자가 공직을 수직적 상하 구조가 아닌 수평적 극장모형으로 이해하고, 정부라는 무대 위에서 법령에 따라 일정한 기간 배역을 맡아 일하는 사람으로 생각한다면 공직생활에서의 모든 언행에서 관객인 국민을 의식하므로 공직윤리관도 자연스럽게 확립될 것이다.

다만 공직 연기자는 일반 연기자와 무대 위에서 활동한다는 점에서는 다를 바 없지만, 다음과 같이 차이점도 있다(김명식, 2019: 170-172).

(1) 역할의 차이

일반 연기자는 감독에 의해 부여된 배역을 맡아 연기할 때 작가가 써준 시나리오에 따르지만, 공직 연기자는 임명권자로부터 배역만 부여받고 대본은 본인이 직접 작성한다. 물론 자기 마음대로 어떤 내용의 대본을 써도 된다는 의미는 아니다. 법령에 규정된 일반적·추상적 규범에 따라 개별적·구체적인 상황에서 올바르게 판단하고 말과 행동을 해야 한다. 더욱이 모든 공직자에게 똑같이 요구되는 공직윤리 관련 규범이 바라는 테두리 안에서 고객을 위해 자신의 언행을 통해 맡은 역할을 담당하는 것이다.

(2) 급여의 차이

일반 연기자는 역할의 비중과 크기로 출연료가 결정되나, 공직 연기자는 역할의 크기인 직무급 외에 직능급과 성과급도 포함해 연봉이 책정된다. 과거에는 직무 경험을 중시해 특별한 과실이 없으면 경력에 비례해 매년 급여가 인상되는 호봉제를 시행했다. 그러나 외환위기를 겪은 후 공직자에게도 일반 연기자처럼 실적을 반영하고 특히 개방형과 민관 교류의 활성화로 공직에서의 근무 기간이 길지 않아도 민간 경력을 충분히 인정해 공직에서의 연봉을 정할 수 있게 개선됐다.

(3) 신분의 차이

일반 연기자는 영화, 연극, 드라마 등에서 아무런 역할을 맡지 않으면 바로 실업자가 된다. 따라서 광고 모델 등 부수적인 일을 열심히 찾아다니거나 연기력을 향상하기 위해 꾸준히 노력한다. 공직 연기자는 헌법과 법령으로 신분이 보장되므로 일단 법정 절차를 거쳐 무대 위에 들어오면 질병이나 징계 등 특별한 사유가 없는 한 보직(역할)을 계속 부여받을 법적 권리를 갖는다. 이렇게 하는 이유는 만약 정권이 교체될 때마다 당연 퇴직시키는 엽관주의로 운영하는 경우 재임하는 동안 공직자는 퇴직 후를 대비해 자신의 직무를 축재 수단으로 활용할 소지가 크기 때문이다.

(4) 관객의 차이

일반 연기자는 대중들로부터 큰 인기를 얻으면 팬이 많아지고 파파라치 같은 사람들이 따라다니며 사생활을 침해할 우려가 크다. 공직 연기자는 그와 같은 대중적 인기를 얻는 것은 아니지만 활동 무대가 국민 전체를 대상으로 하고, 특히 무대 앞쪽에 있는 고위공직자일수록 언론에 노출되는 빈도가 높으며, 국회 출석·답변 등으로 일반 국민의 눈에 쉽게 띄기 때문에 매사 언행을 조심해야 한다. 국민 스스로 납세자(tax payer) 의식이 커짐에 따라 정부의 재정을 지출하는 공직자의 도덕성에도 큰 관심을 가질 수밖에 없다.

'파티게이트' 존슨 영국 총리 측근 4명 무더기 사임

코로나19 봉쇄 조처 때 총리관저에서 파티를 연 이른바 '파티게이트(partygate)'로 사임 압박을 받고 있는 보리스 존슨(Boris Johnson) 영국 총리의 측근 4명이 3일(현지 시각) 몇 시간 차이를 두고 우르르 사의를 표시했다. 가장 먼저 그만두겠다고 밝힌 이는 무니라 미르자(Munira Mirza) 정책실장이었다. 몇 시간 지나지 않아 잭 도일(Jack Doyle) 총리실 커뮤니케이션 국장이 뒤이어 사의를 밝혔고, 댄 로젠필드(Dan Rosenfield) 비서실장, 마틴 레이놀즈(Martin Raynolds) 수석 비서관이 뒤를 이었다. 비비시(BBC) 방송은 미르자 정책실장을 잃은 것이 존슨 총리에게 가장 큰 타격이 될 것이라고 짚었다. 그는 존슨 총리가 런던 시장이었던 지난 2008년부터 14년간 함께 해 온 최측근이다. 다른 세 명은 파티게이트와 직·간접적으로 연루됐던 인물들로 파티게이트에 대한 대가를 치른 측면이 있다고 방송은 짚었다. 이 가운데 레이놀즈 수석 비서관은 지난 2020년 5월 20일 런던 총리관저 정원 파티 개최를 위해 "(각자 마실) 술을 가져오라"는 내용을 보냈던 인물이다. 그는 당분간 업무를 계속하다 후임자가 정해지면 원래 출신 부처인 외교부로 복귀한다. 도일 커뮤니케이션 국장과 로젠필드 비서실장도 파티게이트와 관련된 인물들이다. 도일 국장은 사표를 내면서 "최근 몇 주간 가족이 끔찍한 대가를 치러야 했다"고 말했다. 앞서 지난달 31일 수 그레이(Sue Gray) 영국 내각부 제2차관(공직윤리담당)은 2020년 5월~2021년 4월 사이에 총리관저에서 이뤄진 16개의 모임을 살펴본 결과 "몇몇 모임에선 정권 핵심에 있는 이들에게 요구되는 높은 기준을 지키지 못했다. (이는) 리더십과 판단이 결여됐던 것"이라고 밝힌 바 있다. 사임 압박이 한층 거세지고 있는 가운데 측근들까지 무더기로 그만두면서 존슨 총리의 입지는 한층 좁아지게 됐다.

(한겨레신문, 2022. 2. 4.)

2) 공직윤리의 확립 요소

(1) 역할 인지

법령에 부여된 역할을 명확히 인식하고 항상 학습하는 것이 중요하다. 헌법과 법령에서 자신이 맡은 사무의 핵심적 내용, 요건과 절차, 효력, 주된 고객이 누군지 숙지해야 한다. 모든 공직 연기자는 국민인 주인으로부터 사무를 위임, 위탁받은 청지기(steward)로서의 사명감을 가져야 한다. 그런데 청지기의 역할은 비중이 매우 다양하다. 역할에 따라 관객의 주목을 받을 수도 있고 그렇지 못할 수도 있다. 공직의 역할은 공직자 개인의 소유물이 아니라 잠시 맡은 것이기 때문에 한때 단역을 맡았다고 우울하고 낙심할 필요가 없다. 공직에 처음 들어오면 대개 작은 역할에서 시작하지만 정직하고 성실하게 자신의 배역에서 최선을 다하며 감독자와 관객으로부터 좋은 평가를 받으면 언젠가는 더 큰 배역을 맡게 될 것이다.

(2) 법령 숙지

자신이 쓰는 시나리오는 부여된 직무 규정에 근거한다. 그래서 담당사무와 관련된 법령뿐만 아니라 모든 공무원이 지켜야 하는 복무 규정도 잘 알아야 한다. 누구든지 공직을 처음 시작할 때는 일정한 기간 배워야 한다. 신규자 교육을 통해 기초 업무를 습득한 후 각 부서에 배치돼 선임자나 관리자로부터 일하면서(on-the-job training) 배운다. 진면교사(role model) 또는 반면교사(反面教師)로서 배울 것이 있다. 동료 공직자로부터 무엇을 배워야 할지 어떤 것은 하면 안 되는지도 자연스럽게 알게 된다. 공직자는 각자의 배역을 통해 고객의 문제를 적극 해결하도록 노력해야 하며, 법령에 따라 일하므로 소관 법령 규정을 정확하게 숙지하고 해석할 수 있어야 한다. 선례를 참고하거나 판례, 입법 배경 등을 살펴보고 오류를 최소화한다. 이런 자세는 공직자의 불이익 처분을 예방하고 행정의 신뢰성을 확보하는 방법이다.

(3) 전문성 강화

공직자는 신분 보장에 감사하며 국민 전체에 대한 봉사자로서 맡은 직무에서 최고 전문가가 되도록 노력해야 한다. 신중히 처리하겠다며 아무런 조치를 하지 않거나 자신이 마무리해야 할 일을 후임자나 다른 부서로 넘기려는 의도는 좋지 않다. 성실하게 업무를 처리하는 과정에서 때로는 과실이 생길 수도 있으나 무사안일보다는 낫다. 적극적으로 일 처리를 하다가 생긴 잘못에 대해 책임을 감면하는 정책은 이러한 풍토를 권장하기 위함이다.

사무 집행에 대한 감사나 평가의 목적과 방향을 잘 설정해야 한다. 문책하기 위함인가 시스템을 정비하기 위함인가에 따라 공직사회의 분위기가 달라진다. 고의나 중과실이 아닌 한 엄중 문책만이 능사는 아니다. 일상생활에서도 그렇지만 투명한 사회의 공직자는 대부분 정직하고 성실하게 최선을 다해 일하고 있다.

(4) 민주적 공직관

공직자들은 상사의 무리한 지시, 외부기관의 압력, 편향된 여론의 비판 등으로 받는 직무상

스트레스도 적지 않다. 이것이 가정과 사회 전반에 부정적 영향을 미치면 국민도 불편하다. 이럴 때는 청지기로서의 본분을 잊지 말고 당면한 문제의 본질을 찾아서 관련 법령에 기초해 일을 처리한다. 일정한 시간이 지난 후 피드백해서 당시 또는 지금의 결정이 역사적으로 어떤 평가를 받을 것인가를 신중히 생각하고 역지사지(易地思之)로 생각해 보면 해결 방안이 도출될 수 있다.

제2절_ 사회적 책무

1. 환경, 사회, 거버넌스(ESG)

1) ESG의 개념

ESG는 2004년 6월 유엔 글로벌 콤팩트(UN Global Compact)가 20개 대형 금융기관과 함께 "기업들의 성공적인 경영을 위해서, 특히 주주들의 가치를 증가시키기 위해서 기업의 환경적인(Environment), 사회적인(Social) 그리고 거버넌스(Governance) 측면의 이슈를 관리해야 한다"라고 밝히면서 처음 공식적으로 사용됐다.[3] 즉, 기업은 비재무적 요인인 친환경, 사회적 책임, 지배구조 개선 등을 고려해야 지속 가능한 경영을 할 수 있다는 의미다. 당초 민간기업 경영에 관한 이슈로 시작됐지만 공기업을 포함해 국가와 지방자치단체의 행정에도 영향을 미치고 있으므로[4] 공직윤리와 행정문화 관점에서 이를 살펴본다.

ESG 개념의 구성 요소를 좀 더 세부적으로 보면 다음과 같다.

환경은 말 그대로 기업이 경영 과정에서 환경에 미치는 영향으로 사용하는 자원이나 에너

---

3) 월드투데이(https://www.iworldtoday.com), 2021.05.14. [2021경영트렌드] ESG경영, 'ESG'란 무엇인가?

4) 행정안전부는 2018년부터 「지방공기업 혁신 가이드라인」을 제정해 ESG 경영을 확대하기 위해 노력해 왔으며, 2021년 11월 30일에는 지방공기업 혁신성과보고회에서 지방공기업 ESG 경영 선포식을 열고 이에 따른 전문가 패널토론회를 통해 확산하고 있다. 행정안전부 보도자료, 2021.11.30. "지방공기업, 사회적 가치 제고와 혁신성과 확산을 위한 공유의 장 마련."

지, 발생시키는 쓰레기나 폐기물의 양 등을 말한다. 기후 변화의 주범인 온실가스, 탄소 배출량은 물론 자원의 재활용이나 처리 건전성 또한 포함한다.

사회는 기업이 국가의 구성원으로서 마땅한 사회적 책임을 잘 수행하는지에 대한 항목이다. 주로 인권이나 지역사회 기여와 연결된다. 근로자의 처우나 다양성 존중, 기업이 관계 맺은 지역사회나 기관 등에 대한 영향을 포함한다.

거버넌스는 경영의 투명성이라 볼 수 있는데, 의사결정 과정이나 기업구조, 인사 또는 경영 정책 등이 민주적으로 책임성 있게 운영되는지 판단하는 요소다. 이와 관련해서 행정안전부는 공공과 민간의 여러 기관이 힘을 합쳐야 해결할 수 있는 사회문제가 증가함에 따라 2020년 6월 19일 공공·민간 온라인 협업 매칭 플랫폼인 '협업이음터'를 개설·운영하고 있다.[5]

한편 민간 부문의 경우는 금융위원장이 앞으로 국제지속가능성기준위원회(International Sustainability Standards Board: ISSB)가 마련할 '지속가능성 공시 기준'이 국제 규범으로 자리 잡을 가능성이 커진 만큼, 우리나라 ESG 공시제도를 글로벌 기준에 맞게 선진화하기 위해 기업, 정부, 관계 기관 모두가 함께 대응 전략을 적극 모색하되 기업과 시장구성원들의 자발적 ESG 참여 중요성을 강조한 바 있다.[6]

2) 공직윤리와 ESG의 정책 방향

극장모형의 관점에서 대한민국 극장의 주주인 국민의 가치를 높이기 위해서는 정부의 ESG 정책 방향을 다음과 같이 수립할 필요가 있다.

(1) 정책의 일관성 유지

대한민국이 기후 변화 시대에 녹색성장을 주도하는 나라로 계속 자리매김을 하려면 정부는 관련 정책의 일관성을 유지해 예측 가능성을 높여야 한다. 기업이 관련 산업에 안정적으로 투자할 수 있도록 하려면 법령 정비 등 여건을 조성해야 한다. 이는 공직자의 정치적 중

---

[5] 행정안전부 보도자료, 2021.8.26. "탄소중립, 환경·사회·지배구조(ESG) 확산을 위해 민·관 협업 상대방 모집."
[6] 금융위원회 보도자료, 2021.12.7. "금융위원장, 「글로벌 기준에 따른 ESG공시 확산전략」 토론회 (한국거래소 개최) 참석·축사."

립성과 신분 보장 장치를 통해 더욱 강화될 것이다.

(2) 공익 우선 정책

공직자의 사회적 책무는 국민 전체에 대한 봉사자라는 헌법상 지위에서 당연히 도출되지만, 법령상 공익적 의무 수행자인 공직자가 사익과 이해관계가 충돌하는 경우 공익을 최우선하는 윤리의식을 확립한다면 국민의 신뢰를 얻는게 어렵지 않을 것이다.

(3) 인권 중시 정책

민간기업과 달리, 정부의 거버넌스는 법치행정 원리에 따라 법령과 제도적으로는 투명하고 공정하게 작동하고 있으나 오랜 관행이나 행정문화 측면에서 개선될 여지가 있다. 특히 공직윤리의 측면에서 인권 보호의 사각지대는 없는지, 국가와 공공기관은 지방자치단체를 비롯한 지역사회와 더욱 긴밀하게 협력하고 소통할 부분이 없는지 등을 지속적으로 점검할 필요가 있다.

2. 인권과 공직윤리

1) 인권의 개념

ESG 중 거버넌스에 해당하는 인권의 개념을 「국가인권위원회법」 제2조를 통해 보면, 「대한민국헌법」 및 법률에서 보장하거나 대한민국이 가입·비준한 국제인권조약 및 국제관습법에서 인정하는 '인간으로서의 존엄과 가치' 및 '자유와 권리'로 규정하고 있다. 「대한민국헌법」에는 제10조의 "모든 국민은 인간으로서의 존엄과 가치를 가지며…"라는 규정과 포괄적 기본권인 제11조의 평등권과 행복추구권, 그리고 헌법 제2장에 규정된 자유권(신체적·정신적·경제적), 참정권, 청구권, 사회권 등을 아우르고 있다.

그리고 「국제인권조약」의 세계인권선언 전문 중 핵심 내용은 다음과 같다.[7]

---

7) 외교부 홈페이지(mofa.go.kr), 외교정책 〉 인권 〉 인권 자료.

"국제연합의 모든 사람은 그 헌장에서 기본적 인권, 인간의 존엄과 가치, 그리고 남녀의 동등한 권리에 대한 신념을 재확인했으며, 좀 더 폭넓은 자유 속에서 사회적 진보와 더 나은 생활 수준을 증진하기로 다짐했고, 회원국들은 국제연합과 협력해 인권과 기본적 자유의 보편적 존중과 준수를 증진할 것을 스스로 서약했으며"

한편 「국제연합헌장(Charter of the United Nations)」에서는 인권을 보호하기 위해 다음과 같이 국제연합을 설립한다고 선언하고 있다.[8]

"우리 연합국 국민은 우리 일생 중에 두 번이나 말할 수 없는 슬픔을 인류에 가져온 전쟁의 불행에서 다음 세대를 구하고, 기본적 인권인 인간의 존엄 및 가치, 남녀 및 대소 각국의 평등권에 대한 신념을 재확인하며, 정의와 조약 및 기타 국제법의 연원으로부터 발생하는 의무에 대한 존중이 계속 유지될 수 있는 조건을 확립하고, 더 많은 자유 속에서 사회적 진보와 생활 수준의 향상을 촉진할 것을 결의하였다."

요컨대 행정조직에서 인권의 개념이 중요한 이유는, 공직 내부의 구성원 사이는 물론 공직자가 상대하는 내외 국민 모두는 동등한 인간으로서 존엄성과 가치를 지닌 존재이므로 결코 특정 이념의 수단으로서 대우해서는 안 된다는 명제를 밝힌 것이다. 따라서 모든 공직자는 헌법과 법률이 요구하는 인권 보호 의무는 물론 국민 전체에 대한 봉사자로서도 인권 보호에 관심을 기울여야 할 것이다.

2) 인권 경영과 행정

인권 보호를 규정한 국내법과 국제 법규에 따라 국가와 지방자치단체의 사무를 집행하는 과정에서 공직자의 인권 침해 사례가 발생하면 징계와 벌칙 등 규정대로 처리하면 된다. 그런데 공공기관의 경우에는 공무원과 달리 공통 적용할 규범이 없고 기관마다 단체협약으로 정하는 복무규정이 적용되므로 상대적으로 인권 보호와 관련된 직원의 복무관리에 소홀할

---

[8] 외교부 홈페이지(mofa.go.kr), 외교정책 〉 인권 〉 인권 자료.

수 있다.

그래서 국가인권위원회는 몇 년 전 사회적으로 큰 문제가 됐던 민간기업 임원의 직원에 대한 갑(甲)질 사건을 계기로 2018년 8월 7일 제3차 국가인권정책 기본계획(2018~2022)을 수립해 인권 경영의 제도화와 피해 구제 방안을 정책 목표로 설정했다. 아울러 기업과 인권에 관한 사항을 국가의 보호 의무로 강조하고, 정부와 지방자치단체가 공공기관의 경영을 평가할 때 인권 경영 분야를 제대로 평가할 수 있도록 '공공기관 인권 경영 매뉴얼'을 발간해 전 공공기관에 배포했다.

매뉴얼의 주요 내용은 인권 경영 체계를 완성하기 위한 4단계를 제시하고 있다.
- 1단계: 인권 경영 체계 구축(추진 시스템, 인권 경영 선언, 기관 내·외부 확산)
- 2단계: 인권 영향 평가(기관 운영 및 주요 사업별)
- 3단계: 인권 경영(사업) 실행, 공개
- 4단계: 인권 침해에 대한 구제 절차의 제공

대통령령인 「국가공무원 복무규정」이나 「지방공무원 복무규정」이 없는 공공기관 직원에게 공통 적용하기 위해 제작한 인권 경영 매뉴얼이지만 공공기관의 지주회사(holding company) 역할을 하는 중앙행정기관이나 지방자치단체의 공무원들도 참고해 인권 보호의 사각지대가 발생하지 않도록 유의할 필요가 있다.

3) 인권과 공직윤리

「대한민국헌법」제34조는 국가가 권익을 보호해야 할 사회적 약자로서 여성, 노인, 청소년, 장애인, 질병·노령 등으로 생활 능력이 없는 국민을 예시하고 있다. 「사회보장 기본법」은 사회보장의 기본 이념을 모든 국민이 다양한 사회적 위험에서 벗어나 행복하고 인간다운 생활을 향유하도록 지원하는 데 두고 있다. 이에 따라 개별법에서 요건과 절차를 정하고 운영한다. 또한 인권 보호와 관련된 업무를 수행하는 공직자의 의식이 중요한 만큼 현행 법령에서는 담당 공직자에게 긴급복지 신고 의무, 아동 학대 예방, 폭력 통합(성희롱, 성매매, 성폭력, 가정폭력) 예방, 장애인 인식 개선 등의 교육 이수 의무를 부여하기도 한다.

3. 사회적 가치와 공직윤리

1) 사회적 가치의 개념

사회적 가치란 인권, 노동권, 안전한 근로환경, 사회적 약자 배려, 양질의 일자리, 지역사회 활성화 및 지역경제 공헌, 민주적 의사결정과 참여 실현 등 공공 이익과 공동체 발전에 기여하는 가치를 말한다.[9]

사회적 가치와 관련해 국회나 정부에서 제정한 법령은 없으나, 지방자치단체에서는 이미 조례로 제정·운영하고 있다. 예컨대 광역지방자치단체에서는 서울특별시와 서울특별시교육청, 인천광역시, 광주광역시, 경기도, 충청남도, 전라남도, 제주특별자치도가 있고, 기초지방자치단체에서는 서울특별시 성북구, 인천광역시 서구, 광주광역시 광산구와 서구, 경기도 파주시가 있다.

경기도의 「사회적 가치 활성화 기본 조례」는 "사회적 가치란 사회·경제·환경·문화 등 모든 영역에서 공공의 이익과 공동체 발전에 기여하는 가치"로서 다음 각 목의 사항을 포괄하고 있다. 인권, 경제, 환경, 민주적 절차 등 지역공동체의 이익에 도움이 되는 모든 사항을 아우르고 있다.

- 인간의 존엄성을 유지하는 기본 권리로서 인권의 보호
- 재난과 사고로부터 안전한 노동·생활환경의 유지
- 건강한 생활이 가능한 보건복지의 제공
- 노동권의 보장과 노동 조건의 향상
- 사회적 약자에 대한 기회 제공과 사회 통합 증진
- 협력업체와의 상생 협력 및 공정 거래
- 품위 있는 삶을 누릴 수 있는 양질의 일자리 창출
- 지역사회 활성화와 공동체 복원
- 경제활동을 통한 이익이 지역에 순환되는 지역경제 공헌

---

[9] 행정안전부 보도자료, 2017.10.19. "지방공기업 경영평가시 사회적 가치 중점적으로 살핀다: 일자리 확대, 주민참여 평가, 평가부담 완화 등."

- 윤리적 생산과 유통을 포함한 기업의 자발적인 사회적 책임 이행
- 환경의 지속가능성 보전
- 시민적 권리로서 민주적 의사결정과 참여의 실현
- 그 밖에 공동체의 이익 실현과 공공성 강화

2) 사회적 경제의 개념

사회적 경제라는 말은 "구성원 간 협력, 자조를 바탕으로 재화, 용역의 생산 및 판매를 통해 사회적 가치를 창출하는 민간의 모든 경제적 활동"을 말한다(사회적 경제 활성화 방안, 2017.10). 국가와 시대별로 사회적 경제의 정의는 다양하나, 대체로 구성원 참여를 바탕으로 국가와 시장의 경계에서 사회적 가치를 추구하는 민간의 경제활동을 의미한다.[10]

즉, 사회적 경제도 사회적 가치를 추구하는 여러 가지 수단 중에서 특히 경제적 측면을 강조한 것이므로 일자리 창출, 고용 안정, 경제활동 참여 인력 확대를 통한 양극화 해소, 사회 안전망 강화, 공동체 복원[11] 등이 주된 활동 영역이 된다.

3) 공직윤리와 사회적 가치

「대한민국헌법」 제119조 제1항은 우리나라 경제 질서의 기본축을 개인과 기업의 경제상의 자유와 창의를 존중함에 두고 있지만, 제2항에서는 균형 있는 국민경제의 성장 및 안정과 적정한 소득의 분배를 유지하고, 시장의 지배와 경제력의 남용을 방지하며, 경제 주체 간의 조화를 통한 경제의 민주화를 위해 경제에 관한 규제와 조정을 할 수 있다. 또한 헌법 제34조는 모든 국민의 인간다운 생활을 기본권으로 규정하고, 이를 위한 사회보장과 사회복지 증진 노력 의무를 국가에 부여하고 있다. 「사회적 기업 육성법」, 「협동조합 기본법」 등은 사회적 경제 활성화를 통해 사회적 가치를 실현하려는 국가의 헌법상 의무 수행의 하나다.

---

[10] 한국사회적기업진흥원 홈페이지(socialenterprise.or.kr), 사회적경제 〉 개념과 현황.
[11] 한국사회적기업진흥원 홈페이지(socialenterprise.or.kr), 사회적경제 〉 특징과 역할.

헌법과 법률로써 신분이 보장되는 공직자는 헌법 규정에 따라 경제상의 자유와 민주화라는 양축이 조화와 균형을 이루며 동반 성장을 할 수 있도록 국제협동조합연맹(ICA)이 1995년에 천명한 협동조합의 다음 7대 원칙을 참고해 협동조합 등 사회적 가치 증진 활동을 지도할 필요가 있다.

- 자발적이고 개방적인 조합원 제도: 성, 인종, 정치, 종교 차별 없이 열린 조직
- 조합원에 의한 민주적 관리: 임원은 조합원에게 책임 있게 봉사, 동등 투표권
- 조합원의 경제적 참여: 자본은 공정하게 조성되고 민주적으로 통제
- 자율과 독립: 다른 조직과 약정, 자본 조달 시 민주적 관리 보장, 자율성 유지
- 교육, 훈련 및 정보 제공: 조합원, 임직원에게 교육과 훈련, 협동 정보 제공
- 협동조합 간의 협동: 국내외 공동사업 전개, 조합원에게 효과적으로 봉사
- 지역사회에 대한 기여: 조합이 속한 지역사회의 지속 가능한 발전 노력

사회적 가치는 헌법상 경제 이념 중 균형, 안정, 분배, 조화 등을 통한 상생 원칙을 구현하는 것이다. 따라서 공직자는 자유로운 시장경제를 근간으로 경쟁하는 과정에서 생기는 부작용을 최소화하기 위해 사회적 기업이나 협동조합 등을 적정하게 지원하는 업무도 수행한다. 이를 위해 공직자는 어디에서 근무하든지 국민의 납세 의무로 조성된 물적 자원을 합리적으로 배분할 수 있는 전문적인 재정관리 역량을 갖추는 것이 중요하다.

제3절_ 행정문화

1. 의의

「문화기본법」은 문화의 개념을 "문화예술, 생활양식, 공동체적 삶의 방식, 가치 체계, 전통 및 신념 등을 포함하는 사회나 사회구성원의 고유한 정신적·물질적·지적·감성적 특성의 총체"로 정의하고 있다. 여기에서 행정문화는 행정 체제를 구성하는 공직자들에게 자

연스럽게 나타나는 일정한 유형의 생활 태도와 행동 양식을 포괄하는 말로 규정할 수 있으므로 행정의 조직문화라고 할 수 있다. 법령과 제도에 따라 공식적으로 기대되는 의도적 행위와 달리 행정문화는 다음과 같은 특징을 갖고 있다.

- 공직자의 사고(思考)와 행동을 자연스럽게 결정하는 요인이 된다.
- 조직에 들어오면 특별히 가르치지 않아도 저절로 학습된다.
- 구성원들에 의해 오랫동안 형성돼 온 역사적 산물이다.
- 조직의 통합과 안정, 긍지를 부여하는 순기능도 있다.
- 이질적 문화를 가진 다른 다른 기관 구성원을 배척하는 역기능도 있다.
- 상위 체제인 사회 전반의 문화로부터 영향을 받는다.

사회적 동물인 인간은 이성과 의지에 의해서만 행동하는 것이 아니라 감정의 지배를 받는 영향력도 무시할 수 없다. 그래서 자신이 몸담는 조직에 쉽게 동화돼 적응하는 것이 공동체 생활에 장점이 많다고 생각하고 행동할 때 문화 현상으로 나타날 수 있다. 물론 다 그런 것은 아니므로 개인의 인생관이나 성격에 따라 조직문화와 다른 행동을 하거나 때로는 역행해 스스로 분리하는 경우도 있다. 특히 현재의 공직사회에는 정년이 얼마 안 남은 베이비붐 세대(baby boom generation)부터 국·과장급의 X세대, 실무자 그룹의 MZ 세대까지 다양한 연령층이 함께 근무하고 있으므로 이들을 모두 아우르는 행정문화가 과연 존재할 수 있는지 의문이 들 수 있다. 그래서 종래 우리나라 행정학 교재에서 한국의 행정문화로 들고 있는 권위주의와 연고주의(집단주의), 형식주의, 온정주의 등이 아직도 존재하는지에 대해 신중히 검토할 필요가 있다.

2. 극장모형과 행정문화

1) 신분에서 역할로

1997년 우리나라 경제에 큰 타격을 준 외환 위기를 극복하기 위해 김대중 정부는 공직사회의 오랜 철밥통 문화를 개혁하려고 인사행정 분야에서 경쟁 개념을 도입한 개방형 제도를 도입했다. 그 후 노무현 정부는 중앙부처의 실·국장급 공무원의 계급을 폐지하고 고위공무원단이라는 하나의 그룹으로 전환해 신분 중심의 인사관리에서 역할 중심의 인사행정으로 전환하는 개혁 조치를 취했다. 이는 조선의 18품계 이후 오랜 기간 계급이라는 수직구조로 이뤄진 인사제도가 비로소 직무와 역할 중심의 수평구조로 전환된 신호탄이었다.

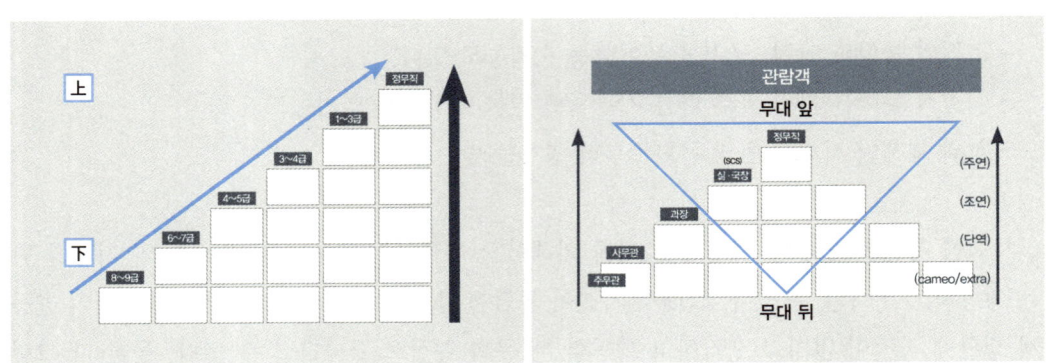

[그림 11-5] 계급제와 직무등급제의 경로 비교

[그림 11-5]의 왼쪽은 계급제의 승진 과정을 보여 준다. 지정된 계급에 따라 단계적으로 신분이 상승하는 구조다. 이 제도에서는 공직에 처음 들어오기 위해서는 계급의 아래 단계에서부터 출발해 해당 계급에서 적어도 몇 년간 경력을 쌓고 상위 계급에 결원이 있어야 다음 단계로 올라갈 수 있다. 승진(昇進)의 승(昇)은 밑에서 위로 올라간다는 뜻이므로, 신분상 위아래를 구분하는 상관(上官)·부하(部下) 용어도 이에 근거한다.

오른쪽 그림은 직무등급제의 승진 과정이다. 극장모형에서 공직을 무대로 비유했으므로 공직에 입문하는 과정은 무대 뒤쪽으로 들어간다고 보면 된다. 그림의 역삼각형은 주연이 될수록 역할의 범위가 확대돼 맡을 수 있는 배역이 다양해지는 것을 나타낸다. 공직에서 장기간 근무하면서 경력이 축적되는 것은 신분의 상승이 아니라 무대 앞(前)의 관람객 쪽으로 점점 더 나아간다(進)는 의미다. 그래서 영어로 승진은 앞으로(pro) 이동한다(move)는 뜻의 promotion으로 쓴다.

2) 역할과 행정문화의 변화

공직생활 중 직위 또는 직급의 변동을 신분 상승이 아닌 무대의 뒤쪽에서 객석 쪽으로 이동하는 형태로 이해한다면, 종래 한국의 행정문화로 제시된 내용들은 다음과 같이 수정·보완될 수 있을 것 같다.

(1) 권위주의에서 평등주의로

직무 역량과 성과평가 시스템이 체계적으로 정비되기 전에는 관리자의 주관적 판단이 소속 직원의 보직과 승진에 큰 영향을 끼쳤기 때문에 상급자의 권한에 대해 인정하는 것은 당연했다. 그래서 실력이나 리더십 역량, 전문성이 뒷받침되지 않은 권위주의적 행태조차도 침묵과 수용적 자세를 보일 수밖에 없었다. 하지만 공직환경이 변하고 평가 시스템이 다면화되는 등 더욱 정교해지면서 관리자의 일방통행식 권위주의는 조직 내에서 통하기 어렵게 됐다.

특히 국민권익위원회가 운영하는 온라인 국민 참여 포털 '국민신문고'는 대국민 소통 광장이라는 순기능에도 불구하고 내부에서 해결할 수 있는 구성원 사이의 문제까지 쉽게 제기하는 수단이 됨으로써 관리자들은 갑의 지위에서 나온 권위의식을 버리고 소속 직원을 자신과 역할이 다른 동료로 인식하게 됐다.

(2) 연고주의(집단주의)에서 개인주의로

연고주의란 가족주의가 사회적으로 확장된 형태로 객관적인 성적이나 실력보다는 학연, 지연, 혈연 등 연줄에 의존하는 것이다. 이는 타인과 다른 집단을 배제한 나와 내집단의 이익에 집중한다는 점에서 민주주의 발전과 전체 공동체의 친화에 부정적 역할을 했다(김명환·강제상, 2022: 167). 과거 특정 지역이나 소수의 명문 고교 출신이 고위직에 많이 진출하던 때 해당 그룹의 일원이 되면 득을 볼 수 있다는 생각이 지배할 때 어느 정도 작동됐다. 그러나 1970년대 후반부터 시작된 고교 평준화 세대가 2000년대부터 대거 공직으로 진출했고 공직 채용 경로가 기수 중심의 공채에서 학위, 자격증 소지자, 민간기업 경력자 등을 제한경쟁 방식으로 특별채용하는 경력경쟁 채용시험으로 다원화됐으며, 심지어 필기시험 없이 서류전형과 면접시험만으로 고위직으로 채용하는 개방형 인사제도와 균형인사정책 등이 활성화됨에 따라 단순히 연줄로 득을 보는 것은 거의 불가능해졌다.

더욱이 인터넷 시대는 실체적 내용뿐만 아니라 공정한 절차도 강조됐고, 결정적으로 「부정 청탁 및 금품 등 수수의 금지에 관한 법」이 시행됨으로써 부정 청탁의 도구로 활용된 연고주의는 사실상 사라졌다고 할 수 있다. 따라서 이제는 스스로 실력을 쌓아 개인적으로 선의의 경쟁을 거쳐 공평한 대우를 받는 것이 옳다는 사고가 보편화됐다.

(3) 형식주의에서 실질주의로

외형과 내실이 괴리되는 형식주의도 행정의 디지털화의 영향으로 많이 줄었다. 종이 문서로 소통하던 아날로그 시절에는 눈과 손으로 일일이 찾아내고 대조해야 했지만, 지금은 파일로 저장하므로 쉽게 유통·검색할 수 있게 됐다. 논문 표절 검사 시스템처럼 이중구조를 검증하는 것이 어렵지 않기 때문에 겉포장이나 제목만 바꿔 새로운 사업을 창의적으로 한 것처럼 눈가림하는 것은 더는 불가능하다. 물론 아직도 중앙정부와 지방자치단체, 공공기관을 대상으로 「정부업무평가 기본법」에 의한 평가와 「공공감사에 관한 법률」 등에 의한 감사가 빈번하게 이뤄질 경우, 준비 과정에서 수단의 목표 대치, 실적 과장, 손쉬운 정량 지표 달성 등 일부 형식주의가 나타날 수는 있을 것이다. 그러나 인터넷 환경에서는 이러한 형식주의 행정은 금방 드러나 국민의 신뢰를 잃을 수도 있으므로 정부는 적극적으로 실패한 정책 경험을 솔직하게 밝히고 앞으로 더 열심히 일하겠으니 국민에게 아이디어를 제안해 달라고 도움을 청하는 방향으로 정책을 전환하고 있다.[12]

(4) 순응주의에서 공감주의로

공직자는 소속된 조직의 기존 관리 방침이나 관행, 전통 등을 별로 비판하지 않고 수용한다는 순응주의도 많이 희석됐다. 무대가 객석보다 높아 공직자에 대한 사회적 평가가 좋았던 무대 1.0 시기에는 신입 직원이 선배들의 언행을 보고 배우면서 자연스럽게 동화됐지만, 객석이 오히려 높은 무대 3.0 시기에 들어오는 디지털 원주민(digital native) 공직자들은 디지털 이민자(digital immigrant)인 선배 공직자들과 의식구조가 달라 오히려 관리자들이 젊은 신세대에게서 배우는 상황이 됐다.

예컨대 행정안전부는 중앙부처 44개 기관에서 1980년 이후 2000년생까지 출생한 공무원 594명을 직급별로 선발해 정부혁신 어벤져스를 구성했는데, 이들은 범정부 조직문화 혁신

---

12) 행정안전부, 보도자료, 2021.11.25. "국민과 함께한 실패박람회 성과 온라인 전시 및 성과공유회 개최: 11월 25일(목), 실패박람회 대면·비대면 병행 성과공유회 열려."

을 위한 네트워크를 구축해 공직사회에 실질적인 변화를 가져올 수 있는 아이디어를 발굴하는 등 공직 관행 개선에 큰 역할을 하고 있다.[13] 이러한 움직임은 순응을 전제로 한 상의하달(top-down) 방식이 아니라 하의상달(down-top)을 통한 효과적인 소통문화를 통해 공감을 형성하려는 시도라 할 수 있다.

(5) 온정주의에서 합리주의로

인정이나 우정, 의리와 같은 감성적 유대 관계를 기반으로 하는 온정주의는 연고주의를 강화하는 통로로서 조직의 분위기를 부드럽게 하고 협력을 촉진하는 순기능도 있으나, 굳이 아는 사람을 찾아 소개하기를 바라는 부작용도 있다. 하지만 자칫 부정 청탁에 해당될 수 있어 이런 요청은 거의 줄었다고 봐도 무방할 것이다. 더욱이 2020년 UN이 인정한 세계 최고 수준의 전자정부 시스템[14]을 구축해 대한민국 정부가 운영하는 인터넷 정부 서비스 포털 사이트인 정부24(www.gov.kr)를 통해 비대면으로 즉시 처리하고 있으므로 온정주의가 개입될 여지는 거의 없다.

아울러 행정안전부는 2020년 4월 시스템 중심의 전자정부국을 서비스 중심의 디지털정부국으로 개편해 분산된 데이터 관련 기능을 집중·통합해 데이터 경제를 선도하고 인공지능 관련 부서를 신설해 지능형 정부로의 기반을 다짐으로써 아날로그적 온정주의는 디지털 기반의 합리주의로 개편될 수밖에 없을 것이다.

(6) 일반능력자주의에서 전문가주의로

일반능력자란 특정 분야의 전문가와 대조되는 용어로 통합과 융통성을 중시하는 일반행정가를 일컫는 것인데, 이 또한 우리나라 행정에서 문화적 특정으로 보기 어렵다. 행정이 분화되기 전에는 일정한 학력과 문해력만 갖춰도 업무를 처리할 수 있었지만, 전문화·다양화·국제화 시대의 공직자는 소관 업무에 대한 전문지식과 경험, 판단력이 없다면 역할을 제대로 수행할 수 없을 것이다. 「공무원 인재개발법」은 공무원에게 자기개발 학습을 통해 직무를 창의적으로 수행하고 공직의 전문성을 향상하기 위해 끊임없이 노력할 의무까지 규정

---

[13] 행정안전부, 보도자료. 2021.3.18. "제2기 정부혁신 어벤져스, 그들이 뭉쳤다."
[14] 행정안전부, 보도자료, 2020.7.11. "국제연합(UN), 2020년 전자정부평가 발표: 대한민국 전자정부발전지수 2위, 온라인참여지수 공동 1위 기록."

하고 있다.

 더욱이 공무원 인사제도가 개방 체제로 전환함에 따라 공직자는 내부의 공무원은 물론 외부의 민간 전문가와도 역할을 잘 수행할 수 있는 여부를 따지는 직무 역량 수준에 대한 경쟁 관계에 놓이게 됨으로써 한 분야의 전문성 없이 만능선수로 성장하는 것은 지금의 행정 여건과 맞지 않는다고 할 수 있다.

3. 행정문화의 전망

1) 공직 연기자의 특징

 거의 모든 사람은 가정에서는 부모나 자녀 등으로, 학교에서는 학생으로서 또 직장에서는 특정한 보직자로서 각각의 역할을 부여받고 있다. 특히 공직(公職)의 경우에는 국민 전체에 대한 봉사자라는 지위로 다양한 기대 수준에 모두 부응할 이상적 역할모형을 찾기가 쉽지 않다. 하지만 법령으로 규율되는 공직자의 역할을 고려할 때 공직과 다른 역할이 충돌할 때 공직의 역할에서 기대하는 바를 우선하는 것은 재론의 여지가 없는 공직윤리의 기본 원칙이다. 만약 그런 자세가 돼 있지 않은 사람이 공직자가 되면 대한민국 극장에 피해를 줄 수 있다.

 무대 3.0 시대의 관객들은 무대 위 공직자가 각자의 역할을 얼마나 잘 수행하는지 잘 안다. 공직자의 배역은 소유권의 대상이 아니므로 관객이나 연출자가 싫어하면 언제든지 그만둬야 한다. 심지어 역할을 잘 감당하더라도 언젠가는 무대에서 내려와야 함을 잊지 않는다면 갑(甲)질 행태가 생길 이유가 없다. 피라미드 형태의 조직에서는 어느 곳에서 일하든지 신분상의 높낮이와는 무관한 배역의 차이일 뿐이다. 이를 늘 명심하고 있다면 동료나 국민에게 친절하고 공정하게 대우하는 성숙한 공직자가 될 것이다. 무대를 내려다보는 관객들이 공직자의 모든 언행을 평가하고 있음을 기억하는 한, 맡은 역할을 조금도 소홀히 생각할 수 없을 것이다.

2) 이해 충돌의 방지

극장모형에서, 무대 위의 공직 연기자가 사적인 이해관계에 얽매어 공무에 집중하지 못한다면 관객은 금방 눈치를 채고 공직자의 문책이나 교체를 요구할 것이다. 2021년 5월 18일 공포돼 1년의 준비 기간을 거쳐 2022년 5월 19일에 시행된 「공직자의 이해충돌 방지법」은 그 목적을 "공직자의 직무 수행과 관련한 사적 이익 추구를 금지함으로써 공직자의 직무 수행 중 발생할 수 있는 이해 충돌을 방지하여 공정한 직무 수행을 보장하고 공공기관에 대한 국민의 신뢰를 확보하는 것"에 두고 있다. 이해 충돌이란 "공직자가 직무를 수행할 때에 자신의 사적 이해관계가 관련돼 공정하고 청렴한 직무 수행이 저해되거나 저해될 우려가 있는 상황"이다. 공직을 수행하는 동안 이해 충돌 상황이 전혀 생기지 않는다고 단정하기는 어렵다. 그러나 중요한 것은 이해관계가 충돌하는 상황에서 사적 이해관계가 공적 직무 수행에 아무런 영향을 미치지 못하게 만드는 것이 중요하다. 이 법은 정확하게는 이해 충돌 상황에서 회피해야 할 행위들을 제5조부터 제16조까지 12개 사항으로 규정하고, 이를 지키지 않으면 벌칙을 가한다는 것이다. 테리 쿠퍼(2013: 160-164)가 정리한 이해관계의 여덟 가지 유형(뇌물 수수, 지위 남용, 정보 유출, 금융 거래, 선물과 향응, 외부 취업, 미래 취업, 친척과의 거래)과 비교해 볼 때 우리나라는 형법 등 타법에 규정된 것을 제외하고 이해관계 충돌행위를 관계기관에 '신고'하는 데 중점이 있다.

- 사적 이해관계자의 신고 및 회피·기피 신청
- 공공기관 직무 관련 부동산 보유·매수 신고
- 사적 이해관계자의 신고 등에 대한 조치
- 고위공직자의 민간 부문 업무활동 내역 제출 및 공개
- 직무 관련자와의 거래 신고
- 직무 관련 외부 활동의 제한
- 가족 채용 제한
- 수의계약 체결 제한
- 공공기관 물품 등의 사적인 사용·수익 금지
- 직무상 비밀 등 이용 금지
- 퇴직자 사적 접촉 신고
- 공무수행사인(公務修行私人)의 공무 수행과 관련된 행위 제한

사실 위 사항 중 일부는 이미 「공직자윤리법」에도 있던 내용이지만, 이 법에 다시 포함한 배경은 징계처분은 물론 형사벌과 행정벌(과태료)까지 부과할 수 있게 강화하기 위함이다. 공직자의 법령상 직무 수행 과정에 사적 이해관계가 개입될 여지를 미리 촘촘하게 차단하려는 데 목적이 있다. 제도나 관행을 개선하는 방편으로, 적극적인 인센티브 제공을 통해 강화할 수도 있으나 벌칙을 강화해 금지된 사항의 회피를 유도함으로써 오랜 기간 관행으로 굳혀지면 하나의 바람직한 문화로 정착할 수 있을 것이다.

3) 일과 삶의 균형과 조화

「정부조직법」에 따라 정부조직과 지방자치단체의 사무 지원 등을 관장하는 행정안전부와 공무원의 복무를 관장하는 인사혁신처, 그리고 공공기관 관리사무를 관장하는 기획재정부의 홈페이지 또는 공공기관 경영정보공개시스템(alio.go.kr)에서 '일과 삶의 균형(조화)'이라는 키워드를 치면 많은 자료가 검색된다.

'일(work)'은 공직자가 맡은 직무를 수행하는 것, '삶(life)'은 개인이나 가족 단위의 사생활을 각각 의미한다. 무대 1.0 시대에는 국가의 경제·사회 발전을 정부가 주도함에 따라 공직자의 충성과 헌신이 크게 요구됐고 민간 시장도 제대로 형성되지 않아 가정생활의 중요성까지 공감할 상황은 아니었다. 그러나 무대 3.0 시대에는 시장 스스로 문화 수요를 창출할 뿐만 아니라, 저출산·고령화 시대를 맞이해 사생활 보호가 중시됨으로써 일과 삶의 균형과 조화에도 관심이 증가했다.

국가공무원인재개발원에서는 이미 중앙공무원교육원 시절인 2014년부터 중앙과 지방의 6급 이상 공무원을 대상으로 '일과 삶의 조화 과정'이라는 교육과정을 개설·운영하고 있다. 주된 교육 내용에는 일과 삶이라는 두 유형의 생활(double life)을 위한 시간관리 전략, 가족친화 실천전략, 여가문화의 새로운 트렌드 사례 연구 등을 포함하고 있다.[15] 행정안전부는 2018년과 2021년에도 일하는 방식 혁신을 통해 일과 삶의 균형을 달성하려는 시도를 하고

---

15) 행정안전부 보도자료, 2014.4.14. "야근 많은 공직문화, 일과 삶의 균형점을 찾아라!: 중앙공무원교육원 「일과 삶의 조화」 전문과정 신설 운영."

있으며,16) 인사혁신처도 2020년에 근무혁신 추진 방향으로 가정친화 복무제도 활용을 장려하고 '가족사랑의 날'을 적극 이행하며 고충상담 등 근무환경을 개선하도록 권고한 바 있다.

4) MZ 세대와 원활한 소통

인사혁신처는 밀레니얼 공무원들에 대한 설문조사 결과를 토대로 관리자를 위한 그들의 의식구조와 바람직한 리더십 유형을 안내한 바 있다.17)

(1) 밀레니얼 세대 공무원의 특징
- 회식보다 개인적인 자유 시간을 원한다.
- 조직에 대한 충성심보다는 일과 삶의 균형이 중요하다.
- 자신이 추구하는 성장 방향과 조직 목표가 일치할 때 동기부여를 한다.
- 즉각적이고 구체적인 피드백이 효과적이다.
- 그 어느 세대보다 평가의 공정성에 민감하다.

(2) 함께 일하며 따르고 싶은 관리자의 행태
- 공평하고 합리적으로 업무를 분장하고, 이를 시행하고자 노력할 때
- 자기가 속한 부서와 후배 공직자를 감싸줄 때
- 상급자에게 해야 할 말은 정당하게 제시할 때
- 소관 업무에 대한 전문성이 있고 배울 것이 많을 때
- 책을 읽고 공부하는 모습을 볼 때
- 정책에 부합되는 부서의 업무 방향을 정립할 때

---

16) 행정안전부 보도자료, 2018.7.3. "일하는 방식 혁신으로 일과 삶의 균형을 달성한다: "적극적인 정보통신기술(ICT) 활용과 협업으로 정부의 일하는 방식이 바뀐다." 행정안전부 보도자료, 2021.7.7. "정부혁신으로 일과 삶이 균형 잡힌 조직문화 만들기: 행정안전부, 식약처 주관'제2회 혁신현장 이어달리기' 개최."

17) 2020.5.26. 인사혁신처 보도자료, "일과 삶 그리고 방역이 공존하는 근무여건 조성."

(3) 업무 의욕을 떨어뜨리고 마음이 멀어지게 하는 관리자

- 공개적으로 질책할 때
- 본인이 지시한 사항을 보고하는데도 제대로 이해하지 못할 때
- 잘 모르는 것을 아는 척할 때
- 열심히 일하지 않거나 실무적 내용을 모를 때
- 다른 선배나 후배의 험담을 하고 맞장구치길 원할 때
- 조금 안다고 전문가 의견을 무시할 때

확실히 2000년대 전후에 출생해 사회에 진출하는 밀레니얼 세대들은 집단보다는 개인주의적 성향이 강해 조직의 목표가 자신의 방향과 부합되고 공정하다고 느낄 때 분발하는 특징이 있다. 이러한 행정 트렌드를 볼 때, 무대 1.0 패러다임에 기초해 수립된 전통적 공직윤리와 행정문화의 내용은 무대 3.0 시대 상황에 맞게 대폭 수정·보완돼야 함을 알 수 있다.

복습 문제

- 공직 기강, 청렴, 공직윤리의 개념상 차이점은 무엇인가지 설명하시오.
- 거버넌스 체계로부터 도출한 극장모형의 특징은 무엇인지 설명하시오.
- 극장모형의 관점에서 공직윤리관이 변화하는 이유는 무엇인지 설명하시오.
- 극장모형에서 국가와 국민과의 관계 변화에 대해 설명하시오.
- 극장모형에서 공직윤리의 주요 내용은 무엇인지 설명하시오.
- ESG 확립을 위한 공직윤리의 역할은 무엇인지 설명하시오.
- 사회적 경제를 포함한 사회적 가치와 공직윤리의 관계에 대해 설명하시오.
- 인권과 공직윤리의 관계는 무엇인지 설명하시오.
- 종래 행정문화는 어떻게 변화되고 있는지 설명하시오.
- 밀레니얼 세대에 적합한 행정문화의 특징은 무엇인지 설명하시오.

제12장

자치분권

학습 목표

- 지방자치의 이론적 근거(배경)는 어디로부터 출발하는지에 대해 살펴본다.(지방자치의 주요 논리의 근원은 무엇인가?, 지방자치를 설명하는 데 주요한 요소와 내용은 무엇인가?)
- 지방자치와 지방분권은 어떠한 관계인지에 대해 살펴본다. 지방자치, 지방분권은 무엇을 의미하며, 학계에서의 연구 경향은 어떻게 진행돼 왔는지에 대해 알아본다.
- 지방자치의 탄생 배경과 그 역사적 흐름은 어떻게 진행돼 왔는지에 대해 살펴본다.(지방자치의 현대적 경향은 무엇인가?)
- 지방자치의 영역에서 국가와 지방자치단체, 주민은 어떻게 작용하는지에 대해 알아본다.
- 지방자치의 제2의 도약으로서 자치분권 2.0의 의미와 내용은 무엇인지에 대해 알아본다.
- 정부간 관계에서 이론적 논의의 배경 및 내용은 무엇이고, 우리나라 정부간 관계를 결정짓는 주요 내용과 자치분권 2.0에 부응하는 바람직한 정부간 관계는 어떠해야 하는 것인지에 대해 알아본다.

제1절_ 자치분권의 이론적 배경: 지방자치와 지방분권

1. 지방자치와 지방분권의 의의

자치분권은 지방자치와 지방분권의 합성어로 지방자치를 이루기 위해서는 지방분권이 함께(선행)해야 하고, 지방분권이 실현되기 위해서는 지방자치의 가치 내지 정신이 더불어 가야 하는 매우 밀접한 관계다. 지방자치는 주민 참여를 통한 아래로부터의 민주주의를 구현하고, 국가의 법인격을 부여받은 자치단체의 자율과 책임을 동반한 행정 업무 수행을 전제로 하기 때문에 자치와 분권의 요소가 함께 작동하고 있다고 할 것이다. 일반적으로 지방자치단체는 국가로부터 자치권을 부여받은 독립된 법인격을 갖는 단체로서 국가로부터 전래되고 헌법에 보장된 자치권을 가지고 그들의 자율과 책임하에 주민 참여 속에 주민에게 더 나은 양질의 공공서비스를 창출해야 하는 의무를 가지고 있다. 이러한 견해는 기본적으로 지방자치를 단체자치와 주민자치라는 두 가지 차원에서 파악하게 한다. 즉, 단체자치란 국가와 지방자치단체 간의 관계를 중시하는 법률적·행정적 의미의 자치 개념으로서 중앙정부에 대한 지방정부의 자율성 측면을 강조한다. 따라서 중앙정부와 지방정부 간의 집권·분권문제가 그 핵심 주제가 된다. 반면 주민자치는 지방자치단체와 주민 간의 관계를 중시하는 정치적 의미의 자치로서 지방정부에 대한 주민 참여 내지 시민사회의 투입 측면을 강조한다.[1] 따라서 주민의 지방자치단체에의 참여 내지 통제를 통한 자치가 핵심 문제가 된다. 이러한 이해에 기초한다면 지방자치는 중앙정부로부터의 '분권'과 지방정책 과정에 대한 주민의 '참여'에 의한 '자치'로 요약된다.

---

1) 오늘날 지방자치단체는 그동안 공공서비스 공급에 일방적이고 직접적인 책임을 지는 경향에서 이제는 민간 부문, 자원봉사 영역 등 다양한 사회 부문이 공동으로 참여하는 공공-민간 동반자적 주민서비스 공급 체계로 변모하고 있다. 이는 과거의 관료나 정치 엘리트에 의한 일방적인 통치가 아닌 사회의 다원적 참여구조(네트워크)를 통한 지배와 신자유주의 철학을 토대로 한 시장경제 원리에 바탕을 둔 '로컬 거버넌스(local governance)'의 개념으로 받아들이고 있다.

1) 지방자치의 개념

지방자치는 매우 다의적인 개념으로 이해됐는데, 이는 각 국가의 역사적 전통과 사회·문화적 환경의 상이함에서 비롯되고 있기 때문이다. 그럼에도 불구하고 유럽에서 생성된 지방자치제도는 크게 두 가지 대비되는 유형으로 발전돼 왔는데, 그 하나는 영국을 중심으로 앵글로색슨(Anglo-Saxon) 국가로 불리는 국가에서 발전한 주민자치(autonomie des citoyens; bügerliche Selbstverwaltung)의 형태이고, 또 다른 하나는 프랑스, 독일을 중심으로 발전한 대륙계 국가의 단체자치(autonomie des collectivités ; kčperliche Selbstverwaltung) 형태다.[2] 당시 주민자치는 지방의 조세로써 경비를 지출하고, 국가의 법률에 따라 명예직 공무원에 의해 처리하는 지방자치단체의 행정을 말하는 것으로, 이는 지방주민의 의사와 책임 하에 스스로 또는 주민이 선출한 대표자를 통해 사무를 처리하는 것을 의미한다. 즉, 주민자치는 자치단체(지방정부)와 주민과의 관계에 중점을 둔 자치로서 지방정치에 주민의 참여를 강조하는, 즉 민주주의 원리를 구현하려는 정치적 의미의 자치 개념으로 받아들여지고 있다. 이와 같이 지방자치가 주민 참여의 기능을 강조하게 되는 경우 거기에는 풀뿌리 민주주의(grass-roots democracy; démocratie à la base ; Basisdemokratie)가 자리 잡게 된다. 이에 비해 단체자치의 대표격인 프랑스에는 영국과 같은 앵글로색슨 국가에서 사용하는 지방정부(local government; le gouvernement local)가 없고, 국가로부터 일정한 법인격을 부여받은 지방자치단체(les collectivités territoriales; les collectivités locales)가 있을 뿐이라는 것이다(Mabileau, 1991; 7-8; 최진혁, 2015: 6). 즉, 국가로부터 별개의 법인격을 부여받은 자치단체가 국가로부터 일정한 독립된 지위와 권한을 부여받아 자율과 책임성을 가지고 독자적인 행정을 수행하도록 하는 국가와 지방자치단체와의 관계에 중점을 둔 법률적 의미의 자치 개념으로 받아들여지고 있다.[3] 이와 같이 주민자치와 단체자치는 유럽 민주주의의 발현으로 서로 다르게 나타났지만, 오늘날 이 두 가지 자치 측면은 긴밀한 관련성을 가지고 상호 교차

---

2) 그러나 지방자치의 대표적 모델로 전 세계에 영향을 미친 영국과 프랑스에서 정작 주민자치나 단체자치의 어휘 사용은 없는 것으로 본다면 아마 유럽(영국, 프랑스, 독일)의 지방민주주의(계방자치)를 공부한 일본 학자들에 의해 형성된 용어가 아닌가 싶다. 이것이 우리나라 1세대 학자들에게 자연스럽게 전달되고 인용된 것으로 추측할 수 있다. 보통 유럽 국가나 미국에서는 '지방민주주의(la démocratie locale ; local democracy ; lokale Demokratie)'라는 용어를 사용하면서 지방자치 문제를 다루는 것으로 볼 수 있다.

3) 법률적 의미의 자치란 국가에 대한 자치단체의 법적 독립성을 의미하는 것으로서, 이를 보장하는 제도적 장치로는 그 법인화와, 고유사무에 대한 행정통제의 배제를 들고 있다(정세욱, 2005 : 4).

접근으로 각 국가가 처한 사회·문화·정치·행정환경에 접목돼 다양하게 나타나고 있다.[4] 결국 지방자치는 주민들이 스스로 또는 대표자를 통해 행정사무를 처리하는 주민자치적 요소와 국가로부터 독립적으로 법인격을 부여받은 지방자치단체가 행하는 단체자치적 요소가 결합됨으로써 완전한 지방자치가 될 수 있는 것으로 볼 수 있다(최진혁, 2017: 58-60).

이런 맥락에서 지방자치의 개념을 정리해 보면, 대부분의 학자는 단체자치와 주민자치라는 두 자치의 성분 결합 방식에 따라 다양하게 정의하고 있음을 알 수 있다.[5] 노융희(1987: 13)는 지방자치를 지방분권(단체자치)과 민주주의(주민자치)를 지방자치를 이해하는 데 중요한 사상적 기반으로 하고 있고, 정세욱(1984, 2005: 5)은 자치권을 가지는 지방자치단체, 일정한 지역과 주민, 지방적 사무, 자치권, 지방정치 및 행정에의 주민 참여, 자주재원을 그 주요 요소로 보는 데 비해,[6] 최창호(2009: 46)는 독립적인 지방자치단체, 국가의 감독, 공동문제, 자주재정, 자기 부담, 자기 처리, 공동 협력을 지방자치의 주요 요소로 보고 있다.[7] 결국, 이

---

4) 노튼(Alan Norton)은 지방자치의 유형을 라틴 또는 남유럽군, 북유럽군, 영국군, 북미군 및 일본국의 5개 군으로 분류해 그 특징적 설명을 하고 있다(Norton, 1994: 13-14). 또한 흄(Samuel Humes)과 마틴(Eileen M. Martin)은 지리적 인접성을 기준으로 지방자치 유형을 9개 군으로 분류했다. ① 앵글로색슨(Anglo-Saxon)군: 영국, 오스트레일리아, 남아연방, 캐나다, 미국; ② 북유럽군(North Europe Group): 노르웨이, 스웨덴, 덴마크, 핀란드, 아이슬란드. 스칸디나비아제국; ③ 중앙 및 서북유럽군(Central and North-West Europe Group): 독일, 오스트리아, 스위스, 네덜란드, 벨기에, 룩셈부르그; ④ 동유럽군(East Europe Group): 러시아, 폴란드, 불가리아, 유고슬라비아; ⑤ 남유럽군(South Europe Group): 프랑스, 이탈리아, 그리스, 스페인, 포르투갈; ⑥ 중남미군(South and Central America Group): 브라질, 에콰도르, 콜롬비아, 엘살바도르; ⑦ 서아시아·북아프리카군(West Asia and North Africa Group): 튀니지, 튀르키예, 레바논, 이란, 회교 국가; ⑧ 남아시아·동아프리카군(South Asia and East Africa Group): 수단, 에티오피아, 인도, 스리랑카, 말레이시아, 미얀마; ⑨ 동아시아군(East Asia Group): 태국, 필리핀, 일본(Humes & Martin, 1961; 정세욱, 2005: 41-44).

5) 소진광 교수는 '지방'과 '자치'라는 두 가지 성분의 결합 방식에 따라 지방자치의 개념 정의가 다양하다고 밝히고 있다(한국지방자치학회, 2008 : 6). 지방자치의 개념을 그 본질과 관련해 '지방'과 '자치'라는 두 가지 성분의 결합 방식으로 볼 경우 '지방'은 실체를, '자치'는 변환 장치를 의미하는 것으로 해석한다. 지방은 변화의 주체로서 자주적이고 능동적이어야 하며, 변화의 객체로서 현재 상태와 미래의 지향하는 것을 포함해야 하는 것으로 보고, 방향 감각이 없는 변화는 관리될 수 없고, 속도 감각이 없는 변화는 통제될 수 없는 것으로 본다. 따라서 지방 스스로 문제를 해결하고 환경 변화에 능동적으로 대처할 자주적 수단(제도 및 기관)이 없고, 변화의 관리와 관련해 방향 감각이 없다면 '자치(自治)'는 '타치(他治)'와 다를 바 없게 된다. 그리고 지방자치는 각각의 지방마다 그들의 특성을 반영해 차별적 발전을 도모해 내는 다양성을 발휘해 내고 이것이 국가 전체적으로 조화를 이뤄 국가경쟁력을 제고하는 방향으로 나아가도록 해야 한다는 것이다(소진광, 2005: 7-8; 한국지방자치학회, 2008: 8).

6) 정세욱 교수는 지방자치를 "일정한 지역을 기초로 하는 단체가 그 지역 내의 (행정)사무를 자주재원을 가지고 당해 지방주민의 의사와 책임하에 자주적으로 처리하는 과정"으로 정의하고 있다(정세욱, 2005: 5).

7) 최창호 교수는 자치 초반기에는 일정한 '국가(중앙정부)의 감독'을 주요 요소로 봤으나 훗날, '국가와의 협력'으로 수

들의 공통 요소를 끄집어내어 다시 정의를 내리면 "일정한 지역과 주민을 기초로 하는 공공단체가 일정한 국가(중앙정부)의 감독(국가와의 협력)하에 그 지역 내의 공공행정사무를 국가가 부여한 자치권을 가지고 지역주민의 의사에 따라 주민이 선출한 기관을 통해 주민의 부담으로 처리하는 과정으로서 지역 발전과 국가 발전에 기여하는 것"으로 정의할 수 있다. 이럴 경우 지방자치의 개념의 구성 요소는 ① 일정한 지역과 주민, ② 공공단체(지방자치단체), ③ 국가(중앙정부)의 감독(중앙통제); 공동 협력(국가의 협력), ④ 공공행정사무: 공동문제(자치사무), ⑤ 자치권, ⑥ (지역주민의 의사에 따라) 주민이 선출한 기관, ⑦ 주민의 (자기)부담(자주재정), ⑧ 자기 처리(주민 참여)로 정리할 수 있을 것이다.

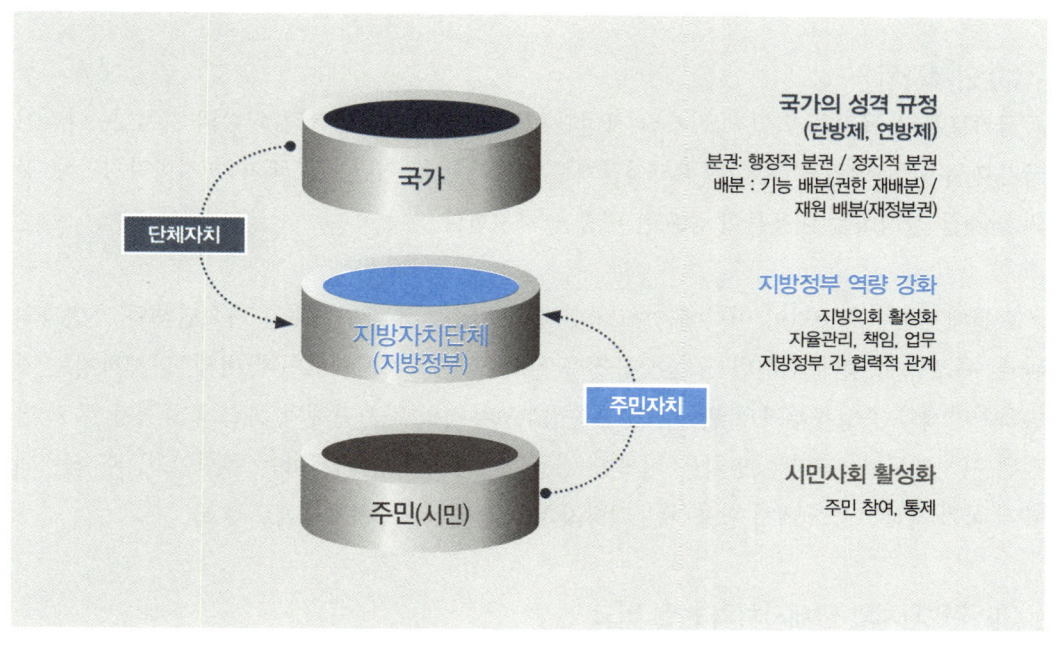

[그림 12-1] 주민자치와 단체자치의 논점

정해 정의하고 있다. "일정한 지역의 주민들이 지방공공단체를 구성해 국가(중앙정부)의 일정한 감독하에 그 지역 안의 공동문제를 자기 부담에 의해 스스로(또는 대표자를 통해) 처리하는 것"에서 "일정한 지역의 주민이 지방자치단체를 구성해, 국가와의 협력 아래, 그 지역의 공동문제를, 자기 부담에 의해, 스스로(또는 그 대표자를 통해) 처리함으로써 국가 발전에 기여하는 것"로 수정 정의를 내리고 있다(최창호, 2009: 46).

우리나라 자치분권의 올바른 방향 및 추진 과제를 단체자치와 주민자치의 논리로 풀어갈 수 있을 것이다. 특히 국가의 성격 규정, 지방정부 역량 강화, 시민사회 활성화 차원의 논점을 부각해 본다면, 결국 단체자치와 주민자치의 논리하에 자치분권의 논의를 전개해 갈 수 있을 것이다([그림 12-1] 참조; 우리나라 자치분권정책 참조).

(1) 주민자치

지방자치란 일정한 지역의 주민이 그 지역 내의 모든 사무를 주민 스스로 또는 그들이 선출한 대표자로서 지방정부를 구성해 처리하게 하는 정치적 의미의 자치다. 따라서 주민 스스로(또는 대표자를 통한) 지역문제를 처리할 수 있도록 한 지방의회의 구성과 관련한 내용이 매우 중요한 비중을 차지한다.

(2) 단체자치

국가로부터 독립한 법인격을 가진 자치단체의 행정이라는 법률적 의미의 자치다. 따라서 국가가 부여한 법인격 있는 지방자치단체로서의 특징을 기반으로 국가와 지방자치단체 간의 관계를 설정하는 내용들이 중요한 비중을 차지한다.

요컨대, 자치의 중점이 어디에 있느냐에 대한 의문에서 주민자치는 자치단체와 주민과의 관계, 즉 지방행정에의 주민 참여에 중점을 두고 발전된 자치제도인데 비해, 단체자치는 지방자치단체와 중앙정부와의 관계, 즉 중앙정부로부터의 자치단체의 독립에 중점을 두고 발전된 자치제도다. 전자는 영국을 비롯한 앵글로색슨 국가에 나타나는 유형이고, 후자는 대륙계 국가(특히 프랑스)에서 활용하는 지방자치의 형태다(지방자치의 계보 참조).

(3) 주민자치와 단체자치의 논점 비교

그동안 국내 학계에 소개된 지방자치[8]는 그 뿌리를 근대 시민적 민족통일 국가를 이뤄낸 유럽에서 찾고 있으며, 이는 두 가지 대립적인 형태로 발전해 왔음을 지적해 왔다. 즉, 그 하나가 영국형(영미형) 지방자치이고, 다른 하나는 프랑스·독일형(대륙계형) 지방자치로 이

---

[8] 1970~80년대 행정학에서 지방행정 연구의 필요성이 강해졌던 시기에 한국지방자치학회가 설립되는 이유가 됐다 (1989.12.3).

해해 왔다. 전자는 주민자치라 해서 지방적 사무를 국가에 의하지 않고, 그 지방의 주민에 의해서 처리하는 행태에 강조를 두는 지방자치모형으로 정치적 의미를 부여한 자치로 이해했고, 후자는 단체자치라 해서 국가로부터 독립한 지방자치단체에 의해서 자치를 운용해 가는 법률적 의미의 자치로 이해했다(정세욱, 2004: 16-18; 최창호, 2009: 84-85). 요컨대, 자치의 중점이 어디에 있는가의 논의로 주민자치는 자치단체와 주민과의 관계, 즉 지방행정에의 주민 참여에 중점을 두고 발전된 자치제도인데 비해, 단체자치는 지방자치단체와 중앙정부와의 관계, 즉 중앙정부로부터의 자치단체의 독립에 중점을 두고 발전된 자치제도로 이해했다. 이에 따라 ① 자치의 의미, ② 자치권을 인정하는 주체, ③ 자치권의 범위, ④ 중시하는 권리, ⑤ 이념, ⑥ 권한 부여 방식, ⑦ 중앙통제 방식, ⑧ 중앙정부와 지방정부의 관계, ⑨ 지방정부 형태, ⑩ 우월적 지위, ⑪ 자치단체의 성격, ⑫ 사무의 구분 여부, ⑬ 지방 세제, ⑭ 발달한 국가 등으로 양 자치모형을 비교했다(정세욱, 2005: 19; 최진혁, 2015: 8-9).

2) 지방분권의 개념

지방분권의 개념을 이해하기 위해 우선 분권과 분산, 집권과 분권의 의미를 파악해 보고, 우리나라 지방분권법의 규정 의미와 우리나라와 유사한 단체자치의 모국인 프랑스의 지방분권의 실현 조건 내용을 고찰해 보고자 한다.

(1) 분권과 분산

국가와 지방자치단체 간의 관계에서 결정 권한, 특히 정책의 결정권(pouvoir de décision)이 과연 어디에 있느냐를 규명해야 한다. 중앙집권(centralisation ; centralization)이란 결정 권한이 중앙정부에 비교적 많이 유보돼 있는 조직 형태를 의미하며, 지방분권(décentralisation ; decentralization)이란 결정 권한이 지방자치단체에 비교적 많이 배분돼 있는 조직 형태를 의미한다. 그런 의미에서 지방분권은 분산과는 다른 개념임을 유의해야 한다. 즉, 분산(déconcentration ; de-concentration : 기관위임행정/행정 분산, 행정적 분권)은 중앙집권의 범주에 속하는 개념으로서 과다한 중앙행정 기능을 경감하기 위해서 중앙정부의 지방대표의 권능을 신장시키는 것(augmenter les pouvoirs ou les attributions des représentants locaux du pouvoir central ; increase the powers or duties of the local representatives of the central government)을 의미한다. 따라서 분산은 중앙집권화된 행정기관 자체에 관련된 것으로, 이는 국가 업무를 중앙정부의 하부 행정기관의 장으로 기능하는 자치단체의 장에게 위임해 처리하게 하는 기관위임행정으로 나타나게 된다. 예컨대, 중앙정부의 업무로서 종전에 장관이 수행한 권한을 도지사에게 위임해 수행하게 하는 방식은 분산화(행정 분산)하려는 것이지 지방분권화를 도모하려는 것이 아닌 것이다(de Laubadère, 1984: 98-99; 정세욱, 2005: 192).

(2) 집권과 분권

집권과 분권은 법률적으로는 중앙과 지방 간의 권한 배분 관계를 기준으로 분류하는 것이므로 중앙집권은 국가가 지방자치단체에 대해 상대적으로 강력한 지휘·감독권을 가지는데 비해, 지방분권은 이 지휘·감독권이 약한 것을 의미한다. 그러나 정치적 의미로 파악할 때 중앙집권이란 중앙의 정치 권력 내지 통치권은 강하고 지방의 자주성은 약한 것인데 비해 지방분권이란 중앙의 권력은 약하고 지방의 자주성은 강함을 뜻한다. 따라서 중앙집권과 지방분권은 상대적, 보완적 개념임을 유의해야 한다. 그 이유는 현대 국가에서 절대적 중앙집권 체제를 채택하는 국가나 절대적 지방분권 체제를 채택하는 국가는 드물며, 또한 있을 수도 없기 때문이다. 결과적으로 중앙집권과 지방분권의 정도는 지방자치권, 기능 배분, 재원 배분, 중앙통제 요소 등이 영향을 주는 것으로 볼 수 있다.

(3) 지방분권의 실현 조건

지방분권은 "국가와 지방자치단체의 권한과 책임을 합리적으로 배분함으로써 국가와 지방자치단체의 기능이 서로 균형을 이루도록 하는 것을 말한다."(지방분권 촉진에 관한 특별법 제2조)고 규정하고 있다. 그러면서 "주민의 자발적 참여를 통해 지방자치단체가 그 지역에 관한 정책을 자율적으로 결정하고 자기의 책임하에 집행하도록 하며, 국가와 지방자치단체 간 또는 지방자치단체 상호 간에 역할을 합리적으로 분담하도록 함으로써 지방의 창의성 및 다양성이 존중되는 내실 있는 지방자치를 실현함에 둔다."(지방분권 촉진에 관한 특별법 제3조)고 그 이념적 배경을 밝히고 있다.[9]

---

9) 지방분권의 비전, 원칙과 전략 ① 보충성의 원칙: 주민생활과 밀접한 권한과 기능은 지방자치단체에 배분하되, 지방자치단체가 수행할 수 없는 사항만 중앙정부가 직접 처리, ② 자율성의 원칙: 지방자치단체가 지역 실정과 주민

이와 같이 우리나라의 지방분권은 단체자치 국가에서 보는 바와 같이 국가의 통일성 내에서 지방자치단체의 다양성을 보장하는 것이라 볼 수 있다. 따라서 국가의 일정한 감독과 지방자치단체의 자율과 책임성, 창의성, 주민의 자발적 참여를 강조하게 된다. 그런 측면에서 지방분권의 실현은 다음 세 가지 조건을 존중할 때 이뤄진다고 볼 수 있다(Baguenard, 1996: 17-70; 최진혁, 2017: 60-61).

① **지방사무의 존재**

국가사무와 구별된 지방사무의 존재를 지방분권의 첫 번째 소여로 보고 있다(Rivero, 1990: 394). 지방자치단체의 사무는 "지방의회의 자유로운 결정에 의해서 처리할 수 있다."고 규정할 수 있다. 이는 지방자치단체의 사무는 법률에 별도로 규정을 하지 않는 한 해당 자치단체의 이해에 관한 모든 사무(주민의 복리에 관한 모든 사무)가 지방자치단체의 자치사무로 된다는 것이다.[10] 지방사무의 개념은 매우 규정하기 어려운 일이나 지방자치단체를 어떻게 이해하는가에 따라 지방자치단체가 수행할 것이 요청되는 업무로 볼 수 있을 것이다.

② **중앙 권력으로부터의 독립적 지방기관(지방자치단체)**

지방분권이 실현되려면 지방사무가 중앙정부로부터 독립된 지방기관에 의해 책임 있게 수행돼야 한다는 것이다. 즉, 중앙정부의 영향력 지배하에 자치단체의 기능이 상실돼서는 아니 되고, 지방기관(자치단체)이 그들의 책임성을 완전히 행사할 수 있어야 한다는 것이다. 그러기 위해 지방자치단체가 재정자치를 행사할 법인격을 부여받아야 하고, 주민의 의해 선출돼야 한다는 것이다. 이는 국가로부터 자치권을 부여받아 일정한 독립적 관계를 추구해야 한다는 것이다.

의견 등을 토대로 최대한 자유롭고 창의적으로 정책결정 및 집행, ③ 포괄성의 원칙: 중·대 단위 사무(기능)를 중심으로 이양하고, 그 처리에 필요한 재원과 인력도 함께 이양(지방분권촉진위원회).

10) 프랑스의 1884년 4월 5일 법에 따르면, 지방사무는 지방자치단체에 관계되는 모든 분야에 관여할 수 있는 자치단체의 법률적 능력에 기초한 개념으로 파악하고 있다. 1983년 1월 7일 법률도 "코뮌, 데파르트망과 레지옹은 그들 권한의 사무를 그들 협의에 처리한다."고 규정해 포괄적 규정을 확인할 수 있다. 다만 추가적으로 지방자치단체가 행해야 할 기능을 자치단체마다 특화해 구체적으로 규정하고 하고 있다. 최근의 지방분권 개혁으로 데파르트망과 레지옹은 포괄적 규정주의(la clause générale de compétences)를 폐지했고, 코뮌자치단체에서만 허용하고 있다(최진혁, 2018).

③ **자율적 관리**

중앙 권한에 독립적으로 존재하는 지방기관은 그들의 기능을 행사하는 데 실제의 자치를 혜택받고 누려야 한다는 것이다. 이러한 기능적 독립성은 지방사무의 자치행정을 자연히 허용하게 되는 것이다. 즉, 주민에 의해 선출된 기관에 의한 자유로운 행정(관리)이 돼야 한다는 것이다(분권화된 행정 구현).

2. 자치분권의 연구 경향

그동안 국내 학계에 소개된 자치분권에 대한 연구는 1980년대 중반 이후 지방자치 1세대 학자들[11]에 의해 국정 운영의 지방분권적 운영의 타당성을 끌어내려는 기능적 측면의 법·제도적 연구가 주를 이뤘다. 이후 노무현 정부에 들어서면서 한국지방자치학회의 2~3세대 학자들에 의해 실제적 논의를 발전시켜 나갔는데, 대체로 국내의 지방분권의 내용으로서 각 정부가 추구하는 자치분권의 과제를 제시하고 평가하는 연구[12]가 주를 이루면서 이를 위한 선진 국가(미국, 영국, 프랑스, 독일, 일본, 스위스)들의 지방분권정책의 사례[13]를 소개하고 시사점을 찾아내려는 연구가 부각됐다. 분권화 수준에 대한 주요 국가의 비교분석(The World Competitiveness Report, 1955)을 통해 분권화의 유형(이종수, 2002: 71-86)을 밝혀냈으며,[14] 우리나라 지방분권정책의 수립과 집행에 효과적으로 활용할 수 있는 다양한 지표를 개발하고 지방분권의 수준을 측정해 보려는 연구(홍준현 외, 2006)와 분권화가 국가경쟁력 및 국민행복도 수준에 어떤 영향을 미치는지의 지방분권 수준과 영향 요인 관계분석이 뒤를 이었다

---

11) 노융희, 정세욱, 최창호, 김안제 교수 등이 해당한다.

12) 참여정부 지방분권추진계획의 평가(김순은, 2003), 참여정부의 지방분권화 정책의 발전적 비평(최진혁, 2003), 참여정부에서의 지방분권정책의 성과와 과제(이기우, 2007), 참여정부 지방분권 추진 과정 및 성과와 한계분석(허훈, 2008), 이명박 정부의 지방분권 정책평가와 새 정부의 지방분권 추진 과제 및 방향(최근열, 2013) 등의 연구가 있다.

13) 미국: 김익식, 이승종, 홍준현 교수; 영국: 김순은, 이종수, 최영출 교수; 프랑스: 배준구, 임도빈, 안영훈, 최진혁 교수; 독일: 심익섭, 이기우 교수; 일본: 강형기, 오재일, 권영주, 임승빈, 채원호, 김찬동, 소순창 교수; 스위스: 안성호 교수 등이다.

14) 정치적 민주주의를 위한 분권화(유형 1), 경제적 효율성을 위한 지방정부 개혁(유형 2), 현대 국가의 구조 변환에 대한 대응으로서의 분권화(유형 3)로 대별했다(이종수, 2002).

(최영출, 2013).

그리고 자치분권의 양대 산맥이라 할 수 있는 영국과 프랑스의 비교 연구를 통해 그동안 20세기 후반까지의 연구에 그친 내용을 확장시키는 기여를 했는바, 역사적 배경, 국가와 지방의 관계, 지방자치단체(지방정부)와 주민과의 관계, 지방정부 체제의 구조와 기능의 시각에서 21세기 지방자치의 새로운 현대적 경향으로서의 진전 내용을 밝혔다(최진혁, 2015: 1-29). 한편 지방분권 사상에 대한 좀 더 심층적인 연구로서 연방주의 이론의 창시자인 알투지우스(Johannes Althusius), 분권적 정부에서 통치의 이상향을 찾았던 제퍼슨(Thomas Jefferson), 프랑스의 정치사상가로서 미국 민주주의의 핵심 가치를 지방자치에서 찾았던 토크빌(Alexis de Tocqueville), 스미스(John T. Smith)의 주장을 우리나라에 수용한 것과 거부된 것을 살펴본 후에 밀(John S. Mill)의 국가 편의적 사고가 우리에 맞지 않음을 지적하면서 지방분권 사상에 대한 좀 더 심층적 연구의 필요성을 제기했다(김석태, 2016: 1-24).

제2절_ 지방자치의 역사적 뿌리

1. 두 가지 큰 흐름

우리는 지방자치의 역사적 뿌리(계보)를 유럽 국가에서 비롯된 두 가지 상이한 제도에서 찾고 있다. 즉, 일반적으로 서구 민주주의 국가의 지방행정에 대한 대립된 두 가지 큰 흐름을 발견할 수 있는데, 그 첫째는 분권화된 지방자치단체의 존재를 오랫동안 강화한 '자치정부(self-government)'의 영국적 전통에 기인하는 것이고, 둘째는 자코뱅주의(Jacobinisme)와 나폴레옹주의(Napoléonisme)에 각인된 프랑스적 도청 체제(le système de préfecture)로 설명할 수 있는 지방분산(행정분권)이론(la théorie de la déconcentration)에 해당된다(Quermonne, 1991: 109).

영국은 주민이 지방정부에 어떻게 참여하게 할 것인가가 주요 의제가 돼 민주주의가 강조됐고, 그 바탕에는 자치권이 자연법적 고유권적 입장을 견지하게 됐으며, 프랑스는 지방자치단체가 국가로부터 독립해 자치권을 부여받아(전래권설) 어떻게 하면 국가의 연장 선상의 기구로서 지방자치단체(les collectivités territoriales ou locales)가 주민에게 양질의 행정서비스를 창출하고 배분할 수 있을 것인가에 대한 고민에서 지방분권 원리가 적용된 것으로 이해하고 있다.

그러나 시대의 진전에 따라 영국의 전통은 차츰 프랑스의 그것을, 프랑스의 전통은 획기적으로 영국의 그것을 닮아 가려는 기운이 20세기 후반에 생성되기 시작하면서 상호 접근하는 모습이 확연히 드러났다. 즉, 중앙집권적 개혁의 상징으로 영국의 대처(Magarette H. Thatcher; 1979~1990) 정권과 지방분권적 개혁의 상징인 프랑스의 미테랑(François Mitterand; 1981~1995) 정권이 그것이었다(최진혁, 2015 : 3).

2. 21세기 정치환경 변화에 따른 양 계보의 진전

그런데, 이후 급변하는 21세기 지방 정치행정환경 변화에 따라 영국과 프랑스의 지방자치제도는 그들이 마주친 문제점들을 해결하기 위해 선택한 개혁이 어떠한 모습으로 진전됐는지에 대한 고찰이 필요하다. 즉, 원조 지방자치의 성격을 가진 두 국가의 지방자치의 진전 변화를 비교함으로써 새로운 지방자치의 방향타 및 내용을 고찰해 볼 필요성이 있다. 이는 지방자치의 큰 뿌리(계보)로 간주되는 두 나라의 지방자치의 문제 인식과 개혁 내용 등을 살펴보면서 미래의 지방자치의 향방을 가늠해 볼 수 있는 척도 내지 근거 기준으로 간주할 수 있기 때문이다. 따라서 상이한 지방자치의 전통을 가진 영국, 프랑스 두 나라의 지방자치의 내용이 서로 어떻게 진화하고 있는 것이며, 그에 따른 지방자치의 새로운 패러다임의 모색에 대한 예측가능성을 타진해 볼 수 있을 것이다. 이는 그동안 우리가 배워 왔고(정세욱, 2005; 최창호, 2009) 가르쳐 왔던 지방자치의 뿌리를 재정리해 볼 수 있는 기회이며, 다음 미래 세대의 지방자치의 향방을 가늠해 볼 수 있는 준거틀로써 활용할 수 있기 때문이다. 전통적으로 유효한 영국적, 프랑스적 지방자치 모델이 오늘날 여전히 실제로 존재하는 것인가 아니면 다른 모습으로 변형된 것으로 나타나는 것인가, 변형된 모습으로 나타나고 있다면 그 안에는 어떠한 내용이 주가 되고 있는 것인가에 대한 의문이 드는 이유다.

그런 배경에서 프랑스와 영국이 20세기에 경험한 지방자치는 어떠한 것이었으며, 그 안에서 어떠한 교훈을 얻었고 그로 말미암아 어떤 선택을 통허 어느 방향으로 진전되고 있는가에 대한 진단(비교 연구)을 하고자 한다.

물론 영국의 지방자치(주민자치)와 프랑스의 지방자치(단체자치)의 구분이 어느 분야에서는 상당히 유사하게 전개돼 가고 있는 등 명확한 구분이 쉽지 않은 시대로 접어들었지만 21세기 프랑스와 영국의 지방자치의 모습은 어떤 상황으로 진전돼 가고 있는 것인지에 대한 의문에 답해야 하는 시대적 당위성이 있다. 21세기 지방자치의 새로운 현대적 경향을 고찰해 보려는 이유는 바로 여기에 있다(최진혁, 2015: 3).

1) 영국의 지방자치 체제: 의회 주권의 원칙에 기초한 '웨스트민스터 모델'

(1) 국가의 성격과 지방정부

영국은 한편으로는 단방제 국가(unitary state)의 성격을 띠면서 또 한편으로는 네 개(England, Wales, Scotland, Northern Ireland)의 서로 다른 역사적 배경을 가지고 있는 지역으로 구성된 준연방제적 국가(quasi-federal state)의 성격을 갖는 것으로도 해석되고 있다. 여기에 중요한 기관으로 의회를 두는데, 다수 의석을 차지한 단일 정당이 독자적으로 내각을 구성하며 선거를 통해 정치적 책임을 묻게 하는 의회 주권(parliamentary sovereignty) 국가다. 여기에 웨스트민스트 의회(국회; Westminster Parliament)는 매우 강력한 권한을 행사해 지방정부의 권한과 기능은 법률이 제정해 준 범위를 유월할 수 없고, 이를 넘어설 경우 이는 무효로 간주된다는 월권의 법리(doctrine of ultra vires)가 작용하게 된다(Kingdom, 2003: 600). 따라서 지방정부의 존재와 권한은 전적으로 국회에 의해 결정되고 유지된다고 볼 수 있다. 그런 의미에서는 웨스트민스터 의회에 권한이 집중된 정치제도 속에, 다시 말해 중앙정부의 권한이 강력하게 작동하는 체제 속에 지방정부의 활동이 예속돼 운영될 수밖에 없는 구도인 것이다(최진혁, 2015: 4-6).

그러나 영국의 지방정부는 역사적 현상에서 비롯되는 중세시대의 종교구역 단위인 교구(parish)에 뿌리를 두고 발전된 것으로 이미 중앙정부보다 오래전에 앞서 존재했으며, 그 정치행정 체제는 실제의 자치의 존재를 보장하는 것에 의미를 두고자 했다. 즉, 지방정부는 지방의원들에게 공공사무의 분권화된 이해를 도모하게 했고, 지방정부 운영에 필요한 정책의 자유로운 결정과 그 정책을 집행하는 데 필요한 수단을 강구하게 했던 것이다(Marcou,

2000: 7).[15] 이에 따라 영국에서의 지방자치는 언제든지 의회의 주권에 의해서 지방정부의 존재와 기능이 상실되거나 위상이 정해지는 운명을 갖고 있다 하더라도 지방정부는 그 기능과 권한을 행사할 때 자율성을 확보하게 되는 것이다(Lijphart, 1979: 5, 16).[16] 여기에 더해 영국의 지정학적 위치는 당시 국가 형성에 중앙집권이 필요했던 대륙계 국가에 비해 덜 중앙집권화된 모습으로 나타날 수 있었던 것이 지방정부의 자율성을 신장시키는 요인으로 해석하고 있다(Roos, 1993: 643).[17]

(2) 권력의 융합과 분리

몽테스키외(Charles-Louis de Secondat Montesquieu)와 로크(John Locke)가 찬양했던 권력 분립으로부터 탄생한 균형의 사고는 영국에서는 받아들이기는커녕 오히려 입법과 집행 간의 권력의 융합을 통해 정부 구성을 이뤄 냈다. 영국 헌법의 효과성의 비밀은 권력의 밀접한 연합, 즉 집행 권한과 입법 권한이 거의 융합된 상태 안에서 찾는다(The English Constitution, 1867)는 것이다(Walter Bagehot). 그로부터 예비내각(gouvernement de cabinet), 즉 집행부를 위해 권력의 불균형이 더욱 가속됐던 것이 사실이다. 중세의 헌법은 보수이론가들의 표현에 따르면, 중앙 권한의 비중은 지방자치에 의해 상쇄되는 것으로 봤는데, 즉 지방자치는 중앙정부의 정치적 혼란을 상쇄하면서 지방행정의 안정성을 유지해 줄 수 있는 기제로 작동하는 것으로 이해했다. 여기서 고전적 의회주의는 영국적 경험에 관해 확실하게 규정했는데, 바로 우세한(패권) 정당제도(le régime du parti dominant)에 따른 권력 융합의 정부조직을 이끌어 냈던 것이다. 결국 의회를 장악한 집권 정당이 내각을 구성해 매우 강력한 권한을 갖는 중앙정부를 구성하는 체제에서 오히려 선출된 독재(elective dictatorship ; dictature élective)라는 비판을 받게 되는 배경이 되고 있다(Hailsham, 1976). 이런 맥락에서

---

15) 그러나 루소(Jean-Jacques Rousseau)는 사회계약론에서 영국적 체제를 찬양하지 않았다. 즉, 그는 영국식 국회의원 체제에 단호히 반대했으며, "주민이 승인하지 않은 모든 법은 무효다"라고 강조하면서 불문헌법의 가치를 부정했다. 그 논쟁의 중심은 "영국 주민이 자유스럽다고 생각하는데 그것은 국회의원 선거 동안에만 그렇다는 것이지, 국회의원으로 당선되자마자 주민은 노예가 되는 것에 불과하다는 것이다"(Rousseau; Guichet, 1989: 75-79)라는 사실에 근거하고 있다.

16) 역사적으로 영국의 지방정부가 자치 권한을 완전히 상실한 적은 없는 것으로 조사되고 있다.

17) "영국은 어떠한 유럽 국가에 비해 좀 더 일찍 단일한 국가로 됐다. 그런데 지정학적으로 분리된 영국의 위치는 당시 대륙의 국가를 건설하기 위해 필요했던 중앙집권을 좀 더 유연하게 덜 중앙집권화된 나라로 허용하게 했다"(Roos, 1993: 643)는 것이다.

지방정부의 운영도 주민의 직접선거에 의한 지방의회의 구성으로 이뤄지는데, 일반적으로 지방의회가 의결 기능, 집행 기능을 모두 관장하게 되는 기관통합형 정부 구성을 보게 되는 것이다. 그러나 2000년 「지방정부법(Local Government Act 2000)」을 통해 전통적인 기관통합형 지방정부에서 주민 직선의 단체장의 기관분리형, 이외 다양한 기관 구성 방식(Leader and Cabinet executive/ Mayor and Cabinet executive, Mayor and Council Manager)을 주민투표로 선택할 수 있게 했다(Kingdom, 2003: 613; 지방행정연구원, 2012: 77).

(3) 영국의 지방제도의 개혁: 신중앙집권화

영국의 지방제도는 제2차 세계대전 후 급변하는 정치행정 환경 속에서 경제와 정치 체제가 엄청난 변화를 가져왔기 때문에 그 변화와 불확실성은 1960년대 말 이래 지방정부의 주요한 특징으로 간주됐다. 제2차 세계대전 이래 서유럽 국가의 지방 권한의 개혁은 두 가지 면을 고려했는데, 주민에게 행정서비스를 제공하는 데 좀 더 효율적이고 민주적인 지방정부 재구성으로서의 지방행정 체제 개편과 지방분권이었다. 따라서 지방정부의 재구성으로서 지방행정 체제 개편은 1960~70년대에 인구의 이동, 좀 더 확장된 대런던광역시(Great London Council: GLC)의 창설(1965년)[18] 등 지방정부 규모의 변화에 대응하고자 제기됐던 것이다(Newton, 1984: 16-17). 또한 좀 더 통합된 체제로의 관리 방식의 변화에 일치시키려는 것이었다. 즉, 지방 행위만이 아니라 지방정치를 발전시키는 차원에서 행·재정서비스 업무를 효율적으로 수행해 나가기 위한 것이었다. 또한 지방분권은 어떤 권한과 함께 지방 권한에 부여할 수 있는 것인지 권한 이전의 내용과 방식에 대한 질문으로 나타났다. 특히 재정 권한에 대한 문제가 70년대에 제기됐던 것이다. 그럼에도 불구하고 영국은 제2차 세계대전 이후 지방행정에서의 집권화를 필연적으로 수용하면서도 여기에 민주주의의 요구를 어떻게 반영할 것인가에 대한 고민으로 과거 절대군주국가가 보였던 지방민주주의를 말살했던 중앙집권과는 전혀 다른 모습의 중앙집권을 제시했다는 점에서 신중앙집권화(new centralization)로 명명되고 있다. 특히 보수당 대처 정권(1979.5~1990.11)의 중앙집권화는 복지국가정책 확대에 따른 경제 위기 속에서 국제통화기금(IMF)의 구제금융을 받으면서 경제 재건의 기치를 내세울 수밖에 없었고, 이를 위해 신자유주의 사상에 기초해 공공 부문의 개

---

18) 런던과 주변 지역의 인구가 급증함에 따라 1963년 「런던정부법(London Government Act 1963)」을 기초로 런던카운티 외곽을 편입해 확장된 대런던광역시(GLC)가 탄생했다(Newton, 1984: 15-17).

혁을 단행했으며, 행정의 비효율성을 줄이고자 런던 및 6대 광역시를 해체하는 지방행정 체제의 단층제 개혁이 이뤄졌다(Coxall & Robins, 1989: 180-184).

2) 프랑스의 지방자치 체제: 자코뱅주의와 나폴레옹주의에 각인된 도청 체제 모델

(1) 국가의 성격과 지방자치단체

프랑스에는 영국과 같은 앵글로색슨(Anglo-Saxon) 국가에서 사용하는 지방정부(local government; le gouvernement local)라는 명칭이 없고, 국가로부터 일정한 법인격을 부여받은 지방자치단체(les collectivités territoriales; les collectivités locales)라는 용어를 사용할 뿐이다. 이는 프랑스의 전통적인 법적 분석에 근거한 단체자치의 전형적 모델로서 이해되며, 특히 프랑스 혁명을 통해 학습한 강한 단일국가 체제를 유지하고자 하는 염원이 반영된 결과로 볼 수 있다. 요컨대, 프랑스 국가의 절대적 원칙처럼 신성시되고 있는 프랑스적 국가 운영의 지침은 "프랑스 공화국은 하나이고, 나뉠 수 없으며, 국가 주권이다(la République est une et indivisible et la souveraineté nationale)"라는 사실에서 비롯된다. 여기에서 프랑스의 지방행정은 자연히 국가의 정치·행정 체계의 연장 선상에 놓이게 됨으로써 지방자치단체(les collectivités territoriales)나 지방권력기관(les autorités locales)은 국가의 부속물로서 간주되고 있다. 그런 배경에서 프랑스 지방행정의 상징적 책임자로서 도지사(préfet)는 국가적 이해를 담당하는 데파르트망(département: 도) 단위에서 국가의 대표(représentant de l'Etat)로서 기능한다. 따라서 앵글로색슨 국가에서 사용하는 '지방정부'라는 용어 대신에 지방행정을 지명하는 '지방기구(제도)(institutions locales)'라는 명칭을 선호한다(Mabileau, 1991: 7-8).

이런 배경에서 프랑스적 단일국가는 1789년 7월 14일 혁명으로 구체화됐고 지방분권의 진행 과정은 이후 2세기에 걸쳐 진전돼 왔다. 1800년 도지사의 창설은 지방행정 수행을 좀 더 중앙집권으로 회귀하게 했고,[19] 이후 20여 년은 프랑스 국가의 단일성과 불가분성의 주요 원칙에 따라 지방분권으로의 의지와 중앙집권의 보존 의지가 교차해 일어나게 된다(Verpeaux, 2005: 3-8). 이어 1830년 혁명 이후 7월 군주정은 지방선거를 통해 지방의회 의원의 역할을 확대해 나갔으며, 제3공화국하의 1871년 8월 10일 데파르트망법, 1884년 4월

---

19) 도지사(préfet)는 군수(sous-préfet)의 지원하에 도 단위 수준에서 국가행정을 담당했다.

5일 코뮌법의 제정으로 지방민주주의의 기초를 다질 수 있었다.[20] 그러나 진정한 지방분권으로의 개혁은 한 세기가 지난 1982년 3월 2일 미테랑 정권의 모루와(Pierre Moroy) 정부에서 입안된 「시읍면, 도, 지역의 권리와 자유에 관한 법률(la Loi n 82-213 relative aux droits et libertés des communes, des départements et des régions)」을 기다려야 했다(최진혁, 2015: 6-8).

(2) 권력의 융합과 분리

프랑스는 대통령과 국무총리가 권력을 분점하는 쌍두제(dyarchie)의 이원집정부제(bi-cépahalisme)의 권력구조를 띤 단일국가로서 권력의 융합(의원내각제)과 분리(대통령제)라는 각각의 모습을 보이고 있다. 대통령과 총리와의 관계는 총리의 임명권을 대통령이 행사하는 역학 구도에서 발생한다(Mény, 1991: 2-23; Mény, 1995). 대통령의 정당과 의회의 다수당을 차지한 정당대표가 같은 정당일 경우(의회 다수파와 대통령의 지지 정당이 동일 정당)에는 대통령이 좀 더 강력한 권한을 행사할 수 있지만, 반대의 경우(여소야대)에는 대통령은 자기에게 적대적인 정치활동을 해 온 야권 대표의 총리를 지명할 수밖에 없는 상황에 처하게 되는 것이다. 따라서 때에 따라서는 이 특별한 '적과의 동침인 동거정부(cohabitation)'로 중앙정부를 운영하게 된다(최진혁, 2011: 54). 지방자치단체의 권력구조를 담아 내는 기관 구성은 권력의 융합으로서의 의회제도(le parlementarisme)를 기반으로 분리로서의 대통령제도(le présidentielisme)의 혼합 형태로서 권력 분립적 시각에서 보면 '권한의 부드러운 분립(la séparation souple du pouvoir)모형'으로 이해할 수 있다(Mény, 1995). 그러나 일반적으로 의회 중심의 권력 운용으로 볼 때 기관통합형으로 명명할 수 있다.

(3) 프랑스의 지방자치단체 개혁: 신지방분권화

미테랑(François Mitterrand) 사회당정부에 의해 구체화된 프랑스 지방분권은 30여 년이

---

[20] 1871년부터 6년 임기의 보통직접선거에 의해 선출된 도의회는 그들의 의결로 도 업무를 처리했다. 그런데 그들의 의결은 도지사의 사전 승인에 따라야 했다. 이것이 바로 프랑스 지방행정의 가장 중요한 특징 중 하나인 후견인제도(régime de tutelle)였다. 한편 코뮌(시읍면)은 1884년 법률에 따라 확인된 지방자치단체의 법규를 보게 된다. 임기 6년의 보통직접선거에 의해 선출된 코뮌(시읍면) 지방의회(conseil municipal)는 그들의 의결에 따라 시읍면(commune)의 업무를 처리하게 했다. 코뮌 지방의회에서 선출된 코뮌의 장(maire/시읍면장)은 지방의회의 의결을 집행하는 역할을 수행했다(D.G.C.L., 2012: 1-2).

지난 오늘날에도 여전히 큰 개혁으로 받아들여지고 있다. 왜냐하면 국가의 지방행정 수행 방식의 틀이 크게 변화했기 때문이다. 다만 어떻게 하면 균형되고 성숙한 분권화에로의 추진이 가능할 것인가가 프랑스 신지방분권화의 과제가 되고 있다. 왜냐하면 그동안 획기적인 지방분권정책의 실시에도 불구하고 지방재정의 압박, 권한의 중첩, 행정계층의 증가, 기관 구성의 특성상 힘의 균형의 부재로 말미암은 국가 통제의 지속성 등 지방분권이 그 균형을 찾지 못하고 있다고 판단되기 때문이다. 이는 '지방 권한의 집권화'(Mény, 1993), '반집권화된 국가'(Aubry, 1992), '지방분권이 중앙집권 방식으로 행사됨'(Thoenig, 1992), '단차원적인 개혁, 아직 끝나지 않은 과정'(Sadran, 1992)으로 평가하는 프랑스 지방정치 행정학자들의 표현에서 읽을 수 있다(최진혁, 1999: 204-205).

이러한 맥락에서 지방정치·행정 전문가들과 의회 의원으로 구성된 지방분권연구소(Institut de la décentralisation)[21]는 그동안 분권화 정책 추진 과정을 과학적 분석에 따른 평가에 따라 프랑스 지방분권의 균형된 발전을 제시하고자 했다(Hoeffel, 1996: 5-6). 이들에 따르면, 프랑스 지방분권은 단순히 자코뱅주의적인 프랑스의 전통적인 중앙집권에의 종식에 있는 것이 아니라, 좀 더 자유스러운 정치·행정 체계 속에서 주민 의사의 우월한 가치를 존중해 주민이 지방 정책결정에 가깝게 참여하도록 하고, 지방자치단체(지방정부)의 책임성이 강화돼 공공정책의 효과성을 지양하려는 데 두고 있다. 이는 과거 방임국가 시대의 지방분권과는 그 성격이 다르므로 신지방분권(new decentralization; décentralisation nouvelle)이라고 칭한다. 이는 중앙집권을 전적으로 배제하는 절대적인 지방분권이 아니라 국가(중앙정부)의 감독, 지도의 필요성을 인정하는 상대적 지방분권이기 때문이다.

3. 지방자치와 민주주의

이러한 논의 배경에는 이미 1950년대 민주주의와 지방자치의 관계를 조명해 보면서 지방자치의 고전적 가치에 대한 논쟁을 지피게 했다. 즉, 랭로드(George Langrod, "Local

---

[21] 이 연구소의 최초 모임은 1996년 2월 8, 9일에 릴(Lille)에서 개최됐으며, 바랭(Bas-Rhin) 도의회 의장이며 상원의원, 전 장관인 외펠(Daniel Hoeffel)이 주관했다.

Government and Democracy," in *Public Administration*, Vol. XXXI(Spring 1953)는 대륙계 지방자치의 논거에 근거해 지방자치와 민주주의와의 관계를 부정하는 논리를 유럽 대륙의 역사적 우연, 민주주의에 반대되는 현상들을 통해 지적했으며,[22] 이와 반대로 지방자치와 민주주의 관계는 국가 권력의 제한 원리, 민주주의 전제로서의 지방자치,[23] 민주주의의 학교·훈련장,[24] 민주주의 이념의 실천적 원리, 중앙 정국(政局)의 혼란 방지 및 지방행정의 안정성 확보라는 논리로 절대적으로 떼어서 생각할 수 없는 밀접성을 주장했다(Keith Panter-Brick, "Local Government and Democracy-A Rejoinder," in *Public Administration*, Vol. XXXI(Winter 1953).[25] 결국 전자는 대륙계 단체자치에 근거를 둔 주장이었고, 후자는 영·미 주민자치에 근거를 둔 논거였던 것이다.

이후 1970~80년에 걸쳐 영국과 프랑스 양국 간의 지방자치의 비교 연구가 진행돼 왔는데, 특히 영국에는 맨체스터대학의 패리(Geraint Parry), 버몬트대학의 모이저(George

---

[22] 지방자치가 민주주의의 필수적 요소라고 볼 수는 없다. 지방자치가 필수적 요소라면 지방자치 없는 민주주의는 존재할 수 없어야 할 것이다. 그러나 민주주의란 지방자치가 존재하는 곳에만 있는 것은 아니기 때문이다. 실질적으로 지방정부는 지방에서의 시대착오적 특권을 누리고자 노력해 왔고, 지방에서의 소수 지배, 정치적 패거리, 반민주적 폭력 등을 행사해 오면서 민주주의 발전과 성립 과정에서 개혁에 저항하는 요소로서의 역할을 해왔던 것이다(정세욱, 2005). 요컨대, 관계부정설은 지역사회의 정치적 모순을 인지하고, 이의 타파를 위해 민주적 중앙정부의 적극적 역할을 강조한다. 즉, 민주화된 정치 체제에서 지방자치는 무가치하며 오히려 능률을 저해한다고 주장한다. ① 낮은 참여 수준, ② 소수 전제의 가능성, ③ 다수 횡포에 따른 불평등, ④ 지역이기주의 및 배타주의의 학습을 그 근거로 두고 있다. 주로 국권설에 입각한 대륙계의 자치에 근거하고 있으며 랭로드(George Langrod), 멀린(Leo Moulin), 벤슨(G.C.S. Benson), 켈젠(Hans Kelsen) 등이 대표적 학자다(박응격, 2003: 27-28).

[23] 토크빌(Alexis de Tocqueville)의 *De la démocratie en Amérique*: 지방자치의 자유에 대한 관계는 초등학교의 학문에 대한 관계와 같다. "지방자치는 그것을 주민의 손이 닿는 곳에 가져오므로 국민들이 그것을 어떻게 행사하는지를 가르친다"면서 "지방자치 없이도 국가는 자유로운 정부를 수립할 수 있을지 모르나 자유정신(l'esprit de la liberté)을 가질 수는 없다. C'est pourtant dans la commune que réside la force des peuples libres. Les institutions communales sont à la liberté ce que les écoles primaires sont à la science; elles la mettent à la portée du peuple; elles lui en font goûter l'usage paisible et l'habituent à s'en servir. Sans institutions communales une nation peut se donner un gouvernement libre, mais elle n'a pas l'esprit de la liberté(Alexis de Tocqueville).

[24] 브라이스(James Bryce)는 『현대민주주의(*Modern Democracies*)』에서 소규모 자치단체를 민주주의의 원천으로 비유하면서 "지방자치를 실시하는 것이 민주주의의 최량의 학교이며 그 성공을 위한 가장 확실한 보증인(…the best school of democracy, and the best guarantee for its success, the practice of local self-government)"이라고 강조했다.

[25] 토크빌(Alexis de Tocqueville, 1839), *Democracy in America*. "The strength of free peoples resides in the local community. Local institutions are to liberty what primary schools are to science"(Kingdon, 2003: 600).

Moyser), 웨일스와 맨처스터대학의 클리버(David Cleaver), 프랑스에는 프랑스 국립과학연구원(Centre National Recherche Scientifique: CNRS)과 보르도 정치연구소(Institut d'Etudes Politiques de Bordeaux)의 가로(Phillippe Garraud), 보르도 제1대학(Bordeaux I) 정치학 교수인 마빌로(Albert Mabileau), 정치학을 위한 프랑스국립재단의 꾕땅(Patrick Quantin) 등이 있다. 이들은 주민 참여, 정치적 동원(political mobilization), 지방 엘리트의 영향력 등에 관심을 두고 비교 접근했다.

또한 1990년대 파리 제I대학 교수이자 IIAP/IEP 교수를 역임했던 질러(Jacques Ziller)의 비교행정(Administrations comparées) 연구와 메니(Yves Mény) 교수의 비교정치(Politique comparée) 연구가 주를 이뤘다. 비교행정 연구에서는 지방권력 구조에 관심을 두고 기초, 광역자치단체별로 권한의 종류 및 기능 배분, 지방정부 구성 형태, 중앙과 지방 간의 관계를 논의하면서 특히 중앙통제에 대한 비중을 할애했다. 비교정치 연구에서는 정당 체제, 선거, 의회의 조직과 기능, 대통령과 정부구조를 설명하면서 지방자치단체(지방정부)의 역할 및 권한에 중점을 두고 국가(중앙정부)와 지방정부 관계를 고찰하고 있다(최진혁, 2015: 9).

4. 지방자치의 현대적 경향

이상의 논의를 통해 영국과 프랑스의 지방자치제도의 근원과 진전 내용을 비교 분석해 보면서 그동안 우리 지방자치학계에서 논의해 왔던 주민자치, 단체자치의 준거 내용들을 발전적 비평 차원에서 21세기 지방자치의 향방을 가늠해 보고자 했다(〈표 12-2〉 참조)(최진혁, 2015: 26-27).

프랑스는 혁명기에 자코뱅과 지롱드당의 투쟁에서 얻은 값진 교훈과 중앙집권화의 기운을 더욱 강화했던 나폴레옹적 중앙집권주의로 국가 주권의 단일성과 불가분성(l'unité et l'indivisibilité de la souveraineté)의 원칙에 따라 국가를 운영하기로 한 까닭에 지방의 문제도 국가의 관여에 의한 지방행정 운영 방식을 활용했다. 따라서 국가의 대표격인 도지사 제도를 활용해 지역의 보호자 내지 감독자로서의 후견인 역할을 감당하게 했다. 그러면서 1830년 혁명 이후 7월 군주정(La Monarchie de Juillet)은 지방의회 의원선거를 통한 지방민주주의를 정착시키는 자치분권의 시대를 열면서 제3공화국에서 두 가지 획기적인 지방분권 성격의 지방조직법(1871년 8월 10일 데파르트망법과 1884년 4월 5일 코뮌법)으로 발전했지만 제4공화국에서 데스탱(Valéry Giscard d'Estaing) 우파정부까지 지방분권적 요소는 상당히 제약받는 불확실성의 시기를 보내고, 드디어 1982년 미테랑(François Mitterrand) 사회당 정권에서 후견인제도를 폐지하면서 획기적인 분권화의 시대를 전개했던 것이다.

반면 영국은 의회 주권 국가로서 웨스트민스트 의회는 지방정부의 동의 없이도 지방정부의 구조나 기능을 변경할 수 있는 강력한 권한을 행사하지만 중앙 권력이 기초 단위 공동체의 특수성이나 다양성을 훼손할 수 없는 전통적 정치문화가 자리 잡고 있는 것이다. 이는 특히 4개 지역(England, Wales, Scotland, Northern Ireland)으로 구성된 준연방국가적 성격으로 국가의 통합이 지방공동체를 대표하는 정부를 구성함으로써 실현될 수 있다는 컨센서스가 작동해 각각의 지역에 의회를 두고 중앙정부로부터 대폭적인 권한 이양에 따른 각 지역의 다양성과 독자성을 유지해 나갈 수 있는 지방자치를 운영해 나갈 수 있게 했다. 또한 국회의 권한이 강해 지방정부를 법률에 의해 지배하지만 중앙정부가 지방정부에게 집행 권한을 위임해 지방정부가 자율적으로 행·재정서비스를 제공하도록 했다. 그런 면에서 프랑스와 같이 중앙정부를 대표하는 권한이 지방정부에 내려가서 지방정부의 활동에 대해 일일이 통제하는 모습은 보이지 않았다. 따라서 그만큼 영국의 지방정부의 자율권은 프랑스의 그것보다는 신장될 수 있었다고 판단된다. 그러나 중앙정부와 지방정부 간의 관계가 상대적으로 프랑스의 그것보다는 연계성이 떨어질 수 있는 구도였다. 더구나 프랑스는 국가 정치인사의 충원을 지방 엘리트들의 접근이 가능한 겸임제도(le cumul des mandats)를 활용해 더욱더 그 연계성을 강화했다고 할 수 있다. 결국 국가 권력이 지방에 개입해야 한다는 사실은 프랑스적 논리에서는 당연한 것이었지만 영국적 논리에서는 개입해야 하는 사실을 증명해야 하는 것으로 지방 권력의 남용에 대한 주민의 권한을 보호한다는 차원에서 최소한의 수단에서 찾게 된다는 것이다.

그런데 1970~80년대 새로운 지방행정환경은 영국과 프랑스의 지방정부 개혁을 단행하게 했고, 대처(Margaret H. Thatcher) 보수당 정부의 신중앙집권적 개혁과 미테랑 사회당 정권의 신지방분권화 개혁이었다. 영국의 대처 정권은 제2차 세계대전 이후 고복지정책에 따른 고비용, 저효율적인 행정문제를 해결하고자 신자유주의 정책을 견지해 오면서 효율적인 작은 정부관에 입각해 국유화기업의 민영화, 규제 완화, 공공 부문의 경쟁 원리를 도입하게 됐고, 또 한편으로는 중앙정부에 권한을 집중시키는 단층제 지방행정 체제 개편을 도모하는 중앙집권적 방식을 제시했다. 반면 프랑스 미테랑 정권은 후견인으로서 국가 대표인 도지사가 너무 과도한 권한을 행사한다는 비판에 따라 도지사의 권한을 국가 대표로서의 권한에 한정해 그 기능을 축소하고, 지방의회 의장에게 해당 지방자치단체의 장으로서의 역할을 부여했으며, 국가의 강한 통제 방식(사전적·합목적 통제)을 사후적·합법성의 통제로 전환하면서 지방자치단체의 권한을 넓혀 나갔다. 이에 따라 자유로운 행정(자치행정)을 보장할 수 있는 차원에서 국가와 지방자치단체 간의 권한배분법이 제정되기에 이르렀다.

이후 영국의 블레어(Tony Blair) 노동당 정권은 대처리즘(Thatcherism)을 극복하고자 전통적인 노동당의 사회민주주의 노선에 신자유주의 노선을 승화·발전시킨 '제3의 길(the third way)'로서 새로운 노동당의 정책을 제공했다. 그런 배경에서 지방분권적 지방정부 개혁을 단행했는바 지방정부의 광역화와 지방정부의 구조 개편으로서의 지방행정 체제 개편이었다. 즉, 주민직선제의 런던광역시의 구성과 광역적 수요에 대응하기 위해 잉글랜드 지역에 8개의 지역개발공사(Regional Development Agency)를 설립하게 된다. 이후 캐머런(David Cameron) 보수당 정부는 좀 더 확대된 권한 이양을 약속하면서 지방분권(정치적 분권)을 가속해 나아갔다. 역시 프랑스도 미테랑 정권 이후 우파정부의 시락(Jacques Chirac) 정권에서도 지방분권 국가임을 밝히는 지방분권 헌법 개정을 이뤄냈고, 계속된 사르코지(Nicolas Sarkozy) 우파정권에서도 광역적 수요에 대응하기 위해 그랑파리와 11개 광역시를 지방행정 체제 개편으로 대처했다. 이후 올랑드(François Hollande) 사회당 정권은 미테랑 정부 때 규정했던 국가와 지방자치단체 간의 권한 배분이 좀 더 명확하게 구분될 수 있도록 함으로써 지방분권이 좀 더 잘 정착되도록 하는 진화된 법규를 제정했고, 2014년 시읍면(코뮌)선거 때를 기점으로 시읍면(코뮌) 연합을 하나의 새로운 코뮌(commune nouvelle)으로 하는 합리적 지방행정 체제 개편을 시도했다.

요컨대, 21세기 양국의 지방자치의 흐름은 지방정부 개혁으로서의 공통으로 지방분권과 지방행정 체제 개편이라는 방식으로 나타났는데, 영국의 그것은 지방분권의 대세 속에서, 특히 지방 권한을 대폭적으로 이양해 지역의 다양성과 특수성을 존중한 정치적 분권과 주민투표에 의한 지방정부 구성, 효율적인 행정 업무 창출을 위한 중앙정부의 통제 강화 등 지방분권과 중앙집권의 조화를 도모하려는 '하이브리드(혼합) 지방자치(hybrid local autonomy)'의 모습을 보이는 반면 프랑스의 그것은 미테랑 정권 이래 우파·좌파정부를 막론하고 계속해서 지방분권 개혁을 주도해 왔지만 결국 중앙집권적 틀에 지방분권화를 도모하려는 '순화된 자코뱅주의(Jacobinisme appriviosé)'와 나폴레옹주의에 따른 '하이브리드(혼합) 지방자치(autonomie locale hybride)'로 볼 수 있을 것이다(〈표 12-1〉 참조).

<표 12-1> 영국(주민자치)과 프랑스(단체자치) 지방자치의 비교

	영국	프랑스
지방자치 모델	의회 주권 원칙(parliamentary sovereignty)의 웨스트민스터(Westminister) 모델 의회 주권국가로서 의회 권력 장악	자코뱅주의(Jacobinisme)와 나폴레옹주의(Napoléonisme)에 각인된 도청 체제(le système de Préfecture) 모델 국가 중심적 권력(중앙집권)
국가의 성격	단방제, 준연방제 입헌군주국가, 의회주권국가	단방제, 공화국 (La France une et indivisible)
역사적 전통	단일국가면서 지방의 특수성, 다양성은 존중, 따라서 서비스 창출과 배분 시 고유의 지방정부 존중	단일국가이므로 지역의 문제는 국가가 개입하는 후견인제도(régime de tutelle)를 둬 지방자치단체를 견제하고 보호하려 했음.
자치권	확대	제약
지방자치의 근거	국회의 법률과 관습법	헌법, 법률
지역 단위 명칭	local council = 지방정부(local government)	지방자치단체(collectivités territoriales ou locales)
지방자치 탄생 배경	1835년 도시자치단체법(Municipal Corporation Act) 1888년 지방정부법(Local Government Act) 1894년 지방정부법(Local Government Act)	1830년 혁명 이후 7월 군주정(Monarchie de Juillet): 1831년 3월 21일 법률, 1833년 6월 22일 법률 1871년 데파르트망법(la loi départementale du 10 août 1871) 1884년 코뮌법(la loi municipale du 5 avril 1884)
중앙과 지방의 관계	입헌군주제 정체(헌법)와의 계약	지방 엘리트의 국가 정치인사 충원을 가능케 하는 인력양성제도: 겸임제도(cumul des mandats)
기능 배분 방식	지역특별법에 의한 개별적 수권 특별한 국회의 절차를 조건으로 하는 명령(Order), 지방정부가 인정해 주는 승인법(Adoptive act)	전통적으로 포괄적 수권주의(une clause générale), 예시적 포괄주의 최근 올랑드 정권에서 포괄적 수권주의 폐지(자치단체 간 공통된 의원이 서비스조직에 잘 적용하는 기능 배분)
중앙통제	국회의 법률에 의거 월권의 법리(Ultra vires) 지방정부감사위원회(audit commission for local authorities)의 회계감사 신공공관리적 행정통제: 강제적 입찰제도, Best Value *중앙집권적 통제 경향	- 행정재판소(Tribunal Administratif)에 의한 합법성 통제 - 지방분권화에 부응한 예산회계의 합법성 통제 - 효율적 관리통제 *지방분권적 통제 경향
지방정부와 주민과의 관계	주민투표제도 활용한 적극적 주민 참여(활발)	직접민주주의 활성화
기관 구성 형태	기관통합형(전통형) / 기관분리형(최근) / 다양화	기관통합형(연한 분립조직) / 획일화 유도
지방행정 체제 개편(계층제)	2층제 / 단층제	3층제
수도(광역권) 체제	GLA(Greater London Authority)	Grand Paris

중앙집권, 지방분권 경향	중앙집권(제2차 세계대전 이후 복지국가 실현에 목표를 둠) – 신중앙집권(Thatcher): 신자유주의 정책에 따라 국가개혁을 작은 정부관을 주장했지만 결과적으로 지방정부 개혁으로 이어져 지방정부의 자율성이 많이 퇴색되고 중앙정부의 강화 현상이 나타남. – 지방분권(Tony Blair)/지방행정 체제 개편 – 신지방분권(David Cameron)/권한 이양(정치적 분권)	중앙집권 – 신지방분권(François Mitterrand) – 헌법 개정을 통한 지방분권 개혁(Jacques Chirac) – 지방행정 체제 개편 / 지방분권(Nicolas Sarkozy) – 지방분권 / 좀 더 명확한 권한 배분(François Hollande)
21세기 지방자치 특징: 상호 접근	지방분권(정치적 분권) 대세 속의 중앙집권과 지방분권의 조화(hybrid local autonomy)	중앙집권적 틀에 지방분권화(autonomie locale hybride) = 순화된 자코뱅주의, 나폴레옹주의

자료: 최진혁(2015).

제3절_ 우리나라의 자치분권 정책

이러한 논의를 통해 우리나라 역대 정부가 펼쳐 왔던 자치분권의 정책 내용을 단체자치와 주민자치의 논리로 풀어갈 수 있을 것이다. 즉, 국가, 지방자치단체(지방정부), 주민의 차원에서 어떻게 그 관계가 작동하고 있는 것인지에 대한 논점으로 살펴보고자 한다(최진혁, 2017).

1. 노무현 정부의 지방분권

1) 지방분권 추진 기본 방향 및 과제

노무현 정부는 그동안 추진했던 우리나라의 지방분권화가 중앙부처의 이기주의와 개별적 단위사무 위주의 단편적 이양으로 실질적 지방분권을 기대하기 어려웠고, 시민단체와의 유기적 협력 관계가 미약해 국민적 공감대 형성을 이끌어 내는 데 한계를 드러냈다고 봤다. 게다가 자치조직권 등 자치 역량을 강화하기 위한 제도적 개선의 노력이 미흡했고, 지방재정

기반의 취약 내지 불균형과 재정 집행의 자율성 제약, 지방정부 스스로의 책임성 확보와 자체 혁신 노력이 부족했다고 진단했다. 따라서 과거 정부의 분권화는 종합적이고 체계적인 지방분권 추진이 미흡할 수밖에 없었고, 지방정부의 자기 혁신 노력도 부족해 실질적이고 국민 체감적인 분권 효과가 미약했다고 평가하고 있다(정부혁신지방분권위원회, 2005).

이러한 분석(자체평가)에 기초해 노무현 정부는 선분권 후보완의 원칙, 보충성의 원칙, 포괄성의 원칙에 따라 일곱 가지 지방분권 추진 기본 방향을 정하고 이에 따라 20가지 주요 과제를 제시했다. 이를 단체자치·주민자치 관점과 행정적·정치적 관점의 분권 논리에 의해 고찰해 보면 〈표 12-2〉와 같다. 즉, 노무현 정부 지방분권 추진 기본 방향 및 주요 과제 1, 2, 3은 단체자치적 관점에서, 4, 6은 주민자치적 관점에서, 5, 7은 단체자치와 주민자치적 관점이 혼합돼 있는 것으로 분류해 볼 수 있는데, 엄밀히 말하면 5는 강한 주민자치적 관점에 단체자치적 측면이 첨가된 경우로 주민자치가 단체자치보다 우위에 있는 것이고, 7은 강한 단체자치적 관점에 주민자치적 측면이 중복된 경우로 단체자치가 주민자치보다 우위에 있는 경우다. 이를 정치적·행정적 관점에서 살펴본다면 대체로 정치적 측면은 주민자치를 반영하고 있고, 행정적 측면은 단체자치를 반영하고 있다고 볼 수 있지만 단체자치적 측면이 강한 1) 3) 4) 8) 9) 10) 18) 19) 20)의 경우는 정치적·행정적 두 가지 측면을 함께 공유하고 있다고 볼 수 있다(최진혁, 2017: 63-66).

〈표 12-2〉 노무현 정부 지방분권 추진 기본 방향 및 주요 과제

기본 방향·주요 과제	단체자치·주민자치즈 관점	행정적(1)·정치적(2) 관점
1. 중앙-지방정부 간 권한 재배분 1) 지방분권 추진 기반 강화 2) 중앙 권한의 획기적 지방 이양 3) 지방교육자치제도 개선 4) 지방자치경찰제도 도입 5) 특별지방행정기관 정비	단체자치	 (1)+(2) (1)+ (1)+(2) (1)+(2) (1)
2. 획기적 재정분권의 추진 6) 지방재정력 확충 및 불균형 완화 7) 지방세정제도 개선 8) 지방재정의 자율성 강화 9) 지방재정 운영의 투명성·건전성 확보	단체자치	 (1) (1) (1)+(2) (1)+(2)
3. 지방정부의 자치행정 역량 강화 10) 지방자치권 강화 11) 지방정부 내부 혁신 및 공무원 역량 강화	단체자치	 (1)+(2) (1)

4. 지방의정 활성화 및 선거제도 개선 　12) 지방의정 활성화 　13) 지방선거제도 개선	주민자치	(2) (2)
5. 지방정부의 책임성 강화 　14) 지방정부에 대한 민주적 통제 체제 확립 　15) 지방정부에 대한 평가제도 개선	주민자치 > 단체자치	(2)+(1) (2)+(1)
6. 시민사회의 활성화 　16) 다양한 주민참정제도 도입 　17) 시민사회 활성화 기반 강화	주민자치	(2) (2)
7. 협력적 정부 간 관계 정립 　18) 중앙-지방 간 협력 체제 강화 　19) 지방정부 간 협력 체제 강화 　20) 정부 간 분쟁조정 기능 강화	단체자치 > 주민자치	(1)+(2) (1)+(2) (1)+(2)

더 나아가 지방분권 5개년 종합실행계획을 보면 47개 분권 과제를 제시하고 있다. 이 중 정부혁신지방분권위원회 주관 과제가 7개, 위원회 역점 과제가 9개, 부처 주관과제가 31개였다(지방분권위원회, 2005: 42-45).[26]

---

26) 1. 중앙-지방정부 간 권한 재배분: 사무 구분 체계 개선, 중앙행정 권한의 지방 이양, 대도시특례제도 강화, 제주특별자치도 추진, 교육자치제도 개선, 자치경찰제도 도입, 특별지방행정기관 기능 조정, 지방분권화 지표 개발 및 분권 수준 측정제도 도입, 자치단체 관할구역 합리적 조정, 지방분권특별법 제정. 2. 획기적 재정분권의 추진: 지방재정력 확충 및 불균형 완화: 지방교부세법정율 단계적 상향 조정, 지방교부세제도 개선, 국세와 지방세의 합리적 조정; 지방세정제도 개선: 지방세의 신세원 확대, 재산세와 종합토지세 과표 현실화, 지방세 비과세/감면 축소; 지방재정의 자율성 강화: 국고보조금 정비, 지방예산편성지침 폐지 및 보완, 지방채 발행 승인제도 개선, 지방양여금제도 개선; 지방재정 운영의 투명성·건전성 강화: 지방재정평가 기능 강화, 자치단체 복식부기 회계제도 도입, 자치단체 예산 지출 합리성 확보, 재정 운영 투명성·건전성 강화. 3. 지방정부의 자치행정 역량 강화: 지방자치권 강화: 자치입법권 확대, 자치조직권 강화, 분권형 도시계획 체계 구축; 지방정부 내부 혁신 및 공무원 역량 강화: 지방자치단체 자체혁신 체제 구축, 지방공무원 교육훈련 혁신, 지방공무원 인사제도 개선, 지방자치단체 인사공정성 제고, 중앙-지방 간 인사 교류 활성화. 4. 지방의정 활성화 및 선거제도 개선: 지방 의정 활동 기반 강화(지방의회 의결권 강화, 보수 체계 개편, 회기, 상임위제도 개선, 의회 소속 직원 인사제도 개선, 지방의원 전문성·책임성 제고 등), 지방선거제도 개선(공영제 강화, 후원회제 도입, 선거구제 합리적 개선, 정당참여제도 개선, 임기 중 선거 출마 사퇴 개선, 지방선거 투표 참여 제고 등). 5. 지방정부의 책임성 강화: 자치단체에 대한 감사 체계 구성, 주민감사청구제도 활성화, 주민소송제도 도입, 주민소환제도 도입, 자치단체에 대한 평가제도 개선. 6. 시민사회 활성화: 조례 제·개폐청구제 개선, 주민자치제도 개선, 자원봉사활동 장려·지원, 지역 내 전문가의 정책 과정 참여 확대, 주민투표제도 도입. 7. 협력적 정부간 관계 정립: 중앙-지방정부 간 협력 체제 강화(협의 조정 기능 강화, 자치단체의 국정 참여 활성화 등), 지방정부 간 협력 체제 강화, 중앙-지방, 지방 간 분쟁 조정 기능 강화.

2) 평가

　노무현 정부의 지방분권 노력은 선분권 후보완의 원칙, 보충성의 원칙, 포괄성의 원칙 등을 내세워 추진했으나 분권 논리에 익숙지 않은 학자 및 일반인들에게 지방분권의 당위성을 알리기에는 충분하지 못했다는 지적을 받았다. 따라서 지방분권의 논리 개발을 지방분권의 세계적 동향, 지방분권과 경제적 효율성, 정치적 책임성, 지역 개발, 문화 발전 등에 주목해 지방분권의 국가 발전에의 기여도를 좀 더 명확하게 규명해 제시할 필요성을 제기했다(정부혁신지방분권위원회, 2005: 120-128). 그럼에도 불구하고 지방분권을 왜 해야 하는가에 대한 깊은 성찰이 부족해 그 실천적 동력을 얻어 내는 데는 일정한 한계가 있었다.
　당시 세부 분권 과제로서 특별지방행정기관과 지방자치단체 간 업무 중복에 따른 비효율성, 행정서비스 전달 체계 비능률성 등의 문제로 특별지방행정기관의 정비는 시급히 요청됐고, 중소기업 지원, 노동, 국도·하천, 항만·수산, 식의약품, 환경 분야 등에서 시행됐다. 그러나 기능 조정 대상기관 선정 기준의 모호성[27]과 여전히 지방자치단체가 처리하기 어려운 전문성을 이유로 중앙정부 관련 부처의 강한 반발을 야기해 소기의 성과를 거둘 수 없었다. 또한 사무 구분 체계 개선으로 자치사무와 (가칭)국가관여지방사무로 이원화했다. 단체위임사무는 폐지하고 자치사무로 전환하며, 기관위임사무는 폐지하고 (가칭)국가관여사무로 했지만 실효성 확보를 위한 법·제도적 장치를 마련하지 못하고 후일을 기약해야만 했다. 그리고 지방분권화 지표 개발 및 분권 수준 측정제도를 도입해 지방분권 수준을 조직 인사(5개), 사무 배분(5개), 재정(8개) 18개 지표를 대상으로 시행했다. 그러나 대표성 있는 지표 개발이 곤란하고, 지표의 활용 방법 등을 면밀히 사전 검토하고 시험 측정을 거쳐 지표를 선정해야 함에도 처음이라 그러지 못해 시행착오를 겪을 수밖에 없었다. 또한 지방자치단체 책임성 확보 수준을 측정하는 것이 곤란하기에 분권과 책임성이 조화된 지표를 개발하는 것이 필요했다. 계량적 측정이 곤란한 정성적 부분은 체감지표에 반영하는 한편 장기적으로는 공식적 지표화를 추진해야 했다. 통계자료의 확보도 어렵고 비교 가능한 통계자료가 축적돼 있지 않아 시의성 있는 측정의 문제점도 제기됐다. 그리고 지방재정세제 제도 개선을 위

---

[27] 당초 기능 조정 대상기관 선정 기준은 첫째, 주민편의성이 요구되고, 현지성이 강하거나 단순 집행적 업무를 처리하는 기관으로서 자치단체와 유사하거나 중복된 업무를 처리하는 기관. 둘째, 지역경제 또는 주민의 삶의 질에 중대한 영향을 미치는 사무를 처리하고 있어서 지방의회의 통제가 필요한 기관, 셋째, 시·도에서 꾸준히 이양을 요구하고 있는 기능을 수행하고 있는 기관을 확인하는 것이었다(정부혁신지방분권위원회, 2005: 183).

해 재정세제전문위원회를 지방분권전문위원회와 별도로 구성해 재정분권 과제를 추진했다. 당시 합리적 세제 개혁과 재정분권 방안에 대해 모색했는바, 지방소비세 도입 방안, 재산보유과세 개편 방안, 탄력세율제도의 활성화와 자치단체의 신세원 개발 방안, 지방세의 비과세·감면제도 개선 등을 논의했다. 특히 시급한 재정분권 시책으로 '지방소비세'의 파급 효과를 감안해 그 도입 방안에 대한 논의를 했다. 그러나 지방소비세 도입에 재정경제부와 기획예산처가 중앙정부의 재정 수요 증대와 함께 세수 규모의 축소를 우려해 반대해 소기의 성과를 얻기 어려웠다. 국세의 지방세 이양은 자치단체 간의 재정력 격차를 더욱 심화시켜, 수도권지역은 더욱 세수가 집중되는 불균형 현상을 지적하기도 했다. 그리고 분권형 도시계획 체계의 구축을 위해 미국, 영국, 프랑스, 독일 등의 사례를 통해 계획 체계, 수립 및 결정 권한, 중앙정부의 관여 방식을 검토했다. 중앙과 지방의 역할 분담 재정립 방안, 도시 기본 및 관리계획의 승인·결정권을 지방으로 이양하는 방안, 지방정부의 계획 역량 강화 방안, 세부 방안 마련 및 시행착오 최소화를 위한 시범 실시 추진 방안이 모색됐다(정부혁신지방분권위원회, 2005).

2. 이명박 정부의 지방분권

1) 지방분권 추진 기본 방향 및 주요 과제

이명박(MB) 정부는 네 가지 지방분권 추진 분야를 정하고, 이에 따라 20가지 주요 과제를 제시했다. 이를 단체자치·주민자치 관점과 행정적·정치적 관점의 분권 논리에 의해 고찰해 보면 다음 〈표 12-3〉과 같다. 즉, 이명박 정부 지방분권 추진 기본 방향 및 주요 과제 1, 2는 단체자치적 측면에서, 3, 4는 단체자치와 주민자치 관점이 혼합돼 있는 것으로 볼 수 있는데, 3은 주민자치 우위형(강한 주민자치적 관점에 단체자치적 측면이 첨가된 과제)이고 4는 단체자치 우위형(강한 단체자치 관점에 주민자치적 측면이 중복된 과제)으로 볼 수 있다. 이를 정치적·행정적 관점에서 살펴본다면 대체로 정치적 측면은 주민자치를 반영하고 있고 행정적 측면은 단체자치를 반영하고 있다고 볼 수 있지만 단체자치적 측면이 강한 4) 5) 8) 14) 15) 16) 18)의 경우와 주민자치적 측면이 강한 9) 10) 11) 12) 19)는 정치적·행정적 두 가지 측면을 함께 공유하고 있다고 볼 수 있을 것이다(〈표 12-3〉 참조). 결국 전체적으로 볼 때 단체자치적 개혁 과제가 주민자치적 개혁 과제보다 많았다고 볼 수 있다(최진혁, 2017: 66-69).

〈표 12-3〉 이명박 정부 지방분권 추진 기본 방향 및 주요 과제

분야·기본 방향·주요 과제	단체자치·주민자치적 관점	행정적(1)·정치적(2) 관점
1. 권한 및 기능 재배분 　1) 사무 구분 체계 개선 　2) 중앙행정 권한의 지방 이양 　3) 특별지방행정기관 기능 조정 　4) 교육자치제도 개선 　5) 자치경찰제도 도입	단체자치	(1) (1) (1) (1)+(2) (1)+(2)
2. 지방재정 확충 　6) 국세와 지방세의 합리적 조정 　7) 지방교부세제도 개선 　8) 지방재정의 투명성·건전성 제고	단체자치	(1) (1) (1)+(2)
3. 자치 역량 강화 　9) 자치입법권 확대 　10) 지방의회의 전문성·자율성 강화 　11) 주민직접참여제도 보완 　12) 지방선거제도 개선 　13) 지방자치단체 평가 기준 마련 및 진단·평가 　14) 지방자치행정 체제 정비	단체자치<주민자치	(2)+(1) (2)+(1) (2)+(1) (2)+(1) (1) (1)+(2)
4. 협력 및 공감대 확산 　15) 정부 및 지방자치단체 간 협력 체제 강화 　16) 분쟁 조정 기능 강화 　17) 특별지방자치단체제도 도입·활용 　18) 지방공무원 인사 교류 확대 및 교육훈련제도 개선 　19) 자원봉사활동 장려·지원 　20) 지방분권 홍보 및 공감대 확대	단체자치>주민자치	(1)+(2) (1)+(2) (1) (1)+(2) (2)+(1) (1)

(1) 권한 및 기능 재배분

중앙 권한의 지방 이양으로 지방자치단체의 실질적 자치권 행사가 가능하도록 국가·지방 간 사무 구분 체계 개선 추진, 중앙행정 권한의 지방 이양 확대를 수행했다. 즉, 2012년 상반기까지 1,505건의 국가사무 이양으로 지방 권한 확대, 기관위임사무 폐지를 위해 법령상 발굴한 사무(1,217건) 중 이양 심의 대상 선정(114건), 초중등교육법 등 개정을 통한 중앙 권한의 지방 이양을 수행했다.

① 특별지방행정기관 기능 조정

2010년 1단계 3개 분야(국도·하천, 해양항만, 식의약품)의 기능 이관에 따른 법률 개정(11개 법률, 15개 시행령)과 인력(208명), 재원(3,969억 원) 이관을 완료했다. 이어 이관 업무에 대한 운영 실태 점검(2012.5~6), 제주특별자치도 특별행정비 효과분석(2012.4) 등 관계 기관과 연계해 지속적인 제도 개선을 추진했다.

② 교육자치제도 개선

유아교육법과 초등교육법을 개정해 교육감·학교장의 권한과 책임을 강화하고, 유아 및 초·중등학교 업무 관련 교과부 장관 권한을 교육감 등에게 이양했다. 다만 부교육감 임명제청권을 교육감에 이양하는 '지방교육자치법 개정안'이 18대 국회에서 자동 폐기돼 19대 국회에서 재차 입법 추진이 필요한 사안이었다.

(2) 지방재정 확충

2010년 지방소득세·소비세 도입 및 세목 체계 간소화에 이어, 2011년에는 '화력발전에 대한 지역자원시설세' 과세를 위한 지방세법을 개정함으로써 취약한 지방재정의 건전성 및 과세 형평성을 강화했다. 2012년에는 지방소비세 확대, 지방소득세 독립세 전환, 지방교부세 법정률 인상 등을 위해 관계 기관·수요자 의견 수렴, 의원 발의 법안 대응 등을 통한 합리적 방안 및 공감대 형성 등 지속적인 제도 개선을 추진했다.

(3) 자치 역량 강화

2011년까지 자치입법권 확대를 위한 조례 제정 근거 부령(44건 중 11건 완료: 수산업 등 법률 9건, 시행규칙 2건)을 정비했다. 2012년도에는 추가로 「도시공원 및 녹지 등에 관한 법률」, 「사회복지사업법」 등 2건을 정비해 시행규칙상 조례 제정 근거를 법률로 상향 완료했다.

(4) 협력 및 공감대 확산

국가적 현안의 중앙-지방의 공동 대응을 위한 시·도(부)단체장 회의 등(7회), 중앙분쟁조정위원회 및 행정협의조정위원회에서 분쟁조정 신청건을 조정했다(지방분권촉진위원회, 2012). 그러나 근본적인 자치분권적 중앙-지방 협력 체계로서 국회 상원제도의 구성은 기대하기 어려웠다.

2) 평가

이러한 노력에도 불구하고 국가사무와 지방사무의 비율이 8:2로 국가사무가 과다한 상황이며, 국세와 지방세 비율이 78:22로 지방세 비중이 적고 지방세로 인건비를 해결하지 못하는 지방자치단체가 137개(56%)(2010년)로 전체 자치단체 중 과반수 이상을 차지하고 있는 형편이다. 그리고 교육, 경찰 분야에 대한 자치단체장의 통합적 역할을 할 수 없는 상황이고, 지방자치단체에 대한 국가의 강력한 포괄적 감독이 지속되고 있어 지방분권의 실효성은 매우 제한적으로 나타났다고 볼 수 있다(지방분권촉진위원회, 2010). 그럼에도 불구하고 지방소비세, 소득세 도입에 따른 지방재정 확충은 매우 긍정적으로 받아들여진다.

3. 박근혜 정부의 지방분권

1) 지방분권 추진 기본 방향 및 주요 과제

박근혜 정부는 그동안의 우리 지방자치는 자치 역량의 미흡(권한과 자율성 미흡: 사무 구분체계 모호, 중앙 중심 사무 배분, 중앙의존형 지방재정구조; 책임성 결여: 방만한 재정 운영, 선심성 사업 추진, 폐쇄적 인사 운용; 고비용·저효율의 지방행정 체제 지속: 급속한 환경 변화에도 행정 체제 불변)으로 국민 행복과 국가 발전으로 이어지는 데는 한계가 있었다고 진단하고 지방분권 강화(강력한 지방분권 추진 체계 구축, 중앙 권한의 지방 이양 적극 추진, 핵심 지방분권 과제〈특행기관 정비, 자치경찰제도 도입 등〉추진, 생산적 지방자치를 위한 제도 개선〈지방의회 활성화, 중앙-지방협력회의 등〉)와 지방재정 확충 및 건전성 강화(지방자치단체의 자체재원 비중 확대, 지방재정조정제도 개선, 지방재정의 건전성 및 투명성 대폭 강화) 정책을 국정과제로 추진했다. 요컨대, 박근혜 정부는 성숙한 지방자치, 행복한 지역주민이라는 비전으로 주민 편익 증진, 행정 효율 제고, 지방경쟁력 강화라는 목표하에 20개 정책 과제를 제시했다(〈표 12-4〉 참조). 그중 지방자치의 근본 틀을 개선해 지자체가 자율성과 핵심 역량을 발휘토록 함으로써 국민들에게 직접적인 파급 효과가 큰 8개 과제를 핵심 과제로 선정해 선택과 집중을 통한 단계적 시행을 해 나갔으며, 지방자치 발전을 위해 관련 제도를 새롭게 정비할 필요가 있는 10개 일반 과제로,

중·장기적 관점에서 국민적 합의를 거쳐 반드시 추진할 필요가 있는 2개 미래 발전 과제로 삼아 추진했다.

이를 단체자치·주민자치 관점과 행정적·정치적 관점의 분권 논리에 의해 고찰해 보면 〈표 12-4〉와 같다. 즉, 박근혜 정부 지방분권 추진 기본 방향 및 주요 과제 1, 4는 단체자치적 측면, 2, 3은 주민자치적 측면의 과제인데, 1) 4) 10) 11) 16) 18)과제는 단체자치와 주민자치 관점이 혼합돼 있는 것으로 볼 수 있다. 2는 주민자치 우위형(강한 주민자치적 관점에 단체자치적 측면이 첨가된 과제)이고, 4는 단체자치 우위형(강한 단체자치 관점에 주민자치적 측면이 중복된 과제)으로 볼 수 있다. 이를 정치적·행정적 관점에서 살펴본다면 대체로 정치적 측면은 주민자치를 반영하고 있고, 행정적 측면은 단체자치를 반영하고 있다고 볼 수 있지만 단체자치적 측면이 강한 1) 4) 16) 18)의 경우와 주민자치적 측면이 강한 10) 11) 13) 15)는 정치적·행정적 두 가지 측면을 함께 공유하고 있다고 볼 수 있다. 결국 전체적으로 볼 때 단체자치적 개혁 과제가 주민자치적 개혁 과제보다 많았다고 볼 수 있다(최진혁, 2017: 69-71).

〈표 12-4〉 박근혜 정부 지방분권 추진 기본 방향 및 주요 과제

분야·기본 방향·주요 과제	과제 유형	단체자치·주민자치적 관점	행정적(1)·정치적(2) 관점
1. 강력한 지방분권 기조 확립과 실천			
1) 자치사무와 국가사무의 구분 체계 정비	핵심	단체자치	(1)+(2)
2) 중앙 권한 및 사무의 지방 이양	핵심		(1)
3) 특별지방행정기관 정비	일반		(1)
4) 국가와 지방자치단체의 협력 체제 정비	일반		(1)+(2)
2. 자치기반 확충 및 자율과 책임성 강화			
5) 지방재정 확충 및 건전성 강화	핵심	주민자치 > 단체자치	(1)
6) 지방선거제도 개선	일반		(2)
7) 지방의회 활성화 및 책임성 제고	일반		(2)
8) 지방자치단체 평가제도 개선	일반		(1)
9) 지방자치단체 간 행정협력 체제 정립	일반		(1)
3. 주민중심 생활자치·근린자치 실현			
10) 자치경찰제도 도입	핵심	주민자치	(2)+(1)
11) 교육자치와 지방자치 연계·통합 노력	핵심		(2)+(1)
12) 읍·면·동주민자치회 도입	핵심		(2)
13) 지방자치단체 간 관할구역 경계 조정제도 개선	일반		(2)+(1)
14) 주민직접참여제도 강화	일반		(2)
15) 지방자치단체 소규모 읍·면·동 통합	일반		(2)+(1)

4. 미래 지향적 지방행정 체제 구축			
16) 특별시·광역시 자치구·군의 지위 및 기능 개편	핵심	단체자치>주민자치	(1)+(2)
17) 대도시 특례제도 개선	핵심		(1)
18) 지방자치단체 기관 구성 형태 다양화	미래		(1)+(2)
19) 도의 지위 및 기능 재정립	미래		(1)
20) 시·군·구통합 및 통합지자체 특례 발굴	일반		(1)

2) 평가

    이러한 노력에도 불구하고 여전히 국가와 지방자치단체의 사무 배분의 불균형, 조례 제정에서 법령의 범위와 한계의 모호, 자치단체에 대한 국가의 강력한 통제 등이 자치분권화를 저해하고 있는 것으로 봤다. 특히 법정수임사무의 필요성에 따른 사무 배분을 단행했지만 국회에서 처리되지 못해 자동 폐기되는 상황을 연출했다.[28] 또한 역대 정부에서 이양이 결정됐음에도 불구하고, 그 시점까지 법률 개정이 되지 않은 미이양 사무를 일괄 이양하기 위해「지방일괄이양법」을 제정하고자 했지만 여전히 숙제로 남겨둘 수밖에 없었다.[29] 이와 더불어 여전히 그동안 지방이양사무로 발굴된 사무가 단위사무 위주로 돼 있어 포괄적인 권한 이양이 되지 못했고, 사무 이양에 따른 행정·재정적 뒷받침도 이뤄지지 않아 자치분권의 효과를 기대하기 어려웠다.

---

[28] 행정자치부(당시 행정안전부)는 2009년 5월「기관위임사무 폐지 및 사무 구분 체계 개선 방안」을 수립하고 각계의 의견을 들어 지방자치법 개정안을 마련했다. 개정안에서는 지방자치단체의 사무를 자치사무와 법정수임사무로 명시하고, 중앙행정기관이 법정수임사무를 설정할 때에는 사무 설정에 대한 근거, 대상 및 국가의 경비 부담에 관한 사항을 법령에서 정하도록 하고 있다. 행정자치부는 2011년 법정수임사무를 도입하기 위한 지방자치법 개정안을 국회에 제출했으나 18대 국회 임기 만료로 자동 폐기됐으며, 2012년 9월 다시 국회에 제출했으나, 법정수임사무의 도입 필요성에 대한 입법정책적 판단이 필요하다는 이유로 계류 상태에 있다가 19대 국회 임기 만료로 자동 폐기됐다(2016. 5.)(지방자치발전위원회, 2016).

[29] 지방일괄이양법을 통해 중앙정부와 지방정부 간의 권한과 사무를 재배분하자는 것이고,「지방분권 및 지방행정 체제 개편에 관한 특별법」(제11조)에도 국가는 권한 및 사무를 지자체에 도괄적·일괄적으로 이양하기 위해 필요한 법적 조치를 마련하고, 이에 따른 행정적·재정적 지원을 병행하도록 명시하고 있다. 지방이양촉진위원회부터 지방자치발전위원회에 이르기까지 정부는 중앙 권한의 지방 이양 심의를 통해 3,000여 건이 넘는 권한을 지방에 배분하면서 지방 권한의 강화에 일정 부분 기여하고 있다. 그럼에도 불구하고, 발굴된 사무가 단위사무 위주로 돼 있어 포괄적인 권한 이양이 되지 못했고, 사무 이양에 따른 행정·재정적 뒷받침도 이뤄지지 않아 지방 권한 확대에 아쉬움이 많았다(지방자치발전위원회, 2016).

4. 문재인 정부의 지방분권

1) 자치분권의 주요 과제

　헌정 초유의 대통령 탄핵 정국에 따른 문재인 정부의 등장은 더욱 자치분권과 분권형 헌법 개정을 통한 국가 발전을 주장했다. 즉, "내 삶을 바꾸는 자치분권"의 비전하에 '연방제에 버금가는 강력한 지방분권'을 목표로 하는 5개 핵심 전략(중앙 권한의 획기적 지방 이양, 강력한 재정분권 추진, 자치단체의 자치 역량 제고, 풀뿌리 주민자치 강화, 네트워크형 지방행정 체계 구축)을 강조하는 자치분권 로드맵을 제시했다. 이어 자치분권 종합계획 확정(2018.9.11)에 따라 "우리 삶을 바꾸는 자치분권" 비전과 "주민과 함께 하는 정부, 다양성이 꽃피는 지역, 새로움이 넘치는 사회"라는 목표하에 33개 추진 과제(6개 핵심 전략: 주민주권 구현, 중앙 권한의 획기적인 지방 이양, 재정분권의 강력한 추진, 중앙-지방 및 자치단체 간의 협력 강화, 자치단체의 자율성과 책임성 확대, 지방행정 체제 개편과 지방선거제도 개선)를 제시했다. 그리고 1988년 이후 다시 30년 만에 지방자치법 전면 개정을 준비했지만 2년여의 논쟁 속에 주민자치회규정을 제외한 채 2020년 12월 9일 32년 만에 지방자치법 전부 개정이 통과됐다. 결국 문재인 정부의 자치분권 종합계획은 지방자치법 전부 개정과 지방일괄이양법, 자치경찰법 등에 반영돼 나타났다(최진혁, 2020; 2022).

2) 지방자치법 전부 개정의 의미

　요컨대, 자치분권의 핵심적 가치를 주민 주권(주민참여권 보장, 확대)과 다양성(선택적 자유 확장을 위한 제도 개선) 및 공동체(협력적 제도 개선)에 두고, 이를 반영할 전면적이고 대대적인 지방자치법 전부 개정(2020.12.9; 2022년 1월 13일 효력 발생)을 보게 된 것이다. 즉, 주민자치의 새로운 지표 설정으로 획기적인 주민 주권의 시대를 열어가고자 했다. 따라서 「지방자치법」 제1조 목적 규정에는 "주민의 지방자치행정 참여에 관한 사항"을 명시하고 있는 것이고, 제17조에 지방자치단체의 정책의 결정 및 집행 과정에 참여할 권리를 갖게 함으로써 주민이 권력의 원천임을 밝히고 있는 것이다. 이와 함께 주민이 지방의회에 직접 조례를 발의할 수

〈표 12-5〉 문재인 정부 지방분권 추진 기본 방향 및 주요 과제

분야 · 주요 과제	단체자치 · 주민자치적 관점
1. 주민주권 구현 　1) 주민참여권 보장 　2) 숙의 기반의 주민 참여 방식 도입 　3) 주민자치회의 대표성 제고 및 활성화 　4) 조례 제 · 개정의 주민직접발안제도 도입 　5) 주민소환 및 주민감사청구 요건의 합리적 완화 　6) 주민투표 청구 대상 확대 　7) 주민참여예산제도 확대	주민자치
2. 중앙 권한의 획기적인 지방 이양 　8) 중앙-자치단체 간 사무 재배분 　9) 중앙 권한의 기능 중심 포괄 이양 　10) 자치분권 법령 사전협의제 도입 　11) 특별지방행정기관 정비 　12) 대도시 특례 확대 　13) 광역 단위 자치경찰제 도입 　14) 교육자치 강화 및 지방자치와의 연계 · 협력 활성화	단체자치
3. 재정분권의 강력한 추진 　15) 국세 · 지방세 구조개선 　16) 지방세입 확충 기반 강화 　17) 고향사랑 기부제 도입 　18) 국고보조사업 개편 　19) 지방교부세 형평 기능 강화 　20) 지역상생발전기금 확대 및 합리적 개편	단체자치
4. 중앙-지방 및 자치단체 간의 협력 강화 　21) 중앙-지방 협력기구 설치 · 운영 　22) 자치단체 간 협력 활성화 지원 　23) 제주 · 세종형 자치분권 모델 구현	단체자치 〉 주민자치
5. 자치단체의 자율성과 책임성 확대 　24) 지방의회 인사권 독립 및 의정활동 정보 공개 　25) 자치조직권 강화 및 책임성 확보 　26) 지방인사제도 자율성 및 투명성 확보 　27) 지방공무원 전문성 강화 　28) 지방재정 운영의 자율성 제고 　29) 지방재정정보 공개 및 접근성 확대 　30) 자치분권형 평가 체계 구축 　31) 자치단체 형태 다양화	단체자치 〈 주민자치
6. 지방행정 체제 개편과 지방선거제도 개선 　32) 지방행정 체제 개편 방안 모색 　33) 지방선거제도 개선 방안 모색	단체자치 〉 주민자치

있는 '주민조례발안제'를 도입하며, 지방자치법에 근거를 둔 주민소환·주민투표의 청구 요건 등도 완화해 실질적인 주민 참여가 이뤄질 수 있도록 했다. 더 나아가 그동안 획일적으로 운영해 왔던 자치단체의 기관 구성 형태(기관분립형)도 다양성을 존중해 인구 규모·재정 여건 등에 따라 해당 지역에 맞게 주민투표로 선택할 수 있도록 했던 것이다.

그리고 주민에게 실질적인 행·재정서비스를 제공해 줘야 할 자치단체에 좀 더 자율적으로 일할 수 있게 하기 위해 실질적인 자치권을 확대해 주고자 했다. 따라서 중앙의 자의적인 사무 배분을 막기 위해 보충성·자기책임성 등 사무 배분 원칙을 명확히 했고(제11조), 법령 제·개정 시 자치권 침해 여부 등을 심사하는 '자치분권 영향평가'도 도입했다. 이와 함께 지방의회의 자율성과 역량 강화를 위해 기존의 시·도지사가 가지던 시·도의회 사무직원의 임용권을 시·도의회 의장에게 부여해 의회사무처 운영의 독립성을 보장했으며, 시·도, 시·군·구 지방의원들의 의정활동을 지원할 '정책지원 전문인력'제도의 도입 근거를 마련했다. 그뿐만 아니라 자치단체의 자율성 강화에 상응하는 투명성·책임성 확보 차원에서 자치단체의 정보 공개 의무 및 방법 등 정보 공개에 관한 일반 규정을 신설한 것과, 아울러 지방의원의 윤리성과 책임성을 제고하기 위해 윤리특별위원회 설치를 의무화했다.

또한 중앙과 지방의 관계를 기존의 수직적 관계에서 협력적 동반자 관계로 전환하고자 했고, 자치단체의 사무 수행에서 능률성 강화를 위한 조치로서 단체장 인수위원회 구성에 대한 적정 기준을 마련해 인수위의 효율적 운영을 도모하고 인수위원의 책임과 의무를 명확히 했다. 또한 교통·환경 등 광역적 행정 수요에 효과적으로 대응할 수 있도록 다수 자치단체의 연합으로 구성하는 특별지방자치단체 설치·운영 등에 대한 법적 근거를 뒀으며, 인구 100만 이상 대도시에 별도의 행정적 명칭(특례시)을 부여하고 추가적인 사무특례를 확대해 가도록 했다.

그럼에도 불구하고 이 지방자치법 전부 개정안은 주민자치제를 추구하기 위한 노력의 산물로서 기여했지만 여전히 많은 규정이 단체자치의 법체계 안에 놓여 있는 상황에서 일정한 한계로 지적될 수밖에 없다. 이는 자치법의 규정에서 "… 대통령령으로 한다"고 규정하는 내용이 다수이고, 또한 자치단체 사이에서 발생하는 갈등 및 조정 역할에서 상위 정부가 관여할 수 있도록 하고 있으며, 더욱 심각한 것은 자치단체의 투명성 및 책임성 강화 차원에서 내놓은 기초자치단체에 대한 국가의 강력한 통제가 자치행정을 제한할 수 있다는 우려에서 비롯되고 있다. 즉, 종전까지는 시·도가 시·군·구의 위법행위에 대해 시정명령과 그에 따른 취소·정지권을 발동하지 않을 경우 국가(중앙정부)가 관여할 수 없었다는 점에서 국가의 기초 단위까지 통제의 고리를 연결해 지방자치단체의 자치사무 수행의 책임성을 더욱 강화하고자 한 것이 다른 한편으로 지방자치단체의 자율성을 제한하는 것으로 볼 수 있기 때문이다.

3) 지방자치의 제2의 도약(자치분권 2.0)

문재인 정부의 지방자치법 전부 개정은 국가 중심의 자치에서 주민 중심의 자치로 제도설계를 다시 해야 한다는 지난 39년의 지방자치의 소중한 경험과 값진 교훈에서 출발하고 있다. 그런 배경에서 진정한 지방민주주의 실현을 위해 헌법이 보장하는 지방자치의 본질(헌법 제118조 ① 지방자치단체에 의회를 둔다)을 이해해 주민 주권의 주민자치를 기반으로 지역주민의 참여와 국가와 지방자치단체 간의 동반자적인 협력을 통해 지방자치단체의 역량을 강화하는 방향에서 그 해답을 찾고 있는 것이다. 여기에서 우리는 본질적인 주민 중심의 자치분권의 논리가 무엇인지 고민하지 않을 수 없다. 그것은 바로 그동안 지역사회에서 국가의 의사가 직접적·수직적으로 침투하는 비대화된 행정 영역을 줄이고, 그동안 상대적으로 소외됐던 주민 참여와 주민 통제의 역할을 강화할 수 있는 자치의 영역을 키워나가는 데 있다고 할 것이다. 지방자치의 존립 근거가 되는 기관이자 주민의 대표기관인 지방의회의 존재 이유(la raison d'être de l'assemblée locale)를 재확인해 주민의 일상생활에 함께하는 기관으로 재탄생시켜야 하는 절대적인 이유는 바로 여기에 있다. 자유민주주의 국가에서 지방자치제를 논의하면서 지방의회를 무시하거나 부정하는 일은 마치 "다리 없이 걷고자 하는, 날개 없이 날고자 하는" 헛된 바람으로 자치분권의 거대한 원동력을 차단하는 것과 같은 이치로 이해될 수 있음을 상기해 본다. 이와 함께 자유민주주의에 내재된 건전한 시민정신에 입각한 성숙한 시민의식이 뒷받침된 지역사회를 만들어 가는 일이 무엇보다 중요할 것이다. 자기 이익에만 급급한 소아적인 주민이 아니라 지역 공동체를 위해 봉사하고 희생할 줄 아는 성숙한 시민의식을 가진 주민을 길러 내야 하는 것이다. 국가나 지방정부가 주민을 위해 무엇을 해 줄 것인가를 묻지 말고 주민이 국가나 지방정부에 무엇을 해 줄 수 있을 것인가를 물을 수 있어야 하는 것이다. 대한민국의 지방자치의 제2의 도약을 견인해 내는 자치분권 2.0[30]의 당위성이 바로 여기에 있다(최진혁, 2020).

---

30) 자치분권 1.0의 시대는 지방자치의 부활과 지방자치제도의 기본 토대를 마련하는 데 주력했던 시기로 이해하고

제4절_ 정부간 관계

1. 정부간 관계의 의의

정부간 관계(Intergovernmental Relations : IGR)라는 용어가 누가 언제 어떠한 내용에 초점을 두고 사용한 것인지는 확실하지 않지만 대체적으로 미국의 1930년대 경제대공황의 어려운 시기에 기존 연방정부와 주정부와의 관계[31]가 변화되는 과정에서 쓰인 것으로 보고 있다. 라이트(Deil S. Wright)에 따르면, 이 용어가 인쇄매체에 처음 등장한 것은 1937년 『미국정치학회보(American Political Science Review)』에 실린 스나이더(Clyde F. Snider)의 논문에서 비롯됐고(Snider, 1937), 이후 연방정부와 주정부, 주정부와 지방정부 간의 상호 작용을 지칭하는 용어가 돼가면서 연방의회의 위원회 명칭[32]이나 법률[33] 등에서 자연스럽게 사용되기에 이른 것으로 보고 있다(Wright, 1988; 김병준, 1997).

정부간 관계의 개념은 학자에 따라 다양하게 정의하고 있는데, 앤더슨(William Anderson)은 "미국 연방제 체제 내에서 모든 계층과 모든 형태의 정부 간에 일어나는 상호 작용과 행위의 총체"로 규정했고(Anderson, 1960: 3), 헨리(Nicolas Henry)는 정부 간 단위에 설정된 법적·정치적·행정적인 일련의 관계로 봤으며, 샤프리츠(Jay M. Shafritz)의 『행정학사전』에

자치분권 2.0 시기는 지방자치 부활 이후 30년이 지나는 시점에 지방자치법 전부 개정(2020.12.9.), 경찰법 전부 개정(2020.12.9), 지방이양일괄법 제정(2018) 등 좀 더 진전된 자치분권으로의 도약 시기를 일컫고자 사용된 어휘다(김순은, 2021).

31) 미국 건국 초기에서 1930년대까지는 연방정부와 주정부가 각자 독자적으로 기능을 수행했던 '이중연방제(dual federalism)'를 유지했었는데 이후 주정부와 지방정부의 재정 상황이 악화되면서 연방정부에 재정의존도가 높아지는 주정부, 지방정부의 모습이 나타나게 된다. 여기에서 연방정부와 주정부, 지방정부의 상호 관계가 긴밀해지면서 소위 '협력적 연방제(cooperative federalism)'의 시기를 맞게 된다(Wright, 1987 : 538-540 ; 김병준, 1997 : 17-19).

32) 대표적인 위원회는 정부간 관계 임시위원회(The Temporary Commission on Intergovernmental Relations, 1953), 정부간 관계 자문위원회(The Advisory Commission on Intergovernmental Relations, 1959)다.

33) 미국 연방의회는 정부간 관계의 의미가 담겨진 법률안을 1960년대, 70년대 내놓기 시작하는데, 정부간협력법(The Intergovernmental Cooperation Act, 1968)과 정부간인사협력법(The Intergovernmental Personnel Act of 1970) 등이 그것이다.

는 "정부간 관계는 상위(광역)정부가 하위(기초)정부와 재정을 포함한 여러 가지 자원을 나눠 쓰는 재정 및 행정 과정이다(fiscal and administrative processes by which higher units of government share revenues and other resources with lower units of government)"라고 정의하고 있다(Shafritz, 1985: 279-280).

미국의 정부간 관계는 처음에는 연방정부와 주정부 관계에서 점차로 주정부와 지방정부, 지방정부와 지방정부 간의 관계 모두를 포괄하는 개념으로 확대됐다. 또한 정부간 관계는 법률에 규정된 기능 배분, 통제 등을 담고 있지만 그 안에 행위자들의 상호 작용이 중시돼야 할 내용이 있다. 즉, 각 정부의 구성원(공무원)들의 역할이 중요시되는 것이며, 이들 간의 관계를 좀 더 구조적·체계적인 입장에서 정부간 관계를 파악해야 한다고 보고 있다. 정부의 정책결정, 집행 과정에서 영향력을 끼치는 공직자들의 공식적·비공식적 관계도 파악해야 하는 이유다. 이렇듯 정부간 관계는 제도적이며 공식적인 부분도 중시해야 하지만 그 안에 행위자들 간의 관계, 그 안에서 형성된 정치·행정적 문화와 배경 등도 중요하게 관찰해야 하는 것이다.

2. 정부간 관계의 유형

중앙정부와 지방정부 간의 관계는 지방자치의 역사적 배경에서 비롯된 영국형 주민자치와 프랑스형 대륙계 단체자치의 영향을 받은 국가에 따라서 다르게 접근할 수 있다. 또한 단방제 국가 또는 연방제 국가에 따라서 다르게 나타날 수 있을 것이다. 일반적으로 영국은 단일국가를 지향하더라도 중앙권력이 지방정부의 자율성, 특수성을 훼손하려는 일은 없었고 오히려 존중해야 하는 것으로 본 반면 프랑스의 그것은 강력한 단일국가를 지향하면서 지방자치단체를 중앙 권력이 개입해 획일적으로 규제하려는 모습을 보였다(최진혁, 2015: 12). 그런 배경에서 프랑스는 영국보다 강력한 중앙정부의 통제 및 규제가 나타날 수 있었고, 따라서 상대적으로 지역의 독자성과 다양성이 그만큼 제약받게 되는 것으로 볼 수 있겠다. 앵글로색슨형과 대륙계 자치모형을 기본으로 해서 일반적으로 정부간 관계를 논의할 때 제시된 내용은 다음과 같다.

1) 고전적 견해

(1) 대리인모형

대리인(agent)모형은 지방정부는 중앙정부의 대리인 역할에 그치고 있다고 보면서 중앙통제를 강조한다. 즉, 지방정부는 중앙정부의 하부기관으로서 중앙정부의 감독하에 지시를 충실히 이행하는 것이 지방정부의 존재 이유라고 보는 것이다(Elcock, 1994). 지방자치단체가 중앙정부에 완전히 종속된 관계를 갖는 것으로 평가한다(Wilson & Game, 1998). 지방정부를 하위기관으로 파악해 여러 업무를 수행하는 과정에서 중앙정부의 의사가 강력하게 작용하는 통제의 측면이 강하게 부각된다. 따라서 지방정부의 자율성과 재량권은 기대하기 어려워진다. 결국 대리인모형은 중앙정부의 관료 우위 시각에서 지방정부에 대한 행·재정통제를 수직적으로 행사하는 것에 방점을 두게 되는 것이다. 무라마쓰 미치오(村松崎夫)의 수직적 행정통제모형이 이와 유사하다고 볼 수 있다.

(2) 동반자모형

동반자(partnership)모형은 중앙정부와 지방정부가 주민에게 행·재정서비스를 창출하고 공급하는 과정에서 상호 협력적인 대등한 동반자적 관계에 있다고 보는 것이다(Elcock, 1994). 주요한 정책을 결정하고 집행해 나가는 데 중앙과 지방이 수평적 관계에서 상호 협력해야 하는 점을 부각시키고 있는 것이다. 한편 무라마치 미치오의 수평적 정치경쟁모형은 동반자모형에 비견될 수 있는데 이는 동반자모형에서 얘기하는 상호 협력에서 상호 경쟁의 면을 부각시키고 있다는 점이다. 즉, 지방의 정치행위자들의 상호 경쟁하는 부분을 정책(환경정책, 지역개발정책, 복지정책 등)을 결정, 집행해 가는 과정에서 중앙정부와 지방정부에 적극적으로 그들의 활동상을 설명하고 있는 것이다(村松崎夫, 1988; 이달곤, 2004: 338). 윌슨과 게임(Wilson & Game, 1998)은 권력-의존모형(power-dependence model)을 제시했는데 중앙정부와 지방자치단체를 동반자적이고 평등한 파트너 관계로 보고 상호 간의 협상을 중요시하는 상호관계모형(interaction model)으로도 이해된다.

(3) 상호의존모형

상호의존(inter-dependence)모형은 앞의 두 모형의 한계[34]를 극복하고 좀 더 높은 설명력을 도출하기 위해 제시된 모형으로서 중앙정부와 지방정부가 서로 의존하고 있는 연계망으로 구성된 현실(networks of reciprocal relationship)에 초점을 두고 설명하고자 한 것이다. 행정업무를 수행할 때 중앙과 지방이 상호 의존적인 현상을 보이게 될 것이며, 서로 영향을 주고 받는 교환 관계가 형성될 것이라는 관점이다. 이 모형에서는 통제가 일시적으로 진행될 수도 있고, 설득과 자문, 견제와 거절 등이 작동하는 게임이 전개될 수 있는 것으로 좀 더 현실적 접근으로 받아들여진다(이달곤, 2004: 339-340).

엘코크(Howard Elcock)는 동반자모형을 약간 수정한 모형으로 지배인(stewards)모형을 제시했는데, 이는 지방정부가 중앙정부로부터 어느 정도의 자율권을 가지고 지방을 관리한다고 보는 것이다. 자율권의 정도에 따라 자유방임형과 규제형으로 나눠 볼 수 있다. 윌슨과 게임(Wilson & Game, 1998)도 지방자치단체가 중앙정부의 통제하에 놓여 있기는 하지만 어느 정도의 상대적 자율성을 가지고 있다고 보려는 것이다(지배인모형, 상대적 자율모형[relative autonomous model]).

2) 라이트의 견해

정부간 관계(IGR)의 일반모형으로 제시되고 있는 라이트(Deil S. Wright)의 주장은 다음과 같다(Wright, 1983).

(1) 내포(포괄) 권위 모형(inclusive-authority model)
지방정부가 중앙정부에 전적으로 종속돼 있는 수직적인 관계로 중앙정부의 지배적 권위에 기초하게 돼 중앙집권적 행정의 전형을 보여 준다. 따라서 지방정부의 자치권이 극히 제한적이고 지방정부의 사무는 기관위임사무가 주종을 이뤄 중앙정부의 강한 통제를 받게 된다.

(2) 분리 권위 모형(separated-authority model)
중앙정부와 지방정부가 상호 독립적이면서 분리적인 모형으로 중앙정부의 불필요한 간섭

---

34) 대리인모형은 전통적 견해로서 지나치게 제도적 관점에 머물러 있고, 동반자모형은 현실적으로 정부간 관계의 영향력 관계를 외면하고 다차원적이지 못한 한계를 지니고 있다(이달곤, 2004: 339).

을 받지 않고 수평적 관계에서 자율성을 추구할 수 있다. 따라서 지방정부의 자치권이 넓게 행사될 수 있으며, 지방사무는 자치사무가 주종을 이뤄 자치의 정도가 높게 된다. 그러나 이 상황에서 지방정부 간에 지나친 경쟁 심리가 작용하게 되면 지방정부 간의 협력 관계에서 비효율적 행정을 보게 된다.

(3) 중첩 권위 모형(overlapping-authority model)

중앙정부와 지방정부가 상호 독자성을 유지하면서 기능적으로 상호 의존 관계에 놓이는 중첩된 모습을 보이는데 그 관계는 협상을 기본으로 하게 된다. 지방정부의 사무는 자치사무가 주종을 이루지만 위임사무도 존재하며(단체위임사무의 비중이 큼), 지방정부의 자치권도 비교적 넓게 활용할 수 있다. 지방정부 간 관계에 대한 중앙정부의 관여가 제기될 수 있는데, 이를 불필요한 간섭이나 통제로 여기지 않으며, 지방정부 간에도 상호 협력의 필요성이 높아진다. 중앙정부는 우월한 재정력과 정보력으로 지방정부를 지원하고 지방정부는 협력한다.

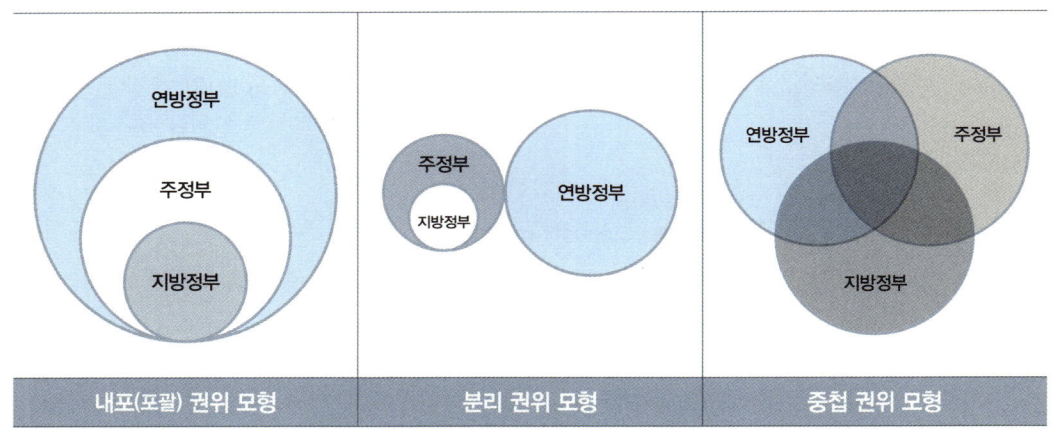

[그림 12-2] 라이트의 IGR 모형

3. 우리나라의 정부간 관계

　정부간 관계에서 논의해야 하는 주제는 국가와 지방자치단체의 기능(사무)를 처리하는 데 따른 국가(중앙정부)의 지방자치단체(광역자치단체, 기초자치단체)에의 지도·감독을 어떻게 설정하고 있는가다. 우리나라 지방자치법에 규정된 내용으로 그 관계를 살펴보고자 한다.

1) 중앙통제: 국가의 지방자치단체에의 지도·감독

(1) 국가사무나 시·도 사무 처리의 지도·감독

　국가사무나 시·도사무를 위임받아 처리하는 경우 국가사무에 관해서는 광역자치단체(시·도)에서는 주무부 장관, 기초자치단체(시·군 및 자치구)에서는 1차로 광역자치단체장(시·도지사), 2차로 주무부 장관의 지도·감독을 받게 했고, 기초자치단체(단체위임사무)나 기초자치단체장(기관위임사무)이 위임받아 처리하는 광역자치단체(시·도)사무에 관해서는 광역자치단체장(시·도지사)의 지도·감독을 받도록 했다(지방자치법 제185조).[35]

(2) 위법·부당한 명령이나 처분의 시정

　지방자치단체의 사무에 관한 지방자치단체의 장(지방의회 인사 관련 사무는 지방의회의 의장)의 명령이나 처분이 법령에 위반되거나 현저히 부당해 공익을 해친다고 인정되면 광역자치단체(시·도)에 대해서는 주무부 장관이, 기초자치단체(시·군 및 자치구)에 대해서는 광역자치단체장(시·도지사)이 기간을 정해 서면으로 시정할 것을 명하고, 그 기간에 이행하지 아니하면 이를 취소하거나 정지할 수 있다. 이 경우 자치사무에 관한 명령이나 처분에 있어서는 법령에 위반하는 것에 한한다(제188조 ⑤항)고 해서 기초자치단체장의 명령이나 처분이 자치(고유)사무의 경우에는 위법한 것에 국한시켜 다소 차상위 기관장(기초자치단체장은 광역자

---

35) 제185조(국가사무나 시·도 사무 처리의 지도·감독) ① 지방자치단체나 그 장이 위임받아 처리하는 국가사무에 관하여 시·도에서는 주무부 장관, 시·군 및 자치구에서는 1차로 시·도지사, 2차로 주무부 장관의 지도·감독을 받는다. ② 시·군 및 자치구나 그 장이 위임받아 처리하는 시·도의 사무에 관하여는 시·도지사의 지도·감독을 받는다.

치단체장의 광역자치단체장은 주무부 장관의)의 횡포를 막을 수 있으나 위임사무의 경우는 이른바 부당한 사항까지 취소 또는 정지할 수가 있어서 차상위 기관장(광역자치단체장은 주무부 장관의, 기초단체장은 광역단체장의)에게 지나친 통제를 받을 가능성이 큰 것이다. 그리고 주무부 장관은 지방자치단체의 사무에 관한 기초자치단체장(시장·군수 및 자치구의 구청장)의 명령이나 처분이 법령에 위반되거나 현저히 부당해 공익을 해침에도 불구하고 광역자치단체장(시·도지사)이 이에 따른 시정명령을 하지 아니하면 광역자치단체장(시·도지사)에게 기간을 정해 시정명령을 하도록 명할 수 있도록 했고, 주무부 장관은 시·도지사가 위에 따른 기간에 시정명령을 하지 아니하면 위에 따른 기간이 지난 날부터 7일 이내에 직접 기초자치단체장(시장·군수 및 자치구의 구청장)에게 기간을 정해 서면으로 시정할 것을 명하고, 그 기간에 이행하지 아니하면 주무부 장관이 기초자치단체장(시장·군수 및 자치구의 구청장)의 명령이나 처분을 취소하거나 정지할 수 있게 했다(제188조 ②, ③항). 더 나아가 주무부 장관은 광역자치단체장(시·도지사)이 기초자치단체장(시장·군수 및 자치구의 구청장)에게 규정에 따라 시정명령을 했으나 이를 이행하지 아니한 데 따른 취소·정지를 하지 아니하는 경우에는 광역자치단체장(시·도지사)에게 기간을 정해 기초자치단체장(시장·군수 및 자치구의 구청장)의 명령이나 처분을 취소하거나 정지할 것을 명하고, 그 기간에 이행하지 아니하면 주무부 장관이 이를 직접 취소하거나 정지할 수 있게 했다(제188조 ④항). 이는 지방자치단체의 책임성 확보 차원에서 더욱더 강한 국가의 지방자치단체에의 통제 규정이라 볼 수 있다. 이번 지방자치법 전부 개정(2020.12.9.) 전까지는 시·도가 시·군·구의 위법행위에 대해 시정명령과 그에 따른 취소·정지권을 발동하지 않을 경우 국가(중앙정부)가 관여할 수 없었다는 점에서 국가가 기초자치단체에까지의 통제고리를 연결해 지방자치단체의 자치사무 수행의 책임성을 더욱 강화하고자 한 것으로 주장할 수 있으나 자치분권이 강화되고 지방자치단체의 자율성이 제고된 자치분권 2.0의 시대에 역행하는 통제 방식인 것이다. 한편 지방자치단체장은 상기에 따른 자치사무에 관한 명령이나 처분의 취소 또는 정지에 대해 이의가 있으면 그 취소처분 또는 정지처분을 통보받은 날부터 15일 이내에 대법원에 소(訴)를 제기할 수 있도록 함으로써 구제 방안을 마련해 줬다(제188조 ⑥항).

(3) 지방자치단체의 장에 대한 직무이행명령

지방자치단체의 장이 법령에 따라 그 의무에 속하는 국가위임사무나 시·도위임사무의 관리와 집행을 명백히 게을리하고 있다고 인정되면 광역자치단체(시·도)에 대해서는 주무부 장관이, 기초자치단체(시·군 및 자치구)에 대해서는 광역자치단체장(시·도지사)이 기간을 정해 서면으로 이행할 사항을 명령할 수 있다(제189조 ①항). 또한 주무부 장관이나 시·도지사는 해당 지방자치단체의 장이 상기(제1항)의 기간에 이행명령을 이행하지 아니하면 그 지방자치단체의 비용 부담으로 대집행(행정대집행에 관해서는 「행정대집행법」을 준용) 또는 행정상·재정상 필요한 조치를 할 수 있게 했다(제189조 ②항). 즈무부 장관은 시장·군수 및 자치구의 구청장이 법령에 따라 그 의무에 속하는 국가위임사무의 관리와 집행을 명백히 게을리하고 있다고 인정됨에도 불구하고 시·도지사가 제1항에 따른 이행명령을 하지 아니하는 경우 시·도지사에게 기간을 정해 이행명령을 하도록 명할 수 있게 했고(제189조 ③항), 더 나아가 주무부 장관은 광역자치단체장(시·도지사)이 제3항에 따른 기간에 이행명령을 하지 아니하면 제3항에 따른 기간이 지난 날부터 7일 이내에 직접 기초자치단체장(시장·군수 및 자치구의 구청장)에게 기간을 정해 이행명령을 하고, 그 기간에 이행하지 아니하면 주무부 장관이 직접 대집행 등을 할 수 있도록 했다(제189조 ④항). 이에 그치지 않고 주무부 장관은 광역자치단체장(시·도지사)이 기초자치단체장(시장·군수 및 자치구의 구청장)에게 제1항에 따라 이행명령을 했으나 이를 이행하지 아니한 데 따른 대집행 등을 하지 아니하는 경우에는 광역자치단체장(시·도지사)에게 기간을 정해 대집행 등을 하도록 명하고, 그 기간에 대집행 등을 하지 아니하면 주무부 장관이 직접 대집행 등을 할 수 있도록 했다(제189조 ⑤항). 이 역시 제188조(위법·부당한 명령이나 처분의 시정)의 규정과 마찬가지로 지방자치단체의 책임성 확보 차원에서 더욱 강력한 국가의 지방자치단체에의 통제의 길을 열어놓은 것으로 보인다. 지방자치법 전부 개정 전까지는 국가위임사무에 대해 시·도가 시·군·구의 명백한 해태행위에 대해 이행명령과 그에 따른 대집행을 발동하지 않을 경우 국가(중앙정부)가 관여할 수 없었다는 점에서 국가의 기초자치단체에까지 통제고리를 연결해 지방자치단체의 국가위임사무 수행의 책임성을 더욱 강화한 조치로 볼 수 있으나 지방자치단체의 자율성을 강화해야 하는 자치분권 2.0의 시대에는 전혀 맞지 않은 통제 규정으로 볼 수 있다. 한편 지방자치단체의 장은 제1항 또는 제4항에 따른 이행명령에 이의가 있으면 이행명령서를 접수한 날부터 15일 이내에 대법원에 소를 제기할 수 있게 했고, 이 경우 지방자치단체의 장은 이행명령의 집행을 정지하게 하는 집행정지 결정을 신청할 수 있게 함으로써 구제안을 마련해 줬다(제189조 ⑥항).

(4) 지방자치단체의 자치사무에 대한 감사

행정안전부 장관이나 광역자치단체장(시·도지사)은 지방자치단체의 자치사무에 관해 보고를 받거나 서류·장부 또는 회계를 감사할 수 있는데, 감사는 법령 위반 사항에 대해서만 하도록 했다(제190조 ①항). 즉, 차상위 기관장이 하위 자치단체의 자치사무를 감사할 수 있게 하고 있어 수직(계서)적 통제제도의 전형을 보여 주는 것이고, 법령의 위반 사항에 국한된 합법적 감독으로 이해할 수 있다.

(5) 지방의회 의결의 재의와 제소

지방의회의 의결이 법령에 위반되거나 공익을 현저히 해친다고 판단되면 광역자치단체(시·도)에 대해서는 주무부 장관이, 기초자치단체(시·군 및 자치구)에 대해서는 광역자치단체장(시·도지사)이 해당 지방자치단체의 장에게 재의를 요구하게 할 수 있고, 재의 요구 지시를 받은 지방자치단체의 장은 의결 사항을 이송받은 날부터 20일 이내에 지방의회에 이유를 붙여 재의를 요구해야 한다(제192조 ①항). 그리고 기초지방의회(시·군 및 자치구의회)의 의결이 법령에 위반된다고 판단됨에도 불구하고 광역자치단체장(시·도지사)이 제1항에 따라 재의를 요구하게 하지 아니한 경우 주무부 장관이 직접 기초자치단체장(시장·군수 및 자치구의 구청장)에게 재의를 요구하게 할 수 있고, 재의 요구 지시를 받은 기초자치단체장(시장·군수 및 자치구의 구청장)은 의결 사항을 이송받은 날부터 20일 이내에 지방의회에 이유를 붙여 재의를 요구해야 한다(제192조 ②항). 제1항 또는 제2항의 요구에 대해 재의한 결과 재적의원 과반수의 출석과 출석의원 3분의 2 이상의 찬성으로 전과 같은 의결을 하면 그 의결 사항은 확정된다(제192조 ③항). 지방자치단체의 장은 제3항에 따라 재의결된 사항이 법령에 위반된다고 판단되면 재의결된 날부터 20일 이내에 대법원에 소를 제기할 수 있다. 이 경우 필요하다고 인정되면 그 의결의 집행을 정지하게 하는 집행정지 결정을 신청할 수 있도록 했다(제192조 ④항). 주무부 장관이나 광역자치단체장(시·도지사)이 재의결된 사항이 법령에 위반된다고 판단됨에도 불구하고 해당 지방자치단체의 장이 소를 제기하지 아니하면 광역자치단체(시·도)에 대해서는 주무부 장관이, 기초자치단체(시·군 및 자치구)에 대해서는 광역자치단체장(시·도지사)(제2항에 따라 주무부 장관이 직접 재의 요구 지시를 한 경우에는 주무부 장관을 말한다)이 그 지방자치단체의 장에게 제소를 지시하거나 직접 제소 및 집행정지 결정을 신청할 수 있다(제192조 ⑤항). 제1항 또는 제2항에 따라 지방의회의 의결이 법령에 위반된다고 판단돼 주무부 장관이나 시·도지사로부터 재의 요구 지시를 받은 해당 지방자치단체의 장이 재의를 요구하지 아니하는 경우(법령에 위반되는 지방의회의 의결 사항이 조례안인 경우로서 재의 요구 지시를 받기 전에 그 조례안을 공포한 경우를 포함한다)에는 주무부 장관이나 시·도지사는 제1항 또는 제2항에 따른 기간이 지난 날부터 7일 이내에 대법원에 직접 제소 및 집행정지 결정을 신청할 수 있다(제192조 ⑧항). 제1항 또는 제2항에 따른 지방의회의 의결이나 제3항에 따라 재의결된 사항이 둘 이상의 부처와 관련되거나 주무부 장관이 불분명하면 행정안전부 장관이 재의 요구 또는 제소를 지시하거나 직접 제소 및 집행정지 결정을 신청할 수 있다(제192조 ⑨항).

요컨대, 지방의회의 의결의 재의와 제소에 관련해서는 지방자치법 전부 개정(2020.12.9.)으로 차상위 기관(중앙정부와 광역자치단체)과 집행부의 통제 범위를 넓혀 주고 강화한 것으로 볼 수 있다. 즉, 기초지방의회의 의결이 법령에 위반됨에도 불구하고 시·도지사가 재의 요구 조치를 취하지 않은 경우 주무부 장관이 직접 기초자치단체장에게 재의를 요구할 수 있게 했고, 주무부 장관이나 시·도지사는 재의결된 사항이 법령에 위반된다고 판단됨에도 불구하고 해당 자치단체장이 제소하지 아니하면 시·도에 대해서는 주무부 장관이, 시·군 및 자치구에 대해서는 시·도지사가 그 지방자치단체의 장에게 제소를 지시하거나 직접 제소 및 집행정지 결정을 신청할 수 있도록 했다.

2) 협력 관계

(1) 국가와 지방자치단체의 협력 의무

지방자치법 전부 개정(2020.12.9)은 국가와 지방자치단체가 주민에 대한 균형적인 공공서비스 제공과 지역 간 균형 발전을 위해 의무적으로 협력해야 하는 정부간 관계를 규정하고 있다(제183조). 즉, 국가와 지방자치단체 간의 관계를 좀 더 확대된 자치분권 환경에 맞게 지도·감독 관계에서 협력 관계로 전환하고 있는 것이다.

(2) 지방자치단체의 사무에 대한 지도와 지원

중앙행정기관의 장이나 시·도지사는 지방자치단체의 사무에 관해 조언 또는 권고하거나 지도할 수 있으며, 이를 위해 필요하면 지방자치단체에 자료 제출을 요구할 수 있도록 했고(제184조 ①항), 국가나 시·도는 지방자치단체가 그 지방자치단체의 사무를 처리하는 데 필요하다고 인정하면 재정 지원이나 기술 지원을 할 수 있으며(제184조 ②항), 지방자치단체의 장은 제1항의 조언·권고 또는 지도와 관련해 중앙행정기관의 장이나 시·도지사에게 의견을 제출할 수 있게 함으로써(제184조 ③항) 상급기관장의 일방향이 아닌 상급-하급단체장의 쌍방향적인 관계로 진전시키고 있다.

(3) 중앙지방협력회의의 설치

국가와 지방자치단체 간의 협력을 도모하고 지방자치 발전과 지역 간 균형 발전에 관련되는 중요 정책을 심의하기 위해 중앙지방협력회의를 둬 운영하도록 했다(제186조 ①항). 결국 중앙과 지방의 협력 관계가 의무적 사항으로 진전하다 보니 중앙지방협력회의의 설치가 제도화되는 수순을 밟고 있는 것이다.

(4) 중앙행정기관과 지방자치단체 간 협의·조정

중앙행정기관의 장과 지방자치단체의 장이 사무를 처리할 때 의견을 달리하는 경우 이를 협의·조정하기 위해 국무총리 소속으로 행정협의조정위원회를 둬 위원장 1명을 포함해 13명 이내의 위원을 구성해서 운영하게 했다(제187조 ①, ②항).

(5) 지방자치단체 상호 간의 협력

지방자치단체는 다른 지방자치단체로부터 사무의 공동 처리에 관한 요청이나 사무 처리에 관한 협의·조정·승인 또는 지원의 요청을 받으면 법령의 범위에서 협력해야 하고(제164조 ①항), 관계 중앙행정기관의 장은 지방자치단체 간의 협력 활성화를 위해 필요한 지원을 할 수 있게 하고 있다(제164조 ②항).

(6) 지방자치단체의 장 등의 협의체

지방자치단체의 장이나 지방의회의 의장은 상호 간의 교류와 협력을 증진하고, 공동의 문제를 협의하기 위해 4대 협의체(전국시·도지사협의회, 전국시·도의회의 의장협의회, 전국시장·군수 및 자치구의 구청장협의회, 전국시·군 및 자치구의회의 의장 협의회)를 설립할 수 있게 했다(제182조 ①).

3) 지방자치단체 상호 간의 분쟁 조정

지방자치단체 상호 간 또는 지방자치단체의 장 상호 간에 사무를 처리할 때 의견이 달라 다툼(분쟁)이 생기면 다른 법률에 특별한 규정이 없으면 행정안전부 장관이나 시·도지사가 당사자의 신청을 받아 조정할 수 있게 했다. 다만, 그 분쟁이 공익을 현저히 해쳐 조속한 조정이 필요하다고 인정되면 당사자의 신청이 없어도 직권으로 조정할 수 있도록 했다(제165조 ①항). 제1항 단서에 따라 행정안전부 장관이나 시·도지사가 분쟁을 조정하는 경우에는 그 취지를 미리 당사자에게 알려야 하며(제165조 ②항), 행정안전부 장관이나 시·도지사가 제1항의 분쟁을 조정하려는 경우에는 관계 중앙행정기관의 장과의 협의를 거쳐 행정안전부의 지방자치단체중앙분쟁조정위원회나 시·도의 지방자치단체지방분쟁조정위원회의 의결에 따라 조정을 결정하도록 하고 있다(제165조 ③항 / 제166조). 행정안전부 장관이나 시·도지사는 제3항에 따라 조정을 결정하면 서면으로 지체 없이 관계 지방자치단체의 장에게 통보해야 하며, 통보를 받은 지방자치단체의 장은 그 조정 결정 사항을 이행해야 한다(제165조 ④항). 제3항에 따른 조정 결정 사항 중 예산이 필요한 사항에 대해서는 관계 지방자치단체는 필요한 예산을 우선적으로 편성해야 하는데, 이 경우 연차적으로 추진해야 할 사항은 연도별 추진계획을 행정안전부 장관이나 시·도지사에게 보고해야 한다(⑤항). 행정안전부 장관이나 시·도지사는 제3항의 조정 결정에 따른 시설의 설치 또는 서비스의 제공으로 이익을 얻거나 그 원인을 일으켰다고 인정되는 지방자치단체에 대해서는 그 시설비나 운영비 등의 전부나 일부를 행정안전부 장관이 정하는 기준에 따라 부담하게 할 수 있다(⑥항). 그리고 행정안전부 장관이나 시·도지사는 제4항부터 제6항까지의 규정에 따른 조정 결정 사항이 성실히 이행되지 아니하면 그 지방자치단체에 대해 제189조(지방자치단체의 장에 대한 직무이행명령)를 준용해 이행하게 할 수 있게 함으로써 강력한 통제제도의 연장 선상에 놓이게 했다(⑦항).

복습 문제

- 지방자치와 지방분권의 개념에 대해 알아보시오.
- 지방자치의 두 가지 큰 흐름과 계보의 진전(현대적 경향)에 대해 알아보시오.
- 영국과 프랑스의 지방자치 체제에 대해 알아보시오.
- 한국 역대 정부가 펼쳐왔던 자치분권의 흐름에 대해 알아보시오.
- 정부간 관계의 개념과 유형에 대해 알아보시오.
- 라이트의 정부간 관계 모형에 대해 알아보시오.
- 한국의 정부간 관계는 어떤 모형인지 알아보시오.

제13장

시민 참여와 NGO

학습 목표

- 현대행정의 여러 이슈 중 가장 주된 것은 전통적인 정부(Government) 개념의 거버넌스(Governance) 개념으로의 변화이다. 종래 정부를 공공의 울타리 안에서 일방적인 공권력 시각에서만 바라봤지만 이제는 민간과의 동반자 관계로, 더 나아가 행정의 조성자로서의 역할을 인식하게 된 것이다. 이에 이 장에서는 공공서비스 제공 방식의 다양화 현상과 민간 부문이나 시민 참여에 대한 광범위한 인정을 당연시하는 거버넌스에 대해 알아본다.
- 또한 시민사회의 주요 참여자인 NGO의 개념, 기능, 정부와의 관계 설정에 관한 이슈를 알아보고, 시민 참여가 활발해지는 상황에서 행정이 이에 어떻게 대응해야 하는지 알아본다.

제1절_ 시민 참여란 무엇인가?

1. 시민 참여의 개념과 의미

현대 행정의 여러 이슈 중 가장 중요한 것은 과거 전통적인 정부(government) 개념의 거버넌스(governance) 개념으로의 변화다. 즉, 지금은 거버넌스 시대다. 종래에는 정부를 공공의 울타리 안에서 일방적인 공권력의 주체로만 바라봤지만, 이제는 민간 그리고 시민사회와의 동반자로, 더 나아가 행정의 조성자로 인식하게 된 것이다. 이러한 거버넌스를 통한 국민주권이 제대로 실현되기 위해서는 우선 시민과 시민 참여의 개념이 명확히 정의돼야 한다.

우선 시민(citizen)이라는 개념은 도시를 지칭하는 라틴어 시비타스(civitas)에서 유래했다는 것은 잘 알려진 사실이며, 도시에 거주하는 사람이라는 단순한 의미를 넘어 도시국가(都市國家) 공동체의 구성원으로서 직접 정치에 참여하는 주체로서의 의미를 가지고 있다. 로크(John Locke)가 재산과 교양을 갖춘 계층으로서의 시민이 권력을 갖는 체제를 주장함으로써 근대 시민혁명의 이론적 기초를 제공한 이후 시민의 범주는 확대됐으나 자본주의의 발달과 대중민주주의의 성숙으로 인해 시민의 적극적·자율적 주권 행사자로의 역할은 줄어들고 중요한 정책결정은 행정관료가 담당하게 됐다(이승종 외, 2017). 이러한 관료 위주의 행정을 타파하기 위해 시민이 정책결정에 적극적으로 참여하려는 움직임이 1960년대 이후 서구 선진 사회에서 일기 시작했고, 우리나라도 지방자치 시대가 도래하면서 시민이 직접적으로 정책결정에 참여하고자 하는 물결이 일어나고 있다(강용기, 2008).

우리나라에서 시민의 개념은 서구처럼 민주주의 사회의 형성과 함께 부여된 시민의 개념도 아니고 정치적인 주권을 가진 주체의 의미로 시작되지도 않았다. 그러나 지방자치의 도래로 인해 단순한 지역주민으로서가 아닌 도시의 민주정치 체제에서 정치적 주권을 행사할 수 있는 자격을 갖춘 시민으로 전환됐다(최창호, 2005). 이러한 측면에서 시민 참여에 대한 개념은 매우 다양하게 정의돼 왔다. 우선 버바(Verba, 1967)는 공권력을 가지지 못한 일반 시민들이 공권력을 가진 사람들의 정책결정 과정에 영향력을 미치려고 정책이나 행정에 참여하는 행위라고 했고, 커닝햄(Cunningham, 1973)은 지역사회의 일반 시민들이 그 지역사회의 일반적인 문제에 관련되는 결정에 대해 권력을 행사하는 과정으로 정의하고 있으며, 페리와 카툴라(Perry & Katula, 2001)는 관료와 의원들의 정책결정에 영향력을 행사하는 것을 궁극적인 목적으로 하는 시민행동이라고 정의하고 있어 시민 참여에서 시민의 입장에 중점을 두고 개념을 정의하고 있다. 반면에 아른슈타인(Arnstein, 1969)은 국가의 정책 수립과 자원 배분 등의 결정 과정에 시민을 포함시켜 영향력을 행사할 수 있도록 보장하는 전략이라고 개념 정의해 정부에 중점을 두고 있다.

이러한 개념들을 종합해 보면, 시민과 정부 중에 어디에 중점을 두느냐에 따라 시민 참여의 본질이나 결과가 달라질 수는 있지만, 결국은 "공식적인 정책이나 행정 과정에 시민이 직·간접적으로 영향력을 미칠 의도로 하는 행동"이라고 정의할 수 있다.

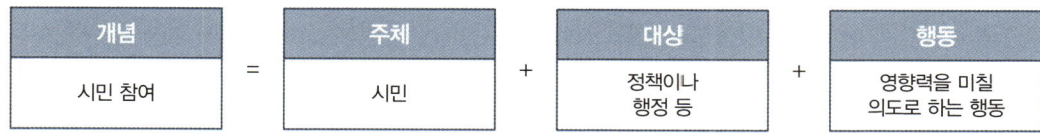

[그림 13-1] 시민 참여의 개념 틀

시민 참여의 장·단점을 시민과 정부 측면에서 분석하면 〈표 13-1〉과 같다.

〈표 13-1〉 시민 참여의 장·단점

구분		내용
장점	시민 측면	• 민주주의 학습 및 자치 능력의 향상과 대의민주주의 보완 • 주민들 간의 이해관계 조정과 협력 증진어 기여 • 시민의 공동체 의식 증진과 시민으로서 자긍심 제고
	정부 측면	• 정책 및 행정의 신뢰도와 정당성(합법성) 획득 • 시민에 대한 정보 및 학습 등 교육 효과 증대 • 공감대 확보로 정책 및 행정에 대한 주민 협조 증진
단점	시민 측면	• 참여 시민에게 시간과 노력, 비용 등의 발생 • 시민 참여로 인한 시민 간 갈등 확대 가능성 • 특정 집단의 영향력이 강할 경우 시민 참여의 의미 퇴색
	정부 측면	• 특정 집단의 영향력이 강할 경우 정책 및 행정의 실행력 약화 • 공무원의 창의성 제약 및 책임 전가 가능성 • 정치적 악용, 예산 낭비 및 정책 지연에 따른 사회적 비용 발생

자료: Irvin & Stansbury(2004)를 참고해서 재구성.

2. 시민참여제도의 유형

시민참여제도의 유형은 학자마다 다양한 기준으로 구분하고 있다. 이 중에서 일반적인 시민참여제도의 유형은 주민발의(initiation), 주민투표(referendum), 주민소환(recall), 주민참여예산제도(Citizen Participatory Budgeting System), 주민소송(suit), 주민감사(audit) 등이 있다.

먼저 일반적인 시민참여제도의 유형에 대해 살펴보면 다음과 같다.

주민투표는 지방의 중요한 문제를 주민이 직접 투표로써 결정권을 행사하고 의회의 대의제 기능을 보완하는 제도다.

주민발의는 주민이 직접 발의해 능동적으로 지방행정에 관여해 선출직 지방 공직자들의 권한을 일부 제약하거나 행사하는 제도로서 우리나라는 주민의 조례 제정·개폐청구권·주민감사 청구권 등을 보장하고 있다.

주민소환은 선출직 공직자를 임기 만료 전에 해직하도록 주민이 결정하는 제도로 공직자가 주민의 의사를 반영하고 지방자치 발전에 전념할 수 있도록 하는 제도다.

주민소송은 주민이 지방자치단체나 소속 공직자로부터 위법 부당한 행위로 인해 손해를 입었거나 입을 우려가 있을 때 사법심사를 통해 예방·시정하게 함으로써 주민들의 이익을 제도적으로 보장해 주는 것이다.

주민감사청구는 지방자치단체와 그 장의 권한에 속하는 사무의 처리에 있어 법에 저촉되거나 공익을 해한다고 인정되는 경우 주민들이 시·도나 주무부 장관 등 상급기관에 감사를 요청할 수 있는 제도로 주민소송 청구 이전에 반드시 경유해야 하는 전치주의를 채택하고 있다(강용기, 2008; 이승종 외, 2017).

주민참여예산제도는 지방 예산의 투명한 공개, 주민 참여에 의한 예산의 우선순위 결정, 실현 가능한 예산안 편성, 지방의회의 동의의 단계와 절차를 거치면서 지역주민들이 지방자치단체의 예산 편성 과정에 지역주민이 직접 참여하도록 하는 제도다(나중식, 2006: 231).

우리나라 시민참여제도의 핵심 내용을 정리하면 다음 〈표 13-2〉와 같다.

이러한 시민 참여의 제도화는 다양한 방법으로 마련됐지만, 그 활용 실태는 아직 미흡하다고 할 수 있다. 그 이유는 크게 두 가지다. 우선 시민 참여에 대한 지방정부 구성원(즉, 집행기관과 지방의회)의 부담감과 거부감이다. 시민 참여는 본질적으로 지방정부 활동에 대한

<표 13-2> 시민참여제도 입법 현황

구분	주민투표	주민발의	주민소환
입법일	지방자치법(1994.3) 주민투표법(2004.1)	지방자치법(1999.8) 주민조례발안법(2021.9)	지방자치법(2006.5) 주민소환법(2006.5)
최근 개정일	일부 개정 2022. 4.	일부 개정 2021.12	일부 개정 2021. 12.
법적 근거	지방자치법 제2장 18조 및 주민투표법	지방자치법 제2장 19조 및 주민조례발안법	지방자치법 제2장 25조 및 주민소환법
개념 및 취지	- 지방자치단체의 주요 결정 사항에 대해 주민이 투표를 통해서 직접 결정하는 제도 - 지방행정에 대한 견제와 감독 및 주민 의사결정	- 일정수 이상의 주민 연서로 당해 자치단체장에게 조례의 개정·폐지를 청구하는 제도 - 주민 의사에 부합한 조례의 개정·폐지	- 선출직 지방공직자에 대해 소환 투표를 실시해 그 결과에 따라 임기 종료 전에 해직시키는 제도 - 선출직 지방 공직자들에 대한 주민통제

구분	주민감사청구	주민소송	주민참여예산제도
입법일	지방자치법(1999.8)	지방자치법(2005.1)	지방재정법(2005.8)
최근 개정일	일부 개정 2021.12.	일부 개정 2021.12.	일부 개정 2021.1
법적 근거	지방자치법 제2장 21조	지방자치법 제2장 22조	지방재정법 제2장 제39조
개념 및 취지	- 지방자치단체의 사무 처리가 법령에 위반되거나 공익을 현저히 해친다고 인정될 경우 청구하는 제도 - 예산 편성·집행에 대한 주민감시와 참여	- 지방자치단체의 위법한 행위나 업무를 게을리한 사실에 대해 지역주민이 해당 지방자치단체장을 상대방으로 하는 소송을 제기하는 제도 - 주민 공동의 이익 보호	- 지역주민들이 예산 편성 과정에서 참여해 우선순위를 반영하는 제도 - 예산 편성 과정 주민 참여 보장

감시와 견제를 그 본질로 하고 있으므로 지방정부 구성원들의 입장에서는 시민 참여의 활성화는 결국은 부담이지 않을 수 없다. 다음은 시민들의 주민참여제도의 활용 능력이 아직 미약하다는 것이다. 이는 시민들의 시민의식이나 정책결정 및 집행 과정에 참여할 수 있는 전문성의 부족만이 아니라 제도적인 기반이 취약한 것도 의미한다. 이에 시민 참여는 결국 일부 전문가나 지역사회 활동가에 의해 좌지우지되는 것이 사실이다. 그러므로 다양한 시민참여제도를 통해 시민 참여가 활성화되기 위해서는 역시 지방정부 구성원(집행기관과 지방의회)의 인식 개선과 함께 시민 스스로의 역량 강화 노력이 필요하다.

이 밖에 지방자치단체 운영의 시민참여제도는 공론조사, 시나리오 워크숍, 라운드 테이블, 시민배심원제, 규제 협상 등이 있다.

첫째, 공론조사(deliberative poll)는 숙의형 여론조사라고도 하며, 특정 주제에 대한 다양한 입장과 주장에 대해 객관적이고 중립적인 정보 제공을 통해 대표로 무작위 선발된 시민들의 공론을 확인하는 방법이다.

둘째, 시나리오 워크숍(scenario workshop)은 지역의 발전계획 수립과 가능성을 다양한 이해관계자들이 함께 토론하고 평가하는 워크숍과 같은 방법으로 주로 10만 명 이내 중소 규모의 지방자치단체에 주로 적용돼 왔다. 이러한 이해관계자들에는 관련 공무원, 전문가, 산업체 관계자, 시민 등이 총망라된다.

셋째, 라운드 테이블(round tables)은 명칭 그대로 위계구조 없이 자유로운 동등한 권한을 가지고 이해관계자들이 토론을 통해 합의를 이끌어 내는 방법이다.

넷째, 시민배심원제(citizen jury system)는 1974년 미국 제퍼슨센터에서 개발된 제도로 대표성을 지닌 시민들이 법정 분위기의 회의 장소에서 전문가들에게 정책 질의 및 심의 과정을 거쳐 정책을 제안하는 제도로 시민들이 토론과 의사소통을 통해 합의된 집단의사를 형성해 정책결정에 참여하는 직접·참여적 민주주의제도라고 할 수 있다.

다섯째, 규제 협상(regulatory negotiation, negotiated rule-making)은 1983년 미 교통부의 연방항공청(FAA) 조종사 비행 시간에 관련된 규칙 개정에 적용한 것이 최초의 사례인 것처럼 행정기관의 규제로 인해 영향을 받는 이해관계자들이 모여 협상을 통해 합의를 도출하고, 행정기관은 이것을 바탕으로 규칙을 제정하는 제도다.

여섯째, 온라인 시민참여제도(online citizen participation systen)는 시민 참여 확대의 새로운 기제(mechanism)다. 그동안의 시민 참여에 대한 논의는 오프라인에서 참여 방법과 참여의 효과성을 분석해 어떻게 하면 참여를 확대시킬 것인가 또한 어떻게 효과적으로 시민 참여를 이끌어 낼 것인가가 주요한 관점이었다. 그러나 이제는 주요 의사결정 과정에서 소외된 시민들의 권리를 회복할 수 있는 방안이 요구되며, 그에 따른 다양한 방법이 제시되고 있다. 지식정보화의 확산, 정보통신기술(ICT)의 발달, 모바일 기기 활용의 일상화 등의 영향으로 다양한 참여 방법이 나타나게 됐으며 주목할 만한 점은 온라인 참여제도가 활발하게 개발됐다는 것이다(김구, 2009). 온라인 시민 참여는 인터넷과 모바일 등 다양한 ICTs 기기를 이용해 시간과 공간의 제약을 받지 않고 지역의 주요 문제를 다루는 정책 제안이나 정책결정 과정에 시민의 의사를 반영하는 참여를 의미한다. 온라인 시민참여제도는 시민들의 직접 참여를 확장해 대의민주주의의 문제점을 보완하고 시민의 의사를 직접 시정이나 정책에 반영하는 등 주민자치권의 확보와 민주주의의 발전에 기여한다는 점에서 의미가 있다.

이상에서 논의한 온라인 시민 참여와 오프라인 시민 참여의 특징을 비교하면 〈표 13-3〉

과 같다.

〈표 13-3〉 온·오프라인 참여의 특징 비교

특징	오프라인 참여	온라인 참여
정체성	참여자의 상호 대면 소개와 인사는 일반적으로 상호 신뢰를 형성함.	익명성으로 인해 신뢰 구축이 어려움.
대화의 균형	특정 주제를 중심으로 집중적인 대화와 토론이 가능함.	대화는 상대적으로 적은 포스터들에 의해 구동됨. 항상 토론의 주요 단계가 있지만 다수의 하위 대화들기 발생함.
타이밍	참여자들은 '라이브' 또는 실시간으로 대화를 함.	대부분의 온라인 참여는 비동기적이며, 이에 참여자들은 시간에 상관없이 토론에 자유롭게 들락날락할 수 있음을 의미함.
관찰	연구분석을 위한 관찰이 참여자의 주목을 받지 않고 이뤄질 가능성이 거의 없음.	상대적으로 많은 숫자가 참여하는 온라인 숙의 절차를 숨어서 관찰할 수 있음.
집중도	모든 참여자에게 적극적인 청취가 요구됨.	독해가 듣기 능력을 대체함. 사용자들은 지식을 습득하기 위해 기본적인 독해 능력을 가지고 있어야 함.
분석	데이터를 생성하기가 상대적으로 매우 어렵고 비용 집약적임.	컴퓨터 활용 기술(Computer mediation skill)을 사용하면 토론을 기록, 정량화 및 해석이 가능함.
타임라인	상대적으로 짧은 기간에 이뤄짐.	종종 몇 주 동안 이뤄짐.
자원	상대적으로 정보 자원의 부족이 발생함.	대화의 내용과 질을 향상시키기 위해 언제든지 고유정보에 접근할 수 있으며 정보를 실시간으로 확인할 수 있음.
환경	물리적 환경의 형태에 영향을 받아 참여자 개개인에게 맞춤형 환경을 제공할 수 없음.	사용자들은 물리적으로 편안한 환경에서 토론을 이어서(follow) 할 수 있음.
위치	발언을 위해서는 물리적 공간의 중앙으로 이동해야 하고 이목의 집중을 받게 됨.	컴퓨터나 모바일을 사용할 수 있다면 지리적 제약을 받지 않음.

자료: OECD(2001), 정정화 외(2013: 39-40).

온라인 시민 참여가 개방성과 투명성이라는 장점을 살려 성공적으로 이뤄진다면 정책결정 과정의 민주성과 정통성은 높아질 것이다. 따라서 온라인 참여제도를 도입하기 위해 가장 중요하게 선행돼야 할 점은 참여의 목적을 분명히 해야 한다는 것이다. 또한 시민 참여가 제대로 작동하고 소기의 성과를 얻기 위해서는 시민들의 역량과 자세가 중요하다. '객관성과 공정성을 견지하는 역량 있는 시민'이 되기 위해서는 정확하고 다양한 정보를 습득하고 이해할 수 있어야 한다. 물론 더욱 중요한 것은 정책 내용에 대한 유용한 정보를 시민에게 충분히 제공해야 한다는 것이다.

결국, 시민 참여의 목적을 명확히 정립하고 역량 있는 시민들이 대표로 참여해 충분한 정보 제공을 통해 합리적인 공론장(public sphere)에서 의견이 수렴된다면 시민 참여의 성과는 기대할 수 있을 것이다.

제2절_ 시민 참여의 주요 이론

1. 거버넌스이론

이종원(2001)의 연구에 따르면, 거버넌스이론의 필요성과 새로운 사회 질서의 구조화를 설명하려는 관심에서 수많은 이론가가 거버넌스의 개념화, 특징, 종류 등에 대해 논의를 제시해 왔음에도 거버넌스의 이론적 정교화는 차치하고서라도 그 이론적 모호함에서 벗어나지 못하고 있다(Pierre, 2000). 이에 여기에서는 구성주의 접근, 공론장[1]에 대한 논의를 통한 접근, 네트워크이론을 통한 접근, 사회자본 논의를 통한 접근을 시도한다.

1) 구성주의 접근

국내에서 거버넌스에 대한 구성주의적 접근을 시도한 대표적 연구인 이종원(2001)은 지방

---

1) 한인숙·주선미(2002)의 연구에 따르면, 공론장(公論場)이란 독일어 Öffentlichkeit와 영어 public sphere, public realm의 번역어이며, 현재 연구자들에 의해 공적 영역, 공공 영역, 공공 권역, 공론 영역, 공론장 등으로 번역되고 있다. 한인숙·주선미(2002)는 그들의 연구에서 '공개성'과 '여론'의 의미를 포함하면서 의사소통의 사회적 공간을 강조한다는 점을 고려해 '공론장'이란 용어를 사용하고 있으며, 여기에서도 그것이 타당하다고 생각돼 선택했다.

거버넌스가 정부 형성 및 운영의 원리로서 어떻게 설명될 수 있는가를 논의하기 위해 일단은 행위자의 자율성, 네트워크적 관리, 체제의 목표지향성의 특성을 포괄하는 하나의 새로운 통치 운영의 양식(a new operating mode of governing)으로 정의하고 있으며, 거버넌스를 사회 구성의 원리로서 파악하기 위해 사회 체계에 대한 이해를 담고 있는 사회기술적 사이버네틱이론(socio-technical cybernetic system)으로서 거버넌스 용법을 채택하고 있다. 특히, 구성주의적 사회 형성과 관련해서 거버넌스의 형성이라는 주제와 연결시키는 데 우리의 관심을 끄는 이론가는 단연코 하버마스(Jürgen Habermas)와 기든스(Anthony Giddens)다(신욱희, 1998).

이들이 구상한 사회상과 정치공동체의 이상은 "합리적으로 재구성된 사회(rationally reconstructed society)"다. 이러한 구성주의적 시각은 비단 국제 체계의 구조를 설명하는 데 원용될 뿐만 아니라 거버넌스의 형성이론을 구성하는 데도 활용될 수 있다고 보는 입장이며(이종원, 2001), 이를 개략적으로 나타내 보면 〈표 13-4〉와 같다.

〈표 13-4〉 구성주의적 관점에서의 거버넌스의 형성 요인

구분	사회 체계의 형성	거버넌스의 형성
행위자	행위자(개인) 간의 상호 작용	참여자 간의 상호 작용
반복성	반복적 교류에 의한 관행·관습화	상호 관계의 지속성
구조 형성	사회규범의 형성, 제도화	참여자 간의 규범 형성, 제도화
구조화	행위-제도·구조 간 상호 작용	참여자-거버넌스 간 상호 작용
재구조화	환경 변화에 따라 체계 변화	환경에 따라 거버넌스 변화

자료: 이종원(2001).

2) 공론장

국내에서의 대표적인 공론장에 대한 연구로는 김주환(1997)과 한인숙·주선미(2002) 등이 있다.

먼저, 김주환(1997)은 공론장을 형성하는 요인으로 개인들 간의 상호적 의사소통, 여론 형

성, 정치적 참여 및 뉴스 미디어를 제시한다. 여기서 그는 네 가지 형성 요인 중 뉴스 미디어를 공론장 형성의 계기로 보고 있다. 즉, 공유된 뉴스 미디어 위에서 의사소통이 이뤄지고, 이것이 다시 여론 형성 및 참여 과정으로 나아간다고 파악한다.

이에 대해 한인숙·주선미(2002)는 김주환(1997)이 제시한 네 가지 요인은 공론장 형성 과정에 따라 각 요인 간 관계가 다르게 형성될 수 있으며, 오히려 지역의 문제는 그 지역의 주민들로부터 비롯돼 점차 증폭되기 때문에 뉴스 미디어는 여론 형성 및 정치적 참여 단계에 작용하는 경우가 많고, 또한 정치적 참여 이후에 여론이 형성될 수도 있으므로 각 구성 요소 간의 상호 관계는 공론화 과정에 따라 가변적인 성격을 갖는다고 한다. 이에 한인숙·주선미(2002)는 정치적 공론장을 공식적이고 현실적인 분석도구로 구체화하기 위해 윌헬름(Wilhelm, 1997)의 연구[2]에서 강조된 사이버 민주주의의 중요성을 부각시킨다는 의미에서 〈표 13-5〉에서 보는 바와 같이, 참여자·공간·토픽·공개성 및 포괄성의 다섯 가지 분석 차원으로 나눠 살펴보고 있다.

〈표 13-5〉 공론장에 의한 분석 차원별 분석 초점 및 평가 기준

분석 차원		분석 초점	평가 기준
지역정치 상황		공론장 작동의 제도적 계기	공론화가 필요한 제도적 문제가 존재하는가?
공론장의 작동 기제	참여자	주도 세력의 특성 주도 세력의 응집력	주도 세력의 특성은 무엇인가? 주도 세력의 응집력이 강한가?
	공간	공론장의 대면성	대면적 접촉이 용이한가?
	토픽	토픽의 범위	주공론과 역공론의 내용이 포괄적인가?
	공개성	대중소통의 방식	대중소통이 개방적이고 다양하게 이뤄지는가?
	포괄성	접근가능성	공론장에의 접근이 모두에게 허용돼 있는가?
의사소통의 정도		의사소통 수단의 다양성	공론장과 정부 간 의사소통 수단이 다양한가?
의사소통의 효과		주민 요구의 수용 정도 공론의 제도화 정도	정부가 주민 요구를 얼마나 수용했는가? 정부가 공론 내용을 얼마나 제도화했는가?

자료: 한인숙·주선미(2002).

---

[2] 윌헬름(Wilhelm, 1997)은 정치적 공론장의 측면으로 ① 장소(topography), ② 내용(topicality), ③ 공개성(publicity), ④ 포괄성(inclusiveness), ⑤ 기술 설계(technology design)를 제시한다.

3) 네트워크이론

거버넌스에 대한 네트워크이론 연구는 많이 진행되고 있으며, 특히 대표적인 연구로는 김희연·한인숙(2002)의 연구를 들 수 있다. 네트워크란 "여러 관계의 연결 체계"로 많은 학문 영역에서 관심이 높아 일상적인 용어처럼 사용했다(Barnes, 1979: 406). 이는 기존의 전통적인 행정이 아니라 새로운 거버넌스 시대를 설명할 수 있는 가장 매력적인 용어가 '네트워크'이기 때문이기도 하고, 그 개념 설명의 추상적 용이성 때문에 아직은 조작적인 정의를 통한 체계적이고 포괄적인 연구가 제대로 이뤄지지 않고 있기 때문이기도 할 것이다. 그런데 네트워크란 결국 행위자들이 어떤 관계를 형성하느냐에 좌우되므로 네트워크 분석의 핵심은 관계 특성을 규명하는 것이다. 김희연·한인숙(2002)은 네트워크 특성을 통해 행위자들의 연계 내용을 분석한 미첼(Mitchell, 1969), 이스라엘과 라운드(Israel & Rounds, 1987), 수라(Surra, 1988) 등을 소개하면서, 이들이 제시한 네트워크 특성 변수를 〈표 13-6〉과 같이 제시하고 있다.

〈표 13-6〉 네트워크의 특성과 분석변수

특성 \ 학자	Mitchell	Israel & Rounds	Surra	Wellman & Wortley
구조적 특성	연계 방향성, 접근성(거리), 상호접촉성, 네트워크 확장 정도	규모, 밀도	관계 내용, 다양성, 빈도, 지속성, 강도, 대칭성	관계의 강도, 접근성, 개인의 행태에 영향을 주는 구조, 연대감(Kinship), 구성원이 소유하고 있는 위치적 자원, 위치적 요소와 관계적 요소를 결합한 구성원 간 유사점·차이점
상호 작용적 (관계적) 특성	관계 내용, 상호 호혜적 연계 정도, 지속성, 책임의 강도, 구성원 간 신뢰, 접촉 빈도	상호 호혜 정도, 지속성, 상호 작용의 빈도, 분산		

자료: 김희연·한인숙(2002).

4) 사회자본

국내에서 사회자본과 거버넌스를 연결시킨 연구는 박희봉·김명환(2000)에 의해 시도됐는데, 그들은 사회자본의 육성이 거버넌스 개혁의 조건임을 강조하면서 정부의 개입이 거버넌스와 사회자본에 어떤 영향을 미칠 것인가, 시민사회가 사회자본과 거버넌스 개혁을 위해 어떤 역할을 할 것인가를 중점적으로 검토하고 있다. 기본 가설은 규범, 신뢰, 시민 참여 네트워크 등과 같은 사회자본이 협동적 지역사회 거버넌스 형성에 영향을 주고, 이것은 문제해결을 위한 지역사회 능력을 개선하며, 시민 요구에 대한 행정적 대응을 증진한다는 것이다(박희봉·김명환, 2000).

2. 참여적 정책분석과 시민 패널[3]

1) 참여적 정책분석과 시민 패널의 개념

참여적 정책분석은 "전문가 이데올로기에 의한 민주주의의 위기"와 "실증주의적 정책분석의 한계"라는 두 가지 측면에서 제기되는 공공정책 결정의 위기에 대한 대안으로 1990년대 이후 학계의 꾸준한 관심사가 됐으며(김용우·장인봉, 2009), 다양하게 해석하고 있다. 즉, 기술적 전문가가 가지고 있는 전문적 지식에, 시민이 가지고 있는 보편적 지식을 반영해 정책문제의 대안을 작성하는 분석기법 또는 분석적 문제 해결 과정으로 인식하기도 하고(채원호, 2001), 한편 반실증주의 정책분석으로 현상학(해석학), 더 나아가서 비판이론(해방이론) 패러다임을 중시하는 방법론으로 규정하기도 한다(Durning, 1993: 300).

그러나 참여적 정책분석 기법은 특정 사안에 이해관계가 걸린 집단 간에 이뤄지는 점증모형 방식의 협상에 의존하는 해결도 아니고, 순수하게 전문가집단 간의 질적 방법에 의존하는 델파이 기법과도 다르며, 더욱이 처음부터 결론 도출에까지 아마추어에 의존하는 브레인스토밍 방식과도 구별되는 분석기법이다(김용우·장인봉, 2009). 요컨대 참여적 정책분석이란 전문가가 제시한 정보를 바탕으로 비전문가가 특정 사안에 대한 심의와 판단을 해서 결정에 이른다는 점에서 배심원 개념과 유사하다고 할 수 있다(김용우·장인봉, 2009). 즉, 일반 시민들도 필요한 자료와 정보들이 제공되면 지식을 필요로 하는 어려운 문제들을 해결할 수 있는 능력을 갖게 된다는 사실을 전제로(Fishkin, 1991: 9) 정책결정 과정에서 일반 시민들의 의사를 대변할 수 있는 방법론적 문제에 초점을 두고 있다.

---

[3] 이 부분에 대해서는 김용우·장인봉(2009)의 연구를 중심으로 요약해 정리함.

이러한 참여적 정책분석이 본래적인 목적에 충실하기 위해서는 다음과 같은 것에 대한 사전 고려가 필요하다(김용우·장인봉, 2009).

첫째, 법정에서의 배심원과는 다르게 시민들은 정책 참모의 도움을 필요로 하며, 다뤄야 할 사안과 관련해 비교적 편견 없는 교육을 받아야 한다. 이처럼 교육적 특성은 법정에서 심의하고 있는 배심원들처럼 패널 참가자들이 정보를 바탕으로 철저하고 심사숙고해 선택을 한다는 자신감을 심어 주게 되며, 정책 자체의 질을 높이기 위해서라도 시민 패널의 심의 과정에서 중요한 요소 중의 하나가 되고 있다(DeLeon, 1997: 112).

둘째, 시민 패널의 선발 방식은 특정 이익집단, 이해관계자 등에게 '포획'돼 이들의 이익을 대변할 수 있는 가능성을 차단하기 위해, 소위 로스(Rose, 1989)가 말하는 '일반 시민'들을 무작위로 선발해 이들을 참여적 정책분석 작업에 참여시켜야 한다. 참여적 정책분석은 시민들이 조직화됐든 아니든 자신들의 가치와 선호를 공정하고 편견 없이 대변할 수 있도록 하기 위한 규범적 측면에 그 목표를 두고 있다(Renn et al., 1993: 191, 206). 이를 위해 시민들이 정책 대안이 가지고 있는 기술적·정치적 국면을 이해할 수 있고, 그들 자신의 고유한 가치와 선호에 따라 정책 대안과 그 결과를 토의하고 평가할 수 있는 기회를 가지도록 하고 있다. 그리고 그 방법론으로서 비판적 정책과학을 제시하고 있는데, 비판적 정책과학은 정책의 개인 지향적인 면을 강조하고 있는 것으로서 광범위한 시민들로 구성된 좀 더 보편적이고 자유로운 패널을 만들어 비교적 긴 기간, 예를 들어 1년여 걸쳐 공공정책 대안들을 심의하는 과정에 시민이 참여할 수 있는 권한을 부여할 것을 제안하고 있다.

셋째, 참여적 정책분석에서는 시민 패널에게 충분한 재임 기간을 부여하는 것이 중요하다. 그 이유는 패널 구성원들 간에 서로 알 수 있는 기회를 제공해야 할 뿐만 아니라 그들이 다루는 정책 사안에 대해 특별한 지식을 얻을 수 있는 계기를 마련해 줘야 하기 때문이다. 충분한 재임 기간은 피시킨(James S. Fishkin)이 제시한 토론적 민주주의라는 임시적 형태의 포럼이 가지고 있는 한계를 극복하는 데 도움을 줄 수 있다(deLeon & Peter, 1997; 김용우·문명재·노철영 역, 2002: 215-216에서 재인용).

2) 참여적 정책분석의 동인과 작동 원리

참여적 정책분석은 정책 사안별로 관련된 변수와 참가자들의 일정, 성실성 등을 고려해 일정 기간에 걸쳐 수행되기 때문에, 참여하는 참모는 패널 참가자들 간에 대치 가능한 우선순위를 정확히 파악하고, 그들의 일정에 맞게 조정해야 한다. 따라서 정책분석가들은 정책 패널의 연속성을 확보하기 위해 정책 패널을 선발하고 유지하도록 노력해야 한다(김용우·장인봉, 2009). 그러나 패널을 작동하게 하는 진정한 동인은 토크빌(Alexis de Tocqueville)이 제안한 시민공동체 또는 시민 참여의 중요성에 대한 인식이라고 할 수 있다. 따라서 시민들의 적극적인 참여를 유도하기 위해서는 시민들의 심의가 정책결정 과정에서 진지하게 받아들여질 것이라는 확고한 믿음을 줘야 한다(김용우·장인봉, 2009).

캐슬린과 마틴(Kathlene & Martin, 1991: 47-48)은 시민 참여가 긍정적인 결과를 초래하는 데 시민들은 개입된 시간, 사안의 중요성, 사안에 관한 그들 자신의 개인적 지식과 역량, 그들의 의견 등이 무언가 다른 결과를 가져올 수 있을 것이라는 기대감이 가장 큰 영향을 미친다고 주장한다. 즉, 시민들은 정책결정과 관련해 그들의 시간과 지식 그리고 노력을 투자할 것이라고 기대하기 전에, 그것이 바로 그들 자신에게 투자하는 것이라고 믿기 때문에 명목상으로라도 그에 대한 보상을 요구하게 된다는 것이다(김용우·장인봉, 2009). 따라서 그들의 담론적 활동, 희생, 결과물 등이 올바르게 평가받을 수 있다는 점을 인식하게 해야 할 것이다. 이러한 담론적 패널(discursive panels)이 당면 사안을 해결할 수 있는 능력을 갖게 될 때, 이들 정책 패널들은 비판적 정책분석이 가지고 있는 하버마스의 의사소통적 합리성을 확보할 수 있는 상황에 접근할 수 있다(김용우·장인봉, 2009).

특히, 시민들이 일반적으로 경제적 자기 이익과 보상에 집착하기보다 이를 초월해 개인적 도덕성과 시민의 책임성이란 정신을 가지고 이러한 조건에 접근할 수 있는 시민 활동에 동참하려는 의사를 가지고 있어야 진정한 의미의 참여적 정책분석이 작동될 수 있다(Kelman, 1987).

제3절_ 시민 참여와 NGO의 역할

시민 참여에서 논의해야 할 가장 중요한 주체가 바로 NGO다. NGO는 비정부조직이고 비영리조직으로서 자발적으로 형성돼 사회 변화를 의도하는 새로운 유형의 조직이라고 할 수 있다. 이러한 NGO가 제대로 된 자생조직으로 비판과 견제의 역할만이 아니라 문제 해결과 정책 제언의 역량을 갖춰야 시민 참여가 제대로 작동되고 있다고 할 수 있다.

1. NGO의 의의

1) NGO의 개념

NGO는 그 자체가 다양한 이름으로 불리고 있고 또 다양한 유사 개념이 있어서 정교하게 정의하는 것은 매우 어렵다. 시민단체, 시민사회단체, 시민운동단체, 비정부단체, 비영리단체 등 다양한 이름으로 불리고 있으며, 그에 따라 다양한 연구가 진행돼 오고 있다.

이러한 NGO에 대해 신광영(1999: 31)은 시민사회 조직들 가운데 사회운동 차원에서 활동하고, 자발성에 기초해 조직됐으며, 경제적 이익을 추구하지 않는 민간 결사체를 지칭한다고 하며, 김수현(1998)은 지속성을 갖고, 의사결정의 자율성을 가지며, 정부 내지 정치적 영향으로부터 독립돼 있고, 이윤을 추구하지 않아야 되는 것이 핵심 요건이라고 하고 있다(장인봉·장원봉, 2008). UN의 NGO 정의는 "개발문제나 인권문제, 환경문제, 평화문제 등 지구 차원의 여러 문제 해결에 비정부·비영리의 입장에서 접근하는 시민 주도의 국제 조직 및 국내 조직"이다(제진수 옮김, 1999: 40).

이러한 측면에서 NGO는 "자발적으로 설립된 비정부·비영리조직으로 사회를 바람직한 방향으로 이끌어 가려는 목적을 실현하고자 하는 조직"이라고 개념 정의할 수 있을 것이다.

2) NGO의 유사 개념

NGO의 개념은 다양한 유사 개념을 살펴보면 조금 더 그 의미를 제대로 이해할 수 있을 것이다. 여기에서는 관련해 몇 가지 유사 개념을 살펴본다.

첫째, NPO(Non Profit Organization)다. 미국에서 주로 사용하는 비영리조직이며, 어떻게 보면 거의 비슷한 개념이라고도 할 수 있으나 NGO는 NPO의 하위 개념으로 보기도 하며,

최근에는 NPO가 더 실용적으로 이용되는 추세다. NPO는 영리를 추구하지 않는다는 점을 강조하면서 복지, 교육, 예술, 문화, 건강 등 여러 유형이나 무형의 서비스를 제공하는 조직이며 미국과 일본에서는 NGO보다 더 많이 사용된다.

둘째, CSO(Civil Society Organization)다. 시민사회단체라는 뜻을 강조하는 개념으로, NGO의 용어가 지닌 부정적인 어법과 소극적인 이미지를 극복하기 위해 시민사회단체 내부에서 사용이 권장되고 있는 용어다. 즉, NGO가 역사적으로 정부가 하지 않는 일을 하거나 정부에 자문 역할을 하는 의미를 가지고 출발했기 때문에, 시민사회에서 적극적으로 국가권력을 견제하고 다양한 시민적 활동을 포괄하는 용어의 필요성이 제기되는 것이다. 실제로 세계 NGO들의 모임인 시비쿠스(CIVICUS, 1993년 결성)는 이 용어를 공식적으로 사용하면서 사용을 강력하게 권고하고 있다(조희연 외, 2001). 그러나 CSO의 개념 정의와는 달리, 이 용어를 사용하는 사람은 NPO에서 비영리병원, 사립학교, 복지관과 같은 기관형 조직을 제외한 범주로 사용되고 있다. CSO는 종교단체, 노동조합, 재단 등을 포함하기 때문에 NGO보다는 넓은 범주의 개념이지만, NPO보다는 좁은 개념이다.

셋째, CBO(Community Based Organization)다. 지역의 시민사회에 토대를 둔 시민사회단체의 의미를 모두 강조하고 있다. 이와 함께, CBO의 뜻에 NGO를 더하고 있는 CB-NGO라는 용어도 있는데, 이는 지역의 시민사회에 토대를 둔 NGO라는 뜻이다.

넷째, VO(Voluntary Organization), CVO(Community Voluntary Organization)다. 자원단체(VO)라는 용어는 자발적인 조직이라는 의미를 강조하며, 정부나 기업 영역과는 다르다는 뜻으로 사용되며, 영미권뿐만 아니라 유럽에서도 사용된다. 특히, 복지국가가 발달한 유럽에서 민간단체로서 자원봉사 활동을 통해 각종 복지서비스를 제공하는 단체를 말한다. 이러한 자원단체라는 용어는 정부와 비영리단체 간의 갈등 관계보다 협력 관계에 초점을 둘 때 흔히 사용한다. 특히, VO 중에서 지방 단위로 존재하는 단체를 말할 때, CVO라는 용어를 사용한다. 즉, 일찍이 지방자치와 사회복지가 발달해 지역사회(community)를 중심으로 자원봉사 활동과 자선행위가 발달한 영국에서는 정부의 사회복지 관련 업무를 보조하는 다양한 자원봉사 활동이 지역사회를 중심으로 조직돼 왔는데, 이를 CVO라고 한다(조희연 외, 2001: 44).

다섯째, 제3섹터(third sector)다. 자원 배분의 메커니즘으로 정부 영역을 제1섹터, 시장 영역을 제2섹터라고 할 때, 시민사회의 영역은 정부도 시장도 아닌 새로운 제3섹터라는 의미를 가지고 있는 용어다. 미국이나 유럽 등 많은 선진국에서는 일반적으로 제3섹터를 정부나 시장이 아닌 새로운 제3의 영역으로 이해하고 있으며, 구체적으로 거버넌스의 참여자로서 비영리단체로 이해하고 있다.

이러한 NGO와 유사 개념을 구분해 보면 〈표 13-7〉과 같다.

〈표 13-7〉 NGO와 유사 개념의 구분

단체	주요 특징	다른 단체와 비교
NGO	비정부, 비영리조직이면서 자발적으로 결성돼 공익을 추구하는 결사체	미국이나 일본에서는 좁은 개념, 유럽에서는 넓은 개념으로 사용
NPO	NGO보다 더 적극적으로 영리를 추구하지 않음을 강조하는 모든 단체	시민사회가 결성한 단체 중 가장 넓은 의미
CSO	시민사회단체라는 뜻을 분명히 하는 단체로서 시민 참여, 권력 견제, 약자 보호, 문화적·종교적 가치를 추구하는 결사체	NPO보다는 좁은 개념이고, NGO보다는 넓은 개념. VO보다는 역동적인 의미
CBO	지역의 시민사회에 기반을 둔 단체라는 뜻을 강조하는 결사체	가장 개념적 범위가 좁은 결사체
VO	자원봉사 활동을 통해 복지서비스를 제공하는 결사체	NPO보다는 좁은 개념이고, NGO보다는 넓은 개념
제3섹터	정부(제1섹터)와 민간(제2섹터)을 제외한 비영리섹터의 모든 단체	미국과 유럽에서는 NPO와 같은 개념이고, 일본에서는 공사혼합기업을 의미하는 개념

2. NGO의 대두 원인

NGO의 사회적 역할에 대한 관심은 1970년대 서구의 신사회운동에 대한 논의에서 비롯됐다고 할 수 있다(장인봉·장원봉, 2004). 이러한 신사회운동의 등장 배경에는 1970년대의 오일 쇼크로 인한 서구 복지국가의 위기로부터 비롯됐다. 19세기 말엽부터 서구 국가들은 각종 사회·경제적 문제를 해결하기 위해 야경국가에서 벗어나 적극적인 기능을 수행하고, 행정입법이 늘어남에 따라 정책결정 기능과 자유재량의 범위가 확대됐다. 그래서 국가 발전과 국민복지의 상당 부분을 국가가 떠맡으면서 그 권한이 집중·확대되는 반면에, 개인의 자발성은 약화됐다. 행정국가·복지국가 경향은 제2차 세계대전 이후 국가 역할이 확대되고 전 세계적으로 괄목할 만한 경제 성장을 이룩하자 더욱 강화됐다. 하지만 서구 사회에서는 분배를 둘러싼 복지국가형의 제도화된 갈등으로부터 벗어나는 새로운 갈등들이 발전해 왔다(장인봉·장원봉, 2004).

한국 사회에서도 1980년대에서 1990년대로 넘어오면서 사회운동의 흐름에서 시민운동이 하나의 주요한 흐름으로 작용하게 되면서 NGO의 활동에 관심을 갖게 됐다. 이는 이론적으로 계급운동과 시민운동과의 관계를 해명하려는 노력과 새로운 운동으로서의 시민운동의 가능성을 연구하는 경향으로 나타났다(장인봉·장원봉, 2004).

사실, 새로운 조정 기제로서 시민사회의 NGO는 국가와 시장 양자에게 동시적으로 작용함으로써 이중적 역할을 수행한다(장인봉·고종욱, 2004). 무엇보다도 국가에 대해서는 증대하는 규제와 통제와 개입으로부터 벗어나기 위한 시도와 함께, 한계를 드러낸 정부 기능을 보완하는 역할을 하는 한편, 시장에 대해서는 시장주의의 확산에 따른 공동체 해체를 방어하는 다양한 시도를 하게 된다(장인봉·고종욱, 2004).

이러한 NGO 활동은 활용할 수 있는 자원을 얼마나 효과적으로 동원하느냐에 따라 목표 달성의 정도가 달라진다. 주로 수행되는 전략들은 대상에 따라 영향력 행사 전략(influence strategy)과 서비스 추출 전략(service strategy)으로 나뉘는데, 이러한 NGO의 활동 전략에 대한 연구는 '임파워먼트(empowerment)'의 형성이라는 주제로 연구돼 왔다(장인봉·장원봉, 2002). 여기서 임파워먼트는 소외계층을 사회의 주체로 세우고 스스로 정치적 힘을 증대한다는 사회운동 분야의 주요 원칙으로 주로 연구해 왔는데, 이는 소외계층 자신의 권리의식에 대한 자각이며, 이러한 자각된 권리를 제도적 환경을 마련함으로써 그들의 권리를 지속 가능하게 하는 것이다(장인봉·고종욱, 2004). 반면에 '자조전략'은 소외계층의 자기결정권을 최대한 발휘하게 하는 조직구조와 사업 내용을 설정함으로써 소외계층의 참여 속에서 자신의 강점과 기술을 활용하는 것이다. 따라서 이 두 전략은 상호 보완적인 성격을 가지고 있어서 두 전략은 서로 간의 다양한 접근들 속에서 상호 보완해야 할 것이다(장인봉·장원봉, 2002: 218).

3. 정부 - NGO 관계론

1) 정부와 NGO의 관계 논의를 위한 전제

파트너십(partnership)에 관한 연구는 1990년대 말 이래 많은 국가에서 거버넌스를 실현하기 위한 일환으로 많이 이뤄져 왔다. 파트너십도 프로그램(software)을 주요 대상으로 할 때는 공공 파트너십이, 인프라 구축(hardware)을 주요 대상으로 할 때는 민-관 파트너십이 주로 활용되고 있다(장인봉·고종욱, 2004). 지금까지의 민-관 파트너십은 주로 민간 부문이 갖고 있는 자본, 경영 능력, 전문기술 등을 공공 부문에 도입하고자 하는 것으로서의 법·제도적 형태를 취한 것을 의미했다(권영모, 1996; 김영종·김상묵, 1997; 주재현, 2000). 특히 민-관 협력사업에서는 지방정부가 자본 투입적 사업에서 민간과 공동으로 사업을 추진하는 것이 일반적이다(오수길, 2002: 3). 최근에는 이와 같은 경제 부문과의 파트너십뿐만 아니라 매우 다양한 연구가 진행되고 있는데, 첫째, 정부와 NGO 간의 관계에 대한 연구,[4] 둘째, NGO의 활동 성과와 평가에 관한 연구, 셋째, 정부의 신뢰성 제고와 NGO의 역할에 관한 연구 등이다(장인봉·고종욱, 2004).

이상의 연구들은 정부와 NGO 간의 관계 유형을 규명하려 했다는 점에서 공통점을 가지고 있으나 분류 기준의 사용 여부에 따라 차이가 있으며, 특히 가장 많이 선행된 NGO와 정부와의 관계 유형을 다루는 연구들은 NGO의 대(對)정부 요구들에 대한 규범적 사실들을 개별 사례나 논리로 검증해 유형화한 것으로 연구의 기초 틀을 제공하는 역할을 했다(장인봉·고종욱, 2004). 이를 바탕으로 정부의 입장에서 NGO를 바라보는 시각과 정당성에 대한 인식 및 필요성에서 지원 분야의 검토로 진일보했다. 또한 NGO들의 활동 성과와 평가에 대한 연구들은 이를 통해 정부와 바람직한 관계를 모색하는 방향으로 한 차원 끌어 올렸다는 데서 높이 평가할 만하다. 그러나 정부와 NGO의 관계에 대한 연구에서 그 관계모형을 중심으로 이뤄지고 있을 실제적인 파트너십에 대한 연구는 매우 부족하며 그나마도 주로 이론적 논의

---

[4] 정부와 NGO와의 관계 유형에 대한 연구는 몇 가지 전제가 필요한데, 우선 첫째는 국가 형태와 정부 수준에 대한 분석, 그리고 NGO의 개념 및 범위에 대한 명확한 설정이 요구된다는 것이며, 둘째는, 시민사회를 배경으로 하는 NGO와 정부의 관계는 각 국가의 지방자치 형태와 수준에 따라 크게 달라진다는 것이다.

수준에 머물러 있는 것으로 보인다(장인봉·고종욱, 2004).

2) 정부와 NGO의 관계

앞에서 살펴본 선행 연구 결과에 따르면, 정부와 NGO의 관계 유형에 따라 정부의 지원 규모와 형태가 상이한 것으로 나타났다(김준기, 1999). 따라서 NGO에 대한 정부 지원사업을 분석하는 데 정부와 NGO의 관계 유형에 대한 논의는 유용한 틀을 제공해 준다.

기존의 연구들에 나타난 정책 제언자 역할을 정리해 보면, 임승빈 외(1999)는 정책 제언자의 역할에 대한 NGO 활동의 역할 유형을 정부와의 관계에서 설명하면서, 다음과 같은 네 가지 유형으로 나누기도 한다(장인봉·장원봉, 2002: 214-215).

첫째, 정부 주도형(Government Dominant Model)이다. 이것은 정부가 재정과 인간적 서비스 분배에서 주도적인 역할을 하는 것으로 본질적으로 조세 체계와 정부의 고용에 의한 재원 조달과 서비스 분배 체계를 갖고 있다고 한다(장인봉·장원봉, 2002). 정부의 민간단체지원사업에서 사업 운영에 대한 정부 개입을 여러 각도로 차단하려는 시도를 하고는 있으나 특히 관변단체의 경우 정부의 지원에 대한 의존도가 높아 정부의 입김에 따라 영향을 받을 확률이 크며 실질적으로 정부사업 또는 프로그램에 참여하는 경우가 많았다(김준기, 1999). 그리고 이들 단체는 실질적으로 정부의 대변인 역할을 수행하기도 한다(박계동, 1994).

둘째, NGO 주도형(Third-Sector Dominant Model)이다. 이는 정부 주도형의 반대 위치에 있으며, NGO가 재정과 서비스 분배에서 주도적 역할을 한다(임승빈 외, 1999). 이러한 모형은 전형적으로 사회적 복지 공급에서 이데올로기나 분파적인 이유로 정부 주도의 반대편에 있으며, 아직 사회에 넓게 받아들여지지 못한 서비스 부문에서 나타난다고 설명한다(장인봉·장원봉, 2002). 특히 님비(NIMBY: not in my backyard) 현상으로 사회에서 필요한 공공시설의 설치를 못하는 경우가 비일비재하고 이러한 경우 NGO가 중재자의 역할을 수행할 수 있어 이러한 환경 분야에서 정부의 NGO에 대한 의존도가 증가하고 있는 추세다(김준기, 1999).

셋째, 중첩형(Dual Model)이다. 이는 정부와 NGO가 재원과 서비스 공급에서 광범위하게 퍼져 있기는 하나, 두 부문이 각각 분리된 독자적인 영역을 가지고 있기도 한 유형으로 대체로 정부가 채워 주지 못하는 서비스의 수요를 NGO 부문이 보완해 주는 경우가 이에 속한다

(장인봉·장원봉, 2002). 정부와 NGO 부문 간에 독립적인 관계가 유지되기 위해서는 크게 두 가지 전제 조건이 있는데, 첫째는 정부가 다원주의를 수용해 NGO의 사회적인 역할을 인정해야 하며, 이에 따라 NGO가 독립적인 제도 부문으로 기능을 할 수 있도록 제도적인 기반이 마련돼 있어야 한다는 것이고, 둘째는 NGO는 자발적인 노력을 통해 조직의 전문성 확보, 이사회제도 도입 등을 통한 지배구조의 개선 그리고 다양한 소득원의 확보를 통한 예산의 독립성 확보 등의 조치를 우선적으로 취해야 한다는 것이다(김준기, 1999).

넷째, 협동형(Collaborative Model)이다. 이 모형은 정부와 NGO 두 부문 모두 중요한 역할을 수행하면서 개별적으로 일하기보다는 함께 행동하는 협동형이라고 하는데 주로 이것은 정부가 재정을 책임지고 NGO가 실질적인 공공서비스를 담당한다(임승빈 외, 1999). 이는 양자 간의 협상력과 재량의 범위에 따라 두 가지로 나눌 수가 있는데, 하나는 NGO가 일종의 정부의 서비스 프로그램의 대리인(agent)으로서 재량권과 협상력을 거의 갖지 않는 것으로 이것을 협동적 대리인형이라고 하며, 다른 하나는 반대로 NGO가 많은 재량권을 행사하면서 서비스 프로그램을 주도하거나 정치적 과정을 통해 그러한 재량권을 더욱 키워 나가는 모형으로 공동 협동형이라고 한다(장인봉·장원봉, 2002).

위에서 논의된 정부와 NGO의 관계를 도표화해 보면 〈표 13-8〉과 같다.

〈표 13-8〉 정부와 NGO의 관계

유형		NGO에 대한 정부의 의존도	
		높음	낮음
정부에 대한 NGO의 의존도	높음	협동형(상호의존형) 교환자원: 재정적 지원(정부) 인력 및 조직 등의 전문성(NGO) (예: 사회복지 분야(실험적성격) 시민질서운동, 원조사업)	정부 주도의 일방 관계 교환자원: 부정적 자원(개도국) 및 긍정적 자원(선진국)-(정부) (예: 사회복지 분야)
	낮음	NGO 주도의 일방 관계 교환자원 : 정부정책의 순응 및 정당성 제공(NGO) (예: 환경단체, 총선시민연대)	중첩형(상호독립형) 교환자원 : 정책결정 및 집행상의 견제와 경쟁 (예: Food Bank, 예산감시단체)

자료: 김준기(2000; 22).

샐러먼(Lester M. Salamon)은 정부와 NGO의 관계를 재정 부담과 서비스 공급의 주도 여부를 기준으로 〈표 13-9〉와 같이 유형화하고 있다(Salamon, 1992).

〈표 13-9〉 정부와 NGO의 관계 유형

구분	모형			
기능	정부우위모형	이원적 모형	협력모형	NGO 우위모형
재정	정부	정부/NGO	정부	NGO
공급	정부	정부/NGO	NGO	NGO

자료 : Salamon(1992); 이희태(2000: 136)에서 재인용.

　정부우위모형에서는 정부가 재정적 측면과 서비스 공급의 양 측면에서 주도적인 역할을 하고, 특히 정부는 NGO의 재정활동과 관련해 중요한 각종 세금제도를 통해, 그리고 기본적인 서비스를 전달하기 위해 공무원을 동원함으로써 주도적인 역할을 한다(이희태, 2000). 한편 NGO 우위모형에서는 NGO가 재정과 서비스 전달에서 주도적인 역할을 수행하고, NGO의 우위 현상은 이데올로기적·당파적 이유로 사회복지 서비스 공급에서 정부 개입에 대한 반대가 심하거나 사회복지서비스에 대한 수요가 일반화되지 않는 경우 많이 나타난다(이희태, 2000). 이원적 모형은 서비스의 재정과 전달을 정부와 NGO가 공유하는 형태로서 정부와 NGO는 재정과 서비스 전달에서 밀접한 관련을 갖는데, 협력모형은 전형적으로 정부가 재정을 부담하고 NGO가 실질적으로 서비스 전달을 담당하는 형태다(이희태, 2000). 물론 그 반대의 경우도 있을 수 있다.

　이처럼 정부-NGO 관계는 그 성격의 유사성에 따라 상호 의존, 협력, 갈등 및 경쟁 관계 등으로 다양하게 분류할 수 있으나, 시민 참여를 위한 정책 유용성 측면에서는 상호 의존 측면에서 접근하는 것이 타당한 것으로 보인다. 이런 측면에서 위의 역할 유형 중에서 NGO의 '자율성'과 '독립성'을 확보하기 위해서는 정부 주도형인 행정 동원적 NGO 활동이나 협동형과 유사한 정부와의 공동 협력적 NGO 활동보다는 NGO 주도형에 가까운 자생적 NGO 활동이 가장 의미가 있다고 생각된다.

제4절_ 시민 참여를 위한 NGO의 실제와 미래 조망

환경운동연합, 참여연대, 경제정의실천시민연합, 여성단체연합, 흥사단, YMCA 등 수많은 단체의 활동이 있다. 이들은 누구인가? 바로 NGO들이다. 이제 우리 사회를 제대로 이해하기 위해서는 NGO를 이해하지 않으면 안 되는 것이다.

1. 우리나라 NGO의 실제

우리나라의 민간단체는 서구에 비하면 질적·양적 측면에서 발전하지 못했으나, 짧은 역사에 비하면 〈표 13-10〉과 같이 괄목할 만한 성장을 가져왔다고 볼 수 있다.

〈표 13-10〉 우리나라 비영리민간단체 등록 현황

(단위: 개, %)

구분	총계	중앙행정기관	시·도
2020.11.30. 기준	14,995(100%)	1,696(11.3%)	13,299(88.7%)
2015.09.01. 기준	12,894(100%)	1,561(12.1%)	11,333(87.9%)
2001.03.01. 기준	3,236(100%)	355(11%)	2,881(89%)

자료: 행정안전부 홈페이지 자료 재구성.

2020년 11월 30일 현재 정부에 등록된 비영리민간단체는 총 14,995개(100%)로 그중 중앙행정기관에 등록된 단체가 1,696개(11.3%)이며, 시·도 광역자치단체에 등록된 비영리민간단체는 13,299개(88.7%)로 파악되고 있다. 아울러 정부에 등록된 비영리민간단체만도 지난 2001년 3,236개였던 것이 2015년 12,894개로 398%가 증가했고, 2020년 기준으로는 14,995개로 2001년 기준 463%나 증가한 것으로 나타나, 2001년보다 20년 후인 2020년 5

배 가까운 증가율을 보이고 있다. 이런 비영리민간단체의 정부 등록의 증가 흐름은 1995년 본격적인 지방자치제 실시와 2000년 민간단체지원법 제정 등이 직·간접적인 영향을 미친 것으로 분석되며, 이와 함께 최근 들어 자치와 분권에 대한 논의의 본격화 그리고 거버넌스에 대한 민과 관의 중요성 인식의 결과라고 분석된다(장인봉, 2020).

〈표 13-11〉 분야별 NGO 활동 현황

분야	활동 NGO
종합	YMCA, YWCA, 경실련, 참여연대, 환경운동연합, 흥사단, 한국여성단체연합 외
주민 자치	21세기지방자치연구소, 관악주민연대, 부산참여자치시민연합, 대전참여자치시민연대, 수도권주민자치연구모임 외
정치 개혁	공명선거실천시민운동협의회, 한국유권자운동연합, 여성유권자연맹, 민주개혁국민연합, 정치개혁시민연대 외
행정 개혁	참여연대, 행정개혁시민연합, 시민개혁포럼 외
경제 개혁	경실련, 참여연대 외
부정부패	부정부패시민연합, 참여연대, 활빈당 외
법률	참여연대, 한국가정법률상담소, 민주사회를위한변호사모임, 공정사회구현법률소비자연맹 외
인권	인권운동사랑방, 앰네스티인터내쇼날한국지부, 월남전고엽제피해전우회, 나눔의집, 불교인권위원회 외
국제	한국이웃사랑회, 지속가능한개발네트워크한국본부, 아시아주거권엽합한국위원회, 그린크로스, 유네스코한국위원회 외
환경	환경운동연합, 논색연합, 쓰레기문제해결을위한시민운동협의회, 그린패밀리운동연합, 생태보전시민모임, 자연의친구들 외
언론 개혁	민주언론운동시민연합, 바른언론을위한시민연합, 방송개혁국민회의, 뫼비우스, 언론개혁시민연대 외
교육 개혁	인간교육실현학부모연대, 참교육학부모회, 정의로운사회를위한교육운동협의회, 민주화를위한교수협의회, 전국교직원노동조합 외
여성운동	한국여성단체연합, 여성단체협의회, 한국여성의전화, 주부클럽연합회, 또하나의문화 외
소비자	한국소비자연맹, 소비자문제를연구하는시민의모임, 소비자보호단체협의회 외
교통문제	녹색교통운동본부, 교통문화운동본부, 걷고싶은도시만들기시민연대 외
보건 의료	건강사회를위한약사회, 건강사회를위한치과의사회, 인도주의실천의사협의회, 노동과건강연구회 외
농업	국제옥수수재단, 우리농촌살리기운동전국본부, 우리밀살리기운동본부, 전국귀농운동본부, 전국농민단체협의회, 한국여성농민연구회
협동조합	협동조합연구소, 소비자생활협동조합중앙회, 한국여성민우회생활협동조합, 한살림공동체, 안성의료생활협동조합 외

문화	한국민족예술연구인총엽합, 민족문화작가회의, 여성문화예술기획, 두레문화기행 외
정보화	정보연대, 시민사회네트, 진보네트워크, 휴먼네트워크 외
청소년	YMCA, YWCA, 청소년대화의광장, 보이스카우트, 걸스카우트 외
의식 개혁	공동체의식개혁시민운동협의회, 기독교윤리실천운동, 생활시민단체협의회, 신사회공동선운동연합 외
자원봉사	블런티어21, 녹색어머니회, 한국응급구조단, 한국이웃사랑회 외
학술 연구	아시아시민사회운동연구원, 한국NGO연구소 외
통일	민족화해협력범국민협의회, 경실련통일협회, 민족자주평화통일자주회 외

자료: 김곶식(1999: 333-364); 장인봉(2020: 316)에서 재인용.

2. NGO의 과제와 전망

NGO가 새로운 세기의 희망을 만들고, 시민들의 믿음의 대상이 되기 위해서는 비판의 능력을 넘어 정책 대안을 제시할 수 있는 건설적인 능력을 갖고 있어야 한다. 건설적인 능력은 철저한 자기 성찰과 자기 연마의 계속적인 과정이 있어야만 생겨나는 인간 활동의 정화다. 따라서 NGO는 더욱 분발하고, 더욱 노력하면서, 일관성 있게 본연의 역할에 충실해야 할 것이다.

1) NGO의 당면 과제

우리나라 정부와 NGO 간 관계의 변화 과정을 보면, NGO의 수가 급증함에 따라 NGO 활동의 범위와 역할이 매우 다양해지고 있다는 특징이 있다. 이는 앞으로 NGO의 전문화 경향에 따라 전문적 정책 대안 연구를 위한 전문가집단의 활용 필요성이 점차 증가되리라는 것을 말해 준다. 또한 NGO의 전문화 경향에 따라 정책 NGO(또는 NPO)의 등장과 맥을 같이 하는 것이다.

이러한 변화 과정에서 우리나라 NGO들이 갖고 있는 당면 과제는 크게 두 가지 입장, 즉 조직적 측면과 재정적 측면에서 살펴볼 수 있다.

(1) 조직 기반의 확대

우리나라의 NGO는 매우 중앙집권주의에 편향된 모습을 보이면서 리더십의 재생산이 원활하게 이뤄지지 않는 모습을 보이는데, 그 이유는 시민 참여가 결여된 채 사회적 쟁점에 따라 명망가들의 형식적 연대활동이 주류를 이루고 있기 때문이다. 이러한 명망 있는 전문가들의 중복 참여 현상이 나타나며, 이로 인한 시민운동단체의 정체성(identity)이 문제로 대두되기도 한다. 또한 시민운동이 연고주의, 지역이기주의로 특징지어지고 있어 조직 기반의 확대를 저해하고 동시에 시민 참여의 기회를 제약한다. 특히 명망가들의 일회적, 형식적, 전략적 연대로 시민들은 점점 더 소외되고 운동의 명분에 대해 회의를 갖게 된다(송호근, 1998: 65-66). 그래서 시민 없는 NGO라는 비판도 제기되고 있다. 그러므로 NGO 활동에서 그 활동 영역의 특성에 따라서 민감하게 대응할 수 있는 조직구조를 필수적으로 갖춰야 함은 물론 활동 프로그램을 작성·운용하는 데 고도의 전문성과 혁신성이 요구된다고 할 것이다(임승빈 외, 1999).

그리고 이를 위해서는 결국 NGO 활동의 전문성 확보가 시급하다고 생각된다. NGO의 유형에 따라 그 전문성은 다를 수 있으나 조직 목표를 달성할 수 있는 올바른 상황 인식과 수단의 동원을 위해서는 어느 유형이든 전문성과 활동의 노하우가 필요하다.

(2) 재정 기반의 확보

현재 NGO가 처해 있는 위기와 곤경에서 가장 큰 어려움은 재정적 위기라고 할 것이다. 왜냐하면 재정적 위기는 운동실무자들의 사기뿐만 아니라 조직활동마저도 크게 위축시킬 가능성이 있기 때문이다. NGO가 회원의 회비와 기부금만으로 재정을 충당하는 것은 NGO의 자율성과 조직화를 강화하는 데 매우 중요하다. 그러나 시민 참여의 부족으로 재정의 상당 부분을 정부지원금, 기업기부금, 수익사업 등에 의존하고 있다. 정부와 대기업의 활동을 감시해야 하는 NGO가 그들로부터 재정 지원을 받았을 때 그들로부터 얼마나 자유로울 수 있고, 포획되지 않을 수 있느냐의 문제다. 이러한 문제들은 운동실무자들이 NGO 본래의 목적에 충실하느냐, 아니면 정부의 대변인으로서 행정적 역할에 치중하느냐의 문제를 야기하고 있다.

결국 이 문제를 해결하기 위해서는 시민들의 광범한 참여를 통한 회비 수입의 극대화를 가져올 수 있도록 시민사회의 능력을 증진하는 것이 가장 필요하다고 생각된다. 이는 재정 기반의 확보 방안인 동시에 조직 기반의 확대 방안이기도 하기 때문이다.

2) NGO의 장래 과제와 미래 전망

앞으로 전개될 사회는 국가를 중심으로 하는 공공 부문도 아니고, 또한 이윤 추구를 중심으로 하는 민간 부문도 아닌 제3의 영역인 NGO가 중심이 되는 사회가 될 것이므로 이에 대한 관심은 증대될 것이다. 그러나 현재 NGO들은 앞에서 본 여러 가지 문제점을 지니고 있으며, 이를 해결하는 것이 필요하며, 그 문제 해결을 위한 기본 방향은 다음과 같이 요약할 수 있다.

첫째, 시민사회(대중)에 기반을 둔 NGO가 돼야 된다. NGO는 활동 초기에는 전문직업인을 중심으로 전개됐으나, 앞으로 NGO가 더욱 발전하기 위해서는 소수의 엘리트 중심의 운동이 아닌 시민사회(대중)에 기반을 둔 운동이 돼야 한다. 이러한 시민적 가치와 민주적 실천이 시민사회 내지는 NGO를 정부나 민간 부문으로부터 구별짓게 하는 것이다.

둘째, 조직 기반의 확대와 함께 전문화된 체제의 구축이 필요하다. 이를 위해 NGO는 조직 목표 수행을 위한 전문성(professionalism)을 확보하며, 이를 기초로 조직의 중요한 인적 자원인 시민들의 자발적 참여를 위한 다양한 대중적인 프로그램을 육성해야 한다.

셋째, NGO들은 조직 운영과 사업 추진에서 철저한 투명성과 높은 수준의 책무성이 요구된다. 근래 들어 NGO들과 함께 활동하는 기관, 기구들이 '적절한 책무성과 평가 메커니즘'을 확립해야 한다는 목소리를 높이고 있다. 즉, NGO들의 활동 또한 일정한 성과를 평가받아 좀 더 책임 있는 활동을 해야 하는 필요성이 강조되고 있다.

넷째, 거버넌스 체제에서 파트너로서의 역할을 효율적으로 수행해야 한다. "NGO는 ABCD는 알지만 EFG는 잘 모른다"는 농담이 세계 외교계에 나돈다고 하는데, 즉 행동(action), 보이콧(boycott), 캠페인(campaign), 데모(demonstration)만 할 줄 알지, 경제(economy), 외교(foreign policy), 정부(government)는 잘 모른다는 얘기다(조효제, 2000). 이제 국제화·세계화의 시대적 흐름과 함께 '통치(government)의 시대'가 아닌 '거버넌스(governance)의 시대'로 바뀌면서 시민사회와 NGO들의 역할이 크게 확대되고 있다. 그러므로 이러한 새로운 시대적인 흐름 속에서 새로운 '거버넌스 시대'의 실질적인 파트너로서의 역할을 잘 수행할 수 있도록 자율성을 제고함은 물론, 정부나 민간 부문과의 협조적인 관계 형성도 이뤄 내야 할 것이다.

3. NGO의 자생조직적 활성화 방안

　NGO의 활동 유형은 앞에서도 언급했듯이, 행정 동원적 유형과 정부 협력적 유형 그리고 자생조직적 유형 등으로 구분할 수 있으며, 이 세 가지 활동 유형을 통해 효율적이고 성공적인 NGO 활동이 되기 위해서는 우선적으로 자생조직적인 NGO 활동을 위한 전제 요건들이 충족돼야 한다(장인봉·장원봉, 2004). 이러한 측면에서 NGO의 사회문제 해결에 따르는 제약 요인을 극복하기 위한 기본 방안으로 자생조직적인 활동 방안을 제시하고자 하며, 이를 위한 구체적인 활성화 방안을 크게 여섯 가지로 지적하고자 한다(장인봉·장원봉, 2004).

　첫째, 커뮤니티(community) 형성 활동의 개발이다. 커뮤니티 형성 활동이란 시민들이 지역문제에 관심을 갖고 참여하도록 유도하기 위한 공동체 의식의 개발 활동이라고 할 수 있겠다(장인봉·장원봉, 2004). 시민사회조직들이 자율적으로 개발 추진하고 있는 각종 공동체의 실험은 커뮤니티의 형성을 위한 주요한 대안이다. 이를 위해서는 NGO가 다양한 부문에서 서비스를 제공하는 것이 요구되며, 또한 이러한 커뮤니티 형성 활동에서 또 하나 중요한 주체가 지방자치단체라고 할 것인데, 이러한 커뮤니티 형성 활동의 수립과 집행에서 행정기관이 주의할 것은 스스로 앞장서기보다는 지역시민의 자발적 참여와 지역 NGO들의 자생적 활동에 대한 최대한의 보장과 지원자의 입장에 서는 것이다(장인봉·장원봉, 2004). 이러한 커뮤니티 형성 활동이 개발될 때, 비로소 지역사회의 주체 간에 신뢰할 수 있는 기반이 조성되고, 이를 통해 거버넌스의 형성이 가능해질 것이다.

　둘째, NGO와 정부(중앙 및 지방정부) 간의 역할 분담이다. 정부의 권한을 NGO에 이전하거나 서비스 전달을 NGO에 이전하는 방안에 대한 제안으로 이제까지의 사회 운영에서 주요한 주체는 국가 권력을 매개로 한 정부의 영역과 이윤 추구를 목적으로 한 기업들의 영역에서 형성돼 왔는데, 이러한 이분법적 사회 운영의 주체 형성은 제3섹터의 필요성을 제시하고 있으며, 그것으로의 사회 운영에 대한 역할 분담을 요구하고 있다(장인봉·장원봉, 2004). 제3섹터의 주요한 주체인 NGO에 구체적인 권한과 역할을 부여하는 것은 조직 생존의 정당성을 부여함과 더불어, 사회의 주체적 문제 해결의 역량을 확장하는 계기가 될 것이므로 사회복지서비스 등의 공공 영역에서의 구체적인 서비스의 전달 기능을 NGO에 이전하는 방안을 고려할 필요가 있다(장인봉·장원봉, 2004). 이런 점에서, 거버넌스를 구성하는 두 개의 축, 즉 정부와 사회자본 특히 여기에서는 NGO가 어떤 구조와 방식으로 상호 협력하느냐 하는 것은 향후 정부의 경쟁력과 시민의 삶의 질 향상에 시너지적 영향(synergistic effects)을 주는 중요한 요인이라고 할 수 있다. 그러나 아직까지 중앙 및 지방정부들은 중앙집권 시대의 일방적 통치의 관습에서 크게 벗어나지 못하고 있는 것으로 보인다. 이러한 정부의 정책 독주는 결국 사회자본 생산자와 마찰과 대립을 가져오게 되며, 새로운 사회자본이 건전하게 형성될 수 있는 조건을 막게 된다. 따라서 혁신을 원하는 정부는 열린 정책 참여 네트워크를 위한 적극적인 노력을 기울이는 한편 자발적 시민조직의 능동적 참여를 통한 좋은 거버넌스 여건 조성에 최선을 다해야 할 것으로 보인다.

셋째, NGO 참여의 기회와 통로 확대다. 정부의 정책 형성과 관련해 구체적인 실행 주체들의 대안을 수집하는 활동이 필요하다. 각종 정부 내의 정책 형성 과정에 관련 NGO들의 참여를 보장하고 이를 통해 구체적인 시민 욕구의 파악과 이에 기반을 둔 정책 형성이 이뤄져야 한다. 특히 이러한 측면에서 NGO의 입장에서는 정부와의 다양한 접촉의 빈도를 확대할 필요가 있다. 직·간접적으로 모든 의사소통 채널은 거버넌스를 결정하는 중요한 요인이고, 상호 교류되는 정보의 양이 증가하면 불필요한 오해를 줄일 수 있고 사전적이고 예방적인 문제 해결활동이 가능해지며, 또한 상호 접촉의 축적은 신뢰의 근거가 되고, 신뢰를 전제로 한 협동은 효과적인 거버넌스의 기초가 되기 때문이다(장인봉·장원봉, 2004).

넷째, NGO에 대한 재정 지원 방안의 모색으로 이는 가장 시급하면서도 어려운 문제다. 조직의 자립성을 약화시킬 수 있어, 무엇보다도 정부정책에 대한 냉정한 비판을 가하기 어렵게 될 수 있기 때문이다(장인봉·장원봉, 2004). 기본적으로 NGO는 회원의 회비 충원에 의존하는 것이 원칙이지만, 기금으로 활용할 수 있는 수익사업과 기업으로부터 지원기금, 그리고 정부로부터의 조세 감면 혜택이나 재정 지원을 받을 수 있는 제도적 장치를 마련해야 하는데, 예를 들면 미국의 1936년 조세법이 비정부단체의 재정 확보를 위한 기틀을 제공했듯이, 한국의 NGO들도 유사한 입법을 위한 제도적 장치를 정부와 협의해야 할 것이다(장인봉·장원봉, 2004). 이와 관련해 시민단체협의회 대표자회의에서는 기부금품모금규제법의 대체입법안 제정을 제안하고 있다. 이들의 대체입법안은 시민운동단체의 등록에 관한 법률로, 시민단체의 등록을 쉽게 하고 등록된 단체에게는 기부금품 모집의 자유, 세금 감면 등의 세금 혜택, 통신비의 감면, 공중파 방송에 대한 접근권 등을 포함한 각종 혜택을 주자는 것이다(장인봉·장원봉, 2004). 또한 생산공동체에 대한 법적 지원 체계에 대해서는 독자적인 일자리를 창출·개발하고 운영하기 위한 창업·운영 자금, 기술 및 경영 인력, 판로 및 설비의 지원을 담당할 별도의 기관으로 '사회연대금고'가 제안되고 있다. 이 금고는 민간은행도 아니고 정부기금도 아닌 중간적인 성격을 띠면서 재원이 공공 부문과 민간 부문 모두에서 제공되므로 정부 관계자, 민간단체 대표, 별도의 회계감사원에 의해 관리·운영된다는 것이다(장인봉·장원봉, 2004).

 다섯째, NGO의 전문적 활동을 기반으로, 대안적 정책과 공동체 모형이 요구된다. NGO는 자생조직적 성격을 갖추고 또 그러한 실천 프로그램을 작성·운용해야 하는데, 이를 위해서는 무엇보다 NGO 활동가들의 봉사정신과 지도자적 역할이 요청된다. 이와 더불어 NGO 활동의 전문성 확보도 시급히 해결해야 할 과제다. NGO 유형에 따라 그 전문성이 다를 수 있으나 활동 목표를 달성할 수 있는 올바른 상황 인식과 수단의 동원을 위해서는 어느 유형이든 전문성과 활동의 노하우가 필요하고, 또한 NGO 활동은 사회문제의 쟁점만큼 다양화되는 동시에 전문적 역량을 길러야 하지만, 한편으로 NGO 간의 수평적 연대와 협력 또한 지역공동체의 범주에서 필요하다(장인봉·장원봉, 2004). 전국 조직을 갖고 있거나 특정 활동을 중심으로 조직된 경우라 하더라도, 지역에 기반을 두는 NGO는 지역의 특성, 특히 지역주민의 계층적 특성과 그들의 생활 영역의 범위에 민감하게 적응할 수 있는 조직구조를 필수적으로 갖춰야 하며, 사회개선운동에 대한 주민 참여라는 측면에서 이러한 유형의 NGO가 많으면 많을수록 좋으나, 다른 한편으로 지역이란 틀 안에서는 개별 NGO가 공조·협력할 수 있는 네트워크가 구축돼야 한다(장인봉·장원봉, 2004).

 여섯째, 온라인 시민 참여 활성화의 플랫폼으로 역할해야 한다. 2000년대 이후부터 인터넷, 소셜미디어, 스마트폰으로 연계되는 정보통신기술(Information & Communication, Technology: ICT)의 확산은 행정의 시민 참여에 많은 변화를 가져왔다. 누구나, 어디서나 정보를 접할 수 있고 생산 및 유통할 수 있으며, 누구와도 대화할 수 있고 공공기관과 직접 접촉할 수 있는 접근의 기회가 뉴미디어를 통해 급격하게 확대된 것이다. 특히 공공의 차원에서 정치·행정 정보를 수집하고, 의견을 교환하며, 자신의 의견을 제안하는 수단으로서 ICT를 용이하게 활용할 수 있는 환경이 구현됐다. 이러한 변화는 블랙박스였던 정책의 추진 환경 속에서 생산되는 많은 자료와 정보를 개방하는 개방정부(open government)의 시도로 확대되고 있다. 이러한 변화 속에서 ICT 및 소셜미디어 활성화를 통해 시민 참여를 활성화하려는 시도는 중앙정부와 지방정부들 사이에서 다양하게 전개되고 있다. 온라인 시민참여제도는 정보 공개를 통한 개방성, 수평하고 대등한 관계에서의 대화와 소통, 시민의 의견을 단순하게 수렴하는 것에서 그치지 않고 그 모든 과정에서 서비스 디자인과 시행 및 평가를 할 뿐만 아니라 지방정부 정책의 주요 결정권자로서의 역할까지 수행하고 있다. 그러므로

NGO는 시민참여정책의 발전 단계로서 온라인 시민 참여 플랫폼으로 자리해 스마트 거버넌스 실현 및 시민의 정부 구현에 기여하도록 노력해야 한다.

결국, 현재 무기력하게 등장했고 조금씩 자생조직으로서의 위상을 정립해 가고 있는 NGO가 진정으로 지역사회나 국가 단위에서 독립성과 자생력을 갖추기 위해서는 기존의 단순한 정부정책이나 활동에 대한 비판 내지 견제의 역할에서 벗어나 적극적으로 의제를 창출하고 문제를 해결하는 정책 대안 개발 및 제시 능력을 보여 줘야 한다. 자치와 분권의 시대임에도 불구하고 지역 주권과 주민 주권을 실현하기 위한 광범위한 시민의 참여가 이뤄지지 않고 있는 우리나라의 현실에서 NGO의 자생조직으로서의 건전한 성숙과 성장은 우리나라 시민 참여의 가장 중요한 과제라고 할 수 있다.

사례 연구

신고리 5·6호기 공론화위원회 발표문

신고리 5·6호기 공론화위원회 위원장입니다. 위원회를 대표해서 신고리 5·6호기 공론화 시민참여형 조사 보고서 내용을 요약 발표하겠습니다.
(중략) 그러면 먼저, 보고서 작성의 목적부터 말씀드리겠습니다. 신고리 5·6호기 건설을 두고 공론화 절차가 진행됐습니다. 공론화 과정의 중심에는 시민참여단과 이분들의 숙의 과정, 그리고 설문조사가 있었습니다. 위원회는 공론화를 위해 시민참여형 조사 방식을 설계했습니다. 그리고 모두 네 번에 걸쳐서 설문조사를 실시했습니다. 그렇게 최종 조사까지 마친 다음 조사 내용을 정밀하게 분석·확인하고, 이를 토대로 신고리 5·6호기 건설·중단 여부에 대해 시민참여단의 뜻에 맞는 합당한 정책을 정부에 권고하기 위해 보고서를 작성했습니다. 이번 공론화에서 풀어야 할 과제는 참으로 무겁고 어려웠습니다. 건설 재개와 건설 중단을 주장하는 양측의 입장은 너무나 달랐습니다. 위원회는 기본적으로 그중 어느 하나를 선택해야 하는 책무를 수행하기 위해 출범했습니다. 하지만 양측의 입장은 각각의 가치를 담고 있습니다. 각각의 가치는 하나하나 절실하고 또 절절하기 이를 데 없었습니다.
단순히 그중 어느 하나의 입장을 선택해서 그에 담긴 가치만을 수호하게 된다면 다른 하나의 입장과 그에 담긴 가치는 전혀 보호받지 못한 채 소외되고 배제되고 말 것입니다. 과연 그것이 정의로운 것인지, 두 입장과 가치는 서로 조율될 수는 없는 것인지 고민이 깊었습니다. 그런 만큼 더욱 시민참여단의 힘과 지혜가 필요했습니다. 시민참여단이 희망인 이유가 거기에 있었습니다.(중략)

우리 사회는 서로 다른 가치를 옹호하며 입장을 달리하는 개인과 집단이 모여 살고 있습니다. 그래서 갈등은 생길 수밖에 없습니다. 이렇듯 갈등을 보편적인 현상으로 받아들인다면 오히려 갈등을 사회 발전의 추진 동력으로 삼을 수도 있습니다. 그러기 위해서는 갈등 상황에 대한 관리가 필요합니다. 공론화는 정부정책 등을 둘러싼 갈등을 사회적 합의를 통해 조율하기 위한 절차입니다. 이 점에서 공론화는 갈등관리라는 사회적 의의를 가진다고 봅니다. 공론화는 또한 시민대표가 참여해서 그들로부터 숙성된 의견을 수렴하는 민주적 의사 형성의 절차를 취합니다. 이 점에서 공론화는 국가 권력의 민주적 행사라는 정치적 함의까지 갖습니다. 공론화 절차에서 시민대표들의 숙의 과정은 자신의 주장이나 의견을 말하는 기회가 될 뿐만 아니라 다른 사람들의 주장이나 의견도 경청할 수 있는 기회가 됩니다. 이 점에서 숙의는 매우 합리적이고 효과 높은 의사소통의 과정이라는 평가가 많습니다. (이하 생략)

자료: 신고리 5·6호기 공론화위원회 〈발표 전문〉 중에서 일부 발췌

1. 위의 신고리 5·6호기 공론화위원회의 출범 배경과 활동 결과를 조사해 보시오.
2. 이해당사자의 갈등을 최소화하기 위한 신뢰 회복 방안은 무엇인지 설명하시오.
3. 정책의 당위성 제고를 위한 공론화 과정에서의 시민사회의 역할은 무엇인지에 대해 논하시오.

복습 문제

- 현대 사회에서 정부, 시장, 시민사회의 관계에 대해 설명해 보시오.
- 시민 참여의 다양한 제도적 유형의 장·단점에 대해 설명해 보시오.
- 시민 참여의 다양한 이론적 근거에 대해 논하시오.
- NGO의 개념을 다른 유사 개념들과 구체적으로 비교해서 논하시오.
- 우리나라의 NGO 대두 배경과 그 발전 과정을 고찰해 보시오.
- 정부-NGO의 관계를 설명하기 위한 이론에는 어떠한 것들이 있는지 자세히 설명해 보시오.
- NGO에 해당하는 조직 하나를 선정해서 그 조직의 인력이나 조직, 재정 현황을 파악해 보시오.
- NGO가 자생조직으로 활동하기 위해 필요한 것에는 무엇이 있는지 논해 보시오.

제14장

전자정부: 정보사회의 행정

학습 목표

- 고도화되는 정보사회, 스마트 지능사회의 모습을 이해하고, 발달된 정보통신기술이 국가사회, 공공 및 민간조직, 그리고 조직의 구성원들에게 미치는 영향을 예측한다.
- 국가정보화를 견인한 우리나라 전자정부의 발전 과정을 이해하고, 정보사회가 성숙하는 과정에서 전자정부의 역할을 살펴본다.
- 정보통신기술의 발전과 전자정부 정책으로 발생한 우리 행정의 변화를 이해하고, 정보사회에서 발생할 수 있는 문제점과 대응 방안을 모색한다.

제1절_ 들어가며

정보혁명은 1970년대 당시 산업혁명을 지칭하던 산업사회, 자본주의 사회의 구조적 변화를 만든 중요한 사건으로 여겨져 왔다. 당시 미래학자들은 이러한 변화를 제3의 물결(토플러), 불연속성의 시대(드러커)로 표현했고, 후기산업사회(벨), 초산업사회(토플러), 후기자본주의사회(라흐다임), 지식사회 등 다양한 이름으로 지칭했다. 정보처리를 위한 기술혁신과 정보통신기술의 발전은 정보사회로의 전환을 빠르게 이끌었고, 스마트 사회, 디지털 대전환과 같은 우리 사회 전반의 모습을 혁신적으로 변화시켰다.

과거 포털과 서치 엔진, 홈뱅킹 등 단순한 정보 교환과 확산에서 벗어나 지금은 물류산업, 개인정보 보호와 정보보안 산업의 발전과 맞물리며 정보 획득은 물론 직장에서의 근무형태, 문화예술의 교류, 방송과 인터넷을 통해 볼 수 있는 TV 서비스인 OTT, 주문형 전자쇼핑 등 우리 생활 전반의 변화를 가져오고 있다. 우리 사회와 사람들이 살아가는 모습이 변화하면서 국가의 정책결정과 행정서비스 제공 모형 또한 변화하고 있다. 합리적 정책결정을 위한 정보 처리 능력의 확대, 대국민 소통과 의견 수렴 방식의 변화, 인터넷과 무인민원서류발급기 등을 통한 행정서비스 제공 방식의 변화 등 행정 전반에서 정보화의 영향을 느낄 수 있고, 정부 역시 기술 지원, 규제모형의 변화 등을 통해 우리 사회의 정보화, 디지털 대전환에 영향을 미치고 있다.

이 장에서는 정보통신기술 발전에 따른 우리 사회의 정보화와 함께 정부와 행정의 변화에 대해 크게 세 개의 주제로 접근한다.

첫째, 정보사회, 스마트 사회, 디지털 전환 사회로 접어들면서 발생하는 우리 사회와 공공조직의 변화에 대해 생각해 본다.

둘째, 우리나라를 정보 강국으로 이끈 우리나라의 정보화 정책, 특히 전자정부의 발전 과정과 성과를 이야기한다.

셋째, 정보사회가 성숙하면서 우리나라에 요구되는 미래 행정과 전자정부의 모습에 대해 살펴보고, 그 속에서 해결돼야 하는 정책 이슈를 살펴본다.

제2절_ 정보사회: 정보화와 사회 변화

1. 정보사회의 개념과 특징

정보사회는 멀티미디어 사회, 디지털 사회, 지식사회, 정보 네트워크 사회, 글로벌·네트워크 사회 등 다양한 이름으로 지칭되며, 현재 사회를 설명하는 중요한 키워드로 사용되고 있다. 1970년대 정보통신기술이 발전·확산되고 개인, 조직, 사회 생활방식과 통합되면서 사회 모든 부분에 급격한 변화를 가져왔다. 1980년대 신용카드 확산, 2010년대 스마트폰 확산을 통해 발생한 사회생활 전반의 변화는 우리 사회를 정보사회로 전환시키며, 산업사회가 만든 인간의 도구화, 환경 파괴 등 다양한 사회문제를 해결하고 인류에게 풍요롭고 행복한 삶을 제공할 수 있다는 낙관론을 확산시켰다.

인류는 수렵사회, 농업사회, 산업사회를 거쳐 정보사회로 전환됐다. 사회 발전의 단계를 이야기한다면 사람들이 처음 한 곳에 거주하면서 농사를 지으며 자급자족 생활을 하는 농경

〈표 14-1〉 정보사회의 특성

	농경사회	산업사회	정보사회
생산 거점	농장	공장	정장(Netplex)
발전 원동력	불의 혁명, 정착생활	산업혁명	정보통신혁명
정보매체	언어, 문자	전신, 전화, 방송	컴퓨터 네트워크, 인터넷
지배적 산업	농업	공업	정보산업
핵심 간접자본	관개시설	물류산업	정보 기반
기간 자원	토지, 인력	천연자원, 기계	기술력, 정보 네트워크
중심 계층	직공, 농부	기술자	과학자
국가 전략 목표	농업화, 군사화	공업화, 근대화	정보화, 세계화
생산양식		분업, 포디즘(Fordism)	포스트포디즘(Post-Fordism)

사회를 제1단계라고 한다면, 공업화와 산업화를 통해 대량생산 체제를 구현한 산업사회를 제2단계, 그리고 정보통신기술을 바탕으로 정보통신혁명을 진행하는 시기인 정보사회를 3단계로 지칭할 수 있다. 그 과정 속에서 성숙한 정보사회로의 발전을 강조하기 위해 지능정보시대, 제4차 산업혁명 등 다양한 수사(修辭)가 사용되고 있다. 앞의 〈표 14-1〉은 정보사회의 특성을 이전 농경사회 및 산업사회와 비교해 제시하고 있다.

정보사회로의 전환은 공급(기술적) 측면, 수요(사회적) 측면, 그리고 정책적 측면의 세 가지 방향에서 설명할 수 있다(권기헌, 2007).

첫째, 공급 측면에서는 컴퓨터와 반도체 발전, 디지털 기술의 발전, 그리고 통신과 네트워크 기술의 발전은 사회정보화의 기반을 제공했다. 값싼 컴퓨터와 저장매체, 디지털 기술의 고도화를 통한 멀티미디어 이용의 확산, 전용 회선에서 시작한 뒤 LTE, 5G와 같은 초고속통신망의 개발과 보급은 정보를 손쉽고 빠르게 이용할 수 있도록 만들었다. 급속히 발전하는 정보통신기술을 하나로 연결해 다양한 세상에서 일어나는 많은 사건과 소식을 신속하게 확산하고 활용할 수 있도록 했다.

〈표 14-2〉 한국 사회의 변화와 정보기술 영향

정보기술 직접적 사회 변화	정보기술 간접적 사회 변화
• 시민 파워 사회 도래와 신사회운동 확산 • 지식정보사회 도래와 교육(대안/자율)혁명 추구 • 탈계급사회 도래와 문화적 차이 추구 • 자아실현 사회 도래와 유목주의 추구 • 네트워크 사회 도래와 세계 시민사회 추구	• 위험/폭력/범죄 사회의 도래와 안전 추구 • 고령사회 도래와 세대 공존 추구 • 탈가족사회 도래와 신연고주의 추구 • 지역공동체사회 도래와 공동체 추구

자료: 한국정보화진흥원(2010: 7); 명승환(2022) 재인용.

둘째, 수요 측면으로 정보통신에 대한 사회적 요구의 증가다. 사회적 요구는 경제적, 사회적, 그리고 정치적 배경의 세 방향에서 접근할 수 있다. 경제적으로는 조직의 관점에서 정책이나 사업의 실패는 이들의 생존에 영향을 미칠 수 있어서 가능한 많은 정보를 수집해 대내외 환경이 주는 불확실성을 줄이고 집행의 효율성을 높이려고 한다. 사회적으로는 사회 전반에서 경제적 여건들이 풍요해지면서 개인의 욕구가 변화하기 시작했다. 과거 대량생산과 획일적 대중문화에서 벗어나 자신만의 독특한 취향과 개성을 강조했다. 과거 홈페이지에서 시작해서 사이월드를 거쳐 트위터, 페이스북, 인스타그램 등의 사회관계망서비스(SNS)

를 통해 다양하고 개별화된 개인의 욕구가 표출되고 있다. 정치적 측면에서는 개인의 생각과 의견을 널리 알릴 수 있는 정보통신기술이란 수단이 생기면서 개인의 참여 욕구는 높아졌다. 많은 이익단체가 정보통신기술과 인터넷을 통해 자신의 의견을 알리고 지지를 요구하고, 정치적 세력을 결집하고, 개인은 자신의 의견을 댓글 등을 통해 표현하며 직접민주주의적 요소를 대의민주주의 체제에 추가하고 있다.

셋째, 정보사회를 앞당기는 촉매의 역할을 하는 정책적 요인이 있다. 정부는 정보통신기술이 사회 전반에서 사용될 수 있도록 다양한 유형의 정책적 지원을 제공한다. 산업정책을 통해 기술 개발과 발전을 위한 경제적 지원을 하고, 정보 수집과 유통이 중요한 분야의 규제를 완화하며 기술 사용을 촉진시켰다. 또한 국민 개개인이 정보통신기술을 편하고 안정적으로 사용할 수 있도록 개인정보보호, 사이버 범죄 등에 대한 법령을 제정했다. 정부는 정보사회의 공급과 수요적 측면을 안정화하기 위해 정책적, 제도적 안전판을 제공하며 정보사회 발전을 견인하고 있다.

2. 정보화와 행정환경 변화

1) 정보기술(IT)의 발전과 행정조직의 변화

정보사회가 도래하면서 공공과 민간조직에 구별 없이 조직이 가진 정보와 지식의 양적 및 질적 수준이 조직의 경쟁력을 결정하는 중요한 자산이 됐고, 환경 변화에 신속·정확·유연하게 대응하고 정보를 효과적으로 수집·처리·확산할 수 있도록 조직의 정보화 수준을 높이기 위해 노력했다. 1970년대 민간기업의 경영정보시스템(management information systems)과 공공 분야의 전자정부는 조직의 정보 처리 역량을 높이기 위한 수단이자 노력으로 대표된다.

조직의 정보화 수준이 높아지고, 정보통신기술이 일상화되면서 조직구조와 업무 처리 과정, 조직구성원의 행태에도 변화를 가져왔다(오세덕 외, 2018). 조직구조와 업무 처리 과정에 정보통신기술이 적용되면서 업무 내용과 의사결정의 질적 수준, 그리고 의사전달 방식 등에 변화가 발생했다. 정보통신기술의 도입은 조직구성원이 해 왔던 일들을 대신하며 기존 업무가 분할·통합·폐지되거나 새로운 업무가 추가로 발생할 수 있다. 또한 사람이 수행하던 기존의 단순 반복적인 업무를 정보통신기술이 수행하기 때문에 구성원들은 분석적이며 창의적인 업무, 고부가가치 업무에 종사할 수 있도록 한다.

정보통신기술은 의사결정의 질적 수준을 높인다. 조직의 의사결정을 위해 필요한 정보의 수집 범위를 확대하고, 추가적으로 수집된 다량의 정보를 신속하게 처리해서 여러 대안이 가져올 수 있는 영향을 분석해 적절한 대안을 선택할 수 있도록 지원하며, 나아가 의사결정 과정을 체계적으로 모니터링할 수 있게 한다. 의사결정 양식 역시 대면 접촉을 통한 소통보다는 비대면 접촉을 통한 소통의 비중이 높아지게 된다. 정보화를 통해 조직의 권력구조를 선택적으로 집권화와 분권화할 수 있어 리더의 운영 방식 또는 업무 처리 방식에 따라 효과적인 방법을 취할 수 있다. 이처럼 정보통신기술은 조직구조와 업무 처리 방식을 효율화할 수 있는 수단을 제공하고 있다.

조직구성원의 행태에 미치는 정보통신기술의 영향은 순기능과 함께 역기능도 모두 가지고 있다. 개인의 사생활 침해와 프라이버시, 정보 보안 등 각종 사이버 범죄, 정보 격차와 사람들의 부적응 등 여러 가지 역기능이 발생한다. 개인정보 접근이 쉬워지면서 해킹과 부적절한 개인 행동으로 인해 개인의 민감한 정보들이 쉽게 유출되고 익명성을 통해 비윤리적인 언어 폭력과 명예 훼손이 발생할 수 있다.

정보통신기술이 조직구성원의 행태에 미치는 또 다른 역기능은 개인의 무력감과 소외감의 증폭이다. 인간의 지적 능력을 정보통신기술로 대체해 가면서 인간의 고유 능력인 스스로 판단하는 능력을 잃어 가며 인간의 판단력을 신뢰하지 못하고 자신의 실존 가치를 상실해 무력감과 낙오감을 경험하게 한다.

정보통신기술로 인한 대면 접촉의 감소, 인간관계의 무관심, 익명성 등은 조직구성원의 인간적 소외감을 만들어 낸다. 정보사회 속에서 발생할 수 있는 인간의 부품화와 고립 현상은 인간관계를 약화시키며, 인간관계 미성숙, 정보 비대칭성 등과 함께 조직 내에 새로운 계층의 발생으로 이어지며 조직 내 갈등을 심화시키고 조직구성원의 스트레스를 높인다. 정보통신기술로 인한 이러한 폐해는 조직 업무 처리의 효율성을 떨어뜨리며 궁극적으로는 조직의 경쟁력을 약화시킨다. 조직의 입장에서는 정보통신기술 활용에 따른 거시적 관리전략을 수립하고, 정보통신기술이 가져오는 긍정적 측면을 활용하고, 부정적 측면을 극복하는 것이 중요하다.

2) 정보통신기술의 발전과 정부-시민 간 관계 변화

정보통신기술은 다양한 유형의 사회연결망(social network)의 형성을 가능하게 하며, 정부와 시민 간의 관계에도 변화를 만들었다(명승환, 2022). 특히 기존의 포털 중심의 웹 1.0에서 진화된 웹 2.0(web 2.0)은 사용자가 적극적으로 참여해 정보와 지식을 생산, 공유, 소비하는 열린 위키 방식의 인터넷으로 기존의 독점적 정보 제공자와 다수 이용자의 관계를 탈피해 이용자의 적극적인 참여를 유도하는 새로운 인터넷 환경을 구축했다.

2003년 처음 소개된 웹 2.0은 플랫폼, 집단지성(collective intelligence), 롱테일(long-tail), 매시업(mash-up)의 네 가지를 특징으로 하고 있다. 첫째, 웹 2.0은 인터넷의 매개체인 웹 그 자체가 새로운 정보와 서비스의 개발과 전파를 담당하는 '플랫폼으로서의 웹(web as a platform)'으로서 특성을 갖는다. 둘째, 인터넷 백과사전인 위키피디아가 어떤 현상에 관한

〈표 14-3〉 사회 발전 단계별 정부와 시민 간 관계 변화

	산업사회	웹 1.0	웹 2.0
거버넌스(governance) 지향	대의민주주의: 책임성(accountability)과 반응성(responsiveness)	대의민주주의 보완: 사이버 공간을 통한 정부의 정보 제공, 이슈에 대한 시민들의 피드백 기능	참여민주주의: 시민들의 적극적 참여를 통한 정부-시민 파트너십 형성
관리 양태	통치(government)	정부 중심적 거버넌스	시민 중심적 거버넌스
가치적 지향	안정과 질서	효율성과 투명성	참여와 조화
의사결정의 주체	정부와 대중(mass): 의사결정자로서 정부, 공공서비스의 소비자로서 대중	정부와 공중(public): 의사결정자로서 정부, 협력적 참여자로서 공중	정부와 다중(multitude): 의사결정자로서 다중, 의사결정 조정자(coordinator)로서 정부
정책결정 과정	제도화된 소수의 중앙집권적 의사결정	공중의 협력적 의사결정 참여	다중의 협업적 의사결정 (집단지성의 창출)
의사결정 네트워크	수직적 조직 네트워크	단허브(mono-hub) 네트워크	다허브(multi-hub) 네트워크
순기능	신속하고 효율적인 의사결정	효율성과 민주성의 조화	집단지성의 활용을 통한 의사결정의 질 제고
역기능	정치적 무관심, 권위주의화, 순응비용의 증가	얕은 민주주의, 엘리트즘(elitism), 정치적 불평등의 지속	집단적 광기 및 집단적 갈등

자료: 김용철·윤성이(2009); 명승환(2022) 재인용.

내용을 누군가가 서술했다면, 인터넷의 모든 사람이 집단적으로 내용을 평가하고 수정하면서, 개인 지성의 한계를 뛰어넘는 집단지성을 통해 지식을 확산하고 문제를 해결하는 노력이다. 셋째, 웹 2.0이 가진 롱테일 특성으로, "사소한 다수"의 반란으로 설명된다. 과거 시간과 공간 속에 희소한 자원으로 인해 선택과 집중 전략이 중요했지만, 인터넷 활성화는 시간과 공간의 제약을 약화시키면서 과거 선택에서 제외됐던 다수도 꾸준히 활용될 수 있도록 만들었다. 마지막으로 매시업 결합 서비스는 Open API를 통해 한 개인이 가진 자료나 서비스를 손쉽게 다른 사람들이 사용할 수 있도록 함으로써 다양한 형태의 상품과 서비스를 제공할 수 있도록 했다. 특히 각종 포털의 지도서비스, 정부의 통계서비스 등을 교통정보 사이트나 여행정보 사이트가 연계해 다양한 상품과 행정서비스를 개발하고 있다.

웹 2.0등 정보통신기술이 제공하는 분산화되고 집단화된 서비스는 산업구조와 경제구조의 변화는 물론 사회 속에서 인간관계와 소통 방법 등 사회구조를 변화시키고 있다. 정보통신기술이 가져온 사회 변화가 정착되면서 인터넷은 사회 발전과 경제 성장을 위한 인프라가 됐다. 웹 2.0을 동반한 사회 변화는 과거 대의민주주의 정치 체제, 정부 중심적 거버넌스에서 벗어나 참여민주주의, 시민 중심적 거버넌스, 참여와 조화, 집단지성을 통한 의사결정의 지적 제고 등 정부와 시민사회의 관계를 본질적으로 변화시켰다(김용철·윤성이, 2009).

제3절_ 전자정부의 도입과 발전

1. 전자정부의 개념과 의의

1) 전자정부의 개념

전자정부(electronic government)라는 용어는 디지털정부(digital government), 온라인정부(online government), 사이버정부(cyber-government), 스마트정부(smart government), E-gov, e-Gov 등의 다양한 이름으로 표현되고 있다. 다양한 명칭에서 유추하겠지만, 전

자정부에 대한 합의된 정의는 찾아보기 힘들다(김구, 2020: 62). 전자정부의 필요성과 목적은 국가별 시대별 여건, 즉 국가의 사회 변화, 정보통신기술 보급도, 국민의 니즈 변화, 그리고 정치·경제·교육·문화 등 국가 발전 수준에 따라 달라서, 다양한 학술적, 정책적 정의가 있을 수 있으며, 그 개념은 다시 국가적 상황을 어떻게 이해하느냐에 따라 다양한 변수를 반영하고 있다.

전자정부의 개념과 목적은 국가적, 사회적, 정치·경제적 맥락과 행정을 바라보는 다양한 접근법에 따라 다양하게 정의되고 왔다. 1990년대 전자정부란 용어는 처음 등장했지만, 행정부의 컴퓨팅 역사는 컴퓨터 역사와 함께 시작됐다. 우리나라 역시 1970년대 통계 업무와 예산·재정 업무 처리의 효율화를 위한 컴퓨터의 도입과 함께 시작됐다. 당시 행정부는 정보통신기술을 사용해 행정 업무 처리의 효율성 증대에 초점을 맞췄지만, 최근 전자정부는 시민서비스 효율화, 소통 강화, 투명성 제고 등 행정부 외부 행위자와의 상호 작용과 접촉에 더 많은 관심을 두고 있다. 전자정부의 발전 과정 속에는 전자정부의 개념과 함께 추진 목표와 정책적 방향성이 내포돼 있다.

전자정부(e-Government)의 개념은 미국의 국가성과평가위원회(National Performance Review: NPR)의 보고서인 「정보기술을 통한 리엔지니어링(Reengineering through Information Technology)」에서 처음 제시됐다. 이 보고서는 전자정부의 기본 구상을 전자은행 업무 개념에서 확장해(오강탁·이연우, 2005: 33), 전자정부는 컴퓨터와 인터넷을 기반으로 행정부 기능 수행과 행정서비스 제공을 강조했으며, 나아가 정부가 정보기술, 특히 인터넷을 사용해 정부 운영을 지원하고 시민을 참여시키며 정부서비스를 제공한 점을 강조했다(김구, 2020). 이러한 관점을 반영해 오강탁과 이연우(2005: 34)는 전자정부를 "정보통신기술을 활용해 정부의 내부 업무 처리 과정(process)을 국민 중심으로 혁신해 행정의 생산성과 효율성을 제고하고 국민의 행정 및 정치 과정에 대한 참여를 촉진하는 정부"라고 정의하면서, 구성 요소로 '정보기술(information technology)', '업무 프로세스(business process)', '전자서비스(e-service)', '행정 생산성 및 효율성 제고', '시민 참여 확대' 등을 제시했다. 비슷한 맥락에서 UN 공공행정 및 개발관리단(2002)은 "인터넷과 웹(web)을 활용해 국민에게 정보와 서비스를 제공하고, 정부와 국민 간의 관계를 국민 중심으로 개선하는 정부"로 정의했다. 비슷한 맥락에서 경제협력개발기구(OECD)는 전자정부 프로젝트(E-government Project)에서 전자정부(e-Government)는 정보통신기술(ICT)을 도구로 사용해 더 나은 정부를 구현한 것으로, ICT를 사용해 정부의 구조, 운영 및 가장 중요한 정부의 문화를 변화시키는 데 집중하는 것으로 이해되고 있고, 전자정부를 개혁의 도구로서 간주하는 것을 강조했다(E-SPIN, 2017; 김구, 2020: 64 재인용).

정보통신기술을 활용한 행정서비스의 효율화라는 협의의 전자정부 개념은 행정의 투명성, 정책 과정에 시민 참여와 민주화로 확대되며 국민, 시민사회, 정부의 관계를 변화시키는 거버넌스 영역으로 확대됐다. 세계은행(World Bank, 2001)은 전자정부를 "정부가 시민의 임파워먼트(empowerment)를 증진하고 서비스 전달을 향상하며, 책임성과 투명성을 높이고, 정부활동의 효율성을 향상시키기 위해 정보통신기술의 시스템 운영을 통해 시민과 민간 부문 그리고 다른 정부기관들과 관계를 변화시키는 것"으로 정의했다(E-SPIN, 2017). 세계은행의 개념 정의는 시민, 기업 및 기타 정부와의 관계를 변화, 정부 목적의 서비스를 시민에게 제공, 비즈니스 및 산업과의 상호 작용을 개선, 정보에 대한 시민의 접근성 확보를 통한 시민의 역량 강화, 부패의 감소, 투명성의 향상, 편의성 증대, 비용 절감 등의 요인을 포함하고 있다(Palvia & Sharma, 2007; 김구, 2020 재인용).

국제전자상거래연합회(Global Business Dialogue on Electronic Commerce: GBDe)는 전자정부를 "행정, 입법 및 사법기관 그리고 중앙정부, 지방정부, 모든 공공기관에서 내부 및 외부 운영을 디지털화하고 네트워크 시스템을 효율적으로 활용해 공공서비스 제공의 품질을 향상시키는 것"으로 정의했다(Palvia & Sharma, 2007: 2). 정충식(2018: 4)은 전자정부의 개념을 정보통신기술을 활용한 정부의 업무 처리 방식만의 변화를 넘어서 정부와 시장, 정부와 국민 간의 의사소통 및 권력적 변화를 강조하며, 전자정부의 영향력을 확대하고 있다.

2) 전자정부의 유형

전자정부를 보는 관점에 따라 다양하게 정의될 수 있듯이 여러 기준에서 유형화할 수 있다. 황성돈과 정충식(2002)은 목적과 대상의 두 가지 기준으로 전자정부를 유형화하며, 전자정부의 방향성을 설명하고 있다. 전자정부의 구현 목적을 효율성 및 생산성 제고, 투명성 제고, 권력 강화의 세 가지로, 전자정부 구현 대상, 즉 혜택을 받는 대상을 국가, 일반 시민으로 구분해 여섯 개의 전자정부 개념 유형을 제시하고 있다.

첫째, 기술관료적 정부는 행정전산화와 사무자동화 등 정보통신이 처음 도입될 때 나타나는 모습으로, 적은 비용과 노력으로 좀 더 편리하게 근무하고, 정보통신기술을 활용한 원격

<표 14-4> 전자정부의 개념 유형

구현 목적		구현 대상	
		국가	일반 시민
구현 목적	효율성 및 생산성 제고	기술관료적 정부	효율적 대민서비스 정부
	투명성 제고	감시형 정부	시민에게 투명한 정부
	권력의 강화	전제적 정부	민주적 정부

자료: 황성돈·정충식(2002: 29).

근무, 재택근무, 비대면, 전자결재(회의) 등 업무 처리의 편리성과 정부 중심의 효율성과 편리성을 중시한다.

둘째, 효율적 대민서비스 정부는 가장 광범위하게 공유되는 개념으로, 국민이 적은 비용과 노력으로 행정서비스를 편리하게 받도록 한다. 민원24 서비스와 같이 시민들이 행정청을 방문하지 않고 장소에 구애받지 않으며 연중무휴 24시간 단절 없는 정부서비스에 접근할 수 있다. 정부기관 간 업무 장벽이 사라지고, 적은 예산과 인력으로 대국민 서비스 제공을 하는 '시민 중심의 효율성과 편리성'을 중시한다.

셋째, 감시형 정부는 국민 개인의 활동을 감시하고, 사회적 통제를 강화하는 정부 모형으로, 사생활 침해 등 전자정부의 역기능이 주목받는다. 정보통신기술을 통해 국민과 조직구성원의 활동을 모니터링하며 사회적 안정에 초점을 맞춘다.

넷째, 시민에게 투명한 정부는 정부의 정보와 활동을 투명하게 공개하고, 시민의 알 권리를 충족시켜 주는 정부 유형이다. 민주적·기술적 수준이 높은 국가에서 나타나는 유형으로, 투명한 정보 공개를 통해 사회의 공정성을 높이고 부패를 척결하는 열린 정부다.

다섯째, 전제적 정부는 정보통신기술을 활용해 국가의 대국민 권력과 통제력을 강화하는 정부로서, 정부가 국민에게 일방적·주도적 권력을 행사하는 모습을 보인다. 이러한 정부에서는 강력한 권력집중화 현상을 초래하고, 시민사회의 비판과 견제를 무력화해 국가의 민주성을 저해할 수 있다.

여섯째, 민주적 정부는 정보통신기술을 활용해 효율적이고 신속한 행정서비스 제공은 물론 사회 불평등의 해소, 국민의 기본권 보장, 직접민주주의 실현 등 국민과 함께하는 이상적 형태의 정부 유형이다.

2. 우리나라의 전자정부 개념과 변화

우리나라가 전자정부의 선진국으로 인정받으며, 국가 정보화를 지금까지 효과적으로 추진할 수 있었던 것은 정보화를 위한 정부의 주도적이고 적극적인 정책적 노력이 큰 역할을 해 왔다(정충식, 2021). 1994년 김영삼 정부는 정보화 정책을 추진하기 위해 정보통신부를 신설하고, 1995년 「정보화촉진기본법」을 제정했으며, 2020년 12월 말 「지능정보화기본법」으로 발전시키면서, 정보화촉진기금 마련 등 국가정보화 추진의 실행력을 담보하기 위한 제도적 기반을 구축했다. 이러한 법적·정책적 기반을 바탕으로 지난 30년간 정보화 도입·발전·성숙기별 시대적 요구를 반영한 국가정보화 마스터플랜을 수립·추진해 오고 있다.

1996년에는 '제1차 정보화촉진 기본계획', 1997년 IMF 경제 위기와 지식기반경제로의 전환 등 정보화 추진 환경 변화에 대응해 'Cyber KOREA21(제2차 국가정보화 기본계획)' 수립, 2002년 4월 세계화와 국민 정보화 능력 함양 요구 등의 환경 변화를 반영한 'e-KOREA VISION 2006' 수립, 2006년 기술의 빠른 발달 속도에 맞춰 유비쿼터스 사회를 앞당겨 실현하기 위해 'u-KOREA 기본계획' 수립, 2008년 12월 '창의와 신뢰의 선진 지식정보사회 실현'을 비전으로 하는 '제4차 국가정보화 기본계획(2008~2012),' 창조경제 실현과 정보통신기술을 통한 정부혁신인 정부3.0을 강조한 '제5차 국가정보화 기본계획(2013~2017), 인공지능, 빅데이터, 클라우드 등 지능정보기술의 적용을 강조하는 '제6차 국가정보화 기본계획' 등의 정책이 결정되고 집행됐다.

우리나라의 전자정부 개념은 2001년 제정된 「전자정부 구현을 위한 행정 업무 등의 전자화 촉진에 관한 법률」(이하 「전자정부법」)에서 제2조 제1호 "전자정부란 정보기술을 활용하여 행정기관 및 공공기관(이하 '행정기관 등'이라 한다)의 업무를 전자화하여 행정기관 등의 상호 간 행정 업무 및 국민에 대한 행정 업무를 효율적으로 수행하는 정부"로 규정하고 있다. 이에 앞서 「전자정부법」은 제1조 제정 목적을 "행정 업무의 전자적 처리를 위한 기본 원칙·절차 및 추진 방법 등을 규정함으로써 전자정부를 효율적으로 구현하고, 행정의 생산성, 투명성 및 민주성을 높여 국민의 삶의 질을 향상시키는 것"으로 규정하고 있다.

「전자정부법」은 기본계획의 수립에서 시스템의 구축과 운영, 관리와 이용을 촉진하기 위한 책무를 상세하게 규정하면서, 제4조에 기본이 되는 전자정부의 원칙을 제시하고 있다. 전자정부의 원칙은 행정기관이 전자정부의 구현·운영과 발전을 추진할 때 우선 고려해야 될 사항들을 제시하고 있다.

> **「전자정부법」 제4조(전자정부의 원칙)**
> ① 행정기관 등은 전자정부의 구현·운영 및 발전을 추진할 때 다음 각 호의 사항을 우선적으로 고려하고 이에 필요한 대책을 마련하여야 한다.
> 1. 대민서비스의 전자화 및 국민 편익의 증진
> 2. 행정 업무의 혁신 및 생산성·효율성의 향상
> 3. 정보시스템의 안전성·신뢰성의 확보
> 4. 개인정보 및 사생활의 보호
> 5. 행정정보의 공개 및 공동 이용의 확대
> 6. 중복 투자의 방지 및 상호운용성 증진
> ② 행정기관 등은 전자정부의 구현·운영 및 발전을 추진할 때 정보기술 아키텍처를 기반으로 하여야 한다.
> ③ 행정기관 등은 상호 간에 행정정보의 공동 이용을 통하여 전자적으로 확인할 수 있는 사항을 민원인에게 제출하도록 요구하여서는 아니 된다.
> ④ 행정기관 등이 보유·관리하는 개인정보는 법령에서 정하는 경우를 제외하고는 당사자의 의사에 반하여 사용되어서는 아니 된다.

3. 우리나라의 전자정부 발전 과정

우리나라의 전자정부 도입 과정을 보면, 1960년대와 1970년에는 정부의 모든 행정 업무가 수작업으로 이뤄졌던 것이 전산화로 전환되는 행정전산화가 도입되던 시기였다면, 1980년에는 기초 행정 업무에 대한 전산화 작업을 확대하고 행정정보화를 구축하는 시기였다. 1990년에는 행정정보화를 확장하고 전자정부를 출범시켰으며, 2001년에는 세계 최초로「전자정부법」을 제정함과 아울러 온라인 민원서비스를 개시하는 등 전자행정시스템을 추진함으로써 국민의 편의성을 높이고 전자정부의 기반을 마련하는 등 본격적인 전자정부를 출범시켰다. 2010년도부터는 UN 전자정부 평가 연속 3회 세계 1위에 선정되는 등 전자정부 선

도국가로서 위상을 드높였으며, 다양한 시스템을 각국에 수출함으로써 글로벌 전자정부를 주도한 바 있다

1) 김영삼 정부

김영삼 정부(1993~1997년)는 정부 출범과 함께 대규모 정부조직 개편을 통해 기존의 체신부를 정보통신부(Ministry of Information and Communication: MIC)로 확대·개편하고, 상공부와 과학기술처를 비롯한 다른 부처 업무 일부를 정보통신부로 이관했다. 정보통신부가 정보화의 주무 부처가 되면서, 정보통신정책과 우편사업, 전파방송 관리, 체신금융, 정보통신 지원과 협력 업무를 관장하게 됐다. 정보통신부 신설은 부처별로 진행되고 있던 정보통신 사업을 종합적 관점에서 접근하며, 국가정보화를 선도했다. 1995년 확정된 '초고속정보통신 기반구축 종합 추진계획'은 2015년까지 총 45조 원의 예산으로 미래 정보화시대에 대비한 정보고속도로를 구축하는 것으로 초고속국가정보통신망, 초고속공중정보통신망, 선도시험망 분야의 3개 분야로 나뉘어 추진됐다. 이 밖에도 1995년 8월 「정보화촉진기본법」 제정, 1996년 1월 기존의 정보통신진흥기금을 개정·확대해 국가 차원의 정보화 등을 위한 정보화촉진기금 조성, 1996년 6월 고도정보사회의 실현을 앞당기기 위한 종합적인 발전계획인 '정보화촉진 기본계획'을 수립했다. 1996년 정보화촉진 기본계획이 수립된 시기에 우리 정부는 전자정부란 용어을 공식적으로 사용하기 시작했다.

2) 김대중 정부

김대중 정부(1998~2002년)는 우리나라 전자정부의 본격적인 토대를 마련하는 시기로, 정보화 및 전자정부와 관련해 다양한 정책을 추진하며 우리나라의 정보화를 세계적 수준으로 이끌었다. 2000년 1월 3일 김대중 대통령은 "새천년 새희망"이란 제목의 신년사에서 지식정보 시대에 지식정보 강국 건설 의지를 표명하며, 초고속정보통신망의 조기 구축 및 전국민 정보생활화운동을 제시하며, 정책적 방향성을 제시했다. 전자정부 관련 사무를 수행하는 당시 행정자치부는 "21세기 지식정보화 시대를 맞이해 정보기술(IT)과 정부의 일하는 방법의 혁

신의 결합을 통한 정부경쟁력의 향상과 대민서비스의 개선이라는 전자정부의 비전 구현을 뒷받침하기 위함"이란 방향성 속에서 「전자정부법」을 2001년 5월 제정했다.

전자정부특별위원회는 개별 부처 중심의 정보화 추진에 다른 조정력 약화를 극복하고 민간 부문의 의견을 수렴하기 위해 2001년 1월 30일에 설립됐다. 전자정부특별위원회는 정부혁신추진위원회 산하 민관합동위원회의 성격을 가지며, 2003년 1월 29일까지 2년 기한의 한시적 기구로 운영됐다. 전자정부특별위원회는 ① 2002년까지 우선 추진해야 할 과제 선정 및 효과 가시화, ② 기존 정보자원의 공동 이용·연계 및 중복 개발 방지, ③ 다부처 관련 사업은 단일사업으로 통합 추진 등을 추진 원칙으로 설정했다. 이러한 원칙을 기초로 전자정부특별위원회는 2001년 5월 ① 민원서비스 혁신시스템 구축, ② 건강보험, 국민연금, 고용보험, 산재보험 등 4대 사회보험 정보시스템 간 상호 연계 체제 구축, ③ 종합국세서비스시스템 구축, ④ 국가종합전자조달시스템 구축, ⑤ 재정정보시스템 구축, ⑥ 교육행정정보시스템 구축, ⑦ 공통 행정 업무 정보화, ⑧ 전자인사시스템 구축, ⑨ 전자결재 및 행정기관 간 전자문서 유통 확산, ⑩ 전자서명 전자관인시스템 구축 및 사용자 확산, ⑪ 범정부적 통합 전산환경 구축의 전자정부 11대 중점 추진 과제를 선정·추진했다.

전자정부 11대 과제는 청와대 정책기획수석비서관이 간사 역할을 하며 그 추진 상황을 수시로 점검하고 조정하는 이른바 '대통령 프로젝트'로 추진됐다(정충식, 2021). 2002년 9월 3일 전자조달시스템 개통, 같은 해 11월 1일 민원서비스 혁신시스템 개통 등 나라장터, 홈택스, 온나라시스템, 전자민원시스템, 전자출입국관리시스템 등이 만들어졌으며, 행정 당국이나 공공기관에서도 홈페이지를 통해 공공정보를 조금씩 공개하기 시작했다. 당시에 정부는 그동안 11대 과제에 1,422억 원을 투입해 적어도 5조 7,000억 원을 절감하는 효과를 가져왔다고 평가했다. 국제적으로도 2002년 6월에 발간된 UN의 전자정부 벤치마킹 보고서는 우리나라를 전자정부 정책이 가장 성공한 나라로 평가했고, 같은 해 12월에 발표된 미국 브라운대학의 전자정부 평가에서는 우리나라가 세계 2위로 선정됐다(한국민족문화대백과사전-전자정부특별위원회).

3) 노무현 정부

노무현 정부(2003~2007년)는 정보기술을 활용한 정부혁신을 강조하며, 여러 부처의 행정서비스를 연계하고 전자적 국민 참여 확대에 역점을 뒀다. 이를 추진하기 위해 정부혁신지방분권위원회 산하에 전자정부전문위원회를 구성하고 14대 분야, 10대 어젠다, 31대 과제로 구성된 전자정부 로드맵을 추진했다. 2005년도 하반기에는 기존의 전자정부전문위원회를 자문위원회로 전환 운영하고 차관급 정부위원과 민간 전문가로 구성된 전자정부특별위원회를 추진해 설치했다.

정부혁신지방분권위원회의 전자정부전문위원회는 2003년 5월 '전자정부의 비전과 추진 원칙'을 국무회의에 보고했고, 이후 전자정부의 비전과 추진 원칙을 구현하기 위한 세부 추진 과제 선정에 착수했다. 과제 발굴은 국가기관, 지방자치단체, 기타 공공기관, 정부혁신지방분권위원회 및 전자정부전문위원회 위원들 그리고 공무원과 일반 국민들을 대상으로 삼아 두 차례에 걸쳐서 진행됐다. 이러한 취합된 과제들은 열세 차례에 걸친 전자정부전문위원회의 사전 검토와 정부혁신지방분권위원회의 심의 절차를 거쳐서, 2003년 8월 14일에 노무현 대통령이 주관한 국정과제회의를 통해 확정·발표됐다.

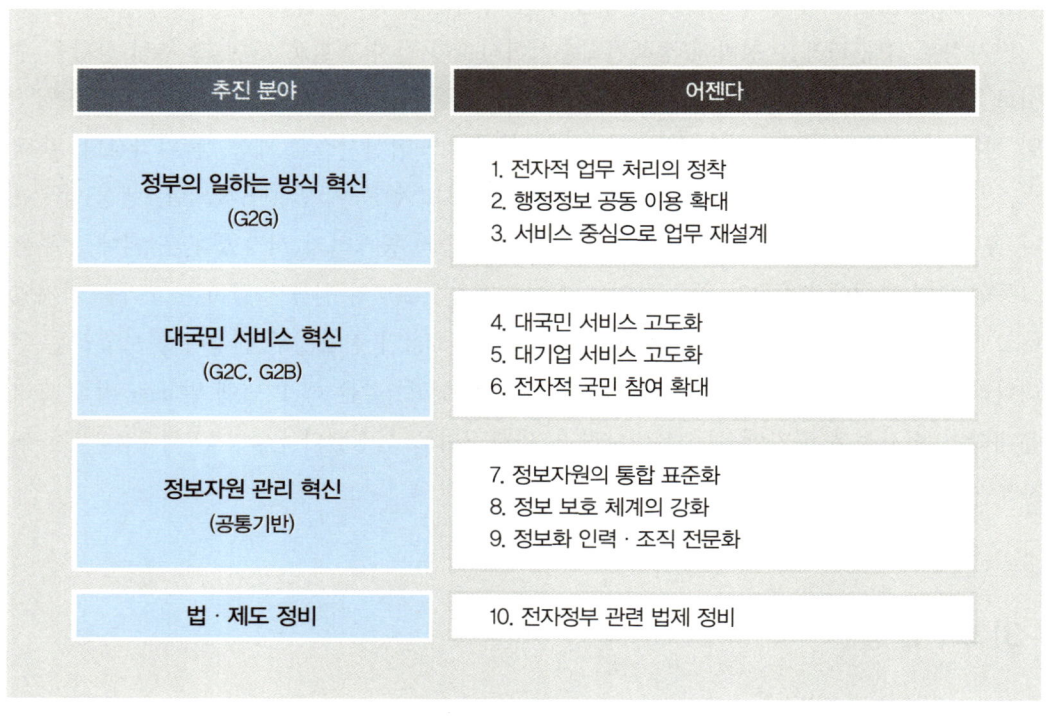

[그림 14-1] 노무현 정부 전자정부 로드맵

노무현 정부의 '전자정부 로드맵'은 '세계 최고 수준의 열린 전자정부 구현'이라는 비전에 걸맞게 일하는 방식 혁신, 대국민 서비스 혁신, 정보자원 관리 혁신, 법·제도 혁신 등의 4개 분야에 걸쳐 총 31대 과제로 구성됐다. 노무현 정부에서 전자정부 31대 과제들은 2003년부터 2007년까지 단계적으로 추진됐다. 2003년에는 준비/기반 조성의 단계이며, 추진 과제를 선정하고 추진 기반을 조성했다. 2004년에는 사업의 기반을 구축하는 단계이며, BPR/ISP를 실시하고, 공통 기반을 구축했다. 2005년에는 통합/혁신의 단계이며, 프로세스를 개선하고 시스템을 구축했다. 2006년에는 프로세스의 혁신을 통해 시스템을 통합시켰다. 2007년에는 혁신/평가의 단계이며, 통합된 서비스의 제공을 통해 정부혁신을 구현하고 추진 성과를 평가했다.

4) 이명박 정부

이명박 정부(2008~2012년)는 전자정부와 국가정보화를 통합해 추진하면서 일 잘하는 지식정부, 행정서비스 연계 및 통합에 역점을 두고, 국가정보화전략위원회 산하 전자정부전문위원회에서 전자정부를 추진했다. 이명박 정부는 정부조직을 대부처 중심으로 개편하면서 국가정보화의 주무 부처인 정보통신부를 해체하고, IT산업정책은 지식경제부, 전자정부, 정보 보호, 정보화정책은 행정안전부, 전파 및 통신, 방송통신 융합, 이용자 및 네트워크 보호 등의 기능은 방송통신위원회, 디지털콘텐츠 등의 관련 업무는 문화체육관광부로 이관하며, 기존의 집중화된 체제에서 분권화된 추진 체제로 변화를 시도했다.

이명박 정부는 국가정보화 및 전자정부 추진 체계 변화를 이끌기 위해 전자정부와 국가정보화 기능을 통합해 행정안전부로 이관했고, 2009년 「국가정보화기본법」 제정을 통해 2009년 11월 10일에 국가정보화전략위원회를 출범시켰다. 국가정보화전략위원회는 국가정보화 비전을 제시하고, 이를 달성하기 위한 계획의 수립·추진·점검을 수행하기 위해 설립된 대통령 소속 자문위원회로, 민관 합동으로 국가정보화 정책을 본격 추진하기 위해 「국가정보화기본법」에 따라 기존 총리실 산하였던 정보화추진위원회를 대통령직속 민관 합동위원회로 격상·개편한 것이었다. 위원회 위원은 당연직 정부위원 16명, 위촉직 민간위원 15명 등 총 31명으로 구성됐다. 국가정보화전략위원회는 「국가정보화기본법」에 따른 정보화 정책에 관한 최고심의·조정기구로서, 국가정보화 기본계획 및 시행계획의 심의, 정보화 정책의 조정, 정보문화 창달 및 정보 격차 해소 사업 심의 등의 기능을 수행했다. 이를 통해 이명박 정부는 국가정보화 정책의 총괄·조정을 강화하고, 정보화 분야의 국정과제도 적극적으로 추진하기 위해 노력했다. 그러나 국가정보화전략위원회는 박근혜 정부 출범 직후인 2013년 3월 23일 「국가정보화기본법」 개정으로, 설치 후 3년 5개월 만에 해체됐다.

행정안전부는 2011년 3월에 '국민과 하나되는 세계 최고의 전자정부 구현'을 위한 스마트 전자정부(Smart Gov) 추진계획을 발표했다. 스마트 전자정부란 "진화된 IT 기술과 정부 서비스 간에 융·복합을 통해서, 언제 어디서나 매체에 관계없이 자유롭게 국민이 원하는 정부서비스를 이용하고, 국민의 참여·소통으로 진화(進化)하는 선진화된 정부"를 의미한다. 스마트 전자정부의 비전은 "국민과 하나되는 세계 최고의 전자정부 구현"으로, ① 공개(Open) - 공공 정보·서비스 공개 및 개방, ② 통합(Integration) - 수요자 중심 서비스 통합 및 다채널 통합, ③ 협업(Collaboration) - 조직, 부서 간 협업 및 정보 공유, ④ 녹색정보화(Green) - 친환경적 및 저비용 시스템 구축의 4개 전략적 방향 속에서 추진됐다. 목표 달성을 위해 세계 최고의 모바일 전자정부 구현, 안전하고 따뜻한 사회 구현, 일과 삶이 조화된 스마트워크 활성화, 소통 기반의 맞춤형 대국민 서비스 제공, 기초가 탄탄한 전자정부 인프라 구현의 5개 어젠다를 설정하고 추진했다.

5) 박근혜 정부

박근혜 정부(2013~2017.4)는 '정부3.0'이라는 이름으로 전자정부와 정부혁신을 강조하며, 이전 이명박 정부와는 다른 방식으로 국가정보화와 전자정부 정책을 추진했다. 박근혜 정부는 출범과 함께 이명박 정부의 대부처 중심 조직에서 탈피한 정부조직 개편을 단행했다. 「국가정보화기본법」 개정을 통해 국가정보화전략위원회를 폐지했으며, 전자정부와 정부혁신(정부3.0)은 안전행정부에 남기고 국가정보화 관련 기능은 모두 신설된 미래창조과학부로 이관했다.

박근혜 정부는 정부조직 개편 작업 초기에 미래창조과학부를 과학기술과 함께 콘텐츠(Content: C)-플랫폼(Platform: P)-네트워크(Network: N)-디바이스(Device: D)의 ICT 생태계 육성정책을 전담하는 부처로 설치를 추진했다. 그러나 거대 부처 신설에 대한 야당의 견제와 부처 간 알력, 그 밖의 여러 정치적 이유로 ICT 정책 기능의 일부만 이관받았다(정충식,

2021). 미래창조과학부(Ministry of Science, ICT and Future Planning: MSIP)는 과학기술 정책의 수립·총괄·조정·평가, 과학기술의 연구개발·협력·진흥, 과학기술 인력 양성, 원자력 연구·개발·생산·이용, 국가정보화 기획·정보 보호·정보문화, 방송·통신의 융합·진흥 및 전파관리, 정보통신산업, 우편·우편환 및 우편대체에 관한 사무를 관장하게 됐지만, 방송용 주파수 관리는 방송통신위원회, 방통융합서비스인 스마트TV 관련 정책은 산업통상자원부, 개인정보보호, 전자정부, 정부통합전산센터 업무는 안전행정부, 게임을 비롯한 문화기술(CT) R&D, 인력 양성, 컴퓨터그래픽, 3D콘텐츠 등은 문화체육관광부에 남겨졌다.

박근혜 정부는 정부3.0을 통해 정부혁신과 전자정부를 연계했다. 2013년 6월 19일 정부3.0 비전 선포식을 통해 '국민 모두가 행복한 대한민국'을 비전으로 '수요자 맞춤형 서비스 제공'과 '일자리·신성장 동력 창출'이라는 목표 달성을 위해 '소통하는 투명한 정부', '일 잘하는 유능한 정부', '국민 중심의 서비스 정부' 등 정부3.0의 3대 전략과 10대 중점 추진 과제를 제시했다. 2014년 기획 총괄, 맞춤형 서비스, 클라우드, 정보 공유·협업, 빅데이터, 개방, 변화관리, 지방·공공기관의 8개 분과 전문위원회로 구성된 정부3.0추진위원회를 설치했고, 전문기술 분석 지원을 위한 '전문기술연구단' 및 사무국으로서 '정부3.0지원단'을 설치해 정부3.0을 효과적으로 추진하기 위해 노력했다.

2016년 4월 행정자치부는 「전자정부법」 제5조에 '국민을 즐겁게 하는 전자정부' 구현을 강조하는 '전자정부 2020 기본계획'을 수립했다. 정부는 전자정부 2020의 비전으로 새로운 디지털 경험으로 "국민을 즐겁게 하는 전자정부(Enjoy your e-Government!)"를 설정하고, "국민 감성 서비스(Citizen Experience)", "지능정보 기반 첨단행정(Intelligent Gov.)", "지속가능 디지털 뉴딜(Digital New Deal)"을 목표로 설정하며 비전의 달성을 위해 노력했다.

2016년 3월에 개최된 이세돌과 알파고(AlphaGo) 간의 바둑 대결 이후에 인공지능의 활용이 강조되며, 많은 중앙부처와 지방자치단체가 기존에 추진하던 다양한 정보화 사업들이 지능형 정부 사업으로 재편됐다. 당시 행정자치부는 변화된 전자정부 추진환경을 반영해 2017년 3월 지능형 정부 기본계획을 발표했다. '지능형 정부'는 지능정보기술을 활용해 국민 중심으로 정부서비스를 최적화하고 스스로 일하는 방식을 혁신하며, 국민과 함께 국정운영을 실현함으로써 안전하고 편안한 상생의 사회를 만드는 디지털 정부를 지향했다. 이를 위해 "스스로 진화하는 WISE 정부"의 비전 속에서 공정, 투명, 유연, 신뢰, 창의, 포용의 6개의 핵심 가치를 바탕으로 언제 어디서나 현명하게 국민을 섬기는 정부가 되는 것을 목표로 하고 있다.

6) 문재인 정부

　문재인 정부(2017.5~2022.5)는 급변하는 정치·사회환경 속에서 당시 유행하던 제4차 산업혁명과 디지털 정부혁신의 기조 위에서 과학기술 기반 확대를 위해 국가혁신 체계를 재건하고, 범부처 과학기술정책의 조정을 위한 과학기술 컨트롤타워의 필요성에 따라 차관급 기관인 과학기술혁신본부를 신설했으며, 조정된 부처의 기능에 맞게 부처 명칭을 미래창조과학부에서 과학기술정보통신부로 변경했다. 이와 함께 제4차 산업혁명 도래에 따른 총체적 변화에 대응한 국가전략과 정책에 관한 사항을 심의하고, 부처 간 정책을 조정하는 대통령 직속기구로 4차산업혁명위원회를 설치했다. 4차산업혁명위원회는 국무총리와 민간위원의 공동위원장을 주축으로 당연직과 위촉직을 포함해 30인 내와의 위원으로 구성되며, 당연직 위원으로는 기획재정부·교육부·과학기술정보통신부·행정안전부·산업통상자원부·보건복지부·고용노동부·국토교통부·중소벤처기업부·국무조정실·금융위원회·개인정보보호위원회, 대통령비서실 과학기술보좌관이 참여하였고, 과학기술보좌관이 간사 역할을 담당했다.

　2019년 10월 29일 발표된 '디지털 정부혁신 추진계획'은 인공지능·클라우드 중심의 디지털 전환시대 도래에 따른 문재인 정부의 맞춤 정책으로 인공지능과 클라우드 중심의 첨단 디지털 산업의 발전을 위해 수립됐다. 다음 [그림 14-2] 디지털 정부혁신 추진계획은 '디지털로 여는 세상'이란 비전을 달성하기 위해 정부의 새로운 역할을 강조하고 있다.

　2020년 1월 '데이터 3법' 개정, 2020년 5월에는 「데이터기반 행정 활성화에 관한 법률」이 제정되며 디지털 정부혁신의 법·제도적 기반을 확충했지만, 2020년 코로나19로 사회 전반에 비대면 문화가 새롭게 나타나며, 디지털 전환이 중요한 정책의제로 제기됐다. 정부는 코로나19 위기 속에서 출입국관리시스템, 검역관리시스템, 재난관리시스템, 재난안전문자, 자가진단 앱, 그리고 데이터 개방으로 공적 마스크 앱 개발, 긴급재난지원금 지급 시 카드사와 협업 등을 추진했고, 디지털 정부혁신 가속화의 계기로 삼아 디지털 정부혁신 발전계획을 수립해 2020년 6월에 발표했다. '한국판 뉴딜 종합계획'은 한국판 뉴딜의 양대 축으로 디지털 뉴딜과 그린 뉴딜을 제시했다. 디지털 뉴딜은 세계 최고 수준의 전자정부 인프라와 서비스 등 우리 강점인 ICT 기반으로 디지털 초격차를 확대하고, 경제 전반의 디지털 혁신과 역동성을 촉진하고 확산시키는 것이 목적으로, 디지털 경제의 기반이 되는 '데이터 댐' 등 대규모 ICT 인프라 구축을 계획으로 2025년까지 디지털 뉴딜에 총사업비 58.2조 원(국비 44.8조

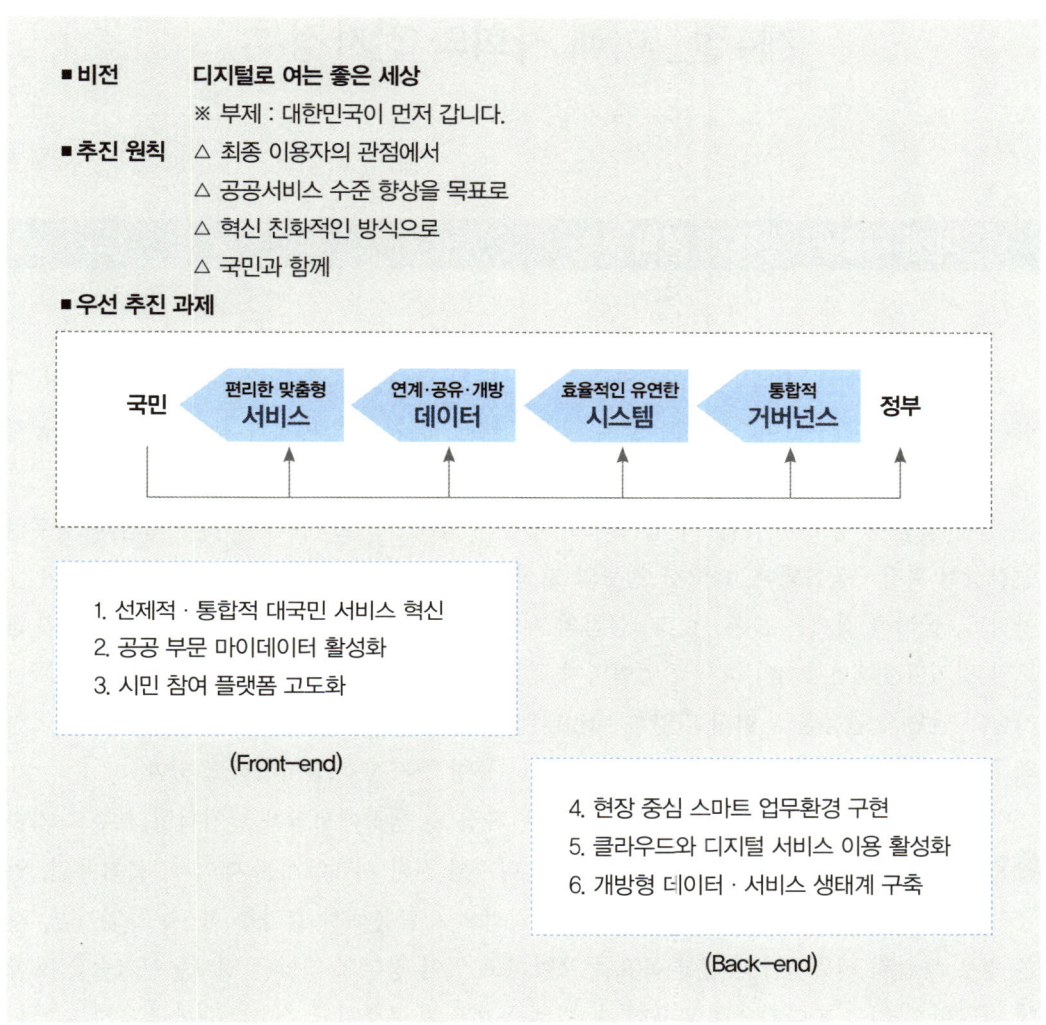

[그림 14-2] 디지털 정부혁신 추진계획

원)을 투자해, 일자리 90.3만 개 창출을 목표로 하고 있다. 이 밖에도 디지털 경제 전환 가속화를 위해 DNA 생태계(국비 31.9조 원), 비대면 산업 육성(국비 2.1조 원), SOC 디지털화(국비 10조 원) 등에 집중 투자를 계획했다.

제4절_ 미래 사회와 전자정부

1. 미래 사회의 행정과 전자정부

정보통신기술이 발전하면서 이용자들은 시간과 공간을 초월해 많은 사람과 접촉하며 다양한 민간과 공공의 서비스를 향유할 수 있게 됐다. 제4차 산업혁명과 함께 데이터, 인공지능, 네트워크, 클라우드, 빅데이터 등 새로운 기술이 일상화되고 있다. 이런 사회에서는 모든 인간 활동에 정보통신기술이 접목되고, 활동의 융복합으로 사람과 사람, 사람과 정부의 연결성이 확장·심화되며, 다양한 정보와 지식의 확산과 공유가 활성화돼 시민의 역량이 높아지고, 물리적 경계는 물론 시간과 공간의 제약이 축소돼 국가 간 경쟁이 커지는 사회로 변모할 것이다(한세억, 2018). 4차 산업혁명이 만든 험난한 환경에 대응할 수 있는 정부도 과거 기술의 단편적 활용을 넘어서 다양한 데이터베이스, 네트워크, 정보시스템을 활용하며 국민의 문제를 해결하고 삶의 질을 높이는 창조적 지능형 전자정부를 지향하고 있다.

다양성과 복잡성으로 대표되는 지금의 정책 과정 및 행정에서 4차 산업혁명의 주요 기술 활용은 기술의 통합적 활용을 강조하고 있다. 디지털 전환 시대에서는 데이터, 블록체인, 인공지능, 사물인터넷 등의 지능정보기술을 독립적으로 활용해서 효과를 볼 수도 있지만, 많은 경우 복합적 민원이나 다양한 목표를 포함하고 있어 정부의 역할은 정보통신기술을 포함한 다양한 자원을 통합적으로 활용할 수 있는 플랫폼을 구축하고 스마트하게 적용하는 것이 중요하다. 즉, 지속적으로 진화하는 정보사회의 특성을 반영해 국가경쟁력을 높이고 국민 삶의 질을 높이려면 전자정부는 개인 수요자의 요구에 맞춤형 서비스를 제공하고, 다양한 사회적 제약에서 벗어나 국민의 자아실현을 위한 지원자 역할을 수행하며, 다양한 서비스를 융합해 국민의 서비스 접근성을 높이는 것이 중요하다(명승환, 2022).

1) 개인 수요자 맞춤형 전자정부

정보사회는 대량생산 소비의 산업사회의 획일적인 패러다임에서 벗어나 개인의 개성과 취향을 강조하는 다양성의 시대로 전환해 왔다. 행정 또한 정보화의 물결 속에서 국민 개인의 특성을 강조하는 다양한 행정 수요와 서비스를 강조하며 생애주기별 복지, 사회 소수자 보호 등과 같은 대상별, 시기별, 지원 수요별 행정서비스를 지속적으로 확대하고 있다.

전자정부가 시작된 이후 우리나라의 공공정보화는 공급자 중심이 아닌 이용자(수요자) 중심을 강조하면서 국민 개인별 특성을 반영한 서비스를 제공하기 위해 노력하고 있다. 정보통신기술을 통한 쌍방향적 소통과 정보 공유는 개방성과 투명성을 추구하는 새로운 정부의 모습을 추구하게 될 것이다. 전자정부의 이런 모습은 시민의 자발적 참여와 공익 추구, 시간과 공간을 초월한 행정적 관점을 실현하고 모든 국민의 인간으로서 존엄성을 구현할 것이다.

2) 지원자적 전자정부

정보통신기술이 편재(ubiquitous)형 기술로 영향력이 커지면서, 국민의 입장에서는 공간적 제약에 구애받지 않고 개인이 필요로 하는 서비스를 전달하고 있다. 특히 사물인터넷(IoT)과 인공지능(AI) 등이 발전하면서 특정 지역의 이용자를 위한 개인화 서비스를 제공하거나 정부가 특정 지역에 재난정보를 차별적으로 제공하는 등의 서비스 사례들이 계속 늘어나고 있다.

전자정부가 국민 개개인이 요구하는 정보를 장소의 제약 없이 제공하면서, 국민의 욕구를 충족시키고 사회 발전과 국가경쟁력 높이는 데 기여할 수 있다. 개인이 필요로 하는 정보와 지식을 신속하게 제공하면서, 이들을 구속하던 제약과 통제에서 벗어나 자아실현을 지원하는 역할을 수행한다.

3) 융합을 통한 접근 용이성이 극대화된 전자정부

전자정부는 정보통신기술의 매시업 특성을 반영해, 다양한 기술적 요소와 정보를 융합하면서 이용자인 국민들의 서비스 접근성을 높이고 있다. 특히 기술 발전과 일상화는 서비스 접근이 쉽지 않았던 사회적 약자와 정보통신기술에 취약한 계층이 손쉽고 신속하게 정보서비스에 접근할 수 있도록 한다.

정보화 혜택에 접근성을 높이는 것은 모든 계층의 국민이 적절한 비용으로 보편적 서비스에 접근할 수 있도록 하며, 국민 삶의 질과 다양한 사회문제를 해결하는 데 기여할 수 있는 기반을 제공한다.

2. 미래의 전자정부 발전을 위한 정책 이슈

전자정부는 정보사회에서 국민에게 많은 정보와 서비스를 제공하는 긍정적인 효과를 제공하지만, 기술적 특성으로 인해 정책적·사회적으로 해결해야 하는 다양한 문제점을 안고 있다.

1) 사이버 범죄

사이버 범죄는 컴퓨터, 통신, 인터넷 등을 악용해 사이버 공간에서 행하는 범죄다. 보안을 위해 접근이 제한돼 있거나 보호받아야 할 개인정보에 부당하게 접근해 손상이나 손해를 입히거나 인터넷의 익명성과 확산성을 악용해 다른 사람의 인격이나 명예에 손상을 입히는 범죄로서, 우리나라는 사이버 범죄를 크게 정보통신망 침해 범죄, 정보통신망 이용 범죄, 불법 콘텐츠 범죄의 세 가지 유형으로 구분하고 있다.

정보통신망 침해 범죄는 정당한 접근 권한 없이 또는 허용된 접근 권한을 넘어 컴퓨터 또는 정보통신망에 침입하거나, 침입해서 시스템, 데이터 프로그램을 훼손, 멸실, 변경한 경우, 정보통신망에 장애(성능 저하, 사용 불능)를 발생하게 한 경우가 해당된다. 고도의 기술적인 요소가 포함되며, 컴퓨터 및 정보통신망 자체에 대한 공격행위를 수반하는 범죄로, 정보통신망을 매개로 하거나 그렇지 않은 경우도 있는데, 구체적인 유형으로는 해킹(계정 도용, 단순 침입, 자료 유출, 자료 훼손), 서비스 거부공격(DDos 등), 악성 프로그램 전달·유포 등이 있다.

　정보통신망 이용 범죄는 정보통신망을 범죄의 본질적 구성 요건에 해당하는 행위를 행하는 주요 수단으로 이용하는 경우로, 주로 컴퓨터 시스템을 사용해 전통적인 범죄를 행하기 위해 이용하는 범죄다. 사이버 사기(직거래 사기, 쇼핑몰 사기, 게임 사기 등), 사이버 금융범죄(피싱, 파밍, 스미싱, 메모리해킹, 몸캠피싱 등), 개인·위치정보 침해, 사이버 저작권 침해, 사이버 스팸메일 등 방법과 양상이 다양해지고 있다.

　불법 콘텐츠 범죄는 정보통신망(컴퓨터 시스템)을 통해 법률에서 금지하는 재화, 서비스 또는 정보를 배포, 판매, 임대, 전시하는 경우로 불법적인 콘텐츠 자체가 정보통신망을 통해 유통될 때 발생한다. 사이버 성폭력(불법 성영상물, 아동성착취물, 불법촬영물 유포), 사이버 도박(스포츠 토토, 경마·경륜·경정), 사이버 명예훼손·모욕, 사이버 스토킹, 사이버 스팸메일 등 다양한 형태로 피해가 커지고 있다.

2) 개인정보 유출

　개인정보 침해는 법적 근거 없이 개인정보를 수집·이용·제공하고, 개인정보 유출, 오남용, 불법 유통 등의 행위를 포괄하는 행위로, 개인정보 처리 전 과정에서 발생하고 있다. 개인정보 침해는 그 자체로도 피해가 발생하지만 이로 인한 2차, 3차 피해가 추가로 발생할 수 있다. 개인정보 침해는 개인에게는 정신적 피해뿐만 아니라 명의 도용, 보이스피싱에 의한 금전적 손해, 유괴 등 각종 범죄에 노출된다. 기업에게는 기업의 재화와 서비스를 이용하는 고객의 신뢰와 기업의 이미지를 훼손하고, 또한 피해자가 다수 발생하여 집단적 손해배상이 제기되면 기업 경영에도 큰 타격을 입게 된다. 국가적으로는 IT산업의 해외 수출이 어려워지며, 전자정부의 신뢰성 하락, 국가 브랜드 가치 하락 등의 피해가 발생할 수 있다.

　개인정보 침해에는 개인정보 유출, 개인정보 불법 유통, 개인정보 오남용, 홈페이지 노출, 허술한 관리와 방치 등이 있다. 개인정보 유출은 법령이나 처리자의 자유로운 의사에 의하지 않고, 정보 주체의 개인정보에 대해 처리자가 통제를 상실하거나 권한 없는 자의 접근을 허용한 것을 의미한다. 개인정보 불법 유통은 다양한 경로를 통해 수집한 개인정보가 이용·관리 과정에서 부주의와 실수, 악의적인 유출, 해킹 등으로 인해 유출된 후 금전적 이익 수취를 위해 불법적인 방법을 통해 거래되는 경우를 의미한다. 개인정보 오남용은 다양한 경로를 통해 수집한 개인정보가 이용·관리되는 과정에서 유출된 후 불법 스팸, 마케팅, 보이스피싱 등에 악용되는 경우다. 개인정보의 허술한 관리·방치는 개인정보를 안전하게 관리할 책무를 지닌 개인정보 처리자가 안전성 확보에 필요한 기술적, 관리적 및 물리적 안전조치에 소홀한 경우다.

2011년 9월「개인정보 보호법」시행 이후 다양한 이유로 개인정보의 무단 수집·제공, 유출, 오·남용 등 사고는 지속적으로 발생하고 있다. 카드사와 통신사의 고객정보 유출사고, 인터넷 사업자의 개인정보 유출 등 크고 작은 개인정보 유출 사고가 계속되고 있다. 2013년 177,736건의 개인정보 침해 신고로 최고조에 달한 이후 2016년 98,210건과 2017년 105,122건으로 줄어들었지만 2018년 164,497건과 2019년 159,255건으로 다시 확대됐다. 세부적으로는 주민번호 등 타인 정보 도용이 전체의 80% 이상으로 가장 많은 비중을 차지했고, 그다음이 법 적용 불가 침해 사례다.

3) 정보 격차와 사회적 배제

정보 격차는 정보에 대한 접근과 활용의 불평등 및 차이를 설명하는 개념으로, 컴퓨터 또는 정보통신기술을 사용하는 집단과 그렇지 못한 집단 간의 차이로 발생하는 사회·경제적 격차와 불평등의 악순환에 초점을 맞추고 있다. 정보 격차는 크게 두 가지 측면에서 접근할 수 있는데, 하나는 정보통신기술(ICT)에 대한 접근이고, 다른 하나는 정보통신기술의 이용 능력 및 활용 능력으로 정보를 통한 부가가치의 생산 능력이다(김구 외, 2014). 전자는 정보에 대한 접근 여부와 이용 빈도와 같은 양적 수준을 의미하며, 후자는 질적인 의미로서 정보 이용의 효과를 포함한다.

정보사회에서 정보는 인간이 기본적 생활을 유지하기 위한 필수적 자원으로, 정상적 생활을 위해서는 모든 사람에게 공평하게 정보에 접근해서 이용할 기회가 주어져야 한다. 정부는 국민 삶의 질을 높이기 위해 정치적·경제적·사회적 참여 기회를 확대하는 등의 다양한 정책 수단을 마련하고 관련 정보를 제공하고 있다. 사회적 배제는 개인적·사회적 또는 정책적 원인으로 특정 계층이나 집단이 보편적인 사회활동을 할 수 없는 고립 상태에 놓이거나, 불평등을 해소할 기회를 갖지 못하는 것을 의미한다. 사회적 배제와 정보 접근성은 정보통신 인프라, 정보통신기기의 보유 여부와 품질, 그리고 디지털 리터러시를 포함한 개인과 집단의 정보 처리 역량 등 다양한 원인이 제기되고 있다. 특히 취약계층, 저소득층, 노년층, 장애인 등의 특정 계층은 인터넷을 보편적 사용하는 계층에 비해 상대적으로 정보 접근성이 부족해, 기회에서 배제되는 경우가 많다. 국민 삶의 질과 국가경쟁력 강화라는 전자정부의 목적을 달성하기 위해서는 정보 격차를 해소할 수 있는 사회적 담론이 더욱 강조된다.

제5절_ 나오며

전자정부, 지식과 지능 정보사회 등 많은 수사(修辭) 속에서 정보통신기술은 우리 사회와 공공조직의 효율성과 투명성을 높이고, 국민의 삶의 질과 존엄성을 높이는 기제로서 찬사를 받아왔다. 최근 회자되는 플랫폼 정부와 메타 정부는 시간과 공간의 제약을 극복하며 사물인터넷, 빅데이터와 인공지능, 가상현실 등의 기술을 융합·활용하는 새로운 정부의 모습을 보여 주고 있다.

전자정부가 날로 발전하는 정보통신기술을 활용해 행정의 효율성과 투명성, 시공을 초월한 시민 참여를 통해 국민 삶의 질을 높이고 살기 좋은 국가를 만들 것이란 낙관론은 항상 지배적 관점이었다. 그럼에도 불구하고 사회 양극화, 정보 격차, 개인정보 침해와 감시국가와 같은 우려와 비관론도 늘 제기돼 왔다. 살기 좋은 경쟁력 있는 국가를 만들기 위해서는 기술과 산업 발전, 끊임없는 정부의 일하는 방식 개선, 정책 이슈 발굴과 개선 노력, 그리고 관련 정책 개발과 추진 체계의 고도화를 위한 국가와 사회의 담론과 노력은 계속돼야 한다.

복습문제

- 정보사회를 고도화하는 사회적·정책적 요인을 설명하시오.
- 정보사회가 고도화되면서 개인 행태, 조직구조, 국가경쟁력에 미치는 순기능과 역기능을 설명하시오.

- 공공 분야 혁신 과정에서 전자정부의 역할을 설명하시오.
- 우리나라의 정권별 전자정부 정책과 성과를 설명하시오.
- 미래 전자정부의 방향성을 설명하시오.
- 전자정부가 국민 삶의 질과 국가경쟁력을 높이기 위해 해결해야 되는 정책 이슈에 대해 설명하시오.

참고 문헌

[국내 문헌]

강신택(1981). 「사회과학연구의 논리」. 서울: 박영사.
강용기(2008). 「현대지방자치론」. 서울: 대영문화사.
고영선(2010). 정부조직의 구조와 운영. 「한국조직학회보」, 7(2): 1-21.
공공기관의 갈등 예방과 해결에 관한 규정. 대통령령 제26928호(도시교통정비 촉진법 시행령) 일부개정 2016. 01. 22.
공공기관의 갈등 예방과 해결에 관한 규정 시행규칙. 총리령 제1417호 일부개정 2017. 08. 10.
국회예산정책처(2018). 「대한민국 재정 2018」.
권기헌(2007). 「전자정부론: 전자정부와 국정관리」. 서울: 박영사.
_____(2018). 「행정학 강의」. 서울: 박영사.
권영모(1996). 지방자치단체의 민관협력에 관한 연구. 「지방자치연구」, 8(1): 53-74.
기획재정부(2010). 「한국의 재정」.
_____(2017). 재정사업 자율평가제도 전면개편: 재정혁신을 뒷받침하는 재정사업 평가체계로 전환. 기획재정부 보도자료, 2018. 9.28.
_____(2018). 「총사업비 관리제도의 이해」.
김광식(1999). 「한국 NGO: 시민사회단체, 21세기의 희망인가?」. 서울: 동명사.
김광웅(1976). 「사회과학연구방법론」. 서울: 박영사.
_____(1991). 「한국의 관료제연구」. 서울: 대영문화사.
김구(2009). 지역전자주민참여와 지방정부 신뢰 방안. 「한국지역정보화학회 학술대회발표논문집」, 45-79.
_____(2020). 「지능정보기술과 디지털 전환 시대의 정부혁신을 위한 전자정부론」. 서울: 윤성사.
김구·권용민(2014). 정보격차 진단을 위한 평가모형 및 지표 개발에 관한 연구. 「정책분석평가학회보」, 24(1): 79-114.
김명식(2019). 「국가와 공직」. 서울: 법우사.
김명환(2018). 공공가치론과 행정학의 적실성. 「한국공공관리학회보」. 32(2): 57-82.
김명환·강제상(2022). 「공공가치: 이론과 실제」. 서울: 윤성사.
김병섭 외(2008). 「휴먼조직론」. 서울: 대영문화사.
김병준(1997). 정부간 관계의 의의. 「정부간 관계: 이론과 실제」. 정세욱교수화갑기념논문집. 서울: 법문사.
김병진(1989). 「정책학원론」. 서울: 박영사.
김상묵(2002). 정부조직의 바람직한 조직모형 검토. 「정보통신 기술과 행정」(오철호 편), 서울: 대영문화사.
김석준(1993). Peter deLeon의 정책종결이론. 오석홍 외, 「정책학의 주요 이론」, 서울: 경세원.
김석준 외(2000a). 「뉴거버넌스 연구」. 서울: 대영문화사.
_____(2000b). 한국 국가재창조와 뉴 거버넌스: 새로운 패러다임의 모색. 「한국행정학보」, 34(2): 1-21.
김석태(2016). 지방분권사상과 한국의 지방자치. 「지방정부연구」, 19(4).
김수현(1998). NGOs 논의의 쟁점과 평가. 「도시와 빈곤」, 3(4), 한국도시연구소.

김순은(2003). 참여정부의 지방분권추진계획(분권로드맵)의 평가. 「지방정부연구」, 7(2).
_____(2021). 자치분권 2.0시대의 과제. 「자치분권2.0시대 도시/자치행정의 새로운 방향성 모색」. 대전세종연구원/충남대학교공공문제연구소.
김영종·김상묵(1997). 중소도시 지역경제 발전을 위한 민·관 협력체제 구축 방안. 「한국행정논집」, 9(3): 517-535.
김예린·임다희·이선우(2019). 한국의 갈등 관련 연구경향 분석: 사회과학 분야의 주요 학술지 수록 연구를 중심으로. 「한국공공관리학보」, 33(2): 237-263.
김용우·장인봉(2009). 참여적 정책분석(PPA): 이론적·실제적 함의와 전제 조건. 「한국정책연구」, 9(1): 195-211.
김용철 외(2022). 「행정학 원론」. 서울: 박영사.
김용철·윤성이(2009). 「디지털 컨버전스 환경에서 정치 거버넌스의 변화」. 서울: 정보통신정책연구원.
김정일·주상현(2014). 공공갈등 예방과 갈등관리의 제도화 방안. 「한국비교정부학보」, 18(3): 351-380.
김정해·이사빈(2020). 코로나19 이후 정부조직관리 방향. 「정부디자인 ISSUE」, 2(2020).
김주환(1997). 정보화사회와 뉴미디어, 어떻게 볼 것인가: 상호작용의 커뮤니케이션과 디지털 정보의 의미. 「한국사회와 언론」, 8: 45-69.
김준기(1999). 한국비영리단체(NPO)의 사회·경제적 역할에 관한 연구. 「행정논총」, 37(1): 111-135.
_____(2000). 정부-NGO관계의 이론적 고찰: 자원의존모형의 관점에서. 「한국정책학회보」, 9(2): 5-28.
김준헌(2020). 미국의 코로나19 위기에 대응한 「CARES Act」의 주요 내용과 시사점. 「외국입법 동향과 분석」, 41(2020).
김태유·신문주(2009). 「정부의 유전자를 변화시켜라: 성공하는 정부의 新공직 인사론」. 삼성경제연구소.
김항규(2009). 「행정철학」. 서울: 대영문화사.
김항규 옮김(1992). 「정책과 가치」. 서울: 대영문화사.
김행범·구현우(2014). 「정책학: 이론과 사례의 통합」. 부산: 부산대학교출판부.
김현경(2019). 「인공지능과 법」. 서울: 박영사.
김호섭(2019). 「현대행정의 가치와 윤리」. 서울: 대영문화사.
김희연·한인숙(2002). 네트워크이론에서 본 지역사회복지. 「한국지방자치학회보」, 14(1): 99-122.
나태준(2006). 거버넌스의 세 가지 근원적 질문에 대한 해답 가능성의 모색. 「연세행정논총」, 29: 103-127.
남궁근(1994). 「행정조사방법론」. 서울: 법문사.
남궁근·이희선·김선호·김지원 옮김(2005). 「정책분석론」. 서울: 법문사.
노융희(1988). 「한국의 지방자치: 회고와 전망」. 서울: 녹원출판사.
노화준(1983). 「정책평가론」. 서울: 법문사.
뉴시스1. 사회갈등지수 4년새 2배로 폭등… 갈등공화국됐다. 2022년 5월 25일자. https://www.news1.kr/articles/?4690597
단국대학교 분쟁해결연구센터(2022). www.ducdr.org/
대통령소속 지방분권촉진위원회(2009). 2009 지방분권백서.
_____(2009). 지방분권 종합실행계획안.
_____(2010). 제1기 지방분권촉진위원회 지방분권백서.
_____(2012). 제2기 지방분권촉진위원회 지방분권백서.
대통령소속 지방자치발전위원회(2016).
대통령자문 정부혁신지방분권위원회(2005). 참여정부의 지방분권.
라영재(2012). "공익윤리 없이 성공한 정부는 없다". 참여연대 행정감시센터 칼럼(2012.11.07.)
류영아(2013). 「시민참여 활성화를 위한 시민과 정부의 역할」. 한국지방행정연구원.
류지성(2012, 2019). 「정책학」. 서울: 대영문화사.
명승환(2020). 「스마트 전자정부론: 정보체계와 전자정부의 이론과 실제」. 서울: 율곡출판사.
문명재(2017). 제4차 산업혁명과 초연결 지능형 미래정부. 「행정포커스」, 127: 16-22.

_____(2020a). 코로나19의 도전과 정부의 대응: 도전과 기회. 「행정포커스」, 147: 41-48.
_____(2020b). 포용국가 혁신경제 기반 구축을 위한 정부혁신. 「포용국가와 혁신경제: 이론, 사례, 이행전략」, 행정연구원.
문명재·박진·이주호(2015). 공무원 역량 제고를 위한 제도개선 방안. 「한국인의 역량: 실증분석과 미래전략」(이주호·최슬기 편). 한국개발연구원.
문명재·이주호(2017). 개방형 국가인재관리제도의 도입과 과제. 「국가 재창조를 위한 정부개혁」(박재완·김성배·이주호 편). 한반도선진화재단.
문명재 외(2017). 미래정부조직의 비전과 전략에 관한 연구. 「행정안전부 연구보고서」.
문태현(1999). 「글로벌화와 공공정책」. 서울: 대명출판사.
박광국 외(2021). 「공공가치 창출을 위한 현대조직론」. 서울: 박영사.
박성복·이종열(2003). 「정책학강의」. 서울: 대영문화사.
박천오(1993). Roger W. Cobb과 Charles D. Elder의 정책의제 설정이론, 오석홍 편, 「정책학의 주요 이론」, 서울: 경세원.
박희봉·김명환(2000). 지역사회 사회자본과 거버넌스 능력: 서울 서초구와 경기 포천군 주민의 인식을 중심으로, 「한국행정학보」, 34(4): 175-196.
배응환(2010). 신지역주의와 협력거버넌스: 광역경제권 설계의 전제, 「한국행정학보」, 44(4): 203-232.
배종훈(2018). 경영과 불평등: 4차산업혁명을 중심으로, 「정부학연구」, 24(2): 5-27.
보건복지부(2016). 2015 메르스 백서: 메르스로부터 교훈을 얻다. 「보건복지부 백서」.
사바스(E. S. Davas) 지음, 박종화 옮김(1994). 「민영화의 길」. 서울: 한마음사.
소진광(2005). 「지방자치와 지역발전」. 서울: 박영사.
송호근(1998). 신사회운동 참여자 분석: 누가, 왜, 어떻게 참여하는가?. 「한국사회과학」, 20(3): 45-74.
신경섭(2022). 「공공갈등 협상론: 사례 중심 해석과 처방」. 서울: 윤성사.
신광영(1999). 비정부조직(NGO)과 국가정책, 「한국행정연구」, 8(1), 한국행정연구원.
신욱희(1998). 구성주의 국제정치이론의 의미와 한계. 「한국정치학회보」, 32,2: 147-168.
신희영(2018). 공공행정의 정당성 위기와 공공부문 개혁모형으로서의 공공가치접근. 「한국사회와 행정연구」, 29(2): 31-56.
엄석진(2009). 행정의 책임성: 행정이론 간 충돌과 논쟁, 「한국행정학보」, 43(4): 19-34.
오강탁·이연우(2005). 참여정부 전자정부 수준과 향후 추진 전략, 「한국행정학회 학술대회 발표논문집」, 27-48.
오세덕 외(2018). 「조직행태론」. 서울: 윤성사.
오수길(2002). 지방정부의 민-관 파트너십 사례 연구: '지방의제 21' 추진 과정을 중심으로. 성균관대학교 박사학위 논문.
우하린(2021). 행정조직의 변화와 혁신: ICT의 도입, 「공공가치 창출을 위한 현대조직론」, 서울: 박영사.
원구환(2019). 「재무행정론」. 3판. 서울: 대영문화사.
유란희(2022). 디지털 플랫폼 정부와 지방자치단체의 활용 방안. 「지방자치정책 Brief」, 148, 한국지방행정연구원.
유수정(2017). 4차 산업혁명과 인공지능, 「한국멀티미디어학회지」, 21(4): 121-128.
유승현(2020). 공직기강의 개념에 관한 연구, 「한국정책연구」, 20(2): 23-42. 경인행정학회.
유재붕·주상현(2016). 공공갈등의 발생 요인과 갈등관리 방안. 「한국자치행정학보」, 30(1): 443-467.
유종일(2020). '포스트 코로나' 세계, 네 개의 키워드를 주목하라. 「프레시안」.
유호룡·장인봉(2003). 지방거버넌스 형성 요인에 관한 지방공무원의 인식분석. 「한국지방자치학회보」, 15(4): 71-96.
유훈(1990). 정책집행과 일선관료제, 서울대 행정대학원, 「행정논총」, 28(2): 125-138.
이달곤(2004). 「지방정부론」. 서울: 박영사.
이대희 옮김(1988). 「정책분석론」. 서울: 대영문화사.
이명석(2002). 거버넌스의 개념화: 사회적 조정으로서의 거버넌스, 「한국행정학보」, 36(4): 321-338.
이석환(2006). 공공부문 BSC(Balanced Scorecard) 적용사례 분석: 부천시의 사례를 중심으로, 「한국행정학회보」, 40(1): 127-149.
_____(2008a). 공공부문 BSC의 성공적 운영방안에 관한 연구: 조달청의 사례를 중심으로, 「한국행정학회보」, 42(1): 253-272.

_____(2008b). 「UOFO: 신뢰받는 정부와 기업을 위한 전략적 성과관리」. 파주: 법문사.
_____(2012). 공공부문 성과관리의 7가지 치명적인 도덕적 죄. 「지방정부연구」, 16(1): 353-380.
_____(2021). 「The B·L·U·E Government: 성과와 결과를 창출하는 유능한 미래정부의 조건」. 파주: 법문사.
이승종 외(2017). 「시민참여론」. 서울 : 박영사.
이용훈(2012). 지역개발 분야의 공공갈등 원인과 해결 과정에 관한 연구. 인하대학교 대학원 박사학위 논문.
이원희 외(2019). 「알기 쉬운 재무행정」. 서울: 대영문화사.
이종수(2002). 「지방정부이론」. 서울: 박영사.
_____(2010). 탈신공공관리론(post-NPM) 개혁전략의 모색. 「한국사회와 행정연구」. 21(1):29-47.
이종수 외(2014). 「새 행정학 2.0」. 서울: 대영문화사.
이종수·이대희 옮김(1991). 「정책형성론」. 서울: 대영문화사.
이종원(2001). 지방정부 형성 및 운영이론으로서의 지방거버넌스론: 사회적 사이버네틱이론과 구성주의적 설명. 「한국사회의 대변
    환: 국가·시민사회를 중심으로(한국정치학회 추계학술대회)」. 서울.
이창원 외(2014). 「새조직론」. 서울: 대영문화사.
이희태(2000). 지방정부의 NGO지원사업 분석: 부산시를 중심으로. 「지방정부연구」, 4(1): 131-151.
임동진(2010). 「중앙정부의 공공갈등관리 실태분석 및 효과적인 갈등관리 방안 연구」. 한국행정연구원 연구보고서.
_____(2011). 공공갈등관리의 실태 및 갈등해결 요인 분석. 「한국행정학보」, 45(2): 291-318.
임승빈 외(1999). 「행정과 NGO 간의 네트워크 구축에 관한 연구」. 서울: 한국행정연구원.
임재형(2017). 지방자치단체별 공공갈등 현황과 갈등관리 관련 조례 개선 방향. 제주발전포럼. 제63호.
자치분권지방정부협의회 자치분권대학(2021). 「개정지방자치법 해설」(소진광, 손희준, 송광태, 채원호, 최진혁).
장인봉(2020). 「조직론」. 서울: 윤성사.
장인봉·장원봉(2002). 지역사회 실업문제 해결을 위한 NGO의 역할. 「한국정책과학학회보」, 6(2): 209-234.
_____(2004). 지방거버넌스와 자생조직적 지역NGO활동. 「한국정책연구」, 4(2): 107-125.
장지호·홍정화 (2010). 국내 거버넌스 연구의 동향: 국가, 시장, 시민사회의 구분을 중심으로. 「한국사회와 행정연구」, 21(3):
    103-133.
장현주(2008). 공공갈등의 원인과 이해관계 분석: 문화재관람료 징수갈등 사례를 중심으로. 「한국정책과학학회보」, 12(3): 29-5.
정부혁신지방분권위원회(2003). 참여정부 지방분권의 비전과 추진 방향.
정세욱(2005). 「지방자치학」. 서울: 법문사.
정윤수(1994). 치안서비스의 공동생산과 정책 방향. 「한국정책학회보」, 3(1): 85-106.
정정길(1980). 정책평가를 위한 실험실적 사회실험의 문제점. 「한국행정학보」, 14(14): 133-147.
_____(1982). 정책과정과 정책문제 채택, 김운태 외. 「한국정치행정의 체계」. 서울: 박영사.
정정길·최종원·이시원·정준금(2003). 「정책학원론」. 서울: 대명출판사.
정정길·최종원·정준금·권혁주·김성수·문명재·정광호(2022). 「정책학원론」. 서울: 대명출판사.
정정화 외(2013). 「민관협치 강화를 위한 국민참여 모델 개발 및 법적 근거 연구」. 안전행정부 정책연구용역 결과보고서.
정충식(2018). 「2018 전자정부론」. 서울: 서울경제경영.
_____(2021). 우리나라 정보화 및 전자정부 정책 30년의 변화. 「지능정보기술동향」. 2021년 5월(창간호): 3-31.
제진수 옮김(1999). 「지속가능한 사회를 위한 시민경영학 NPO」. 서울: 도서출판 삼인.
조경호(2021). 미래 공공조직의 권력. 「공공가치 창출을 위한 현대조직론」. 서울: 박영사.
조성한(2005). 거버넌스에 대한 새로운 이해. 「국가정책연구」, 19(2): 47-68.
조희연 외(2001). 「NGO 가이드: 시민, 사회운동과 엔지오 활동」. 서울: 한겨레신문사.
주상현(2001). 지방정부 간 정책 갈등에 관한 연구. 박사학위논문, 전북대학교 대학원.
주재현(2000). 「정부기업 간 파트너십: 환경규제정책 사례연구」. 서울: 한국행정연구원.

지방자치법(일부개정 2007.5.17 법률 제8435호 시행일 2008.1.1)
참여연대(1997). 「희망은 여기에: 각계인사 31인이 본 참여연대와 한국의 시민운동」. 서울: 참여민주사회시민연대.
최봉기(1987). 한국정부의 정책의제 형성에 관한 연구, 중앙대 대학원 행정학과 박사학위 논문.
최수현(1982). 정책종결에 관한 이론적 연구, 서울대 행정대학원 석사학위 논문.
최영곤(1978). 정책종결에 관한 연구, 서울대 행정대학원 석사학위 논문.
최영출(2013). 지방분권 수준과 영향요인 관계분석, 「지방정부연구」, 17(2).
최유진(2021). 공공조직의 리더십, 「공공가치 창출을 위한 현대조직론」, 서울: 박영사.
최진혁(2002). 우리나라 지방분권의 발전적 고찰, 「사회과학연구」, 제13권, 충남대학교 사회과학연구소.
_____(2011). 프랑스 지방행정 체제개편: 자치단체 통폐합, 「한국지방자치학회보」, 23(4).
_____(2015). 21세기 지방자치의 현대적 경향: 영국과 프랑스의 지방자치의 진화, 「한국지방자치학회보」, 27(3).
_____(2017). 지방분권의 제2도약으로서 대한민국의 자치분권 추진과제에 관한 연구: 문재인 정부 출범에 부쳐, 「한국지방자치학회보」, 29(3).
_____(2020). 지방자치의 제2도약으로서의 자치분권 2.0의 준비, 기고문, 대통령소속자치분권위원회.
_____(2022). 지방자치의 제2도약(자치분권2.0)을 위한 지방자치법 전부 개정(2020.12.9)의 발전적 고찰, 기고문, 대통령소속자치분권위원회.
최창호(2005). 「지방자치학」, 서울: 삼영사.
_____(2009). 「지방자치학」, 서울: 삼영사.
테리 쿠퍼, 행정사상과 방법론 연구회 옮김(2013). 「공직윤리」. 서울: 조명문화사.
하연섭(2018). 「정부예산과 재무행정」, 3판. 서울: 다산출판사.
하혜영(2007). 공공부문 갈등 해결에 미치는 영향 요인 연구. 서울대학교 대학원 박사학위 논문.
하혜영·이달곤(2007). 한국 공공갈등의 발생과 해결: 1995~2006년까지 갈등 사례를 중심으로. 「한국정책학회보」, 16(4): 329–356.
한국사회갈등해소센터(2021). 「제9차 한국인의 공공갈등 의식조사」. 보고서.
한국언론진흥재단(2022). www.kpf.or.kr.
한국일보. 美 교육계 '바우처제' 논란. 2005.10.25.(https://www.hankookilbo.com/News/Read/200510250060983049).
한국정보화진흥원(2010). 「IT 시대의 대항해」. 서울: 한국정보화진흥원.
한국재정정보원(2020). 2020 회계·기금 운용구조.
한국지방자치학회(2008). 「한국지방자치의 이해」. 서울: 박영사.
한국지방행정연구원(2018). 지역갈등 해소를 위한 숙의형 주민참여 프로세스 설계의 5가지 원칙과 과제. 「지방자치 정책 Brief」. 15.
_____(2022). 지방자치단체의 빅데이터 및 AI기술을 사용한 갈등 해결 노력. 「세계지방자치동향」 41.
한국행정연구원(2022). www.kipa.re.kr/
한국행정학회(2019). 사회적 가치와 공공가치에 관한 연구. CSES–R–2019–001.
한상일(2010). 한국 공공기관의 민주적 책임성과 지배구조. 「한국조직학회보」, 7(1): 65–90.
_____(2013). 한국 공공부문의 다양화와 새로운 책임성 개념의 모색, 「한국조직학회보」, 10(2): 123–151.
한세억(2018). 지방 전자정부서비스의 창조성 : 가능성과 한계. 「한국지역정보화학회지」, 21(2): 49–72.
한승준(2007). 신거버넌스 논의의 이론적·실제적 한계에 관한 연구, 「한국행정보」, 41(3): 95–116.
한인숙·주선미(2002). 공론장과 지방정치: 고양시 '러브호텔' 건립저지 사례를 중심으로. 「한국행정학보」, 36(1): 275–295.
행정과갈등연구소(2021). 공공갈등연구와 제도화. https://blog.naver.com/crystal524.
행정안전부 https://www.mois.go.kr
행정자치부(2005). 민선지방자치 10년 평가.
행정학전자사전(2015). 갈등해결전략.

허만형·김주환·이석환(2008). 정부업무평가 기본방향과 제도 운영에 대한 실태분석. 「한국정책과학학회보」, 12(1): 1-18.
홍준현 외(2006). 지방분권 수준 측정을 위한 지방분권 지표의 개발과 적용. 「지방정부연구」, 10(2).
황성돈·정충식(2002). 「전자정부의 이해」. 서울: 다산출판사.
황현주(2020). 코로나19를 극복하기 위한 글로벌 인공지능 프로젝트. 「Special Report」. 한국정보화진흥원.

[국외 문헌]

Accenture. (2017). Government as a platform. https://www.accenture.com/us-en/insight-government-platform.
Anderson, James E. (1979). *Public Policy-Making*. 2nd ed., New York: Holt, Rineharts and Winston.
_____(1981). The Public Utility Commission of Texas: A Case of Capture or Rapture?, *Policy Studies Review*, 1(3): 20-37.
Anderson, William (1960). *Intergovernmental Relations in Review*. Minneapolis: University of Minnesota Press.
Andrews, Leighton (2018). Public Administration, Public Leadership and the Construction of Public Value in the Age of the Algorithm and 'Big Data'. *Public Administration*, 97(2): 296-310.
Appleby, Paul H. (1949). *Policy and Administration*. University of Alabama Press.
Arnstein, Sherry R. (1969). A Ladder of Citizen Participation. *Journal of American Institute of Planners*, July, 1969.
Ashford, Douglas E. (1982). *British Dogmatism and French Pragmatism*. Londres: G. Allen et Unwin.
Aubry, François-Xavier (1992). *La decentralisation contre l'Etat*. Paris: L.G.D.J.
Auby, Jean-Bernard et Auby, Jean-François (1990). *Droit des collectiviiés locales*, Paris: PUF.
Bachrach, Peter & Baratz, Morton (1970). *Power and Poverty: Theory and Practice*. New York: Oxford University Press.
Bachrach, Peter (1975). Interest Participation, and Democratic Theory, In J. Roland Pennock & John W. Chapman (eds.), *Participation in Politics*. New York: Lieber-Atherton, Inc..
Baguenard, Jacques (1996). *La décentralisation*. Paris: P.U.F.
Barben, D., Fisher, E., Selin, C., & Guston, D. H. (2008). 38 Anticipatory Governance of Nanotechnology: Foresight, Engagement, and Integration. *The Handbook of Science and Technology Studies*, 979.
Bardach, Eugene (1976). Policy Termination as a Political Process, *Policy Science*, 7.
Bardach, Eugene (1977). *The Implementation Game*. Cambridge: The MIT Press.
Barnard, Chester I. (1937). *The Functions of the Executive*. Boston, Massachusetts: Harvard University Press.
Barnes, Samuel H. et al. (1979). *Political action: mass participation in five Western democracies*. Beverly Hills, Calif. Sage Publications.
Bavelas, Alex(1950). Communication patterns in task-oriented group. *Journal of Psycholinguistics*, 22: 725-730.
Bécet, Jean-Marie (1992). *Les institutions administratives*, Paris: Economica.
Becker, Gary S. (1962). Investment in Human Capital: A Theoretical Analysis. *Journal of Political Economy*, 70: 9-49.
Behn, Robert D. (2001). *Rethinking Democratic Accountability*. Washington, DC: Brookings Institution Press.
Bennett, Nate & Lemoine, G. James (2014). What VUCA really Means for You. *Harvard Business Review*, 92(1/2).
Berman, Paul (1978). The Study of Macro-and Micro-Implementation. *Public Policy*, 26(2).
Bolman, Lee G. & Deal, Terrence E. (1984). *Modern Approaches to Understanding and Managing Organizations*. San Francisco, CA: Jossey-Bass.
Bouvier, Michel (2011). *Les finances locales*. Paris: L.G.D.J.
Bowditch, James L. & Buono, Authony F. (2005). *A Primer on Organizational Behavior*. New York: John Wiley & Sons.
Braybrook, David, & Lindblom, Charles E. (1963). *The Strategy of Decision*. New York: Free Press.

Brudney, Jeffrey L. & England, R.E. (1983). Toward a Definition of the Coproduction Concept. *Public Administration Review*, 43(1): 59-65.

Burns, Tom & Stalker, G. M. (1961). *The Management of Innovation*. London: Tavistock.

Burrell, Gibson & Morgan, Gareth (1979). *Sociological Paradigms and Organisational Analysis*. London, England: Heinemann.

Cameron, James M. (1987). Ideology and Policy Termination: Reconstructing California's Mental Health System, In Judith V. May & Aaron B. Wildavsky(eds.), *The Policy Cycle*. Beverly Hills: Sage Publication.

Cameron, Kim S. (1984). The Effectiveness of Ineffectiveness, in B. M. Staw & L. Cummings, *Research in Organizational Behavior*, Vol. 6. Greenwich, CT: JAI Press.

Cameron, Kim S. & Quinn, Robert E. (2011), *Diagnosing and Changing Organizational Culture: Based on the Competing Values Framework*, 3rd ed. Jossey-Bass.

Campbell, Donald T. & Stanley, J. C. (1963). *Experimental and Quasi- Experimental Designs for Research*. Chicago: Rand McNally & Company.

_____(1973). Reforms as Experiments, In James A. Capraso & Leslie L. Roos, Jr., *Quasi-Experimental Approaches: Testing Theory and Evaluating Policy*. Evanston: Northwestern University Press.

Campbell, John L.(2004), *Institutional Change and Globalization*, New Jersey: Princeton University Press.

Chitwood, Stephen R. (1974). Social Equity and Social Service Productivity, *Public Administration Review*, 34(1): 29-35.

Clegg, Stewart & Dunkerley, David (1980). *Organizations, Class, and Control*. London: Routledge & Kegan Paul.

Cobb, Roger W. & Elder, Charles D. (1972). *Participation in American Politics*. Boston: Allyn and Bacon, Inc.

Cobb, Roger W. & Elder, Charles D. (1983). *Participation in American Politics: The Dynamics of Agenda Building*. 2nd ed., Baltimore: The Johns Hopkins University Press.

Cobb, Roger W., Ross, Jennie-Keith, & Ross, Marc Howard (1976). Agenda Building as a Comparative Political Process, *APSR*, 70.

Cohen, Michael D. & March, James G. (1974). *Leadership and Ambiguity: The American College President*. New York: McGraw-Hill.

Cohen, Michael D., March, James & Olsen, Johan P. (1972). A Garbage Can Models of Organizational Choice, *Administrative Science Quarterly*, 17(1)(March).

Condrey, S. E. (2002). Reinventing state civil service systems: The Georgia experience. *Review of Public Personnel Administration*, 22(Summer): 114-124.

Cook, Thomas D. & Campbell, Donald T. (1979). *Quasi-Experimentation: Design & Analysis Issues for Field Settings*. Chicago: Rand McNally College Publishing Company.

Cooper, Terry L. (2012). *Responsible Administrator: An Approach to Ethics for the Administrative Role*. San Francisco, CA: John Wiley & Sons, Inc.

Coxall, Bill & Robins, Lynton (1989). *Contemporary British Politics*, Macmillan Education LTD.

Cunningham, James V. (1973) Citizen Participation in Public Affairs. *Public Administration Review*, 32(special issue).

Cyert, Richard M. & March, James G. (1963). *A Behavioral Theory of the Firm*. Englewood Cliffs, New Jersey: Prentice-Hall.

Dahl, Robert A. (1957). The Concept of Power. *Behavioral Science*, 2: 201-215.

_____(1961). *Who Governs?*. New Haven: Yale University Press.

_____(1982). Dilemmas of Pluralist Democracy: Autonomy vs. Control, New Haven and London: Yale University Press.

Dahl, Robert A., & Lindblom, Charles E. (1953). *Politics, Economics and Welfare*, NY: Harper & Brothers.

Dawson, Richard & Robinson, James (1963). The Relation Between Public Policy and Some Structural and Environmental Variables in the American States, *Journal of Politics*, XXV(May).

De Laubadère, André (1984). *Traité de Droit administratif*, Paris: L.G.D.J.

Denhardt, Janet V. & Denhardt, Robert B. (2003). *The New Public Service: Serving, Not Steering*. New York: M.E. Shape.

de Vries, Marc (2007). Accountability in the Netherlands: Exemplary in its Complexity, *Public Administration Quarterly*, 480–507.

deLeon, Peter (1978). A Theory of Policy Termination, In Judith V. May and Aaron B. Wildavsky(eds.), *The Policy Cycle*. Beverly Hills, California: Sage Publications.

deLeon, Peter & Brewer, Garry (1983). *The Foundations of Policy Analysis*. Homewood, Illinois: Dorsey Press.

Deutsch, Karl W. (1970). *Politics & Government*. Boston: Houghton Mifflin.

DiMaggio, Paul J. & Powell, Walter W. (1983), The Iron Cage Revisited: Institutional Isomorphism and Collective Rationality in Organizational Fields, *American Sociological Review*, 48(2): 147–160.

Dimock, Marshall E. (1937a). *Modern Politics and Administration: A Study of the Creative State*. New York: American Book Company.

_____(1937b). The Study of Administration, *American Political Science Review*, 31(1): 28–40.

_____(1958). *A Philosophy of Administration*. New York: Haper and Row.

Dimock, Marshall E. & Dimock, G. G. (1953). *Public Administration*. Rinehart.

Downs, Anthony (1957). *An Economic Theory of Democracy*. New York: Happer & Row Publishers.

_____(1967). *Inside Bureaucracy*. Boston: Little, Brown.

_____(1976). Why the Government Budget is Too Small in a Bureaucracy, *World Politics*, 3: 200–212.

Dresang, Dennis L. (1974). Ethnic Politics, Representative Bureaucracy and Development Administration: The Zambian Case. *The American Political Science Review*, 68(4): 1605–1617.

Dror, Yehezkel (1968). *Publc Policymaking Reexamined*. Scranton: Chandler Publishing Company.

_____(1971a). *Design for Policy Sciences*. New York: American Elsevier Publishing Company, Inc.

_____(1971b). *Ventures in Policy Sciences*. New York: American Elsevier Publishing Company, Inc.

_____(1983). *Public Policymaking Reexamined*. New Jersey: Transaction, Inc.

Drucker, Peter F. (1954). *The Practice of Management: A Study of the Most Important Function in America Society*. Harper & Brothers.

_____(1973). Managing the Public Service Institution. *Public Interest*, 33: 43–60.

_____(1976). What Results Should You Expect? A Users' Guide to MBO, *Public Administration Review*, 36(1): 12–19.

_____(1998). The Future that has already happened. *The Futurist Magazine*, (November 1998 issue): 16–18.

_____(2008). *The Essential Drucker: The Best of Sixty Years of Peter Drucker's Essential Writings on Management*. NY: HarperCollins

Dubnick, Melvin I. & Fredriction, Horace G. eds. (2011). *Accountable Governance: Problems and Premises*. Routledge.

Dukes, E. Franklin (2006). *Resolving Public Conflict: Transforming Community and Governance*. Manchester, UK: Manchester University Press.

Dunn, William N.(1981), *Public Policy Analysis*. Englewood Cliffs, N.J.: Prentice-Hall, Inc.

_____(1983). *Values, Ethics, and the Practice of Policy Analysis*. Massachusetts: Lexington Books.

Dunsire, Andrew (1978). *Implementation in a Bureaucracy*. New York: St. Martin's Press.

Dye, Thomas R. (1966). *Politics, Economics, and the Public: Policy Outcomes in the Fifty States*. Chicago: Rand-McNally.

_____(1976). *Policy Analysis*. Alabama: The University of Alabama Press.

_____(1981, 1984). *Understanding Public Policy*. 4th & 5th ed., Englewood Cliffs, New Jersey: Prentice-Hall, Inc.

Dye, Thomas R. & Harmon Zeigler L. (1981). *The Irony of Democracy*. Belmont, Calif.: Wadsworth.

Easton, David (1953). The Political System. New York: Knopf.

_____(1957). An Approach to the Analysis of Political Systems, *World Politics*, 9.

_____(1965a). *A Framework for Political Analysis*. Englewood Cliffs, New Jersey: Prentice-Hall.

_____(1965). *A Systems Analysis of Political Life*. New York: John Wiley & Sons.

Elmore, Richard (1976). *Follow Through Planned Variation, In Program Implemetation*. New York: Academic Press.

Elmore, Richard F. (1978). Organizational Models of Social Program Implementation, *Public Policy*, 26(Spring).

_____(1979). Backward Mapping: Using Implementation Analysis to Structure Political Decision, *P.S.Q.*, 94(4)(Winter,1979-80): 601-616.

Etzioni, Amitai (1964). *Modern Organization*. Englewood Cliffs, New Jersey: Prentice-Hall.

_____(1967). Mixed Scanning, A Third Approach to Policy Making, *PAR*, 27(5)(Dec).

_____(1968). *Active Society*. New York: Free Press.

_____(2020). COVID-19 Tests Communitarian Values. The Diplomacy. July 14, 2020. https://thediplomat.com/2020/07/covid-19-tests-communitarian-values/

Eyeston, Robert (1971). *The Threads of Public Policy*. Indianapolis: Bobbs-Merrill.

_____(1978). *From Social Issues to Public Policy*. New York: John Wiley & Sons.

E-SPIN (2017). The Advantages and Disadvantages of E-Government. https://www.e-spincorp.com/2018/01/02/the-advantages-and-disadvantages-of-e-government. (Retrieved on July 2, 2018).

Felsenthal, Dan S. (1980). Applying the Redundancy Concept to Administrative Organizations. *Public Administration Review*, 40(3): 247-252.

Finer, Herman (1941). Administrative Responsibility in Democratic Government, *Public Administration Review*, 1(4): 335-350.

Florida, Richard (2005). *Cities and the Creative Class*, Routledge.

_____(2017). *The New Urban Crisis: How Our Cities Are Increasing Inequality, Deepening Segregation, and Failing the Middle Class—and What We Can Do About It*, Basic.

Folke, C., Carpenter, S., Elmqvist, T., Gunderson, L., Holling, C. S., & Walker, B. (2002). Resilience and Sustainable Development: Building Adaptive Capacity in a World of Transformations. *AMBIO: Journal of the Human Environment*, 31(5): 437-440.

Fredrickson, Horace George (1997). *The Spirit of Public Administration*. San Francisco: Jossey-Bass.

Friedrich, Carl J. (1940). Public Policy and the Nature of Administrative Responsibility. In C. J. Friedrich (ed). *Public Policy*. Cambridge: Harvard University Press.

Fuerth, Leon S. (2009). Foresight and anticipatory governance. *Foresight-The Journal of Future Studies, Strategic Thinking and Policy*, 11(4): 14-32.

Fullan, Michael & Langworthy, Maria (2014). *A Rich Seam: How New Pedagogies Find Deep Learning*, Pearson.

Garvey, Gerald (1993). *Facing the Bureaucracy: Living and Dying in a Public Agency*. San Francisco: Jassey-Bass.

Gaus, John M. (1950). Trends in the Theory of Public Administration, *Public Administration Review*, 10(3): 161-168.

Getha-Taylor, Heather & Morse, Ricardo S. (2012). Collaborative Leadership Development for Local Government Officials: Exploring Competencies and Program Impact, *Public Administration Quarterly*, 31(1): 71-102.

Gill, Derek (2002). Signposting the Zoo- From Agencification to a More Principled Choice of Government Organizational Forms. *OECD Journal on Budgeting*, 2(1): 27-79.

Gong, Y. & Janssen, M. (2012). From policy implementation to business process management: Principles for Creating Flexibility and Agility, *Government Information Quarterly*, 29: 61-71.

Gontcharoff, George (1994). *Connaissance des institutions publiques*, Paris: Harmattan.

Goodnow, Frank J. (1900). *Politics and Administration: A Study in Government*. New York: Macmillan.

Gossett, Charles W. (2002). Civil service reform: The case of Georgia. *Review of Public Personnel Administration*, 22(Summer): 94–113.

Guichet, Yves (1989). *Représentation et démocratie*, Pouvoirs locaux, n° 2.

Guston, David H. (2007). Toward anticipatory governance. https://nanohub.org/resources/3270/about.

Habermas, Jürgen (1971). *Knowledge and Human Interest*. London: Heinemen.

Hailsham, Lord (1976). *The Elective Dictatorship*, Londres, Belhaven Press.

Hanlon, John Joseph & Pickett, George Eastman (1984). *Public Health: Administration and Practice*. C.V. Mosby.

Hatch, Mary J. (1993). The Dynamics of Organizational Culture. *Academy of Management Review*, 18: 657–693.

Hays, Steven W. & Kearney, Richard C. (2002). *Public Personnel Administration*. Upper Saddle River, New Jersey: Prentice Hall.

Henry, Nicholas (2017). *Public Administration and Public Affairs*, Routledge.

Hjern, Benny & Hull, Chriss (1982). Implementation Research as Empirical Constitutionalism. *European Journal of Political Research*, 10(June).

Hogwood, Brian W. & Gunn, Lewis A. (1984). *Policy Analysis for the Real World*. New York: Oxford University Press.

Hogwood, Brian W. & Peters, B. Guy (1982). The Dynamics of Policy Change: Policy Succession, *Policy Sciences*, 14(3): 220–235.

Hohlov, Y. & Fountain, J. (2012). *Future of Government: Fast and Curious*. World Economic Forum.

Holzer, M., Schwester, R., & Seok-Hwan Lee (2014). *Public Administration in a Globalized World: Theories and Practices between the US. and Korea. NY*: ME. Sharp & Seoul: Daeyoung.

Holzer, Marc & Schwester, Richard W. (2019). *Public Administration: An Introduction*, 3rd ed. Routledge.

Holzer, Marc & Seok-Hwan Lee (2004). *Public Productivity Handbook*. 2nd eds., New York: Marcel Dekker.

Holzer, Marc, Ballard, A., & Seok-Hwan Lee (2022, forthcoming). *Roadmaps for Performance: Online Companion Volume for the 3rd edition of the Public Productivity and Performance Handbook*, New York: Routledge.

Holzer, M. & Callahan, K. (1998). *Government at Work: Best Practices and Model Programs*. Thousand Oaks, CA: Sage.

Horkheimer, Max & Adorno, Theodor W. (1972). *Dialectic of Enlightment*. New York: Seabury Press. 『계몽의 변증법』, 김유동 외 (옮김). 서울: 문예출판사. 1995.

International Monetary Fund (2014). *Government Finance Statistics Manual 2014*.

Irvin, Renee A. & Stansbury, John (2004). Citizen Participation in Decision Making: Is It Worth the Effort? *Public Administration Review*, 64(1): 55–65.

Israel, B. A. & Rounds, K. A. (1987). Social Network and Social Support, in William B. Ward(ed.) (1987). *Advances in Health Education and Promotion*. Greenwich: JAI Press INC.

Jackson, P. M. & Stainby, L. (2000). Managing Public Sector Networked Organizations. *Public Money & Management*, Jan–Mar: 11–16.

Jasper, S. & Steen, T. (2020). The sustainability of outcomes in temporary co-production. *International Journal of Public Sector Management*, 33(1): 62–77.

Jessop, Bob (2000). Governance failure, in Gerry Stoker (ed.), *The New Politics of British Local Governance*, Basingstoke: Macmillan.

John, D. J., Kettle, D. F., Dyer, B., & Lovan, W. R. (1994). What Will New Governance Mean for the Federal Government?, *Public Administration Review*, Mar./Apr., 54(2): 170–175.

Jones, Charles O. (1970,1977). *An Introduction to the Study of Public Policy*. Mass: Duxbury Press.

_____(1984). *An Introduction to the Study of Public Policy* 3rd ed. CA: Brooks/Cole Publishing Co.

Jouve, B. (2005). From Government to Urban Governance in Western Europe: A Critical Analysis. *Public Administration and Development*, 25: 285–294.

Jun, J. S.(2009). The Limits of Post-New Public Management and Beyond. *Public Administration Review*. 69(1): 161–165.

Katz, Daniel & Kahn, Robert L. (1978). *The Social Psychology of Organizations*. New York: John Wiley & Sons.

Kay, Adrian (2005). A Critique of the Use of the Path Dependency in Political Science. *Public Administration*, 83(3): 553–571.

Kelly, G., Mulgan, G., & Muers, S. (2002). *Creating Public Value: An Analytical Framework for Public Service Reform*. London: Cambridge, MA: Harvard University Press.

Kelman, Steven (1987). *Making Public Policy*, New York: Basic.

Kettl, Donald F. (1993). *Sharing Power: Public Governance and Private Markets*. Washington, D.C: Brookings Institution.

Kim, J. & Kellough, J. E. (2014). At-will employment in the states: Examining the perceptions of agency personnel directors. *Review of Public Personnel Administration*, 34: 218–236.

Kiser, Larry L. & Ostrom, Elinor (1982), The Three Worlds of Action: A metatheoretical synthesis of institutional approaches', in *Strategies of Political Inquiry*, edited by E. Ostrom, Beverly Hills: Sage.

Kingdon, John W. (1984). *Agenda, Alternatives, and Public Policies*. Boston: Little, Brown and Company.

_____(2003). *Government and Politics in Britain*, 3rd ed, Polity.

Kingsley, J. Donald (1944). *Representative Bureaucracy: An Interpretation of the British Civil Service*. Yellow Springs: The Antioch Press.

Klingner, Donald E. & Nalbandian, John (1978). Personnel management by whose objectives? *Public Administration Review*, 38(July–August): 366–372.

Kramer, Roderick M. (1994). Voluntary Agencies and the Contract Culture: Dream or Nightmare? *Social Service Review*, 68: 33–60.

Kranz, Harry (1976). *The Participatory Bureaucracy: Women and Minorities in a More Representative Public Service*. D.C. Heath: Lexington Books.

Krislov, Samuel & Rosenbloom, David H. (2012). *Representative Bureaucracy and the American Political System*. New York: Praeger Publishers.

Kuhn, Thomas S. (1962). *The Structure of Scientific Revolutions*. Chicago: The University of Chicago Press.

Lachaume, Jean-François (1994). *L'administration communale*, Paris: L.G.D.J.

Lagroye, J. et Wright V. (1979). *Local Government in Britain and France: Problems and Prospects*, Londres: Allen et Unwin.

Lan, Z & Rosenbloom, David H. (1992). Public Administration in Transition?, *Public Administration Review*, 52: 535–37.

Lan, Z. & Rainey, Hal G. (1992). Goals, rules, and effectiveness in public, private, and hybrid organizations: More evidence on frequent assertions about differences, *Journal of Public Administrations Research and Theory*, 2: 5–28.

Landau, Martin (1969). Redundancy, Rationality and the Problem of Duplication and Overlap, *Pubic Administration Review*, 29.

Langrod, George (1953). Local Government and Democracy, *in Public Administration*, Vol. XXXI(Spring).

Lasswell, Harold D. (1971). *A Pre-view of Policy Sciences*. New York: American Elsevier Publishing Company, Inc.

Lasswell, Harold D. & Kaplan, Abraham (1970). *Power and Society*. New Haven: Yale University Press.

Lasswell, Harold D. & Lerner, D. (eds.) (1951). *The Policy Sciences: Recent Development in Scope and Method*. Stanford: Stanford University Press.

Lawrence, Paul R. & Lorsch, Jay (1967). *Organization and Environment*. Boston: Harvard University Press.

Lecours, Andre(2000), Theorizing Cultural Identities: Historical Institutionalism as a Challenge to the Culturalists, Canadian *Journal of Political Science*, 33(3): 499–522.

Lee, S. Hwang, C. H., & Moon, M. J. (2020). Policy Learning and Crisis Policy-making: Quadruple-loop learning and Covid-19 Responses in South Korea. *Policy and Society*, 39(3): 363-381.

Leibenstein, Harvey (1966). Allocative Efficiency vs. X-Efficiency, *American Economic Review*, 56(3): 392 – 415.

Lewicki, Roy J. & Haim, Alexander (2006). *Mastering Business Negotiation: A Working Guide to Making Deals and Resolving Conflict*. Jossey-Bass.

Light, Paul C. (1999). *The new public service*. Washington, DC: Brookings Institution Press.

Lijphart, Arend (1979). *Democracies: Patterns of Majoritarian and Consensus Government in Twenty-One Countries*. New Haven/London.

Likert, Rensis (1961). *New Patterns of Management*. New York: McGraw-Hill.

Lindblom, Charles E. (1959). The Science of 'Muddling Through', *PAR*, 19(1)(Spring).

_____(1964). *The Intelligence of Democracy*. New York: Macmillan.

_____(1968,1980). *The Policy-Making Process*. 2nd. ed., Englewood Cliffs, New Jersey: Prentice-Hall.

Lowi, Theodore J. (1967). Machine politics—old and new. *The Public Interest*, 9(Fall): 83 – 92.

_____(1972). Four Systems of Policy, *Politics, and Choices, World Politics*, XXIV.

_____(1976 & 1979). *The End of Liberalism*. New York: W.W. Norton and Company.

Luchaire, François et Yves (1983). *Le droit de la décentralisation*. Paris: P.U.F.

Mabileau, Albert (1989). Local government in Britain and local politics and administration in France, Albert Mabileau, George Moyser, Geraint Parry, & Patrick Quantin, *Local politics and Participation in Britain and France*, Cambridge University Press.

Mabileau, Albert (1991). *Le système local en France*. Paris: Montchrestien.

MacIntyre. Alasdair Chalmers (1981, 2007). *After Virtue*. 3rd ed: University of Notre Dame Press.

Mack, R. & Snyder, R. (1971). The Analysis of Social Conflict. In C. G. Smith (ed.), *Conflict Resolution: Contributions of the Behavioral Sciences* (pp. 3-25). Notre Dame, IN: University of Notre Dame Press.,

MacRae, Duncan, Jr. & Wilde, James A. (1979). *Policy Analysis for Public Decisions*. California: Wadsworth, Inc.

Maffei, S., Leoni, F., & Villari, B. (2020). Data-driven Anticipatory Governance. Emerging Scenarios in Data for Policy Practices. *Policy Design and Practice*, 1-12.

March, James G. & Olson, Johan P. (1995). *Democratic Governance*. New York: Free Press.

March, James G. & Simon, Herbert A. (1958). *Organizations*. New York: John Wiley & Sons, Inc.

Marcou, Gérard (2000). *L'administration locale en Grande-Bretagne entre centralisation et régionalisation*, Paris: L'Harmattan.

Martin, Joanne & Siehl, Caren (1983). Organizational and Countculture: An Uneasy Symbiosis. *Organizational Dynamics*, 12: 52-64.

Marx, Fritz Mornstein (1946). *Elements of Public Administration*. New York: Prentice-Hall.

Maslow, Abraham H. (1954). *Motivation and Personality*. New York: Harper & Bros.

Mazmanian, Daniel A. & Sabatier, Paul A. (1981). *Effective Policy Implementation*. Mass.: D.C. Heath and Company.

Meier, Kenneth, & Nigro, Lloyd G. (1976). Representative Bureaucracy and Policy Preferences. *Public Administration Review*, 36: 458-469.

Meier, Kenneth, & Stewart, J. (1992). The Impact of Representative Bureaucracies: Educational Systems and Public Policies. *American Review of Public Administration*, 22(3): 157-171.

Mény, Yves (1993). *Le système politiques français*. Paris: Montchrestien.

_____(1995). *Modele presidentiel et executifs locaux, Quermonne, Jean-Louis et Wahl Nocholas(sous la direction de), La France Présidentielle / L'influence du suffrage universel sur la vie politique*, Paris: Presses de sciences po.

Milward, H. B. (1978). Politics, personnel and public policy. *Public Administration Review*, 38: 391-396.

Mitchell, J. C. (1969). The Concept and Use of Social Networks, in C. Mitchell(ed.). *Social Networks in Urban Situations*. Manchester : Manchester Press.

Moon, M. Jae (2020). Fighting COVID-19 with Agility, Transparency, and Participation: Wicked Policy Problems and New Governance Challenges. *Public Administration Review*, 80(4): 651-656.

Morgan, Gareth (2006). *Images of Organizations*. Thousand Oaks, CA: Sage.

Morse, M. (1976). We've come a long way. *Public Personnel Management*, 5: 218-221.

Mosher, Frederick C. (1982). *Democracy and the public service* (2nd ed.). New York: Oxford University Press.

_____(1985). *Democracy and the Public Service*. Oxford University Press.

Nakamura, Robert T. & Smallwood, Frank (1980). *The Politics of Policy Implementation*. New York: St. Martin's Press.

Nee, Victor(1998), Sources of the New Institutionalism, *In The New Institutionalism in Sociology*, edited by Brinton and Nee, New York: Russell Sage Foundation.

Newman, Janet (2001). *Modernising Governance: New Labour, Policy and Society*. London: Sage.

Newland, C. A. (1967). Public personnel administration: Legalistic reforms vs. effectiveness, efficiency, and economy. *Public Administration Review*, 36: 529-537.

Newton, Ken (1984). *La Grande-Bretagne, Sous la direction de Yves Mény, La réforme des collectivités locales en Europe*. La documention française.

Nigro, Felix A. & Nigro, Lloyd G. (1977). *Modern Public Administration*. Harper International edition.

Nigro, Lloyd G. & Kellough, Edward J. (2000). Civil service reform in Georgia. *Review of Public Personnel Administration*, 20: 41-54.

Nigro, Lloyd G., Nigro, Felix A., & Kellough, Edward J. (2013). *New Public Personnel Administration*. Cengage Learning.

Niskanen, Jr. William A. (1971). *Bureaucracy and Representative Government*. Chicago: Aldine/Atherton.

North, Douglass C.(1991), Institutions, *The Journal of Economic Perspectives*, 5(1): 97–112.

_____(2021). The Direction of Public Management, in K. K. Park et. al., *Contemporary Public Organizations: A Public Values Perspective*. Seoul: Pakyeongsa.

O'Toole, Laurence. J., Jr. (1986). Policy Recommendations for Multi-Actor Implementation: An Assessment of the Field, *Journal of Public Policy*, 6(2): 181–210.

Oberer, B. & Erkollar, A. (2018). Leadership 4.0: Digital Leaders in the Age of Industry 4.0. *International Journal of Organizational Leadership*, 7(4): 404–412.

OECD (2010). Contracting out Government Functions and Services in Post-conflicting and fragile Situations. OECD.

_____(2015). Achieving Public Sector Agility at Times of Fiscal Consolidation. *OECD Public Governance Review*. OECD Publishing.

Olsen, Johan P. (1972). Public Policy-Making and Theories of Organizational Choice, *Scandinavian Political Studies*, 7.

Olson, Mancur (1965 & 1971). *The Logic of Collective Action: Public Goods and the Theory of Groups*. Massachusetts: Harvard University Press.

Osborne, David & Gaebler, Ted (1992). *Reinventing government: How the Entrepreneurial Spirit Is Transforming the Public Sector*. Reading, MA: Addison-Wesley.

Ostrom, Vincent (1989). *Intellectual Crisis in American Public Administration*. Tuscaloosa: University of Alabama Press.

Palvia, S. C. J. & Sharma, S. S. (2007). E-Government and E-Governance: Definitions/Domain Framework and Status around the World. *International Conference on E-governance*, 12: 1–12.

Panter-Brick, Keith (1953). Local Government and Democracy-A Rejoinder, in *Public Administration*, Vol. XXXI(Winter).

Parkinson, Cyril Northcote (1958). *Parkinson's Law: The Pursuit of Progress*. London: John Murray.

Parks, Roger et al. (1981). Consumers as Coproducers of Public Services: Some Economic and Institutional Considerations. *Policy Studies Journal*, 9(Summer): 1001–1011.

Percy, Stephen L.(1983). Citizen Coproduction: Prospects for Improving Service Delivery. *Journal of Urban Affairs*, 5(Summer): 203–210.

Perrow, Charles (1986). *Complex Organizations*. New York: Random House.

Perry, James & Katula, Michael C.(2001). Does Service Affect Citizenship? *Administration and Society*, 33(3): 330–365.

Perters, B. Guy(2005). *Institutional Theory in Political Science: The 'New Institutionalism'*, London & NewYork: Continuum.

Peters, B. Guy & Pierre, J. (1998). Governance Without Government? Rethinking Public Administration, *Journal of Public Administration Research and Theory*, 8(2): 223–243.

Peters, B. Guy & Savoie, D. J. (1995). Reinventing Osborne and Gaebler: Lessons from the Gore Commission. *Canadian Public Administration*, 37: 302–22.

Peters, B. Guy & Pierre, J. (2000). *Governance, Politics and the State*. London: Macmillan Press Ltd.

Peters, T. & Waterman, R. (1982). *In Search of Excellence: Lessons from America's Best-Run Companies*. New York: Harper & Row.

Pierre, J. (2000). Introduction: Understanding Governance, in J. Pierre(ed.), *Debating Governance: Authority, Steering, and Democracy*. Oxford: Oxford University Press, 1–10.

Powell, Walter W. (1990). Neither Market Nor Hierarchy: Network Forms of Organization. in Staw, B. M. & Cunnins, L. L, *Research in Organization Behavior*, 12: 295–336.

Quade, Edward S. (1975 & 1982). *Analysis for Public Decisions*. 2nd & 3th ed., New York: North Holland.

Quermonne, Jean-Louis (1991). *L'appareil administratif de l'Etat*. Paris: Editions du Seuil.

Quinn, Robert E. & Kimberly, John R. (1984). "Paradox, Planning, and Perseverance: Guidelines for Managerial Practice." Kimberly, J. & Ouinn, R. (eds.), *Managing Organizational Transitions*, 295–313, Homewood, IL: Dow Jones - Irwin.

Quinn, Robert E. & Rohrbaugh, John (1983). A Spatial Model of Effectiveness Criteria: Toward a Competing Values Approach to Organizational Analysis. *Management Science*, 29: 363–377.

Rainey, Hal G. (2003). *Understanding and Managing Public Organizations*. San Francisco, CA: Jossey-Bass.

Rawls, John (1971). *A Theory of Justice*. Cambridge: Harvard University Press.

_____(1999). *A Theory of Justice*, Revised edition. Cambridge, MA: Harvard University Press.

_____(2001). *Justice as Fairness: A Restatement*, E. Kelly(ed.), Cambridge, MA: Harvard University Press.

Rein, Martin & Rabinovitz, F. (1978). Implementation: A Theoretical Perspective, In W.D. Burnham & M. W. Weinberg, eds., *American Politics and Public Policy*. Cambridge, Mass.: MIT Press.

Rhodes, R. A. W. (1997). *Understanding Governance: Policy Networks, Governance, Reflexivity and Accountability*. Buckingham Philadelphia: Open University Press.

Rich, W. C. (1982). *The Politics of urban policy: Reformers, politicians and bureaucrats*. Port Washington, NY: Kennikat Press, 1982.

Ripley, Randall B. & Franklin, Grace A (1982 & 1984). *Bureaucracy and Policy Implementation*. Homewood, Illinois: The Dorsey Press.

Rohr, John A.(1988). *Ethics for Bureaucrats: An Essay on Law and Values*. New York: Marcel Dekker. Inc.

Romzek, Barbara S. & Dubnick, Melvin J. (1987). Accountability in the Public Sector: Lessons from the Challenger Tragedy. *Public Administration Review*, 47: 227–238.

_____(1998). Accountability in Jay M. Shafritz(ed.), *International Encyclopedia of Public Policy and Administration*. Westview

Press.

Romzek, Barbara S. & Ingraham, P. W. (2000). Cross Pressures of Accountability: Initiative, Command, and Failure in the Ron Brown Plane Crash, *Public Administration Review*, 60(3): 240–253.

Roos, N. (1993). Dynausaur-complex versus Legal Pluralism, in De Witte B. et Forder C., *The Common Law in Europe and the Future of Legal Education*, Kluwer(Pay-Bas).

Rosenbloom, David H. (1973). Public personnel administration and politics: Toward a new public personnel administration. *Midwest Review of Public Administration*, 7: 98–110.

_____(1981). The sources of continuing conflict between the constitution and public personnel management. *Review of Public Personnel Administration*, 2: 3–18.

Rosentraub, Mark S. & Sharp, E. B. (1981). Consumers as Producers of Social Services: Coproduction and the Level of Social Services. *Southern Review of Public Administration*. 4(March).

Ryu, L. Moon, M. J., & Yang, J. J. (2020). The Politics of Reorganizations: Evidence from 30 OECD Countries, 1980–2014. *Governance*. 33(4): 935–951.

Sabatier, Paul (1986). Top-down and Bottom-up Approaches to Implementation Research: A Critical Analysis and Suggested Synthesis, *Journal of Public Policy*, 6(1).

Sabatier, Paul & Mazmanian, Daniel A. (1983). Policy Implementation, In Stuart Nagel ed., *Encyclopaedia of Policy Studies*. New York: Marcel Dekker.

_____(1988). An Advocacy Coalition Framework of Policy Change and the Role of Policy-oriented Learning Therein, *Policy Sciences*, 21: 125–142.

Sabatier, Paul A. & Mazmanian, Daniel A. (1984). The Implementation of Public Policy: A Framework of Analysis, In Daniel A. Mazmanian & Paul A.Sabatier, eds., *Effective Implementation*. Lexington, Mass.: D.C. Heath & Company.

Sackman, Harold (1975). Dephi Critique. Lexington, Mass.: D.C. Heath and Company.

Sadran, Pierre (1992). *Le système administratif français*, Paris: Montchrestien.

Salamon, Lester M. (1989). The Time Dimension of Policy Evaluation: The Case of the New Deal Land Relief Programs. *Public Policy*, 27: 129–84.

_____(1992), Partners in Public Service: The Scope and Theory of Government-Nonprofit Relations, in the Benjamin Gidron, Ralph M. Kramer, Lester M. Salamon(ed.), *Government and The Third Sector*. Sanfrancisco: Jossey-Bass Publishers.

Sayre, Wallace (1948). The Triumph of Techniques over Purpose. *Public Administration Review*, 8: 134–137.

Scharpf, F. W. (1977). Public Organization and the Warning of the Welfare State, *European Journal of Political Research*, 5.

Schein, Edger F. (1985). *Organizational Culture and Leadership: A Dynamic View*. Jossey-Bass Publishers.

Schmitt, Carl (2004). *Legality and Legitimacy*, Jeffrey Seitzer, trans. Duke University Press.

Shafritz, Jay M. (1985). *The facts on file dictionary of public administration*. New York: Facts on file publications.

Shafritz, Jay M., Riccucci, Norma M., Rosenbloom, David H. & Hyde, Albert C. (2001). *Personal Management in Government: Politics and Process*. Routledge.

Siegel, Gilbert B. & Myrtle, Robert C. (1985). *Public Personnel Administration: Concepts and Practices*. Houghton Mifflin Company.

Simon, Herbert A. (1947). A Comment on the Science of Public Administration, *Public Administration Review*, 7,(summer): 198–212.

_____(1947). *Administrative Behavior: A Study of Decision-Making Processes in Administrative Organization*. 4th ed. in 1997, The Free Press.

_____(1955). A Behavioral Model of Rational Choice, *Quarterly Journal of Economics*, 69: 99–118.

_____(1957 & 1976). *Administration Behavior*. New York: The Free Press.
_____(1957). *Models of Man*. New York: Wiley.
_____(1965). *The Shape of Automation for Men and Management*. New York: Harper & Row.
_____(1971). Supurious Correlation: A Causal Interpretation, In H. M. Blalock, Jr.(ed.). *Causal Models in the Social Sciences*. Chicago: Aldine Publishing Co.
_____(1972). Theories of Bounded Rationality, Ch.8 in C. B. McGuire & Radner, R. eds., *Decision and Organization*. Amsterdam: North-Holland Publishing Company.
Simon, Herbert A. & March, James G. (1958). *Organizations*. New York: Wiley.
Simon, Herbert A., Smithburg, Donald W. & Thompson, Victor A. (1971). *Public Administration*, 12th ed. New York: A. A. Knopf.
Simpson, M. & Cheney, G. (2007). Marketization, Participation, and Communication within New Zealand Retirement Villages: A Critical-rhetorical and Discursive Analysis, *Discourse & Communication*, 1(2): 191-222.
Snider, Clyde F. (1937). County and Township Government in 1935-36, in *American Political Science Review*, October.
Starling, Grover (1993). *Managing the Public Sector*. Belmont, California: Wadsworth Publishing Company.
Stillman, Richard (2009). *Public Administration: Concepts and Cases*, 9th ed. Cengage Learning.
Stivers, C. (2008). *Governance in Dark Times: Practical Philosophy for Public Service*. Washington, D. C.: Georgetown University Press.
Surra, Camilla A. (1988). The Influence of the Interactive Network on Developing Relationships, in Robert M. Milardo(ed). *Families and Social Networks*, Sage Publications.
Tabellini, G.(2008). Institutions and Culture, *Journal of the European Economic Association*, 6(2-3): 255-294.
Thelen, Kathleen(1999), Historical Institutionalism In Comparative Politics, *Annual Reviews*, 2: 369-404.
Thoenig, Jean-Claude (1992). *La décentralisation dix ans après*, Pouvoirs, n°60. Paris: P.U.F.
Thompson, Frank J. (1975). *Personnel policy in the city*. Berkeley and Los Angeles: University of California Press.
_____(1976). Minority Groups in Public Bureaucracies: Are Passive and Active Representation Linked? *Administration and Society*, 8: 201-226.
_____(1983). The politics of public personnel administration. In S.W. Hays & R.C. Kearney(eds.), *Public personnel administration: Problems and prospects* 3rd ed. Englewood Cliffs, NJ: Prentice Hall.
Thompson, James D. (1967). *Organizations in Action*. New York: McGraw-Hill.
Thurmaier, Kurt M. & Willoughby, Ketherin G. (2001). Windows of Opportunity: Toward a Multiple Rationalities Model of Budgeting. In J. Bartle (ed.) *Evolving Theories of Public Budgeting*. Oxford: Elsevier Science Ltd.
Tierney, C., Cottle, S. & Jorgensen, K. (2013). *GovCloud: The Future of Government Work*. Deloitte.
Toulmin, Stephen (1958). *The Uses of Argument*. Cambridge: Cambridge University Press.
Uslaner, E. (2001), *The Moral Foundations of Trust*. Cambridge University Press, Cambridge, England.
Van de Walle, S. & Bouckaert, G. (2007). Public Service Performance and Trust in Government: The Problem of Causality, *International Journal of Public Administration*, 26(8-9): 891-913.
Van de Walle, S. & Migchelbrink, Koen (2020). Institutional Quality, Corruption, and Impartiality: the Role of Process and Outcome for Citizen Trust in Public Administration in 173 European Regions, *Journal of Economic Policy Reform*, 25(1): 9-27.
Van Meter, Donald S. & Van Horn, Carl E. (1975). The Policy Implementation Process: A Conceptual Framework, *Administration and Society*, Feb.
Van Riper, Paul P. (1958). *History of the United States Civil Service*. Evanston Ill: Row, Peterson and Company.
Van Wart, M. (2013). Administrative Leadership Theory: A Reassessment after 10 Years. *Public Administration*, 91(3): 521-543.

Vandierendonck, Caroline (2014). Public Spending Reviews: Design, Conduct, Implementation. *European Commission Economic Papers*, 525.

Verba, Sidney (1967). Democratic Participation. *The Annuals of the American Academy of Political and Social Science*. September.

Verpeaux, Michel (2005). *Droit des collectivités territoriales*. Paris: P.U.F.

Wade, Larry L. & Curry, Jr., Robert L. (1970). *A Logic of Public Policy: Aspects of Political Economy*. Belmont, Calif.: Wadsworth.

Waldo, Dwight (1948). *The Administrative State. Osmania University, Digital Library Of India*. The Ronald Press Company.

_____(1955). *The Study of Public Administration*. New York: Random House.

Walter, Willams & Elmore, Richard (eds.). *Social Program Implementation*. New York: Academic Press.

Weiss, Carol H. (1972). *Evaluation Research*. Englewood Cliffs, New Jersey: Prentice-Hall, Inc.

_____(1977). *Using Social Research in Public Policy Making*. Lexington, Mass.: D.C. Heath and Company.

Weiss, Carol H. ed. (1976). Symposium on the Research Utilization Quandary, *Policy Studies Journal*, 4(3)(Spring).

Whitaker, G. P. (1980). Coproduction: Citizen Participation in Service Delivery. *Public Administration Review*. 40(May/June): 240-246.

White, A. & Dunleavy, Patrick (2010). *Making and Breaking Whitehall Departments: A Guide to Machinery of Government Changes*. Institute for Government, LSE Public Policy Group, London, UK.

White, Leonard D. (1926). *Introduction to the Study of Public Administration*. Prentice-Hall.

Wildavsky, Aaron B. (1964). *The Politics of the Budgetary Process*. Boston: Little Brown.

_____(1966). The Political Economy of Efficiency: Cost-Benefit Analysis, System Analysis and Program Budgeting, *PAR*, 26(4)(Dec).

_____(1975). *Budgeting*. Boston: Little, Brown & Co.

_____(1988). *Searching for Safety* (Vol. 10). Transaction Publishers.

_____(1993). *Speaking Truth To Power: The Art and Craft of Policy Analysis*. New Brunswick: Transaction Publishers.

Wilhelm, A. G. (1997). Another Place for Democracy: The Impact of Emerging Communication Networks on the Political Public Sphere, Ph. D. dissertation, University of Claremont, California.

Williams, Walter (1980). *The Implementation Perspective: A Guide for Managing Social Service Delivery Systems*. Berkeley: University of California Press.

Wilson, Woodrow (1887). The Study of Administration, *Political Science Quarterly* 2.

Wolf, Charles Jr. (1979). A Theory of Non-market Failures. *Public Interest*, 55: 114-133.

Woodward, Joan (1965). *Industrial Organization: Theory and Practice*. London.

Ziller, Jacques (1993). *Administrations comparées: Les système politico-administratifs de l'Europe des Douze*. Montchrestien.

찾아보기

[ㄱ]

가로(Phillipe Garraud)	466
가예산	226
가외성	105
가우스(John M. Gaus)	29, 113
갈등	151, 173
갈등관리기구	299
갈등관리심의위원회	297
갈등관리연구기관	301
갈등영향분석	296
갈등조정협의회	300
감시형 정부	539
감축관리	91, 204
감축관리론	114
개방성	101
개방체계 모형	94
개별적 공동생산	49
개인 수요자 맞춤형 전자정부	551
개인정보 보호	74
개인주의	439
개인학습	210
거버넌스(governance)	36, 167, 423, 416, 498
거버넌스이론	504
검은 백조	391
게블러(Ted Gaebler)	36, 125
결과사슬	273
결과지표	273, 281
결과 지향적 예산	242
결과 투명성	107
경영	30
경영 계약	41
경영정보시스템	533
경제적 규제	61
경제적 분류	223
경찰학	109
경합가치 모형	178
계급이론	173
계량적 재정준칙	257
계약	40
계층적 책임성	103
계획예산	239, 241
고위공무원단	438
공감주의	440
공개경쟁 채용제도	393
공공가치론	134, 149
공공가치창출론	135
공공갈등	286, 291
공공관리(NPM)	36
공공선택론	122, 247
공공투자 관리제도	251
공기업	217
공동생산	47
공론장	505
공론조사	501
공론화위원회	306
공식적 참여자	319
공식화	155
공익(公益)	83
공정성	101
공직윤리	414, 420, 427

과정설	84	난제	388
과정 투명성	106	날치기 작전	352
과정평가	363	내부과정 모형	94
과학적 관리	35, 112, 117	내부적 책임성	103
관료제	34, 119, 148, 391, 394	내부접근 모형	334
관방학	110	내적 책임성	102
교육훈련	210	내적 타당성	366
교환이론	172	내포(포괄) 권위 모형	487
구성정책	316	네트워크이론	507
구성주의	505	네트워크 조직이론	161
국가재정운용계획	249	노터치 정부	407
국민신문고	439	노튼(Alan Norton)	450
국회	320	뉴거버넌스	128
굿노(Frank J. Goodnow)	25, 109, 112, 116	능률성	91, 95
권력	172	니스카넨(William A. Niskanen)	247
권위주의	439	님비(NIMBY)	516
규제정책	316		
규제 협상	502	**[ㄷ]**	
귤릭(Luther H. Gulick)	112, 154	다운스(Anthony Downs)	85
극장모형	417, 421, 425, 437	다중합리성이론	247
근본법	27	단절적 균형이론	248
금융공기업	217	단체자치	449, 452
기계적 능률성	91	달(Robert A. Dahl)	113
기관 이론	100	당파정치	185
기금	220	대내적 민주성	90
기능별 분류	223	대리인모형	486
기든스(Anthony Giddens)	505	대안적 분쟁 해결 방	304
기술관료적 정부	539	대외적 민주성	90
기업특별회계	220	대처리즘(Thatcherism)	468
기회 균등의 원리	82	대통령	319
기후 변화	71	대표관료제	199
길(Derek Gill)	163	대항문화	176
껑땅(Patrick Quantin)	466	던컬리(David Dunkerley)	172
		던(William N. Dunn)	338
[ㄴ]		데이터 기반 여견적 정부	404, 410
나이그로(Felix A. Nigro)	28, 183	데이터 3법	75, 548
나이그로(Lloyd G. Nigro)	28, 183	덴하르트(Janet V. & Robert B. Denhardt)	132

도덕적 설득	362
도덕적 해이	252
도시 내 불균형	67
동등대체성	105
동반자모형	486
동원 모형	334
동태적 전략	380
드로(Yehezkel Dror)	325, 351
디목(Marshall E. Dimock)	28, 183
디지털 기술 기반 정부	407
디지털 예산회계 시스템	253
디지털정부	536
디지털 플랫폼 정부	308
딜(Terrence E. Deal)	150, 163

[ㄹ]

라운드 테이블	502
라이벤슈타인(Harvey J. Leibenstein)	98
라이트(Deil S. Wright)	484, 487
라이트(Paul C. Light)	185
랭로드(George Langrod)	464, 465
레이니(Hal G. Rainey)	150
로렌스(Paul R. Lawrence)	160
로시(Jay W. Lorsch)	160
로위(Theodore J. Lowi)	315, 336
로컬 거버넌스	448
롤스(John Rawls)	79, 80
루소(Jean-Jacques Rousseau)	460
루스벨트(Franklin D. Roosevelt)	116
루이스(Verne B. Lewis)	244
리그스(Fred W. Riggs)	113
리더십이론	168
리더십 효과성 목록(LEI)	211
리커트(Rensis Likert)	170
리플리(Randall Ripley)	316
린드블럼(Charles Lindblom)	246

[ㅁ]

마르크스(Fritz Mornstein Marx)	29
마빌로(Albert Mabileau)	466
마이어스-브릭스 척도(MBTI)	211
마치(James G. March)	37, 173, 352
마틴(Eileen M. Martin)	450
만족모형	349
만족이론	26
머슬로(Abraham H. Maslow)	151
멀린(Leo Moulin)	465
메니(Yves Mény)	466
메이요(George E. Mayo)	119
면허	46
모건(Gareth Morgan)	150
모이저(George Moyser)	465
모호성	390
몽테스키외(Charles-Louis de Secondat Montesquieu)	460
무라마쓰 미치오(村松崎夫)	486
무어(Mark H. Moore)	134
무지의 베일	80
무차별권이론	158
문제의 사회적 쟁점화	330
문화상품권	55
문화역동모형	175
민간 알고크라시	401
민관 파트너십	65
민영화	59
민주성	89
민주적 정부	539
민주주의	27, 464
밀(John S. Mill)	79, 457

[ㅂ]

바르트(Roland Barthes)	152
바벨라스(Alex Bavelas)	170
바움가트너(Frank R. Baumgartner)	248

발생주의 복식부기제도	253
버나드(Chester I. Barnard)	148, 157
버렐(Gibson Burrell)	150
번스(Tom E. Burns)	160
법적 책임성	103
법적·합리적 권위	120
법치국가	32
베버(Max Weber)	112, 119, 148, 154, 172, 394
벤슨(G.C.S. Benson)	465
변동성	389
보조금	46
보즈만(Barrt Bozeman)	135, 137
복잡성	154, 390
복합적 정책승계	378
본예산	225
볼먼(Lee G. Bolman)	150, 163
부분종결	378
부처이기주의	396, 410
분권	453
분리 권위 모형	488
분배정책	315
분산	453
분할	61
불확실성	389, 401, 403
뷰캐넌(James M. Buchanan)	114, 122
브라이스(James Bryce)	465
브레인스토밍(brainstorming)	342
블라우(Peter M. Blau)	160
블랙(Duncan Black)	122
비공식적 참여자	322
비금융공기업	217
비동질적 실험설	369
비선형 승계	378
비실험설계	370
비용·편익분석	344
비용·효과분석	345

[ㅅ]

사업평가기법	255
사이먼(Herbert A. Simon)	26, 29, 113, 155
사이버 범죄	552
사이버정부	536
사이어트(Richard M. Cyert)	173
사적 신제도주의	142
사회기술적 사이버네틱이론	505
사회자본	507
사회적 가치	434
사회적 경제	435
사회적 규제	61
사회적 능률	91
사회적 배제	554
사회적 형평성	201
사회학적 신제도주의	140
상향적 접근 방법	356
상호관계모형	486
상호의존모형	487
상황이론	148, 159
샐러먼(Lester M. Salamon)	37, 517
서메이어(Kurt M. Thumaire)	247
서면 성과평가보고서	207
서비스 계약	41
선발	187
선형 승계	377
성과 목표	264
성과 보고	278
성과예산	239
성과주의 예산	240
성과지표	266
성과평가	188, 206
성질별 분류	224
세이어(Wallace Sayre)	184
셀즈닉(Philip Selznick)	140
셰인(Edgar H. Schein)	175
소관별 분류	223

소득 불평등	67	신행정학운동	114
수정예산	225	실재설	83
수직적 분화	163	실적주의	87, 185, 196
수평적 분화	165	실질적 민주성	90
숙의형 여론조사	501	실질주의	440
순응	361	실학(實學)	110
순응주의	440	쓰레기통모형	151, 352
쉬크(Allen Schick)	244		
슈미트(Carl Schmitt)	88	**[ㅇ]**	
슈밥(Klaus Schwab)	169	아도르노(Theodor W. Adorno)	152
스나이더(Clyde F. Sneider)	484	아리스토텔레스(Aristoteles)	79
스마트 전자정부	546	알투지우스(Johannes Althusius)	457
스마트정부	536	애자일(agile)	393
스미스(Adam Smith)	148	애자일 정부	406, 410
스미스(John T. Smith)	457	애플비(Paul H. Appleby)	28
스콧(Richard Scott)	141	앤더슨(William Anderson)	484
스토커(G. M. Stalker)	160	앤드류(Leighton Andrews)	169
스피노자(Baruch de Spinoza)	173	언론	324
시나리오 워크숍	502	에스만(Milton J. Esman)	117
시민배심원제	502	에치오니(Amitai Etzioni)	350
시민에게 투명한 정부	539	에코 챔버 효과	307
시민 중심적 공동생산 정부	408	엘코크(Howard Elcock)	487
시민 참여	498, 519	역량평가	209
시민 패널	508	역사 문화 이론	99
시장	39, 92	연고주의	439
시장실패	60, 66, 97	엽관제	109
식품구매권	54	엽관주의	184, 194
신거버넌스	37	영기준 예산	242
신공공관리	114	영향평가	363
신공공관리론	114, 124, 132	예비내각	460
신공공서비스론	132	예비타당성조사제도	251
신도시 위기	67	예산	219, 229
신뢰성	98	예산순계	227
신이론	36	예산의 분류	222
신제도주의	138	예산의 원칙	231
신중앙집권화	461	예산주기	233
신지방분권화	463	예산총계	227

예산 통일성 원칙	231	인권	431
예산 편성제도	233	인권 경영	432
예산 한정성(한계성) 원칙	231	인사행정	183, 192
옐리네크(Walter Jellineck)	109	인적 자본	183
오스본(David Osborne)	36, 125	인적 자원	203
오스트롬(Vincent Ostrom)	114, 122, 130	인적자원계획	202
오툴(Laurence J. O'Toole, Jr.)	150	인적 자원 관리	189
온라인정부	536	일반능력자주의	441
온정주의	441	일반정부	217
올슨(Johan P. Olson)	37, 352	일반회계	219
와이드너(Edward W. Weidner)	117	임대 계약	41

[ㅈ]

왈도(Dwight Waldo)	26, 27, 113		
외부주도 모형	333	자기서비스	57
외적 책임성	102	자원봉사	57
외적 타당성	366	자유방임	32
욕구주의	87	자율적 관리	456
우드워드(James F. Woodward)	148	자체평가	372
우드워드(Joan Woodward)	159	자치분권	448, 470
워터맨(Robert Waterman)	174	자치사무	492
원초적 입장	80	자치정부	457
위드코로나(with corona)	392	작은 정부	39, 59, 166
위탁계약	45	작은 정부론	32
위험사슬	274	잠정예산	226
위험사회	73	재무행정제도	233
윌다브스키(Aaron Wildavsky)	246, 403	재분배정책	316
윌로비(Katherin G. Willoughby)	247	재정규율 관리제도	257
윌로비(William F. Willoughby)	112	재정사업 자율평가제도	255
윌슨(Woodrow Wilson)	24, 28, 109, 116, 122	재정성과 관리제도	254
의료보장제도(Medicaid)	55	잭슨(Andrew Jackson)	109, 112, 194
의료보험제도(Medicare)	55	쟁점의 공식의제화	331
의사소통	169	쟁점의 공중의제화	330
이원집정부제	463	적극적 우대 조치	189
이익집단	322	전략적 기획	262
이중연방제	484	전략적 성과관	263
인간관계론	119, 157	전략집중형 조직(SFO)	261
인간관계 모형	94	전문가적 책임성	103
인공지능(AI)	68, 70, 404		

전문가주의	441	정책대상자집단	314
전자정부	536, 540, 542, 550	정책 대안	341
전제적 정부	539	정책대체	377
전통적 관리 방식	304	정책 델파이	342
전통적 권위	120	정책목표	313
전통적 기획	262	정책목표 설정	340
절차적 민주성	90	정책변동	374, 379
절차적 재정준칙	257	정책분석	337
절충설	85	정책분할	378
점증주의	245	정책수단	314
점증주의모형	348	정책승계	377
점진적 징계	188	정책영향평가	365
정당	322	정책유지	377
정보 격차	554	정책의제설정	328, 335
정보기술(IT)	533	정책의제설정 모형	332
정보사회	531	정책종결	378
정보통신기술(ICT)	74, 167, 526, 533, 550	정책집행	353
정보통신혁명	532	정책통합	378, 380
정보혁명	530	정책평가	363, 365
정보화	533	정책혁신	376
정부	39, 515	정책환경	317
정부3.0	546	정치	28
정부간 관계	484	정치 · 행정 이원론	29, 32, 112
정부 계약	41	정치 · 행정 일원론	33, 112, 116
정부서비스	43	제3섹터	512, 524
정부실패	60, 128	제도 변화	140
정부업무평가	371	제도적 전략	381
정부 재정	217	제로섬 게임	152
정부 재창조	37	제퍼슨(Thomas Jefferson)	194, 457
정부재창조론	114	제한된 합리성	26, 140, 245
정부 주도형	516	조직	149
정실주의	194	조직문화 역동 모형	174
정의(正義)	79	조직이론	153
정책	313	조직 투명성	107
정책결정	346	조직학습	210
정책결정 모형	347	조직화된 무정부 상태	352
정책 과정	324	조직 효과성	177

존스(Bryan D. Jones)	248
존스(Charles O. Jones)	326
존슨(Lyndon B. Johnson)	113
주도집단	336
주민감사청구	500
주민소송	500
주민소환	500
주민자치	449, 452
주민참여예산제도	500
주민투표	500
준실험설계	368
준예산	226
중복성	105
중앙분쟁조정위원회	299
중앙예산기관	235
중앙은행	235
중앙지방협력회의	494
중앙집권	453
중첩 권위 모형	488
중첩성	105
지구온난화	72
지능형 정부	547
지방민주주의	449
지방분권	453, 470
지방사무	455
지방자치	449
지방정부	462
지배인모형	487
지속가능발전위원회	303
지역 불균형	66
지원자적 전자정부	551
직무 기술서	187
직무평가	188
직업공무원제도	192
직위 분류	186
진보주의	27
진빼기 작전	352
진실성	101
진실험설계	367
질러(Jacques Ziller)	466
집권	454
집권화	154
집단사고	176
집단적 공동생산	49
집단지성	535
집합적 공동생산	49

[ㅊ]

차등의 원리	82
참여적 의사결정	298
참여적 정책분석	508
채용	187
책무성	364
책임성	101
책임운영기관특별회계	220
체제예산 운영	244
총괄평가	363
총액배분 자율편성 예산제도	250
총체주의	244
최소 정부	36
최적모형	351
추가경정예산	225

[ㅋ]

카리스마적 권	120
칸트(Immanuel Kant)	79
칼도·힉스 기준	97
캐머런(Kim S. Cameron)	177
케틀(Donald F. Kettl)	37
켈젠(Hans Kelsen)	465
코스(Ronald H. Coase)	139
코헨(Michael D. Cohen)	151, 352
큰 정부	166
클라우드 공무원단	400

클레그(Stewart Clegg)	172
클리버(David Cleaver)	466
킹슬리(Donald Kingsley)	199
키(Valdimer O. Key, Jr.)	244

[ㅌ]

탈신공공관리론	130
털럭(Gordon Tullock)	114, 122
테일러(Frederick W. Taylor)	110, 117, 154
토크빌(Alexis de Tocqueville)	457, 465, 510
톰슨(James D. Thompson)	159
통치 기능설	28
통합재정	228
통합재정 사업평가제도	255
통합재정수지	228, 229
통합적 접근 방법	357
투명성	106
특별지방행정기관	476
특별회계	220
특정평가	372

[ㅍ]

파레토 최적	97
파레토 효율성	97
파슨스(Talcott Parsons)	112
파월(Walter W. Powell)	162
파이너(Herman Finer)	102
파킨슨(Cyril N. Parkinson)	34
파킨슨의 법칙	34
파트너십	515
패리(Geraint Parry)	465
페로(Charles Perrow)	150, 159
페욜(Henri Fayol)	154
펜들턴법(Pendleton Act)	109, 196
평등주의	86, 439
평형	277
풀뿌리 민주주의	449

품목별 분류	224
품목별 예산	239, 240
프랭클린(Grace A. Franklin)	316
프레데릭슨(Horace George Fredrickson)	38
프로그램 예산 분류	224
프로그램 예산제도	249
프리드리히(Carl J. Friedrich)	102
플로리다(Richard Florida)	67
피시킨(James S. Fishkin)	509
피터스(Tom Peters)	174

[ㅎ]

하버마스(Jürgen Habermas)	171, 505, 510
하이브리드(혼합) 지방자치	468
하향적 접근 방법	355
합리모형	347
합리적 선택 신제도주의	139
합리주의	245, 441
합법성	87
해치(Mary J. Hatch)	175
핵심사업 평가제도	256
핵심 성과지표(KPI)	264
행정	24, 28
행정 가치	78, 87
행정관리론	112
행정관리설	24
행정국가	32
행정문화	436, 437, 442
행정생태론	113
행정서비스	39
행정학	109, 111
행정 행태설	26
헌법재판소	321
협동형	517
협력적 연방제	484
협력적 책임성	104
형식주의	440

형평	86	DIY 민주주의	401
호르크하이머(Max Horkheimer)	152	ESG	429
혼합탐사모형	350	FAST 정부	403
홉스(Thomas Hobbes)	79	GDPS	411
화이트(Leonard D. White)	24, 112	NGO	322, 511, 519, 521
확증 편향	307	NGO 우위모형	518
회계연도	232	NGO 주도형	516
회복탄력적 정부	405	NPO	511
효과성	93, 95	PDS	179
효율성	96	POSDCoRB	29, 112
효율적 대민서비스 정부	539	SWOT 분석	262
흄(David Hume)	79	VO	512
흄(Samuel Humes)	450	VUCA	168, 388
		X비효율성	98
BLUE	179, 271, 275		
BLUE Government	280	4년 임기법	192, 194
CBO	512	4차 산업혁명	33, 69, 70, 148, 307, 386
CSO	512	4Ps	154

저자 소개

행정학 강의

이종열 · 박광국 · 김명식 · 명성준 · 문명재 · 문유석 · 이석환
장인봉 · 정창훈 · 주상현 · 진종순 · 최진혁 · 하현상

윤성사

이종열 – 인천대학교 명예교수	장인봉 – 신한대학교 교수
박광국 – 가톨릭대학교 교수	정창훈 – 인하대학교 교수
김명식 – 대구가톨릭대학교 교수	주상현 – 전북대학교 교수
명성준 – 경상국립대학교 교수	진종순 – 명지대학교 교수
문명재 – 연세대학교 교수	최진혁 – 충남대학교 교수
문유석 – 경성대학교 교수	하현상 – 국민대학교 교수
이석환 – 국민대학교 교수	